性情與愛情：
新儒家三大師相關論說闡微

黃兆強　著

臺灣 學生書局 印行

父母雙親養我育我
胞兄兆顯、兆漢啟我以學問
胞姊賽珍、賽娟、嘉華、嘉鳳、嘉寶、嘉儀暨
髮妻慧賢對我無微不至之照顧扶持
謹呈獻是書於雙親之靈前及眾兄姊暨牽手之面前，藉
以聊表無以名狀之感銘之萬一
（胞兄兆燊之靈前均此）

自　序

　　1976-1979 年就讀香港新亞研究所時，除史學專業外，因對哲學亦甚感興趣，且思想界／哲學界三大師（徐復觀、唐君毅、牟宗三三位先生；此排名及以下相應的闡述，以三先生之出生先後為序）同時任教於新亞，是以亦嘗追隨三大師問學焉。三大師中，唐師最先辭世（1978 年初）。當時曾私下自我許諾，每年必寫文章一篇（學術性的也好，悼念性的也罷），藉以聊表敬仰孺慕之微意。惟以持志不堅，且 1980 年秋便負笈法國，以課業繁重，所以撰就一、二文章後，其原先之自我承諾，遂付諸流水！真愧對唐師。1987 年秋獲東吳大學歷史學系系主任廖伯源教授及學系其他同仁之青睞，乃得廁身其間而忝列教師之行列。以所治之專業為史學，1987 年後教授之專業亦為史學，思想／哲學之「業餘愛好」，遂不得不拋諸腦後。

　　前香港中文大學摯交劉國強教授於 2006 年嘗多次來鴻，促同赴四川宜賓（唐先生出生地）共同弘揚唐先生之學問志業。惟當時以主持東吳大學人文社會學院院務，實不暇抽身前往；然向國強兄承諾一俟 2007 年卸任後，必當前赴宜賓貢獻棉薄。國強兄則責以大義云：唐先生恆以「內聖外王」期許晚輩、後學，而任職人社院，適外王之一表現也；正宜任職期間前赴宜賓一盡弟子之職責。爰遵從國強兄之建議而於當年（2006）6 月前往宜賓學院（宜賓當地最高學府；宜賓未設立大學）做報告。以該校師生對報告之內容（講題：〈唐君毅先生論中國人文精神之發展〉）甚有反應，遂促使兆強決志每年赴宜賓一趟，藉以完成「弘教」之微願。屈指一算，自 2006 年起迄2018 年止，前後赴宜賓已不下 10 次矣（當年兩岸尚未有直航；且迄今為止，臺北，乃至香港，亦未有班機飛往宜賓；其旅途之轉折、耗時，可想而知。）。06 年 6 月之宜賓行更激起重操故業之「浪花」，遂矢志貢獻餘生

以探討、弘揚唐先生之學問志業，乃至其他二大師之學問志業為職責之所在。2010 年及 2016 年並結集相關文章而分別出版了探討唐先生之歷史哲學及徐先生之政治思想二書。回顧 2006 年迄今 15、6 年來之學術途程，其於學界苟有微末之表現者，乃國強兄當年之「深責」所以致之也；此片刻不敢或忘者。近今國強兄不幸而罹患相當嚴重之失智症，此又豈「惋惜」、「唏噓」等語可名狀筆者心中憂戚之萬一耶？走筆至此，實不能無所哀痛也。

本書命名為《性情與愛情：新儒家三大師相關論說闡微》。「新儒家」三字，若其前冠上「當代」或「現代」一詞，其指謂當更明確。然而，此書名大小標題共計 17 字；作為書名，已嫌其冗長，「當代」或「現代」，遂從略。至於「三大師」何所指，此上文早已指陳，不贅。至於何以針對三大師之性情與愛情有所「闡微」？此則宜向讀者做點交待。

孟子曰：「頌其詩，讀其書，不知其人，可乎？是以論其世也。」（《孟子‧萬章（下）》）後世「知人論世」之學，蓋本此。中外學人頌讀三先生之學術鉅著，並進而闡釋、弘揚彼等學術思想／哲學思想者，多若牛毛；但就「知人論世」而言，則相對的不成比例。筆者不揣譾陋，乃鈎稽爬梳三先生本人之文字，藉以窺見其性情；所謂窺見其性情，易言之，即所謂知人——認識三先生也。三先生一輩子光明磊落。其立身行事，有足多者。彼等人生歷程上之種種表現，蓋依乎一己之性情而透出者。然則彼等之性情之本身已甚值得後人予以研究探討，甚至予以表彰稱譽、發揚光大。此其一。再者，認識其人之性情，則於認識其人之思想，恐不無助益。本書性情篇之撰，其區區之意，正在於此二端矣。至若論世一項，則從略焉。（愛情篇撰寫之緣由，則見下文）又：針對三先生之性情之相關文字，本書做相應的闡釋時，乃各立專章；針對愛情之相關文字之闡釋，則僅及唐、牟二先生而未及徐先生。徐先生的部分，或俟諸異日也。

本書所說到的「愛情」，乃取此詞之通用義、常用義，即指男女間之戀愛而言，不贅。至於「性情」，或宜細說。針對此詞，筆者採取一個廣義的理解，如下：人之性情，有其形而下的一面和形而上的一面。就性情之能夠被陶冶、被「加工改造」，以改變其原始面貌——原始習氣——來說，這種

性情，筆者稱之為形而下的性情（此相當於宋儒所說的「氣質之性」）。然而，人之性情，也有不能，或不必透過後天的努力加以改造的一面的。這一面，筆者深信其必然為善者，且是至善者。然而，這種性情或不免潛存未發。藉著後天人為的努力，即所謂透過工夫，這種人本有的、至善的，且當有其形而上根據的性情是可以被激發（激活）出來的。這種性情，筆者稱之為形而上的性情。（此相當於宋儒所說的「義理之性」。）然而，本書下文不擬依「性情」之形上、形下二義而針對人之各種表現作二分法的處理，也不採董仲舒、李翱「性善情惡」一義（《春秋繁露‧深察名號》流露出董生頗具此傾向；《李文公集‧復性書》則說得更明白）而把人之表現作相應的二分法的處理。要言之，「性情」一詞，茲取其廣義。無論是緣自上天稟賦而來之性情（此即上文所說的形而上的一面的性情）或可以被後天之教育、修為，乃至被客觀環境所影響、左右、塑造等等之一種性情──性格、性向（含興趣、價值取向等等）及相應於此性格、性向之種種感情上或情緒上之表現，皆屬本文「性情」一詞所指涉之範疇。按：筆者這個說法（或所謂「定義」）與韓愈以下說法：以「與生俱生」而言性有五（仁、禮、信、義、智），以「接於物而生」而言情有七（喜、怒、哀、懼、愛、惡、欲），在處理的對象上大抵相同。（韓說見《韓昌黎集‧雜著一‧原性》）。所不同者，乃筆者把性和情合一而為論，不作細分，退之則釐析之而為二耳。（在這裡，或可稍作補充。唐先生《中國文化之精神價值》第六章中「心之性情」一節以下幾句話，筆者認為深具參考價值。先生說：「人之性情，固依於能虛靈能求充實之心，而為其性情。情之有，固依於性之有。而性由情而見，亦由情而養。」依此，則性與情乃各自為一物；然而，兩者又相互依存並具互動性者。）

　　至於書名中之所謂「闡微」，僅表示針對三大師之性情或愛情之相關論說，筆者乃就力之所及，竭其所能以作出闡釋而言。換言之，僅一主觀上之自我期許或願望而已，而絕不敢謂就客觀上來說，已然達致闡其微發其覆這個理想的境域。牟先生嘗謂，要成就學問，學力、思辨、器識、感觸（實存感），四者缺一不可。顧筆者自視缺然──實無一不缺，然則要成就學問

（真學問），戛戛乎其難矣。然而仍勉力為之者，以示在三大師之靈前，不敢自暴自棄而已。

　　以下擬針對書中各章內容作進一步說明。本書含兩附錄共 8 章。其中除第 1 和第 3 章外，餘 6 章皆嘗宣讀於不同研討會上。研討會文章，實不免有急就章之嫌。納入本書前雖幾經修改增刪，但大體上因陋就簡，其框架、內容變動不大。本書分為 3 部分（上：性情篇，下：愛情篇，再加上附錄），皆旨在說明、闡釋當代新儒家三大師：徐復觀（1903-1982）、唐君毅（1909-1978）及牟宗三（1909-1995）三位先生有關性情及愛情之相關言說。首部分（性情篇）及次部分（愛情篇）分別含 4 章及 2 章。第 3 部分乃 2 附錄。首章根據徐先生所撰著之各專書之序言（〈自序〉、〈代序〉、〈譯序〉及為他人著作所撰寫之序言等等）為主要素材，藉以說明、闡述先生之所以執筆為文，乃以緣自道德良心而來之不容自已之情為主要動力者。（其實，唐、牟二先生亦然，但似乎「感憤之心」之表現，乃以徐先生為最濃烈）。次章及三章主要藉著牟先生所撰之《五十自述》一書之內容、其他各專書之序言及致友人（主要是唐先生）之書信等等，以探討牟先生個人性情上之諸多表現。以字數逾 12 萬言，是以分做兩章。兩章之標題「夫子自道」或「自我描繪」一語，旨在彰顯筆者所根據的材料，主要是源自先生本人之文字；根據他人之報導、說明者，只佔輔助的位階。第四章（即性情篇最後一章）則係透過徐先生對唐先生所描繪之文字，以窺探、揭示唐先生性情上之若干面向。本〈自序〉起首處嘗云，對三大師之闡述，乃以徐、唐、牟為順序。今以唐先生殿後為第四章者，乃以其前之三章，皆根據原始材料（徐、牟本人之文字）為主以撰文。唐先生一章則根據他人（徐先生）之描繪以成文，是以置諸本篇（性情篇）之末。其實，唐先生之性情，其可言說者極多；足可自成 2、30 萬言之專書。此或俟諸異日矣。按：四川宜賓學院好友何一教授之鉅著──《悲情儒者與儒者悲情──唐君毅生平、學術研究》（北京：光明日報出版社，2011）之第 8-10 章，大體上皆旨在處理唐先生性情方面之課題，是以頗足以彌補本拙著之不足。此外，駱為榮先生（唐先生家鄉宜賓人，對推動唐學不遺餘力）以下大著：《儒學大師唐君

毅》（北京：中國文聯出版社，2014）談及唐先生性情方面的文字亦復不少，足資參考。摯友汪麗華教授及其夫婿何仁富教授《愛與生死：唐君毅的生命智慧》（北京：中國廣播電視出版社，2014）一書，在發覆唐先生之性情，尤其愛情學方面，貢獻良多，不贅。

次部分（愛情篇）第 1 章（全書第 5 章），旨在闡述唐先生愛情學方面之論說。如眾所周知，其論說主要見諸《愛情之福音》一書。其實，其《致廷光書》亦含藏大量論說愛情之資訊。然而，據以探討、發覆其愛情觀點者尚不多見。筆者乃盡一己微薄之力予以發微闡幽。次章則藉著唐、牟二先生之往來書信作為主要素材，以闡述牟先生物色終身伴侶的坎坷歷程並彰顯其道德意涵。二先生肝膽相照、推心置腹、親若兄弟（甚或過之）之情誼，洵可概見。其最值得關注者為，牟先生在物色、交往結婚對象的過程中，雖歷經蹇厄迍邅，然先生仍不改其故志、更其慧命。弦歌未嘗中輟，撰著不曾間斷即為明證。此足為我輩景仰、學習之楷模。筆者之所以撰寫該章，此為一大因緣焉。

《致廷光書》中，唐先生對「原諒」（forgive）一詞所做的闡釋，頗可概見其慧解卓識；此慧解卓識尤其可以反映其個人之胸襟及器度，乃至反映其層層轉進、步步深入之辯證思維能力。筆者讚嘆之餘，乃撰文予以發覆。以該文頗足以窺見先生性情之一端，今茲遂收納該文於本書內，作為全書之附錄。

牟先生素喜月旦時人。彼對唐先生的「批評」，頗可反映其性情上純真率性、有話直說的一面。是以筆者年前在研討會上所發表的一文，亦納入本書內，作為另一附錄。

就儒學的發展來說，有把現今目前這個階段視為儒學第四期的發展者。（詳參李澤厚，〈儒學四期說源起〉一文，https://www.douban.com/group/topic/198187848/；2021.03.08 瀏覽。就李氏個人來說，「人類學歷史本體論」將是第四期的主題。）前三期（依次為先秦、宋明、上世紀）大抵皆以心性之學作為探討的主軸（第三期還兼探討、闡釋新外王學等等）。而第四期，或被視為目前剛開其端緒的一期，則為多元領域的探討；其中人性情

（含情感、愛情、情欲等等）上的表現，即其探討的領域或對象之一。就此來說，本拙著是企圖透過個案式的研究，以展開一些初步的嘗試而已。其欠周延、不如人意之處，必所在多有。願讀者明以教我為幸。再者，本拙著，語其性質，固可謂一學術性之專著也。針對三大師之表現，凡建一言、立一說，必有所本（主要本諸三大師之文字）。既有所本，則焉得謂非學術性質者耶？然而，其所建、所立，又不無價值判斷之用語摻雜其間。是以從今人恆強調、側重之實證主義之立場繩衡之，則又不無背離學術之嫌。若就筆者個人之看法而言，則定位本拙著為：非僅係一學術性之專著而已。以三大師皆筆者之業師，且彼等之成就，乃世人所共許共喻者；拙著中推尊稱頌之辭（即所謂價值判斷之用語）恆隨文而層見迭出，即以此故；所謂發潛德之幽光也。為人弟子者，非固當如是耶？！然而，亦絕不敢率性任情，忌誇飾失實也。

宋神宗元豐七年（公元 1084）《資治通鑑》全書殺青。其主事者司馬溫公所上之〈進書表〉有句云：「臣之精力，盡於此書。」拙著當然絕不敢與《通鑑》相提並論，甚至不敢望其項背。但兩年來撰寫新文（佔全書篇幅幾近一半的第一、三章兩章及附錄一）及彙整增刪過去五年來之舊作——研討會上嘗宣讀者（第二、四、五、六共四章及附錄二）以結集成本書的過程中，深感體力不如往昔遠甚。筆者個人精力，果「盡於此書」如溫公撰成其《通鑑》時所云者，則本書也許是最後一本專著了。筆者今年適屆古稀之齡，茲藉以為自我提撕不得踰矩之「警示物」焉。

2021 年 1 月 17 日（唐君毅先生誕辰 112 周年紀念日）初稿
2021 年 1 月 31 日（徐復觀先生誕辰 118 周年紀念日）修訂
2021 年 4 月 25 日（牟宗三先生誕辰 112 周年紀念日）定稿

性情與愛情：
新儒家三大師相關論說闡微

目　次

下：愛情篇

上
性情篇

第一章　良心理性：徐復觀先生
執筆為文緣自性情上之不容自已
（憂患意識及感憤之心之呈現）

一、前言

　　徐復觀先生下筆為文皆源自有感（套用現今臺灣青少年之流行語，則為
「有 fu（feeling）」），即所謂有感而發也。具體來說，蓋源自本諸道德理
性（良心理性、道德自我）而生起之憂患意識，並繼之而來之不容自已之
情，在在皆促使先生對家國、民族、社會、時代，無一不因情而生感（當
然，也可以反過來說，因感而生情）。這種感普遍地見諸先生各種文字中。
所以如果要把這種感「一網打盡」，恐怕不竭澤而漁地遍讀先生所有著作
（恐不下一千萬言）不可。再者，又必得予以消化、吸收，再加以彙整、分
析、綜合，否則不易全盤解悟、掌握其所感之要領。先不論筆者的能力是否
足以及此；但歲月早已催人老，體力精力已然未逮也。幸好，先生各著作之
旨趣大皆見諸其相關「提綱」。此各著作中之序文（一般以〈自序〉為名）
是也。舉凡著作之內容、主旨，乃至撰寫動機、過程、方法及預期可獲得的
成果、對後來研究者的期許等等，各序文大都予以闡述。其發自道德理性而
來之感，亦大皆存乎其間。所以本文乃以先生各著作中之序文為主要素材而
撰就者。[1]至於旁及其他，那反成例外了。

---

[1]　幾乎所有專著中的〈自序〉都流露出徐先生本乎憂患意識而來之不容自已之情。下文

　　筆者敬仰徐先生無極；深悉徐先生撰寫的各種文字，如上所述，乃發之於以良心理性為依歸而生起的一種不容自已之情。而這種情，不必多說，乃先生個人性情上之一種表現。而這種表現，在在佐證徐先生深具人溺己溺之深情大愛，甚至足資說明其中、壯年後未嘗一刻或忘「為天地立心，為生民立命，為往聖繼絕學，為萬世開太平」[2]之偉大志趣。筆者不敏，願借本文以闡述焉。

　　以上引錄的橫渠四句教，尤其「為生民立命」一句，徐先生成名作之一的《中國藝術精神》的〈自敍〉（撰於 1965.08.18）中，即嘗反映這方面的使命感，如下：

> 現在許多人，似乎根本不知道對他人所作的阿諛與冤屈，乃人世間最醜惡之事。而這兩者，又必然地是一個人格的兩面。在我的生命中，雖一無成就；但在政治與學術上，尚不曾有過阿諛的言行。而過去所寫的政論文章，從某一方面說，乃是為今日普天下的人伸冤。十年來所寫的學術文章，則是為三千年中的聖賢、文學家、藝術家，伸冤雪恥。[3]

徐先生的文字，主要分為兩大類。其一，政論等等方面的文章；另一，學術文章。（另有兩本翻譯的著作，不贅。）而其用意或功能，依徐先生，皆旨

為求精簡，僅擇其中最具代表性或最具啟發性而成為最值得參考學習的若干文字以示例而已。然而，各專著植基於這種不容自已之情而醞釀出來的撰著動機，個人認為值得一一予以揭示，是以開列一表如附以囊括焉。

[2] 這四句教出自張載。但今所見編校本之《張載集》（北京：中華書局，1978），其文字稍異，乃作：「為天地立心，為生民立道，為去聖繼絕學，為萬世開太平。」語出《張載集·近思錄拾遺》，頁 376。

[3] 此〈自敍〉收入蔡仁厚、羅雅純主編，《當代新儒學三大家序跋輯錄》（臺北：臺灣學生書局，2016），頁 523。以下為求省便，凡引錄之文字出自《……序跋輯錄》者，只標出頁碼；且大皆隨文附見，不另出註。然而，在個別可能引起誤會的地方，則在頁碼前冠上「《序跋輯錄》本」5 字。

在同為人類（「今日普天下的人、千年中的聖賢、文學家、藝術家」）伸冤
雪恥。光是這個使命感，已讓筆者敬佩不已。

　　先生這個偉大的使命感，迄其易簣前未嘗稍易；嘗云：

> 余自八歲受讀以來，小有聰明而絕無志氣。四十年代，始以國族之憂
> 為憂，恆焦勞心力於無用之地；既自知非用世之才，且常念熊師十力
> 亡國族者常先自亡其文化之言，深以當時學風，言西學者率淺薄無根
> 無實，則轉而以「數典誣祖」（不僅忘祖而已）為嘩眾取寵之資，感
> 憤既深，故入五十年代後（按指：公元 1950 年代後），乃於教學之
> 餘，奮力摸索前進，一以原始資料與邏輯為導引，以人生社會政治問
> 題為徵驗。傳統文化中之醜惡者，抉而去之，惟恐不盡；傳統文化中
> 之美善者，表而出之，亦懼有所誇飾。[4]

---

[4] 〈自序〉（撰於 1982.02.14，臺大醫院病榻上先生口述，曹永洋先生記錄），《中國
思想史論集續編》（臺北：時報文化出版公司，1982.03.27 出版），頁 1。
〈自序〉又揭示了先生臨終前的深切「反省」，如下：「（本續編中）〈程朱異同〉
一文，以『為己之學』，貫通孔、孟、程、朱、陸、王學脈。老莊對知識與人生態度
與儒學異，但其學問方向亦與此相通，此乃余最後體悟所到。惜得之太遲，出之太
驟，今病恐將不起，以未能繼續闡述為恨。」（頁 2）。2012.12.08 筆者在此段文字
上寫了一個「眉批」，如下：「我每讀一次，哭一次」。按：「得之太遲、出之太
驟」二語，固先生旨在描繪彼對老莊學問方向所獲得的體悟來說；然而，筆者認為，
其所體悟者，縱然針對先生所從事的整體研究上來說，其情況亦類同。即該二語似亦
可應用在先生所從事的其他研究上。之所以「得之太遲」，主要原因是先生將近 50
歲時才有機會開始認真從事學術研究；由是其研究成果，含創獲等等，與他人（譬如
唐、牟二先生）相比，便定然比較「遲出」了。之所以「出之太驟」，一方面是由於
自覺已然「遲到」，再來是先生的個性本來就比較猴急，所以便以驟然的態度表出
之。因「太遲」，主觀上說，先生便會認為自己成就有限；客觀上說，是所謂學術的
貢獻不大。以「太驟」，所以研究成果——立論、創見等等，便難免欠慎密、周延、
完整。然而，無論太遲或太驟，都是可以補救、糾矯過來的。然而必須具備一先決條
件，時間是也。然而，惜一病不起，則「繼續闡述」（含補救、糾矯），便成為不可
能的任務了。是以先生焉得不以為恨呢？！以上二語，筆者之所以每讀一次，哭一

按：前引文主要是扣緊「為生民立命」一項來說的。上引文則普遍地說。「以國族之憂為憂」固係針對生民來說；感憤於「當時學風」，是以不得不在學術上「奮力摸索前進」，則可謂旨在「為往聖繼絕學」也。其實，以上引錄的一段話，吾人不妨視為同時涵蓋了「為天地立心」、「為萬世開太平」兩義。今試說明如下：表面看來，上段引文揭示了徐先生的用心只是在於落實「為生民立命」和「為往聖繼絕學」這兩個理想。然而，這兩個理想的背後如果沒有「為天地立心」的一顆心在（此心指至大至剛的道德良心，乃天地間一切人事物理運作之動力、後盾、基礎，或判準），則這兩個理想恐怕只是遙不可及的夢想，甚至只是空想、幻想而已。換言之，「為生民立命」和「為往聖繼絕學」這兩義（兩個理想）已預設了、蘊涵了「為天地立心」這一義的。如果筆者這個解讀不誤，那麼始自「為天地立心」這個構想及其相應的踐履（此即為生民立命及為往聖繼絕學，乃至於橫渠尚未道及的其他理念／理想），最後必然是大步邁向「為萬世開太平」這個終極目的的。是橫渠四句教，表面看來是四；其實，一也。蓋全以居樞軸地位的第一句話「為天地立心」之「心」為關鍵。[5] 蓋作為定盤針的此心一立，則其他

次，正以此！先生的晚年思想，可參以下文章：賀照田，〈徐復觀的晚年定論及其思想意義〉，發表時間：2005.09.14；文章來源：《世紀中國》https://chenboda.pixnet.net/blog/post/257029127；2020.10.16 瀏覽。

[5]　橫渠非常重視心之能力／能量。此由「大其心則能體天下之物」（語出〈正蒙·大心篇〉）及「心統性情」等語即知之。按：「心統性情」一語，橫渠之原語作：「性者理也。性是體，情是用。性情皆出於心，故心能統之。」語出〈張子語錄·後錄（下）〉，上揭《張載集》，頁 339。〈後錄（下）〉的編者乃濃縮為「心統性情」一語。橫渠論「心」之文字，主要見諸《正蒙·大心篇》。然而，他處論心者，亦復不少，如〈張子語錄〉中的不少條文字，即其例；可並參。唐君毅先生嘗指出，欲知張氏之學，「宜當由大心一篇始」；唐先生並為〈大心篇〉寫下「大心篇貫義」（約2000 字）的解說。唐君毅，〈原教（上）〉，《中國哲學原論》（香港：新亞研究所，1977），頁 78-86。此外，唐先生闡釋朱子之理氣心性論時，亦稍及橫渠「大心」一義。見《中國哲學原論·原性篇》（香港：新亞研究所，1974），頁 410。至於牟先生，其論說橫渠之「心」，篇幅尤多。《心體與性體》第一冊第二部分論一之第二章論說橫渠者共四節。其中第三節疏解橫渠之心體義，第四節「綜論心性合一之

（為生民也好，為繼絕學也罷）乃全係據此指南以邁向「為萬世開太平」之「具體細部規畫」及依此細部規畫之相應的落實而已。要言之，上引徐先生的一段話已全然把四句教（尤其第一句）的精義涵攝在其中了。（當然，徐先生本人不必然自覺地思慮及此。）上引文最後談到的治學精神、方向、方法，對國人欲從事研究者，筆者認為，亦深具啟發；是以一併予以錄出。

　　徐師母王世高女士在徐先生逝世六週年時所寫的一篇文章：〈重回故土／代序〉，其中有幾句話也頗足以說明徐先生為生民立命，乃至為天地立心的志趣。師母說：

> ……他們說起您是這個時代知識份子的典範，這個世紀中國人最有力的聲音，一個不計毀譽只尊重真理，執筆時心中只有國族、文化，沒有個人利害的諫諍之士，……。[6]

又楊乃藩先生在徐先生辭世幾天前也寫下類似的幾句話：

> 自先生入臺大醫院治療以來，瞬將兩月。[7]……先生謂余曰：「縱令全身麻木，但求腦子不廢，仍可將沉思所得，吐而出之也。」其憂時愛國，播學傳薪之志業，溢於言表。[8]

其實，徐先生憂時愛國的志趣，後人（含筆者）予以揭露、表揚者甚多，楊

模型」論述橫渠言心之文字亦復不少。是可知在唐、牟二先生眼中，心在橫渠思想中深具重要性。

[6] 收入徐復觀著，蕭欣義編，《儒家政治思想與民主自由人權》（臺北：臺灣學生書局，1988），頁1。

[7] 徐先生於 1982.02.08 下午從香港搭機赴臺灣，隨即入住臺大醫院。詳參翟志成、馮耀明，《無慚尺布裹頭歸》（臺北：允晨文化實業公司，1987），頁 221。楊文撰寫於3月25日；此上距2月8日，超過一個半月，此所以楊云：「瞬將兩月」也。

[8] 楊乃藩，〈前言〉，《中國思想史論集續編》（臺北：時報文化出版公司，1982.03.27），頁2。

乃藩先生，僅其一而已；今不盡舉。[9]

　　徐先生撰寫學術專著和政論等等雜文的時間雖不算太長，但以個人天賦極高及用力極勤，所以成績（含質和量）斐然可觀。先生嘗云：「我正式拿起筆來寫文章，是從民國卅八年開始。」[10]徐先生這句話說得太客氣，吾人不必認真看待。[11]其實，從 1944 年 3 月迄 1948 年年底，先生已寫過 10 多篇文章。[12] 1944 年再往前 7 年，即 1937 年，先生已撰有以下一文：〈漢武帝戰時的經濟政策〉。[13]惜不悉此文今流落何所。然而，徐先生之所以說正式執筆為文，乃始於卅八年，也有其道理在。因為卅八年遷居臺灣後，先生始完全脫擺黨政軍方面的種種「糾纏」而決然毅然埋首於文教之志業並從事研究撰述。

　　徐先生撰著之專書凡數十種，其中不少書名是由名家題簽，或由名家集漢碑而來的。但專書中從未獲睹他人所撰寫之序文。是以筆者實在無從透過這些序文以獲悉他人對馬上要面世之專書之意見。幸好徐先生以下一段話無意間為筆者提供了何以未見他人序文之「答案」：

　　　　我因對時代的感憤，在進入到暮年時，才開始了對自己歷史文化的反省，在反省中寫出了若干文章。每當一書付印時，從未動念請有地位

---

[9]　揭露、表揚之文字，詳見曹永洋編，《徐復觀教授紀念文集》（臺北：時報文化出版公司，1984）；《徐復觀全集》編委會，《追懷》，《徐復觀全集》（北京：九州出版社，2014）。

[10]　徐復觀，〈自序（甲集）〉，《學術與政治之間》，此〈自序〉收入上揭《當代新儒學三大家序跋輯錄》；引文見頁 433。

[11]　1944 年 3 月，先生已寫下連蔣介石都相當欣賞的〈中共最近動態〉一文。先生其後入參帷幄而為蔣公重要幕僚之一，恐與此文不無關係。此文收入黎漢基、李明輝編，《徐復觀雜文補編》（臺北：中研院文哲研究所籌備處，2001），冊 5，頁 1-40。知悉先生 41 歲時寫下〈中共最近動態〉一文，乃據黎漢基編，〈徐復觀先生出版著作繫年表〉，《徐復觀雜文補編》，冊 6，頁 476。

[12]　詳參上揭〈徐復觀先生出版著作繫年表〉，頁 476-477。

[13]　參涂壽眉，〈我所知道的徐復觀先生〉，收入上揭《徐復觀教授紀念文集》，頁 41。

的名流學者為我寫序。因為自己的用心所在，很難取得他人的了解；
而許多文章中談到關鍵性的問題時，必然是忘掉了自身的利害，否則
不能下筆；更何有於假借他人之筆，來揄揚滄海一粟中的個人的浮
名。（《序跋輯錄》本，頁 507）

自身的利害與個人的浮名相比，當然是前者重而後者輕的。其重者都無暇顧
及，甚至予以忘掉，則滄海一粟中的個人的浮名，就更不屑掛懷繫念了。

　　徐先生以上的自我描繪恰好提供了彼之著作中不見他人序文之「答案」
而讓筆者解惑。追本溯源，這得感謝李璜先生的一封信。按：李先生以偶然
因素而得閱覽《兩漢思想史》（卷一）一書。讀後對徐先生「無任傾佩」
（頁 507），爰修書致意。在《兩漢思想史》（卷一）的〈三版改名自序〉
（此專書原稱作：《周秦漢政治社會結構之研究》）的最後一段文字中，徐
先生記載其事頗詳；上段引文即其中的一部分。而李先生寄來的信函也附見
於序文後。信函前，徐先生說：「李幼椿先生……以八十三歲的高齡，……
對一個在學術上應當算是後輩的區區無名之輩，流露了他的熱情、坦率，反
映出他對學術上的真誠與自信，令我當時極為感動。所以在這裏特附印在後
面。」（頁 507）一般來說，個人出版專著而請他人寫序，其目的，或目的
之一，多多少少是希望他人對自己的著作美言幾句，譬如寫上一兩句「無任
傾佩」之類的話，藉以表示推崇。然而，徐先生實無意借此以揚名添譽。今
李氏之來函，雖非序文性質，但所扮演之角色──具推崇之效果，實與序文
無別。徐先生為了避免誤會，所以特別做了上面的說明。而剛好這個說明讓
筆者知悉先生各種專著皆未邀請他人撰序之緣由。[14]這對筆者來說，未嘗不

---

[14] 唐、牟兩先生各撰著專書數十種，亦大皆不請他人撰序，蓋亦出於同一緣由也。徐先
　　生把李璜先生的來函（其性質、功能好比序文）轉錄下來，讓筆者聯想到歷史發展之
　　規律及歧出的問題。按：徐、唐、牟三大師都相信歷史的發展是有一定的規律的。唐
　　先生的意見，詳見拙著，《學術與經世──唐君毅的歷史哲學及其終極關懷》（臺
　　北：臺灣學生書局，2010），第二章：〈唐君毅先生的歷史形上學：論歷史發展之規
　　律及其他歷史形上學問題〉。至於牟先生，縱然僅以其所撰著之《歷史哲學》一書而

是一個意外的收穫。

二、撰著動機闡微[15]

　　徐先生最早出版的兩本書是翻譯之作。其一出版於 1953 年 5 月，另一出版於 1956 年 4 月。[16]此可見其研究態度之矜慎。何以言之？筆者以為，

言，即足以知悉彼認定歷史之發展，乃有一規律可循者。該書恆強調民族生命、文化生命、精神本身之表現等等。「精神本身之表現」，即意涵精神本身乃一生命，否則何表現之可言？按：生命之表現，或生命途程之表現／呈現，必有一規律可循。世上豈有無規律可循而侈言其為一生命者？當然，在表現之途程上或不免歧出，此好比人之生病者然，但原則上凡生命之表現／發展，必有一規律可循則可斷言也。至於徐先生，其《中國人性論史先秦篇・序》第一節有以下幾句話：「我國歷史文化中的人文現象，有時會歧出於此一範疇之外；……亦即是歷史的發展，脫了軌的時代。歷史的發展一旦恢復了正常，……」。「脫了軌」三字，即蘊涵必定有一軌：軌道、正軌、常軌；否則何脫軌之可言。而所謂軌，即意指歷史發展之規律。赳就徐先生出書而不請人家寫序文而言，此為其常態。即其恆常之規律、慣例，本係如此。然而，歷史之發展有時不免歧出，此乃偶發之狀態。今徐先生把類似具序文功能的一封信函轉錄下來，亦一偶發狀態，而非常態。然而，此偶發狀態竟使吾人無意間獲悉徐先生何以不請他人寫序文之緣由。此則甚可喜也。由是言之，歷史上出現之偶然或歧出，不必然皆係負面者。又：徐唐牟三大師出版專書時嘗請他人撰寫序文，據閱覽所及，僅得一例。此即《周易的自然哲學與道德函義》。按：該書之出版，牟先生嘗請學界前輩張東蓀先生撰寫一序文（撰寫於 1935.05.05。張氏推介牟先生該著作時，嘗三度稱牟先生為「牟君」。然而，於推介之起首處則稱牟先生為「友人」，是視牟先生為朋友矣。蓋亦一種推尊也。）在該書的〈重印誌言〉中，牟先生亦嘗道及請張氏撰序一事。

15　徐先生生前所出版之各專書，皆冠上〈自序〉或〈譯序〉等名稱。先生本人本乎憂患意識而來之不容自己之情恆存乎其間。（詳參上注 1）此足以反映先生之深具道德意識。序中所蘊涵之各該書之撰著動機尤足以反映這個特色。下文為求精簡，僅擇其最具代表性之若干文字予以闡述。

16　這兩本譯作的書名，詳本文末附錄二：「各專書撰著動機一覽表」之編號 1 和 2。就從事翻譯的工作來說，徐先生開始得更早。蓋早在 1947 年 8 月仍在大陸之時，先生已於《學原》發表其譯作〈科學政策之矛盾〉一文。此文後收入上揭《徐復觀雜文補編》，冊 1，頁 1-15。先生 1949 年 5 月遷臺，同年 10 月又假《民主評論》卷 1，期

假若學者研究之功力不足，或創獲不足，則不宜率爾輕易下筆從事撰述。取
而代之的，翻譯是也。蓋翻譯正係打根柢，築基礎的一絕佳訓練。在此訓練
過程中，既能學習到原書所承載之內容知識、著者之視野及所用之方法，乃
至獲悉其論說之技巧等等。此外，譯者個人已有之若干學術信念或理念、意
見等等，又很可能由作者之議論、斷語、辯證等等，而刺激譯者重新反省思
考，或反過來對原書作出批判等等。這都是非常有益於譯者爾後深入展開自
己的研究工作，並進而發表其研究成果的。所以徐先生這個「治學進路」
——先從事翻譯，是既矜慎，又聰明的一個選擇。有謂好的開始是成功的一
半，然則宜乎其爾後之成就卓異不群也。

　　徐先生不容自已的經世致用的意圖，從其第一本譯著《中國人的思維方
法》[17]的〈譯序〉中便可以看出來。先生說：

> 我們今天正處在一個創鉅痛深的時代，我們自己，正受到非常的考
> 驗；我們的歷史文化，也正受到非常的考驗。……在此一考驗反省中
> 重新發現其真價與光輝，以增加我們在艱難中的生命力，並貢獻於在
> 歧路徬徨中的世界人類。……所以中村氏[18]的觀點，應該值得我們同
> 情；基於此一觀點所得出的研究結論，應該值得加以介紹——最低限
> 度是關於中國的一部份。（頁420）

---

　　9 發表了以下的翻譯文章：〈希臘的政治與蘇格拉底〉。此文後收入徐復觀，《論戰
與譯述》（臺北：志文出版社，1982），頁177-189。《論戰與譯述》收錄了徐先生
譯文共8篇。得悉先生1949年5月遷臺，乃根據徐復觀，〈一個「自由人」的形象
的消失——悼張深切先生〉，收入《徐復觀雜文補編》，第二冊，頁321。

[17] 這本書的作者姓名及徐先生譯本的出版資訊—出版地、出版社、出版年分等等，俱見
本文末之「各專書撰著動機一覽表」。又：徐先生所撰寫／翻譯的各專書的出版資
訊，概見此一覽表。

[18] 中村氏即中村元先生（1912-1999）。其原作名為《東洋人之思維方法》。所探討的
對象含中國、日本、印度和西藏。徐先生所譯出的僅係中國人的部分，是以書名改作
《中國人的思維方法》。（《序跋輯錄》本，頁419）

值得指出的是，徐先生撰寫上文時，上距國府播遷來臺僅四載。換言之，國家正在風雨飄搖中而受到嚴峻的考驗，傳統的歷史文化也同樣受到前所未有之考驗，此即徐先生所說的「非常的考驗」。「在此一考驗反省中重新發現其真價與光輝」，則這種反省當然是深具價值的。中村氏的觀點及其研究結論既可提供國人相應的參考，因此「加以介紹」（意謂藉翻譯而介紹彰顯之），在徐先生來說，當然便是分所應為的了。按：人類文化中恆值得關注者有四：道德（倫理學探討的主題）、宗教（神學探討的主題）、藝術（美學探討的主題）和知識（或可以科學為代表）是也。就道德與藝術這二項來說，中國人有極高的表現和成就。但知性（尤其科學知識和理則學——邏輯學）方面的追求，則國人不甚措意。人之得以成就知識，嚴謹的思維方法及相應的態度乃絕不可少者（下詳）。中國人向來不太措意的思維方法，現今竟有鄰邦的著名學者中村元氏予以研究（且其中有不少篇幅是特別針對中國人的），是以徐先生先翻譯該書而不翻譯他書，定是經過一番認真考量，而絕非隨意挑選的。[19]要言之，這部作為徐先生的第一本專書（儘管只是譯作），其出版足以反映先生深具家國情懷、民族情懷、歷史文化情懷，這所以筆者在先生為數眾多的著作中，率先闡述之。

　　兩本譯著（其一即上揭中村氏之專書，另一則為荻原朔太郎《詩的原理》）出版之後，第三本出版的專書則是《學術與政治之間》[20]這一部文集。該書乃先生本人自撰（異於前兩書之僅為翻譯），且在一定程度上反映其本人的人生經歷；出版後即讓先生在學術界嶄露頭角。其〈（甲集）自序〉（撰於 1956.08.12）云：

---

[19] 徐先生這個考量讓筆者想起唐先生類似的考量，真所謂英雄所見略同也。唐先生說：「人不能於一切史學之研究，無所輕重，而必求其當務之為急者而為之，亦不待辨而可明矣。」其實，史學研究之外，一切其他學術領域之研究皆然。研究著作之翻譯，亦猶是也。唐君毅，〈歷史事實與歷史意義（下）〉，《中華人文與當今世界》（臺北：臺灣學生書局，1975），上冊，頁 157；黃兆強，《學術與經世：唐君毅的歷史哲學及其終極關懷》，頁 164-165。

[20] 此書之甲集出版於 1956 年 10 月，乙集則出版於 1957 年 11 月。

我之所以拿起筆來寫文章，只因身經鉅變，不僅親眼看到許多自以為
是尊榮，偉大，驕傲，光輝的東西，一轉眼間便都跌得雲散烟銷，有
同鼠肝蟲臂。並且還親眼看到無數的純樸無知的鄉農村嫗，無數的天
真無邪的少女青年，有的根本不知今是何世，有的還未向這世界睜開
眼睛；也都在一夜之間，變成待罪的羔羊，被交付末日的審判。在這
審判中，作為人類最低本能的哭泣、呼號，作為人類最大尊嚴的良
心、理性，都成為罪惡與羞辱，不值分文。……作為「蓋人心之靈，
莫不有知」[21]的我，對此一鉅變的前因後果，及此一鉅變之前途歸
結，如何能不認真的去想，如何能不認真的去看。想了看了以後，在
感嘆激蕩的情懷中，如何能不把想到看到的千百分之一，傾訴於在同
一遭際下的人們之前。所以我正式拿起筆來寫文章，是從民國卅八年
開始。因此，不僅我的學力限制了我寫純學術性的文章；而我的心境
也不容許我孤踪獨往，寫那種不食人間煙火的文章。我之所以用一篇
〈學術與政治之間〉的文字來作這一文錄的名稱，正是如實的說明我
沒有能力和方法去追求與此一時代不相關涉的高文典冊。這是人生最
大的不幸。（《序跋輯錄》本，頁 433）

上引文中「沒有能力和方法去追求[22]與此一時代不相關涉的高文典冊」，虛
說也；也可以說是比較客氣、溫和的一個說法。它頂多只說明了事實的一
半。苟實說之，則「不屑」、「無暇」、「不要浪費時間」等詞始足以描繪
之。在此一階段，純學術性的文章，對徐先生來說，乃不接地氣、不食人間
煙火而當束諸高閣的高文典冊而已。但話也得說回來，即如果現實世間有足
夠的條件容許先生把時間和精力用在撰寫高文典冊這個事兒上，那便反過來

---

[21] 筆者以為，此句中之「知」字必指德性之知，即「良知」這種知而言。

[22] 此種「追求」，落實下來，便成「撰著」。先生不用「撰著」、「撰寫」之類的用
語，而用「追求」一語，蓋故意表示高文典冊這一類的撰著，在當時的大環境來說，
乃不接地氣、不吃人間煙火的一種行為而已；所以先生便以類似嘲諷的口吻說：「我
沒有能力和方法去追求」它。

成為先生人生中最大之幸，而絕非不幸了。寫於一年後，即 1957 年雙十節
的《學術與政治之間・乙集・自序》，其中有一句話正好佐證了筆者這個看
法；如下：

> 在乙集裏，學術性的討論，超過了政治性的討論，這只說明我個人生
> 活的環境與心情，正在天天的演變。倘由此而能演變到將我的餘年完
> 全埋葬在書房裏面，那將是人類對我所作的最大恩賜。（頁 429）

此外來的恩賜，對於得到這分恩賜的人——徐先生來說，那當然就是人生中
最大的一種幸福了。其實，「那將是人類對我所作的最大恩賜」這句話也反
映了先生對自我人生未來途程的一種殷盼。

　　也許值得一說的是，一般來說，我們會說恩賜是來自上天的，或來自上
天的主宰的，譬如天主（上帝）等等。然而，徐先生以「人類」一語取代
之，這就頗堪玩味了。個人認為，徐先生不是隨便或隨意用上這個詞的。對
形而上的東西，先生不至於完全排斥，但至少可以說以存而不論的態度視
之；甚至是否視之為存在，在筆者看來，先生大概也抱持懷疑的態度。現今
先生「不假外求」，而把恩賜逕視為來自人類的自身，這足以反映其十足十
的儒家味道。

　　順帶一說的是，如上所述，《學術與政治之間》是先生自著書中的第一
部。然而，該書的價值，或該書所揭示的先生的研究方向／興趣，很可以由
其〈自序〉看得出來。其最具代表性的語句為：「這本文錄，也多少可以表
示我在思考途程中的標誌。」（頁 435）所思考者，追溯此語之上文，乃指
中國政治問題、中國文化問題。而這兩個問題，乃先生一輩子念茲在茲的最
大問題；也是國人所當正視、面對的最大問題。換言之，徐先生面對，甚至
希企解決的問題，永遠都是國家最重大，是以亦最當被重視的問題。先生恆
憂時傷國，於斯概見焉。偉哉！壯哉！吾人豈能不讚嘆以繫？！

　　與《學術與政治之間》之性質頗類似，然而學術味道較輕的另外兩套文
集：《徐復觀文錄》（共 4 冊）及《徐復觀雜文》（共 6 冊），其〈自序〉

更可以進一步反映徐先生憂時傷國的懷抱。筆者概視之為徐先生撰著兩書之
動機。兩〈自序〉的內容及筆者的說明，其最要者見諸「附錄二：各專書撰
著動機一覽表」（編號 10、16）。現今僅作一點補充。茲先引錄先生的說
明，如下：

> 我曾向一位朋友說，我本想寫十篇的，因抑制而只寫六篇七篇。本想
> 責難十分的，也因抑制而保留三分四分[23]，卻不能完全不寫。同時我
> 除了感謝肯刊出我這類文章的朋友外，也得感謝香港的左派人士，他
> 們對我這類的文章，一直忍耐到一九七六年五、六月間，才罵我是
> 「文特」「蒼蠅」，……香港處在夾縫中的言論自由，對現代中國知
> 識分子來說，依然是值得寶貴的。[24]（《序跋輯錄》本，頁 540）

筆者看到這一段話，尤其最後的一兩句話，對照今日臺灣對言論自由之箝
制、打壓，深感不能自已。當年香港的左派人士（恐不少是中共黨員）尚有
胸襟、雅量去接受或容忍徐先生的批評，但反觀今日的臺灣呢？[25]

---

[23]　這不是說因抑制，所以予以保留而只寫下三分四分而已；而是說把三分四分予以保留
而不寫出來之意。即寫出者乃原先的六、七分，即六、七成。這與同一段引文先生說
到十篇而只寫出六篇七篇，在比例上正好相呼應。

[24]　〈自序〉（撰於 1979.11.30），《徐復觀雜文》（臺北：時報文化出版公司，
1980），頁 3。作為英國殖民地的香港，其處在夾縫中（恐主要指中國和英國兩者之
間的夾縫）所享有的言論自由，很多知識分子都注意到。余英時即嘗明言之，如下：
「英國人對香港這塊殖民地採用的是相當徹底的法治，只要不犯法，人人都享有言
論、結社、出版的自由。……他們可以無所顧忌地追尋自己的精神價值。」余英時，
《余英時回憶錄》（臺北：允晨文化實業公司，2019），頁 124。

[25]　2020 年 10 月 26 日臺灣的 National Communications Commission（簡稱 NCC）針對中
天新聞臺申請換照一事，史無前例地召開聽證會（前後共 8 小時）進行「審訊」！當
時已有不少志士仁人從言論自由的立場、民主的立場力挺（聲援）中天。這是非常可
喜的，蓋臺灣不能只有一種聲音。是以對主政者、執政者提出批評、諫諍，儘管其中
或不無過火之嫌，但何至於非要判死刑（關臺）不可呢？這有損民主風範，已不待贅
言！但筆者尚有另一看法。就是為了國家的長治久安，主政者理應接受，或至少所謂

上所引錄的〈自序〉，其中另一段話也很值得注意，如下：

> 我的雜文，包括的範圍相當廣泛；許多是由各個方面，各種程度的感發才寫了出來的。但以受到毛澤東文化大革命及其遺毒的震盪為最大。……震盪是發自良知所不容自己；在震盪中堅守國族的立場，維護國族的利益，不知不覺地與大陸人民共其呼吸，同樣也是來自良知的不容自己。良知是中國文化的根源，是每個人所以成其為人的立足點。先秦已有人指出，人民是「愚而神」的。[26]人民所以在愚蠢中能發出不可測度的神智，以判斷政治社會上的大是大非大利大害，就是因為人民在自己生命之中能發出他隨生命以俱來的良知的作用。這是任何人在擺脫私利私見的一念之間，即可在自己生命內得到證明的最真實地存在。（頁540）

「聽聽」另一種聲音，否則只聽您想聽的、愛聽的，這恐怕不足以周延地了解民情民意！另一種聲音即相當於另一種輿論，而這種輿論，比起所謂「主流輿論」，或許是更可貴的；對主政者或許更具參考價值也說不定。另一種聲音，其可貴之處，正在於此！筆者深信，能起監督作用的異聲異音才足以讓您反省回思，而免於（或至少減少）犯過錯的機會。假若您自絕於此，那不啻自絕於「天命」，也不啻自絕於您過去曾經擁抱過的理想，也自絕於國家的長治久安。要言之，為了國家的長治久安也好；若自私一點，即便是為了持久地擁有政權也罷，您也得把眼光放遠大一點以接受、容許另一種聲音的。其實，這也是拒絕「自甘墮落」的不二法門。執政當局諸公不此之圖，殊可惜。2020.11.18 NCC 以 7：0 的懸殊比數否決了中天新聞臺換照的申請。其背後斧鑿痕跡太深了。若非有「高人」指導或指點，其結果恐怕會是很不一樣的！針對中天不予換照假處分之聲請，2020.12.07 臺北高等行政法院裁定予以駁回。筆者欲哭無淚，欲語已無言。悲乎！

[26] 人民「愚而神」的性格，唐人陸贄發揮得極好；嘗云：「所謂眾庶者，至愚而神。蓋以蚩蚩之徒，或昏或鄙，此其似於愚也。然而上之得失靡不辨，上之好惡靡不知，上之所祕靡不傳，上之所為靡不效，此其類於神也。」陸贄撰，張佩芳注，〈奉天請數對群臣兼許令論事狀〉，《翰苑集注》（臺北：世界書局，2005），卷一三，頁 158 下。要言之，表面看來，眾庶（人民）乃至愚者；然而，既依於良知而作判斷，實靡不聰明若神也。

值得注意的是，以上短短的一段話，徐先生四用「良知」一詞。就人而言，
先生兩次指出，隨生命俱來的良知乃使人不容自已者。就中國文化而言，良
知乃其根源之所在。然則對先生來說，良知之重要性，不言而喻矣。

　　以上三書，無論是《學術與政治之間》也好，《徐復觀文錄》及《徐復
觀雜文》也罷，都不是，或至少不全然是，徐先生的學術性著作。現在不妨
從先生的純學術性著作，看看他的撰著動機。姑先舉《公孫龍子講疏》[27]一
書為例。針對該書，先生沒有撰寫〈自序〉。但從〈先秦名學與名家〉這篇
〈代序〉（撰寫於 1966.09.28）中，先生的撰著動機尚隱約可見；即從先生
所指陳的《公孫龍子》一書的價值[28]，讀者還是可以看到先生的撰著動機
的。先生說：「然則作為名家代表的現存《公孫龍子》，有無研究價值呢？
我認為還是很有研究價值的。」（頁 493）先生指出說，其價值有二：
（一）「……剩下的五篇，皆首尾完具，猶得以考察其立論的根據和理論的
線索。只憑這一點，已經有思想史上的價值。」（頁 493）（二）「表現出
很高的抽象能力」，「很接近於古代希臘的形式邏輯」，「這在中國思想史
中，佔有一個很突出的地位」。（頁 493）

　　以上二點，籠統言之，即《公孫龍子》一書具有思想史上的價值。然則
又何必分為二點呢？其實，就第一點來說，乃偏重在該書史料上的價值。即
作為文獻性的史料[29]來說，這部先秦典籍提供了充足的資訊，讓讀者得以知
悉作者「立論的根據和理論的線索」。而立論的根據和理論的線索，正係吾
人運思構想（思想）之要素，即主要的組成部分。而這種運思構想既見諸古
人（歷史上之人類、吾人之祖先），且係 2000 多年前之先秦人，則其具備
思想史上的價值，乃不待贅言者。然而，凡稱得上是「思想」的東西，恐莫
不具備「立論的根據和理論的線索」的。所以縱然作為古籍的該書具備了這
種要素而成為了「有思想史上的價值」，但其思想史上的價值，則不必然很

---

[27]　徐復觀，《公孫龍子講疏》，香港：新亞研究所，1966 年 12 月初版。

[28]　「價值」乃指研究價值。也可以說，因該書具有價值，所以才值得研究。

[29]　史料有非文獻、文本性質者，譬如文物、考古遺址，乃至其他一切不以文字表達，但
　　仍可供歷史研究之用的有形、無形者俱屬之。

高，而能夠「佔有一個很突出的地位」的。《公孫龍子》一書之所以獲得一個很突出的地位，則全憑「表現出很高的抽象思辨能力」（頁 493；按：此能力隱含形式邏輯的推演）；而這種能力則正係國人素所欠缺者，或素所輕忽，而為西方人自古希臘以來即擅長者。所以徐先生指出的第二點，尤為畫龍點睛之筆，蓋把《公孫龍子》的最大貢獻指陳了出來。要言之，徐先生把該書看似唯一的一個價值：思想史上之價值，予以一分為二的處理而分別指陳之，以盡量發掘該書的可能意義（價值）與理想意義（價值）[30]，是有其一番用心的。此處吾人不宜輕忽滑過。

徐先生撰文著書，與其心中恆存著一顆「感憤之心」，是絕對分不開的。學長翟志成教授嘗以「最後一篇文章」這個用語定位徐先生下文：〈文藝創作自由的聯想〉。[31]在該文中，徐先生「感憤之心」這個用語幾乎無處

---

[30] 筆者這裡用「可能意義」與「理想意義」兩詞，乃啟發自唐君毅先生〈歷史事實與歷史意義〉一文。該文有一節之標題即為：「歷史學為發現史實之可能的、理想的意義之學」。《公孫龍子》一書之存在，固一歷史事實（史實）。就「歷史學」之廣義來說，對該書進行研究，即不當歷史學（歷史研究）。當然，若僅就該書之內容、義理，展開研究，則不必然非視為歷史研究不可。這裡不細論。筆者主要是要指出，徐先生發現／闡發該書之意義（價值），與唐先生認為歷史學所旨在發現者正相同。所異者，乃唐先生是廣泛地針對所有史實之意義來說，而徐先生是僅針對《公孫龍子》一書之意義（價值）來說。而徐先生之所以能夠發現（闡發、揭發）該書的兩個價值，其用心固不異於唐先生對歷史學功能之認定（期許），即皆係以發掘／發現「可能意義」與「理想意義」為其努力之方向，或追求之目的。是以能見人所不及見而卓爾不群也。簡言之，以徐先生對《公孫龍子》的貢獻來說，若套用唐先生「歷史學為發現史實之可能的、理想的意義之學」一語，即相當於說：「徐先生為發現《公孫龍子》之可能的、理想的意義之一位學者」。〈歷史事實與歷史意義〉收入唐君毅，《中華人文與當今世界》（臺北：臺灣學生書局，1975），上冊，頁 110-158。

[31] 翟學長擬出版其大著《中共文藝政策研究》（臺北：時報文化出版公司，1983）一書時，嘗請徐先生寫序文。徐先生乃以〈文藝創作自由的聯想〉作為序文以應命。時先生已病入膏肓矣。文章刊登於香港《華僑日報》1982 年 2 月 8 日。「最後一篇文章」這個用語，見翟志成，〈俯首甘為孺子牛——復觀師逝世週年感言〉，曹永洋等編，上揭《徐復觀教授紀念文集》，頁 317。〈文藝創作自由的聯想〉收入《徐復觀最後雜文集》（臺北：時報文化出版公司，1984），頁 170-175。

不在。文中徐先生說到真正的文藝創作者或真正的主流文藝創作，其作者之
寫作動機，「必然是出於作者由某些事物衝激所引起的內心感動或感憤」[32]
而從事創作的。其後，徐先生凡 3 次把「感動」和「感憤」連用在一起，而
成為「感動感憤」這個連詞。「感憤」一詞之經常出現，尚可舉《徐復觀文
錄・自序》為例。按：上面提到過的〈文藝創作自由的聯想〉一文，其中
「感憤」一詞嘗出現 4 次（或連「感動」一起出現，或單獨出現）。而在
《徐復觀文錄》短短 1000 多字的〈自序〉中，該詞又出現了 6 次。文中徐
先生明確指出，悲劇時代使得他形成了一顆「感憤之心」；又說：「最奈何
不得的就是自己這感憤之心」。此外，〈自序〉中並有 4 次用此詞分別說明
他撰寫政論文章、文化評論文章、雜文，乃至從事著書的工作，皆由此而
來。[33]〈文藝創作自由的聯想〉一文僅 3000 多字，《徐復觀文錄・自序》
僅 1000 多字；是總共 5000 字中，「感憤」一詞凡 10 見。其中有 4 次徐先
生不是自我描繪，而是描繪文藝創作者的心境。按：徐先生本人不太從事文
藝創作，否則筆者敢斷言徐先生亦必本乎同一心境（感憤的心境）而從事這
類創作的。然則徐先生之描繪文藝創作者，實不啻自道也。

　　針對徐先生之撰文動機，容借《中國思想史論集》[34]再舉一例作說明。
書中的〈再版序〉（撰於 1967.09.28）足以揭示先生之撰著動機，乃旨在對
天下，對後世負責；而絕不是為了個人之名位。這也可以說是撰著動機之自
我反省。換言之，此與前面光就動機之本身而做闡釋者，稍微不同；是以殿
於本節末以示區別。

　　　　我寫的文章發表後，非常希望學術界能提出負責的批評；……須要不
　　　把「愛假面子」當作維持自己地位的重要手段時，才會引起真正的反
　　　省，因而在學術上可以減少對天下，對後世所犯的欺枉之罪。當然，

---

[32] 上揭〈文藝創作自由的聯想〉，頁 170。

[33] 相關論述，參拙著〈憂患意識宇宙中之巨人——感憤的新儒家徐復觀〉，《政治中當
　　然有道德問題——徐復觀政治思想管窺》（臺北：臺灣學生書局，2016），頁 401。

[34] 《中國思想史論集》，臺北：時報文化出版公司，1985。

> 寫文章的主要動機，到底是為了個人的名位，還是為了對天下、對後
> 世的責任心，更是一個人有無反省力的決定因素。我回想到在寫陸王
> 異同和《孝經》成書年代時，多少含著有點賣弄聰明、馳騁意氣的成
> 分在裡面，這是立說容易流於武斷的最根本原因。我在這裡特別指
> 出，以作治學的大戒。（頁 440）

上引文中提到的「陸王異同」，乃先生 1954 年所撰〈象山學述〉中的一
節。至於《孝經》成書年代之研究，則見諸撰寫於 1959 年的另一文。[35]而
上段引文則撰寫於 1967.09.28。是前兩文乃先生撰寫於 50 多歲之時；而後
文則先生已 60 有 5 了。由是「治學的大戒」的「賣弄聰明、馳騁意氣的成
分」乃隨年齒而消散殆盡。先生「在這裡特別指出」，固旨在勉己；然吾人
視之為乃吾人之當頭棒喝亦未嘗不可。

　　上文藉著先生的四類著作：學術專著、介乎學術與政治之間的著作、非
學術性質之雜文及學術專著之翻譯，以揭示先生之撰著動機。

三、對讀者（尤其年輕人）之期許闡微

　　上文說過多次，徐先生本乎道德良心（憂患意識之所從出）而生起的不
容自已之情，在不同著作中都有所流露。這種流露，或表現為對讀者一般性的
期許，或表現為對從事學術鑽研者學術性的期許。茲闡述其中若干案例如下：

（一）一般性之期許

　　說到徐先生深具憂患意識[36]，其文集《學術與政治之間》香港版〈自

---

[35] 兩文之撰寫年分，詳上揭黎漢基，〈徐復觀先生出版著作繫年表〉，頁 487、497。

[36] 「憂患意識」一詞乃徐先生所「創造」；最早應見先生下書：徐復觀：《中國人性論
史‧先秦篇》（臺北：臺灣商務印書館，1975），頁 20-21。此書雖 1963 年由臺中中
央書局初版，然而，書中提及此詞之第二章（原題〈周初人文精神的躍動〉），已於
1960 年 11 月 1 日刊於《民主評論》，卷 11，期 21。

序〉（撰於 1976 年）便很可以見其端倪，甚至「憂患」一詞亦見諸文中。
先生說：

> 對讀者來說，若能從這些文章中，接觸到大時代所浮出的若干片斷面
> 影，及聽到身心都充滿了鄉土氣的一個中國人在憂患中所發出的沉重
> 地呼聲，我便感到滿足了。（頁 429）

上書的〈新版自序〉（撰於 1980 年）以下一段話，尤足以反映其憂患意識
之所對（即上文說到的「沉重地呼聲」之具體對象）：

> 這部雜文，……假定其中稍有可取之處，只在一個土生土長的茅屋書
> 生，面對國家興亡，世局變幻，所流露出的帶有濃厚呆氣蠻氣的誠懇
> 待望；待望著我們的國家，能從兩千多年的專制中擺脫出來，走上民
> 主法治的大道。待望著我們的文化，能不再受國人自暴自棄的糟蹋，
> 刮垢磨光，以其真精神幫助世人渡過目前所遭遇的空前危機。（頁
> 427）

上引文重點（即憂患意識之對象）有三：其一，政治上，國家必須擺脫兩千
年的專制，以走上民主法治的大道。其二，文化上，國人必須刮垢磨光。其
三，順著上文（其二），國人始可以其真精神幫助世人渡過目前所遭遇的空
前危機。以上首二項，政治也好，文化也罷，乃先生針對自己的國家來說
的，且也是先生所常說者。至於第三項，則反映先生之淑世情懷，乃擴及於
全人類（世人）者。

　　然而，先生憂患之情是否其個人的杞人憂天？甚至只是無病呻吟，而旨
在「搏同情」？先生對這方面是很自覺的。在上書乙集的〈自序〉中嘗云：

> 一個人的生命，若非不幸而完全沉浸在這時代感觸之中，無法自拔，
> 誰又肯冒雙重的壓力（按指：現實政治的壓力、社會風氣的壓力），

以自甘孤立於寂天寞地之中，而可不懼、不悔、不悶？假定我所感觸
的畢竟無法與此一時代的心靈相感相通，則我懇切地希望我的感觸只
不過是個人無病呻吟的謬見，以讓我們的時代，能背棄我的感觸而向
前邁進。（頁 431）

筆者以為，假使先生之感觸如真不能與其時代的心靈相感相通，其原因至少
計有三端。其一是先生在這裡謙稱的，其感觸乃緣自自作多情、杞人憂天的
無病呻吟，甚至只是其個人的謬見。另一則與先生無關，而是緣自世人之太
天真，甚至幼稚，遂不悉世間疾苦，乃至不悉政治污穢醜惡、文化扭曲淪喪
為何物！其三也與先生無任何關係，而是世人根本麻木不仁，由是對政治、
文化之不正常、非理性的發展，乃視而不見、聽而不聞。徐先生宅心仁厚，
是以不從此後二端去想。而懇切地企盼假使其個人感觸真的無法與時代心靈
相感通，乃緣自其一己無病呻吟之謬見；並進而期許時代能背棄其感觸而向
前邁進。這是何等心胸，何等氣度歟？若非深具嚴於責己、寬於待人的偉大
心靈，何足以作出這種企盼及期許？

上面引錄的三段話，都出自半學術性的同一本書。其實，先生對吾人之
期許也見諸純學術性的著作。今舉二例如下：

《中國思想史論集》[37] 之〈研究中國思想史的方法與態度問題——代
序〉（撰於 1959.10.02）嘗云：

我中年奔走衣食，不曾有計劃的做過學問。……這幾年作了若干嘗試
性的工作。[38]……我對下一代的人在此工作中的期待，遠過對我自己
的期待；所以當本集付印之際，不敢阿附時賢，而率直寫出這些感
想。（頁 452）

---

[37] 徐復觀，《中國思想史論集》，臺北：時報文化出版公司，1985。

[38] 這篇代序寫於 1959 年 10 月 2 日。「這幾年」大概是從 1955 年始任教於剛創校的東
海大學算起。至於所做的「嘗試性的工作」，乃指針對中國古代思想，或針對中國思
想史的研治探賾來說。

先生之虛懷若谷及對後賢之期許，情見乎辭。中國古籍所載「人之有技，若
己有之。」[39]的一種境界，已讓人欽佩不已。今先生遠過之，則五體投地尚
不足以說明筆者一己感佩之萬一也。至於先生「對下一代的人在此工作中的
期待，……」，下面（二）談學術性期許時，將進一步討論。茲先引錄先生
另一段文字。

《中國藝術精神》[40]的〈三版自序〉（撰寫於 1972 年）有如下記載：

> 畫家的心中，若填滿了名利世故，未留下一片虛靈之地，以「羅萬象
> 於胸中」，而欲在工作中開闢境界，抒寫性靈，恐怕是很困難的事。
> 這部小著，假定能幫助讀者，帶進古人所創發的「心源」，而與其互
> 相映發，使自己的作品，出自此種根源之地，則天機舒卷，意境自
> 深；或者這是一點小小地貢獻。（頁 525）

上文可稍作說明者有三：其一，繪畫（恐一切藝術表現皆然）所不可或缺
的，是「虛靈之地」。筆者認為，此地之背後即虛靈心（唐先生之恆常慣用
語則為「虛靈明覺心」[41]）。非具備此心，則繪事絕難有所成就。即有所
成，恐繪事之從事者亦只不過是成為一名匠人──畫匠而已，難語乎畫家

---

[39] 語出《尚書・秦誓》、《大學》。

[40] 徐復觀，《中國藝術精神》，臺北：臺灣學生書局，1966 年 6 月初版。

[41] 就唐先生來說，虛靈明覺心乃成就道德之基礎；也可以說，此心主要幫助吾人成就道
德。然而，筆者認為，此心實未嘗不可幫助吾人成就藝術。依徐先生，藝術之最高境
界必與道德融合。當然，也可以反過來說，藝術融合了道德，即把道德涵攝進來，藝
術始可達到最高的境界。《中國藝術精神・自敘》便有類似的一個說法：「……道德
與藝術在窮極之地的統一，可以作萬古的標程」。也可參該書第一章。其中最後一段
倒數第一、二句說：「善（仁）與美的徹底諧和統一的最高境界，……將像天體中的
一顆恆星樣的，永遠會保持其光輝於不墜。」可知美（藝術）與善（道德）的統一
（融合），乃德的最高理想，同時也是藝術的最高理想。針對唐先生「虛明靈覺
心」之研究，可參張云江，〈虛明靈覺心：唐君毅建構形而上學的道德修養基礎〉，
《社會科學研究》，2017 年 1 期（2017.02.13），頁 136-140。https://www.airitilibrar
y.com/Publication/alDetailedMesh?docid=shkxyj201701020；2020.11.04 瀏覽。

也。其二，徐先生對讀者深有期許，希望藉著其著作，把他們帶進「虛靈之地」的背後的這個心源。其三，讀者（之心──虛靈心或虛靈明覺心）與古人之心（同樣是虛靈心或虛靈明覺心）相互映發下，則讀者從事創作時，其作品自必能「天機舒卷，意境自深」的。

據上文可知，徐先生的半學術性著作──《學術與政治之間》、純學術性著作──《中國思想史論集》、《中國藝術精神》，皆無不反映彼對讀者深具一番崇高的期許。

（二）學術性之期許

徐先生對中國哲學思想史之研究，其最具代表性之專著，無過於《中國人性論史・先秦篇》一書。[42]書中的〈序〉文（撰寫於 1960.12.28）有如下一段話：

> 我懇切呼籲已經在學術界中取得了一些地位的先生們，要有學術的良心，要有學術的誠意，要向下一代敞開學術研究之門；這是我們這一代的知識分子必須有的良心上的贖罪。我再進一步說一句吧！站在人類文化的立場，沒有任何理由可以排斥對歷史中某一門學問的研究工作。我也發現不出今日中國知識分子學術上的成就，具備了排斥某一門學問的資格。[43]（頁462）

---

[42] 書中之〈自序〉便明言：「我這裡所刊行的《中國人性論史・先秦篇》，是……我所寫的『以特定問題為中心』的中國哲學思想史的一部分。」其他或可稱得上為中國哲學思想史的，如《周官成立之時代及其思想性格》，其價值，或對學界的貢獻，似不如上書。

[43] 說到先生反對「在學術界中取得了一些地位的先生們」之「排斥某一門學問」，他在另一書中也有類似的意見，如下：「我已經老了，希望下一代的智識份子，只問自己是不是在認真地研究。不必說什麼值得研究，什麼不值得研究。只問人家研究的態度是否誠實？研究的結論是否正確？不可認為研究西方的才是進步，研究中國的便是頑固。更應知道『什麼叫做研究』，守住做學問的大『行規』；凡不曾研究過的，便不

上引文的重點有二：其一，呼籲知識分子著書立說，要有學術良心——學術
誠意。其中「必須有的良心上的贖罪」一語，反映出先生認為中國近現代有
不少知識分子是在埋沒一己的良心下來進行著書立說的。為一己之私也好，
為黨派之私也罷，或由於個人的愚昧也罷，例子俯拾即是，不必列舉了。[44]
其二，「沒有任何理由可以排斥對歷史中某一門學問的研究工作」，很明顯
是意有所指的。指的就是：「兩百年來流行的無條件地排斥宋明理學」（頁
462）。之所以做出如此非理性的行為，據先生觀察，「只是壞的習性，相
習成風；便於有意或無意中，必以推倒在歷史中僅有的，可以站得起來的好
知識份子為快」。（頁 462-463）我們都知道，壞的習性，一旦養成，便難
以改變過來；浸假便成為一時風尚。然而，其本身成為風尚也罷，但何至於
非要扳倒好人——好知識分子——不可呢？徐先生大概想到讀者，其愚笨如
筆者者，會產生這個疑惑。所以便馬上給出「答案」來解惑；如下：「這和
在政治上，在社會上，壞人必定編出許多藉口以排斥正人君子，是出於同樣
的心理狀態。」（頁 463）藉著心理學上自我防衛機制這個理論來說明壞人
的心理狀態，筆者認為，是深具說服力的。

　　先生著書立說，其中充滿了對讀者，尤其對下一代（即年輕讀者）的期
許。《中國文學論集》的〈自序〉（撰於 1965.10.04）可以充分說明這一

應當開口，更不應當信口批評他人。……只問努力不努力，不必問中化與西化。」徐
復觀，〈西方文化沒有陰影〉（撰於 1969 年 1 月），大學叢刊編委會主編，《這一
代青年談台灣社會》（臺北：環宇出版社，1972），頁 35-36。

[44] 徐先生不光是指責他人，他本人承認自己亦當以贖罪的心情來承擔同樣的責任；嘗
云：「以我在今日的環境、地位，難說除了希望在學術上為民族留一線生機的真誠願
望以外，還能有其他的個人企圖？……我在這裡，是以和許多知識分子負擔同樣的責
任、罪過的心情，來說這種話的。」（頁 463；此引文源自《中國人性論史・先秦
篇》之〈自序〉）其實，徐先生何罪過之有呢？他深具人溺如己溺的淑世情懷，於是
遂自認為跟許多知識分子的表現並無差別。其實，先生不啻自願身陷地獄、深淵，而
冀盼分擔其他知識分子之責任、罪過，並與彼等一同超拔，一同渡過苦厄。這與「我
不入地獄，誰入地獄」的弘願；或上帝藉著聖子耶穌基督降臨人間的方式，以拯救罪
人的做法，是同樣偉大的。按：此〈自序〉撰寫於 1962 年 12 月 28 日。所以上引文
中說到的「今日」，乃指其時。

點；如下：

> 本書彙印的八篇文章，並非出於預定的計劃。雖然如此，但我因偶然
> 機緣的觸發而拿起筆來的時候，還能保持嚴肅地態度。假定這幾篇文
> 章，對下一代好學深思之士，在文獻考證及思想把握的態度與方法
> 上，能發生若干啟發性的作用，我便非常滿意了。（頁474）

讓讀者知悉論著中的內容，當然是徐先生（乃至其他一般撰文者）執筆撰文
的目的。然而，論著中的內容很多時是很個別的（即各別自成一單元，而與
同一書內其他單元不必然有密切關係的）；論文集尤其如此。顧名思義，論
文集是個別文章之集合，不見得所有讀者對集中的所有文章都感到興趣的。
能夠讓讀者普遍地感興趣且有所收穫的，很可能是論文集中作者的態度和方
法了。放諸四海而皆準的研究和寫作態度，與客觀超然且針對各研究領域相
應的方法，對任何有志於從事研究的讀者來說，恐怕都是值得仿效、取法
的。「善解人意」的徐先生，在這方面，那有不知之理呢？這所以在上引文
中，先生便明言他「非常滿意」的，就是他的文章能夠對下一代「在文獻考
證及思想把握的態度與方法上，能發生若干啟發性的作用」。諺語「給人魚
吃，不如給人釣竿。」說的正是這個道理。先生對下一代的期許，又見下引
文：

> 本集裡，對治思想史的方法與態度的不斷提出，及對於迷離惝恍的文
> 字魔術所作的追根究底地清理，這都可給下一代有志氣從事於學問的
> 人以一點幫助。[45]（頁441）

以上兩段引文，都出於論文集。針對某一研究主題的專書中，也可以看到先

---

[45] 徐復觀，〈再版序〉（即〈自序之二〉，撰於 1967.09.28），《中國思想史論集》，
臺北：時報文化出版公司，1985。

生對年輕人，也有著同樣的期許。

　　茲以《石濤之一研究》為例做說明。先生說：

> 在石濤生年問題的一連貫針鋒相對的辯難中，由材料的分析、綜合，
> 及在分析、綜合中對推理的運用，在思考能力的養成上，應當有相當
> 的意義。治學方法，必植基於思考能力。我希望年輕的朋友們，肯由
> 此一觀點，讀我許多與人發生辯難的文章，也和我年輕時讀日人河上
> 肇這類的文章一樣。[46]

這段引文與上兩段引文的性質稍有不同。上兩段旨在說明態度與方法在研究
上之關鍵地位。這一段則進一步指出治學方法必有所本，此乃思考能力是
也。[47]然而，前後三段文字，仍有一共同點，即主要仍係針對下一代，即年
輕人而發。年輕朋友以富於春秋，是最可以寄予厚望的。先生針對他們給予
意見，宜也。至於年長的其他讀者，恐先生不至於「放棄」他們。大概考慮
到自己約五十歲以後才從事學術研究工作，有點不好意思就方法與態度的問
題，對他們提出建議；再來，也許要表示客氣，所以行文上，遂不便針對一
般讀者了。

　　徐先生對讀者的期許，其特色有二。在領域上，表現於橫跨不同性質的
專著。在時間上，則縱貫 30 年。茲透過三本書之序文或所謂讀後感以做說
明：（一）最早的一本專書：中村元著，先生譯，《中國人的思維方法》

---

[46] 徐復觀，〈第三版自序〉（撰於 1978.07.09），《石濤之一研究》，《徐復觀全集》
　　（北京：九州出版社，2014），頁 451-452。該書是九篇文章的一個結集。先生指出
　　說，因其他研究、寫作工作太忙，且「年歲也實在老了」，大概不會有機會把九篇文
　　章「重新加以分解、組織，寫成一篇首尾圓合、系統分明的長文。」然而，仍提出跟
　　該書相關係的四個重點。詳參頁 451-452。

[47] 徐先生的相關說法，見諸「治學方法，必植基於思考能力」一語。而思考能力之養
　　成，又植基於「（相關）材料的分析、綜合，及在分析、綜合中對推理的運用」。換
　　言之，就治學（研究）來說，「材料的分析……」是最基本的，此建構或造就了
　　（或訓練出）思考能力，而具備了思考能力才能夠產生有效的方法。

（1953 年 5 月出版）；（二）最後的一本專書：《中國經學史的基礎》
（1982 年 5 月出版，時先生剛逝世一個月）；（三）為他人的專書所撰寫
的一篇讀後感：〈讀《魏源研究》〉（撰於 1982 年 1 月 29 日）。茲依序引
錄其代表性的文字如下：

　　《中國人的思維方法・譯序》（撰於 1953.03.14）有如下一段話：

> 經過了長期學術性的努力，把我們平日沒有明確意識到的問題，一一
> 凸現於我們之前。……我們不能在一知半解，意識朦朧的狀態下來談
> 中國文化。所以倘因此著作之介紹而能引起我們的反省，在反省中，
> 把自己推進一大步，同時也把日本有關這一方面的學者推進一大步，
> 以貢獻於中日文化的交流，這才是譯者真正的願望。（頁 422）

上引文中，先生期許的對象有二。一是國人自己（「我們」蓋指中國人）。
二是原著者中村元氏的國人，即日本人。《中國人的思維方法》是一本日譯
中的專著。先生對中、日讀者／學者都作出期許，可謂妥適而周延。然而，
有一點或可一說。先生期盼中國讀者和日本學者在反省中能推進一大步。這
是一個很崇高的願望。然而，筆者以為此願望之得以落實，恐怕在翻譯之
外，似乎宜補上翔實的註釋。徐先生在譯文中的若干地方嘗加上簡短的按
語；然而，譯文的本身（儘管加上按語），縱然能促使讀者反省，但真能使
彼等往前推進一大步，則未敢必也。換言之，猶有待補上翔實的註釋。當
然，吾人不應以此要求徐先生。蓋先生當年（1953 年），尚未完全投入學
術研究的工作。其能費大工夫從事翻譯，已大不易了。補上翔實的註釋，乃
後人／吾人所當自勉者；何能責之於徐先生耶？
　　先生對讀者的期許，乃數十年一貫的做法；至臨終前亦未嘗稍易。先生
謝世後一個月便出版的《中國經學史的基礎》，其〈自序〉（撰於 1981.12.12）
有如下幾句話：

　　……我是無法寫成一部完整的經學史，假定我這裡的兩篇[48]再加上
　　《春秋》三傳的考查[49]，能為今後寫經學史的人提供一個新的出發
　　點，便稍可減輕我在這一方面的責任感了。[50]（頁563）

上引文中「新的出發點」一語，自然是對後人來說的。即先生企盼他前後共
4 篇文章所提供的「新的出發點」能夠作為未來研究者的基礎。當然，此語
也隱含了先生的自我期許。即期許自己的 4 篇文章是有創意的，有價值的，
否則對後來研究者又何來「新的出發點」呢？

　　先生撰就於晚年的《中國經學史的基礎》，其內容旨在處理經學問題，
[51]那是不必多說的。事有湊巧，也是撰就於晚年，且幾乎是絕筆之作的徐先
生的另一著作（一篇短文），也有若干篇幅是談經學的；且其中還涉及到先
生畢生關注的經世致用問題（此相對於進行象牙塔式，不吃人間煙火的學術
研究來說）。如扣緊經學來說，即「通經致用」的問題是也。（若寬泛一點
說，即學術經世、學術致用的問題；此徐先生所畢生關注且躬行實踐者。）
按：徐先生甚少為他人的著作撰寫序文，除上面提到過的為其高足翟志成教
授撰寫的一文外，還有的，就是下文馬上要談的為陳耀南先生《魏源研究》
[52]撰寫的，其性質好比序文的一篇讀後感。[53]其中有幾句話便說到「通經致

---

[48]　按指：〈先漢經學的形成〉和〈西漢經學史〉。

[49]　「《春秋》三傳的考查」乃指〈董仲舒《春秋繁露》的研究〉（收入《兩漢思想史》
　　卷二）一文中對《春秋公羊傳》及〈原史〉（收入《兩漢思想史》卷三）一文中對
　　《春秋左氏傳》和《穀梁傳》的成立情形及其本來面目的研究。

[50]　徐復觀，〈自序〉，《中國經學史的基礎》，臺北：臺灣學生書局，1982 年 5 月。

[51]　內容含二篇文章：〈先漢經學的形成〉、〈西漢經學史〉和一篇附錄：〈有關《春秋
　　左氏傳》的補充材料〉。

[52]　陳耀南，《魏源研究》，香港：乾惕書屋，1979。

[53]　徐復觀，〈讀《魏源研究》〉（撰於 1982 年 1 月 29 日），載 1982 年 2 月 2 日面世
　　之《華僑日報》，後收入徐先生，《徐復觀最後雜文集》（臺北：時報文化出版公
　　司，1984），頁 166-169。按：陳耀南先生嘗請徐先生為他即將再版的大著《魏源研
　　究》撰寫序文，徐先生很客氣，以「不敢寫序」為由，「特寫出這篇讀後感」。所以
　　就性質而言，筆者姑定位該文好比一篇序文。

用」這個問題，如下：

> 魏源們提倡「通經致用」，這本是中國經學得以成立的根源，及經學
> 傳承中的大統；此一大統，至乾嘉學派而始歸荒廢。……魏源不幸；
> 他是直承劉逢祿而未能深入去了解莊存與。這是今文學的不幸，也是
> 中國經學的不幸。……魏源在致用方面的成就與意義，遠大於他經學
> 的成就與意義，……（頁 565）

上引文可說者有二：其一，「『通經致用』，這本是中國經學得以成立的根
源」。徐先生這個判斷是否 100% 符合事實，恕筆者孤陋寡聞，不敢置
喙。但這句話至少充分反映出先生深具一個偉大的理想（抱負、期許）。而
這個理想，也可以說，就是先生對經學可扮演或當扮演的角色所作出的一個
價值判斷。其二，「通經致用」乃「經學傳承中的大統」。此傳承的大統固
指過去而言。然而，既為一「大統」，則必涵，或至少隱涵，未來一義。簡
言之，此「大統」不應斷絕於今日，而亦當綿延於未來者。也可以說，
「『通經致用』本是『經學傳承中的大統』」一語，即期許今後欲傳承經學
者，此「通經致用」的大統乃絕不可輕忽滑過而不顧及者。

　　以上先生不同性質的著作，如思想研究、文學研究、經學研究，乃至譯
作及為他人撰寫的，其性質恰如序文的讀後感等等，都反映了先生源自道德
良心上之不容自已而產生的對讀者，尤其對年輕人，的懇切期許。

四、著作中自我承認錯誤闡微

　　筆者去年底（2020.12.26-28）在「當代新儒學的創造性轉化」國際學術
會議上宣讀的一篇文章，[54]旨在談「施予人以原諒」（簡單來說，就是原
諒他人）的問題。很多時候，原諒他人是需要廣開心量，並具備道德勇氣

---

[54] 〈仁者的人文關懷：唐君毅先生論「施與」與「原諒」〉；今作為本書之附錄一。

的。[55]如果原諒他人都需要道德勇氣，那自我承認錯誤，恐怕就需要更大、更堅實的道德勇氣了。蓋承認錯誤，很可能會造成非常不利於己的後果，譬如要承擔法律責任等等；而不光是道義上（道德上）的責任和面子上掛不掛得住的問題而已。這跟原諒他人在原則上只需要說服自己便可以達陣的，相比之下，承認錯誤便需要更大的道德勇氣了。筆者由是得出一個看法：若要衡斷某人是否深具道德勇氣，那「勇於承認錯誤」應該是一個很好的判準。（不消多說，還有其他判準可以作為衡斷之根據，如「以德報怨」，或如上說過的「施人以原諒」即其例。換言之，「勇於承認錯誤」不是必要條件，而係充分條件。）筆者深信，凡真儒家，莫不具備源自理性、良心而來的道德勇氣的。徐先生，如假包換的真儒家也。彼深具道德勇氣，此在其眾多著作中即表露無遺。今仍以其若干著作中的自序為主要素材來做說明。

說到犯錯誤（廣義的，含欠周延——粗率、遺漏、解釋欠妥等等），我們不妨從先生早年出版的《中國人性論史・先秦篇》一書談起。在該書第二版的〈補記〉（寫於 1975 年）中，徐先生便很坦白的一一舉例說明。今舉八則如下：

（一）寫孔子時，遺漏了說明「孝弟」對「盡性至命」之關鍵地位，徐先生由是感到「非常慚愧」。

（二）呂不韋門客嘗編纂《呂氏春秋・十二紀》。徐先生斷言其時「大學之觀念，至此尚未形成」，徐先生指出他這個原先的判斷「是不對的」。

（三）承認「對墨子〈尚同〉的疏釋，失之於粗率。」

（四）墨子「是認為只有由選舉出來的統治者，才值得人民與其相同。不把這一層說出來，便冤屈了這位偉大的思想家。」

（五）認為自己對《道德經》：「夫莫之命，而常自然」（第 51 章）所作的解釋「欠妥」。

---

[55] 當今之世，到處充塞著暴戾之氣。睚眥必報者，數見不鮮。「以牙還牙，以眼還眼」，僅以同樣的東西作為「回報」的，已經算是比較客氣的了。更有甚者，譬如「以拳還眼」，「以刀還牙」者，或所謂十倍、百倍奉還者，亦絕不罕見。所以能夠不記仇，不雪恥，已經算是很難得了。如能進一步施人以原諒，那就更不容易了。

（六）針對《莊子》「精」的觀念，徐先生認為尚可補充〈秋水〉、〈則陽〉兩篇的相關說法。

（七）引錄「《莊子・齊物》『烏乎隱而有真偽』一段，中間不應將原文加以刪節。」

（八）《人性論史》雖說到董仲舒與陰陽五行的關係，但五行乃係由陰陽演化出來而成為一個系統，這個說法是受董仲舒影響以後，才發展出來的。這明白紀載於《白虎通德論・五行篇》。徐先生坦誠只有當他寫《兩漢思想史・春秋繁露研究》時，「才澈底弄清楚」這個問題。[56]（以上見《序跋輯錄》本，頁 463-470）

《中國思想史論集》的〈再版序〉（撰於 1967.09.28），徐先生又坦承該書的某些章節的某些地方犯了「錯誤」，含（一）論證「稍嫌薄弱」；（二）說明「不夠確切」；（三）考證某問題時所用的考證方法「非常冒險」而「遽然斷定某些紀錄為偽」等等，即是其例。（頁 439-440）〈再版序〉以下幾句話很值得注意；茲予以引錄如下：

> 把含有不少錯誤的文章重印出來，並不是為了把它當作個人治學過程中的里程碑，而是為了我的這些文章，都是在時代激流之中，以感憤的心情所寫出來的。對於古人的了解，也是在時代精神啟發之下，所一步一步地發掘出來的。……在我的每一篇文章中，似乎都含有若干有血有肉的東西在裡面。（頁 441）

上引文第一句話：「……不是為了把它當作治學過程中的里程碑」，個人認為吾人不必認真看待。蓋作為里程碑，藉以自我警惕，也是徐先生恆用心之所在。[57]大概由於徐先生要使讀者特別注意上引文中的後半段（即「而是為

---

[56] 此外，針對《中國人性論史・先秦篇》而寫的〈再版序〉（撰於 1968 年），徐先生又坦承，其書「實有不少的缺憾。」，並明確地指出了三項。（頁 455-456）。茲從略。

[57] 「作為里程碑，藉以自我警惕。」，筆者這個判斷，從徐先生的文字中是可以找到明

了我的這些文章……有血有肉的東西在裡面」），這所以徐先生在行文上作出此輕彼重的一個說法。而這後半段之重點有三：

（一）面對時代的大問題，因心中有所感而生起不容自己的義憤，由是發為文章；此正所謂有感而發也。

（二）過去研究歷史的學者，恆只作單向的思考。「古為今用」、「以古諷今」、「以古喻今」等語，便在一定程度上反映出這種思考的特色。近今則有所改進，而漸次體會到，古今是雙向互動的[58]，即知古當然可以知今——幫助了解今天（原則上如此，但也不盡然；不細說）；然而，知今亦未嘗不可以反過來得到啟發而把古（泛指「過去」）認識得更清楚。上引語中：「對於古人的了解，也是在時代精神啟發之下，所一步一步地發掘出來的。」，正說明了這點。

（三）最後一句話顯示、反映先生生命奮鬥的痕跡，頗堪注意。

在《兩漢思想史》（卷二）的〈自序〉（撰於 1975.12.10）中，先生又有類似的說法：「我的文章，在治學的途轍上，稍盡了點披荊斬棘之勞，斷乎不敢說沒有犯下錯誤。」（頁 527）

按：以上所引錄的文字，皆出自先生思想性的著作。在專門探討一人的研究上，先生也一樣勇於承認錯誤。茲舉一例如下：

《石濤之一研究》的〈增補版自序〉（撰於 1972.12.08）云：

　　我從書法上斷定日人永原織治所藏的一件為偽，萬分羞愧。至於對草

證的。先生云：「……所以不再將原文變動，固然是因為這不牽涉到基本論點；尤其是我要保存原貌，以警惕自己落筆的不可輕率。此外，還是正了些字句上的遺誤。」（《序跋輯錄》本，頁 543）語出〈自序〉（撰於 1980.01.10），《周官成立之時代及其思想性格》。

[58]　二戰時卒於納粹集中營的法國偉大史學家 M. Bloch（1886-1944）對此論述綦詳。見所著 *Apologie pour l'Histoire ou Métier d'Historien*, Paris: Librairie Armand Colin, 1952. 此書有英譯：P. Putnam(translated), *The Historian's Craft*, New York: Vintage Books, 1953. 中譯（譯作《史家的技藝》或《歷史學家的技藝》）則臺灣、大陸均有。相關出版資訊，從略。

書的「濟」字款，也加以懷疑，完全是少見多怪。……茲當再版之
際，未將上述荒謬的部份刪除，這不僅是因為印影的方便，也是自己
在治學上留下的一個深切教訓。[59]

在這裡必須指出，上引文僅 100 字左右（縱然加上省略號（……）所取代的
文字，總共也不過 200 字左右），但出現了四個用語相當重的自我譴責：
「萬分羞愧」、「也加以懷疑」、「少見多怪」、「荒謬」。筆者深信，這
是一般作者（知識分子）不輕易說出口的。[60]然則何以徐先生偏要自我口誅
筆伐，甚至或可稱為自我鞭屍呢？無他，乃旨在企盼「自己在治學上留下的
一個深切教訓」而已。光是這句話，就讓筆者不能自已而佩服得五體投地。

此外，先生成名之作之一的《兩漢思想史》，其中卷三收錄了先生〈論
《史記》〉一文。按：先生精研《史記》，卓然成家。論《史記》〉一文，
慧解精識盈篇而累牘，讓人一讀三嘆。該文末尾處收錄了一篇類似「附錄」
的短文：〈讀〈論《史記》〉駁議──敬答施之勉先生〉。此短文末有如下
的幾句話：

> ……班固時對史公書，或僅稱「史」，或稱「前史」，尚未出「史記」
> 之名，決無可疑。我一時記憶偶疏，遂為施先生之說所蒙，言考證之
> 不可以不親查原典，稍一偷惰，即有此失，自後當更引以為戒。[61]

先生之虛懷若谷，可以概見。其中說到不親查原典所可能導致的誤失，實可
以作為所有治學者之大戒。吾人當三復斯言，並視之為治學者當恪守之圭
臬。

先生臨終前一個半月的一則口述，也同樣佐證了先生自我承認錯誤的勇

---

[59] 徐復觀，《石濤之一研究》（臺北：臺灣學生書局，1973），頁 9-10。

[60] 當時徐先生已 70 歲，且早已成名了。5、60 歲的人很多已倚老賣老了，更何況已屆
人生 70 古來稀的耄耋之年呢？

[61] 徐復觀，《兩漢思想史》（臺北：臺灣學生書局，1979），卷三，頁 458。

氣：

> 三十年之著作，可能有錯誤，而決無矯誣，常不免於一時意氣之言，
> 要其基本動心，乃湧出於感世傷時之念，此則反躬自問，可公言之天
> 下而無所愧怍者。然偶得摸入門徑，途程尚未及千萬分之一，而生命
> 已指日可數矣。[62]

其中說到的錯誤，指的當然是著作中的某些內容而言。之所以犯錯誤，究其
原因（或原因之一），先生明白言之：「一時意氣之言」導致之。[63]失諸一
時意氣，這當然不是很好。然而，沒有真性情，而終日唯唯諾諾、俯仰隨人
者，又何來意氣呢！！是以先生的真性情，反藉此而見其一斑。

　　最後要說的是，承認錯誤乃旨在自我警惕，以避免日後再犯。此本節上
文已做過說明。更有進者，乃先生經常明確指出，希望得到讀者指教。茲舉
一例以概其餘。《中國文學論集》的〈自序〉說：「其中錯誤之處，定所不
免，我懇切希望能得到指教。」（頁 474）以先生深具反省能力，且對學問
深具誠敬（詳下文），所以筆者深信，這一句話絕對不是流於形式的客套
話。再者，筆者相信，研究過程再矜慎，再認真，並深具反省能力的人，也
不一定能夠自我發現所有錯誤的。以徐先生深具睿智，對這種情況當然是瞭
若指掌的。

---

[62] 〈自序〉（臺大醫院病榻上先生口述，曹永洋先生記錄），《中國思想史論集續編》
（臺北：時報文化出版公司，1982.03.27 出版），頁 1。此〈自序〉撰寫於 1982 年 2
月 14 日，下距先生謝世約一個半月。再者，下距其尚能親筆撰寫日記且明確標示日
期的最後一日（1982.02.24），僅相隔 10 日。這 10 日期間，只有以下各天記有日
記：15（1 則）、21（4 則）、22（1 則）、24（3 則）；另一則缺日期。
以上共 10 則日記，約 1000 字多一點。此〈自序〉，筆者每讀一次，哭一次。其感人
之深有如是者。

[63] 當然，「一時意氣之言」也可能本身「自我獨立」的；即罵人歸罵人，只是發一下牢
騷而已，不見得一定會導致作者犯錯誤的。換言之，意氣之言也可以全不影響著作的
內容的。

五、美而知其惡，惡而知其美闡微

徐先生相當欣賞中村元氏所著《東洋人的思惟方法》一書。[64]然而，先生美而知其惡，絕不以偏概全，更不會執一而廢百。在〈譯序〉中嘗指出不能完全接受其結論：

> 我並不以中村氏所得的結論，便是完全可以接受的結論。第一，語言與理論的關係……至今還是爭論不決的問題。換言之，由一個民族的「自然語言」以推斷其理論中的概念判斷等等，多少要帶點理論的冒險性。第二，……我懷疑思維方法可以制約思維對象，以形成有特徵的文化現象；但思維對象，是不是也可以制約思維方法，以形成有特徵的思維方法呢？……思維方法與思維對象──是互相制約的，……還有（按：即第三），著者認為佛教在東方是普遍性的宗教，於是主要通過各民族對佛教之容受形態以考驗各民族的思維方法特徵。（頁420-421）

上引文，其可說明者有三，如下：

（一）「……但思維對象，是不是也可以制約思維方法，以形成有特徵的思維方法呢？」此語意謂：針對不同的思維對象，宜用不同的思維方法。細言之，思維對象與思維方法是相互制約的，不是單向的。是以思維對象的不同宜運用相應的思維方法（即先生說的「有特徵的思維方法」）來做研究。由是徐先生下判斷說：「思維方法與思維對象──是互相制約的。」筆者以為徐先生這個說法，最為中肯而周延。

（二）「……通過各民族對佛教之容受形態以考驗各民族的思維方法特徵。」言下之意，蓋謂佛教對東方具決定性的作用、影響，亦即佛教是單向

64　徐先生把此書的中國部分翻譯成中文，此即上文提到過多次的《中國人的思惟方法》一書。

的影響東方各民族，而不會反過來佛教也被東方民族影響而作出一定程度的
修正或調整。但徐先生對此持異議而得出結論說：「兩個文化（按指：佛教
文化、被影響的國家的原來的文化）由接觸所發生的影響，是相互的影響，
即是彼此的特性，都互相打了個折扣。」（頁 421）[65]徐先生這個判語是持
平而中肯的。[66]譬如說，如果把宋明理學視為佛教化下的一個結果，此固然
失諸偏頗，欠周延，而太過誇大了佛教的影響。反過來，如果強調理學自理
學，佛學自佛學，恰似佛學／佛教對理學一無影響，這恐怕亦與事實／史實
不盡相符。其實，佛教文化與儒教／儒家文化，皆人類兩大主流文化，其發
生碰撞，衡諸情理，豈會所發生的影響只是單向的呢？然則徐先生之說法，
乃最為可取、周延。

　　（三）上〈譯序〉撰寫於 1953 年，先生時年 50 歲，即其學術剛起步之
時。然而，其眼光之銳利及批判能力之強已很可以概見了。上之（一）反映
先生考慮問題甚周延；上之（二）則反映其立論持平而中肯。宜乎其爾後之
成就卓異不群也。

　　「美而知其惡」乃不左右袒而能作出平衡、持平之報導之一端而已。
「惡而知其美」乃同樣不可輕忽者，否則仍未為周延。以下舉《中國人性論
史》為例作說明。其〈再版序〉云：

　　　　馮友蘭的《中國哲學史》，以正統派自居；但其中除了對名家（辯
　　　　者）稍有貢獻外，對孔、老、孟、莊的了解，尤其是對孔與孟的了
　　　　解，連皮毛都沒有沾上。（頁 455）。

可知徐先生對馮氏《中國哲學史》的批評是相當嚴苛的。但先生惡而知其

---

[65]　各自的文化之所以會「打了個折扣」，原因乃由於受到對方文化的影響。其結果便是
　　　自己的文化必然作出調整，含適量地減損其原有者，即適度地「退讓」，以便騰出空
　　　間俾充量和更有效地吸收對方文化之優點。而減損、退讓即打折扣之謂。

[66]　當然，彼此影響的程度，其輕重有別。但絕不可能是 100% 單向的；即不可能是
　　　A100% 影響 B，而 B 對 A 的影響是 0% 的。此衡諸常情常理，即知之。

美，而仍認為馮氏對名家（辯者）的研究也作出貢獻。這個說法，《公孫龍子講疏》[67]的代序：〈先秦名學與名家〉（撰於 1966.09.28），說得更明白、完整；如下：

> ……由此可知馮友蘭把他們概稱之為辯者，並無不當。……馮氏……認為當時辯者可分為「合同異」及「離堅白」兩派；這兩派在莊子及其後學徒的心目中都是「辯者」（頁 484）

最後徐先生又再肯定馮氏的說法；如下：「……則馮氏這種說法（筆者按：稱名家為辯者），也是可以成立的。」（頁 484）。是徐先生在不同的兩書中，前後凡三次肯定馮氏的研究成果／說法（一、「稍有貢獻」；二、「並無不當」；三、「可以成立」）。稍肯定其研究成果及相關說法可以成立，雖然不算是非常高度的肯定、稱許；然而，相對於對馮氏非常嚴苛的負面評價（上文「連皮毛都沒有沾上」一語可作為代表）而言，則對馮氏予以一定程度的肯定，當然應算是「惡而知其美」了。

　　在這裡或可以順便一說徐先生對公孫龍子的評價。徐先生對公孫龍實不懷好感；其批評相當嚴苛。此見諸《公孫龍子講疏》之〈代序：先秦名學與名家〉一文；如下：

> 在其他各家，對名與實之是否相符，乃是以觀察等方法，先把握住實；再由內外經驗性的效果以證明實，看名是否與此實相符；這是「專決於實」，而不是「專決於名」。換言之，諸家是由事實來決定名；而公孫龍這一派，則倒轉過來成為由名來決定事實；他們是以語言的分析來代替經驗事實，而成為玩弄語言魔術的詭辯派。（頁 485）

---

[67] 徐復觀，《公孫龍子講疏》，香港：新亞研究所，1966 年 12 月初版。

先生又說：

> 他以專決於名的方法來正名實，事實上，是把常識上的名實關係都破
> 壞了，這便引起人對客觀世界認識上的混亂。（頁 488）

綜合上兩段引文，蓋徐先生指出公孫龍的缺點有二，其一是：「他以為名有
固實，因而執名以為實。」（頁 492）其二是：其他各家，譬如荀子，由於
認識客觀事物的分類系統而形成了名的分類系統；並由此而建立認識之秩
序。公孫龍對此似乎一無所覺，或故意抹煞其所覺。「所以他只是停頓在感
覺上，以玩弄語言的魔術；是軼出於正名思想之外的詭辯。」（頁 493）。

　　按：正名思想主要是為政治倫理、社會倫理服務的。先生今所謂「軼出
於正名思想之外的詭辯」，細析之，蓋意謂：公孫龍的正名思想軼出了政治
倫理和社會倫理的範疇，而成為了顛倒是非黑白、破壞常識性名實關係的詭
辯。

　　以上的論述，當能看出徐先生對公孫龍的評價是非常負面的。然而，先
生惡而知其美，而仍能作出平衡、持平的報導／論斷。此見諸上揭〈代序〉
的最後一節：「名家的價值」。顧名思義，在徐先生來看，名家的代表人物
公孫龍仍有其價值在。筆者上文第二節：「撰著動機闡微」，已做過相關探
討；茲從略。

　　以上針對美而知其惡，筆者舉出中村元氏一例。針對惡而知其美，筆者
舉出馮友蘭、公孫龍共兩例。然則徐先生本乎道德良心而對美、惡所作出的
平衡、持平的報導／論斷，應可以概見。

六、「敬」、「誠」在研究上所扮演之角色闡微
（兼論「心安理得」、「橫心」、「行詐」、
「真人」；「性情自白」）

　　下文針對「敬」、「誠」、「心安理得」、「橫心」等等，依次論述。

（一）敬

〈研究中國思想史的方法與態度問題——代序〉[68]一文（撰於 1971.
01.03），對研治中國思想史，甚至對研治一般的文史之學而言，其所涵藏
有關方法與態度的慧解卓識，可說盈篇而累牘；實在是非常值得一讀的大文
章。其實，縱然就了解徐先生個人之思想而言，其內容也非常值得關注。然
而，本文既旨在扣緊先生之論述態度，尤以其跟人之品格或道德相關係者，
作出闡述，不擬多說其他，則〈代序〉中所處理的其他面向（譬如論述方法
等等的文字），本文不擬多所涉及。就研究態度而言，〈代序〉中論「敬」
的文字，筆者認為，尤其值得關注。茲引錄如下，

> 決定如何處理材料的是方法；但決定運用方法的則是研究者的態
> 度。……研究人文科學，則研究的對象與研究者實（按：意謂現實、
> 實際）生活的態度，常密切相關；於是在實生活中的態度，常能直接
> 干涉到研究時的態度。……任何簡單明白的道理，也可以容許人的詭
> 辯。所以在這方面的困惑，許多是和研究者的現實生活的態度有其關
> 連。要使我們的〔現〕實生活態度能適合於研究時的態度，最低限
> 度，不太干涉到研究時的態度，這恐怕研究者須要對自己的生活習
> 性，有一種高度的自覺；而這種自覺的工夫，在中國傳統中即稱之為
> 「敬」。敬是道德修養上的要求。（《序跋輯錄》本，頁 446-447）

上引文的要旨是：研究者之生命（就德性層面來說）必須與學問／研究（知
識追求）相結合，而其竅門則在於敬。先生作出以上的說明後，隨即引錄黃
榦（1152-1221，號勉齋）稱述朱子的一段話，並進一步歸納出以下一結
論：「敬乃貫徹於道德活動、知識活動之中的共同精神狀態。」（頁
447）。換言之，無論道德活動也好，知識活動也罷，敬乃不可或缺者。道
德活動離不開敬，這人所共知的，不必多說。然而，就知識（求知）活動來

---

[68] 徐復觀，《中國思想史論集》（臺北：臺灣學生書局，1975），頁 1-12。

說，為什麼需要敬這種精神狀態呢？先生自問自答而指出說：

因為求知的最基本要求，首先是要對於研究的對象，作客觀的認定；
並且在研究過程中，應隨著對象的轉折而轉折，以窮究其自身所含的
構造。就研究思想史來說，首先是要很客觀的承認此一思想；並當著
手研究之際，是要先順著前人的思想方法去思想；隨著前人思想之展
開而展開；才能真正了解他中間所含藏的問題，及其所經過的曲
折；……（頁 448）

以上約 200 字中，「隨著」與「順著」（「順著」猶「隨著」之意）共三
見，皆指順隨著研究對象之轉折而轉折，或順隨著被研究者之思想進路、方
法之展開而展開；「客觀」一詞則兩見。其實，只有順隨著研究對象或順隨
著被研究者之思想進路以從事相應的研究，才真真正正的做到客觀的研究。
上文徐先生之所以兩度用上「客觀」一詞，其關鍵原因即在於此。
　　研究活動（知性活動）之需要敬，此已見上引文。其實，就敬本身來
說，它乃係一道德素養，即德目之一。換言之，知識／知性活動，必須以道
德素養貫串、融合其間而始為一有意義，有價值的一個「人生活動」。徐先
生曾說過以下一名言：「政治中當然有道德問題。」[69]其實，知識亦然。若
比照這句名言，則可得出下語：「知識（知識追求）中當然也有道德問題」
了。其實，依唐先生以下的判語：「一切文化活動之所以能存在，皆依於一
道德自我，為之支持。」[70]，則知性活動之所以可能，或至少理想的知性活
動之所以可能，其背後非仰賴道德不可。敬乃道德活動中非常重要的一環，
然則敬在知性活動中之不可或缺，又豈待贅言呢？針對敬，徐先生又特別下

---

[69] 詳參筆者〈自序〉，《政治中當然有道德問題》（臺北：臺灣學生書局，2016），頁
I-V。

[70] 唐君毅，〈自序（二）〉，《文化意識與道德理性》（臺北：臺灣學生書局，
1978），頁 3-4。

了一個類似定義的一個判斷，他說：「敬是一個人的精神的凝斂與集中。」[71]
（頁 448）就知識的追求來說，這個判斷尤其相應。因為凝斂與集中，會
「使自己清明的智性，直接投射於客觀對象之上；隨工夫之積累，而深入到
客觀對象之中，即不言科學方法，也常能暗合於科學方法。」[72]（頁 448-
449）就追求客觀的知識來說，今人所經常強調的科學方法當然扮演相當重
要的角色。這方面，徐先生當然不會不同意。他甚至說：「五四運動以來，
時賢特強調治學的方法，即所謂科學方法，這是一個好現象。」（頁 442）
然而，徐先生特別指出：「科學方法，與科學態度，是不可分的。」（頁
446）此意謂科學方法不能「獨善其身」，即其背後非得有科學態度予以支
持、調整，甚或管控不可。就敬之用於知識的追求來說，它正好比科學態
度。換言之，沒有敬這種態度，研究者就不要侈言什麼科學方法了。

　　凝斂與集中（即所謂「敬」）固可用於正面的，積極的知性上的追求。
這概見上文。其實，敬也可用於非正面的，非積極的知性上的追求。這也許
需要做進一步說明；如下：徐先生說到朱子嘗透過 2000 多字之書札力勸張
欽夫（即張栻，1133-1180）不可比照胡刻之《二程全集》而輕率改動一二
字時，即嘗指出說：「其所以能如此者，乃出自其『恭敬退讓』之心，亦即
來自其居敬之精神狀態。」（頁 450）是可知居敬的精神狀態亦含退讓一
義。不止此也，原來敬與忠也有一定的關係。在一義上來說，兩者是不可分

---

[71] 針對《論語・學而》「敬事而信」一語，朱熹《四書集注》云：「敬者，主一無適之
謂。」而《朱註》此條又大抵本自〈程氏粹言〉卷第一之〈論道篇〉，其中云：「或
問敬。（程）子曰：『主一之謂敬。』何謂一？（程）子曰：『無適之謂一。』」
程、朱以上所言，當係徐先生「凝斂與集中」一語之所本。上引〈論道篇〉之內容，
見程顥、程頤著，王孝魚點校，《二程集》（北京：中華書局，2019），頁 1173。

[72] 說到「精神的凝斂與集中」，便想到徐先生以下的一個相關看法。他說：「以〈文心
雕龍淺論〉冠名的七篇文章，再加上〈釋溫柔敦厚〉的一篇，……此次重看一遍，好
像是看他人的文章一樣，感到不是把精神完全沉浸下去，決無法寫出。」（《序跋輯
錄》本，頁 471）徐復觀，〈再版補編自序〉，《中國文學論集》（臺北：臺灣學生
書局，2001），頁 1。筆者以為，「把精神完全沉浸下去」就必然產生「精神的凝斂
與集中」；也就是「敬」。

的。徐先生即如是說：

> 今人好作毫無根據的翻案文章，乃至先存一種看假把戲的心情來標榜
> 他的研究工作，其病根正在缺少此一敬字。說文：「忠，敬也。」，
> 無私而盡己之謂忠。因不曾無私而盡己，所以自會流於不敬；因為肆
> 無忌憚，所以也自然會不忠於所事。忠與敬是不可分的。（頁450）

按：忠字屬心部。段注：「敬者，肅也；未有盡心而不敬者。」上引文「盡
己」一語中之「己」，自然是扣緊一己之心來說。是盡己即盡心也，即盡一
己之心。盡心（盡一己之心）則必忠。[73]依以上段注，盡心亦必敬。是忠、
敬不二而不可分也。要言之，依先生，忠與敬是同一個東西，至少是相通
的，而非二物也。其實，眾多德目，如忠、孝、仁、愛、信、義、和、平等
等，也未嘗不是相通融貫而互補兼濟的。何以故？蓋以「人心之靈莫不有
知」故也。今姑且莫問朱註及前賢對此「知」字作何種解讀，但筆者在此乃
解讀之為人之「良知」（當然，也可稱之為良心、仁心、仁體、誠體、道德
理性、道德自我等。）因為良知是普遍的，凡人皆一無例外地必具備擁有
的，是以源自此而來之眾德，語其究竟，遂必可相通融貫也。蓋良知，猶
「理一」也；眾德，猶各「分殊」也。分殊既源自理一，則分殊自可相通融
貫而無間隔也。

---

[73] 盡一己之心，易言之，即忠於一己——忠於一己之心。是「盡心則必忠」也。按：徐
先生仙逝於 1982 年 4 月 1 日。其於仙逝前嘗寫出〈病中箚記〉10 則。除最後一則
外，其餘每則皆標明撰寫之日期。最後一則所以缺日期，蓋已接近彌留之際而力不從
心矣。其前則有 3 則寫於 2 月 24 日早上。其中之一有云：「……忠（竭己）恕（推
己）是為己之學的工夫實踐。」按：竭己即盡己也。是忠被視為盡己、盡心，乃徐先
生至死不渝之一貫看法。〈病中箚記〉收入《徐復觀最後雜文集》（臺北：時報文化
出版公司，1984），頁 208-210；亦收入翟志成、馮耀明校注，《無慚尺布裹頭歸》
（臺北：允晨文化實業公司，1987），頁 225-228。

（二）誠[74]

　　誠意及人的整體品格（簡言之，即人格）在知識追求中的重要性，徐先生論之審矣。其相關言論如下：

> 我年來漸漸了解，一個人在學術上的價值，不僅應由他研究的成果來決定；同時也要由他對問題的誠意及其品格之如何而加以決定。學問是為人而存在；但就治學的個人來說，有時也應感到人是為學問而存在。我們每一個人的努力，都希望對「知識的積累」，能有一點貢獻。自己的話說對了，這固然是一分貢獻；能證明自己的話說錯了，依然是一分貢獻。[75]（頁 461）

上引文，茲稍作闡釋，凡三項：

　　1、「一個人在學術上的價值，不僅應由他研究的成果來決定；……也要由他對問題的誠意及其品格[76]之如何而加以決定。」這句話的前半（即：

---

[74] 《說文》：「誠，信也。」然而，何以「信」訓「誠」，筆者個人之粗淺體會為：蓋由於某人之言、行信實、可靠，無矯飾、虛偽，因此值得相信、信賴。而所以值得相信、信賴，大抵源自其人之一言一行皆發自其內心——真心。既發乎內心——真心，則必誠無疑也。簡言之，自積極面來說，是全心全意的，即本乎誠的；消極面來說，是全無矯飾、虛偽的。《後漢書》（北京：中華書局，1965）〈馬援傳〉記載馬援嘗以「開心見誠，無所隱伏」（頁 831）一語來稱許光武帝劉秀。先不問光武帝之表現是否確如馬氏所言，也不論馬氏此語是否發自內心，但光就此語本身來說，吾人之所以「見」出某人具有「誠」意，乃必緣其心是敞開的，全無隱伏的。簡言之，吾人不妨以「開心」、「無所隱伏」此兩義來訓詁「誠」。

[75] 〈序〉（撰於 1962.12.28），上揭《中國人性論史・先秦篇》。

[76] 「其品格」，乃「其人之品格」之縮寫。簡言之，即其人之「人格」。據徐先生，人格不僅在「一個人在學術上的價值」這方面，扮演非常關鍵之角色；其實，縱然對一個畫家來說，其重要性也絕不可輕忽。先生嘗云：「畫的真血脈，必自人格根源之地流出。一般畫家的立足地，是聰明再加上技巧的功力，而缺少人格自覺的向上一關。所謂人格自覺，指的是超出於個人利害得失之上的有所守、有所不為的生活態度；亦即老子之所謂『不可得而親，不可得而疏，不可得而利，不可得而害，不可得而貴，

「一個人在學術上的價值，應由他研究的成果來決定」），洵為一般人所同
許之共識，不必再細說。至於其後半，則依筆者之理解，稍作說明。這似乎
可以分三個層面來說：

（1）人之誠意與品格（按：誠意是人的品格的組成部分，故下文不細分
而合併之；概以「誠」或「至誠」稱之。），依常理，乃屬人德性上的表
現。這表現再棒（再強，再傑出），也與其學術上之成就（猶同先生所說的
「價值」）不相干，蓋學術乃客觀超然者，非因個人一己德性表現上之差異
而導致其研究成果亦隨而有所差異的。即人之誠意與品格，對於其學術上之
成就，不能增加分毫。（即誠意與品格對學術沒有加分作用）。

（2）本乎「仁的全體呈現」而來的「誠」[77]，是具有很大的能量的。[78]依

不可得而賤』的精神狀態。」由此可知，學術研究也好，繪畫也罷，推而廣之，一切
有意義的人類活動也罷，自覺的人格向上一關，乃絕不可或缺者。換言之，即人格至
上；而為了保住人格，一切（含生死）皆可置諸度外者也。於斯，吾人見何謂偉大；
必要時，乃捨生赴義，則見其壯烈也。本注上引文見〈自序〉，上揭《石濤之一研
究》，頁 3。

77 先生在上揭《中國人性論史‧先秦篇》第 5 章第 14、15、16 三節處理《中庸》中
「誠」的問題，其闡釋精彩無匹，甚值參看。其闡釋中，誠就是「仁的全體呈現」的
一個說法，見頁 150。先生又說：「……在此等處便呈現出知識效用的限制，便非要
求攝知歸仁不可。」（頁 153）這句話非常關鍵，蓋意涵知識與道德（可以仁、誠為
代表，或僅說誠也可以，蓋誠就是「仁的全體呈現」）必須相結合；且必須以道德
（即徐先生在這裡所說的「仁」）涵攝知識。此猶同以道德駕馭、控管知識。按：唐
先生亦非常看重「誠」在《中庸》一書中被重視之程度，認為此非孟荀所及者；嘗
云：《中庸》「以一真實之誠，為成己成物之性德，……按《中庸》言誠之語，多同
孟荀言誠之義。然孟荀皆未嘗以一誠，統人之一切德行而論之。……並知誠與不誠，
乃為一切德行之死生存亡之地，……《中庸》之言不誠無物，則使人警惕之意益
深；……而誠乃不只有工夫義，亦有為存在之物之本體義。」然則就唐先生來說，誠
在《中庸》一書中之地位乃等同仁在孔子義理中之地位，甚或過之。唐先生上所論固
不盡與徐先生同，但皆認為誠一義在儒家思想中實深具重要性。此則兩先生所同者
也。上引唐先生語，見《中國哲學原論‧原性篇》（香港：新亞研究所，1974），頁
59。至於牟先生，其重視誠，《中國哲學的特質》（香港：人生出版社，1963）一小
書即可以概見。讀者大概都知道道德形上學在牟先生哲學體系中之關鍵地位。按：先
秦天道、天命這些在孔子的時代被視為外在而超越的形上實體，牟先生認為《中庸》

《中庸》，誠除了「成己」之外，還可以「成物」。「物」，廣義來說，包含「學問」這個知性領域。依此，則誠便可以幫助人成就其學問無疑。以上是筆者從《中庸》論述誠／至誠之相關文字得到的一點啟發，並藉以解釋上引徐先生的一句話的後半截。

(3)然而，上述(2)的說法，對一般人（尤其強調、信奉「客觀主義」者）來說，也許是比較玄遠一點，難以讓他們接受而成為共識。是以筆者試圖作第 3 種解釋。簡言之，假如研究者本乎至誠而全心全意進行一項研究，則其客觀成果也許不怎麼樣（譬如不甚理想），但正所謂「無功也有勞」，是以其人「在學術上的價值」（即其人的學術表現），仍應該值得肯定。[79]還可以一說的是：本乎道德良心而來之至誠以從事研究，則研究者（研究人員）絕對不會製造出殺人的利器（如原子彈、生化武器等等）；反之，必會想方設法研製利人、利己、利物、利生態的物品。其研製計畫雖不必然成功，但其人「在學術上的價值」，已然不朽了。更何況其失敗很可能是後人成功之母呢。上引文中，徐先生說：「能證明自己的話說錯了，依然是一分貢獻。」其原因大抵便在這裡。

透過誠一義而將之收攝進來而成為人自己的性。換言之，即把天道、天命內在化。這就是牟先生所恆言的內在而超越（四十多年前上牟先生課時，彼所恆言之「超越地為其體，復內在地為其性」一語可以作為代表），然則誠在道德形上學上所扮演的關鍵性角色，可以概見。進一步可以說的是，誠（誠體）在牟先生來說，是一種創造原理或生化原理。所謂「創造」、「生化」，主要是扣緊道德義來說的。換言之，即扣緊正面義來說（即誠使人在道德的實踐上必做正面的選擇，即必使人實踐道德而不會反對實踐的）。詳《中國哲學的特質》，頁 35-38、53-56。按：《特質》一書約 100 頁，但言誠者，已接近 10 頁，可見「誠」在牟先生哲學中之關鍵地位。本注頗冗長，但皆旨在說明，徐、唐、牟三位先生皆甚重視誠在《中庸》中之樞軸地位。

78 詳參《中庸》下篇與「誠」、「至誠」相關的各語句。其中最具代表性的語句是：「至誠之道，可以前知，……至誠如神。」、「誠者，非自成己而已也，所以成物也。成己，仁也；成物，知也。」、「唯天下至誠，為能經綸天下之大經，……」。

79 個人執教鞭將近 40 年的經驗是，學生資質上的差異甚大。個人對資質欠佳者的給分標準是：能盡力便好。以其起跑點跟別人有落差，如果一概平頭式的一視同仁（美其名為公平、平等對待！），那絕對是不合理的。

　　以上共 3 種解釋，個人認為徐先生大概應接受，甚至首肯以上(2)和(3)
這二種解釋。

　　2、「學問[80]是為人而存在」：學問之所以是為人而存在，乃緣於學問
能夠對人做出貢獻，如豐富精神層面和物質層面之人生（生活）。就前者來
說，譬如讓人獲悉，乃至提昇，人生存在世的意義和價值；為人生尋找出安
身立命之道等等。

　　3、「有時也應感到人是為學問而存在」。此意謂要對學問產生敬意和
誠意；視其好比一獨立自存的有機體，有其自主性，有其本身的生命及隨之
而來的生命力、生命價值。研究者應竭盡所能，或還原其本來面目（對史事
之研究、歷史人物之研究，尤當如此），或進一步抉發其義蘊等等。「人是
為學問而存在」一語讓筆者想起傅偉勳先生《學問的生命與生命的學問》[81]
這個書名的前半個標題。按：「生命的學問」，乃唐、牟二先生所恆言者；
其關注點為學問旨在成就人之生命，即以生命為首出、第一義（primary）
的一個說法。今轉語謂「學問的生命」乃旨在叫人也要關注學問這個東西，
以其本身也是一生命所在，故應以誠敬之態度好好研治之，對待之。

（三）其他

1、心安理得、心之所安

　　徐先生有不少文字都明確地表示，其治學，或具體來說，其著書立說，
但求心安理得、心之所安。茲舉二例，如下：

> 自己下過一番工夫後，凡是他人在證據上可以成立的便心安理得地接
> 受，用不著立異。凡是他人在證據上不能成立的，便心安理得地拋
> 棄，無所謂權威。我每一篇文章中，幾乎都作了這種程度不同的努
> 力。對較有關鍵性的一詞一語，一事一物，亦必探索其來源，較量其

---

[80] 在這裡，徐先生蓋就「學問」一詞的狹義來說，即指「知識」而言。
[81] 傅偉勳，《學問的生命與生命的學問》，臺北：正中書局，1994。

時代。未曾無批判地接受過傳統的說法，也未嘗無批判地否定過時人的說法。[82]（《序跋輯錄》本，頁 535-536）

「心安理得」一詞，100 多字的上引文凡兩見。其在徐先生治學中之重要性不言而喻。類似的說法，又見下文：

> 可以負責地說一句，我既不曾有預定的立場；更無心標高立異；而只是看了許多有關的說法以後，經過自己的批判，順著材料的本身，選擇一條心之所安的道路。我的批判能力，當然是有限的。但我斷沒有不經過一番批判，而隨便採一說，建一義的。[83]（《序跋輯錄》本，頁 461）

綜合來說，以上兩條引文，有二特色。其一，先生治學皆以「經過自己的批判」的材料為證據，並「順著材料」（即順著證據，因材料經過批判之後，其可靠、可接受者便成為證據）立論。其接受或拋棄他人之研究結論或研究成果，亦然，即亦一依材料（證據）以為斷。其二，傳統的說法或時人的說法，必先經過嚴謹的批判始作出接受與否的決定。經過這二關之後，先生乃「可以負責地說一句」：「我既不曾有預定的立場；更無心標高立異」了。因為一切「順著材料」（證據）走，所以那容得下預定的立場，且更不屑所謂「標高立異」了。其實，以上兩特色，可歸約為一，而其關鍵乃在於「批判」。蓋材料雖係歷史研究之必要條件，但它是死的。其用得著與否，必須先經過批判這道「手術」才作得準，否則不足以成為證據。假若成不了證據，則研究者便無從據以立論了。同理，傳統的說法和時人的說法（即他們的立論）及說法背後所憑藉的材料，也同樣必須先經過批判這道「手術」，否則不足以成為證據。成為不了證據，則說法（立論）便無所本，而成為虛

---

[82] 徐復觀，〈中國思想史工作中的考據問題——代序〉（撰於 1979.04），《兩漢思想史》（卷三），臺北：臺灣學生書局，1979 年 9 月。

[83] 徐復觀，〈序〉（撰於 1962.12.28），上揭《中國人性論史・先秦篇》。

說、妄說，甚至偽說；而不是一個可靠、可被接受的說法。由此來說，「批
判」實居於關鍵，甚至主導的地位。就徐先生來說，以其明敏開放的態度及
嚴謹認真的治學方法，其對材料也好，對既有的說法（成說）也罷，乃最擅
於運用此道以對治之者也。經他一批判，則材料之假偽（或與相關的研究主
題全不相干）、成說之虛妄，乃一無遁隱者。

2、「橫心說渾話」

「心安理得」、「心之所安」的反面便是「橫心」。以橫心從事著書立
說，便是「橫心說渾話」了。學界中人，徐先生討厭的人物實在不少，胡
適、馮友蘭、郭沫若，其尤著者也。胡適暫且不說。[84] 至於馮氏，先生對他
的批評，已稍見上文；其中認為馮氏「對孔、老、孟、莊的了解，尤其是對
孔與孟的了解，連皮毛都沒有沾上。」（《序跋輯錄》本，頁 455）。其批
評可說相當嚴苛；僅此一語足以概其餘。然而，先生指出說：「這倒不是來
自他的不誠實，而是因為他不曾透過這一關。」（頁 455）所謂這一關指的
是什麼呢？要言之，乃指對所研究之主題（尅就上文來說，乃指孔、老、
孟、莊這 4 位思想家），馮氏未能以「上窮碧落下黃泉，動手動腳找東西」
[85]的方式來遍尋既存的所有相關材料，然後透過消化、批判、彙整、綜合等

---

84 按：徐先生對胡適素不懷好感。其炮火最烈之抨擊見諸文字者，蓋可以〈中國人的恥
　　辱　東方人的恥辱〉（載《民主評論》，卷 12，期 24，1961 年 12 月 20 日；後收入
　　徐復觀《論戰與譯述》、《徐復觀雜文——憶往事》）一文為代表。然而，徐先生又
　　素重視感情，1962.02.24 胡氏遽然辭世的消息為徐先生獲悉後，便馬上表示：「……
　　數月來與他在文化上的爭論，立刻轉變為無限哀悼之情。」於是「急電文星雜誌的編
　　者，請其將此類文字（筆者按：文星雜誌 1962 年 2 月分的一期嘗刊登攻擊徐先生等
　　人的文章。徐先生和胡秋原先生乃撰文答覆；文中不免牽涉到胡適。「此類文字」乃
　　指徐、胡二先生的答文。）一律停刊，以誌共同的哀悼，……」。在同一天（2 月 24
　　日）晚上，徐先生更急撰悼文〈一個偉大書生的悲劇——哀悼胡適之先生〉（載《文
　　星》53 期；後收入《徐復觀雜文——憶往事》）以致其哀。中國有句老話「死者為
　　大」。人已死，則一切恩怨自應放下。上引文最後二句最足以反映徐先生深明此義；
　　蓋先生固心存忠厚也。

85 語見傅斯年，〈歷史語言研究所工作之旨趣〉，《傅斯年全集》（臺北：聯經出版事
　　業公司，1980），第 4 冊，頁 264。

等手續，藉以呈現「一個立體的完整生命體」[86]（頁 455）。所以馮氏的相
關研究成果，便是偏頗的，欠周延的，而未能把這 4 位思想家的整體思想
（或主體思想、立體的完整生命體）予以全幅呈現的。然而，徐先生上面的
批評，乃僅就馮氏的研究能力，或用功程度而為說，或智慧上有所不及而為

---

[86] 按：徐先生特別強調的一點是：「一個立體的完整生命體的內在關連」。簡言之，
「內在關連」一旦建構起來，「一個立體的完整生命體」便隨之呈現。現稍一細說如
下：徐先生指出，各人（按：所謂「各人」，若相應於研究孔子所倡言的義理（譬如
「仁」）來說，「各人」乃指孔門弟子中的各發問者）在人格上有「層級性的差
異」。這種「層級性的差異」，趓就了解孔子對他們回話的內容，並藉以進一步了解
孔子的學說而言，乃必須全面考慮進來者，否則既不足以了解孔子對他們的回話的全
幅意義；更無法充分了解孔子的學說；更不用說要了解作為「一個立體的完整生命
體」的孔子了。徐先生的闡述，非常值得參看。見《序跋輯錄》本，頁 454-455。
又：在這裡，「立體」這兩個字尤其可圈可點，因為立體才能顯示其為「層級性」
的，即非僅係二度空間的一平面而已。（孔子的不同弟子問何謂「仁」，如吾人把他
老人家的回話僅予以平排並列，則根本無法呈現其層級性的差異，以彰顯其高下有
別。此無異二度空間的一種安排而已。）所以徐先生這個詞絕非隨便用上的。又：如
上所述，孔子對弟子的回話是對應著弟子們在人格上的「層級性的差異」而給出的。
而這種性質的回話剛好從側面反映出孔子的義理（這裡以「仁」為代表）的立體面
貌。而孔子本人「（具內在關連的）一個立體的完整生命體」遂隨之而得見其全貌，
或至少得見其梗概。按：孔子的回話，就史學研究來說，乃文獻史料也。換言之，孔
子的回話，作為文獻史料來看，是有其層級性的。這就讓筆者想起余英時先生以下幾
句話。他說：「法國當代名歷史哲學家傅柯（M. Foucault）認為審訂文獻的真偽、性
質、意義，然後再在這種基礎上重建歷史陳跡，這已是陳舊的史學了。新的史學則不
取這種被動的方式，而是主動地組織文獻，把文獻分出層次，勒成秩序，排作系列，
定出關係，並確定何者相干何者不相干等等。」上引余氏語中「把文獻分出層
次，……」，正好就是徐先生針對孔子的回話所做的一道工序。儘管徐先生沒有把分
出層次之後的進一步處理過程（即後續工序），如：勒成秩序、排作系列、定出關
係、並確定何者相干何者不相干等等，道說出來；但在實際操作過程中，是必含這幾
道工序的，否則假若戛然而止於「文獻分出層次」這道工序的話，那麼這道工序便懸
在半空而毫無意義了，即無法達陣而完成相關史事的重建了。上引余氏語，見余英
時，〈顧頡剛、洪業與中國現代史學〉（2015.12.19；來源：愛思想；原文網址：
http://read01.com/e64n0K.html；2020.12.20 瀏覽。）余文又作為附錄 3 收入陳毓賢，
《洪業傳》（北京：商務印書館，2013）。

說；此究非馮氏刻意之所為。即只就其知識上之表現而施予批評，這跟誠不
誠實，即中國人最重視，也是徐先生最重視的道德問題不相干的。所以徐先
生對馮氏的批評，還不算非常嚴苛。但對郭沫若或郭沫若們的批評，便有所
不同了；如下：

> 我上面只指出郭氏們認定殷代是奴隸社會的論證很難成立。……有人
> 把封建社會中的保有參與政治權利的「國人」也說成是奴隸，把國人
> 對國君貴族們的反抗，說成是奴隸起義，說孔子頑強擁護奴隸主的利
> 益，這完全是橫心說「渾話」，便不值得一辯了。[87]（《序跋輯錄》
> 本，頁 513-514）

上引文中，「郭氏們」的「郭氏」乃指郭沫若。「有人」指何人，今不細
考，大抵指郭氏們中的一些人。至於「橫心」一語，頗可申說。網上資料有
解釋作：「率意、隨心」者。[88]筆者以為此言之過泛，流於輕描淡寫而未得
榧要。按：「橫心」之相反詞，蓋為「順心」；而按照儒家義理，凡「心」
莫不正者。是以依心而行則莫不如理者；陽明先生「心即理」一語即可見其
端倪。然則順心即順理，順心莫不順理也。此心自是吾人最可寶貴之「良
心」。「橫心」則正好相反。是以橫心即悖逆、違背順理而行之心。簡言
之，即違背良心。[89]今先生用此語，正旨在描繪郭氏們天良已泯，乃違背良
心，血口噴人，而說出誣衊孔子的一番渾話。以郭氏之聰明機靈，孔子之真
實人格、性格，豈能無知若是？所以徐先生只好吐出「不值一辯」一語以作
結了！[90]

---

[87] 徐復觀，〈有關中國殷周社會性格問題的補充意見——臺灣版代序〉（撰於
1973.10.04），《周秦漢政治社會結構之研究》，臺北：臺灣學生書局，1974。

[88] https://iccie.tw/q/%E6%A9%AB%E5%BF%83；2020.09.14 瀏覽。

[89] 廣東話有「把心一橫」一語；描繪做傷天害理之壞事時，恆用此語。譬如說：「他把
心一橫，於是一不做，二不休，乾脆把某某殺了。」便是其例。

[90] 中外古今不要臉之馬屁文人，郭氏算不算天下第一人，筆者不敢多說。但絕對是名列

　　要言之，上引文之主旨乃在於批評馮、郭二氏在學術上之表現。然而，其一乃純就知識問題之本身而為說，另一乃就知識背後之道德問題而為說。其間用語有別，語氣強弱亦有所不同；上引文中清晰可見。兩者相較，徐先生固重道德而輕知識也。[91]按：凡儒家實莫不如是也。

3、行詐

　　文人中不知「恥」字為何物者多矣，上文已舉出一例。原來，除「無恥」之表現讓人討厭、反感外，文人或知識分子中，尚有行詐者。徐先生結集 4 篇論文而組成之《黃大癡兩山水長卷的真偽問題》一書[92]，其〈自序〉（撰於 1976.05.05）便多次使用「行詐」一詞以描繪臺北故宮博物院一些先生們的行為；如下：

> ……他們繼續堅持吳湖帆[93]的觀點，抹煞我所提出的一切堅強論證，世上本有因濡染太深，而嗜偽成癖之人，原不足異。但他們最不可恕的是，利用故宮的「地位」，運用虛張聲勢的方法，存心向社會「行詐」。他們在四大家畫蹟後面，還有一篇〈四大家〉的文章，並列有一六九種「參考書目」，可謂聲勢浩大。參考書目中，錄了我的一篇文章，接著錄了七篇反駁我的文章；但同樣刊在《明報月刊》上的贊成我的說法的翁同文教授的幾篇文章，則一篇不錄。……對於我的反駁，並進一步探究的兩篇文章，當然更不會錄出，……這算不算是存心行詐？……這不是行詐是什麼？……存心行詐。……這不是行詐是什麼？……把老百姓的血汗錢花在行詐上面，……。實際上已否定了

前茅無疑。其拍馬屁之表現不勝枚舉，恕從略。

[91] 這只是兩相比較下所得出之結果。若以百分比來表示，則縱然道德與知識相比較，前者只高出後者 1%，甚至 0.1%，恐吾人亦不妨說，徐先生重此而輕彼也。於此切勿誤會徐先生輕忽或不重視知識。

[92] 徐復觀，《黃大癡兩山水長卷的真偽問題》，臺北：臺灣學生書局，1977 年 5 月。

[93] 吳湖帆（1894-1968），蘇州人，畫家，畫史家，鑑別家。詳參維基百科、百度百科等網站。

　　〈無用師卷〉上黃大癡款識的真實性，還能憑什麼堅持〈無用師卷〉

　　是真的呢？行詐並不是完全不需要一點能力。（頁 531-532）

　　以上 1000 字左右（連同所省略的文字合算）的一段文字裡，徐先生七次用
上「行詐」一詞；其痛心疾首可以想見。既行詐，則道德意識極強，是以行
事做人（含執筆撰文）一概本乎良心的徐先生，在感憤之心之驅動下，當然
是不得不予以指出，且不得不撰文，以正視聽了。

　　上引文有二點，頗值得指出。其一，先生宅心仁厚，所以其藉以立論的
「一切堅強論證」雖被有心人（行詐者）予以「抹煞」，但還是爲他們找到
以下的理由或藉口而爲之解脫，甚至可視爲原諒之。「世上本有因濡染太
深，而嗜僞成癖之人[94]，原不足異」一語，正足以說明徐先生深具寬大仁厚
的心懷。其二，先生話鋒一轉，其存心（即刻意的，自覺的）行詐者，徐先
生便不得不予以計較了。以上二者之最大差別，乃在於「嗜僞成癖」乃一種
不由自主的非自覺的病態行爲，而「存心行詐」則係依人之自覺本可自律自
節而予以摒棄但仍不摒棄之行爲也。

4、真人

　　筆者深深的認爲，徐、唐、牟三大師，都是真人。簡言之，即以真性情
待人接物。就徐先生來說，嘗自我期許希望能「保有幾許真人的意味」來寫
雜文。其比較完整的幾句話如下：

　　　　兩千多年前莊子卻強調了「真人」的觀念；在這一觀念的後面，意指
　　　　著芸芸眾生，能算得真正是人的很少。……假定在這樣文章中[95]，能

---

[94] 因「嗜僞成癖」，則其人在精神上已然生病，即已成爲病人而進入病態矣；而所患既
　　係精神病，則其人固不自覺也。對待精神病人，吾人又豈能以正常人的標準來看待他
　　呢！徐先生不以爲怪異，正以此。

[95] 「這樣文章」指的是 1980 年臺灣時報文化出版公司爲先生所出版的四冊雜文，大標
　　題是「徐復觀雜文」，小標題分別爲憶往事、記所思、看世局、論中共。

保有幾許真人的意味，便應感到滿足。[96]（《序跋輯錄》本，頁541）

上引文稍作闡釋，如下：

(1)「真人」這個概念，今不擬細考其最早出現於何時？也不理會其出自何經何典？但一說起「真人」，大概人們都會想到《莊子》一書；上引文中，徐先生已有所指出。《莊子》〈大宗師〉一篇對「何謂真人？」，作了相當詳細的描繪。今不細說。[97]一言以蔽之，其純任自然而達到的高不可攀的境界，不是一般人可以企及的。這所以徐先生得出以下一結論：「芸芸眾生，能算得真正是人的很少。」大概正因為真人很少，所以莊生便特別予以強調。要言之，要成為真人，難矣哉！是以徐先生也不敢自許；甚至僅止於追求，或恐亦力有未逮。然而，退而求其次，總是可以的吧；這所以認為所撰寫為數眾多的雜文，假使其內容「能保有幾許真人的意味」，徐先生乃自謂：「便應感到滿足」了。

(2)莊子，道家人物也。〈大宗師〉篇對「真人」一概念的描繪，當然是偏重道家之涵義而為說的。然而，就徐先生來說，也許不盡然是順從〈大宗師〉一文的原意而仍就道家之義而為說的。上引文有句云：「（在真人）這一觀念的後面，意指著芸芸眾生，能算得真正是人的很少。」這句話給了筆者一點啟發。筆者以為，「真正是人」一語不全然是道家「真人」一概念的濃縮寫法。若從儒家義來說，真正是人（即人之所以為人），以其具良知良能而異於禽獸也。換言之，筆者以為，在一定程度上，徐先生是借用道家

---

96 徐復觀，〈自序〉（撰於1979.11.30），《徐復觀雜文》。

97 唐先生對《莊子》一書中之「真人」，有所論說，可參看。先生以該書內篇之所說為本，而指出莊子乃「直下扣緊人生之問題」而為說。既認為《莊子》旨在談人生問題，則書中凡針對人而來之論說，譬如針對聖人、至人、真人、天人、神人，依唐先生，乃成為莊子論說之重點無疑。唐先生之相關文章甚至以「至人、神人、真人」作為標題之一部分，即可見唐先生如何看重「人」在《莊子》一書中之地位矣。詳見唐君毅，〈莊子內篇中之成為至人神人真人之道〉，《中國哲學原論‧原道篇（一）》（香港：新亞研究所，1976），頁341-399，尤其頁341-348。

「真人」一概念以指謂儒家義中的「理想人格」。即概念雖來自道家，但其
指謂的內容則是儒家的，或至少是偏重儒家義方面的。[98] 而儒家義的真人，
當然是扣緊道德義方面的。也可以說是偏重良知義而為說。用徐先生本人的
說法，就是：「良知是每個人所以成其為人的立足點。」（語見同一〈自
序〉，頁 540）即只有當人之行為符合良知，人始得虛靈不昧而成其為真
人。蓋虛靈不昧則眾理具而萬事由此而出矣。若此，能不成其為真人耶？然
則徐先生實不必自謙，其必為儒家義中之真人無疑。

5、性情自白

徐先生，具真性情之人也。此上面已數言之。今不擬對其真性情作全面
的考察。就閱覽所及之各〈自序〉、〈再版序〉等的文字中，頗可見其真性
情中與學術研究相關係的若干面向。今舉數例如下。

（1）修養問題

先生說：

> 至於我在討論中，常常不免對人用上過當的辭氣，這完全暴露我作人
> 的修養，還無法克制在執筆時的心情。我把這種辭氣照原地保留下
> 來，藉此表示我內心愧疚。[99]（頁 431）

在將近 20 年後針對同一書所寫的另一序文中，先生又有類似的自白：

> 這裏面的文章，假定是現在執筆，應當減少當時由熱心太過及不算刺
> 激的刺激而來的許多尖銳詞句，……不妥的字句，則一仍其舊，以保
> 持原來面目。[100]（頁 428）

---

[98] 若再保守一點，似乎至少可以說，在這裡徐先生應不全然是依順莊子道家義的立場來
指謂「真人」這個概念的。

[99] 〈自序〉（撰於 1957.10.10），《學術與政治之間》（乙集）。

[100] 〈自序〉（撰於 1976.01），《學術與政治之間》，香港：南山書屋，1976。

以上兩段引文，有兩共同點，如下：（一）即都指出書中行文不免用辭（含辭氣）過當。其一更明白坦承是由於個人修養問題（執筆時，熱心太過）而導致這種結果的。（二）皆指出書中「不妥的字句，則一仍其舊」。其一更明白指出不妥的字句是指辭氣方面的過當而言（注意：意謂不牽涉書中的具體內容）；而所以要保留這些用字，是藉以表示「內心愧疚」。內心愧疚，是人的一種反省，或反省後的一個結果。所以這個用語反映了先生深具道德意識。按：從先生各種文字中都可以看到這種反省；不細說。筆者要指出的是，其不免用上「過當的辭氣」和「許多尖銳詞句」，皆暴露先生所自白的做人方面的修養問題。若明白說，即修養欠佳的問題。而所以欠佳或未到家（其實，筆者認為是先生過謙而已），乃由於「熱心太過」而「無法克制在執筆時的心情」。這都牽涉到「心」的問題。當然，前者（「熱心」）乃緣自道德良心而來的一種表現，而後者（「心情」）乃緣自情緒而流露出的另一種表現；兩者的性質是有差別的，不宜混。然而，前者既無法克制後者，豈不表示良心對情緒也使不上力？！這似乎就有點麻煩了。這方面也許可以分兩方面來說。（一）據個人理解，對於克制情緒而言，良心乃必要條件而已，即只是門檻而已；而必須加上後天的修養，即要做工夫，才有成效的。換言之，良心非萬能者。（二）一般來說，情緒乃人之負面表現，即不好的表現。然而，似亦非盡然者。茲舉「義憤」而為說。憤當然是不好的，但由義而來之憤則不然。情緒亦然（其實，可以說，憤也是情緒的一種）。尌就徐先生上文來說，緣自情緒而寫出來的「過當的辭氣」和「許多尖銳詞句」也有其正面的功能，蓋可生起當頭棒喝之效也。有時候非如此不足以振奮人心（讀者之心）。

　　當然，徐先生之所以感到「內心愧疚」，也是有道理的。他自覺由於自己「熱心太過」（過分熱心）而導致了一己的情緒無法克制，更不要說轉化、匡正或扶正其情緒了。換言之，熱心本身是好的，但一陷於太過、過分，那就壞事了。吾人於此，豈得不慎哉？這好比依於羞惡之心而惡惡、嫉惡，這當然是好的，是吾人分所當為的，但不能太過，否則對所有的人、

事、物，都一概嫉惡如仇，必去之而後快，那也未嘗不壞事、害事。[101]

（2）「少年有天資而無志氣」→志氣盎然

徐先生嘗自白云：「我少年有天資而無志氣。」[102]（頁 557）先生這個
說法說得太簡單，也太客氣了一點。其天資之富厚，只要稍微拜讀其任一著
作，即可了然。至於「無志氣」，我們不妨藉著同樣是先生所說的下面的幾
句話，以悉其梗概。

> 在民國三十三年以前，我只是隨意讀自己喜讀的書，盡力作自己不能
> 不作的事，卻不曾抱有任何目的，更不會懷有任何野心的一個沒出息
> 的人。三十二年冬，決定由重慶回鄂東，隱居種田，希望能從已經可
> 以預見的世變中逃避出去。[103]

上引文有「在民國三十三年以前」一語。按：三十三年這一年對先生來說太
重要了，蓋該年先生在學思上，乃至人生價值之追求上，產生了天翻地覆的
一個大轉變。其關鍵全在於該年先生謁見了熊十力先生。[104]先生對中國文
化從厭棄的心理轉變過來（其後並矢志以儒為宗），及在讀書上有所追求，
而不是漫無目標的隨意的讀讀，便是從拜謁熊先生之後開始的。換言之，先
生少年時「無志氣」，甚至已屆不惑之年時（民 32 年）欲「隱居種田」、

---

[101] 歷史上由於惡惡、嫉惡過分而有失中道，以致貽禍國家者，數見不鮮。茲舉明末東林
黨爭為例。東林黨人，固君子也。其敵對者，則大皆小人無疑。其時黨人對付小人，
乃極盡一切手段必以去之而後快；其流於偏頗激越，全無妥協餘地以共謀國是，則其
貽禍國家人民，又豈可勝道哉！明祚之告終，此為一大因緣。

[102] 徐復觀，〈自序〉（撰於 1981.05.01），《中國文學論集續篇》，臺北：臺灣學生書
局，1981 年 10 月。

[103] 〈自序〉，《徐復觀文錄》（臺北：環宇出版社，1971），頁 1。

[104] 先生認識熊先生之過程及之前因讀其《新唯識論》語體文本上冊所獲得的啟發及隨之
而來的感動，再加上面時來自熊先生「起死回生的一罵」，在在都促使徐先生產生
了極大的震撼；其天翻地覆的大轉變，於焉而生。詳見先生著，〈有關熊十力先生鱗
片隻爪〉、〈我的讀書生活〉。二文皆收入上揭《徐復觀文錄》，冊三。相關頁碼：
頁 171-172、215-216。

「逃避世變」；惟民國 33 年一見熊先生之後，其志氣乃勃然而生，而迥異
從前也。

（3）堅定不移之鬥志

　　先生之深具鬥志，以下一條資料可以概見：

> 有些沾點西方反價值者的餘瀝以標新立異，並百端誣衊我的人們，可
> 謂盡變幻神奇的能事。但因為我從人類古老歷史的殘渣中，早已看過
> 這類的臉譜，和這類臉譜所擔當的角色，所以從未因此而阻擾到自己
> 努力的大方向。[105]（頁 441）

上引文值得注意的一點是，以先生對歷史深有認識、研究，所以並沒有被
「沾點西方反價值者的餘瀝以標新立異」的人們所嚇倒。是以便「從未因此
而阻擾到自己努力的大方向。」「努力的大方向」當然是針對中國文化研
究，尤其是針對闡揚儒家文化所付出的努力而言。其實，除對歷史深有所認
識、體會這種來自書本上的知識外，先生個人的人生閱歷、體驗在其努力的
大方向上，亦扮演非常關鍵的角色。[106]先生「……從未因此而阻擾到自己
努力的大方向」足以反映其堅定不移之鬥志。

（4）獨往獨來、與人無競、與世無爭

　　先生好友程滄波先生自云不敢自擬於顧亭林，但以黃梨洲期待徐先生。
徐先生回應云：

> 他（程滄波）說他自己不敢自擬於亭林，而以黃梨洲期待我；這或許
> 更增加標榜之嫌。……我國歷史中，政治勢力，才是最動人的東西；
> 擔當一個與現實政治勢力經常處於危疑狀態的人類責任，獨往獨來，

---

[105] 〈再版序〉（即〈自序之二〉，撰於 1967.09.28），《中國思想史論集》，臺北：時
　　報文化出版公司，1985。

[106] 先生個人生活體驗與其學術研究之緊密關連，參上揭拙著《政治中當然有道德問
　　題》，頁 348-349。

這並不是討便宜的勾當。因此，時代假定依然需要顧亭林、黃梨洲，
這將是與人無競，與世無爭的一條人生道路，而滄波正不必以此謙讓
未遑的。[107]（頁 432）

按：顧、黃二人皆嘗積極參與，甚至發起反清復明的大業；後以失敗告終，
乃退出江湖而從事著書立說的事業。徐先生所說的獨往獨來、與人無競、與
世無爭，蓋指著書立說方面的表現而言。1940 年代末，先生主動退出黨政
軍後，其所選擇的一條人生道路，與此正相同。[108]反之，如選擇一般人所
認為的生命中最動人的東西——政治勢力，而繼續追隨蔣先生從政，則必
「大有可為」，甚至「飛黃騰達」無疑。但這不是先生性情之所在、志業之
所在。

　　以上從 4 個面向：(1)修養問題(2)「少年有天資而無志氣」→志氣盎然
(3)堅定不移之鬥志(4)獨往獨來、與人無競、與世無爭，以揭示、闡釋先生
性情上的自白。這當然未能窮盡其性情之各個面向；由是其性情之全幅面貌
仍不克獲睹。（當然，若連同本文其他部分一起來看，則較完整的面貌仍是
可以概見的）然而，僅就這 4 個面向來看，似足以揭示先生學術研究之精神
面貌及其得以成為一代大師之緣由所在。今細說如下：（一）針對興趣或使
命而生起盎然之志氣（當然這預設了其志已立——立志；而盎然生起之志
氣，可持續發展而成為促進人往前衝鋒陷陣的一種鬥志），乃成就一事業所
必不可或缺者。（二）然而，志氣（鬥志）不可恃，蓋鬥志經常是一股作
氣，再而衰，三而竭的。這非有賴持之以恆，即堅定不移「雖千萬人吾往
矣」的一股精神力量不為功。（三）有謂從事學術研究必須能甘於寂寞，坐
得住冷板凳。其具體表現便是走一條獨往獨來、與人無競、與世無爭的人生

---

[107] 徐復觀，〈再版序，1957 年 7 月〉，《學術與政治之間》，甲集。

[108] 先生與不少人，甚至與朋友、長輩，從事筆戰，當然不能說「與人無競、與世無
　　爭」。但這是就學術方面之「競爭」，藉以正視聽而言，與政治全扯不上關係。讀者
　　幸勿誤會。

道路。[109]（四）徐先生富於天資，這是不必多說的。徐先生因為具備了以上四特徵，這所以其研究上之表現，乃卓異不凡也。[110]或稍微可惜的是，

---

[109] 徐先生以極為熱情的緣故，是以相當愛熱鬧，但一回家坐定之後便能聚精會神、收視反聽而埋首於「故紙堆」中做學問。此一般人實難以企及者。又：上引文「獨往獨來、與人無競、與世無爭」等描繪，並非徐先生之自白或自許，而是稱許亭林、梨洲，並藉以稱許或期待友人程滄波先生的。至於程氏以梨洲期待徐先生，先生既不斷然拒絕（「這或許更增加標榜之嫌」一語，筆者認為乃先生客氣、自謙的一個說法；吾人似不必認真看待的。），則吾人或可視為先生已然接受程氏對他的期待（期許）。換言之，「獨往獨來、與人無競、與世無爭」等語（至少絕不依門傍戶而「獨往獨來」一項），筆者認為，乃勇於承擔且恆懷抱著當仁不讓的精神的徐先生，可坦然接受而無愧者。按：或縱然有「競」、有「爭」，但也絕非以個人之私利為考量的。又：憶 40 多年前上牟先生課時，牟先生多次說過，在護持中華文化等等方面，徐先生經常充當他和唐先生的護法。這正好說明徐先生深具勇於承擔、當仁不讓的精神。徐先生哲嗣均琴女士旅居美國有年。2020.12.14 筆者去信請教授她徐先生愛熱鬧和居家撰著的具體情況。隔天（12.16）收到其覆函云：「先父生活的興致很好。經常跟友朋們約好，大家聚首熱鬧一場。執筆寫作的時候神情凝重專注。像是在另外一個世界。有時把筆放下，在房間裡徘徊一陣再繼續執筆。在書房門邊要是叫了兩聲沒有回應的話，我就會知趣的走開。」筆者想起唐先生亦然。彼平日上課教書之餘，雖不免經常俗務羈身（唐先生幾乎一輩子獻身於教育行政），但一回家之後，乃能全神貫注於學問上。大師們之所以有極高之成就，豈偶然哉，豈偶然哉！

[110] 元代文學家方回論及作詩時，有如下主張：「立志必高，讀書必多，用力必勤，師傳必真。四者不備，不可言詩。」（筆者未尋獲方回到底在何經何典說過這幾句話。然而，康熙時人吳寶芝於彼所撰之《瀛奎律髓・重刻律髓記言》中，則明言方回論《詩・小序》時嘗如是說。《瀛奎律髓刊誤》（49 卷）收入《叢書集成續編》（臺北：新文豐出版公司，1989），冊 114，頁 10。憶「立志必高……」的四句教，乃筆者童稚之年時，三兄兆顯先生語及治學津梁時所教誨者；至今不敢或忘。轉眼三兄已年逾八旬，而筆者亦屆不逾矩之年矣。）其實，何止作詩，寫學術文章，其理正同。曾國藩針對讀書（廣義的，應含做學問、撰寫學術文章），嘗云：「蓋世人讀書，第一要有志，第二要有識，第三要有恆。」（《曾國藩文集》，〈處世金針・學問之道〉）。以上方回及曾國藩的主張，就徐先生來說，「師傳」及「有識」兩項，上文似未提及。今稍作補充。先生之學問，主要源自熊先生及黃侃。前者主義理，後者精小學，然則豈有師傳不真之理呢？至於「有識」，其中「識」者，今所謂具眼光、擅裁斷也。先生天資過人，眼光銳利無匹，又豈是無識之輩呢？按：曾氏針對「有識」，嘗云：「有識則知學問無盡」。這是就「識」一詞的狹義來說。此與筆者上文

先生修養未到家（先生之自白，詳上），因而有時不克自制而耗損了不少時間[111]，甚至生命力於筆戰上。這便妨礙了彼預定的研究計畫／撰著計畫。然而，筆戰文章旨在正視聽，是以非寫不可。這成就了先生預定研究計畫／撰著計畫以外之另類價值（以正視聽的價值），故吾人不宜輕議也。[112]

七、餘論

以上共六節，除首節前言及第六節散論「敬」、「誠」等德目外，其餘各節的最後一段文字，皆可視為各該節之小結（結語）。是以今作一簡短之「餘論」，以取代全文（本章）之結語／結論。

徐先生之生平志業，蓋可以橫渠四句（四為說）：「為天地立心，為生民立命，為往聖繼絕學，為萬世開太平」涵括之。（詳見本章前言部分）。其中第三句之「學」一字，讓人想起孔老夫子以下一語：「古之學者為己；今之學者為人。」（《論語・憲問》）翻譯為今語，可作：「古人之所以學習／做學問，是為了充實自己、完成自己、成就自己（之道德人格）。今人之所以學習／做學問，是做給他人看的[113]──裝點門面、討好別人、向人

就「眼光、裁斷」而判斷某人是否有識，不盡相同。然而，具眼光者，必「知學問無盡」也。是曾氏一判斷固不在筆者所申說者之外也。一言以蔽之，方回及曾國藩對於成就學問方面的主張，徐先生全符合無疑。

[111] 這方面，先生是有充分自覺的，嘗云：「因偶然機緣的觸發，寫了一篇〈林語堂的〈蘇東坡與小二娘〉〉，順便收為附錄。我希望今後能做到不看時人這類的東西，以免控制不住自己的時間而浪費筆墨。」上引文中「偶然機緣的觸發」乃指受不了林氏「以捏造的方式去誣衊他（東坡）」這個做法。見徐復觀，〈自序〉，《中國文學論集》（臺北：臺灣學生書局，2001）頁 4-5；〈附錄：林語堂的〈蘇東坡與小二娘〉〉，同上書，頁 556-557。

[112] 如上所述，上文乃僅就徐先生各大著之〈自序〉、〈再版序〉等文字中，抽繹可反映其真性情與學術研究相關係的若干面向而已。筆者對這方面比較完整的描繪──指出先生學術上他人難以企及之處（共計凡 9 項），則可參上揭《政治中當然有道德問題──徐復觀政治思想管窺》，頁 221，注 8。

[113] 「做給他人看」是徐先生的話；筆者不敢掠美。以其甚得《論語》原文之旨趣，是以

炫耀，藉以搏取他們之肯定、稱讚。」古人與今人為學之態度，尤其是為學之目的，其差異之大，竟有如此者。就徐先生來說，其所以為學，當然是一遵古人無疑。然而，徐先生也有為人之學。可注意的是，其為人之學，與〈憲問篇〉說到的為人之學絕異。其為人之學，即相當於〈憲問篇〉說到的為己之學。要言之，徐先生之為人之學，是為了幫助別人完成其自己，成就其自己（之道德人格）；當然也幫助別人獲得學問上之真知灼見，即獲取真學問，而絕非裝點門面、冠冕堂皇、嘩眾取寵，更不要說虛偽矯飾的假學問。（請槍捉刀以欺世盜名者，則連假學問都談不上，就更不必多說了！）用牟先生語，即絕非清客之學。顧今人做學問，其流於清客之學者多矣。人格之自我扭曲，屈己從人（含政權、政黨、財團，或其他利益團體等等），甚至甘作鷹犬、為虎作倀、助紂為虐者（乃至進而狐假虎威者），指不勝屈。此實知識分子之敗類！（即牟先生所恆言之知識分子之自我作賤。）語之心痛，實不忍再言。

　　走筆至此，讓人想起徐先生在不少著作中都說到的「感憤之心」一語。[114]以徐先生之道德意識（道德良心／良心理性）特醇厚，不容自已之憂患意識特濃烈，面對上文說過的「假學問」及專制獨裁、濫權違法（更不必說違背良心）之政權、政客、政治敗類之背棄民意、魚肉百姓，其內心自然不能無所感。有所感而不生義憤者，非人也。徐先生，一介書生也；然國家興亡，匹夫有責，更何況是書生。書生報國，唯賴文章。[115]此即筆者恆言之「學術經世」也。針對假學問，徐先生撰著了幾乎無一不可傳世之學術鉅

　　轉引於此。見《序跋輯錄》本，頁438。

[114] 詳參《政治中當然有道德問題》，頁400-407。

[115] 清人邵遠平〈進呈《元史類編》‧表〉有句云：「思報國祇有文章，勉延先緒。」《元史類編》（臺北：廣文書局，1968）頁5。稍晚於邵遠平的趙翼有詩句云：「生平報國堪憑處，終覺文章技稍長。」〈壬辰……感恩述懷得詩十首〉，趙翼，《甌北集》（上海：上海古籍出版社，1997），上冊，卷20，頁406。此可見有為有守之讀書人（徐先生固其一），雖無寸鐵尺土可憑，但猶有好比戈戟之如椽巨筆也。邵、趙兩人在學術上之表現，可參拙著《清人元史學探研》（臺北：稻鄉出版社，2000），第一章（邵遠平）及第四章（趙翼）。

著，藉以正視聽。[116]針對全球各國（非僅一己之祖國——中國而已）老百姓之困厄艱難、水深火熱，又撰寫了近千篇政論文章。洵其為常民意識最濃烈，即所謂最接地氣之當代新儒家無疑也。[117]筆者於此能不致上最崇高之敬佩景仰歟？！

---

[116] 上揭邵遠平〈進呈《元史類編》·表〉中「勉延先緒」一語，如套用在徐先生學術研究的表現上來說，則其闡釋、發覆中國古代傳統經典，乃至前賢之學術專著，即發潛德之幽光，並藉以啟導後學之「勉延先緒」之具體表現也。是先生不僅消極的針對假學問而有所作為（抨擊、糾矯）而已。

[117] 針對徐先生的「常民立場」及「社會責任感」，可分別參李淑珍，《安身立命——現代華人公私領域的探討與重建》（臺北：聯經出版事業公司，2013），頁 19、297；徐武軍，〈父親的時代〉，《鵝湖月刊》，2016 年 5 月號（總 491 期），頁 5。本年（2021）4 月中旬以來，印度新冠肺炎的疫情非常嚴峻。自去年 3 月有官方統計以來迄今（5 月 13 日），確診者之總人數已超過臺灣人口的總數 2350 萬。以政府處理不善及醫療資源嚴重缺乏，其枉死者不知凡幾！如徐先生仍健在，不知要寫下多少篇人溺己溺，並以正世人視聽的大文章了。

附錄一：〈自序〉、〈代序〉等文字中的粹言警語

先生各大著的〈自序〉、〈代序〉、〈譯序〉、〈再版序〉等文字中含有不少激勵、振奮或警惕人心的粹言警語，以其內容與本文無直接關係，是以不作闡述。然而，對筆者而言，固甚具警惕、參考價值，而深信對讀者亦然，是以不忍割愛。今茲粗略地分為文化學術、道德良心兩大類，開列如下。其不便納入這兩類之內者，則以「其他」一目概括之。針對部分粹言警語，則按己意以附注方式加以說明，以供讀者參考。

一、文化學術類

（一）我國數千年的文化精神，概括的可以說是性情之教。而性情正是詩的靈魂。（《詩的原理‧譯序》；《序跋輯錄》本，頁425。）[118]

---

[118] 所謂「性情之教」，指的是透過人本身的努力，譬如教化，以陶冶人之性情或成就人之性情之謂。至於何謂「性情」，則筆者採取一個廣義的理解，如下：人之性情，有其形而下的一面和形而上的一面。就性情之能夠被陶冶以改變人之習氣來說，這種性情，筆者稱之為形而下的性情。然而，人之性情，也有不能，或不必透過後天的努力加以改造的一面的。這一面，筆者深信其必然為善者，且是至善者。然而，這種性情或不免潛存未發。藉著後天人為的努力，即所謂透過工夫，這種人本有的、至善的，且當有其形而上根據的性情是可以被激發出來的。這種性情，筆者稱之為形而上的性情。然而，無論就形上義來說或形下義來說，中國人數千年來皆在此耗用其心力；並以此而成就了中國人的精神文化。所謂「在此耗用其心力」，乃指中國人在人生日用上針對性情下工夫而耗用其心力之謂；而下工夫之目的，要言之，乃旨在成德。是以性情之教，也可以說就是成德之教。是徐先生藉「性情之教」一詞，把國人精神文化上用心之所在，一語中的、一針見血而道說了出來。《詩的原理‧譯序》撰寫於1955.10.15，即徐先生在學術上剛起步之時。剛起步即有此識見，能不讓人肅然起敬。又：上引語「性情正是詩的靈魂」這個判斷，筆者認為很值得予以細述。此語蓋意謂某一詩是否具有靈魂，要端看它是否具有性情。然而，詩，死物也，何「具有性情」之可言？所以所謂「具有性情」，就是看它是否涵藏（承載），並傳達、詮表以下兩項：（一）詩人本有之性情（即上文所說的形而上的性情）；（二）詩人依其人生之體驗、經歷而對萬事萬物由感通而產生異於本有之性情之另一種性情，這或可稱為「新性情」。詩人本有之性情也好，對萬事萬物因感通而產生之新性情也罷，此二者既滙聚於詩人一人之身上而以詩的形式表出之，是以籠統稱之，即詩之性情也。而性情既係詩之靈魂，是以無性情，即無靈魂；甚至吾人遂可謂即無詩也。由此吾人又

（二）自己所沒有研究到的知識，應謙虛地與以保留（按：意謂尊重，不否
定；據下文，即不反對，不排斥）；自己所沒有達到的人生境界，應虔誠地
加以尊敬；我覺得這是作為一個學人所必須具備的良心，也是「道並行而不
相悖」的思想自由的基礎。（《學問與政治之間·（乙集）自序》；《序跋
輯錄》本，頁 429）

（三）西方一套一套的形而上學，面對著孔子由生命轉化中所流露出的語默
云為，我不感到有多大意義。（《中國思想史論集·代序》；《序跋輯錄》
本，頁 437。）

（四）我們「簡易」的哲學思想，是要求從生命，生活中深透進去，作重新
地發現，是否要假借西方炫（筆者按：疑當作「玄」；作「炫」者，蓋手民
之誤）學式的哲學架子以自重，我非常懷疑。[119]（同上）

（五）做學問，只能求之於自己學術良心之所安，而不必先問西方人的能否
接受；因為接受不接受，是西方人的事情。孔子說：「古之學者為己（為了

遑可謂，苟必以詩稱之，則假詩而已，偽詩而已。即徒具詩之形式而根本上無詩意
（詩的味道）的所謂「詩」而已。由此吾人又可進一步指出說，若無性情（真性
情），則不必寫詩，因詩已不成其為詩矣。又：上面說到，對「性情之教」，筆者取
一廣義的理解。其實，取廣義理解者，程兆熊先生已著先鞭；嘗云：風雨雷霆、日月
兩輪天地眼、《四書、五經》、詩書萬卷聖賢心、中國之庭園花木、中國之山河大
地、……宋明理學等等，莫非性情之教。程先生之言，頗有見地。其說見所著〈前
言〉，《儒家思想——性情之教》（臺北：明文書局，1986），頁 10-11。
針對徐先生的翻譯水平，網上有以下的資訊：「徐復觀《詩的原理》初版引來一番翻
譯論戰，許多文章攻擊徐復觀的翻譯。現在這版本經徐復觀的留日學生陳淑女女士校
訂，應該改進很多。」上引語見：http://hcpeople.blogspot.com/2019/03/blog-post_19.
html；2020.12.14 瀏覽。按：陳淑女（1935-2019），乃東海大學中文系第一屆畢業
生；1960-1967 旅居日本。又可參：http://digarc.lib.thu.edu.tw/thulibm/upfiles/%E9%A4
%A8%E5%88%8A44%E6%9C%9F/%E7%AC%AC44%E6%9C%9F%E9%A4%A8%E5%
88%8A82-90.pdf；謝鶯興先生編訂，〈陳淑女教授著述簡表〉，東海文庫，《東海大
學圖書館館刊》，第 44 期。其中有如下一條：1960 年「赴日本東京國際基督教大
學，任職於亞洲文化研究中心研究員。」
[119]「西方玄學式的哲學思想」和同為西方人比較看重的形而上學，先生均不太欣賞，於
是便說出「我不感到有多大意義」和「我非常懷疑」這兩句話。

充實自己），今之學者為人（做給他人看）。今人治學的精神狀態，「為人」的成分太多了。（同上；《序跋輯錄》本，頁438）

（六）方法的真正作用，乃發生於誠摯的治學精神與勤勉的治學工作中。方法的效果，是與治學的工力成正比例。[120]（同上）

（七）五四運動以來，有人反儒家而崇尚道家，以為道家富有自由精神；殊不知先秦各家思想，除法家本為統治階級立言以外，最先向專制政治投降者即係道家。以出世為目的，並主張不拜王者的佛教，傳入中國後，亦必依附帝王以伸張或保存其勢力。[121]（同上；《序跋輯錄》本，頁451）

（八）常常感到站在研究的對象面前，自己智能的渺小。（《中國人性論史‧先秦篇‧序》；《序跋輯錄》本，頁460-461）

（九）可以負責地說一句，⋯⋯自己的批判，順著材料的本身，選擇一條心之所安的道路。我的批判能力，當然是有限的。但我斷沒有不經過一番批判，而隨便採一說，建一義的。（同上，頁461）

（十）我原以為兩百年來，雖然很少值得稱為有系統地知識的探究；但在訓詁、考證方面，總應該有可供利用的基礎。尤其是在倡導科學方法之後。但這幾年我漸漸發現，連這一方面的工作，也多是空中樓閣。[122]（同上，頁462）

（十一）科學心靈與藝術心靈本不相同；而在每一個人的具體生命中，可以

---

[120] 誠摯的治學精神是一種治學態度（就治學而言，態度比方法更關鍵，更重要，蓋方法受態度影響、左右也）；而「工力」蓋指工夫與學力，前者指時間、精力，後者指學問素養。其實，兩者是相結合的，蓋時間充足、精力充沛，則學問素養自深厚也。

[121] 此儒釋道三家／三教與政治勢力（指統治階級所代表或支持之專制政治）之相互關係（指屈從——投降或依附等等）之比較，深具啟發性而甚值參考。又：徐先生並沒有完全不承認儒家嘗在某種程度上「向專制政治投降」，但那是儒家非正常發展下的一種情況。詳參下面三、其他之（五）。

[122] 按：這段文字出自先生撰寫於1962.12.28的一篇〈自序〉。其時先生正式從事學術研究不過10年而已。「多是空中樓閣」一語很可以反映先生10年來之用功程度（假若不用功，則這個對200年來訓詁考證學界相當負面的評語，恐不敢輕易說出口）及對一己之自信。

體驗得到的東西，也與唯心唯物之爭無與。假定談中國藝術而拒絕玄的心靈
狀態，那等於研究一座建築物而只肯在建築物的大門口徘徊，再不肯進到門
內，更不肯探討原來的設計圖案一樣。（《中國藝術精神・自敘》；《序跋
輯錄》本，頁 520-521）

（十二）幾十年來的風氣，研究者不深入到基本材料的堂奧，讓基本材料自
己講話，只在基本材料的外面，道聽塗說，便越說越支離了。[123]（《周官
成立之時代及其思想性格・自序》；《序跋輯錄》本，頁 548）

（十三）作者（按：指文藝創作者）不同於一般人的是他的感悟力及表現
力，作者同於一般人的是由良心深處所發出的感情。[124]（《徐復觀最後雜
文集・文藝創作自由的聯想（序）》，頁 179-180）

（十四）詩人的精神狀態，和學人的精神狀態，並不完全相同。詩人是安住
在感情的世界。……詩人常以欣賞詠嘆的心境來讀書，所以讀書不求甚解；
但也常由欣賞詠嘆而能對書有所得。他們與對象的關係，是相融相即的關
係。……學人是以鑽研揭露的心境來讀書，讀書必求甚解（按：這是理想性
的說法）。也常因鑽研揭露而對書才有所得。他們與對象的關係，是主客分
明的關係。（《中國文學論集續篇・自序》；《序跋輯錄》本，頁 556-
557）

二、道德良心類

（一）人類文化，都是由堂堂正正的人所創造出來，都要由堂堂正正的人所

---

[123] 按：顧頡剛嘗撰著〈周公制禮的傳說和《周官》一書的出現〉一文。先生對這篇文章
頗不滿意而予以相當嚴屬的批評；其後則得出上引文這個結論。顧文載《文史》1979
年第 1 輯（總第 6 輯）。

[124] 徐先生指出，作者恆由某些事物衝擊而引起內心的感動感憤。感動感憤乃人感情上的
一種表現。按：人之一般感情表現不見得都是發人之良心的，譬如男女間之愛或恨
這類感情，便大抵與良心無關。然而，對外界事物有所感（今時代青年恆用之潮語為
「有感」），並因感而內心受到觸動（感動）；或因感而產生義憤（感憤），則必然是
發自人之良心深處的。一言以蔽之，人之有感動感憤之情，必以人有良心故也。是徐
先生在這裡雖沒有明言感動感憤乃緣自凡人皆具有之良心，但此涵義實已寓於其中無
疑。

傳承下去。只有由平實正常的心理所形成的堂堂正正地態度，才能把古今中外的文化，平舖（筆者按：當作「鋪」；今作「舖」，疑手民之誤。）在自己面前，一任自己理性良心的評判，選擇，吸收，消化。（《學問與政治之間‧（乙集）自序》；《序跋輯錄》本，頁430）

（二）人格尊嚴的自覺，是解決中國政治問題的起點，也是解決中國文化問題的起點。[125]（同上；《序跋輯錄》本，頁431）

（三）從人類的過去以展望現在與未來，認定在科學、技術之外，還要開闢人類自己的價值世界，以安頓人類自己。[126]（《中國思想史論集‧再版序（即自序之二）》；《序跋輯錄》本，頁441）

（四）「人必自侮，而後人侮之」（筆者按：語出《孟子‧離婁上》），今日許多知識份子，許多工商界中的大亨，正在為孟子的名言作證。則臺灣假定有朝一日淪為殖民地，其責任不在美國人、日本人，而在中國的「大知識份子」（以官階言故稱之為大）及大工商業份子。[127]（《這一代青年談臺灣社會‧在西方文化陰影下的臺灣》；《序跋輯錄》本，頁499）

（五）評隲古人，也和評隲今人一樣，既要不失之於阿私，又不可使其受到寃屈。這須要有一股剛大之氣，和虛靈不昧之心，以隨時了解自己知識的限制，和古人所處的時代，及其生活所歷的艱辛。（《中國藝術精神‧自序》；《序跋輯錄》本，頁523）

（六）寫完這部書（按：指《中國藝術精神》）後，在中國藝術史方面，還有許多工作可做；我也有資料、有興趣去做。但回顧我們學術界的現狀，我寧願多做一點開路築基的工作，而期待由後人舖（筆者按：當作「鋪」）上柏油路面。（同上）

---

[125] 因為沒有這種自覺，便產生不了正確的態度，沒有正確的態度，便沒有正確的方法。按：方法的後面經常是態度；也可以說，方法與態度是不可分的。

[126] 徐先生肯定科學與技術在現代所扮演的關鍵角色。但其後話鋒一轉而說出這句話。

[127] 按：徐先生這裡說到的「中國的『大知識份子』」，具體來說，指的是臺灣這個寶島上的知識分子；而不是指大陸上的知識分子。換言之，上語中的「中國」指的是中華民國。

三、其他

（一）人類數千年的歷史文化，證明要政治清明，國家強盛，則政治指導之權，必操於社會。（《學術與政治之間·（甲集）自序》；《序跋輯錄》本，頁434）

（二）我深深的體驗到，在這樣的時代，要保持一個乾淨的心靈，不僅須靠個人不斷的反省，懺悔，並且也還需要外緣的幫助扶持。[128]（同上，頁435）

（三）政治是人類不得已的一種罪惡，它是由現實中的權力關係生長出來，開始時並不靠什麼學術思想。而學術思想，則一開始便會受到現實政治的干擾。[129]（《中國思想史論集·代序》；《序跋輯錄》本，頁451）

（四）至於可以不受到現實政治的干擾而自由發展其與人自身有關的學術思想，只有在民主政治之下，才有其可能。（同上）

（五）此種長期專制政治之下，其勢須發生某程度的適應性，或因受現實政治趨向的壓力而漸被歪曲；歪曲既久，遂有時忘記其本來面目，如忘記其「天下為公」、「民貴君輕」等類之本來面目，這可以說是歷史中的無可奈何之事。這只能說是專制政治壓歪，並阻過了儒家思想正常的發展，如何能倒過來說儒家思想是專制的護符。[130]但儒家思想，在長期的適應，歪曲中，仍保持其修正緩和專制的毒害，不斷給與社會人生以正常的方向與信心，因而使中華民族，度過了許多黑暗時代，這乃由於先秦儒家，立基於道德理性的人性所建立起來的道德精神的偉大力量。（同上，頁451-452）

（六）想把臺灣變成殖民地以便在殖民地下面撿便宜的任何人，都是枉費心

---

[128] 徐先生這個肯認非常重要，蓋點出主觀努力固重要，但客觀條件之配合（支援）也絕不可少。又：其中說到的「懺悔」，這當然包含做工夫這個方面的；也可以說唯有透過切切實實的做工夫才能真真正正落實懺悔。

[129] 這類話語當係先生中壯年時黨政軍方面之親身歷練，其後結合上讀書鑽研之艱辛歷程而始得出的一種個人感受。這類感受見諸文字則對讀者（至少對筆者吧），甚具啟發。

[130] 「這可以說是歷史中的無可奈何之事。……」這幾句話充分反映了先生對儒家思想深具同情的理解。

機，都是白地出賣自己的靈魂。臺灣只能走向民主之路，決不能走向殖民之路。[131]（《這一代青年談臺灣社會‧在西方文化陰影下的臺灣》；《序跋輯錄》本，頁 499》）

　　以上粹言警語共 26 則，可說字字珠璣，句句金玉。就學術研究來說，筆者深信，吾人定可從中獲得無窮之智慧資源。顧鼴鼠飲河，各充其量，斯可矣。[132]

---

[131] 反觀今日（2021 年）臺灣不少執政者，以在美國（甚至日本）庇蔭之下，找到僅足以棲身之地便引以為榮，讀徐先生斯語，能不讓其愧死。

[132] 2018 年臺灣學生書局出版下書：徐武軍、徐元純編輯，《徐復觀教授看世界——時論文摘》），全書共四冊，乃「從復觀先生三百餘萬字的『時論』中，摘、輯了 600餘則文句」。（見書前郭齊勇〈序〉）其中第 1 冊（四之一卷）及第 2 冊（四之二卷）分別摘錄了含「讀書和研究的態度與方法」和含「文化」方面的文句。其所蒐羅者比筆者廣（因筆者僅從徐先生各大著之〈自序〉、〈代序〉和〈再版序〉等文字中，摘錄出與學術文化或與道德良心相關係之粹言警語而已），具相當參考價值。

附錄二：各專書撰著動機一覽表
——以揭示徐先生不容自已之道德意識為主軸

編號	名稱 （序名、書名）	撰著動機	說明
			一、本一覽表之引文，除另作聲明外，皆出自下書：蔡仁厚，羅雅純編，《當代新儒學三大家序跋輯錄》，臺北：臺灣學生書局，2016。為求省便，凡僅標出頁碼者，即表示出自上書。 二、編號排序的先後，乃以各專書中最早撰寫的自序／譯序／代序為準；藉以察悉徐先生思想發展的大體脈絡。 三、「撰著動機」一項的各引文中，凡足以明確反映徐先生乃本乎道德意識以撰寫相關著作者，皆以黑色粗體字標識之。
1	〈譯序〉（1953.03.14），中村元原著，徐復觀譯，《中國人的思維方法》，臺北：中國文化出版事業委員會，1953年5月。	「……我們的歷史文化，也正受到非常的考驗。……在此一考驗反省中重新發展其真價與光輝，以增加我們在艱難中的生命力，並貢獻於在歧路徬徨中的世界人類。……所以**中村氏的觀點，應該值得我們同情；基於此一觀點所得出的研究結論，應該值得加以介紹——最低限度是關於中國的一部份。**」頁420。	左欄引文中「加以介紹」一語，蓋徐先生意謂藉著其翻譯（偶爾加上按語），而使讀者得悉中村氏之研究結論（即指中村氏的整本著作，尤指中國的一部分）而言。
2	〈譯序〉（1955.10.15），荻原朔太郎原著，徐復觀譯，《詩的原理》，臺北：臺灣學生書局，1989；初版：臺中：中央書局，1956年4月。	「這幾年，我偶然從日文中翻譯一點東西，一是針對某一文化問題的爭論，想藉此以幫助大家的了解，一是出於心情上的煩躁，……著手翻譯此書，其動機完全是出自後者。」頁423。	左欄引文中（二）可以「表達出來」的，指的是藉著《詩的原理》一書而了解到「詩這一概念所意味著的真正根本的定義。並且，了解了這一點，便也了解了文學中最重大的

		說是這麼說，徐先生翻譯本書，其實有更高的理想在。其譯序中便透露出以下訊息：	精神。」頁424。
		（一）**通過對藝術領域中若干概念的分解，把過去認為不能「言傳」的，「大體上把它言傳出來。」**頁423。 （二）「此書所論的範圍，……涉及到在詩的本質上所能包括的一切文藝。……因其（按指：詩）文字的特別洗鍊，所以深刻的思索，依然能明白簡當的表達出來，**使讀者從環繞於藝術理論的雲霧中，可以很清楚的把握到最基本的意義。**」頁424。 （三）也可以說是上述（一）和（二）的引申：「一切理論上的東西，必須通過概念性的思考；……假定能通過概念性的思考，把幾千年詩的遺產中所蘊藏的真正精神，重新發掘喚醒，藉以激發人生內在的性情，潤澤人們枯槁的生命，因而增進民族精神的活力，我想這將是一件很有意義的工作。」頁425。 （四）徐先生雖不認為《詩的原理》能扮演這麼一個偉大的角色，但對它還是相當重視的，嘗云：「它可以從正面、反面，乃至側面，與此一工作以啟發，則是無可懷疑的。同時，若因此而**能對目前的文藝批評界，稍盡點推進澄清之責**，這倒也是譯者一種附帶而也是可能的願望。」頁425-426。	針對左欄最後一句話中「稍盡點推進澄清之責」一語，徐先生做了如下的說明：「本書（筆者按：指中村元之原著）出版之初，引起日本文壇不少的爭論。作者對此，只希望讀者從頭到尾，一字不遺的讀了下去；覺得這樣便可對那些爭論能與以解決。作者的自信力，畢竟獲得了證明。此書出版後，十年之間，重版了十多次。……與（予）日本文藝界以很大的影響。」（頁424-425）徐先生意謂原書作者中村氏對相關爭論，已請讀者透過以下途徑——細讀該書，而做了澄清。今徐先生翻譯該書，相信對相關爭論能夠進一步予以澄清，是以先生自許為「稍盡點推進澄清之責」。
3	〈自序（甲集）〉（1956.08.12），《學術與政治之間》：臺中：中央書局，1956。	「我之所以拿起筆來寫文章，只因身經鉅變，……，作為人類最大尊嚴的良心、理性，都成為罪惡與羞辱，不值分文。……作為『蓋人心之靈，莫	按：時論文章又恆為興論的載體；或寬泛的說，興論見諸文章者，即成為時論文章。所以時論文章和

		不有知』（筆者按：此「知」字乃指德性之知，即「良知」之知而言。）的我，對此一鉅變的前因後果，及此一鉅變之前途歸結，如何能不認真的去想，如何能不認真的去看。想了看了以後，在感嘆激盪的情懷中，如何能不把想到看到的千百分之一，**傾訴於在同一遭際下的人們之前。**」甲集，頁433。 「我認為凡是以自己的良心、理性，通過時代的具體問題，以呼喚時代的良心理性的時論文章，這都是聖賢志業之所存，亦即國家命運之所繫。」甲集，頁434。	輿論，在徐先生來說，就一某程度而言，是可以劃上等號的。徐先生以下的幾句話似乎足以佐證筆者這個看法。先生說：「社會指導政治的具體途徑，一為輿論，一為選舉。……而所謂輿論乃係對政治的批評，不是對政治的歌頌，此乃無間於古今中外之常理。假定一個時代，到了由釘死自己的良心理性，進而想去釘死社會的良心理性的阿諛家們，起來取真正的時論者而代之的時候，這正說明此一時代的終結。」（頁434）上段引文中，「輿論」和「時論文章」這兩個詞，大抵可以互換而不會影響原文的涵意。其實，釘死自己的良心理性的阿諛家們，他們的表現，不僅可以「說明此一時代的終結」，還可以導致其本身政權的終結，乃至整個國家的終結。惜他們智不及此。悲夫！
	〈自序（乙集）〉（1957. 10.10），《學術與政治之間》，臺中：中央書局，1956。	「年來在學術上我和時賢所發生的爭論，決非出於個人傯妄之心，想用我的學問去壓倒時賢的學問；我很坦白地承認自己並沒有學問。只是從時賢談學問的態度中，引發我上述的感觸；因而**不能抑制自己，寫出了這種感觸。**」乙集，頁431。	
4	〈序〉（1962.12.28），《中國人性論史·先秦篇》，臺北：臺灣商務印書館，1963。	「我的想法，沒有一部像樣的中國哲學思想史，便不可能解答當前文化上的許多迫切問題；有如中西文化異同（徐先生舉出共三項，為省篇幅，其他二項從略。）……文化中其他的現象，尤其是宗教、文學、藝術，乃至一般禮俗、人生態度等，只有與此一問題（筆者按：指人性論）關連在一起時，才能得到比較深刻而正確的解釋。」頁457-458。 撰寫《中國人性論史·先秦篇》之動	徐先生把此書定位為：「以特定問題為中心」的中國哲學思想史。（頁456-457）

	機，又見《中國藝術精神》：「在人的具體生命的心、性中，發掘出道德的根源、人生價值的根源；不假藉神話、迷信的力量，使每一個人，能在自己一念自覺之間，即可於現實世界中生穩根、站穩腳；並憑人類自覺之力，可以解決人類自身的矛盾，及由此矛盾所產生的危機；**中國文化在這方面的成就，不僅有歷史地意義，同時也有現代地、將來地意義。我寫《中國人性論史》，是要把中國文化在這一方面的意義，特別顯發出來。**」頁 516-517。	
5	〈自敘〉(1965.08.18)，《中國藝術精神》，臺北：臺灣學生書局，1966 年 6 月初版。	徐先生認為《中國人性論史・先秦篇》和《中國藝術精神》二書，「正是人性王國中的兄弟之邦。使世人知道中國文化，在三大支柱中，實有道德、藝術的兩大擎天支柱。」頁517。（筆者按：另一支柱為科學；此則傳統中國表現較弱者。）「在人的具體生命的心、性中，發掘出藝術的根源；……把握到精神自由解放的關鍵，並由此而在繪畫方面，產生了許多偉大地畫家和作品，中國文化在這一方面的成就，也不僅有歷史地意義，並且也有現代地、將來地意義。……我寫這部書的動機，是要通過有組織地現代語言，把這一方面的本來面目，顯發了出來，使其堂堂正正地滙合於整個文化大流之中，以與世人相見。」頁 516-517。「說到『中國傳統地』的時候，便要受到中國畫史事實的限制。今日有些人太不受到這種歷史事實的限制了；甚至連起碼地字句也看不懂，便放言	

		高論，談起中國的繪畫，是如何如何；還有許多人，只靠人事關係，便被敕封為鑑賞專家。這便更促成我動筆的決心。」頁 520。	
6	〈自序〉（1965.10.04），《中國文學論集》，臺中：民主評論社，1966。	「我對中國古典文學，有濃厚地興趣，也有相當地理解。這些年來（按：指 1954 年左右開始至撰寫此〈自序〉的一個時段，其間約 20 年。），……情不自禁地寫了些有關中國文學方面的文章；這裡補編的十六篇，是自己覺得比較有點意義的。」頁 471。「從民國十五年起，受當時革命浪潮的衝激，一直到民國三十四、五年，我完全摒棄了線裝書尤其摒棄宋明理學和桐城派的古文。但當無聊的時候，還讀讀詩詞，以資消遣；因此，也特別留意到中國文學史這方面的著作。……現在，進入到我心靈最深的，卻是我過去所摒棄最力的宋明這批人格主義的思想家。並且十多年來，也慢慢地重新了解所謂桐城派古文，在中國文學史中，必然要佔崇高地一席。……此後餘年，倘再能寫幾篇文學方面有關鍵性的文章，便已經不錯了。恐怕不容許我把寫一部值得稱為中國文學史的時間，安排到自己也不能完全控制的未來的日程裡面。」頁 472-473。	有關徐先生何時摒棄了線裝書，上揭〈西方文化沒有陰影〉一文則有不同，甚至可以說與左欄《中國文學論集・自序》相矛盾的記載，如下：「從民國十五年以後，到二十九年止，我唾棄了線裝書」（頁 500）這兩則資料相矛盾，其落差凡五、六年之久。按：凡相矛盾者，不能並真。是以其一（或至少其一）必然有誤。幸好「到二十九年止，我唾棄了線裝書」一語之後，先生繼續說：「從三十二年遇見熊十力先生起，……不敢隨便唾棄線裝書。但依然是想在日譯的西方典籍中求得一點什麼。四十五年到東海大學中文系教書，自然把重點轉到線裝書上面」。綜合來說，先生唾棄線裝書的下限時間，即最後一年，當是三十二年遇見熊十力先生之時。而全面「撿回」線裝書的時間，應係四十五年
	〈再版・補編自序〉（1973.10.27），《中國文學論集》，臺北：臺灣學生書局，1974。	上引文最後兩句意謂：寫一部值得稱為中國文學史的書，當然是值得的。但因為要花上不少時間始可撰就；且徐先生以遲暮之年（接近五十歲）始從事學術性的研究工作，所以時間上尤其緊迫短促。再者，徐先生興趣非常廣泛（上引文即明確指出，宋明人	到東海大學中文系教書之後。換言之，摒棄或唾棄線裝書的時間止於二十九年或止於三十四、五年，皆未全然得其實。寬泛說，當係止於三十二年遇見熊先生之後；嚴格說，則當係止於四十五年到東海大學中文系教書之後。

		格主義的思想家（按即理學家）已進入其心靈最深之處。此意味著徐先生將撥出相當時間研究彼等之思想），於是未來的日程到底作何安排，自己也不能完全確定。所以大概就不要冒險而自我承諾一定要寫就一部中國文學史了。	若稍放寬一點，則終止唾棄而予以「撿回」的時間，應至少可追溯至1952 年，蓋該年 4 月先生在《民主評論》（3 卷 10 期副刊）上所發表的〈儒家精神之基本性格及其限定與新生〉一文，已引錄不少線裝書（意謂中國古典）上的材料了。
7	〈先秦名學與名家——代序〉（1966.09.28），《公孫龍子講疏》，香港：新亞研究所，1966 年 12 月初版。	「作為名家代表的現存《公孫龍子》，有無研究價值呢？我認為還是很有研究價值的。第一，……剩下的五篇，皆首尾完具，猶得以考察其立論的根據和理論的線索。只憑這一點，已經有思想史上的價值。第二，……表現出很高的抽象能力，……很接近於古代希臘的形式邏輯，……這在中國思想史中，佔有一個很突出的地位。」頁 493。	從表面看來，左欄「作為名家代表的現存《公孫龍子》……」的一段話，似乎不足以揭示徐先生撰寫《公孫龍子講疏》的動機；而只能看出《公孫龍子》一書本身的價值。然而，徐先生既「發現」該書具二項重要價值，則吾人自可視此發現為促使彼撰寫《講疏》一書的動機了。
8	〈自序〉（1968.01.30），《石濤之一研究》，臺中：民主評論社，1968 年 4 月初版。	「學術墮落的重大現象之一，是甘偷惰而貪便宜，遂以淺薄的知解概括了學術的全領域。……道德、文學、藝術等部門的重要成果，常是由若干特出的人物，經過各種特殊的努力，所墾殖積累起來的。今人因其與自己的偷惰之心，便宜之術，不相應合，輒欲一舉而抹煞掃蕩之，此與以常識否定科學上由精密操作所得的結論，在動機上和結果上，實在沒有兩樣。」頁 1-2。	上揭《……序跋輯錄》未收入《石濤之一研究》之〈自序〉。是以左欄文字之頁碼乃指民主評論社版本之頁碼。本書初版的內容主要收錄了 2 篇曾在刊物上發表過的文章，並附上〈石濤簡譜〉。其中一文「頗盡石濤平生的曲折。」（〈自序〉，頁 1）本書印行出版後不久，「即發生石濤生年問題的熱烈討論；這樣一來，逼得我對此一問題，不得不重新費一番工夫探索，因而先後寫了六篇文章。……現在總算得到了進一步地結論。……再加上……的一篇文章。

		……這樣，我對石濤的有關問題，總算作了一個心安理得的交代。」（〈增補版自序〉，頁 9）；即原先 2 篇＋6 篇＋再加 1 篇＝共 9 篇。
9	〈西方文化沒有陰影〉（1969.01），大學叢刊編委會主編，《這一代青年談台灣社會》，臺北：環宇出版社，1972。	「我認為近代的西方文化，對人類來說，應當是一種光輝，而不是一種陰影。今日臺灣，確實籠罩著一片陰影。（一）但這種陰影，不是從西方文化的本身發出來的，而是從西方文化通過西方人的國家政治意識所發生出來的。（二）此外，則是通過西方現代的反文化現象，所發生出來的。……（三）陰影的形成，乃出於有些中國人的不自重、不自愛，無廉恥之心，無國格人格之念，在鑽洋門路中，在滿足自卑感中，才造成今日的陰影。」頁 495-499。（上引文之（一）、（二）、（三），乃筆者所加，旨在醒眉目。）	某一團體於 1968 年 12 月 15 日假臺北耕莘文教院，以「在西方文化陰影下的臺灣」為題，辦了一個座談會，徐先生沒有參加座談會，但事後對這個問題，表達了一些看法。其相關意見，寫成了〈西方文化沒有陰影〉一文，並寄予座談會主辦單位。（詳見《這一代青年談台灣社會》，頁 1、28。）按：〈西方文化沒有陰影〉一文既非序，也非跋；頗違反《當代新儒學三大家序跋輯錄》一書的體例。但其內容不乏勸勉年輕人做學問的文字，實深具啟發性。是以筆者也一併予以處理。
10	〈自序〉（1970.10.30），《徐復觀文錄》，臺北：環宇出版社，1971。	「我不斷地思考文化上的問題，探討文化上的問題，越發感到『學術亡國』的傾向，比其他政治社會問題更為嚴重；於是在這一方面寫了若干批評性的文章，……」頁 2（《序跋輯錄》本，頁 551）。 非常值得注意的是，在《徐復觀文錄》僅一千多字的〈自序〉中，先生六次用上「感憤之心」一詞，如下： 「在悲劇時代所形成的一顆感憤之心，此時又逼著我不斷地思考文化上的問題，……我以感憤之心寫政論的文章，以感憤之心寫文化評論性的文	按：學者們，大多只是名流學者、學術明星而已，非真有學問者，更不用說具備使命感了：大抵即中國傳統中之文人（即正史中〈文苑傳〉之傳主），而非儒者（《儒林傳》中之傳主）。蓋即牟先生所說的乃「清客」也，其學問乃「清客之學」。用現代語來說，蓋非真正之知識分子也。

		章，依然以**感憤之心**，迫使我作閉門讀書著書的工作。最奈何不得的就是自己這**感憤之心**。這顆**感憤之心**的火花，⋯⋯」頁2-3（《序跋輯錄》本，頁551）。	
11	〈研究中國思想史的方法與態度問題——代序〉（1971.01.03），《中國思想史論集》，臺北：時報文化出版公司，1985。	「我的看法，對於中國文化的研究，主要應當歸結到思想史的研究。但一直到現在為止，還沒有產生過一部像樣點的綜合性的著作。這一方面固然是因為分工研究的工作做得不夠；但最主要的還是方法與態度的問題。」頁442。	徐先生既認定長久以來，在中國思想史的研究上，「沒有產生過一部像樣點的綜合性的著作」，所以就只好自己「下海」了。
12	〈自序〉（1971.11.20），《周秦漢政治社會結構之研究》，香港：新亞研究所，1972年3月；後改名為《兩漢思想史》（卷一）。	「江藩著《漢學師承記》，⋯⋯自是以後，謬說相承，積非成是；而兩漢學術的精神面貌，遂隱沒於濃煙瘴霧中，一任今日不學之徒，任意塗傅。所以我在六年以前，發憤要寫一部兩漢思想史。」頁514。 先生撰寫《兩漢思想史》之動機，又見其前所撰之《中國藝術精神·自敘》：「⋯⋯今後我希望能接著寫一部兩漢思想史，把由乾嘉學派的『漢學』所蒙蔽了的這一重大歷史階段的學術文化，能如實地闡明於世人之前。因為兩漢所佔的歷史階段，不論它的好和壞，對後來歷史的形成，有直接地關係。」頁523。	〈自序〉寫於1971年11月20日。此上溯六年，即1965年。當年先生完成了《中國藝術精神》一鉅著。換言之，即在該鉅著完成後，先生便下定決心要從事《兩漢思想史》之撰寫。
13	〈自序〉（1975.12.10），《兩漢思想史》（卷二），臺北：臺灣學生書局，1976年6月初版。	「治中國思想史，若僅著眼到先秦而忽視兩漢，則在『史』的把握上，實係重大的缺憾。何況乾嘉時代的學者們，在精神、規模上，與漢儒天壤懸隔。卻大張『漢學』之幟，以與宋儒相抗，於是兩漢的學術思想，因乾嘉以來的所謂『漢學』而反為之隱晦。我以流離瑣尾的餘年，治舉世禁忌不	

		為之舊學，也有一番用心所在。」頁526。	
14	〈自序〉（1976.05.05），《黃大癡兩山水長卷的真偽問題》，臺北：臺灣學生書局，1977 年 5 月。	「這裡彙印的四篇文章，是年來為了討論黃大癡……兩山水長卷的真偽問題而寫的。……一卷原稱為〈山居圖〉，現則方便稱為〈子明卷〉。一卷原稱為〈富春山居圖〉，現則方便稱為〈無用師卷〉。……上海畫家吳湖帆們，斷定〈無用師卷〉是真，〈子明卷〉是偽；……遂成為今日一般的定論。**我對上述定論，早經懷疑**。……於是我前後寫了這裡彙印的四篇文章，幸能斬關摧壘，得出〈子明卷〉是真，〈無用師卷〉是偽的定案。」頁 529-530。	
15	〈中國思想史工作中的考據問題——代序〉（1979.04），《兩漢思想史》（卷三），臺北：臺灣學生書局，1979 年 9 月。	徐先生的《兩漢思想史》有不少地方是用上考據工夫的，且又有朋友向徐先生提到這個問題，這所以徐先生認為「應作一解說」；如下：「**我以遲暮之年，開始學術工作，主要是為了抗拒這一時代中許多知識分子過分為了一己名利之私，不惜對中國數千年文化，實質上採取自暴自棄的態度，因而感憤興起的。我既無現實權勢，也無學術地位，只有站在學術的堅強立足點上說出我的意見，才能支持我良心上的要求，接受歷史時間的考驗。考據不是以態度對態度，而是以證據對證據。這是取得堅強立足點的第一步。」頁 534。	筆者按：徐先生「考據不是以態度對態度，而是以**證據對證據**。」一語，筆者擬做點補充說明。筆者以為，在考據工作上，態度也是相當關鍵的。蓋態度不佳、偏頗（譬如徐文中說到的「自暴自棄」即一例），不免會影響到研究的結論、成果（譬如比較欠周延、不盡妥適等等）。然而，影響考據成敗最關鍵的，還是證據。即不管您任一態度做研究（做考據），其最後還是得看證據；即由證據說了算！蓋徐先生為了要凸顯證據的關鍵地位遠勝於態度所扮演的角色，所以便說出：「考據不是以態度對態度」一語。
16	〈自序〉（1979.11.30），《徐復觀雜文》，臺	從徐先生與愛徒蕭欣義先生 1978 年夏季的一次對話中，我們得悉把報刊	「豺狼當道」，語出《後漢書》，卷 56，〈張綱傳〉：「……唯綱年少，

| 北：時報文化出版公司，1980。 | 上刊登過的雜文「彙印出來，作為生命歷程中的紀念」（頁 538），當係先生出版多本雜文集的動機。其中值得紀念的，蓋見下文：
「在漫長而艱苦地研究歷程中，又寫了這些雜文，乃說明我和我所處的時代的不幸。一九六九年我到香港後，要靠這些雜文及刊出這些雜文後面的友誼來維持生活。同時，我所處的時代，也壓迫我的良心不能不寫些政論性的文章。……在拿起筆時，忘記了自己身家吉凶禍福的情形之下寫出來的。……面對古人（按指從事針對古人而做的研究），……又面對當代（按指寫雜文，尤其政論方面的文章）。這種十年如一日地上下古今在生活中的循環變換，都來自我們國家的遭遇對我所加的鞭策。」頁 539。 | 官次最微。餘人受命之部，而綱獨埋其車輪於洛陽都亭，曰：『豺狼當路，安問狐狸！』」後世乃有「張綱埋輪」的成語；藉以比喻不畏權貴，直言極諫，敢於彈劾當權者。 |
| | 「毛澤東所發動的文化大革命，……毀滅中國幾千年的文化，隔絕人類所共有的世界文化，湧現出亙古未有的全面性的野蠻行為。當我寫文章時，要把這種『豺狼當道』的情形熟視不睹，採用避重就輕的手法，寫些不痛不癢的東西，這是我的良心所不能允許的。」頁 539-540。
「我的雜文，包括的範圍相當廣泛；許多是由各個方面，各種程度的感發才寫了出來的。但以受到毛澤東文化大革命及其遺毒的震盪為最大。……震盪是發自良知所不容自已；在震盪中堅守國族的立場，維護國族的利益，不知不覺地與大陸人民共其呼吸，同樣也是來自良知的不容自已。」頁 540。 | 「良心所不能允許的」猶「良知所不容自已」、「良知的不容自已」。筆者要特別指出的是，〈自序〉同一頁中，上述用語凡三見。按：趙翼詩有句云：「生平報國堪憑處，終覺文章技稍長」（〈壬辰……感恩述懷得詩十首〉，《甌北集》（上海：上海古籍出版社，1997），上冊，卷 20，頁 406）。此況諸徐先生，亦然。蓋書生報國，似乎不得不仗文章。國族立場、國族利益，恐報國眾多考量中，重中之重也。這當然會觸動先生的良知、良心。是以相關文章，又豈能不寫呢？ |

17	〈自序〉（1980.01.10），《周官成立之時代及其思想性格》，臺北：臺灣學生書局，1980 年 5 月。	「《周官》的成立年代及其思想性格，是爭論了約兩千年之久，而尚未獲得解決的問題。……我這篇長約十萬字的文章，是為了解決此一問題而寫出的。當然這可能只是我主觀地願望或者說是野心。」頁 542。	《周官》一書，從經學史、思想史的立場，乃至研究中國古籍的途程上，且考慮到該書對後世（尤其入唐以後）的影響力，《周官》的成書年代及其思想性格，都是非解決不可的大問題（詳見頁 542-547）。
18	〈自序〉（1981.05.01），《中國文學論集續篇》，臺北：臺灣學生書局，1981 年 10 月。	「去歲（按指：1980 年）在臺灣大學附屬醫院割治胃癌後，自知生命快要結束，於是把……未曾收印到《中國文學論集》中的幾篇文章，在養病中重閱一過，有的稍作補充，另外為了紀念友人唐君毅先生，更補寫了一篇，並交給薛君順雄，請為我編成《中國文學論集續篇》。」頁 556。	
19	〈自序〉（1981.12.12），《中國經學史的基礎》，臺北：臺灣學生書局，1982 年 5 月。	「以傳承而論，因西漢已有門戶之爭，遂孳演而為傳承之誤。……踵謬承訛，益增附會。及清代今文學家出，……遂對傳統中之所謂『古文』及『古學』，詆誣剝剝，必欲置之死地而後已。……《經學通論》及《經學歷史》兩書，逞矯誣臆斷之能，立隱〔括〕逆理之術。廖平、康有為更從而讚張羽翼之，遂使此文化大統糾葛紛擾，引發全面加以否定之局，我常引以為恨。」頁 561-562。按：「加以否定」乃指否定經學。 針對先生之胃癌，先生說：「（一九八○年）八月二十二日動了切除手術後，……老朋友們來看望時，我說：『已活了這麼大的年齡，應當死了；可惜我想寫的《漢代經學史》，竟沒有動筆的機會。』因為這種冷門題目，我不動筆，當代更無人肯動筆的。」頁 562。	下文可視為係先生撰著本書的動機的前言：「經學奠定中國文化的基型，因而也成為中國文化發展的基礎。中國文化的反省，應當追溯到中國經學的反省。……經學史應由兩部分構成。一是經學的傳承，一是經學在各不同時代中所發現所承認的意義。」（頁 561）而後者乃指「經學在歷史中的意義」。

20	〈讀《魏源研究》〉（1982.01.29），陳耀南，《魏源研究》，香港：乾惕書屋，1979。	「陳耀南博士大著《魏源研究》即將再版，要我寫篇序。我因對魏源不曾作過深入研究，而文字儕俗，與陳先生雅健之文不能相稱，所以不敢寫序，特寫這篇讀後感。」頁564。	〈讀《魏源研究》〉載1982年2月2日出版之《華僑日報》，後收入徐先生，《徐復觀最後雜文集》，臺北：時報文化出版公司，1984。
21	〈自序〉（1982.02.14），《中國思想史論集續編》，臺北：時報文化出版公司，1982.03.27。	「余自八歲受讀以來，小有聰明而絕無志氣。四十年代（按指：公元1940年代；非民國「四十年代」。），始**以國族之憂為憂**，恆焦勞心力於無用之地；既自知非用世之才，且**常念熊師十力亡國族者常先自亡其文化之言**，深以當時學風，言西學者率淺薄無根無實，則**轉而以『數典誣祖』（不僅忘祖而已）為嘩眾取寵之資，感憤既深**，故入五十年代後，乃於**教學之餘，奮力摸索前進**，一以原始資料與邏輯為導引，以人生社會政治問題為徵驗。傳統文化中之醜惡者，抉而去之，惟恐不盡；傳統文化中之美善者，表而出之，亦懼有所誇飾。」頁1。	《……序跋輯錄》未收此〈自序〉。此〈自序〉乃先生臥病臺大醫院易簀前在病榻上口述，曹永洋先生記錄者。針對《中國思想史論集續編》一書，楊乃藩嘗撰〈前言〉（1982.03.25），如下：「自先生入臺大醫院治療以來，瞬將兩月。……先生謂余曰：『縱令全身麻木，但求腦子不廢，仍可將沉思所得，吐而出之也。』其憂時愛國，播學傳薪之志業，溢於言表。」上引楊氏語，頗可概見徐先生迄辭世前之畢生志趣，是以轉錄之。
22	〈文藝創作自由的聯想〉（1982.02.28），《徐復觀最後雜文集》，臺北：時報文化出版公司，1984。	「翟君志成，把他研究有關中共文藝政策的四篇文章彙印成書，要我寫幾句話，我藉此寫出有關此問題的若干聯想。」頁179。	《……序跋輯錄》未收此文。徐先生指出，真正的文藝創作者或真正的主流文藝創作，其作者之寫作動機，「必然是出於作者由某些事物衝激所引起的內心感動或感憤」而從事創作的。（頁170）其實，徐先生本人撰著學術著作（含譯述、與學者之論戰）及雜文等等的篇章，其寫作動機，又何異於是呢？

第二章　夫子自道（上）：牟宗三先生形貌和性情（喜、樂）之自我描繪[*]

一、緒言：性情與學問之關係；牟先生，「真人」也

　　孟子曰：「頌其詩，讀其書，不知其人，可乎？是以論其世也。」[1]後世「知人論世」之學，蓋本此。中外學人誦讀牟先生書，藉以闡釋、弘揚牟先生之學術思想／哲學思想者，多若牛毛；但就「知人論世」而言，則相對的不成比例。筆者不揣譾陋，乃鈎稽爬梳牟先生本人之文字，藉以窺見其性情[2]；所謂窺見其性情，易言之，即所謂知人（認識牟先生）也。認知其

---

[*] 本文乃應儒家文明協同創新中心及山東大學儒學高等研究院所主辦之「百年儒學走向國際學術研討會暨牟宗三誕辰 110 周年紀念會」之邀請而撰寫。會議日期：2019.07.13-14；12 日報到，15 日離會。地點：山東煙台東山賓館。今經修改增刪後，作為本書之一章予以發表。

[1] 《孟子・萬章（下）》。

[2] 「性情」一詞，茲取其廣義之理解。詳細說明，見本書第一章，註 118。又本文所根據之資料，絕大部分源自牟先生本人之自述；僅少部分源自他人之記載或描繪。牟先生著作等身，恐不下千萬言。以時間、精力、學養所限，今為鈎稽爬梳牟先生性情方面之自我描繪而不得不閱讀之文字，蓋不及其全部文字（臺灣聯經出版事業公司出版之《牟宗三先生全集》共 33 冊，尚不含《生命的學問》及近今（2019 年 3 月）出版之《牟宗三先生演講錄》（共 10 冊））之十分一。即此十一，恐亦有不少輕忽滑過而未能悉數鈎稽其相關材料者，甚或誤判其無關緊要而不予納入鈎稽範圍之內者。由是言之，拙文掛一漏萬，又奚待贅言。說到牟先生的性情，雖探討或描繪這方面的文章不多，但據閱覽所及，也有若干篇，如下：牟先生主講（與學生座談），陶國璋整理，〈平生與學問〉，《毅圃》，第 5 期，1996 年 4 月；講座時間、地點：1984.0

人，則於認知其人之思想，恐不無幫助。至若論世一項，則從略焉。

筆者以為，就認識一哲學家之思想來說，直接研讀該哲學家本身之哲學專著，乃至探討其本人所經常使用之哲學概念，是很必要的，也很基本的。愚見蓋為治哲學史者之共識；牟先生恐不為例外。然而，似乎牟先生從來不反對、不排斥以下看法：多了解其人之生平事蹟、性情志趣等等，對了解其哲學思想，定有所助益。憶四十多年前在香港上牟先生課時，牟先生經常說：就儒家之義理而言，「孟子十字打開，更無隱遁。」[3]先生之欣賞孟夫子，情見乎辭。其欣賞，當然是就孟子在儒家義理方面的造詣來說；然而，也應當包含上引文中孟子所說過的一句話，即：「頌其詩，讀其書，不知其人，可乎？是以論其世也」這句名言。我們試根據牟先生寄給唐君毅先生的書信（以下簡稱〈牟致唐函〉）[4]，作點說明。[5]

7.14；香港新亞研究所。（http://bbs.gsr.org.tw/cgi-bin/topic.cgi?forum=27&topic=633；2019.07.07 瀏覽）；〈牟宗三　充盈漢子氣的哲學家〉（https://wenku.baidu.com/view/9bc234a10029bd64783e2c16.html；2019.04.18 瀏覽）；程志華，〈牟宗三的風骨〉，《國學網》（www.guoxue.com；2019.06.23 瀏覽）；林月惠，〈雨‧散步‧哲思——記牟宗三先生的燕居〉（www.douban.com/group/topic/31359642/；2019.04.05 瀏覽）。此外，《牟宗三先生紀念集》（臺北：東方人文學術研究基金會，1996）中也有若干文章是涉及這個主題的，如余英時先生的一篇便是。文中說到牟先生給他「留下的印象都是率真和灑落，不帶半點矜持之態」。見頁 403。

3　原語出自陸九淵：「夫子以仁發明斯道，其言渾無罅縫。孟子十字打開，更無隱遁，蓋時不同也。」《象山全集‧象山語錄（上）》；〈語錄上〉，《陸九淵集》（北京：中華書局，1980），卷 34，頁 398。

4　〈牟致唐函〉（又名：〈牟宗三致唐君毅佚書六十七封〉）未嘗發表（未刊）；惟曾經黎漢基先生（廣州中山大學教授）整理。其打字稿收藏於東海大學圖書館徐復觀特藏室（〈徐復觀致唐君毅佚書六十六封〉之打字稿亦收藏於此）。筆者得悉這兩批書信收藏於上述特藏室，得感謝翟志成教授以下資訊：〈徵引書目‧五、未刊書信〉，《新儒家眼中的胡適》（香港：商務印書館，2020 年 6 月），頁 421；其中尚有以下說明：「黎漢基整理，……打字稿，未刊。」又可參下注5。

5　1949 年至 1960 年，唐先生與牟先生分居港、臺兩地。其間魚雁往還不絕。此等書信中的牟先生致唐先生的部分，唐先生仙逝後，由唐師母保存。黎漢基得唐師母同意後，針對牟先生致唐先生函（凡 67 封），嘗予以重新整理繕打，命名為「唐君毅書信檔案（三）‧牟宗三部分」（詳參黎先生之校註說明）。前香港中文大學摯友劉國

1956.12.09 函云：

> 然弟以為思想觀念之表現型態（雖是個人的，亦是客觀的）俱與個人
> 之氣質與生活有關。氣質、生活，是些具體的線索，能道說出來，不
> 但于理解個人，即于了解客觀道理，亦大有助益。此自是「人生」中
> 最好的資料。……惟〔性〕情中人，可語性情之事，非性情之人，不
> 可語也。……上星期夜宿旅舍，隔壁梵音忽起，哀感低佪，窮于嘆
> 嘆，深悟佛之悲情，此是最具體、最真實的，事後亦寫不出也。

上引文，細繹之，具以下三點消息：

（一）「道說出來」之後，則聽受者或讀者固可藉著這些具體線索以知
悉道說者之氣質和生活，此不在話下；此外則為聽受者或讀者更可藉以了解
客觀道理（或許這更是重點之所在）[6]。而客觀道理，廣義來說，自然包括
道說者本人的思想觀念。[7]蓋其本人的思想觀念，乃這些客觀道理所從出之
源頭也。

（二）莊生謂：「有真人，而後有真知。」[8]本此，筆者恆轉語謂：
「有真性情，始有真學問。」換言之，真學問，恆緣自真性情；非真性情，
難語乎真學問也。上引文有句云：「惟〔性〕情中人，可語性情之事。」此

強教授得其影印本一份。又：〈徐復觀致唐君毅佚書六十六封〉（以下簡稱〈徐致唐
函〉），國強兄處亦存有一份影本。年前國強兄惠借此二份影本給筆者再影印，特此
致謝。本書各章所引錄之〈牟致唐函〉和〈徐致唐函〉，均以此二份影印本為準。

6　此所謂「客觀道理」，不必然真的是所有人都認同或接受的道理。在這裡，牟先生用
此詞，蓋以示有別於任一個人依其主觀氣質、學養而表現出來之道理。按：任何個人
的氣質都是其人主觀上的一種特徵。然而，能夠稱得上「道理」的，則多少總有其客
觀性。是以牟先生乃用「客觀道理」一詞以示區別於僅依主觀氣質以表現出來的道
理。

7　牟先生的用語是「思想觀念之表現型態」；但此語應不是僅指「思想觀念」之「表現
型態」而已，而是當包括思想觀念之本身。

8　《莊子・大宗師》。

所謂「性情之事」，據上引文，乃指緣自性情而來的「客觀道理」，即指知性學問而言。牟先生是把「知性學問」，以「事」一語稱呼之，蓋「客觀道理」、「知性學問」，亦宇宙中或人世間之一事耳。

（三）藉以「最具體、最真實的」了解佛家之悲情者，非梵音莫屬（至少梵音是最重要管道之一吧）。梵音非佛家悲情之本身，此不必贅言。然而，藉之則可了解悲情。性情與學問、思想之關係，其情況正雷同。性情固非學問、思想之本身。然而，藉著人（泛指思想家、哲學家）最具體、最真實的性情，當可助吾人了解其學問、思想無疑。

同年（1956 年）稍早的 8 月 2 日牟先生致函唐先生討論朱子的學問時，也有類似的說法：

> ……至于朱子，則弟始終鬧不清楚，亦由于他本人原有些纏夾。弟曾仔細看《朱子年譜》一遍。由他全部言論、生活之形態，當可規定出他的造詣。

牟先生分宋明儒為三系，此眾所周知者。其中朱子被視為別子為宗，其學乃一橫攝系統，亦人所共喻者。[9]然而，據上函，則知 1956 年時，牟先生對朱子之學問尚未能給出定見。[10]惟此與本文題旨不相涉，不贅。筆者要一再指出的是，牟先生上說正可反映其如下一看法：了解某人之生活形態對了解其人之學問造詣——哲學思想、學術思想，當有一定的幫助。牟先生甚至用「規定出」一詞，則朱子（恐其他宋明理學家亦然）之學問造詣，可藉其「全部言論」[11]及生活形態而範圍（籠罩、覆蓋）之矣。然則其人之言論及

---

[9] 詳見《心體與性體》（臺北：正中書局，1968），第一冊，第一章第四節：〈宋明儒之分系〉，頁 42-60，尤其頁 45-49。

[10] 針對宋明理學，不要說 1956 年，其實 1959 年之前，牟先生尚未全然著力。是以對朱子尚未能給出定見。先生嘗自白說：「五十之前，未專力於此。」上揭《心體與性體・序》，頁 1。牟先生之生年是 1909 年，五十歲之前，即 1959 年之前也。

[11] 據上引文，此所謂「全部」，其實僅指見之於《朱子年譜》（清初人王懋竑撰）者而

生活形態（生活形態，恐大多依其人之性情而呈現）對於了解其人之學問，必能扮演一重要角色無疑。

　　在這裡順便一提的是，據閱覽所及，〈牟致唐函〉不僅流露了不少牟先生本人的生活資訊（含性情方面之資訊），同時也揭示了牟先生對生活形態（人在生活上的表現）與學問的關係的看法。上文所引錄之二函，蓋可見其一斑。此外，牟先生的《五十自述》在這方面亦深具參考價值。再者，牟先生各專著的〈序文〉、〈重印誌言〉、〈譯者之言〉、〈中譯者之言〉等[12]，亦或多或少提供了一些相關資訊。《生命的學問》中的若干文章亦然，如〈說懷鄉〉和〈水滸世界〉即其顯例。以上各種文字，其中《五十自述》被視為是一部奇書。[13]是以下文針對《五十自述》作點說明。

言，並非真的是朱子一生中之所有言論或著作。

[12] 牟先生針對所撰就、出版之各專著，大抵皆撰有序言、重印誌言或中譯者之言等等。此等文字，嘗輯為一帙而成為下書之一部分。蔡仁厚、羅雅純主編，《當代新儒學三大家序跋輯錄》（臺北：臺灣學生書局，2016），頁 167-417。「三大家」除牟先生外，尚指徐復觀及唐君毅二位先生。全書 560 多頁，牟先生占 251 頁；篇幅幾及全書之一半。徐先生及唐先生又各半之，而唐先生稍多，凡 165 頁；徐先生則 147 頁。560 多頁中，牟先生、唐先生及徐先生分別為他人之專著撰寫序文者凡 4 篇、2 篇和 1 篇。

[13] 牟先生高足李淳玲女士嘗為文薦介該書若干章，其中一文開首第一句便說該書是「一部奇書」。李淳玲，〈生命離其自己——簡介英譯《五十自述》第二章——紀念牟先生逝世十週年〉（上篇）《鵝湖月刊》，第 369 期，2006 年 3 月，頁 4。（下篇見《鵝湖月刊》，第 370 期，2006 年 4 月）。《五十自述》，本文所用的是臺北：鵝湖出版社，2000 年的版本。據閱覽所及，針對《五十自述》，李女士尚撰有以下二文：〈混沌中長成的牟宗三先生（上、下）〉，《鵝湖月刊》，2004.09，期 351，頁 11-18；2004.10，期 352，頁 20-27；〈牟宗三先生的存有論意識——從《五十自述》第三章「直覺的解悟」談起〉，《新亞學報》，2010.03，期 28，頁 223-238。其他研究《五十自述》的文章，茲一併開列如下：尤惠貞、陳彥伯，〈牟宗三〈文殊問疾〉章義的現代生死學新詮〉，《生死學研究》，2008.07，第八期；黃冠閔，〈寂寞的獨體與記憶共同體·牟宗三《五十自述》中的生命修辭〉，《臺大文史哲學報》，2017.08，第 87 期，頁 119-150；裴春苓，〈從《五十自述》探討牟宗三先生早期「儒佛融攝」思想進路〉，南華大學哲研所碩士論文（2005 年貼上網）；林瑞生，〈牟宗三的生命樂章三部曲——讀《五十自述》札記〉；田炳述，〈牟宗三的生命哲

　　據蔡仁厚先生與曾昭旭先生，該書撰寫於 1956、1957 年。[14]我們不妨先把 1956 年之前一年（即 1955 年）11 月 6 日的一封〈牟致唐函〉的幾句話引錄如下，以見牟先生撰寫《五十自述》時或稍前一年時的心境。牟先生說：

> 弟數年來之具體生活已處在斷潢絕港中，亦是從抽象轉到具體之痛苦的轉機中。這幾年實未讀書，然不是無所用心。

上引文中，「實未讀書」一語，乃客氣話，不必認真看待。但「不是無所用心」，則完全是事實[15]。至於「從抽象轉到具體之痛苦的轉機中」，其過程及內容，參閱《五十自述》以下三章，即知其詳：〈架構的思辨〉、〈客觀的悲情〉、〈文殊問疾〉。如果說《五十自述》是一部奇書，個人倒認為牟先生不少專著都應該算是奇書；《五十自述》，其一而已。在中國近現代史上，牟先生整個人，根本就是一個奇人。[16]其辭世數月前嘗寫下：「……寫

學——五十自述為主〉。林、田二先生的文章同見於上揭會議以下的論文集：《「百年儒學走向」國際學術研討會暨牟宗三先生誕辰 110 周年紀念會論文集》。前者見頁 325-339，後者見頁 423-427。

[14] 蔡仁厚，《牟宗三先生學思年譜》（臺北：臺灣學生書局，1996），頁 24；曾昭旭，〈編校說明〉，《牟宗三先生全集・五十自述》。按：牟先生出生於 1909 年 4 月 25 日，下距 1956、57 年撰寫《五十自述》時，尚不足五十年。「五十」者，虛數矣。

[15] 1949 年遷臺後至 1955 年底僅數年間，牟先生所出版之專書計有：《荀學大略》、《王陽明致良知教》、《歷史哲學》、《理則學》等，經世致用的單篇論文更不下數十篇。是以其用心，可謂卓矣、鉅矣。

[16] 這裡用「奇」字，好比「奇能異士」中「奇」字的用法，乃取其正面意涵，絕非貶意。牟先生之為奇能異士，以其著作見之。其早年撰就者已見端倪；今舉四例。（一）《從周易方面研究中國之玄學與道德哲學》（後改名為《周易的自然哲學與道德函義》）的〈自序〉說：「本書……指出中國純粹哲學與純粹科學之問題，……。」該書撰就於牟先生仍在讀大學之際而出版於畢業後的第二年，即 1935 年；乃先生極深研幾漢易與清人胡煦、焦循二氏之相關著作，並別出心裁而撰就者。試問中國人中仍在讀大學的年輕人，誰有能耐成此專著？（二）《邏輯典範》「草創於未亂之先，完

了一些書，卻是有成，古今無兩」[17]。牟先生寫的書固然不少，但以量（字

成於亂離之後。時閱五載，地歷南北，未嘗一日輟筆。」（《邏輯典範・前序・書成志感》）此中之「亂」，指日寇侵華及國人之抗日戰爭事。又云：「七七變後，稿之大半存於北平張東蓀先生處」，則可知 1937 年年中，書已完成，或至少接近完成。《邏輯典範》共 4 卷，其中卷 2 和卷 3 是邏輯正文，卷 1 和卷 4 則分別處理邏輯哲學和知識論問題。按：1937 年，牟先生尚未滿 30 歲。試問未滿 30 歲且書成於 1937 年，則以年歲言，以 1930 年代的客觀環境言，中國人中，何人能有此製作？（三）《認識心之批判》「醞釀於艱苦抗戰之時，完稿於魔道披靡之日。三十八年來台，本擬束諸高閣矣。……此書要為吾四十以前純哲學學思之重要結集。……，知性之邏輯性格……以先驗主義與理性主義解釋之」。（〈重印誌言〉）此一解釋扭轉了羅素與維根斯坦所理解之數學與邏輯之性格。此書完成於牟先生尚未滿 40 歲之時。試問國人中，又何人具此能耐？（四）《歷史哲學》：國人言歷史哲學（此指玄思式的歷史哲學 speculative philosophy of history，即針對歷史發展之本身作出解釋，給出一個史觀），清以前無過於船山者。民國肇建至 1950 年代，則恐無人能出乎牟先生之右。其縱觀中國數千年之歷史發展，而以「綜和的盡理」和「綜和的盡氣」兩概念統攝之，並進一步指出此一理和此一氣在歷史文化上的意義，此其慧解精識、弘觀卓裁，實迥異時賢遠甚。以上牟先生完成於早年之四部偉構，非奇書而何？其作者——牟先生，非奇人而何？有關牟先生一生的生平事蹟，近現代學人予以探討者實不在少數。各相關傳記亦大抵處理過這方面的問題。牟先生本人亦作過簡單的自我描繪。此可參上揭牟先生講（與學生座談），陶國璋整理，〈平生與學問〉一文。看過〈平生與學問〉後，筆者覺得牟先生是上天讓他活下來為世人作貢獻的。其中有云：有人給牟先生算過命，說他活不過十歲。但他早活過十歲了，所以該算命者覺得很奇怪。牟先生便為他道出以下故事：他三歲時患麻疹，但發不出來，就「憋死」了。鄉下人按慣例，把牟先生以草包裹起來埋掉。不意麻疹被悶了出來，人就活過來了。牟先生並下判斷說：「所以這個算命的也有點道理。」要言之，上天就是要把牟先生這個奇人誕生下來，並存活下來。曾被稱為儒學大師的鄭家棟（見百度百科）在其專著中的最後一頁這樣描繪牟先生：「一位布衣儒者、哲學家，完全依靠自己的講學與著述，能夠使這許多人（其中不乏學界中的狂傲乃至桀驁之士）心悅誠服地頂禮膜拜，這在當今社會中實屬異數！它說明了什麼，又象徵著什麼呢？」鄭先生沒有給出答案。其實，可能答案可以是很多的。筆者在這裡，試著給出其中的一個：就牟先生本人來說（先不論客觀環境是溫床等等），他根本就是奇才異能之士或所謂奇能異士；簡言之，即所謂「奇人」也。鄭家棟，《牟宗三》（臺北：東大圖書公司，2000），頁 258。

17 蔡仁厚，《牟宗三先生學思年譜》，頁 92，1994 年 12 月 25 日條。但我們也不要以為牟先生很驕傲。依蔡仁厚先生，牟先生曾經說過：「此書之譯，功不下於玄奘、羅

數）言，則絕非古今無兩。先生所撰寫之專著，其類別繁多，處理之課題亦多。但這似乎也不足以讓牟先生自詡為古今無兩。牟先生這句話，當然是自覺的且有所本的。彼所撰著之各專書，以所處理課題之難度言，以挖掘之深度言，以原創性／開創性——發前人所未發言，以會通中西印學術文化言，以一人之力譯注康德三大《批判》言，乃至藉學術以經世言（即使命感言），皆足以千古。是以「古今無兩」一語，或不免被視為語涉「驚世駭俗」，有失謙遜；但其實絕不過當。[18]非奇人如何寫出奇書？以哲學家、學者言，非奇書又何能顯出其人為奇人？是以筆者以為，牟先生，奇人也；其書，奇書也。是耶？難道非耶？

　　說到牟先生的性情，一言以蔽之，真也。其性情上之各種流露、表現，蓋全然緣自此「真」字。所以在這個緒言中，先來述說牟先生的「真」。牟先生之真性情，其本人是有充分自覺的。於抗戰期間，生活無以溫飽，食不裏腹之際，嘗自述其硬錚錚、不屈不撓的表現云：

> 我獨來獨往，我決不為生存委曲自己之性情與好惡；我一無所有，一無所恃，我黯然而自足，但我亦意氣奮發，……吾之真性情，真好惡，反在那四無傍依中，純然呈現而無絲毫之繫絆：因此我不能忍受任何屈辱。是則是，非則非，如何能委曲絲毫。[19]

牟先生的真性情，透過他上面的自我描繪，是再清楚不過了。行事做人固要

什之譯唯識與智度，超凡入聖，豈可量哉，豈可量哉！然真正仲尼臨終不免嘆口氣，人又豈可妄哉，豈可妄哉！」「此書」指康德的三大批判。詳見蔡仁厚，〈牟宗三先生學行略〉，蔡仁厚、楊祖漢主編，《牟宗三先生紀念集》（臺北：東方人文學術研究基金會，1996），頁5。

[18] 劉述先先生對「古今無兩」一詞嘗作出解釋，頗具卓識，可並參。劉述先，〈牟宗三先生臨終遺言「古今無兩」釋〉，上揭《牟宗三先生紀念集》，頁 493-498。李山先生對劉文作了摘要，見李山，《牟宗三傳》（北京：中央民族大學出版社，2006），頁 310。

[19] 《五十自述》，頁 96-97。

有真性情；其實，讀書做學問亦然。這方面，牟先生也嘗予以著墨。在〈為學與為人〉一文中，牟先生即指出說，為學與為人要本乎真性情，即要做一個「真人」，一個「真的我」；嘗云：「現在存在主義出來呼籲，說二十世紀的人都是假人，沒有一個真人。這個呼聲實在是意味深長的。」[20]。牟先生又進一步藉著孔子「學而不厭，誨人不倦」這句話來發揮這個道理。不贅。

其實，牟先生絕對不只是掛在嘴邊，說說做人要做個真人而已。其本人一輩子行事做人，便是本乎「真」、「率真」這個道理。《五十自述》一書中有不少文字足以反映牟先生「真」的一面的。除以上「我獨來獨往，……」的一段文字可資證明外，茲再舉一例。先生說：

> 生命原是混沌的，但「生命在其自己」而順適地發展。只是每一人衝破其混沌，透露其靈光，表露其性情，各有其特殊的途徑與形態。這

---

[20] 牟宗三，〈為學與為人〉，《生命的學問》（臺北：三民書局，1976），頁126。此文首發於《人生》雜誌，1968年3月，乃源自演講稿，演講場地蓋為香港新亞書院。牟先生不少文章中也談到這個主題，其中1971年為其高徒李天命先生《存在主義概論》所寫的一篇〈序〉便是一顯例。〈序〉中更直接用上「真性情」、「性情之真」、「真實的人」等字眼；頗可反映牟先生1960-70年代對存在主義及對「真人」、「真性情」之關注。牟先生在上揭〈為學與為人〉一文中，嘗對「真人」做了一個類似定義的說明。若以「定義」定位之，似乎稍欠謹嚴，但吾人藉此或多或少可了解先生心中的相關構想。先生說：「能夠面對真實的世界，面對自己內心的真實的責任感，真實地存在下去，真實地活下去，承當一切，這就是一個真人了，這就可以說瞭解真人的意思了。因此，所謂真人就是說你要是一個真正的人，不是一個虛偽的，虛假的，浮泛不著邊際的一個人。」（頁120-121）唐先生討論《莊子》書中之至人、真人、天人和聖人這幾個概念時，嘗對真人做一個類似定義的說明。姑無論此說明是否符合《莊子》書中之原意，但此說明與上引牟先生的說明頗相似，今茲一併引錄如下，以見二先生之說明實可反映「真人」之意涵乃具其普遍性而可成為眾人之共識者。唐先生說：「真人者對偽而言。真人無其反面之偽妄，即就其人之質之純而言。」唐君毅，《中國哲學原論‧原道篇》（香港：新亞研究所，1976），卷一，頁345-346。唐、牟二先生，真可謂英雄所見略同也。

> 在當時是不自覺的。惟不自覺，乃見真情，事後反省，有足述焉。[21]

上引文「惟不自覺，乃見真情」一語，最堪玩味。當然，吾人不排斥真情是可以在人之自覺下流露出來、透發出來，如自覺應對某人好而以真心待之，這當然也是一種真情。[22]但因為是感到應如何而始如何，這恐怕多多少少有點強制的味道，或至少不太自然的味道。這似乎便比不上在全不自覺的情況下而自自然然地對某人好了。這種純出於不自覺而自自然然地為之的一個行為，乃見真情之所以為真情也。本此，上引牟先生語，洵為的論。除牟先生本人外，近現代學者針對牟先生流露其性情的某些行為（含言論），也作了不少論說，其中含有反映其「真」的一面的，茲引錄若干則如下。王興國先生說：

> 宗三的教學與文章備受青年學生與社會人士的贊賞，影響日益擴大，引起了蔣總統介石先生的重視。蔣總統邀請宗三到他的官邸晤談，囑咐教育部部長張其昀具體辦理。沒想到，宗三脫口一句話：「我不想被總統召見」。就輕而易舉地謝絕了！蔣總統也隨緣而處。這可真是難得一見的魏晉風流的再現！[23]

整個召見事件是不是「魏晉風流的再現」，不必深究。但其為牟先生真性情

21　《五十自述》，頁 3。

22　上面「我獨來獨往，……」的一段文字，更是自覺下所表達出來的一種真性情的自我描繪。

23　王興國編，〈導言〉，《中國近代思想家文庫‧牟宗三卷》（北京：中國人民大學出版社，2015），頁 7。相關描繪，又見〈牟宗三　充盈漢子氣的哲學家〉（百度文庫 https://wenku.baidu.com/view/9bc234a10029bd64783e2c16.html；2019.04.18 瀏覽）。其中說到 1950 年代蔣先生看了牟先生在《中央日報》所寫的幾篇文章後，擬透過掌管文教的張其昀先生來召見牟先生。牟先生得悉後，乃「輕描淡寫一句：『不想被總統召見』，竟將總統拒之門外了。」

流露下的一種表現，則不待龜著。[24]除以上牟先生本人的說法、王興國先生的說法及見諸〈牟宗三　充盈漢子氣的哲學家〉一文的說法外，樊克偉先生也撰有若干足以反映牟先生真性情的文字。此等文字概見於所編著《真生命真性情　真精神——牟宗三先生百週年紀念專輯》一書[25]。其實，書名連用

---

[24] 針對這「召見事件」，筆者有如下看法。1954.01.16〈牟致唐函〉有如下記載：「謝幼偉來，作媒介，這〔主〕要原是因弟在《中央日報》上寫了幾篇社論，打動了蔣之心意，所以他們來敷衍我。……弟意我們那幾部稿子，總想法印出。……這類書印太難，但若有機會（須有可能）與蔣談，為印書起見，也要與他談。平常找他們是無法實現的。」以上兩記載（上揭王興國的〈導言〉和〈牟宗三　充盈漢子氣的哲學家〉內容相同，所以算是同一記載，另一記載則是本注上引牟先生函）有若干差異，不知是否指同一事而記載上出現差異而已，還是根本上原本就是兩件不同之事？按：〈牟宗三　充盈漢子氣的哲學家〉沒有說明其中的描繪是根據什麼資料而來的。其實通篇文章的各種說法皆未注明資料來源出處！然而依上函的幾句話，牟先生是不拒絕往見蔣，亦不會拒絕被召見的。此固然。但「為印書起見，也要與他談」一語，也多少反映出牟先生是不太願意跟蔣見面和談話的；但為了使已撰就的著作能順利出版（出書），也只好委屈自己了。這也反映了牟先生雖深感無可奈何（蓋非心之所甘，情之所願也），但有時不得不曲從時勢的一面。按：牟先生一輩子的表現，固以「真」為主軸，但儒家處事待人，守經固為原則，但有時也不得不從權（權變、權宜變通），所謂「守經行權」也，否則事必不濟，甚至在現代社會中難以生存下去。此乃無可如何者！牟先生嘗云：「……熊先生沒有這種世故。所以我常有一種感覺，我們一般人都有無聊的時候，什麼叫無聊呢？照梁任公的解釋說：兩個人相見，沒話講，就說『今天天氣很好！哈哈！』這就是無聊，叫做『俗』。我本人也未能免俗，人都有無聊的時候，也沒有一個人天天講大道理，……。」牟宗三，〈熊十力先生的智慧方向〉。此文源自演講稿。為了紀念熊十力先生百年誕辰，臺灣師範大學和鵝湖月刊社、智仁出版社三個單位聯合舉辦了一個演講會。牟先生主講，邱才貴（王財貴）紀錄。《鵝湖月刊》，125 期，1985.11.01，頁 1-6。由此可知牟先生本人也有未能免俗的一面。

[25] 樊克偉編著：《真生命　真性情　真精神——牟宗三先生百週年紀念專輯》（臺北：離中書院，2010）。牟先生之為真人，楊祖漢教授亦深有體會；嘗云：「……牟先生這一段話，說得非常真摯，絕非客套恭維語，此亦可見牟先生之真處。」楊祖漢，〈時代與學問——熊先生與牟先生的一次論辯〉。按：楊文主要是根據牟先生未刊手稿《信札集》中〈湖上一夕談〉一篇而撰就者。https://www.douban.com/group/topic/1347505/；2021.06.06 瀏覽。

三個「真」字以描繪牟先生，則書中土旨及牟先生之為「真人」（此取其廣義，非道家所說的「真人」），已可見一斑矣。茲引錄若干則相關文字如下：

（一）「（牟老師）總是不苟言笑。」（頁 20）

（二）「我注意到牟老師談話時的態度總是那樣一絲不苟。」（頁 29）

（三）樊先生 1983 年 9 月下旬第一次寫信給時居香港的牟先生，向先生請益。次月初便收到牟先生覆函。兩年後，即 1985 年 10 月間牟先生到臺灣師範大學講學。克偉乃往浦城街師大教授宿舍謁見牟先生。「臨告辭之際，留下聯絡電話，並向牟老師表示如有需要，非常願意效勞。出乎意料的是，牟先生當即問我，『可不可以搬過來住』？乍聞此言，對牟老師如此直爽明快的態度，心下忽然有一種十分奇特的感受。我本也是直爽的人，對牟先生如此單刀直入的問法，頗有一種知遇之感，是故也就不假思索地回答老師的問話：『可以』。就這樣，第二天即帶了簡單的行李住到牟先生浦城街的家中。」（頁 27-28）牟先生 1995.04.12 過世，即克偉親炙牟先生共 9 年多。若從通郵起算，便有 11 年多了。按：克偉是牟師母趙惠元女士的義子。（頁 49-50）牟先生、牟師母晚年時，克偉侍奉兩位長輩甚勤勞；此值得予以表彰。

（四）1992.06.08 克偉嘗陪同東吳大學（克偉當時肄業的學校，亦筆者同一時期任職的學校；筆者當時擔任由克偉負責的社團——東吳人文學社——的輔導老師）章孝慈校長往見牟先生。事後克偉憶述說：「校長曾一再地稱讚說：『牟老師的性情非常率真，你看他的態度那麼自然隨和，一點架子都沒有，實在真的非常難得。』」（頁 40）

（五）「在我看，牟先生真正的價值所在，不在於牟先生所寫的那些個鉅著，而在於他寫這麼些書後面的那個存心，那個念念相續不絕如縷的存心，亦即孔子所謂不厭不倦、惻怛悲憫、精誠無間的『仁心』。」（頁 56）。克偉這樣的一個描繪已近乎唐先生稱讚孔子的言詞了。[26]然則牟先生在克偉

---

[26] 唐先生對孔子的描繪，可以〈孔子與人格世界〉一文為代表。該文乃直就吾人對孔子

心中的地位可以概見。

（六）1999.01.02 牟先生哲嗣伯璉先生（先生次子）曾寫信給克偉說：「我父親一生喜歡獨來獨往，復有狂者氣質，望你努力自修，要有我父親這種精神。」（頁60）

（七）樊書封面有如下文字：「牟先生的好惡之感極為強烈，是非對錯的價值分判更是絕無含混。子曰：『唯仁者，能好人，能惡人。』孔子的仁，通過牟先生的好惡之感，充分彰顯無遺。』」筆者很認同這個說法。牟先生好惡感之表達極為強烈，這當然也反映了先生深具真性情。其本人之相關言論，下文將細述之。[27]

人格之崇敬而為說，而不從客觀上孔子之對社會、歷史、文化所作出的貢獻與學術思想的表現入手而論說孔子。文章收錄於唐君毅，《人文精神之重建》（香港：新亞研究所，1974），頁 204-235；相關描繪見頁 226-235。

[27] 在這裡我們不妨先看看牟先生本人對「惡人」（討厭人、甚至責備人；「惡」，這裡作動詞用）的說法。儒家恆重視內聖外王。據牟先生，「內聖」，簡言之，乃指：「內在於每一個人都要通過道德的實踐做聖賢的工夫。」（《政道與治道‧新版序》，《當代新儒學三大家序跋輯錄》，頁 209。）一般來說，理學家在這方面都表現得很不錯。但外王方面便相對的差多了，即表現得不夠，甚至很不夠。牟先生指出，這方面不是理學家所能完全負責的。牟先生說：「我們把這個責任（按指：不能促進、發展外王面）推到理學家的身上，這是『君子責備賢者』的批評，這是高看、高抬知識分子，這也就是唐君毅先生所說的：只有知識分子才有資格責備知識分子，只有王船山、顧亭林才有資格責備王陽明。只有在這層意義下，我們才能責備理學家，謂之講學偏重之過，不應只空談心性，仍應注意外王、事功。」（《當代新儒學三大家序跋輯錄》，頁 210）唐、牟，固君子也，甚至聖賢也。但恐不敢自比擬於船山、亭林。唐、牟尚且不敢，則何況更等而下之的我輩呢！由此來說，我們不應責備宋明理學家外王面表現得不夠。在筆者心中，唐、牟二先生固聖賢無疑。不意余英時先生亦指出說：「一般文化界人戲稱為『二聖』（唐、牟）『一賢』（徐）。」筆者孤陋寡聞，真慚愧，居然不悉文化界人有此說法。然而，「戲稱」一詞，嫌稍欠斟酌；易為「尊稱」，似更見其宜。（或余氏以文化界中人本心存嘲諷之意，為如實反映彼等這個心態，於是使用上「戲稱」一詞歟？按：此詞可說是「謔稱」一詞稍微溫和一點的版本而已。）余英時，《余英時回憶錄》（臺北：允晨文化實業公司，2018），頁 115。

二、牟先生形貌之自我描繪

　　本文之旨趣主要在於根據牟先生之自我描繪，以揭示、闡述牟先生性情方面的表現。然而，牟先生的形貌或許也是讀者感興趣的一個面向，是以稍述說如下。[28]然而，所獲睹之資料實在很少。[29]今茲因陋就簡，藉以見其梗概而已。

　　1952 年 10 月 21 日牟先生嘗致函徐復觀先生[30]，其中說道：

> 弟之□□（此二字，筆者疑為「長相」），初次見，總是老十歲。在
> 卅歲時，就有人問：您老人家今年五十幾？何況今日，……

按：牟先生出生於 1909 年。上函既寫於 1952 年，則時年 43 歲而已。30 歲時已被視為 50 多歲，則 43 歲時，假若被視為 60 多歲也應當算是合乎比例的一個認定。所以牟先生自謂「初次見，總是老十歲」，也許已是低估了。筆者肄業於新亞研究所之年分為 1976-1979 年。牟先生時年為將近 70 歲。據印象，牟先生當時的長相，與其年歲大致相若。如此說來，牟先生是駐顏有術，甚至可說是凍齡了，因為 2、30 年來（自 43 歲算至將近 70 歲），其容貌大致維持不變，而不會讓人感到是變得衰老了。其原因可能如下：

　　（一）牟先生從大陸遷臺後不久，便在臺灣師範學院（今臺北市和平東

---

[28]　筆者非命理學家，且學術會議／學術著作亦不宜多談這些比較玄的課題，是以下文因
　　陋就簡，僅略及之。

[29]　僅兩條，其一為牟先生致徐復觀先生函，另一則為牟先生致唐君毅先生函；下詳。

[30]　牟先生寄給徐復觀先生的各函，均為徐先生之哲嗣均琴女士所彙整編排。此 10 月 21
　　日的一函不知寫於何年；依撰寫時間之排序，則排在第六，即所謂第六函。其上一函
　　（第五函）的撰寫日期是 1952 年 10 月 16 日；其下一函（第七函）的撰寫日期是
　　1953 年 9 月 29 日，是以推知撰寫於 10 月 21 日的第六函必寫於 1952 年。又：第五
　　和第七函，均無撰寫年分，今知其撰寫之年月日者，以兩函均附有原信封而信封上印
　　有郵戳日期故。參 https://sites.google.com/a/xufuguan.net/letter/home/05/055；瀏覽日
　　期：2019.03.18。

路臺灣師範大學之前身）覓得教職，六年後又到臺中東海大學任教。1960年獲聘於香港大學中文系，1968 年蓋以唐先生之力邀而轉至香港中文大學新亞書院任教；1974 年和唐先生同時退休。換言之，迄退休前之 20 多年的一段時間，基本上不必為經濟生活擔憂。

　　（二）牟先生 50 歲時，再度成立家庭。生活上、生理上、心理上等等方面，自然比過去順適多了。

　　（三）遷臺後 20 多年來，除短暫幾年在香港中文大學擔任哲學系系主任一職外，[31]完全不必為教育行政事務而傷神、傷心。[32]其容顏得以不老，理有固然。

　　（四）照筆者觀察，牟先生是頗懂得養生之道的。寫書和教書當然會耗損一定的精力。但牟先生亦有其休閒平衡之道／術，如下棋、聽戲、散步、

---

[31] 有謂，牟先生處理行政業務極瀟灑。公文單面者，其背面用以書寫；雙面者，則予以「回收」。牟先生也自我批評說：「我也不會做事，連個系主任都不能作，只是掛個名字而已，其實甚麼事情也不管。我是關起門來作事的；從學生時期就書寫，寫了那部易經，就一直寫書寫到現在。」（牟先生講，陶國璋整理，〈平生與學問〉，《鵝湖》，1996.04。）然而，於原則處，則絕不含糊，絕不假借寬貸。試舉一例以概其餘。周言（記者？）說：「余英時記得 1973 年秋季他剛到新亞書院時，忽然收到牟先生一封親筆長信，當時余英時和牟宗三還是初識，而且私人間並無交往，但讀下去余英時才知道這並不是一封私函，而是哲學系主任給新亞校方的公文。信中所談是當時新亞書院剛從農圃道遷到沙田新址，哲學系所分配到的辦公室恰恰是在一個最不理想的地方，牟宗三認為這不是偶然事件，而是新亞總務處方面對哲學和中國文化完全不知尊重的表現，當時牟宗三在信中的語氣相當嚴重，並且連帶指出了哲學系受歧視的種種事蹟，余英時趕快把牟宗三請來一同去察看實況，然後作了使他滿意的處理。這是余英時任職新亞最早的一件公事，也是余英時和牟宗三之間惟一的一次公事交涉。」周言：〈余英時與中大改制風波〉。此文發於 2014.09.20；轉載自《南方周末》。參 https://sparkpost.wordpress.com/2014/01/31/；瀏覽日期：2019.06.29。周言以上的描繪，本於余氏本人以下的紀錄。余英時，〈追憶牟宗三先生〉，上揭《牟宗三先生紀念集》，頁 402。

[32] 唐先生則一生不能「幸免」！其遭遇之不同有如此者。然而，如果從事教育行政算是外王事業的一種表現的話，那唐先生是內聖外王都兼顧到了，那又可說何其有幸而不能免於是！

與友朋門生閒聊等即是。至其打坐，則更是養生之道／術。**33**

1955.07.29 牟致唐函云：

> 弟最近即去照幾張像片，這幾年總未照得像樣的。技術太壞，弟亦不
> 善照。但以前照的俱不壞，弟畢業文憑上那一張，今日視之，儼若隔
> 世。精力飽滿，神氣盎然，彌足珍貴。有昆明照的一張，亦不
> 惡。……弟年來精神很好，氣色亦佳，要走運也。……蒙　兄懸念，
> 縷述如此。

牟先生 1933 年畢業於北大，時年 24、5 歲。1938、39 年，時年 29、30 歲
應友人張遵騮先生（1916-1992，張之洞曾孫）之邀由廣西赴昆明（《邏輯典
範》撰就於此時）。據上引文，分別照於 24、5 歲和 29、30 歲時之照片都
很不錯，其中 24、5 歲之畢業文憑照尤佳。可惜的是，兩張照片，今不知流
落何所？1955 年牟先生 46 歲時，「精神很好，氣色亦佳」。要言之，牟先
生青壯年時，皆可謂「精力飽滿，神氣盎然」也。牟先生除晚年 80 多歲時

---

33 也許牟先生根本沒有想到養生不養生的問題，而是順自然習慣而為之。
上文嘗云：「牟先生駐顏有術。」筆者這句話不是隨便說的，因為養生之道之得以
落實，非靠術不可。本條所說的下棋、聽戲、散步、打坐等等，即其術也。這方面，
又可參林月惠，〈雨、散步、哲思──記牟宗三先生的燕居〉，文發於 2012.07.24；
見 https://www.douban.com/group/topic/31359642/；2019.04.05 瀏覽。反觀唐先生，則
似欠缺調劑。曾擔任唐先生 12 年助教的學長鄭力為先生嘗語筆者曰：唐先生腦子從
不曾休息的，腦子幾乎沒有片刻不在思考的。筆者嘗據《唐君毅全集・日記》做了點
統計（不是很精密完整的），唐先生經常陪師母去看電影，每週平均二次！通常是看
工餘場（香港人稱上班為返工，下班為放工。下班（放工）時段的 5 點多至晚上 7 點
左右，電影院會放一場電影，票價比正常票便宜很多）或看早場（中午前的場次，票
價亦比較便宜）。唐先生看這麼多電影，但從來不談電影內容。可知唐先生看電影，
乃旨在陪伴師母，此其一。其二，恐怕是藉以稍作休息（閉目養神）。但依鄭力為先
生上所言，則唐先生藉著黑漆一片的環境以靜心思考也說不定，不見得真真正正在休
息。

心臟出現點問題外，一輩子無甚大病痛[34]。筆者恆謂牟先生得天獨厚也。[35]

綜合以上兩條資料，可知牟先生老成持重的外表已見諸其青壯年時期。此其一。再者，其「精力飽滿，神氣盎然」，則至 46 歲時仍然（據上條資料）。其實，就筆者的觀察來說，牟先生至其謝世前數月，其生命仍充滿無限活力。子曰：「仁者壽」（《論語・雍也》），豈不信歟？

三、牟先生性情之自我描繪

為方便聚焦，今談牟先生之「性情」擬從常人所恆言之「七情六欲」中之「七情」切入。按：七情有三種講法：

其一為儒家：喜、怒、哀、懼、愛、惡、欲[36]

---

[34] 1978、79 年牟先生應邀在臺灣講學時，其中有兩個學期筆者嘗居牟先生府上陪伴師母。說是陪伴，其實是師母照顧我，且是無微不至的一種照顧。家中兄弟姊妹共 10 人（現存 9 人），我是老么；在家中是照顧慣的。因此當時被師母照顧，我沒有甚麼特別的感覺。現在想來，真是生在福中不知福。師母有點神經質，身體頗多毛病，恆謂其逝世必比牟先生早。不意師母反比牟先生多活 8 年多，而於 2003.12.22 與世長辭。惜哉！痛哉！牟師母逝世日期，見樊克偉編著，上揭《真生命　真性情　真精神》，頁 42-45。

[35] 反觀現代新儒家三大師的徐、唐二先生，則晚年皆受癌疾之苦（唐為肺癌，徐為胃癌）。然而，兩人不算短壽，唐先生 70 歲，徐先生 80 歲；後者更算是高壽了。然而，年壽與牟先生相比，總有相當差距。若論三先生身裁之高矮，則唐先生最高，約 170 公分；徐、牟二先生相若，約 160 公分。牟先生嘗云：「以我這身長不滿五尺的人，……」（《五十自述》，頁 115。以明清兩代來說，一尺等於 31.1 公分。民國初年，約與明清相若，或稍長 2、3 公分。要言之，五尺相當於 160 公分左右。）針對年輕時的長相及說話態度，牟先生 76 歲自我回顧時，嘗自評云：「貌不驚人，言不雅重。」（牟先生講，陶國璋整理，〈平生與學問〉，《鵝圃》，1996.04。）若論體型，以 1970 年代中晚期筆者就讀新亞研究所的時期論，則徐、唐二先生長得比較豐滿（或所謂稍胖）；牟先生則有點風骨嶙峋（但不至於太瘦），或廣東話所說的仙風道骨也。

[36] 《禮記・禮運》：「何謂人情？喜、怒、哀、懼、愛、惡、欲七者，弗學而能。」一般來說，這七情都被理解為人之情感表現或心理活動／心理反應。其實，牟先生本人對七情也有論說，如下：「動物性、『生之謂性』，可以用三個系列把它總結起來：

一個是生理系列，一個是心理系列，一個是生物系列。……中國人所謂七情六欲，情欲連在一起，有時候不是很嚴格分開。欲（筆者按：指六欲，即源於人之六種感官：眼、耳、鼻、舌、身、意，而來之欲念及其相應行為）是生理學的，情（筆者按：指七情）就是心理學的。喜、怒、哀、懼、愛、惡、欲，七種感情是心理學的。……照中國傳統說，這三系列都屬於氣，只有人的內在的道德性屬於理。」牟宗三，《四因說演講錄》（臺北：鵝湖出版社，1997）：頁 17-18。

牟先生把七情視為心理學的，這個說法固然諦當，但細察之，似又不盡然。吾人似不必僅從心理學的角度來定位七情之表現，蓋七情亦有非緣自心理反應者，即有非心理反應之七情。（注：《四因說演講錄》，其中所謂「演講」，實牟先生課堂上的講授，即講課。課堂上之說詞，固不及學術專著之嚴謹、精審。然則縱或有所失，讀者不必苛責之。）是以牟先生「喜、怒、哀、懼、愛、惡、欲，七種感情是心理學的」這個全稱判斷，頗可再討論。茲先言「欲」和「惡」。《孟子・告子上》：「……生，亦我所欲也，義，亦我所欲也；二者不可得兼，舍生而取義者也。生亦我所欲，所欲有甚於生者，故不為苟得也。死亦我所惡，所惡有甚於死者，故患有所不辟也。」所欲既有甚於生者而捨生取義、所惡既有甚於死者而不避患難，然則這種欲、惡，非源自人之良知良能而何？以今語言之，即源自人之道德心靈（道德理性、道德自我）也。是以其必屬於上引牟文中所說的理，不屬於氣無疑。至於「喜」，亦然。「喜」，猶「悅」也。《孟子・告子》：「義理之悅我心，猶芻豢之悅我口。」若依陽明知行合一之說，則讓我心喜悅之義理，不應只是由於我知之（認識到它）而已，而行必是同時發生（同時進行）的；否則「知而不行，只是未知」！然則吾人針對此且喜之且行之義理，亦必屬於理的範疇，而不屬於氣的範疇。當然，非義理方面之喜（含行），譬如我喜歡／喜愛品嚐美酒佳餚（「美酒佳餚」猶上引文之「芻豢」）、喜歡／喜愛購買名牌，那又屬於氣無疑。「怒」亦然，譬如緣於義憤而來之怒，那當然屬於理了。「哀（悲哀、悲憫）」亦然，如緣自惻隱之心者，則仁也。仁固然是理而不是氣。「懼（憂）」亦然，譬如憂懼家不成家、國不成國的一種情懷，或憂懼自己「德之不脩、學之不講、聞義不能徙、不善不能改。」（《論語・述而》）的一種憂患意識的情懷，當然是屬於理而不屬於氣了。至於「愛」，似可與「喜」和「欲」歸為同一類。喜和欲，如上所論，既有屬理的一面，則愛也不為例外了。

綜合上文，可得一結論如下：一般來說，七情固然屬心理學範疇，乃人之七種心理反應。此牟先生已言之。但細析之，七情固然有屬於心理層面的，即氣一面的；也有不盡然，而有屬於義理之性一面的，即理一面的。下文處理牟先生在性情上的表現時，不擬細分為何者依於理而來者，又何者依於氣而來者，而一概以「性情」統稱之，藉以概見牟先生依於理和依於氣二方面之表現。其實，理、氣有時有難以截然區隔之處，蓋理中有氣，而氣中也有理也。

其二為佛家（佛教）：喜、怒、憂、懼、愛、憎、欲

其三為醫家：喜、怒、憂、思、悲、恐、驚

若以儒家的說法為主軸而把其他兩家彙整進來[37]，則是：喜（樂）[38]、怒、哀（悲）、懼（恐）、愛、惡（憎）、欲，再加上憂、思、驚三項。以下僅先述以上 10 項中的其中二項，即喜和愛這 2 項。至於「驚」一項，則以所見資料似無反映牟先生這個面向的，是以從略。

（一）喜（樂）

明道先生云：「聖人之喜，以物之當喜；聖人之怒，以物之當怒。是聖人之喜怒，不繫於心而繫於物也。」[39]要言之，聖人之喜怒，乃就客觀情況之當如是，便即如是；而全不從個人主觀之感情出發，尤非緣自其情緒而生喜怒。這是一種很高的境界。牟先生之喜怒是否足以比擬聖人，筆者不敢置

2019.08.21 與中國文化大學陳振崑教授賢伉儷聚會時，嘗談到理氣和七情的關係問題。陳教授指示云，朱子的理氣說，韓國人討論特多。筆者乃憶及同門楊祖漢教授治韓國儒學甚勤，迭有創獲，年前並獲其饋贈相關研究成果一冊；特此致謝。翻檢下，得以下說法：「……如退溪為了符合理氣不離，有理便有氣之義，於理發為四端處，補充以理發而氣隨；於七情為氣發處，補充以氣發而理乘。說四端並非無氣，但以理為主；七情並非無理，但以氣為主。」據此可知理氣有時實難以截然區分為二者。若細析之，或可以說：原則上，固可以區分為二，但有時實有難以截然區分之處；當然，其間不無輕重主次（即或重理，或重氣）之差異。上引楊氏說法，見所著《從當代儒學觀點看韓國儒學的重要論爭》（臺北：臺灣大學出版中心，2017），頁 165。

[37] 其實，儒、佛兩家根本無分別。必謂有分別，則前者用「惡」字，後者用「憎」字耳；然「惡」、「憎」，又豈有別異哉？

[38] 說到人之情緒，一般來說，可分為喜、怒、哀、樂四類。視「喜、怒、哀、樂」為人之性、情者，蓋見諸《紅樓夢》：「喜、怒、哀、樂未發之時，便是個性；喜、怒、哀、樂已發，便是情了。」（第 111 回）。這個說法，其源出自朱熹《四書集註》。針對《中庸》第一章以下一語：「喜怒哀樂之未發」，《集註》云：「喜怒哀樂，情也；其未發，則性也。」今依上引《禮記‧禮運》之七情說而把《中庸》中「樂」一項納入，視與「喜」為同一類。

[39] 語出〈答橫渠先生定性書〉（簡稱〈定性書〉），即〈答橫渠張子厚先生書〉，〈明道先生文二‧書記〉，《二程集》（北京：中華書局，2019），上冊，頁 461。

喙。然而，就閱覽所及，其與「喜」（「怒」一項，留待第三章處理）相關
之文字，大皆發乎至情而本乎至性也。今舉例述說之。

　　牟先生恆被視為係中國近現代史上最具原創性（並能自造系統）的哲學
家。這方面，從牟先生兒時製作小玩具之能獨立自主的運思並產生莫名其妙
的喜悅便見端倪。

> 我合幾個小孩，……居然也是個自己可用的鞦韆。打時雖不能起得很
> 高，而自己構造自己用，卻別有一番親切滋味在心頭。我那時即對於
> 獨自運思，親手去製造，有一種獨立自足的內在興趣。……我在兒
> 時，我即喜歡獨自運思親手去製造。我這個興趣是內在的構造興趣，
> 沒有任何實用上的目的。在無拘無束，沒有任何指使或暗示中，自己
> 從頭到尾，終始條理地去運作一個東西或一件事，有莫名其妙的喜
> 悅。那時既灑脫又凝聚。這完全是一種自足的內在興趣。……這表示
> 我對於一切工具性資料性的身外之物之不講究。蓋我的興趣是在一種
> 獨立自主的運思以成形，這是一種形構的美學興趣。因為是形構，所
> 以不能飄忽漫盪，而須是終始條理。我從頭到尾獨立自足地一步一步
> 作去趨向於成形，這在我是有衷心的實感與喜悅的。[40]

上引文揭示了牟先生深具與生俱來的獨立運思能力與興趣。他日後之能夠建
構（或非常著力地闡釋、弘揚、深化）道德形上學、提出三統並建說，乃至
甚具創意地主張良知坎陷說等等，原來從其兒時的相關性向已可看出一點端
倪。學問與性情之有相當密切的關係，由此見其一斑。除此之外，上引文還
有一點也很值得注意，即牟先生自謂「對於一切工具性資料性的身外之物之
不講究」。正由於此，所以須仰賴大量資料而成就的考據性或考證性的學
問，乃牟先生所不屑為，或至少無興趣為之的。[41]有謂：考證須博。而所謂

---

[40]　《五十自述》，頁 6-7。

[41]　當然，人之性情才分各有所偏，所以也不排除牟先生沒有能力做這方面的學問。這好
　　比好談文、史、方志學理論的清人章學誠，他到底是沒有能力做考據性質的學問，或

「博」，即擁有很多，或至少相當多的資訊／資料是也。筆者常常有一想法，相對來說，唐、牟兩先生之學問，一廣博，一深邃。假如唐先生不做哲學研究，他也可以做史學研究而成為一位傑出的、偉大的史家的。史家的要件之一就是要具備廣博的知識。只要翻看一下唐先生〈孔子誅少正卯傳說的形成〉一文，其相關知識的廣博，是相當讓人驚嘆的。[42]

牟先生性情上之所喜，容再舉例。1956.07.15 牟致唐函云：

> 有一清靜地方，能與青年從容而談，則極感舒坦愉快。吾　兄宜減少校務，多從事團聚講學。有性情志趣之青年，畢竟可愛。弟非願離師大者，只因國文系那一堆太不成話，……又忌刻排擠……，故決意離去。

按：牟先生 1956 年秋離開任教 6 年之師大，轉赴東海大學任教，其原因已見諸上引文。與「畢竟可愛」的有性情志趣之青年「從容而談，則極感舒坦愉快」一語，正可反映牟先生喜之所在：喜與青年為伍也。需要特別指出的是，牟先生之「舒坦愉快」不是一般的「舒坦愉快」，而是「極感（極度感到）舒坦愉快」，然則由此而產生之喜悅，其程度之強，是可以想見的。孟子曰：「君子有三樂，而王天下不與存焉。……得天下英才而教育之，三樂也。」[43]「英才」，孟子無確指。以個人教學將近 40 年的體會而言，恐主

只是不屑為之，這恐怕是見仁見智了。

[42] 文章收入《中華人文與當今世界》（臺北：臺灣學生書局，1975），下冊，頁 739-759。文中唐先生嘗引述清乾嘉學人崔述、梁玉繩的意見，乃至引述錢穆先生《先秦諸子繫年》的意見。按：三人均為著名學人，錢先生且為國學大師，此不必多說。然而，一般近現代哲學家，他們大概對三人的相關見解是無多大接觸或興趣的。

[43] 《孟子：盡心上》。東吳大學前校長劉源俊教授（校長任期：1996-2004）嘗云：「得天下英才而教育之，莫如教育而得天下之英才。」這種逆向操作，在今天來說，尤其是針對中段班程度以下的學生來說，實很能反映臺灣目前高等教育現實上的需要。且這種做法，更能顯示任教者的偉大。

要指學習能力特優者，即 IQ 高（聰明穎慧）的學生而言。[44]其能舉一反三者，首選也。然而，此實不易得！蓋非操諸在我者，即非賴客觀的外緣條件不為功者。[45]「性情志趣」則不然。人之性情，尤其志趣方面，至少在一定程度上是可以透過後天培養或由後天之激發而生起的。牟先生喜與「有性情志趣之青年」從容而談，恐怕並不只是為了達致一己之「極感舒坦愉快」而已。在談話的過程中，進而鼓舞之，使其奮發上進，恐怕更是牟先生「從容而談」的旨趣所在。

　　牟先生因學生之表現特別優異而直接用「喜」一字自我描繪以表示老懷大慰的，茲舉一例。先生說：

44　其實，牟先生本人對聰明穎慧的學生，也特別鍾愛。他早期的學生中，得到特別欣賞的（指數理邏輯方面）如傅成綸先生（原名傅央衛；牟先生依其改名提議而建議改為「成綸」；1918- ？；西南聯大歷史學專業），便是一例。牟先生稱讚他說：「傅君成綸從予遊。稟質渾樸，才氣浩瀚，精思名理。其所成非吾所及。」（語見牟先生對傅成綸以下文章之卷首：〈禪宗話頭之邏輯的解析〉，收入牟宗三《理則學・附錄》（臺北：正中書局，1972），頁 287。）《五十自述》中又指出：「此後傅成綸君於此方面貢獻甚多，且糾正吾誤不少。」（頁 67）1955.01.13 致唐先生函談到勞思光先生時，也提到傅成綸，中云：「勞思光，……，可惜！可惜！以此常思念漢源、央衛。」（漢源，即姚漢源，1946 年嘗幫忙牟先生編輯出版《歷史與文化》月刊）。據悉同為牟先生所鍾愛而於早年專研數理邏輯，後以《李天命的思考藝術》一書聞名於時（據悉已再版數十次）的李天命先生，亦聰明絕頂也。有關牟先生與傅成綸的師生緣及牟先生對傅氏的欣賞嘉許，可參上揭李山，《牟宗三傳》，頁 50-52。說到勞思光，牟先生對他有讚有彈（有褒，也有貶）。如 1955.12.27〈牟致唐函〉即云：「他（勞思光）青年狂氣，好裝點門面，佔身分，惹人討厭處，有之。……弟數年來與他接近，覺其極可愛可喜，思路亦清，然一方亦實以極大忍力來接待之，蓋知其心態既如此，弟即優容之，此固由於弟數年來精神在睡眠狀態中，無暇多責人，然心中極分明，故以極大忍力接待之。蓋人許多不自覺的，人情之常的毛病，都在糊塗過去算了，不願去刺傷他。久了，慢慢一說，亦可說通。」其中牟先生自謂對勞氏予以「優容」也很可以反映牟先生愛才及接引青年人時所付出的心力。

45　然而，聰明才智不可恃，世人被其聰明所害者，即常言「聰明反被聰明誤」者，舉不勝舉。

《鵝湖》第 100 期載有王邦雄君一文，[46]，題曰：〈從中國現代化過程中看當代新儒家的精神進展〉，……王君有通識與慧解。這一步一步的扭曲與顛倒正是中國步入非理性的時代之寫照。王君道說其故甚諦當而確切，我見之甚喜。如是，乃商得王君之同意，將該文列為本集之導言，以通讀者之心志。[47]

上引文中的「本集」指的是《時代與感受》一書。該書收錄了牟先生 1962-1983 年間評論現實問題的文章、演講記錄及訪談記錄；全書除王先生的〈導言〉外，共收錄牟先生之文字 24 篇。[48]牟先生雖甚愛護學生，但惠予稱許而見諸文字者，實不多見。現今王氏一文和下面提到的傅成綸先生一文（詳見以下「愛」的部分）分別以導言和附錄的方式錄載於牟先生的《時代與感受》和《理則學》二書，則更可謂鳳毛麟角了。[49]

　　就學術專業言，牟先生的專業是哲學，此不必多說。但原來牟先生是「多才多藝」而學術面向或學術興趣極廣的一位「才子」。而「興趣」也者，易言之，即依乎性情而來之「喜愛」也。下文將依此而論說牟先生所喜愛，甚至具相當才分，的學術專業。

---

[46] 王先生（1941-）之生平，詳參百度百科。王文源自 1982 年 11 月 3 日在臺灣師範大學「人文學社」所發表的演講稿。《鵝湖》第 100 期（即第 9 卷第 4 期）則出版於1983 年 10 月。

[47] 牟宗三，〈序言〉，《時代與感受》（臺北：鵝湖出版社，1986），頁 2。序言撰於1983 年 11 月。

[48] 參林日盛，〈編校說明〉，《時代與感受》，《牟宗三先生全集》本。

[49] 按：牟先生很少為門生出版的專書撰寫序文。是以牟先生為范良光先生所撰寫的一篇序文，在此頗值得一提。范書名《易傳道德的形上學》，牟先生撰寫於 1982 年 3 月的序文云：「其中精義絡繹，多所發明，……茲贊數語以為推介。」牟先生為門生撰寫序文，至少尚有以下一篇，此即 1971 年為李天命《存在主義概論》所撰之序文；其中云：「此兩派思想都有其價值，……李君都能與之相契而不覺有睽隔，可見其生命之健康與心思之豁達。……見有後起之秀，則如空谷足音，無不色然而喜。是以於李君之作，願進一言以介紹於讀者之前。」但這篇序文，不知何故，未收錄在《當代新儒學三大家序跋輯錄》一書內。

在〈為學與為人〉的一篇演講稿中，先生說：

> 所謂認同這個問題（筆者按：依本段引文之上文，這裡的「認同」，
> 意謂「認得了自己」，即「自我認識」、「認識自己」），就照我個
> 人講，我從二十幾歲的稍微有一點知識，想追求這一個，追求那一
> 個；循着我那個原始的生命四面八方去追逐，我也涉獵了很多。當年
> 我對經濟學也有興趣，所以關於經濟學方面的書，至少理論經濟方面
> （Theoretical Economics）我也知道一點。……其實究竟是大外行，
> 經濟學究竟沒有進到我的生命來，我也沒有吸收進來，那就是說我這
> 個生命的核心不能夠在這個地方發現。……當年我也對文學發生興
> 趣，詩詞雖然不能夠作，但是我也想讀一讀，作個文學批評也可以
> 了，鑑賞總是可以的。[50]但是我究竟也不是一個文學的靈魂，我這個

---

[50] 牟先生 1935 年 26 歲便寫成〈紅樓夢悲劇之演成〉，《文哲月刊》，1935 年一卷三期、1936 年一卷四期。其後又撰有〈水滸世界〉一文，收入《生命的學問》。兩文都是讓人（至少讓筆者）拍案叫絕的。牟先生說：「作個文學批評也可以了，鑑賞總是可以的。」牟先生說得太客氣了。其鑑賞力、識斷力之高，真讓人歎為觀止。然而，終以文學非其生命核心之所在，所以亦僅止於欣賞。對於這方面，《五十自述》也有很扼要的說明，如下：「我對於詩文之美也很能欣賞，但我之欣賞詩文之美是在一較廣泛的美感氣質之氣氛下欣賞的，不是內在于文學本身去欣賞的。能內在于文學本身去欣賞，便是生命內在于文學。生命內在于文學，文學亦內在於生命，那便是文學的靈魂了，但我不是有這種靈魂的人。」（頁 22-23）然而，「生命內在于文學，文學亦內在於生命」，這種「文學的靈魂」，到底何所指呢？以下韋政通先生自我反省的幾句話，也許可以提供一點線索或啟發，如下：「……原來也想研究中國的美學，我對美學有興趣，當時有一篇美學的文章，是發表在《民主評論》上面的。當時我的小說，王貫之先生很稱讚，唐君毅先生也很喜歡，但後來牟宗三先生看了就是鐵口直斷說：『你寫小說沒有前途，因為你的筆調不對。』後來我了解了，牟先生要的文學筆調，就是要有藝術性。」韋政通，〈我離開牟宗三師門的過程——《異端的勇氣：韋政通的一生》選摘（3）〉，見 https://www.upmedia.mg/news_info.php?SerialNo=53504；2019.05.04 瀏覽。由此來說，筆者以為，富於藝術性的文學筆調乃撰寫小說的必要條件。寬泛一點說，這大概也是成就文學的靈魂的必要條件。但藝術性的文學筆調絕不等同文學靈魂；兩者是有差距的，不能劃上等號。蓋就一定程度上來說，文

心靈的形態也不能夠走上文學這條路，……譬如說作詩吧，我連平仄都鬧不清楚，我也無興趣去查詩韻。有時有一個靈感來了，只有一句，下一句便沒有了，永遠沒有了。……當年我也想作一個 logician，想作一個邏輯學家[51]，但是這一門學問也不能夠使得我把全副的生命都放在這個地方，……當年我也喜歡唸數學[52]，有一次我作了一篇論文，寫了好多關於漲量（tensor；筆者按：一般譯作「張量」，可參維基百科或其他百科的說明）的式子，把我們的老師唬住

學筆調是可以學來的，乃可謂技巧之事而已。但文學靈魂乃關乎生命之事。文學必須能夠內在於生命，生命也要內在於文學，即兩者相結合融和，始能成就文學靈魂。然而，藝術性的文學筆調也有其重要性。蓋必須具備這種筆調才足以彰顯、體現文學的靈魂，使這個靈魂實體化。筆調好比一個工具、一個載體。沒有載體，靈魂乃飄蕩而無所依歸。換言之，文學的靈魂必得寓於藝術性的文學筆調中。要言之，您的文字是否具藝術性，是您能否彰顯文學靈魂的關鍵要素，甚或必要條件。

[51] 牟先生對邏輯發生興趣，見《五十自述》〈架構的思辨〉一章。個人認為，架構的思辨，必以根植於邏輯而來的思辨能力為起始。換言之，非深造於邏輯，或非對邏輯具一定的理解及應用能力，無以建立架構的思辨，至少無法建立嚴謹的架構思辨。至於是何機緣讓牟先生對邏輯發生興趣，牟先生本人嘗作以下說明：「我之對邏輯發生興趣，是由於講唯物辯證法的人對於形式邏輯之攻擊。」（頁63）順帶一說的是，對於這種攻擊，牟先生很不以為然，遂說：「他們攻擊形式邏輯，實不懂邏輯之本性，而只集中在思想律之應用上來攻擊。他們並沒有進入形式邏輯之內部，從頭到尾透澈明白一個形式系統之形成。」（頁63）

[52] 牟先生對數學感興趣，也是有原因的。他說：「那時（筆者按：指讀大學的階段）尤特喜那數學的秩序，特喜那納數學秩序於生化神明之中。生化神明無可多說，數學秩序乃可著力。」（《五十自述》，頁46）這是說由於特別喜愛數學的秩序並有能力予以處理（「可著力」一語，正蘊涵具處理的能力，蓋假若不具備處理的能力，那「可著力」便只是空說而已），所以便喜愛上數學。至於作為納數學秩序於其中的「生化神明」之本身，這個牽涉玄遠高深的義理探索的問題，一方面非牟先生當年之所喜；再者，亦無能力處理之，所以牟先生對它便無可多說了。正所謂「疑者闕焉」（語出《史記・仲尼弟子列傳》），這本來就是做學問應有的一種態度。按：「生化神明」一詞，李淳玲女士譯為 "creative source"，此相當諦當。但筆者以為，若譯作 "creative spiritual entity" 或 "creative spiritual deity"，會不會更好？李譯見 Ming-Yeung Lu & Esther C. Su(tr.), *Autobiography at Fifty: A Philosophical Life in Twentieth Century China* (Foundation for the Study of Chinese Philosophy and Culture, 2015), p.63.

了，……我覺得一個人誠心從自己的生命核心這個地方作學問吸收學問很不容易，而且發現這個核心很困難。假定不發現這個核心，我們也可以說這個人在學問方面不是一個真人；假定你這個學問不落在你這個核心的地方，我們也可以說你這個人沒有真學問。[53]

依上引文，則牟先生對經濟學、文學、數學和邏輯，皆有相當興趣。其實，針對後三者，皆有一定的成就，非僅具興趣而已。其文學上之成就，見諸《紅樓夢》和《水滸傳》的相關文章（詳上注 50）。至於數學和邏輯，尤其邏輯方面，乃至知識論方面，則《邏輯典範》、《理則學》、《認識心之批判》等，即其表表者。現在再談牟先生所說的「從自己的生命核心作學問吸收學問」這個問題。這句話有點不好理解。其實，這相當於歷史學家、歷史哲學家清人章學誠（1738-1801）所說的為學須本乎一己的「性情」之意。[54]用今天的話來說，這個「一己的性情」，就是「自己的性向」，也就是個人的興趣。興趣產生了關注點、聚焦點，促使你把精神、注意力用在上面。然而，你這個興趣，不是一般的興趣，因為你這個興趣緣自你的性向、性情，而人的性向、性情，是比較持久而不會動輒變易的（尤其是當你這個性向、性情乃如同牟先生所說的，是「誠心從自己的生命核心這個地方作學問吸收學問」，並深具經世致用的一種使命感而真的有心為老百姓赴湯蹈火時）；然則你用在興趣上面的精神、注意力也大體上是恆久不變的。因為恆久不變，所以這個興趣成為你生命的一部分。換言之，你的興趣與你的生命結合為一了。興趣之所在，便是生命之所在；生命之所在，也便是興趣之所

53　牟宗三，〈為學與為人〉，《生命的學問》（臺北：三民書局，1976），頁 128-130。牟先生在《五十自述》一書中也說到類似的問題；指出自己不具備文學和數學的氣質。見頁 22。

54　詳見章學誠〈博約（中）〉、〈博約（下）〉，收入《文史通義》一書。葉瑛在注文中把〈博約（下）〉的主旨概括為：「本篇論學問必本性情，為學須從性情之所近，而深之以功力，極於專精，始能成學。」此概括，洵得章氏本意。葉瑛，《文史通義校注》（北京：中華書局，1985），上冊，頁 166。

在了。你既係用興趣來做學問，那就等同用生命來做學問。用生命來做學問，那就是生死以之、義無反顧一頭栽進去來做學問之意，然則那有不成功之理呢？當然，這話說得滿了一點。但吾人似乎可以說，本乎興趣做學問，至少已是成功的一半。牟先生說過：必須具備器識、學力（知識）、思辨能力、實存感[55]（即對事事物物有感：感觸、感應，並進而產生感動）才可以讓你在「為學進德」上有所成就。今不談「進德」，而僅談「為學」。而「為學」，狹義來說，即旨在成就知識的「做學問」。就我國來說，所謂「學問」，尤其就儒門之學問或學術來說，指的是體性學（即儒家心性之學）這個領域來說的。個人以為，以上四項固然重要，但其背後最關鍵者，恐怕便是牟先生在這裡所說的「自己的生命核心」。也可以說「自己的生命核心」是成就學術興趣的重中之重、最關鍵的要素。假使沒有相應的學術興趣，那就談不上做學問並藉以成就知識了。要言之，假若不了解、抓不到自己的生命核心在哪裡，那其他都是枉然。[56]

上引文中，牟先生說：「從自己的生命核心作學問、吸收學問。」然則就數不勝數的中西方哲人中，其能與牟先生的生命核心相契接而成為先生的至愛的，又會是誰呢？如就西方哲人來說，那當然是康德了。其原因（至少原因之一），要言之，是康德的學問讓牟先生「從自己生命核心作學問」時，找到了相應的對口而成為最能被吸收（欣賞、鍾愛）的一種學問。我們似乎可以這樣說，牟先生依於生命為核心的學問契接了康德依於道德神學（moral theology，不是神學道德 theological morality）為核心的學問。（依義理層次，牟先生的道德形上學猶康德的道德神學）[57]。現在說一下牟先生

---

[55] 此 4 項條件，可參看先生以下各文字：《五十自述・序》，頁 2；《五十自述・架構的思辨》，頁 73；《圓善論・序言》，頁 xv。

[56] 「實存感」與「生命核心」這兩項有重疊之處而不太可能完全相區隔；這裡不細談。

[57] 牟先生之喜愛康德，縱然由彼為勞思光先生《康德知識論要義》所撰寫的〈（初版）序言〉已見端倪。先生云：「我由佛學的分位假法一觀念接近而契悟了康德的主張，因此我便深喜我亦了解了『超越感性論』中康德對於時空所說的『超越觀念性』與『經驗實在性』，以及……」這個說法揭示了牟先生以知識論為媒介而契悟了康德。這透露了牟先生早期（1950 年代中期）契接上康德的一個重要資訊，也多少反映了

鍾愛康德前，譬如年輕（大學階段）時，他最愛的西哲是誰這個問題。一言以蔽之，懷悌海（A. N. Whitehead, 1861-1947）是也。[58]牟先生說：

> 我在此階段特別表現了想像之豐富、直覺之解悟。我所以能有宇宙論之興趣，就《易經》而彰義、和之傳統，全該歸功於懷悌海。……其莊嚴美麗之偉構《歷程與真實》，此是其宇宙論系統之大成。我當時讀之而歎，愛不釋手。……懷氏美感強，直覺尤強。……我讀其書，親切喜悅，歷歷可解，無隱晦處。……我當時能讀他，亦是在這美之欣趣、智之直覺[59]上與之相遇。[60]

據上引文，可知牟先生本身深具美感（美的欣趣）和直覺的解悟。其所以能夠讀懷氏書而感到親切喜悅，並進而欣賞、契接上懷氏，正以其性情上之相契故也。然而，牟先生後來不得不捨棄懷氏而另結新歡——康德，亦自有故。牟先生明言之：

牟先生該年代及其前治學重心之所在（此與其後以儒家心性之學（生命的學問）為重心，顯有不同）。然而，筆者以為康德對道德神學的重視似乎更貼近牟先生「從自己生命核心作學問」的旨趣；蓋皆重視道德也。上引語出自《當代新儒學三大家序跋輯錄》，頁 411。〈序言〉無日期，惟勞書 1957 年由香港友聯出版社初版，則知此〈序言〉之撰寫日期不會晚於是年，即牟先生不足 50 歲之時。又：牟先生當年對勞氏此著作推崇備至，其中云：「深喜勞先生此作精審恰當，嘉惠學人，故不揣固陋，勉為之序。」，頁 412。

58 詳參《五十自述·直覺的解悟》，尤其頁 50-59。

59 這「智之直覺」與牟先生 1971 年出版的《智的直覺與中國哲學》中的「智的直覺」不同。前者蓋指對事物產生直覺上的認知／解悟來說，與後者所說的猶同心、道德心、良心（自由無限心）者，絕不同科。

60 《五十自述·直覺的解悟》，頁 53-56。牟先生之喜愛懷氏，又見撰寫於 1955 年 5 月的《認識心之批判·序言》：「吾初極喜懷悌海。彼由現代物理、數學、邏輯之發展，上承柏拉圖之精神，建立其宇宙論之偉構。此確為當代英美哲人中之不可多得者。」轉引自《當代新儒學三大家序跋輯錄》，頁 182。

……我雖在美感與直覺上相契懷氏之靈魂，但我之內在靈魂究竟與他有不同。他的美感是數學的，他的直覺是物理的。而我的美感與直覺則是生命的，是那原始生命所蘊蓄的強度直覺力，……「生命」一詞，在他的系統中，並不佔有地位。他並不能正視生命，就生命之如其為生命，生命歸其自己，恰當地就之以言道德與宗教。他把生命轉成一個外在的「自然之流轉」，轉成緣起事之過程。……他把生命外在化，把認知主體外在化，至於道德宗教的心靈主體，則根本未接觸得上。因此他系統中的上帝，亦只是在數學與物理的美感與直覺下泛宇宙論系統中的上帝，不是生命中的上帝，道德宗教中的上帝。[61]

本文主旨不在於討論牟先生和懷悌海二人學術興味之異同，尤其不在於討論二人人生終極關懷之異同。本節（重點之一）僅欲透過牟先生本人之自述，以揭示其性情上「喜」這個面向，就學術上來說，是有階段性的。其青年（尤其讀大學階段）時之深喜懷氏而後來有所轉向，便是非常明顯的一個例子。[62]其主要原因是青年時對生命的問題不感興趣。[63]牟先生本人便明白

---

[61] 《五十自述・直覺的解悟》，頁 56-58。

[62] 這裡雖說牟先生的關注點（學術上的，乃至人生終極關懷上的）有所轉向，但其實也不盡然。譬如就美的欣趣來說，個人認為，終其一生，未嘗有所轉易。彼撰就於 40 多歲的《歷史哲學》中之特別欣賞劉邦等人而著墨頗多，50 多歲時寫成《才性與玄理》，如果不深具美感或美的欣趣，那是寫不出來的。所以這裡所說的「轉向」，主要是指其青年時不關注生命問題，而後來特予關注而言。然則終其一生，牟先生都深具美感。再譬如就「直覺的解悟」來說，牟先生的一生，皆深具這種解悟。惟必須指出的是，牟先生青年時（讀大學階段），其直覺的解悟，乃偏重「原始生命從原始混沌中之向外覺照，向四面八方湧現」（此牟先生原語，見《五十自述》，頁 45）的一種直覺的解悟；而其後的直覺的解悟，乃係「智的直覺的解悟」。要言之，其前者依於「原始生命」而生起，其後者則依於「（反省自覺下之）智」而冒出；但皆同為「直覺的解悟」無疑。

[63] 在這裡必須指出，這個不感興趣、不喜愛談生命問題或關注生命問題，其為期是相當短暫的，大抵只有 20 歲後讀大學的一個階段或頂多加上其後三數年的一個短暫的時段而已。其前（20 歲前）大抵是「在混沌中長成」和「生命之離其自己的發展」

說：

> 我當時是極討厭「生命」一詞的。凡關於生命、價值、主體、道德宗
> 教、歷史文化的，我都討厭。我也曾極度外在化，我也曾喜歡那泛客
> 觀論、泛事實論、泛物理數學的外延論。但是在我，那只是生命膨脹
> 直接向外撲，在稍為凝聚下的外在化。我用生命而不自覺生命，[64]這
> 是「百姓日用而不知」。用久了，總會觸動心靈而回頭正視他。[65]

我們慶幸的是，牟先生的心靈經過短暫的被擱在一旁之後，終於被觸動了；
牟先生回過頭來正視了它。「生命、價值、主體、道德宗教、歷史文化
的」，從 30 歲左右開始，便無一不被關注，且一一到位而落在其生命中最
核心的地方。然則牟先生的學問，且是真學問，便於焉成形而得以一一充分
展開並底於成。我們固然為牟先生高興；最要者，我們更要為中國的學問
——生命的學問，深感慶幸。若非牟先生（當然也應加上其他幾位近現代新
儒家，如徐、唐先生等等），則當今之世，生命的學問，其誰與之、治之、
弘揚之？！

　　本節主要是透過牟先生本人的文字以說明牟先生性情上之所喜（喜愛、
喜悅）。其《五十自述》中之相關文字相當多。上面說明牟先生之喜愛懷悌
海時，便引錄了二三則以為佐證。但其實牟先生大學階段時之喜愛懷氏，及
其後之喜愛康德等等，乃是學問領域中之事。牟先生一輩子都是在做學問，
這是不必多說的。然而，原來依他的看法，「學就是自然生命之一曲」[66]，

（讀中學）的一個階段。當時有關生命問題，根本上未嘗正視，甚至並非其意識之所
及，所以更說不上喜不喜愛，感不感興趣的問題。

[64] 茲針對「我用生命而不自覺生命」這句話作點說明。當時牟先生對這方面的確不太自
覺，譬如他重視泛客觀論、泛事實論等等，依牟先生事後之回想，還不是緣自其自家
生命而來之一種表現嗎：生命膨脹直接向外撲在稍微凝聚下的外在化表現。這很明顯
已經是在「用生命」了，只是如牟先生自述的不自覺而已。

[65] 《五十自述‧直覺的解悟》，頁 59。

[66] 《五十自述》，頁 17。依牟先生，文字語言本身是一套機括，把文字寫成文章，又

並嘗云：「學是在曲中發展，不斷地學即不斷地曲。」[67]假若人不能在不斷地曲之發展中「復回歸於其自己」，那麼人便不能從「非存在的」消融而為「存在的」。然則人便永遠無法完成其自己了。[68]這是很可悲的。

　　學問（從學／追求學問，成就知識）既是曲之所在，則假如不必透過「學問之追求」（或廣義之「學習」）而人仍能完成其自己，那豈非上上大吉？[69]如果真能如此，則人之喜悅可想而知。（人或以此而得人生之大樂、至樂亦未可知。）牟先生即嘗有此想法，且見之於文字。今引錄如下，以總結本節，藉以見牟先生整個生命（至少原始混沌的生命）喜樂之所在。先生說：

> 從混沌的自然生命中所放射出來的一道一道的清光，……那些清光在自然的直接發展中，只是生命之「在其自己」之強度的膨脹，直接地不離其根而向外膨脹，亦直接地為其根所牽引而隨時歸其根。此其所以始終為存在的。這裡沒有遠離，沒有吊掛，沒有曲折。這是原始人、自然人、野人的生命，這裡沒有所謂學問以及通過學問而凸顯的

是另一套機括。這對牟先生來說，要學習這些，都是很吃力的，費力的，痛苦的。（《五十自述》，頁 23-24。）這樣說來，那學問更是機括中的機括了。學問是機括，是生命中之一曲，原來中外古今皆有相類似的看法。1600 年前的奧古斯丁（354-430）即如是說：「我被送進學校去讀書，那時我還不識讀書的用處，但如果讀得懈怠，便受責打。大人們都贊成這種辦法，並且以前已有許多人過着這樣的生活，為我們準備了艱澀的道路，強迫我們去走，增加了亞當子孫的辛勞與痛苦。」當然，牟先生的一曲是指從學的本身，而奧氏的辛勞與痛苦乃源自求學過程中所經歷的艱澀的途程來說；兩者並不全然相同。然而，就讀書從學對人的原始生命都構成較負面的一個環節而言，則兩者並無二致。上引奧古斯丁語，見《懺悔錄》（北京：商務印書館，2009），頁 12。

67　《五十自述》，頁 18。

68　《五十自述》，頁 18。

69　當然，這也許太消極了一點，也太理想化了一點，蓋為了淑世，為了使人類社會有所進步，那追求學問（廣義的）、建立知識，那是不得不然的。換言之，雖無奈，但也不得不自我委屈而曲予為之。

> 形式真理，但是卻有性情，亦有光彩，然亦都是自然的強度膨脹所呈
> 現的，這裡的一切都只是「展示」或「呈現」，沒有「如何」和「為
> 何」。[70]

沒有學問，因而也沒有通過學問而凸顯的形式真理的原始人、自然人、野人
的生命，依牟先生之見，是既「有性情，亦有光彩」的。這種生命，當然是
牟先生所喜悅，所樂見的。這裡筆者需要作點補充。這種原始人、自然人、
野人的生命，雖然筆者認為乃牟先生所樂見者，所感到喜悅者，然而，這種
生命型態，恐怕不是牟先生認為最可寶貴的一種生命型態。茲舉一淺譬以助
說明：中了「樂透」（彩票，lottery，lottery ticket），得到了意外之財，一
般人當然會感到快樂、高興。然而，藉著這種不勞而獲的方式（當然，買彩
票也需要花一點點小零錢，但總不能算是一種「勞」吧）以致富，恐怕不會
讓人覺得很可貴的，值得珍視、重視的。反之，透過付出一定的，甚至巨大
的勞動力／腦力，然後才有所收穫，恐怕才會讓人真真正正產生喜悅之感
——感到興奮、高興。同理，原始人、自然人、野人所擁有的一種存在——
生命在其自己，乃不自覺者；用牟先生語，乃自自然然的一種「展示」或
「呈現」。所以這種存在，並不是很可貴的。嚴格來說，這種存在不是生命
已然自我完成而達致的一種存在。反之，經過人之自覺（恐怕必須通過付
出、努力、費勁等等的工夫，俾知其「如何」和「為何」）才獲致的一種存
在，且感到確確實實地存在（人由此而具存在感），那才是可貴的；那才是
生命正正式式、完完整整的完成。就牟先生來說，「學」[71]，這種生命中的
一曲（所有學都是生命中的曲，不同的學就產生不同的曲）固然使人遠離其

---

[70] 《五十自述》，頁 18。

[71] 這種學問，指的當然是「生命的學問」。因為追求其他方面的學問，尤其追求跟人本
　　身沒有直接關係的純客觀的科學知識，譬如太空科學（非人文學科、社會學科），科
　　學家／科學研究人員，可以完全不必理會，至少可以先不理會，人的存在這個問題。
　　要言之，這些科學家可以不必想到或意識到人「存在」或「非存在」這個問題而其科
　　學研究一樣可以照做不誤！

自己，但不斷地曲（量的增加）到了某程度，也可以產生變易（即從量變到質變），而使人回歸其自己、完成其自己。言下之意，為了「學」，在其過程中，我們固然需要付出很大的努力，甚至痛苦，這固然是無可奈何的，但有時也是值得的，且也是必須的，除非你不想獲得知識，不想在現代社會存活下來。換言之，這個過程是必須經歷的，不可免的，尤其是當你要「刷存在感」而順利地完成其自己時，更不得不學——不得不「不斷地學」。這所以牟先生說：

> 學是在曲中發展，不斷地學即不斷地曲。在不斷的曲與「曲之曲」中來使一個人的生命遠離其自己而復回歸於其自己，從其「非存在的」消融而為「存在的」，以完成其自己。[72]這個道理說來只是一句話，

---

[72] 引文中「不斷的『曲』」，蓋指不斷的學。至於「曲之曲」，前一「曲」字，應等同「不斷的『曲』」的「曲」，即仍指「學」而言；後一「曲」字，如果筆者沒有理解錯誤或解讀錯誤的話，蓋指「反覆地學」、「深入地學」、「自覺反省地學」。茲分別借用符號 A 和 A′ 來表達，這也許更清楚。「不斷的曲與『曲之曲』」這句話，便成「不斷的 A 與『A 之 A′』」。A 與 A′ 固然不同，量變到質變便成為可能了。如果永遠只是「A 與 A」或「A 之 A」（即牟先生原文之「曲之曲」）的關係，那便無從產生質變了。扣緊本案例來說，即無從「從其『非存在的』消融而為『存在的』」。至於經過了幾個曲（原文：不斷的曲與「曲之曲」）之後，如何可以讓「生命遠離其自己而復回歸於其自己」呢，茲試圖說明如下，希望不要太乖違牟先生原意：我們先從「不斷的曲與『曲之曲』」這句話入手。這句話不太好懂。幾經思考，稍得其大意，今藉一根棒子（設為 4 尺長）試釋如下：把棒子置放跟前，讓其一端朝東，另一端朝西。今試把其中之一端（譬如朝東的一端）的 3/4（3 尺），屈折之，使之朝南。這是第 1 曲。再把棒子的 1/2（2 尺）屈折之，使之朝西。這是第 2 曲。再把餘下之 1/4（1 尺）屈折之，使之朝北。這是第 3 曲。經過這 3 次屈折之後，原本朝東的一端便與原本朝西的一端相遇在一起了。假若棒子之東西向算是生命之分離的話（各朝一反方向，好比道揚鑣、背道而馳的各自發展，故以「分離」視之），則朝東的一端經過三次屈折（3 曲）之後而與朝西的一端相遇會合，便應算是「生命遠離其自己而復回歸於其自己」了。這一回歸其自己便是完成其自己，且是自覺存在地完成其自己。這與混沌的原始生命之存在狀態有異。原始狀態雖也是一種存在狀態，但它是非自覺下的一種存在狀態。由此來說，其層次是低於經過不斷的曲（不斷的學）的洗禮而來的一種存在狀態的。然而，如何能夠產生這種轉變呢——即由不自覺的存

在下陷為非存在，而最後又上升為自覺的存在呢？答：其關鍵在於曲（學）。如果只是一曲、二曲，則人便由不自覺的存在下陷至非存在的境域。但不斷的曲便產生了大逆轉（或可稱為「逆轉勝」？），而使人上升為自覺的存在了。這實在有點吊詭。按：「不斷」意味著量之大幅度增加，而大幅度增加，就是說量跟以前很不同而產生了大幅度改變之謂。簡言之，就是量變。而量變是可以產生質變的。

然而，量變又如何產生質變呢？現在試說明如下。其實，筆者深感，量變（量的不斷增加）是不太可能成為質變的。A 就是 A，好比水就是水。一滴清水（H_2O）不斷增加，那也只是成為一杯清水、一瓶清水、一缸清水、一池清水等等而已，但永遠成為不了異於清水的其他性質的水的，譬如鹹水。要使之成為鹹水，那只有水自己本身已有一定的鹽分才可，即並非真的只是清水而已。也就是說原先的一滴水已含有鹽巴（鈉），只是鈉的含量非常少（即非常微量），我們感覺不出來，甚至測量不出來而已。但如果有幾千滴、幾萬滴、幾億滴這樣的水聚集在一起而成為一缸水，甚至一池水，那鈉的含量也許便達到 1mg、2mg，那大概便可以測量出來了。因此我們便可以回過頭來把我們原先稱之為清水（H_2O）的一滴水，名副其實的改稱之為鹹水了（即糾正原先錯誤的命名）。換言之，「從量變到質變」，應該是指非常微量而測不出來的東西，當量不斷增加而最後到了臨界量時，便被測出來了。這或可稱為「臨界量的變化」（按：2021.02.21 晚上 10 時，筆者收看 TVBS 新聞臺「一步一腳印發現新台灣」這個節目。節目中嘗訪問資深步道師徐銘謙教授。「臨界量的變化」一詞，即從其訪問過程中學到的；今特予表出，示不掠美。）。於是就成為了我們所說的質變。如果這個東西（譬如上面說過的 H_2O）本來就不含這種質（譬如上面說過的鈉），那「質變」恐怕是無從發生的。其實，這只是個人很粗淺的看法，也許很不周延也說不定。望讀者多予誨正。

2021.02.09 睡夢中醒來重新思考量變是否可以產生質變這個問題。其答案是：不無此可能。試說明如下：譬如以考試為例。設 60 分為考試合格的標準。今某一考生獲 30分，當然不合格；補考獲 45 分，仍不合格；重修時獲 55 分，仍不合格。三修時獲60 分，合格。分數之不斷增加（即量變）至 60 分時，不合格隨即變成合格（即上面說過的「臨界量的變化」於焉發生）。再以打仗勝負情況舉一例：譬如戰士 10 萬人打不過對方，15 萬人仍未能致勝，20 萬人亦鎩羽而歸，30 萬人時便把戰局扭轉過來而獲勝了。其實，因增加戰士人數而戰事由敗轉勝的例子極多。其他情況恐亦大體相同，不盡舉。如此說來，我們便得出一結論：量變是可以產生質變的——不合格變為合格、戰敗變為戰勝。筆者要特別指出的是，其實，這只是表面情況而已。換言之，吾人被表面情況所惑而未能知悉其真相。按：上面所謂量變（分數增加、戰士增加），其實已隱涵質變在其中矣；只不過其質變的程度不明顯——尚未達標（不到合格的 60 分、不到致勝的人數），所以吾人未能察悉而誤認為只是純粹的量變而已！然則怎麼樣的一個情況才算是純粹的量變而絲毫沒有質變呢？今仍以考試合格分數及

　　然而現實發展上，卻是一長期的旅行，下面我要敘述我那由曲而成的間接發展。[73]

　　當今之世，人既然不能以原始人、自然人、野人的生存方式／生活方式存在／存活下來，那就只好從學了。在這裡，也許我們可以把「學」分為兩類（或兩個層次）以利說明。其一，可以讓人生活／存活下來的一種學，即一般的學識（甚至可以含《五十自述》中所說的「架構的思辨」這一種學識）。其二，牟先生所恆說的「生命的學問」的一種學。第一類的學，儘管是牟先生，也是不能不需要的，即不能反對、排斥的。但這類學識（追求這類學識的人）根本不必考慮人（含追求者自己本人）之「存在」、「非存在」、「（人）完成其自己」這類問題，而一樣可以讓人足以謀生，好好地過活。但就牟先生（跟不少對人生問題、人的價值問題，人何以稱得上是人等等問題具反省意識的人士）來說，上文第一類的學是使人喪失其自我，而使人成為「不存在」的，不具自我存在感的。牟先生說學使生命產生了「曲」或「學就是自然生命之一曲」（《五十自述》，頁 17），大概即指此而言。然而，不斷地學有可能使這一曲與「曲之曲」最終讓人（在《五十自述》中，牟先生特指其自己本人）從「不存在」過渡到，甚至可稱為跳躍到、飛躍到「存在」之域，[74]讓人（牟先生）得以完成其自己。而牟先生所

　　作戰戰士人數做說明：如果相關考生在補考及重修應試時所寫出的答案，都是只把原先的答案再多寫一遍、二遍、三遍，甚至百遍、千遍（即內容很多，但原來都只是簡單的重複），了無新意，即在質方面完全沒有提升；或戰士人數雖不斷增多，但皆老弱殘兵，全無作戰能力，那在戰力上即等同完全沒有提升！這便可以說是純粹的量變，而絲毫沒有質變了。既然在過程中完全沒有質變，那在結果方面也當然就不可能有突破而遽然來個質變了。其實，一般線上百科，譬如維基百科、百度百科等等，對「量變」和「質變」都有所說明或所謂給予定義，可並參。

73　《五十自述》，頁 18。

74　這大概就是上文說過的從量變到質變了。這種從量變到質變不知是否也可以視為辯證關係所展現的一種型態之一？筆者孤陋寡聞，願讀者諸君明以教我，以匡不逮。

追求的一種學問——生命的學問，也於焉出現，甚或得以完成[75]。此可見牟先生對「學」、「學的過程」及最終的變化的探討、反省，是極其深邃且極具慧解的。

　　簡言之，吾人似乎可以依兩個不同的階段來看待牟先生對「學」的看法。因為牟先生認定「學就是自然生命之一曲」，所以先生對「學」是持否定的態度的，其事顯然。這可以說是第一個階段。就這個階段來說，人為了謀生，即為了繼續生存下去，所以就不得不學。然而，就這個階段來說，人之存在，或可以稱之為一種「瞎存在」，即不具自我存在感的一種存在。然而，不斷地學，則可以（至少有可能）使人從「瞎存在」過渡到真真實實的自我感覺到存在的一種存在（或可稱為具有實存感的一種存在）。牟先生亦以此而改變了他對「學」的看法，也可說改變了原先（即第一階段）的態度，即從否定「學」轉而為肯定「學」了。這個轉變，筆者視為乃係牟先生對「學」的第二個階段的看法。也可以說是其終極看法。

（二）愛

　　牟先生對國家、民族、文化等之深情大愛是其生命中重中之重、真中之真。這方面，我們先不談。我們先談牟先生對異性之愛。《五十自述》以下一段文字，筆者以為很值得關注。

　　　有一次，來了一個馬戲團，正在天氣嚴冷，風雪飄零之時，他們圈了一個廣場，先是鳴鑼開場，繼之一個十三四歲的小女孩騎在馬上，繞場一周。矯健的身段，風吹雪凍得紅紅的皮色，清秀朴健的面孔，正合著上面所說的清新俊逸的風姿，但是可憐楚楚的，是女性的，不是男性的，我直如醉如痴地對她有著莫名其妙的感覺。先父嚴肅，不准小孩常去看這類江湖賣藝的把戲，我不知不覺地偷去了好幾次，我一

---

[75]　此所謂「完成」，恐怕只是階段性的完成，或某一程度上之完成而已，而不可能100%完成的，蓋生命無止境，學問亦無止境也。是以「生命的學問」之探求，亦永無止境無疑。反之，如有止境，便意謂無法可以再進步了，那反而是大不幸！

看見了她，就有著異樣的感覺，既喜悅又憐惜。事後我每想起，這大概就是我那時的戀情。一霎就過去了，這是我一生唯一的一次愛情之流露，此後再也沒有那種乾淨無邪而又是戀情的愛憐心境了。[76]

個人以為「一生唯一的一次愛情之流露」一語，是上引文中重中之重，非常值得關注。《五十自述》一書撰寫於 1956、57 年，即牟先生時年 48、9 歲之時。[77]牟先生對於一個 13、4 歲的女孩產生愛意，其事應發生於牟先生本人也是 10 多歲的一個少年之時。此 3、40 年前之陳年往事，為何念念不忘而予以追記，則不為無因。牟先生沒有說明他看到該馬戲團的女孩時，他自己是多大的年紀。然而，牟先生 15 歲時便離開家鄉到縣城的縣立中學讀書。[78]然則他在家鄉看到該女孩時，其本身的年紀，大概與該女孩相若，即同為 13、4 歲左右（至少不太可能是男性青春期發育年齡之前，即 11、12 歲之前）。對年齡相若者產生愛的情愫，這是很自然，很可以想像得到的。當然，這也不是絕對的。我們細看上段引文，其中「矯健的身段」、「清秀朴健」等詞頗可提供產生愛意的線索。因為這「正合著上面所說的清新俊逸的風姿」。原來牟先生「上面所說的清新俊逸」和「矯健的身段」等是針對《水滸傳》中的重要人物林沖和武松等人來說的。「矯健則靈活，俊逸則清新，這象徵着生命的風姿，人格的光彩。這是最直接的人格，最直接

---

[76] 《五十自述》，頁 15。

[77] 按：牟先生於 1932 年即時年 23、4 歲時便與山東萊陽王秀英女士締婚。據「一生唯一的一次愛情之流露」一語，可推知牟先生對王女士大概未嘗生起過愛意（用牟先生語，便是未嘗有「愛情之流露」）。然而，牟先生仍勇於在《五十自述》上寫下此一語，則知先生不以此事為忌諱。此亦可見其真性情之一斑。牟先生與比他大三歲的王女士締婚，蓋遵父母命為之。然則對王女士不產生愛意，是可以理解的。牟先生跟師母趙惠元女士認識於 1958 年秋，而結褵於同年 12 月 29 日。所以出自撰就於 1956、57 年的《五十自述》的上引文：「此後再也沒有那種乾淨無邪而又是戀情的愛憐心境了」一語，當然不包括師母（趙惠元女士）在內。換言之，對師母是可有「乾淨無邪而又是戀情的愛憐心境」的，至少可有真愛情的。牟先生跟師母認識的時間，參 1958.12.02〈牟致唐函〉。

[78] 《五十自述》，頁 21。

的生命。」[79]矯健和俊逸所象徵的直接人格和直接生命既係牟先生緣自其自身性情所最欣賞者，則由此而對於具有同一氣質的女孩產生愛的情愫，不亦宜乎？[80]至於作為異性（文中特別強調「是女性的，不是男性的」）的該女孩之「可憐楚楚的」模樣，作為情竇初開的一個大男生牟先生來說，自然會依同理心而加深他的愛意。「直如醉如痴地對她有著莫名其妙的感覺」，這種感覺，當然就是「愛情之流露」了。

　　牟先生的愛是遍及各方面的。上文僅觸及其對異性愛情的一面。下文再談他對青年人的愛。約於抗戰後期或稍後的國共內戰（第二階段）期間，牟先生嘗云：

> 他們的「習氣障」與「觀念障」膠固得太深太死，是無法從理論上和他辯的。因此我常用棒喝，直下從生命上指點。他們若一時不安了、臉紅了、語塞了，我就算種了善因。……我的客觀悲情一直在昂揚著，我一方了解了耶穌，我一方以極大的忍耐接待青年與有性情有心願而因種種因緣與我有隔閡之志士。[81]

上引文中的「種種因緣」，筆者以為意識型態便是其中最關鍵的一種因緣。由於堅持某種意識型態而與牟先生產生隔閡之士，乃至其他年輕人，牟先生之所以願意以極大的忍耐接待之，如果不是緣自其內心深處固有的悲憫之情

---

[79] 《五十自述》，頁 15。

[80] 蔡仁厚先生（1930-2019）曾用 8 個字：「高狂俊逸，透闢深徹」，後衍為 16 字：「氣情高狂，才品俊逸，思想透闢，義理深徹」以描繪牟先生。李山先生於上揭書《牟宗三傳》的〈內容簡介〉中也借用了蔡先生「高狂俊逸，透闢深徹」這 8 個字。顏炳罡先生也有類似的說法：「牟宗三高狂俊逸，獨步千古，其狂者胸襟亦非常人所及。」可知三位先生都認為牟先生是深具「俊逸」氣質的。其俊逸氣質的人對具有相同氣質的人（該女孩）產生愛意，理有固然也。顏說見所著〈當代新儒家點評〉，https://www.douban.com/group/topic/138294635/；2019.07.02 瀏覽。蔡先生的描繪，見〈蔡序〉，李山，上揭《牟宗三傳》。

[81] 《五十自述》，頁 117-118。

或無私的愛，那又是甚麼呢？牟先生對他們既愛之深，遂責之切，甚至予以棒喝，這當然也算是一種真性情的流露。

　　上引的一段文字是 1940 年代牟先生仍居住在大陸時所寫的。1949 年後雖遷居臺灣，但對青年人的熱情不減。給唐先生多封信的其中部分內容可以為證，其最明顯者莫如 1955.01.30 的一函，中云：

> 「人文友會」[82]中諸生，大體皆師院[83]國文系同學，程度低，思想訓練亦不夠。弟完全是適應他們來鼓舞，先鼓舞其志氣與意識，故現在他們亦是志趣與信念尚不壞，其餘則說不上。……對青年學子要廣泛適應（不限于哲學）[84]，弟想來想去，只有對劫難時代以鼓舞其「文化意識」為入路。此是時代的，亦是客觀的，即取象山之「立志」與「先立其大」義。……由文化意識入，漸予以理路與骨幹，以起信立肯定為主。此是從情意入，不從理智入，但近人任何事必要求理智的理論，故亦須稍滿足此要求。　　兄意，弟必告諸生，令其興起。且囑其常與　兄通信，[85]當更可得鼓舞也。

牟先生一輩子重視文化意識，其見諸本人多種專著者固無待贅言。其鼓舞諸

---

[82] 人文友會由牟先生在臺灣發起，大概成立於 1954 年年中，約 7、8 月間，詳見 1954.08.13 牟致唐函及 1954.08.14 唐覆牟函。

[83] 此師院乃現今位於臺北市和平東路之臺灣師範大學之前身。

[84] 依「不限于哲學」一語的上下文脈，此語蓋指：牟先生要適應的，不限於僅對哲學感興趣的學生而已，或不限於僅透過哲學義理之闡述這個手段來啟迪、鼓舞他們而已。

[85] 牟先生囑學生與唐先生通信及牟先生從旁予以促成之事，茲舉一例：針對其高足唐亦男女士，1955 年 4 月 4 日牟先生寄唐先生一函；函中即嘗拜託唐先生給予幫忙。函云：「唐生家境很苦，……才氣亦恢廓，……故特函介紹，盼　兄助之。」唐亦男女士給唐先生之信函，今未獲睹。然而，唐先生 1957 年時嘗去函亦男女士，其中云：「十七日示奉悉，前得牟先生來示，並惠交大著。讀後已知賢者用心之深、向上之誠，毋任欣慰。……大著論心性文甚能直湊精微之域，……」然則唐、牟二先生獎拔後進之用心，概見一斑。唐先生給亦男女士之信函，收入《唐君毅全集‧書簡》（北京：九州出版社，2016），第 31 卷，頁 353。

生及年輕人亦從文化意識入，藉以使國族之文化慧命相承相續者，上函可見梗概。又：依上函，鼓舞諸生既從情意入，又從理智入；真可謂情理兼顧。再者，以師長輩言，牟先生最推尊欽佩者，厥為熊十力先生；以友朋輩言，其推心置腹，幾無所不談者，則非唐先生莫屬。[86]今茲為鼓勵（含獎拔）後進，上函情見乎辭；企藉唐先生而一同促成之，則牟先生用心之良苦，吾人豈能不欽崇敬佩。

現在再談牟先生對友朋之愛。茲舉對徐復觀先生一例以概其餘。徐復觀先生對於唐先生、牟先生刊登在《民主評論》的部分文章頗有意見，主要是認為文章難讀，一般人不願看，或文字欠修飾等。1953.01.09 牟致唐函云：

> 吾人並不反對自由民主，亦不反對個性與多，[87]但自由民主不只落于政治上，亦有文化上的意義，個性與多亦然。惟死於政治上的自由民主，死于個與多的，則必反對吾人向上貫通，此不可解。吾人向來不辨（按：當為「辯」字，蓋手民之誤），只是照常理，不期佛觀亦把不住。……吾人處此境地，宜謹慎將事。期無損于《民評》，亦無傷于友情。

「無傷于友情」一語，頗可間接反映牟先生對徐先生之愛；不細表。文中指出談自由民主，必須「向上貫通」。此義，容順帶作點說明。所以必須向上貫通，乃意謂不以自由民主為終極理想，更不能把自由民主之落實，囿限於政治一領域。蓋依唐、牟意，政治上之自由民主是第二義（secondary）的，非第一義（primary）的。筆者個人即嘗指出，自由與民主是沒有方向的，恆以量作為判準，而非以質做依歸。這有時是很可怕的。臺灣曾經流行

---

[86] 詳參《五十自述》，頁 109-111。

[87] 筆者按：依上文，「多」乃「多元」之省稱。又：「個性」乃對應於「自由」來說；譬如尊重某人之個性，猶尊重其自由也。「多元」則大抵僅偏重平等並存來說，而欠缺向上貫通一義；即僅有二度空間之平面義（橫貫義），而欠缺第三度空間之縱貫義。

過一支廣告，其中有一句話很可以說明現今臺灣的情況，如下：「只要是我喜歡，有什麼不可以？」自由逐演變成放任率性、自以為是。民主便演變成民粹、理盲。由此可見自由民主承擔不了第一義的責任。換言之，自由民主之上還應該有一個「主宰」、「宗主」。簡言之，即一道德心靈、道德意識是也。[88]換言之，即人的良心、良知[89]。就徐復觀先生來說，他固然非常重視民主，然而他並沒有把民主置放在最高的位階。其最高位階，民本是也；嘗指出要推行「以民本為發心的民主政治」，即要落實民主政治，其相應的表現必以民本為依歸始可臻於理想。[90]然則徐先生已為民主指出一個既明確又理想的方向，甚至可稱為近乎可操作的原則。這個理想方案、原則乃發端於吾心，而此心即道德良心也。只有本乎道德良心始可免去民主政治所可能產生之流弊。由此來說，徐、唐、牟三先生的立論皆有其共通之處，即以道德心靈（良心、良知）為民主之基石。其實，作為新儒家，其相關立論必如是也。

　　本節藉著三個面向：對異性、友生（學生）及友朋之愛，來說明牟先生性情上有關「愛」這個領域的自我描繪，並進而談論其相關表現。

<hr>

88　筆者討論唐先生的人文觀時，嘗用不少篇幅探討自由民主與道德的關係，見〈唐君毅先生的人文觀〉，《新亞學報》，2013 年 6 月，第 31 卷（上），頁 367-394。

89　祝家華教授嘗提出「德治民主」一概念，頗具創意。祝家華，〈尋找新文明秩序：儒家德治民主與上議院──牟宗三「開出民主論」的再詮釋〉，收錄於上揭《「百年儒學走向」國際學術研討會暨牟宗三先生誕辰 110 周年紀念會論文集》，頁 696-703。

90　徐先生「以民本為發心的民主政治」的說法，參《政治中當然有道德問題》，頁 364，注 20。又：林安梧教授在不同的著作中都指出，有民本的民主，比起沒有民本的民主，來得好。此說法或即源自徐先生之啟迪歟？安梧兄闡述此一論點的最新著作計有：1.〈牟宗三先生之後：「後新儒學」的「公民儒學」的思想緣起〉，收錄於上揭《「百年儒學走向」國際學術研討會暨牟宗三先生誕辰 110 周年紀念會論文集》，頁 316-324，相關論述，見頁 324；2.〈從「外王」到「內聖」：新儒學之後對「內聖外王」的翻轉〉，《鵝湖月刊》，期 552，2021 年 6 月，頁 2-14。

四、結語

　　牟先生在性情上的表現，筆者想寫的部分，就七情來說，至少尚有怒、哀、懼、惡、欲這五項（這五項的討論，見本文續篇，即下一章）。然而，七情中，「喜」和「愛」是比較正面的。所以先寫也自有其意義。透過牟先生之喜，吾人多少可以看出牟先生早年治學的興趣是很廣泛的，經濟學、文學、數學、邏輯，皆為所喜之對象；且除經濟學外，餘皆有一定的成就，其中尤以邏輯為然。然而，以其非生命核心之所在，後皆棄之。就西方哲人來說，其喜愛康德，乃人所共知者。但原來其前對懷悌海也嘗情有獨鍾。這方面，似乎較少學者專家關注。今透過被視為奇書的《五十自述》予以描繪，俾一見其梗概。

　　至於牟先生之所愛，其實頗難與其所喜者，作出區隔。「喜愛」兩字恆連用，即可見兩者不易分割，或至少具難以分割的一種關係。上文乃以牟先生對異性，對門生，對友朋之「喜悅」，轉以「愛」稱謂之，俾眉目更見分明耳。

　　至於牟先生的形貌，以長相言，則駐顏有術、老成持重；以體態言，則風骨嶙峋、飄逸生姿。此真所謂「真人」也。是耶？難道非耶？

第三章　夫子自道（下）：牟宗三先生性情（怒、憂／懼、悲／哀、惡、欲、其他）之自我描繪

　　2019 年 7 月，筆者嘗於研討會上發表下文：〈夫子自道：牟宗三先生形貌和性情之自我描繪〉。[1]該文主軸旨在彰顯牟先生為「真人」，並企圖藉著儒家所說之七情：喜、怒、哀、懼、愛、惡、欲，再加上憂一項，[2]以描繪牟先生之相關表現，藉以揭示牟先生之真性情。惟文中僅處理了喜和愛二項。本文擬針對其未及處理者予以續寫。其不便歸類者，則以「其他」概括之。

---

[1] 文章乃應儒家文明協同創新中心等單位所主辦之「百年儒學走向國際學術研討會暨牟宗三誕辰 110 周年紀念會」之邀請而撰寫並發表。文章收入本書內，成為書中的第二章。

[2] 按：中醫之七情與儒家所指稱者頗不同，乃指：喜、怒、憂、思、悲、恐、驚七項。驚一項，本文擬從略，其原因已見〈夫子自道：牟宗三先生形貌和性情之自我描繪〉（即本書第二章）之相關說明。思一項，本文亦從略。思者，主要指思念、掛念而言。就牟先生來說，思之所從來，蓋源自不能自己之「放不下」。牟先生放不下者，多矣。其大者，國家也（含政統），民族也，文化也（含學統、道統等等），人類也。其小者，家庭也，友朋也、學生也、一己也。以上大、小兩者如何獲得或維持其正常而健康之狀態及發展，且其中民族、友朋、學生及一己等等如何各得安其身而立其命，恆為牟先生一輩子「思念」之所在。先生之著作中，兩方面的材料（尤其前者）均極多，且論點亦極彰著，是以今不擬（實亦無待）抽繹、彙整以做說明。本文由是從略焉。

一、怒

（一）對共產黨之怒

　　牟先生一輩子反對唯物主義（含唯物辯證法、唯物史觀等等），也反對共產主義（含共產黨等等）。其落實下來，便是對以上的主義展開無情的批判。其批判或批評乃透過以下的表達方式為之：專論式的文章；討論文化問題、其他問題的文章中或給友人的書信中順帶或偶爾批評幾句；公開演講或上課時即興式的批評幾句。本節不擬針對這個主題展開全面且系統的探討。[3]本節僅擬揭示牟先生性情中「怒」的一個面向。先生對共黨之怒是一輩子從未間斷過的，是以先述說之。

　　1950.07.29 牟先生致唐君毅先生函（以下簡稱〈牟致唐函〉）有如下一段話：

> 弟所最引以為憾恨者，即今日之士大夫熟視共黨戮辱農民之慘而無睹。共黨亦勢利眼。（馮等之受辱而不能自持，固咎由自取，但一般知識分子及居于學校內之師生，大體亦差不多也），……平常時相忘或忽略亦無所謂。若遭逢今日之大變，而木然無所動于中，則太不應該。……因為這件事（筆者按：此指上述「共黨戮辱農民」一事）太根本了，太重要了，決不是隨便可以滑過去的。今日士大夫統統滑過去了，還說什麼話？弟常為此不能為梁（漱溟）、張（東蓀）諸先生恕。熊先生是老師，但他這種意識亦不足，船山不如此也。

依上引文，共黨戮辱農民而知識分子竟無動於中。這所以牟先生非動怒不可。換言之，牟先生動怒的主要對象是這些知識分子，而非共黨。然而，追

3　其詳情，可參看下文四之（二）。這方面，宜並參彭國翔，《智者的現世關懷——牟宗三的政治與社會思想》（臺北：聯經出版事業公司，2016），第一章：〈唯物辯證法與唯物史觀批判〉、第四章：〈共產主義批判〉。

本溯源，則緣自共黨之表現。所以擬先論述牟先生對共黨的意見。作為新儒家，牟先生最關注的，當然是中國傳統文化本身的問題及其承續、弘揚等問題。中華文化的母體——中華民族，其存亡、發展、順適、光暢等問題，也當然是牟先生所關注的。然而，無論是文化問題也好，民族問題也罷，這都是遠離現實層面而為一般老百姓所不太關注，或無能力關注的「大問題」。一般老百姓關注的，是跟他們本身息息相關的民生問題，即能否吃得飽、穿得暖，乃至更基礎的是否能夠存活下來的問題。上引文足以揭示牟先生所關注的，則正係中國農民生存空間的問題。[4]這也反映了牟先生絕非不吃人間煙火、不接地氣，而僅談論一些被一般人視為大而無當、不切實際的文化問題，乃至民族問題而已。依牟先生，共黨在這方面既做出非常負面的表現——戮辱農民，則先生又豈能緘口而不言，默然而無述呢？！其所以動怒，是很可以想見並理解的。

　　牟先生對共黨之怒除緣自民族、文化的考量外，還有緣自其自身而來之因素。先生說：

> 民卅年秋，……後來共黨邪惡，與民為仇。一日，在吾祠堂上午鬥爭吾蒙師，彼係吾族叔。吊在樑上打他的，即是他的親侄。下午即鬥爭吾大兄，把他屋中所有，雖一箸一碗亦不留，掃數拿走，惟未辱打。據云此是鬥爭中之最輕者。吾妹丈家，則掃地出門，而妹丈死焉。吾妹及子女無安身地，寄居大兄處，吾不知他們何以為生。共黨造惡，天理難容。[5]

---

[4] 迄牟先生寫信時的 1950 年，我國仍以農立國。農民人口（農村人口）占全國強半以上（其實迄本世紀初，甚至 2010 年，農村人口仍占全國總人口 50% 以上）。是牟先生所關注的是絕大多數中國人的衣食問題，甚至生死存亡問題。

[5] 牟宗三，《五十自述》（臺北：鵝湖出版社，2000），頁 145-146。在描繪共黨鬥爭其家人前，牟先生也說到日寇侵擾其家鄉及太老師遇害的情況。此頗值一提。其相關描繪如下：「民卅年秋，日寇擾及吾鄉。家人都逃。先父年老（七十）臥病（麻

據引文可知牟先生之族叔（牟先生啟蒙師）、大兄、妹夫等各家庭，皆為共黨鬥爭之對象；妹夫並因而遇害。其中最讓牟先生難過的，恐怕是其族叔被其親侄吊上樑毒打一事。從儒家立場來看，晚輩且是同族後輩竟凌虐長輩，這是不可饒恕的行為。綜上所述，牟先生乃作出如下判語：「共黨造惡，天理難容」！

（二）對知識分子之怒

1、對附和共黨的知識分子（含對中共麻木不仁者）或其他知識分子之怒

據上文，共黨的短視，不體恤老百姓，乃至與農民為敵——殘害中國職業人口最多的農民，這種悖逆民心的做法，也許真如牟先生所說的，是勢利眼下的一種表現。牟先生對共黨素不寄予幻想，上引文也看不到牟先生對該政權予以深責（蓋不必為此而白生氣）。相對來說，最讓牟先生動怒生氣的是知識分子，包括馮友蘭、梁漱溟、張東蓀（但牟先生對張氏亦有非常肯定的一面，下詳。），乃至牟先生最敬重的熊十力先生，他們對共黨都竟然麻木無動於中，或關注的意識不足，這就無法讓牟先生釋懷了。

說到知識分子讓牟先生生氣動怒的，再舉一例：

> 吾至南嶽，因遵驪之介，多與諸生相晤談。吾以「向上一機」向有志氣有血性之青年言。而教授們則阻撓之，以為吾是為某黨作活動。馮友蘭則大忌之，彼放出空氣，唆使在校學生不得與某言。賀麟、沈有鼎輩則譏笑之。吾見此種種，大為失望，於以知知識分子之自私，與無能為。[6]

痺），不能動。日寇推置中庭，通宵達旦。是秋即含恨以歿。時吾在大理未得盡絲毫人子職。空間上的遠隔，造成時間上的永別。」按：民 24 年、25 年年先生雖在外地謀生，但每年仍返回山東棲霞故里小住；其後以南北奔波而未嘗再返故里。然則迄民卅年太老師辭世時，牟先生已五載未當面向太老師請安問好了。

6　《五十自述》，頁 92。

上引文提到三名知識分子，其中名氣最大的當然是馮友蘭（1895-1990）。
然而，其學問及人格，乃牟先生所最鄙夷不屑者；今不贅。賀麟（1902-
1992）也被視為是現代第一代新儒家之一，但據閱覽所及，牟先生提到他的
地方不多。沈有鼎（1908-1989）對數理邏輯有相當深厚的素養。牟先生在
《五十自述》中討論到羅素（1872-1970）和懷悌海（1861-1947）《數學原
理》中的還原公理（類之公理）時，嘗評論過沈氏的見解。[7]針對牟先生在
湖南衡山南嶽一事，蔡仁厚先生有如下記載：「七七事變，全國抗日，先生
自北平過天津，走南京，再至長沙。時北大清華合為臨時大學，經長沙遷至
衡山。」[8]時牟先生與遵驌先生（1916-1992，張之洞曾孫，抗戰初期肄業於
北大哲學系，後畢業於西南聯大）相善，因其介紹，乃多與諸生（蓋遵驌先
生之同學）相晤談。不意牟先生被誤會為為某黨作活動，於是馮、賀、沈等
教授遂大忌之或譏笑之。牟先生由是大失所望，並下一判語云：「於以知知
識分子之自私，與無能為。」[9]

---

7 《五十自述》，頁 69。又：沈氏雖被牟先生視為「知識分子之自私，與無能為」者
之一，但沈氏對牟先生學生時代的著作《周易的自然哲學與道德函義》（初版時，書
名為《從周易方面研究中國之玄學與道德哲學》）的正面評價，牟先生 1988 年為該
書寫〈重印誌言〉時，又特別表出之。是可知依牟先生，沈氏之言亦有值得其首肯
者。〈重印誌言〉中，牟先生的說法如下：「……沈有鼎先生卻也說了一句很新奇而
又似乎很公正的妙語，他說這部書是化腐朽為神奇。縱使有附會，也附會得很妥貼，
不乖錯，不離譜。觸類旁通是可允許的。」轉引自《當代新儒學三大家序跋輯錄》，
頁 395。

8 蔡仁厚，《牟宗三先生學思年譜》（臺北：臺灣學生書局，1996），民國 26 年條。

9 以上指出牟先生對馮友蘭的觀感是相當負面的。然而，還不算最負面。評價中最負面
的，恐非郭沫若莫屬。先生說：「……像郭沫若這種人就是妾婦之道，沒有郭沫若這
種人，毛澤東也不一定那末壞。毛澤東也不一定叫郭沫若那樣的拍馬屁，你不那樣
拍，他也不一定要殺你。」牟宗三，〈平反與平正〉（講於 1979 年 9 月，吳明紀
錄），《時代與感受》（臺北：鵝湖出版社，1986），頁 55。按：牟先生做〈平反
與平正〉這個演講時，毛澤東已逝世 3 年。郭氏對毛和對江青拍馬屁，早已盡人皆
知。其肉麻露骨的表現，在這裡就不值得多浪費筆墨了。

2、對胡適之怒

　　說到牟先生批判馮友蘭，其實馮友蘭的老師胡適也是被批判之列。[10]據

------

[10] 牟先生喜歡月旦時人，尤其知識分子，這是眾所周知的。胡、馮二人或詆毀中國文化
或曲解／誤解中國哲學，乃至後者見風轉舵之表現，當然難逃牟先生的口誅筆伐。不
光是牟先生，徐復觀先生亦然，乃至素具謙謙君子之風的唐君毅先生亦然，當然口誅
筆伐的嚴厲程度有所差異；其中，唐先生是最溫和的，且就馮友蘭來說，其 1949 年
後之表現，唐先生嘗為之緩頰。就針對三位先生之批判胡、馮來說，學長翟志成教授
深有體會；嘗指出說：「唐、牟、徐三先生在課堂開講之前，總習慣於左批胡適之對
中國文化的破壞，右批馮友蘭對中國哲學的歪曲。」翟學長固不無所見，但用語上似
乎誇張了一點。唐先生絕不隨便月旦人物（甚至閉口不言人過）；縱然月旦之，也不
至於成為課堂開講之前的一種習慣。甚至徐、牟二先生，也不是「總習慣於」開講前
左右開弓批判胡、馮二人。針對牟先生在課堂或演講開講前的表現，翟學長在其新著
《新儒家眼中的胡適》（香港：商務印書館，2020）也作出了類似的描繪（見頁
272）。學長比筆者早三數年入讀新亞研究所，是以無緣一起共學，但筆者詢問過基
本上和他同期共學的學姊岑詠芳女士。筆者得出以下結論：詠芳學姊上三位先生課的
印象似乎也與翟學長上述的印象有相當落差。2019.08.30 筆者與新亞書院／新亞研究
所多位學長茶聚之後，嘗當面請教修讀三先生課最多最久的李瑞全學長。彼上三先生
課的印象，亦與上引翟學長的說法有相當大的落差。上引翟學長語，見翟志成，〈自
序〉，《當代中國哲學第一人：五論馮友蘭》（臺北：臺灣商務印書館，2008），頁
1。其實，就以牟先生來說，他對馮友蘭的評價也不全是負面的，試舉一例。《周易
的自然哲學與道德函義》的〈自序一〉說：「……一般之感想，大都以為中國思想之
系統不如西洋遠甚。……然（中國人之著作）無此組織之系統，未必即無思想之條
理，故馮友蘭氏遂謂中國思想雖無形式系統，然猶有實際系統也。……」。此〈自
序〉無日期，但該書由大公報社出版於 1936 年（參〈重印誌言〉），即牟先生時年
27 歲，在學術界毫無「江湖地位」可言之時，馮氏當年則為 42 歲，且因《中國哲學
史》一書而蜚聲遐邇，所以牟先生徵引其說法，蓋借重其名聲以佐證己說。然而，先
不論牟先生引錄其說之動機，但至少可由此而得知牟先生對馮氏乃非全盤否定者。以
上《周易的自然哲學與道德函義・自序一》的說法，轉引自《當代新儒學三大家序跋
輯錄》，頁 389；《周易的自然哲學與道德函義・重印誌言》所揭示的出版資訊，見
《當代新儒學三大家序跋輯錄》，頁 395。至於馮氏所指出的中國哲學仍有其實際系
統之說，則見氏著《中國哲學史》（北京：中華書局，1961），頁 13-14。補充：據
上揭翟學長的新著，胡適對孔子和中國文化仍是有所肯定的（這跟學長過去多年來的
看法相異：過去恆視胡氏為「全盤性」的反傳統主義者；這點頗值得注意。）翟志
成，〈自序〉，《新儒家眼中的胡適》，頁 i。

牟先生的憶述，民 21 年北大哲學系擬出系刊，索稿於牟先生，牟先生以新
近完成之書稿《從周易方面研究中國之玄學及道德哲學》中論述胡煦的部分
交與之。主事者把該稿轉交時任文學院院長之胡適先生審閱。以事隔年餘而
仍無下文，主事者經牟先生追問後乃指示可逕向胡適查詢、索取。先生乃往
見胡氏；其後云：「胡先生很客氣，他說：你讀書很勤，但你的方法有危
險，我看《易經》中沒有你講的那些道理。」牟先生回話之後，胡適又繼續
說：「噢，你是講形而上學的！」牟先生乃得出如下一結論：「言外之意，
那也就不用談了！」胡氏又補充說：「你恭維我們那位貴本家（胡煦），很
了不起，你可出一本專冊。」牟先生說聲「謝謝」之後，遂盡禮而退。按：
以當時情況而論（恐怕今天也相差無幾），仍在讀大學的區區一名大學生
（本科生）那有能力為自己所寫的東西透過出版社或書局出版一本專冊（專
書）呢？！所以胡適的回話，牟先生認為是「打哈哈」的一個說法。換言
之，即敷衍性的一個說法，甚至或可視為是要牟先生的一個說法。作為師長
的胡氏，其實，如果認為該書稿不妥，不適宜發表，大可以明白向牟先生表
示，何必說這種違心的客氣話呢？！牟先生是直來直往的人，那受得了胡氏
跡近戲弄的一套說詞呢！牟先生的反應便是：「回到宿舍，青年人壓不下這
口氣，遂寫了一封信給他，關於方法有所辯說，辯說我的方法決無危
險。……但無論如何，從此以後，就算把胡先生得罪了！」[11]筆者認為，從
寬泛的角度來看，作為審稿人，只要看到文章是持之有據，言之成理（含能
夠自圓其說），那就可以了，尤其是學生的文稿更應從寬，以示鼓勵，何必
以「方法有危險」為由而「打哈哈」呢？！[12]按：胡適恆誇耀或重視的方

---

[11] 以上對話，詳見牟宗三，《周易的自然哲學與道德函義·重印誌言》，收入《當代新
儒學三大家序跋輯錄》，頁 394。

[12] 筆者頗認為胡適對牟先生的回應不盡然是在「打哈哈」，蓋從胡氏的角度來看，他確
實是認為牟先生所用的方法是有危險的。方法既有危險（有問題），那據以得出的研
究結論，便自然難於成立，是以拒絕推薦刊登該文稿，便是一個必然的結果。筆者由
是認為，胡適的錯，不在於不刊登該文稿，也不在於牟先生所說的「打哈哈」；而實
在於文稿拖了一年多而無下文。然而，話又得說回來。胡適是大忙人，先不考慮他是
否不看重學生的東西而一擱便一年多。常言云：忙中有錯／疏忽。胡氏把投稿者（學

法，蓋為考據法或所謂科學方法。按：考據法，甚至科學方法，乃眾多求知方法中的一種而已，豈可執一而廢百呢？若用牟先生的說法來說，恐怕是中了淺薄知識主義之毒無疑。[13]

生也好，教授也罷）的文稿一擱下來便忘了，那是很有可能的，故此不宜深責。其實，據上揭牟先生的〈重印誌言〉，牟先生往見胡適之前，胡適應是看過牟文的（當然，不太可能是細看，但能大體上翻看一下，那已經不容易了）。是以個人認為，時為文學院院長且是大忙人、大紅人的胡適，既看過當時僅為學生身分的牟先生的文章，且其後又親自接見牟先生，吾人對胡氏這種種表現，自當肯定。當然，「禮遇」（或所謂「討好」）學生，當時已成為北大教授們對待學生的一種普遍風氣，不獨胡氏為然。所以胡氏禮遇牟先生，恐非胡氏對學生的唯一個案。牟先生被禮遇，也絕非北大學生的唯一個案。乃當時一普遍現象也。

[13] 在這裡不妨進一步看看胡適為什麼不欣賞甚至頗嚴厲批評牟先生唸大學時便寫成的這部專著。該專著原名為《從周易方面研究中國之玄學及道德哲學》（後改名為《周易的自然哲學與道德函義》）。吾人不妨從上引文中「你的方法有危險」，和「我看《易經》中沒有你講的那些道理」作為切入點來談論這個問題。胡適早年成名之作《中國哲學史大綱（卷上）》（上海：商務印書館，1919 年 2 月初版；應成書於前一年，即胡氏 27、8 歲之時）嘗對彼研究哲學史所用的方法和對《周易》一書有所論述。其論方法，見該書第一篇〈導言〉之「哲學史的史料」一目（頁 10-33）。胡氏用了差不多 10,000 字，針對以下各項進行述說：史料為何；史料的搜集；史料何以必須審定及審定的方法為何；史料整理的方法；各家著作的貫串領會。按：針對治學，尤其針對治史來說，胡氏這種以處理史料為主軸的研究法（也可以說主要以文獻進路、考據進路來研究哲學／哲學史），在 21 世紀的今天來說，雖卑之無甚高論，但以研究哲學史（注意：不是研究哲學）來說，筆者認為仍不失為中規中矩且穩紮穩打的一套基本方法／基本進路（應指出的是：100 多年前，這套方法及其背後的方法論，是深具開創性或嶄新性的。上揭《新儒家眼中的胡適》第一章的引言部分便非常肯定這套方法，而稱之為：「提供了一整套現代治學的嶄新技術和方法」（頁3））。然而，問題是牟先生之書稿並非史學著作，也非一般意義下（或所謂「言言有據，字字有考」）的學術著作，更非學究式的著作；而是針對《周易》一書，就義理方面，抽繹其自然哲學涵義和道德涵義（前者主要順著胡煦的講法，後者則順著焦循的講法），並給予一形式系統（見〈自序一〉）的橫空而出的一部創造性的著作。借用上引沈有鼎的話，乃「化腐朽為神奇」之著作也。這種著作，如果用一般治史，乃至治學的方法（譬如胡氏恆強調的科學方法／實證方法，此即上文說過的彼用以撰寫《中國哲學史大綱》的一套方法）來衡量、審視其對錯或高下，是全然不相應的。筆者不是說胡氏的方法不對，而是說不相應。（然則如何做才算是相應呢？我們姑且

舉牟先生談 Aristotle 為例。先生說：「哲學系談 Aristotle，是問題性的談，不是文獻
性的談，二者是有分別的。」；又說：「讀書（筆者按：含做學問）不是為的博雅，
而是重在義理問題之提出與解答。」上引語分別見〈談民國以來的大學哲學系〉，上
揭《時代與感受》，頁 143、147。）也可以說牟先生的方法是超越了或繞過了胡氏
所說的一套方法的。至於胡氏對《周易》的論述，可從其《中國哲學史大綱》第四篇
〈孔子〉第三章「易」這個部分（頁 77-92）概見之。其中論說《周易》的根本觀念
及論說「自然」與「道德」的相關文字，茲引錄如下：「孔子學說的一切根本，依我
看來，都在一部易經。」；「我講易，以為一部易經，只有三個基本觀念：（一）
易、（二）象、（三）辭。」；「這三個觀念：（一）易、（二）象、（三）辭，便
是易經的精華。」；「故他（筆者按：孔子）說萬物變化完全是自然的，唯物的，不
是唯神的。」；「可見孔子的意思，不但說一切器物制度，都是起于種種意象，並且
說一切人生道德、禮俗，也都是從種種意象上發生出來的。」《周易》一書的根本觀
念，尤其是跟「自然」、「道德」二名詞相關的，就胡氏大著中說《易》這部分來
看，蓋見上引文。彼所說之根本觀念，先不談。但 10 多頁的篇幅中，說到「自然」
和「道德」的，就只有上面兩條資料（嚴格來說，其實只是提到這兩個名詞而已）。
那他向牟先生說的一句話：「我看《易經》中沒有你講的那些道理」，就很可以理解
而不足為怪了！按：牟先生所講《易經》中的道理（義理），就側重在「自然哲學」
（可以書中論述漢易，尤其論述胡煦的部分為代表；針對後者，牟先生稱之為「生成
哲學之易學」）和「道德涵義」（可以書中論述戴東原，尤其論述焦循的部分為代
表；牟先生稱之為「道德哲學之易學」。牟先生指出，此種道德哲學乃達情遂欲的一
種道德哲學，乃往下講者；此與儒家往上講的道德哲學——道德形上學，迥異。參見
〈重印誌言〉）這兩部分；其書名便足以反映這些面向。至於牟先生對胡適所說的一
句話：「我講《易經》是當作中國的一種形而上學看。」（見〈重印誌言〉），那當
然更是胡適所不欣賞，甚至不能接受的（胡適便回應說：「噢，你是講形而上學
的！」）。上文說到胡適的研究方法不相應於牟書，其實張東蓀先生先得筆者之心。
其言曰：「惟有牟君這樣的研究古籍方法始足為『哲學的』。而現在一班關於中國哲
學的著述，其實質是考據，所以是『史學的』，並不是『哲學的』。」文中「一班關
於中國哲學的著述」一語，說得相當隱晦而沒有把胡氏的《中國哲學史大綱》點明出
來；但筆者以為，此必含（甚至主要是指稱）胡氏該著作無疑。張東蓀，〈張序〉，
《周易的自然哲學與道德函義》（臺北：文津出版社，1988），頁 2。又牟先生何以
對胡適迭有怨言，甚至恨之入骨，翟志成先生嘗作出相當深入的探討，宜並參。翟志
成，〈牟宗三眼中的胡適〉，《鵝湖月刊》，2017 年 8 月，總第 506 期，頁 7-23。
翟文以同一標題又見諸彼所撰著之上揭《新儒家眼中的胡適》一書中。又：針對胡氏
的《中國哲學史大綱》，乃至針對書中所應用的所謂哲學史研究法，中外學人的研究
成果相當多，譬如胡新和、中島隆博、竹元規人、任麗麗、吳斌等等的論著便是其

在這裡似乎有必要說明一下的是，牟先生雖對胡適不懷好感。但先生惡而知其美，所以對胡氏並非一棍子打死，即並不認為彼只有缺點而全無優點。〈現時中國之宗教趨勢〉一文以下幾句話可以佐證。先生說：「這種歷史淵源的陳述，……也可以見出孔子應運而生的崇高地位。……胡氏能從這一個角度見出孔子的擔負與使命，這也是好的。這可以糾正他的新文化運動時的態度，也可以算是一種補過。」[14]

3、對張君勱之怒

如果說牟先生是因為放不下心中對胡氏的怨氣而生氣動怒，並因而寫信給他，那這種怒恐怕只是小怒而已；牟先生對張君勱先生之怒，蓋可以稱為大怒、盛怒。其關鍵處蓋在於牟先生以「誠」一字為判準。[15]人之相交，以誠為貴，牟先生既認定且見諸文字而指出君勱先生乃無誠之人，則其所以大怒便不待龜蓍了。此見諸牟先生事後之憶述。其大意為：

民 28 年牟先生昆明謀事無成，乃函時居重慶之張君勱先生，告以生活無著之況。張氏無回應；後與其弟張公權（時任交通部長）視察滇緬公路。過昆明，下榻翠湖旅店。牟先生早晨閱報得悉其事。友人張遵驑先生遂詢問說：「往見否？」牟先生自我描繪當時的表現說：「吾頗怒」；其後並於《五十自述》中記下：

> 既而曰：「往見。」……。彼一見，頗驚訝，謂：「何以知之？[16]」
> 曰：「見報耳。」乃問：「前上函，收到否？」彼答以未收到。於以

例。論著的目錄，詳見阮壽德、阮英俊，〈胡適的哲學史研究在越南的影響〉，《臺灣東亞研究文明學刊》，卷 17，期 1，總第 33 期，2020 年 6 月，頁 153。

[14] 牟宗三，《生命的學問》（臺北：三民書局，1976），頁 114。牟先生與胡適的交惡，乃至與其他師長或師長輩，如梁漱溟、張君勱、張申府、張東蓀等等先生，的交惡或交往，王興國都作了相當翔實的描繪，可並參。王興國，《大家精要　牟宗三》（昆明：雲南教育出版社，2011），第 3、4 章。

[15] 牟先生胡適氣（抱怨胡適），其原因正同；只是胡、張兩人無誠之程度，以牟先生來看，大小輕重有別。

[16] 此指何以知其來昆明。

知是公之無誠也。乃告以生活狀況，並謂《再生》在昆明不流行，當有一負責人以推銷之。吾此議乃暗示吾只需要五十元耳。吾有此要求之權利，彼亦有應此要求之義務。乃彼竟謂曰：「汝去租房子，開好預算，即囑重慶寄款。」吾當時大怒曰：「謝謝你。」即離去。出而即決心與此輩斷絕關係。……吾困阨於昆明，謀事不成，無關係，吾不能回北大[17]，吾亦無怨尤。惟此一不愉快之遭遇，吾終生不能無憾恨。……這是我一生最難堪最窩囊之處境。[18]

---

[17] 據牟先生憶述，彼在昆明時（1938-39 年間），其業師熊先生嘗致函湯用彤先生（1893-1964），以牟先生乃出自北大，且係北大自有哲學系以來唯一可造之材，於是極力推薦在北大任職。其結果是：「湯先生答以胡（適之）先生通不過。」其詳見上揭《五十自述》，頁 92-94。按：牟先生知道通不過胡適這一關，大概是間接從熊先生處得知此消息的（而非直接得之於湯先生）。其當下間生怒和生怨，是很可理解的。但筆者以為，「胡先生通不過」一語，如果確有是語，乃大概是湯先生據彼對胡適之性向偏好或文化學術取向（含治學側重點、面向、方法論等）的了解而作出的一個判斷，即有可能只是一忖度推測之詞；而不見得一定是湯先生已微詢過胡適的意見後所得出的一個結論。在這個地方吾人似乎不宜馬上怪責，甚至指斥胡適，認定這必然是他在背後「搞鬼」的結果。按：牟先生唸北大時曾與時任文學院院長的胡氏起過一點小衝突（詳見上注 11、12）。這個衝突被王興國教授視為係後來牟先生不能進入北大教書的重要原因。王興國，〈胡適為何不遺餘力地排擠學生牟宗三？〉，《中國社會科學報》，http://history.people.com.cn/BIG5/198305/198865/17361558.html；2019.08.24 瀏覽。王氏的說法主要是根據《五十自述》。筆者以為王氏的說法相當聳動，但似乎不無猜測之嫌（詳本注上文）。翟志成嘗指出牟先生不能進北大教書恐不能視為乃緣自胡適之打壓和封殺。翟說頗有見地。其說詳上揭《新儒家眼中的胡適》，頁 278-280。

[18] 上揭《五十自述》，頁 95-97。牟先生對君勱先生之所以盛怒，其簡中情況，詳見《五十自述》，如下：「念吾自參加國社黨以來，在天津一年，在廣州一年，後返北平主編《再生》，皆與黨有關。在廣西，彼寫《立國之道》，最後一章〈哲學根據〉，亦吾所寫。吾在廣西任教一年，彼即由廣西返重慶。時距不及一年，吾不知何以開罪於彼，竟使彼如此相待。吾在昆明寫信給他，云未收到，此妄語耳。即吾信中有不妥處，依與彼之關係，彼亦應當明言而教之。而竟以『未收到』對。其誠何在？」（頁 96）按：這段引文和筆者上面正文中的引文均有「誠」一字和「未收

是牟先生所以生氣大怒，以君勱先生無誠也。中庸：「誠者，物之終始，不誠無物，是故君子誠之為貴。」作為新儒家之牟先生，其看重誠，理有固焉。

　　因認定君勱先生不函覆而導致牟先生自謂「頗怒」。見面後又認定君勱先生「未收到」一語為託詞而大怒。此不同程度之怒已見上文。同年（1939）稍後，牟先生與君勱先生又再起衝突，牟先生更「勃然大怒」。換言之，牟先生對君勱先生之怒，其程度一次比一次加劇。勃然大怒的緣由及過程，牟先生自述云：

> 君勱先生之秘書馮今白來函，謂：「昆明聯大有詢問《立國之道》中之問題者，君勱先生託兄就地代答。」吾見之，勃然大怒，立即將書拆碎，擲於地而罵曰：「昏瞶無聊之匹夫，猶欲以貌似昏瞶掩其無誠而愚弄人耶？」吾當時不該回信，只須直赴嘉定復性書院斯可耳。然思馮今白乃熟人，與張某有憾，與馮氏無憾也。遂回信言不久即赴重慶轉嘉定復性書院。屆時當相晤。到重慶，即赴「再生雜誌社」與諸熟友晤面。（此著亦不斬截。吾常有順自然之情而來之拖泥帶水處。然吾亦需順此而至乎「情至義盡」而休焉，而內心之原則性之是非善惡以及應去應留，合與不合，則既定而不可轉。惟須在一時間過程中

到」三字，是可知這是牟先生最關注、最介意之所在，是以兩度強調之。牟先生認定君勱先生「未收到」之回應蓋為推諉之詞；實則無異謊言。然則牟先生之大怒是很可以理解的，蓋義憤也。然而，筆者認為，君勱先生「未收到」牟先生之去函，其事非不可能者。換言之，牟先生是錯怪了君勱先生也說不定。茲存疑待考。在此或值得一說的是，牟先生對張先生雖然非常不諒解，但牟先生不失其豁達大度，且不計前嫌。張先生 70 大壽時，牟先生嘗撰文致賀。文中末段有句云：「……凡吾今日對於政治所有之一點認識，皆先生之所賜」。又云：「先生民主政體建國之政治意識是恰當的。先生自身是一致的。」這個稱許推崇算是很高的了。牟宗三，〈中國數十年來的政治意識──壽張君勱先生七十大慶〉，上揭《生命的學問》，頁 45。上之賀壽文撰寫於 1956 年 1 月。兩年後，即 1958 年元旦，牟先生又與張先生（尚有徐、唐二位先生）聯署發表了〈中國文化宣言〉，是可知牟先生並沒有把 1939 年之不愉快事放在心上。其豁達大度，又可謂另一例證。

實現之。情至則不傷情，義盡則不違義。吾常以此自恨，亦常以此自
慰。）……彼託諸熟友相勸慰，望必留此。皆曰：「言理，汝對。現
在不言理，望念多年相處之情耳。」吾曰：「既無理，焉有情？」言
訖泣下。復相偕往晤。彼說許多，皆不中肯，亦無親切語。彼始終不
道彼之錯抑吾之錯。惟見吾意甚冷，心甚傷，辭氣堅決，彼此黯然淚
下。吾亦終不能絕情，乃心軟。遂曰：「此中有許多牽連。」[19]乃告
以吾去復性，薪水由教部支。彼即應聲曰：「吾當晤陳立夫，取得諒
解。[20]……。」[21]

牟先生既認定君勱先生故意不回函，又認定其「未收到」一語為謊言（藉
口、推諉之詞），此所以牟先生以「無誠」稱之。依牟先生，君勱先生不欲
接濟其生活上之困難就算了，現今又因有所求而厚著臉皮命秘書去函請求幫
忙，此所以牟先生乃勃然大怒，並作出以下判語：「欲以貌似昏瞶掩其無誠
而愚弄人耶？」然而，牟先生仍按捺住脾氣而惠予覆函，其後並往晤。惟面
晤時，君勱先生未嘗為前事道歉。牟先生由是「意甚冷，心甚傷，辭氣堅
決」。見此情此景，君勱先生亦不能不動容；彼此遂黯然淚下。牟先生回憶
當時之情景云：「吾亦終不能絕情，乃心軟。」蔡仁厚先生嘗指出說：牟先

---

[19] 「牽連」蓋指：前些時，已答應熊先生往復性書院依馬一浮先生，所以不便爽約，此
其一。牟先生將以都講名義住復性書院除協助主講外，當有不少自我讀書進修的時
間，且又可就近向熊先生請益。此牟先生最樂之事也。此其二。君勱先生月前在昆明
時不允所請：在生活上不給予支援，此其三。所謂「都講」，《漢語網》云：「古代
學舍中協助博士講經的儒生。選擇高材者充之。」蓋馬、熊為主講（猶秦漢時講經之
博士），而牟先生從旁協助之，乃名之曰都講。筆者按：都講，蓋猶今研究生之表現
傑出者而被委任承擔教學助理一職者也。牟先生指出說：「給我一個『都講』的名
義，月薪兩百元。……月薪兩百元已經是很高的了。」上揭〈熊十力先生追念會講
話〉，頁258。

[20] 此所謂「取得諒解」蓋指君勱先生擬向時任教育部長之陳立夫請求，請其允准牟先生
暫不赴復性書院任職，而相關薪酬移作支付其擔任《再生雜誌》主編一職。

[21] 上揭《五十自述》，頁98-99。

生「氣性高狂」。[22]此得其實。按：具此種氣性之人，通常都是比較冷的。即是說，是比較絕情的、不徇情面的。現在牟先生自道「心軟」，「不能絕情」，這很值得注意。牟先生之重視情，乃至情背後之義，上引文中以下幾句話：「吾常有順自然之情而來之拖泥帶水處」至「吾常以此自恨，亦常以此自慰。」，最可以見端倪。因重視情，故有時不免不乾脆而陷於拖泥帶水，這所以牟先生常以此而自恨。然而，拖泥帶水也不必然是負面的。其是否負面，全依其是否為義；也就是說，以是否得盡義、不違義為判準。上引文中，以下一語最堪玩味：「內心之原則性之是非善惡以及應去應留，合與不合，則既定而不可轉。」之所以不可轉，正以其為義也。然而，儘管合乎義（原則上合義），但又必須兼顧情始得周延。若要兼顧情，便不得不考慮時間因素。牟先生說的「惟須在一時間過程中實現之」，蓋係針對這個不可轉的義來說。換言之，不宜說去便去，說留便留；而必須待適當的時間（時機）始實現之，否則便成為絕情了。[23]絕情則義便成為空談而無法落實。如無法落實，則義亦不成其為義了。

　　現在再說「拖泥帶水」與義的關係。順自然之情而可導致之拖泥帶水處，只要合乎義——盡義、不違義，便不算是要不得的負面東西。且不止非負面的東西，反過來很可能成為很正面的東西。因為在這情況下，拖泥帶水反而成就了「情至義盡」。「情至則不傷情，義盡則不違義。」對人對事必達乎「情至義盡」而始休焉，是以可以無憾。此所以牟先生又常以此而自慰也。

　　顧吾人在感情取捨去留之際，恆不免爭扎猶豫，以至不免拖泥帶水。觀上引文，則牟先生亦未能免於是；然必折衷於情至義盡，則可以無憾。是以先生得以為賢哲也。說到情至義盡，筆者有一點體會，或可一說。情至、義

22　蔡仁厚，〈蔡序〉，李山，《牟宗三傳》（北京：中央民族大學出版社，2002），頁2。

23　讀者也許生一疑實：「說去便去」，當然是絕情，這很好懂。但「說留便留」，這如何得以「絕情」視之？答：原因是人不能分身！假如您同時對二人用情，則留情於此便不當捨棄彼了。換言之，對彼而言，即絕情也。

盡，可以是一事，但也可以是二事。就牟先生對君勱先生來說，情至則義同
時能盡。是情至義盡為一事。[24]這是比較單純的。但有時候，情至、義盡，
是二事。茲以愛情舉例而為說：如同時對二人，乃至對二人以上用情，若只
對其一情至，那對另一，乃至對另二等等便是情不至了！情不至，則談不上
義盡，甚至可以說是違義。就上述用情之不同對象來說，雖其中有情至者
（姑以 A 稱之），但亦有情不至者（姑以 B 稱之）；是以整體來說，仍是
違義無疑，因不能無憾也（對於 B，當然是憾事）。其實，縱然以 A 來
說，因某人對您（A）用情（情至）而不能對 B 用情，則 A 很可能會良心
不安。又或其人雖不能至情（盡情）於 B，但若對 B 仍餘情未了，即所謂
藕斷絲連，則 A 更不可能安心接受、享受這份愛情。就以上整個愛情事件
來說，若有人良心不安，或情緒不穩，則不能算是義。換言之，必須情能遍
至，乃可以語乎義盡。但這是近乎不可能完成的任務（mission
impossible）；尤其是愛情泛濫、網上交友極為流行普遍的今天來說！且依
唐先生的說法，如已跟一人定情，則不應再有其他考量（含不能泛愛）。[25]
所以「必須情能遍至」（即對所有的對象都盡到情），恐怕不是就愛情來說
的。是以針對同時愛 A 和愛 B 來說，您必須作出取捨，選擇其一，和他／
她定情。至於另一，那就只好揮慧劍斬情絲了。在過程中，只要沒有任何一
方受到傷害，譬如感到良心不安，或情緒不穩等等，那便不算是違義了。說
是這麼說，但在處理上，這是需要極高智慧和技巧的；真的是談何容易！

（三）對前輩及對讀者之怒

　　上述牟先生動怒的對象是張君勱先生，而張先生是牟先生的前輩。牟先
生對前輩，乃至對老師的不滿（雖不至於怒），我們可以再舉一例（牟先生
對其業師熊先生的不滿，上文說到牟先生「對中共之怒」時，已約略提過，

---

[24] 當然，為了順應君勱先生之要求而馬上再擔任《再生雜誌》主編，這針對牟先生先前
　　已答應熊先生往復性書院依馬一浮先生之事來說，乃不得不延後。既延後，那對熊、
　　馬二先生，其義便不能同時盡了。但這牽扯比較複雜，不細論。

[25] 唐君毅，《愛情之福音》（臺北：正中書局，1977），頁 40、42。

不贅）。牟先生說：

> ……先生（指中學教作文的一位老師）卻站在「文」的立場上無法欣
> 賞我這鬱悶勁，結果批了「隱晦」兩個字。因為他站在文的立場上，
> 這個題目是要寫景抒情，要有些顯豁的點綴，要開門見山。直到如
> 今，我寫的東西還是「隱晦」兩個字，一般人看不懂。看不懂當然不
> 免要引起怨恨。因為讀者看東西都是想馬上要懂的。不懂，無所得，
> 當然不免怨尤，所以「不通」、「無意義」等類的批評，所在多有。
> 但是我勸天下人，也當虛心一點，我們不知道的東西多得很，不要以
> 先生自居，直以自己為尺度。[26]

乍看上引文，尤其是以下兩句話：「直到如今，我寫的東西還是『隱晦』兩
個字，一般人看不懂。看不懂當然不免要引起怨恨。」，讀者或以此而得出
一結論，以為牟先生在自覺反省下而頗感愧對讀者。但其實不然。您看牟先
生話鋒一轉，指出說：「不要以先生自居，直以自己為尺度。」所以便奉勸
天下人：當虛心一點！自己看不懂的東西，不要馬上說人家寫得隱晦。其
實，牟先生的東西絕不隱晦；反之，可以說再清晰明白不過。其說理條貫暢
達分明，絕不迂迴曲折。如說不好懂，乃是哲理內容本身之情況使然，與牟
先生之闡述、表達不相干。

　　如果說一般讀者讀牟先生比較通俗性的文章（如談歷史、文化的文
章），已是無法契入而以「隱晦」二字形容之，則牟先生談學術、哲理的論
著，便更不容於「當道」，乃至一般讀者了。其康德學即一例。牟先生說：

> 有人譏吾所講者決非康德學，然是否是康德學，是否相應或不相應，
> 決非欺詐無實之輩所可妄言。實理總是如此，智慧總是如此。若康德
> 學是真理，是智慧，是理性決定，而非氣質決定，是造道之言，而非

---

[26]　《五十自述》，頁 25。

興會之文，是有格範法度之學，而非遊談無根之爛漫之論，則其總歸
於儒學，總歸於與中國傳統所昭顯之格範相融治（應作「洽」，蓋手
民之誤），亦宜矣。是康德，非康德，相應或不相應，非無實者所能
知也。[27]

上引文旨在說明若康德學是真理，是造道之言，則與同為真理，同為造道之
言的中國傳統所昭顯之格範，尤其儒學，必相融治無疑。至於有人譏牟先生
所講者決非康德學，牟先生則鄙視之為「欺詐無實之輩」所口出之「妄
言」！上引文僅 100 多字，但牟先生之義憤可見。康德的學問宗趣，牟先生
深造而自得之，乃積累數十年之功力而始底於成者，豈浮泛不學者所宜置
喙！然則牟先生之怒，不亦宜乎！在這個地方，不能假借寬貸而惠示包容
也，否則鄉愿而已！

　　牟先生對一般讀者及欺詐無實學而妄發議論者的不滿，乃至生氣動怒，
已見上引文。至於發表「極幼稚無理之讕言」的作者（很可能是不滿意牟文
的讀者），牟先生對他們更是怒不可遏。茲舉一例。其致徐復觀先生的一函
（1953.09.29）指出說：

弟年來常為極幼稚無理之讕言喪氣，故一切皆不答辯。如導致極權，
布爾什維克氣質歸咎孔子、理學家等，皆混蛋之至。弟常氣得跳起來
而無話可說，故不欲辯。[28]

牟先生的義憤，當然很可以理解。然而，對於不可理喻的理盲，或立場千差

---

[27] 牟宗三，〈譯者之言〉（1981 年 8 月撰），《康德「純粹理性之批判」（上）》，
　　上揭《當代新儒學三大家序跋輯錄》，頁 337。

[28] 牟先生寄給徐復觀先生的各函，均為徐先生之哲嗣均琴女士所彙整編排。此撰寫於
　　1953 年 9 月 29 日的一函，並無標示撰寫年分而僅具月、日，今知其撰寫之年月日
　　者，以該函附有原信封而信封上印有郵戳日期故。參 https://sites.google.com/a/xufugua
　　n.net/letter/home/05/055；瀏覽日期：2019.03.18。

萬別者，則根本無法談下去。事實可以明辨、討論，但立場，尤其是信仰或信念，既各有偏好，則所謂「道不同，不相為謀」[29]，亦各從其志可也；討論乃無以濟事者。

（四）對宗教徒之怒

　　上文說到信仰，其最具代表性的當然是宗教信仰。牟先生對具宗教信仰的人士，譬如對某些佛教徒和基督教徒，嘗非常反感，甚至動怒。佛弟子在《海潮音》所刊出的一篇文章，牟先生指出說：

> 用尖酸刻薄的話頭把我大罵一頓。……我的修養究竟還不到家，看了後，不免動氣。心想五四以來社會上那種刻薄漫罵的惡劣風氣，何以竟傳染到出家人身上來。[30]

牟先生又進一步說：

> （佛教徒和基督教徒）凡接觸到這方面（指各該教的理論和教義），爭辯、護教、排他，是免不了的。而我的言語也不能擔保句句皆妥當，招惹麻煩、得罪人，也是免不了的。[31]

然而，為什麼明明知道會「招惹麻煩、得罪人，」牟先生還是要發表意見呢？其原因，牟先生有所說明：

> 我們處在這個時代，若想以自己的生命承當中國文化發展的道路，則對於西方文化不能不正視：對於科學問題不能不正視，對於政體問題

29　《論語·衛靈公》

30　牟宗三，〈關於宗教的態度與立場：酬答澹思先生〉，《生命的學問》（臺北：三民書局，1976），頁 94。

31　牟宗三，〈關於宗教的態度與立場：酬答澹思先生〉，頁 95。

不能不正視，對於宗教問題不能不正視。這不是炫博，作學究，乃是
文化生命的承當問題。……只是想以生命頂上去，如何能本着儒聖的
智慧與道路，來消融這一切，以暢通中國的文化生命。……我們的主
要心願是在暢通中國文化生命以解除共產主義的魔難。[32]

上引文中，牟先生說到中國文化要正視的是西方文化的三個面向：科學、政
體、宗教。[33]科學旨在求真，政體上則要實踐民主，宗教則求神聖及超越的
安頓。前二者乃中國文化所缺，或至少國人未能給予足夠的重視。其中民主
政體一項，更缺乏客觀架構（制度）之建立。所以中國人在這兩方面必須好
好的向西方人學習。至於宗教，就牟先生來說，中國文化有足以跟西方基督
教抗衡的儒教。[34]然則中國人要向洋人的宗教（尤指基督教）學習的，或至
少應予以正視的，指的又是哪個面向呢？答：就積極方面來說，指的應該是
過去一般洋人對宗教的虔誠度，含「雖千萬人，吾往矣」[35]的拚搏精神，甚
至殉道精神。消極方面來說，是指「知己知彼，百戰不殆」的精神：充分認
識基督教，藉以武裝自己起來，使國人在義理上持之有故，言之成理地抵禦
其「入侵」我國。

　　上引文說到文化生命的承當（承擔）問題。針對這個問題，牟先生嘗有
以下非常精闢的見解，其中針對為何中國人不應崇奉孔教（儒教、仁教）以

32　牟宗三，〈關於宗教的態度與立場：酬答澹思先生〉，頁95-96。

33　其實，相當於宗教的，尚有道德。然則為什麼牟先生不提道德呢？原因是牟先生所說
　　的，是針對中國人「處在這個時代，若想以自己的生命承當中國文化發展的道路」來
　　說。中國傳統最重視且已有具體表現和成就者，厥為道德／德性之領域。再者，就西
　　方文化來說，道德恆隸屬於宗教領域之下（以教領德）。要言之，其宗教已涵道德。
　　所以不必再提西方文化中的道德。中國人也不必向西方人學習他們道德上的表現。然
　　則千萬別誤會牟先生不重視道德這個領域。

34　然而，筆者以為，就儒教的超越性來說，不是中國一般老百姓所理解或倚重的。基督
　　教則不然，其超越性（簡單來說，是人之上有一形而上的主宰：神、上帝、天主）是
　　西方人素所了解的，至少是知悉的。

35　語出《孟子·公孫丑》。

外之其他宗教，深具理據，甚值參考：

> 吾人不反對基督教，亦知信仰自由之可貴，但吾人不希望一個真正的
> 中國人，真正替中國作主的炎黃子孫相信基督教。傳教者每以「宗教
> 為普世的」為言，然須知宗教雖是最普遍的，亦是最特殊的。上帝當
> 然是最普世的，並不是這個民族那個民族的上帝（猶太人獨佔上帝是
> 其自私）。然表現上帝而為宗教生活則是最特殊的（上帝本身並不是
> 宗教）。孔子講「仁」當然不只對中國人講，仁道是最普遍的。然表
> 現仁道而為孔子的「仁教」則由其文化生命上的特殊性。（至於各個
> 人表現仁道則更是最特殊，個個不同。）[36]因為無論宗教或仁教，皆

---

[36] 2021.02.09 在網路上（You Tube）看到以下一則報導：2019 年（2020 年？），香港
一位茶餐廳老闆李凱瑚女士因撐（力挺、大力支持）香港警察而遭遇到不少市民騷
擾。但她很堅定的說：200% 不後悔。並多次說到她的作為是本之於一己的良心的。
筆者想到不少港人（民運人士）力挺所支持之價值（由反送中運動而衍生之五大訴
求）而與警方嚴重衝突、對抗（甚至被視為達致暴動的程度），大概也會說是本乎一
己良心上的要求而不得不如此的。即兩者都訴諸良心──以良心為根據。（這好比歷
史上的不少戰爭，戰爭雙方都說本諸上帝之支持或允許而作戰，其道理正同。）於
此，筆者焉得不惑？！今讀牟文至此，乃得一啟發；筆者的疑惑遂迎刃而解。真的要
衷心感謝牟先生。按：雙方（李女士、警方為一方，民運人士為另一方：這好比歷史
上戰爭之兩方）其實皆以仁道為根據（即皆本諸一己之良心）。是仁道／良心乃具普
遍性而雙方無不同者（否則仁道／良心，乃至上帝，便無法成為吾人行事做人的準據
了，那人類非陷於萬劫不復之地步不可！），惟表現之型態／方式則可彼此殊異；各
自之特殊性便於焉形成。要言之，良心乃一普遍者，且雙方所根據者為同一個良心：
此好比上帝也只有一個，對所有人（信徒）而言，是同一個上帝。此其一。其二，良
心之表現在型態上或方式上則儘可別異，而呈現出不同群組（甚至每個人）之特殊
性。其三，別異歸別異，特殊歸特殊，但有一底線不能逾越。此底線有二重點：
（一）雙方必須相互尊重，不能侵犯對方跟您一樣同為本諸良心而來之相關表現（行
為）。（二）「天地之大德曰生。」（《繫辭下》），所以您的行為絕不應危害到對
方的生命，即不能以對方的生命為代價（at the expense of the others' lives），否則您
便違反了您所信守的所謂良心了。準此，您的相關行為就根本不是本諸道德良心而來
的行為！本注上面有句云：「上帝也只有一個。」2021.04.04（清明節；亦基督宗教
的復活節）生起以下的一個體認：深深地感到，造物主（宇宙或天地萬物的主宰）也

是自內在的靈魂深處而發。各個人之宗教生活或仁教生活是最內在
的，而一個民族之相信宗教或相信仁教亦是源於其最內在的靈魂。這
裡既有普遍性，亦有特殊性，其普遍性是具體的普遍性，其特殊性是
浸潤之以普遍性之特殊性。故吾人不能抽象地只認普遍性一面，（如
是，便是抽象的普遍性，而不是真正宗教之具體的普遍性。）[37]而謂
中國為何不可耶教化。一個人當然有其信仰自由。但是一個有文化生
命的民族，不顧其文化生命，而只從信仰自由上信耶教，其信亦只是

只有一個；然而，可以有不同的呈現形態；其稱謂也儘可不同，譬如基督宗教徒稱之
為上帝或天主，印度教徒稱之為梵天，伊斯蘭教徒稱之為阿拉。其他宗教也有他們自
己的叫法。依同一道理，某一宗教也儘可有其異於其他宗教之禮節儀文。這都是不同
的歷史環境、社會環境所造成的。這個很可以理解。然而，這無礙彼等所信者實為同
一位造物主。世人於此則紛紛然，只承認、認為自己的造物主為唯一的造物主、唯一
真神，而他者皆邪神、邪教，其信徒所宣揚者皆異端邪說！2000 多年前，莊生不云
乎：「天下之人各為其所欲焉以自為方。悲夫！百家往而不反，必不合矣。後世之學
者，不幸不見天地之純，古人之大體，道術將為天下裂。」（《莊子‧天下篇》）蓋
道術（在此引申為：宇宙之主宰及其精神、手段）本一也，但天下人多事，乃各自為
方，所以道術便被天下人弄得四分五裂，分崩離析了（各宗教便各有其自己的一個宇
宙主宰；換言之，宇宙唯一、獨一無異的宇宙主宰便被「分裂」成 N 個了！）。其
實，「理一分殊」亦然。即真理只有一個，但其呈現（或世人相應的表現），則可以
有不同的形態面貌也。

37 「具體的普遍性」乃指有具體內容（即特殊內容）的普遍性。上注（注 36）說到李
女士之撐警方以維護／支持法紀，又說到民運人士之爭取五大訴求，便可說是具有具
體內容的普遍性的兩個例子；而不是抽象的，凌空的奢談普遍性。「浸潤著普遍性之
特殊性」，就上例來說，乃指必以凡人皆普遍地具有的良心為根據，為依歸而做出之
各種相應的特殊行為，如合理地、適度地撐警方，又如本諸「和、理、非」（和平、
理性、非暴力、非粗口（髒話））為原則的各種示威、遊行、靜坐等行為，筆者認為
就應該算是「浸潤著普遍性之特殊性」的例子。按：如果不是一年多前發生在香港的
「反送中運動」給予筆者一點啟發，則「具體的普遍性」和「浸潤著普遍性之特殊
性」兩語，恐怕筆者只是知其然，而不知其所以然了。由此可見，生命中的真實經驗
（親眼所見，親耳所聞）對於增益人、開發人的知識（甚至智慧）來說，是具相當關
鍵性的。然而，慚愧的是，筆者因為長期居住在臺灣（且以疫情緣故，已超過一年未
嘗返港！），所以這裡所說的「親眼所見，親耳所聞」，其實也親不到那裡。是以上
述的判斷，或失諸一偏之見也說不定！

情識[38]地信。一個民族，如無其最原初的最根源的文化生命則已，如有之，便應當直下就此而立其自己之大信。……這裡因為有普遍性，故可以相即相融而不相礙，亦因為有特殊性，故應各自立信，不捨自性，以保持各民族文化生命之創造與發展。吾人固不願耶教化，同樣不希望西方耶教民族必放棄其所信而信仰孔教。但可以相融相即以各充實改進其自己。[39]

上引一段話文繁不殺；其要點綜括如下：

1、宗教固有其普遍性（普世性）[40]，然而任一宗教必源自一民族文化而來。而任一民族文化必有其異於其他民族文化之處。其所異之處便漸次形塑而構成了該宗教之特殊性。中華民族文化及據以產生之宗教固不能外於是。

2、中華文化之核心精神之可以成為炎黃子孫之共同信仰而相當於外國

---

[38] 所謂「情識」，牟先生本人有如下說明：「簡括言之，實即心陷於無明盲動之紛馳中而隨其紛馳、起伏、流轉以印執，即為識。隨其紛馳、起伏、流轉以印執而有喜怒愛憎憂患恐懼，即曰情識。依此推之，凡有意見，陷於膠着，不能順理以暢通，即為情識。」牟宗三，〈略論道統、學統、政統〉，《生命的學問》，頁 70。然則「情識」，有類今天心理學恆言之「情緒」。

[39] 牟宗三，〈略論道統、學統、政統〉，頁 69-70。

[40] 此特指高級或偉大的宗教來說，至於個別的小教派（cult），因為其特色特別強，不在現今討論之列。筆者不敢妄說何者為高級或偉大的宗教。據唐先生，1960 年美國某一名為 Mrs. Juliet Holister（何理世德夫人）者，嘗往訪唐君毅及程兆熊兩位先生，請求發起贊助建立一宗教了解堂（A temple of understanding）之計畫。何夫人之夢想為針對以下六宗教，呼籲不同信仰與宗教人士共同發起贊助該計畫。六宗教乃指印度教、基督教、儒教、回教（伊斯蘭教）、猶太教和佛教（按：唐先生在相關文章中只開列了前五教，而無佛教，蓋漏寫。）唐先生對何夫人的建議，表示欣賞和尊敬。據唐先生後來所寫的會談感想，唐先生認為除上開六宗教外，尚應包括如中國之道教，印度之印度教（在相關文章中，印度教早含在六宗教之內。所以現在成為了重複開列）及日本之神道教等等。所以所謂高級或偉大的宗教，或可以唐先生所提及者為準，或至少為例。見唐君毅，〈「世界六大宗教了解堂」之建立之感想〉，《中華人文與當今世界》（臺北：臺灣學生書局，1975），下冊，頁 493-499。

之宗教者，厥為孔子之仁教（孔教、儒教）。所以作為炎黃子孫，牟先生認
為，吾人不應捨棄其本身所有而崇奉他教。

3、外國人所提倡之信仰自由固應尊重，然不得以此而排斥、否定中國
人本乎一己之民族文化而來之孔教信仰。然則不應據此而認為國人應當捨棄
其「本位主義」而必須接受、贊成崇奉其他宗教（文中牟先生特指耶教）始
為符合宗教信仰自由之原則。[41]

4、如同其他宗教，孔教亦有其普遍性，但牟先生不希望西方崇奉耶教
的民族捨棄其所信而改信孔教。這一點非常值得注意，蓋充分反映出牟先生
如同唐先生一樣，雖以儒為宗、為義理層次上之最高者，[42]但仍首肯其他民
族本有之信仰。換言之，即當尊重、固守其民族文化之特殊性並隨之而來之
信仰，是以不應捨棄其所信而改信孔教。

5、各宗教所同者為皆具普遍性，因此在這個層次上，便可以相融相即
而不相礙。又因為各有其特殊性，所以應各自立信，不捨自性，以保持其民
族文化生命之創造與發展。

牟先生的說法，合理而周延。然而，就宗教徒（據上引文，牟先生指的
主要是基督徒——耶教徒）來說，恐怕不見得認同、首肯其說法。首先，站
在他們的立場來說，孔教（儒教、仁教）不是／不見得是宗教。再者，縱然
是宗教，但不具普遍性（普世性、普適性），而只是區域性的，即只具特殊
性而已。三者，又或縱然具普遍性（普世性、普適性），但其「三普」的程
度也不能跟他們的宗教相提並論。[43]四者，縱然程度相同或相差不遠，但他

---

[41] 筆者深深的認為，其實，這才是違反信仰自由之精神、原則。要人家接受起源自外國
的某一宗教信仰而不贊成，甚至反對人家相信源自己民族文化的一個信仰，則信仰
自由又從何談起呢？！

[42] 唐先生廣納百川、包容性極廣，但所歸宗的哲學境界，且為其所首肯的終極境界，厥
為以儒家盡性立命為主軸的天德流行境。詳參唐君毅，《生命存在與心靈境界》（臺
北：臺灣學生書局，1977），第 25、26、27 三章。

[43] 「三普」程度的高低，似乎可以信徒人口做判準。《天下雜誌》有如下一項相關報
導：「以 2015 年全球 73 億人口的宗教分布全貌來看，基督徒最多為 31%。穆斯林
24%，無特定宗教信仰者 16%，印度教 15%，佛教 7%，猶太教和其他宗教比例則比

們（譬如基督徒，其他教的信徒亦大抵皆然）深深的相信，他們的宗教，是真理之所在，且是超越個別民族文化而深具永恆性的唯一真理；至於其他宗教，對他們來說，大抵異端邪說而已！若扣緊孔教（儒教、仁教）來說，其學說／學理／教義，恆被視為僅係人倫日用之道德倫理訓條／教條（甚至被視為僅具指導性、指點性或啟發性功能），而非能滿足作為一真正宗教所當具備之條件者。[44]換言之，牟先生是言者諄諄，而聽者藐藐也，恐不免徒勞。奈何！其實，自宗教徒（譬如基督徒）來說，他們既深信其宗教（含教義）乃唯一真理[45]，其神（天主、上帝）乃唯一之真神，則深覺傳布其宗教

例較小。」；「數據顯示，基督徒依然在全球人口中占最大比例，但穆斯林人口將於2075 年超越任何其他宗教。」換言之，穆斯林（伊斯蘭教徒）的信仰人口 54 年後將會超過基督徒。〈宗教版圖變動　伊斯蘭教將成全球最大宗教〉，資料來源：Pew Research Center、CNN；https://www.cw.com.tw/article/article.action?id=5081836；2019.08.22 瀏覽。

[44] 若以基督宗教（尤其天主教）為一典型宗教來說，則宗教當具備以下條件（即教徒之基本信條）：1、相信宇宙中存有一形而上超世間的主宰（以基督宗教來說，即其教徒所相信之天主、上帝）；2、此主宰在世界上（地上）有一代表（如天主教之教宗）；3、有以此代表為領袖的全球性組織（教會，尤指羅馬天主教教會）；4、有教義（譬如《聖經》中的十誡）；5、人死後靈魂不滅而存在於另一世界（天堂），是以未死者（仍在生者）對該世界充滿了嚮往。以上 5 項條件，乃 3、40 年前讀謝幼偉先生某一哲學著作所留下來的印象。其著作名稱，今不復憶記，似係《哲學講話》。2020 年大除夕翻檢該書，其中〈哲學與宗教〉一章指出宗教之特質為：1、宗教必有崇拜的對象，必有維持其神和人間的對立。2、宗教為出世的（意謂人類之活動雖在世間，但旨在為另一世界作準備而已）。3、宗教必依賴儀式。4、宗教的態度是武斷的，不容許懷疑的：對教義，只許信仰。以上 4 項內容與筆者上述的 5 項印象不盡相同，但有其互補之處，是以一併開列如上。謝說見《哲學講話》（臺北：中國文化大學，1982），頁 3-4。

[45] 既係信仰上之唯一真理，則必超越、跨越不同民族文化間之差異，而當為所有民族文化所共同接受、認可者。就此來說，不同民族文化間之差異實不足作為充分理由以排斥、否定其當為世人所共信者。依上引文，牟先生之說法旨在強調普遍性與特殊性皆須兼顧；乃以基督教徒等等只強調前者而忽略後者為不周延。筆者則毋寧認為基督徒等等所強調者乃其宗教之真理性。既係唯一真理，則自超越、跨越或克服各民族文化依特殊性而來之差異。也就是說，特殊性／差異性與真理相比，實無足輕重者。或縱

乃義務之所在，責任之所在，也是使命之所在。別人不之信，尤其轉而相信
「異端邪說」，必導致他們心有所未安、不安而必思窮盡其力之所能及者以
糾正之、挽救之。就此來說，這些宗教徒之表現，亦可謂大仁大勇也。筆者
雖無法接受其宗教，但對這些宗教徒（譬如基督教徒等等）不遺餘力之宣揚
其宗教，每致以 12 萬分之崇敬欽佩；於崇奉儒教之篤誠，自愧甚不如也，
更不要說宣導上之不及其萬一！

　　說得有點遠了。現在回來再談牟先生對宗教方面之怒。上文主要是針對
基督教來說。牟先生對其他宗教，譬如對佛教亦表達了不滿。然而，其不滿
或動怒之原因則不盡相同。如果說牟先生對基督教之不滿主要是針對該教未
能考量各民族文化本有之特殊性（詳上），則對佛教之不滿乃落在某些佛教
徒過於偏激的態度上（當然，佛教的義理，牟先生亦有所不滿，參見下註
48）。先生說：

> 我既非佛教徒，故亦無佛教內部宗派上的偏見。內學院的態度，我自
> 始即不喜。[46]

牟先生說到的內學院的態度，當然指的是該學院創辦人歐陽竟無及其高弟呂
澂二先生的態度而言。牟先生認為二先生因其宗派色彩作祟而貶視天臺、華
嚴和禪宗，甚至絕口不談此三宗。[47]至其貶抑孔子，詆誣孟子，牟先生更大
為反感，甚至以「其罪大矣」、「此豈為真有悲情者乎？亦肆無忌憚而已
矣。」等語抨擊歐陽竟無先生。[48]

然具一定的位階（重要性），其位階亦必遠遠落在「唯一真理」之後。總言之，宗教
徒，譬如基督徒，所堅持者，恐不是牟先生的一套說法所能動搖的。

[46] 牟宗三，〈序〉，《佛性與般若》（臺北：臺灣學生書局，1977），頁 6。

[47] 牟宗三，〈序〉，《佛性與般若》，頁 6。

[48] 牟先生的抨擊，詳見《五十自述》，其相關文字節錄如下：「佛教徒，其為中國人是
偶寄之習氣之存在，而其義理之性情一面，則是非中國的。即使是中國的佛學，如：
天臺、華嚴、禪，亦只是中國的心習之範疇，而究不是中國的慧命。彼只個人修習解
脫而已耳，不能為『作主之存在』。若反而薄孔孟，詆宋明儒，則其罪大矣。……吾

（五）對滿清政權之怒

在結束本節之前，也許值得一說的是，牟先生在很多著作中都表示過，中國之民族生命與文化生命之所以遭受重大曲折，甚至扭曲，乃緣自滿清之入主中國。是以對滿清政權恆心生不滿；該政權遂成為了其怨懟憤懣之重要對象。先生說：

> 進入滿清，中國之民族生命與文化生命遭受重大之曲折，因而遂陷於

前在重慶，見歐陽竟無先生一文大罵宋明儒，謂理學不滅，孔孟之道不彰。彼又有中庸大學解，以佛言曲聖教。是不敢公然罵孔孟，而割截宋明儒之紹述，塗抹聖教以篡奪。彼等演變為一致之論調，實不只罵宋明儒，孟子亦在詬誣之內。不敢罵孔子，然必貶抑其地位，視之為儒童，安排之為第七地菩薩。吾見此種種怪象，大起反感。試問孔孟何負於中國？何負於人類？宋明儒何負於中國？何負於人類？汝輩佛弟子此種作為又何益於中國？何益於人類？……今有孔孟作主，令汝等在旁有事可作，有風涼話可說，忘其所以，反噬此骨幹以自毀，此豈得為真有悲情者乎？亦肆無忌憚而已矣。佛教徒根本無歷史文化意識，亦根本不能正視人文世界。萬念俱灰，唯求出離。」《五十自述》，頁 105-106。牟先生對佛教徒之怒，尤其對竟無先生之盛怒，上引文可以概見。竟無先生的言詞及對儒家／儒學的態度也許過分偏激了一點，但牟先生之肆意抨擊，似乎也值得商榷。且竟無先生乃熊十力先生之業師，是以即牟先生之師公也。當然，牟先生之抨擊不無所本，蓋竟無先生之學說，其背後實牽涉「佛教化」與「中國化」相互對立這個大問題。竟無先生也未嘗不尊重中國傳統文化（其早年且甚尊重、重視儒學／儒家），但與尊重佛教相比，則顯有輕重之別。牟先生站在維護傳統中國／中華文化的立場，對竟無先生的不滿是很可以想見的。可參程恭讓，〈歐陽竟無先生的生平、事業及其佛教思想的特質〉，《圓光佛學學報》，第四期，1999 年 12 月，頁 141-191。又見 http://buddhism.lib.ntu.edu.tw/FULLTEXT/JR-BJ010/bj99906.htm；2019.08.22 瀏覽。按：上引文中有如下一句話：「佛教徒根本無歷史文化意識，亦根本不能正視人文世界。萬念俱灰，唯求出離。」這句話也許會讓人懷疑牟先生對佛教全無好感，並進而認為牟先生是排斥（或所謂「闢」）佛家／佛教的。其實，不然。上引文出諸《五十自述》。此《自述》撰就後不數年的 1963 年，牟先生明說：「他們（按指：宋儒）闢佛老，我並不闢佛老也。」《生命的學問》（臺北：三民書局，1976），頁 91。是可知見於《五十自述》之抨擊，其部分內容，或不免牟先生一時間之氣話而已。吾人自不宜照單全收而認定牟先生對佛教徒之印象乃全為負面者。

劫運，直劫至今日而猶未已。噫！亦可傷矣！是故自此以下，吾不欲
觀之矣。吾雖費如許之篇幅，耗如許之精力，表彰以往各階段之學
術，然目的唯在護持生命之源、價值之本，以期端正文化生命之方
向，而納民族生命於正軌。[49]

滿清以異族政權入主中夏，民族（華族，尤指漢族）生命以此而受到斲喪，
此自不在話下。尤有甚者，中國傳統的義理之學，尤其是緣自《春秋經》的
尊王攘夷之春秋大義：民族大義，便只好束諸高閣。而與民族問題有牽涉關
聯之文化問題（含文化活動等等）也不能多予關注，更不要說發揚光大了，
是以便如牟先生說的文化生命遂遭受到重大之曲折。滿清入主中原後之種種
表現，牟先生乃不欲觀之。這是很可以理解的。然而，筆者個人認為，跟民
族政權不相關涉之文化、學術等等活動、表現，譬如天文、曆算，乃至廣義
的文獻學，如考證、聲韻、訓詁、輯佚、補編、注疏等等，跟過去相比，滿
清皆有長足的進步，且成就非凡。至若牟先生相當推崇的焦循、胡煦在易學
上的表現，皆滿人治下所成就者。由此來說，滿清統治下之中國，其學術、
文化上之表現、成就，亦不宜一筆抹煞。牟先生偶爾激越之言論，吾人是不
宜認真看待的。[50]

---

[49] 牟宗三，〈序〉，《從陸象山到劉蕺山》（臺北：臺灣學生書局，1979），頁 3。先
生之批清，尚見其他多種著作，如《生命的學問》即如是說：「滿清入主中國，是民
族生命一大曲折，同時亦是文化生命一大曲折。今之陋習，是滿清三百年惡劣曲折之
遺毒。」（頁 36）又說：「滿清三百年是華族發展入近世來之大不幸。」（頁 65）

[50] 相對於牟先生來說，其畢生摯友唐先生對清人學術上之表現，嘗作出比較持平的評
論。可參拙著〈唐君毅先生論中華民族之生存發展及中華文化之承傳弘揚問題：以先
生論述清代學術思想為例〉、〈中華民族・中華文化・和諧社會・唐君毅先生的終極
關懷〉，皆收入拙著：《學術與經世：唐君毅的歷史哲學及其終極關懷》（臺北：臺
灣學生書局，2010）。

二、憂／懼

　　儒家七情中之「懼」與中醫七情中之「憂」既各為一詞，本應各自獨立看待。然而，兩者實多有關聯（如由憂而產生懼，懼又可導致憂），兩詞又恆連用而成為「憂懼」一詞[51]；再者，就閱覽所及，牟先生各種文字中足以揭示其性情上這方面的表現的，並不多見，是以今不細予區分而於本節一併（合併）處理之。

---

[51] 「憂」、「懼」二字連在一起用的例子極多，恕不舉例。《論語‧顏淵》也有類似的情況，如下：「……子曰：『內省不疚，夫何憂何懼？』」。「憂」、「懼」雖非連用，但在語意上與連用者，蓋無若何差別。孔子特分別言之，其中故意重複「何」字，而不逕言「夫何憂懼？」，恐旨在鄭重強調矣。上引語句中「內省」一詞當然是針對道德上的表現來說的。孔子不及其他而僅說，只要「內省不疚」，便不會產生憂懼；由此可知唯一導致孔子憂懼的，是道德上作出負面的表現或道德上正面的表現有所不足。《論語‧述而》對導致孔子產生「憂」的因素，更有明確的指陳，如下：「子曰：『德之不脩，學之不講，聞義不能徙，不善不能改，是吾憂也。』」其中「德之不脩」，很明顯是針對道德上（德性上）的表現來說。「聞義不能徙」、「不善不能改」兩語中的「義」和「善」兩字，也明顯的反映了是針對道德上的表現來說的。是以筆者把「德之不脩」、「聞義不能徙」、「不善不能改」同視為皆針對道德上的表現來說。其稍有差別的是前兩者（德、義）是就正面立論，即望自己在這兩方面能有積極的表現。而後一者（不善）乃從消極方面立論，而望自己能夠糾改過來。至於「學之不講」的「學」，應含廣、狹兩義。就廣義來說，則一切人倫日用及知識性（知性）的學問，皆學的範圍。就狹義來說，當僅指知識性的學問。然而，無論是就廣義或狹義來說，所謂「不講」，乃指不講求，不鑽研，不學習。這三「不」乃導致了孔子產生「憂」。而孔子在這個地方之所以產生憂，蓋源自其深具道德意識。換言之，學的對象雖包含知識性的一個領域，然而，當這種知識性的「學」有所「不講」時，既仍係孔子所擔憂者，此即意味著這種學之講或不講乃不能不與道德有其關係者。要言之，以上〈述而篇〉說到的「四憂」所從出的「四不」，皆德性範疇內之事也。簡言之，「德」、「義」、「不善」及其相對應的「脩」、「徙」、「改」，固德性範疇之事。「學」之本身似不然；然而，當「學」有所「不講」時，則不免使孔子擔憂，是可知學與德性（因不講而產生的憂固源自人之道德意識），亦不能全然無關係矣。

（一）憂「學之不講」

如上所述，孔子憂懼之對象，可概括為二：德（含義、善）之不修、學之不講（詳上註 51）。茲據此而論說牟先生的相關表現。茲先言後者。牟先生用力凡八年之久始克完成之《心體與性體》，其〈（自）序〉云：

> 予以頑鈍之資，恍惚搖蕩困惑于此學（筆者按：此指宋明理學、儒家心性之學）之中者有年矣。五十以前，未專力于此，猶可說也；五十而後，漸為諸生講說此學，而困擾滋甚，寢食難安。自念若未能了然于心，誠無以對諸生，無以對先賢，亦無以對此期學術也。乃發憤誦數，撰成此書，亦八年來之心血也。或于語意之釐清與系統之確定稍盡力焉，然究能至「全之盡之」否，亦未敢必也。

其所以寢食難安，即憂慮、恐懼者，其原因是：1、無以對諸生：此蓋緣自假若提供了錯誤資訊，尤其是錯誤解讀相關文獻、學說而誤導了諸生（修課之學生）。2、無以對先賢[52]：此蓋緣自假若錯誤詮釋（含詮釋上之過或不及）古人學說，甚至厚誣古人便無顏面對先賢。3、無以對此期（宋明兩代，尤其宋代）之學術：以上 2 無以對之「先賢」當含孔孟以下迄南宋朱熹（1130-1200）整個儒學傳統的重要人物。此乃泛指統稱。然而，該書主要是針對宋代這個時期來寫的。所以「先賢」，其所確指者，固以這個時期為主、為準；即所謂理學家也。如對此時期由周敦頤之出生算起迄朱熹之歿近 200 年之先賢（書中主要處理以下六人：周敦頤、張載、程顥、程頤、胡宏、朱熹）有誤解誤讀之處，則固無以對此期學術也。

孔子憂學之不講（「講」指講求、探研）。牟先生用八年，即將近 100 個月的時間，始完成《心體與性體》一著作（三大冊），則其講求、鑽探之極深研幾，亦可知矣。該書撰著時間與先生其他著作相比，譬如《現象與物

---

[52] 「先賢」當然是針對中國過去之聖賢來說。但廣義來說，亦未嘗不可包括外國人，譬如書中綜論部第三章所提到的康德，蓋亦可謂「先賢」也。

自身》僅 8 月即成書[53]（當然，此書在篇幅上不及《心體與性體》3 分之 1。），則所花之心血，自亦大不同。[54]然而，牟先生仍不免有所憂懼。「究能至『全之盡之』否，亦未敢必也。」一語即可為證。此語固不無客氣之成分，但究非歷盡甘苦亦道說不出也，是以亦牟先生內心景況之如實寫照無疑。

　　上文主要是指出，牟先生憂慮、疑惑其本身對宋代理學或儒家心性之學之理解或詮釋有所不當或不足，所以便耗費八年的光陰好好地把它鑽研一番。這是牟先生針對我國稱得上是最與生命（安身立命）相關的學問（生命的學問）所作出的一種關注、探究；乃 50 歲之後努力用功之重點所在。但之前，即 3、40 歲這 10 年間（《五十自述》，頁 59），同樣是由於不安、疑慮、惶惑而使得牟先生在學問上作出了另外一種關注、投入，此即工巧的思辨與邏輯架構之思辨是也。而這種思辨又轉而有助於牟先生成就生命的學問。其最後成為哲學大師、儒學大師、當代新儒家、人文主義大師，實與此不無關係。這種學問上，乃至生命上之層層轉進、步步上揚，頗堪關注。茲先引錄其相關言論如下：

　　　　我不知懷（悌海）氏不足處在那裡，但我心中亦總不能安於懷氏之所說。這就是惶惑之所在。我還是在發展中，在追求中。這逼迫我要從

53　見牟宗三，〈（自）序〉，《現象與物自身》（臺北：臺灣學生書局，1975），頁 1。

54　然而，吾人不得以此而輕視《現象與物自身》，視之為率爾操觚之作。按：該書撰成於 1973 年，出版於 1975 年。牟先生〈（自）序〉云：「一九七二年為諸生講知識論一課，頗覺為難，將如何講授呢？乃想將吾平素所思者作一系統的陳述，此或許可給諸生一大體之端緒。如是，乃一面口述，一面筆寫，時閱八月而書成。實則四十餘年來未嘗一日廢學輟思，固非短暫之時間即可得此也。」（頁 1）。先生出生於 1909 年，1927 年入讀北大預科。若從 1927 年算起至書成時之 1973 年，亦 46 年矣。是以先生說：「四十餘年來未嘗一日廢學輟思」。又《康德「判斷力之批判」‧譯者之言（上）》（寫於 1992 年）又云：「吾一生無他務，今已八十四矣。」轉引自《當代新儒學三大家序跋輯錄》，頁 405。按：牟先生除 1946-1947 年擔任南京中央大學哲學系主任和 1970 年前後數年間擔任香港中文大學新亞書院哲學系主任外，從未再擔任過其他教育行政之主管職務。此所以牟先生說：「吾一生無他務」也。

美之欣趣、想像式的直覺解悟，再作進一步之凝斂。這使我要轉入為
何如何之工巧的思辨、邏輯的架構之思辨。我為何要轉至這一步？這
不完全是客觀問題的逼迫。生命的自然衝動亦有關係。我所著墨的，
就是要說這一點。這是一個主觀的氣質傾向。[55]

按：牟先生年輕時（讀大學時）已具備以下的哲學氣質：美的欣趣強、直覺
解悟強（想像式的直覺解悟、直感）。這使得牟先生契接上具同一氣質的懷
悌海。然而，契接上懷氏之後，以心中總不能安於其所說，而為了解答懷氏
為何（why）產生其所說，彼又如何（how）呈現其所說這兩個問題，便使
得牟先生不能不另謀轉進。此即轉進入工巧的思辨與邏輯架構之思辨的途程
上。然而，牟先生又指出，為何與如何這種客觀知識之追求，並不能充分解
釋為什麼他會發展出此一轉進。換言之，先生之所以發展出此一轉進，尚有
更關鍵的原因在焉。[56]這個更關鍵的原因，就是其個人「主觀的氣質傾
向」。而所謂「主觀的氣質傾向」，[57]乃指其「生命的自然衝動」。[58]

---

[55] 《五十自述》，頁 56。

[56] 詳言之，牟先生以「不能自覺地認定在理上或究竟上必歸於懷氏之途徑」，這逼使
牟先生有所轉進：追求懷氏為何（why）有其說法及如何（how）呈現／陳述其說
法。為尋求「為何」與「如何」的答案，這自然促使牟先生產生工巧的思辨、邏輯架
構之思辨。牟先生明說：「用思來解答一個問題，是須要接觸『為何』與『如何』
的。這裡開啟了工巧的思辨。」（《五十自述》，頁 59。）這些思辨的產生，究其
始因，乃緣自要解答心中對懷氏的疑惑（對懷氏的說法感到不安、惶惑）。然而，光
是要解答心中的疑惑，又不足以讓牟先生轉進至工巧的思辨、邏輯架構之思辨。之所
以有此轉進，乃緣自牟先生本身所具備的「主觀的氣質傾向」（《五十自述》，頁
56。）這種氣質傾向，即牟先生所說的「生命的自然衝動」（《五十自述》，頁
56。）

[57] 牟先生嘗指出人之「主觀的氣質傾向」與客觀的義理（之追求、予以呈現）有定然的
關係。此正可說明何以牟先生重視「主觀的氣質傾向」。其相關說法，見以下一語：
「主觀的感受不能不與個人的生命氣質有關。然其機是主觀的感受，而浸潤久之，亦
見其有客觀義理之必然。」其中「浸潤久之」一詞很值得注意。蓋主觀的氣質——主
觀感受，經過長時間的洗禮（即「浸潤久之」）而仍屹立不搖者，則必有其暗合於客
觀義理之處，而不再只是個人一己的主觀感受而已。換言之，即人緣自其生命氣質而

　　綜言之，對懷氏說法產生疑惑（不安、惶惑）而欲謀求解答，其結果便是導致牟先生獲得二大收穫。其一，（部分地）助其產生工巧思辨、邏輯架構思辨。其二，發現到或察悉到自己的「主觀的氣質傾向」絕異於懷氏。這方面又可細分為兩個階段，但皆與「生命」有關。其中之一是上面說過的：「生命的自然衝動」。另一則是對此衝動所泛起之各種漣漪，予以正視（含對人生價值之正視、重視等等）。而這個正視、重視是後來才慢慢浮現出來的。前者（工巧思辨、邏輯架構思辨）使牟先生成為一個思想細密深邃的哲學家；而後者（對生命之正視、人生價值之重視）則使牟先生成為一個深具中國色彩，尤其儒家色彩的偉大哲學家，[59]由此來說，懷氏對牟先生之啟

產生長時間之主觀感受，必然（至少有此可能）導致其接上客觀之義理。當然，這裡所謂「接上」是指經過一番努力探究的過程的，而不是天掉下來隨便可以撿拾得到的。按：人之氣質，乃可謂緣自人之性情。於此即可見，依牟先生，性情與學問（客觀義理當然就是一種學問）有其必然之關係矣。由此來說，人之性情之了解對其學問之了解，至少可扮演助緣的角色。上引語見牟宗三，〈序〉，《佛性與般若》（臺北：臺灣學生書局，1977），頁7。

[58]　要轉入工巧的思辨與邏輯架構之思辨，即要追求、獲得這種思辨，這當然是一種客觀知識上的追求的問題。然而，為何要從事這種追求，或是什麼因素導致牟先生產生這種追求，這就是另一考量了。這考量就是牟先生自己說的「生命的自然衝動」。要正視、面對、處理這種生命上的衝動，他不得不另謀轉進，也可以說這個衝動逼迫他自自然然地、必然地轉進這種追求之中。要正視、面對、處理生命問題（不要誤會，這生命問題，不是今天學科分類上的生命科學（Life Science）所處理的問題），當然不得不靠實存實感，即所謂要有存在的感受。然而，要使這個「正視、面對、處理」成為一門學問，即唐、牟二先生所恆言的「生命的學問」，便不得不仰賴工巧的思辨與邏輯架構之思辨了。換言之，實存實感固然不可或缺，但思辨也是絕不可少的。

[59]　中國的學問，尤其是中國哲學之核心，是生命的學問。如果牟先生的性向（即牟先生所說的主觀的氣質傾向；廣義來說，這也是人的一種性情，或依據性情而來的一種表現）沒有從美的欣趣、直覺的解悟，或學術取向沒有從外在化的泛客觀論、泛事實論、泛物理數學的外延論（此三論的名稱，皆牟先生本人用語，見《五十自述》，頁59），因心靈的觸動，乃內轉為正視生命之本身，則牟先生只能是一位中國籍的外國哲學家而已。尤有進者，如果牟先生在泛客觀論等等的哲學表現上能夠闖出一片天，那外國必爭先恐後要爭取他入籍的。然則必成為一位外國籍的（外國）哲學家無疑。

迪，或其貢獻於牟先生者，豈淺鮮哉！據此，吾人可以說，牟先生對生命或
對生命的學問的重視、開發，乃得益於二位大師。熊先生深具正面的、直接
的開啟、疏導之功。至於懷氏，則牟先生對其學說所產生之疑惑、不安，乃
可說從反面刺激牟先生反省回思其本身所固有而為懷氏所無之主觀的氣質傾
向。**60**

　　一言以蔽之，牟先生恆憂「學之不講（不能講求、深入探討）」。假若
只知其一，不知其二，甚至連此一，也一得不徹底，那是在學問的途程上極
力要求認真、仔細的牟先生所不能接受的。這就是為什麼牟先生認為懷氏的
說法不無問題，並由此而感到不安時，便很自然地對懷氏為何（why）與如
何（how）產生其相關學說這個學術問題，發生興趣；這迫使牟先生努力地
去尋找答案。為尋找答案，就不得不鑽研、探究。而鑽研、探究就不得不
用思。這便導致牟先生自自然然地轉入工巧的思辨和邏輯的架構之思辨的途
徑上來。這是就知識上客觀問題的逼迫來說的。然而，這些思辨之所以產
生，語其究竟，乃與牟先生個人生命的衝動（主觀的氣質傾向：對生命深具

作為一位外國哲學家，其懂得或主張泛客觀論、泛事實論、泛物理數學論者，比比皆
是，這於中國又何干？縱然為中國籍的哲學家，但其哲學乃外國精神下的一種哲學，
這於中國又何所貴乎哉？由此可見，這個轉向／轉進，對牟先生本人來說，好比「浪
子回頭」。對中國哲學界來說，牟先生這個回頭則好比一個華麗的轉身：為中國傳統
哲學旋轉出（增添了）亮麗炫目的一章。

60 牟先生從原先極討厭生命（見《五十自述》，頁 59），到後來正視、重視生命，這
不能不說是一種轉變，至少是一種回向、迴轉。熊先生外，此懷氏書之刺激或啟悟有
以致之也。然則懷氏具間接促成之功無疑。我們說牟先生從美的欣趣、直覺的解悟和
從討厭生命轉變為重視生命是受到熊先生和懷氏的影響。這個說法，當然是有所本而
說得通的。但其實這只能算是說對了一半（甚至不到一半）。這一半其實只能算是外
緣條件。而另一半則是牟先生本身的氣質有以致之。先生的氣質根本是重視生命的，
只是以前不自覺而已。嘗云：「我事後回想，……我的美感與直覺是生命的，因此也
容易正視生命，回向生命，使生命一概念凸出。」（《五十自述》，頁 58。）以牟
先生個性之強、自主性之高來說，個人認為外緣因素能夠扮演的角色，是相當有限
的。然則其轉變與其說是來自外在之啟發或刺激，那毋寧說是緣自牟先生本身所固有
者，惜以前不自覺，而幸好現今外緣具備，是以得以迴轉過來。

實存感）最有關係。個人甚至認為正以牟先生能正視生命問題、探究生命問題而這些思辨始得顯其最高價值；而牟先生畢生致力於「生命的學問」的探討鑽研，這使他最終成為了不世出的哲學大師。[61]其整個轉進或發展過程，試約化之而用 1、2、3、1（分別指 1 個不安、2 個何如、3 個生命、1 位大師）這幾個數字呈現如下，以醒眉目：

1 個不安（對懷氏之學說感到不安、疑慮、疑惑）→ 2 個何如（針對懷氏「為何（why）」有其學說與「如何（how）」呈現其學說尋求解答）→ 3 個生命（生命的自然衝動 → 生命的正視[62] → 生命的學問）→ 1 位大師（哲學大師、儒學大師）。由此可見，「憂學之不講」之「憂」無意中產生了巨大動力。它刺激了牟先生層層轉進，步步上揚以糾正、翻轉這個「不講」。其手段便是大講、特講——深入研究、鑽探。由是成就了一位不世出的大師。

上文說到牟先生憂的對象有二：德之不修、學之不講。前者當然是德性範疇之事。後者則係知性範疇之事。其實，對「學之不講」既有所不安（此不安已蘊涵一己的良心已參贊其間），則也可以說未嘗不是德性範疇之事。是以廣義來說，兩者皆德性範疇之事也。

---

[61] 當然要成為大師，或雖成為不了大師，但在學問（尤其生命的學問、哲學）上要有比較高的成就，除這裡提到的要具備實存感（對事事物物要有所感觸）和思辨能力之外，尚有賴其他因素，如學力（學養、知識）和器識是也。這都是牟先生所常說的。本節僅從「憂學之不講」切入以論說牟先生的相關表現而已。按：「憂學之不講」是消極的說法。積極的說法是「努力增進學力／學養」。其實，這兩者也可以說是一體之兩面，是二而一，一而二的。有關成就學問之各種條件，可參〈序言〉，《圓善論》（臺北：臺灣學生書局，2010），頁 xiv-xvi；《五十自述》，頁 73；《五十自述・序》，頁 2。

[62] 這裡得依牟先生的原始說法作點補充，俾完整地呈現整個發展過程：其「生命的自然衝動」並不能直接便進至（→）「生命的正視」這個階段的。其間是經歷過 2 思辨（工巧的思辨、邏輯的架構之思辨）這道「工序」的。

（二）憂「德之不修」

憂「學之不講」如果算是緣自人的道德意識，因此可算是德性範疇之事
的話，則牟先生對自己某一習性之革故更新，並由是斬斷了不必要的一段感
情，那更可算是德性範疇之事了。要言之，此一斬截的作法全得力於唐先生
以下一句話：「弟意某女母子宜即加遣散。」（1955.12.17〈唐致牟函〉）
唐先生寫得斬截，牟先生也絕不拖泥帶水，其覆函即云：「此事即如　兄
示，立即遣散。」（1955.12.20〈牟致唐函〉）。[63]孟子曰：「子路，人告
之以有過，則喜。禹聞善言，則拜。大舜有大焉，善與人同，捨己從人，樂
取於人以為善。」[64]牟先生之作法，又何異於孟子所說的三人呢？然則牟先
生亦聖賢也。

綜上所言，牟先生是深深的憂懼其個人在「進德修業」上，表現有所不
足或欠佳的。其中壯年時更見其然，乃至以「哀」一字形容之。1953.12.11
牟致唐函即有云：

> 弟現在生活上常有破裂之感，不是（園）〔圓〕盈飽滿的。即軀殼生
> 活方面常有寧願醇酒婦人之感，而心靈則只凝縮而為著書，書寫出來
> 就算了，這就是破裂。不能進德修業，日進無疆，此可哀也。

「寧願醇酒婦人」，這固然反映人生之無奈。但就客觀面來說，則或不免被
世俗人視為於德有虧。「書寫出來就算了」，也不免流於悲觀、消極。牟先
生對這方面，當然是深有所覺的。是以下一判語說：「不能進德修業，此可
哀也。」其深具反省意識，又奚待贅言。

63　整樁事宜，詳筆者以下文章：〈唐君毅牟宗三二先生往復書簡中結交終身伴侶之相關
　　論述〉，第三節之（三），文章發表於「第一屆中國哲學研討會暨唐君毅先生逝世四
　　十週年紀念」會議上。日期：2018.01.20-21；主辦單位：東方人文學術研究基金會；
　　地點：新北市中和區鵝湖月刊社。文章經修改後納入本書內，成為書中第六章，標題
　　並改作：〈尋尋覓覓：牟宗三先生物色終身伴侶的坎坷歷程及其道德意涵〉。
64　《孟子・公孫丑（上）》。

（三）其他：無端而來的憂懼（焦慮）

牟先生憂懼、不安，乃至痛苦之事又恆與畢生摯交唐先生分享，甚至懇求唐先生「多予指引，以渡難關。」（1955.11.28〈牟致唐函〉）[65]。1955.11.06〈牟致唐函〉有如下一段記載：

> ……弟實無時不在恐懼中，亦無時不在痛苦的觀照中，是否能反上來，則看弟之根器。反上來，則大成；反不上來，則悲劇以終。在此痛苦的觀照蘊釀中，弟實深契契氏之說，宋明儒之工夫一一皆得其落實之意義。不但是工夫，宗與教亦須在這裡有其建立之定然的途徑。一夜在夢寐中醒來，無端的嘆息，淚洗叟（按：似應作「瘦」。）□（面？）[66]，無限的荒涼，無限的空虛，不可名言的苦。……現在只是曠野中那個橫陳的軀殼，只是內在於此橫陳的軀殼之荒涼空虛不可名言的苦之靈感。弟想此苦是最內在的，最真實的。憑藉什麼來解除此苦。這成大疑感（按：應作「惑」，蓋手民之誤。）。此是弟近來斷潢絕港之痛苦的觀照中所得之收穫。弟現在實不能解答，于此亦覺得人生過程實有不可克服之悲劇。法身涅槃不可思議，猶不相干，業力不可思議，倒真有意義。如業力有限而可思議，則悲劇也許可以克服，數年來之心境向　兄一道，盼　兄之智慧予以接引。

上引函連同前面提到的兩函乃寫於 1953 年 12 月至 1955 年 11 月間。是可知牟先生在這段時期的心境可謂不安、恐懼、荒涼、痛苦之極。唐先生接獲牟先生這封 11 月 6 日的信函後，便於 11 月 10 日予以回覆[67]。其中有云：

---

[65] 此事及相關解讀，詳見本書〈尋尋覓覓：牟宗三先生物色終身伴侶的坎坷歷程及其道德意涵〉一章。

[66] 朱淑真《斷腸集》有〈問春古律〉詩，其中有如下詩句：「粉淚洗乾清瘦面，帶圍寬盡（「盡」，又作「褪」）小腰身。」鄭元佑注，《朱淑真集注》（杭州：浙江古籍出版社，1985），頁 9。

[67] 港臺信件往來須時，牟之來函與唐之覆函，其間僅相距 4 日（1955.11.06-

兄來函所述兄現實生活上之心境，時有如軀體橫陳曠野之感，頗令弟
生感動。唯弟於此不盡完全體會。弟在大學讀書及大學畢業後之數年
中，其時尚未與兄相遇，亦常有種種荒涼空虛之感。有時從此中升起
許多向上感情，有時亦生起向下沉墮之意，並曾著文讚美自殺。一夜
之間，曾覺此身橫陳于床上，如一大蠕動之蟲，甚覺可怖；……人在
孤獨寂寞中生活過久，而其用心又素向抽象遙遠之境地或慕超越世俗
之理想者，則其精神先已向曠野而遠馳，于是其再回來，即將感此原
始的生疏與深淵之間隔，如覺不能再回到其原始生命。[68]而此時即可
生一種如 Kierkegaard 所謂存在之怖慄感。此怖慄感在交叉之深淵之
上，說不出屬于那面，亦非傳統之神魔人禽交界之謂，而只當為一存
在之實感。而此感中本當有一無限之空虛與荒涼。……無限之荒涼與
空虛，即成為自覺的而如自四方八面追脅而來。弟想　兄近來之所
感，當屬於此最後之階段一類。此是由兄之精神生活之振幅較他人為
大，故此感特別明朗。而其來源，亦在兄廿年來之缺乏直接之倫理生
活。因此中只有直接之倫理生活可自然彌縫人之自然生命與外在世界
及精神生活世界之原始之深淵，即上所謂搭橋是也。而捨此，則只能
求之于宗教。……故弟意兄之生活仍須有直接之倫理生活，夫婦父子
師生等是倫理的，此可搭上述之橋。……熊先生晚年養女，亦為倫理
生活。要見此事之不可少。況兄之精神生活振幅尤大耶！相距千里，
弟亦不知將何以告慰，亦不知天意之何所在。然兄之為大根器，則請
兄更不復疑。兄近來之所感，弟雖無親切之同感，但弟想是一種精神
轉折當有之現象，但不知所測是否耳！

以上皆可視為係唐先生應牟先生的請求而予以接引之文字。此中值得指出者
有三：

1955.11.10），是可知唐先生接到牟先生 11 月 6 日懇求「予以接引」一函後，便馬上
　　回覆。救急如救火，摯交既有所請，唐先生焉敢怠慢也。其重視友情，可見一斑。

68　唐先生這種體驗恰似牟先生《五十自述》所說到的生命之離其自己的一種體驗。

1、牟先生精神生活上之困擾（恐懼、荒涼、痛苦等），根據唐先生，要言之，乃緣自缺乏倫理生活[69]。換言之，假如有正常之倫理生活，則一切便可迎刃而解。尤可指出者，乃唐先生認為宗教可作為一替代方案／後備方案。「捨此（按：指倫理生活），則只能求之于宗教。」一語可為明證。[70]

2、1950 年代，牟先生在哲學界已有一定的名氣。然而，據牟先生之自述，彼既「無時不在恐懼中，亦無時不在痛苦的觀照中」，且又有「無限的荒涼，無限的空虛」之感，假若真的不能反（翻）上來而沈淪下去——虛無下去，則其可能之結果是：自暴自棄；頹廢放蕩；甚至自尋短見。這就很可能如牟先生所說的非「悲劇以終」不可了。在這個地方，筆者認為，唐先生以下一句話，也許發揮了起死回生的作用。這句話是：「然兄之為大根器，則請兄更不復疑。」按：牟先生一生中影響他最大的師友只有二人，師是熊先生，友是唐先生。[71]然而，1950 年之後，以兩岸有隔，熊先生既留居大陸，那在生命上，學問上，可以對牟先生產生影響的，便只剩下被牟先生稱為「談學問與性情最相契的一位朋友」唐先生一人了。[72]不少學者專家只注意到牟先生曾批評過唐先生。這方面，筆者不予否認，但其實牟先生對唐先生也是充滿敬佩之意的。學人間相互攻錯切磋，那是再正常不過之事。作為研究者，吾人必須作平衡的報導、研究。若只強調其一，且只強調負面的一面，那是大不德的。[73]現在回來再說牟先生翻上來一事。當然，吾人不宜遽下判斷說，牟先生之得以翻上來而最後成為了近現代中國不世出的哲學大

---

[69] 按：牟先生時在臺灣省立師範大學教書。所以唐先生說到的師生方面的倫理生活，牟先生自不缺。所缺者唯夫婦、父子間的倫理生活。

[70] 唐先生之宗教意識極強；宗教於吾人可扮演之角色，亦極為重視。近現代學人的相關討論相當多；摯友陳振崑教授所撰著者便是一例。其相關論著目錄，恕從略。

[71] 見《五十自述》，頁 100 以下各頁。

[72] 《五十自述》，頁 108。

[73] 相關論述，詳見筆者，〈牟宗三先生對唐君毅先生學術上之「批評」述論〉中第三節之（五）：「附識：牟先生以得到唐先生之稱讚為榮」。文章原發表於以下研討會：「2018 唐君毅先生學術思想研討會——紀念唐先生逝世 40 周年」。今納入本書內而成為書中的附錄二。

師，是完全受惠於唐先生上面的一句話。然而，試想想，面臨生命中最脆弱的一刻的當下，而竟得到平素最敬重的友人如此大的鼓舞，再加上牟先生的民族、文化意識感（使命感）本來就特別強，則吾人似乎可以作出以下的一個判斷。這個判斷是：牟先生當以唐先生的一句話而獲得最大的鼓舞、振奮，如同被注射了強心劑一樣，再加其本來就具備極強烈且不容自已的民族、文化使命感，這讓他從即將沈淪、虛無的絕域中超拔出來而獲得重生——浴火重生。[74]

　　3、值得一提的是，覆函中，唐先生刻意藉著本身的體驗（這個體驗與牟先生所經歷者略同，所以當能引起牟先生共鳴）以開導和撫慰牟先生。同情乃能產生共感，唐先生的體驗相信定能對牟先生生起很大的作用。然則唐先生亦可謂用心良苦了。[75]

---

[74] 也許最後需要一提的是，以上「無時不在恐懼中」的一個案例，跟上面說過的是由於「學不講」或「德不修」而產生的憂，其性質是稍有不同的。蓋此後兩者是有明確對象的，或針對學，或針對德而有其憂。至於「無時不在恐懼中」的這種恐懼，則無明確對象。所以從現代心理學的角度來說，這種恐懼，嚴格來說，應稱為「焦慮」，而不應稱為「恐懼」。當然，吾人不宜要求牟先生在遣詞用字上必須套用或借用心理學的述語。筆者本身也「從寬認定」；所以便在「憂、懼」一標目下著墨而論說牟先生這種恐懼（焦慮）。

[75] 牟先生嘗向唐先生自白云：「……不能進德修業，日進無疆，此可哀也。」（1953.12.11〈牟致唐函〉）上文乃順《論語·述而》孔子以下說法：「子曰：『德之不脩，學之不講，聞義不能徙，不善不能改，是吾憂也。』」，遂把「德之不脩，學之不講」視為牟先生憂之所在。然而，如果所憂心、擔心之事物（今特指「進德脩業」）真的沒有做到或自認為沒有做到，那就很可能轉而成為一種悲哀了。按：牟先生「此可哀也」跟孔子「（此）吾憂也」稍有不同，蓋孔子所憂者乃未然之事，而牟先生所哀者，乃已然之事（其實是牟先生認為已然之事）。當然，牟先生是自我高度期許下、要求下並深入反省後而產生「不能進德脩業」這個自責而已。這個自責，吾人實不必照單全收的。詳參本書第六章：〈尋尋覓覓：牟宗三先生物色終身伴侶的坎坷歷程及其道德意涵〉第三節之（二）。

三、悲／哀

　　牟先生性情上的悲憫、哀憐／哀傷是全面的。對宇宙、人類、天下、國家、學人、友朋、諸生、長輩、一己，無一不產生悲憫之情、哀憐／哀痛之感。[76]茲順序而為說。

（一）對宇宙（天地）之悲感（附：對人類之悲感）

　　牟先生嘗云：

> 我之相契耶穌之具體精神生活與智慧，進而了解父、子、靈三位一體之基督教的教義，就我自己方面說，是由于宇宙悲感之顯露；就文字媒介說，則是趙紫宸的《耶穌傳》[77]；就哲學方面說，則是黑格爾的解析。[78]

不少人誤會牟先生，以為牟先生對基督教的評價都是負面的，甚至反基督教的。其實，牟先生不反基督教，而只是不贊成身為炎黃子孫的中國人信仰基

---

[76] 一般學人恆以智、仁、勇這三達德分別描繪牟、唐、徐三位大師。這固然不無所見。然而，究其實，三大師又何嘗不兼具此三者，惟輕重各有偏重而已。就牟先生來說，其仁、勇方面之表現，亦有足多者。其悲憫之情，非仁者之表現而何？對某些團體、組織，如共產黨、教會等等的嚴詞批判，非勇者之表現而何？

[77] 趙紫宸（1888-1979）被譽為 20 世紀中國最優秀的神學家。他以基督教的情懷、文學家的筆調所寫成的《耶穌傳》在宗教界及文學界早享盛名。該書對基督教教徒，乃至對孕育於中國傳統文化中的非基督徒來說，都具有相當大的吸引力。牟先生欣賞該著作，理有固然。國人對趙氏《耶穌傳》的研究不少，甚至有撰成碩士論文者。茲舉一例如下：潘國華，〈趙紫宸的《耶穌傳》之研究〉，中原大學宗教研究所碩士論文，2012 年。

[78] 《五十自述》，頁 118。黑氏對基督教的解析，乃至對一般宗教的解析，都是廣受關注的。彼對基督教的見解，可參劉愛民，〈黑格爾論基督教〉，《揭諦》，期 26，2014 年 1 月，頁 101-156。

督教而已。[79]他對基督教，尤其對耶穌的評價，是相當正面的；至少絕非一
邊倒都是負面的。

　　基督教的精神面向是多元的，如博愛、包容、犧牲、奉獻等等都是。語
其核心，那當然就是「愛」了；「神愛世人」一語便是其核心思想的表徵。
[80]依基督教教義，愛源自神。以現象界的人間世來說，那就是源自神的化身
——獨生子基督。語其究竟，那當然就是源自上天，即源自宇宙了。據上引
文，牟先生之所以相契耶穌之具體精神生活與智慧等等，其媒介有三。牟先
生首先列出的是他自己的個人因素：是他自己對宇宙具有悲感。此「悲感之
顯露」使他相契於「耶穌之具體精神生活與智慧」等等。這句話其實有一潛
臺詞：耶穌本身是充滿了悲感的。詳言之，即其具體精神生活及隨而展示的
人生智慧是充滿了悲天憫人的悲感情懷的。身為上帝化身，或所謂獨生子的
耶穌，其本身就是神。簡言之，耶穌就是主宰宇宙、管理宇宙的神。所以此
悲感情懷當然是上通於天（宇宙）的，即以天為其源頭的。而由於牟先生本
人也是深具上通於天的宇宙悲感，這所以便一拍即合而能夠相契於耶穌了。
其實，人之悲感情懷必上通於天（宇宙），否則是沒有根的。[81]沒有根的一
種悲感是孤零零的，飄泊無定的，即只是偶發的、情緒性（情識性）的；由
是便沒有永恆性可言了！這樣子的一種悲感也就沒有什麼價值。反之，有根

---

[79]　詳見牟宗三，〈略論道統、學統、政統〉，《生命的學問》，頁 69 及上文相關論述。

[80]　此語源出《約翰福音》，3：16：「神愛世人，甚至將他的獨生子賜給他們，叫一切
　　信他的，不至滅亡，反得永生。」見 bible gateway 中文：http://www.o-bible.com/cgib
　　in/ob.cgi?version=hb5&book=jhn&chapter=3https://zh.wikipedia.org/wiki/%E7%BA%A6
　　%E7%BF%B0%E7%A6%8F%E9%9F%B3%E7%AC%AC3%E7%AB%A0%E7%AC%A
　　C16%E8%8A%82。

[81]　當然，針對不承認，不相信有所謂「天道」（形上實體）這回事的人士來說，則人本
　　身未嘗不是悲感情懷之根，而不必訴諸天道。又雖然相信宇宙間有「天道」這回事的
　　人士來說，他們也可能認為天道只不過是人道之反映而已。筆者在這裡把天視為人之
　　悲感情懷之根，乃旨在凸顯悲感情懷有其客觀意義（客觀性）的一面，而非純然只是
　　個人一己之感而已。如只是個人一己之感，則我有之，你可無之；或你有之，而我可
　　無之的。要言之，眾生皆有之。筆者所說的客觀性即指此而言。

的，即源於宇宙的一種悲感（用牟先生的話，就是「宇宙悲感」[82]）便截然不同。因為是源於宇宙，所以必是永恆的。用中國傳統說法來說，便是「可大可久」的。那麼便必然是可貴的了。

　　牟先生的「悲感」既源自宇宙而係一種「宇宙悲感」，那它必具二性。其一是上段說過的永恆性，另一則是普遍性。就後者來說，它必是遍施於任何事物（all entities）的，即任何事物都得其瞻顧到、關注到的，否則它不能算是具有普遍性。牟先生是否真的如此，或能力上是否真能及此，我們先不說。至於宇宙（或所謂「神」吧），則它（祂）自當如此，且能力上也當能及此。[83]說是這麼說，但事實上，世間的惡行一大堆，憾事也一大堆。假若其悲憫之情是遍施於萬物的，那麼惡行、憾事應該根絕才對！因為源自其至善全能的性格，並由此而對世間各種可憐的事事物物所必然產生的悲感，應不會讓惡行、憾事發生的，甚至連存在也是絕不可能的才對！然而，事實上又常常相反。牟先生對此也只好充滿無可奈何了。其論說武大郎被潘金蓮欺負的一段文字，就充分展示了牟先生的悲感，也同時展示了他對宇宙（即牟文中之「天地」）間存在著許多不仁或缺陷的看法；如下：

> 武大在潘金蓮眼中看來，三分像人，七分像鬼，一打團團轉，三打不回頭的人物，而在武松看來，卻口口聲聲是兄長，絕無輕視他的意思，只是繫念他是個弱者，常被人欺負，……像這樣一個誠實人，可憐蟲，若無人作主，便是昏了天地。我每於此起無涯之悲痛，深深之悵惘。天地生人，真有許多不仁處，好像全無心地於不覺中夾帶來許多渣滓，漂流道旁，像個螻蟻，像棵乾草。此種人物不必說被欺負，

---

[82] 或有其客觀根源（客觀意義）的悲感。

[83] 唐、牟二先生深信道德的形上學（Moral Metaphysics）。然則形上界的主宰（宇宙主宰），必係至善者。至善者所產生的悲感（當然，就祂來說，無所謂悲。以「悲感」來形容祂是擬人化且從人的角度來看祂的結果），便必然是永恆且普遍的。然則至善者又那會容許被祂創造的事事物物乃「惡」下的一種存在呢？簡言之，即祂怎會容許世間有惡呢？甚至少許憾事的出現／發生，對祂來說，都是不可能的！

即其本身根本上便是可憐蟲。徹頭徹尾即須有人替他作主，以參贊化
育之不及，以彌補天地之缺陷。不必到他被踐踏了，被殘害了，才為
之作主，才顯出他的可憐。我有許多最親切的事例作印證，我無可奈
何，天地亦無可奈何，我只有悲痛。我的憐憫之感，常是無端而來
的。佛說眾生可悲以此。[84]

上引文，可說者有二。茲先說天地。文中三次提到「天地」：「天地生人，
真有許多不仁處，……」、「以彌補天地之缺陷」、「天地亦無可奈何」。
首語會使人認為牟先生是責怪天地的不仁。換言之，天地間的不仁是天地造
成的、有意導致的，乃天地本身的一種惡。所以不仁的出現或存在，天地當
負其責。次語明說天地有缺陷，但這個缺陷是天地本身所造成的？還是天地
也無能為力，所以缺陷的產生，它不必負其責呢？此兩者，哪個才符合牟先
生的心意，實難以判斷。第三語則非常明確的揭示，世間憾事（不仁之事）
之發生，天地也無可奈何。換言之，它不必負其責。以上三句話中的「天
地」，其屬性（指「該不該為不仁負責」），以第三語最明確，所以我們用
它來貞定其他兩語。次語的屬性既不明確，所以當從第三語；這應該是沒有
什麼異議的。然而，第一語則似乎是指向天地間的不仁，是天地本身的問
題。然則便不能用第三語來貞定第一語中「天地」的屬性了。幸好以下一
語：「好像全無心地於不覺中夾帶來許多渣滓，漂流道旁，像個螻蟻，像棵
乾草」，提供了轉機，其中「不覺」（不自覺）一詞乃關鍵之所在。如果渣
滓的產生是出自天地的不自覺（即非天地造成的、刻意導致的），那麼這個
不仁（渣滓）的出現，便不該由天地負其責了。綜合來說，上段引文中，對
世間憾事（缺陷、不仁之事）的發生、出現，天地是不必負其責的。「天地
亦無可奈何」一語正可反映天地本身是無辜的，因為它對不仁的發生是無能
為力的——無能力阻止其發生的。「天地」這個最地道的漢語，猶今語中的
「宇宙」、「宇宙主宰」，也就是「神」。若依道德形上學或道德神學來

---

[84] 牟宗三，〈水滸世界〉，《生命的學問》，頁 230-231。

說，則這個宇宙最高主宰——神，不可能是不仁的，不可能容許不仁之事（惡）出現的、發生的。然而，事實上，世間上不仁之事總是發生的，且數不勝數！我們不應說，也不敢說天地（神）對惡的出現是無能為力的。牟先生的看法恐怕亦不得不如此。所以牟先生便只好退而求其次而說：「天地亦無可奈何」了。這個說法當然是比較消極的。但恐怕也只好如此了。連天地都無可奈何，那麼人便更不用說了。

上引文的另一重點正是：人的無可奈何。特就牟先生本人來說，此即其自稱的「我無可奈何」。針對這問題，茲稍論說如下：既無可奈何，那又怎麼樣呢？即如何處理這個天地間的不仁[85]呢？一般人的做法恐如下：算了，不予理會——視而不見，聽而不聞。即以不處理為處理，也就是吾人恆常所說的「不了了之」。這個做法是比較消極的，近似麻本不仁；但也不失為一法。牟先生的做法，據上所引之自述，則如下：「我每於此起無涯之悲痛，深深之悵惘」、「我只有悲痛。我的憐憫之感，常是無端而來的。佛說眾生可悲以此」。針對牟先生這個做法或反應，筆者有三點體會：

1、對於天地（宇宙）間之不仁[86]，因為牟先生深具宇宙悲感，但又無可奈何，即無力予以扭轉或導正，所以心中只有悵惘、悲痛，而對導致悵惘、悲痛的相關事例產生憐憫之感。就武大郎一例來說，這是文學家想像出來的，非現實上的實有情況。[87]然而，虛擬、非實有的情況已足以讓牟先生勾起「許多最親切的事例」。此可見牟先生心中同情共感之強烈。

2、面對「最親切的事例」時，稍有感情、感覺的人也會感到悲痛、悵惘，並隨而生出憐憫之情。這不足為貴。可貴的是，牟先生「憐憫之感，常是無端而來的」。而所謂無端而來，恐怕不可能真的是無端而來的。其事實

---

[85] 依上文，這個「不仁」不是天地刻意、故意造成的、導致的（即不是天地讓它發生的），而是無意間所夾帶出來的，這所以筆者在這裡用「天地間之不仁」（而不說「天地之不仁」）稱之，以明示此不仁雖存在於天地間，但天地不必為其出現負責。

[86] 武大郎的遭遇只是天地間不仁之一例而已。

[87] 筆者須指出：武大郎一事例固虛構者，但世間相同的事例，或類似的事例，甚或更悲慘的事例，那幾乎是無處不在的。

當是：心中早已蘊蓄之、厚積之，即心中無時無刻不有此感。[88]心中既無時無刻不有此感，則不必待或不必遭遇一定的或特定的緣由、端緒，其感才會生起；反之，乃隨時生起者。其所謂「無端而來的」，蓋指此。

　　3、牟先生「無涯之悲痛」、「深深之悵惘」、「無端而來」的「憐憫之感」，又恆非其個人所獨有者；而當係凡人（眾生）所共有、常有者。然則何以凡人共有之、常有之？牟先生所說的「眾生可悲」正好提供了答案。因眾生可悲（以擺脫不了存在而身陷輪迴之羅網中[89]，那依佛教教義，便不得不悲！），那麼除非作為凡人的您（眾生之一）麻木不仁，否則悲感便必油然而生，而不必待任何端緒也。牟先生固非麻木不仁者，是以其悲感，乃至緣自悲感而產生的「憐憫之感」（當然，也可以反過來說，緣自「憐憫之感」而產生悲感），便無端（不必待任何端緒、媒介）而生起也。

附：對人類之悲感

　　1952.12.31〈牟致唐函〉有云：

> 我看這個時代真是人類遭劫的時代。遭劫，不必是共禍，淺薄的理智主義亦是劫。聖人議禮考文垂教，真是為生民立命也。此不獨弟個人之苦，亦整個中華民族之苦。為生民立命，真是要緊！要緊！不知吾兄以為如何？

牟先生緣自其宇宙悲感而對現實世間之各種苦難、災劫所生起之憐憫，當然包括人類之劫難這一項。上引文可以示例。按：1950 年代，尤其 1960 年代

---

[88] 從現代心理學的角度來看，此感大抵已成為牟先生潛意識下的一種存在（即此感存在於其潛意識層中）。是以在意識層面上，反而不覺其存在。

[89] 其實，依道家義，也大體相同。老子曰：「吾所以有大患者，為吾有身」。（《道德經》，第 13 章；又可參梁瑞明編著，《老子虛靜心靈之學　老子釋義》，香港，志蓮淨苑，2014，頁 38。）其中或稍有差異的是，佛家乃就整個人（含形軀、精神二方面）在現實世間之存在來說，而上所引之道家言，似僅偏重在形軀義來說。然而，其中或為悲，或為患，皆緣自人乃為一現實世間之存在，則兩者實無所別異也。

的臺灣，全盤西化論者（如李敖們）或充分世界化論者（如胡適們）的言論
仍甚囂塵上；知識界中的主流人物恆視科學為萬能，認科學方法為追求知識
的不二法門。然而，就牟先生看來，他們是中了淺薄的理智主義之毒，是以
牟先生視此境況為一災劫。給予對治匡救者，為必須回歸中華文化之傳統。
具體來說，就是聖人之「議禮、考文、垂教」[90]的重新落實。只有回歸以這
幾項基本元素為核心的中華文化傳統，才足以清除淺薄的理智主義之毒。

（二）對家國天下之悲感

中國近現代史是內憂外患的一部血淚史。徐唐牟三大師「躬逢其盛」，
其生命與之相始終。牟先生嘗云：

> 我在訓練架構思辨的過程中，雖只是純理智的，與現實毫無關係，然
> 而遭逢大難，家國多故，吾亦不能無動於衷。一方在純理智的思辨
> 中，一方亦一直在家國天下歷史文化的感受中。一方訓練了邏輯的架
> 構思辨，一方也磨練出了客觀的悲憫之情。[91]

作為一個純粹的哲學家來說，只須作純理智的思辨活動（西方孕育在愛智之
學這個傳統下的哲學家恐怕大皆如此）便不忝斯名了。牟先生固然是哲學
家，但他不是這類型的哲學家，也可以說他不光是一個哲學家；他是中國傳
統孕育下的哲人、新儒家、人文主義大師。這所以「遭逢大難，家國多故」
時，便「不能無動於衷」。具體來說，其過程如下：

---

[90] 語出《中庸》，原文是：「非天子不議禮，不制度，不考文。」值得指出的是，牟先
生把「天子」改為「聖人」，這是把制禮作樂的大權改為由道統的代表人——聖人來
掌握，而不是由政統或政權的代表人——天子來承攬、把持。此一語之更易，充分揭
示了牟先生的價值觀：天子乃不可靠者；只有為生民立命的聖人（即德行表現上的卓
越者，且必不負生民所託者）才該擁有這個權力。

[91] 《五十自述》，頁 82。牟先生架構思辨的訓練和客觀悲情之湧現，這兩者是同時並
進的；大概是在他讀大學階段的後期和 40 歲之前的一段時期，即 1950 年之前。

> 在時代的不斷刺激中，我不斷的感受，不斷的默識。在不斷的默識中，我漸漸體會到時代的風氣、學術的風氣、知識分子的劣性、家國天下的多難、歷史文化的絕續。這一切引發了我的「客觀的悲情」。[92]

人非草木，所以一般人面對外在（客觀）世界這種不合理的現象的刺激，都多多少少會生起「客觀的悲情」。然而，生起就生起了，不見得會做出反應，更不見得是正面的反應。作為哲學家，且作為具正義感（具良知良能）的哲學家的牟先生就與此不同。其不同之具體落實就在於牟先生以此而進入「架構的思辨」以外的義理。牟先生並明確指出說：「由於對這義理的滲透，我始能明白這一切之所以如此與所以不如此之『精神上的根據』」[93]。

---

[92] 《五十自述》，頁 85。「客觀的悲情」或「客觀的悲憫之情」跟上引文中牟先生說過的常是無端而來的「憐憫之感」不相同。前者是指，以吾人受到外在世界的客觀事物的刺激而始產生的一種悲憫之情。若扣緊牟先生當時的情況來說，這些客觀事物，就是：「時代的風氣、學術的風氣、知識分子的劣性、家國天下的多難、歷史文化的絕續」。《五十自述》用了一整章 40 多頁的篇幅來描繪「客觀的悲情」。悲情之所以產生，完全跟時代有關，跟家國面對的災劫有關。這些災劫促使牟先生更肯定「華族歷聖相承所表現的文化生命」的可貴。既係生命，則它本身必有其體。但因為這個體是觸摸不到的，抽象的；然而，確係實在在的一個存在：一種精神的存在，所以牟先生恆稱之為「精神實體」。這個精神實體則正係吾人價值之源、生命之源。先生說：「我眼看著時代要橫決，劫難要來臨，人心如癡如癲，全被魔住了，被拖下去了。我一直被客觀的悲情所提著。一個人在直線上升向上昂揚而下與魔鬥時，他是可以放棄一切、犧牲一切的。向上昂揚，必須內心瑩徹，於超越實體方面有所肯定。客觀不只是情，也是智，也是仁，也是勇。這是生命之源、價值之源的純精神王國。耶穌內心瑩徹，他所肯定的，是他的天父，而不是文化的遺跡，是『滿腔子是惻隱之心，通體是德慧』的孔子所印證的既超越而又內在的生命之源、價值之源。我不能忍受那一定要物化生命的唯物論與唯物史觀，以及共黨的生心害政，邪辟泯滅，窒息人間而為一物化機器的殘暴。我不是站在任何現實的集團、現實的利益上，反對它。我是站在價值之源、生命之源的純精神實體之肯定上，反對它。這就是向上昂揚客觀悲情的超越根據。」《五十自述》，頁 121-122。

[93] 《五十自述》，頁 85。對事事物物（當然指大事大物）追問其所以「如此」與所以「不如此」成就了牟先生之為一位好學深思的哲學家。對家國天下等等多災多難的追問並力圖尋求答案則成了牟先生深具淑世情懷的一位大儒。筆者上所說的牟先生進

　　這裡的「一切」，具體來說，就是上引文所說的五個項目：時代的風氣、學術的風氣、知識分子的劣性、家國天下的多難、歷史文化的絕續。分開來是 5 個項目，合起來，就是歷史文化。因為時代的風氣、學術的風氣、知識分子的劣性、家國天下的多難，都表現在歷史文化上；當然，也可以反過來說，都是歷史文化上的不同表現。其實，歷史就是文化，文化就是歷史。縱向講，是歷史；橫向講，便是文化。依此，則牟先生本其文化意識而對文化之關注，也可以說是對歷史之關注。牟先生以其文化意識之濃厚、高昂，當其面對時代問題時[94]，便不可能無動於衷而不產生悲感。此牟先生嘗自道之，如下：

> 此書（按指：《道德的理想主義》）與《歷史哲學》及《政道與治道》合為一組，大抵皆是自民國三十八年至四十八年十年間所寫成者。此十年間乃是吾之文化意識及時代悲感最為昂揚之時。……此文[95]可為此十年間吾人努力之綜結。當然，只看此文，不必能知其詳[96]。仍希望讀者取此期間諸友之作而詳讀之，當可知其底蘊。今唐先生已歸道山，吾述此一階段，不能無傷痛之感也。[97]

上引文（修訂版序文）撰寫於 1978 年 4 月，即唐先生辭世不久之後[98]。是

入「架構的思辨」以外的義理，其中所說的「義理」，即指具淑世情懷的一種關注及相關義理的探討而言。

[94] 時代問題恆為歷史所留下者。所以時代問題，也可以視為歷史問題。要言之，文化、歷史、時代，分開來，是三。其實，乃一也。又：歷史與時代，以時間來說，實難以切割。發生在前一刻，甚至前一秒之事，也可以稱為歷史。然則當前時代之事，猶歷史之事也。

[95] 按指：由唐先生起草，復由牟先生、徐復觀先生及張君勱先生修訂並聯署發表於1958 年元旦之〈中國文化宣言〉。

[96] 此所謂「詳」者，乃指：中國文化之精神價值及中國文化之癥結而言。

[97] 牟宗三，《道德的理想主義‧修訂版序》（此〈序〉寫於 1978 年 4 月），轉引自《當代新儒學三大家序跋輯錄》，頁 193-194。

[98] 唐先生 1978 年 2 月 2 日與世長辭。

以牟先生憶述兩人為文化事業奮鬥之過程，不能無傷痛。上面曾指出過，牟先生一生人在學問上稱得上是知交的朋友只有一人，就是唐先生。二人在學問上和志趣上相契，此固然。再者，牟先生中壯年時在各大學任教，恐泰半都來自唐先生之從旁協助，如任教於南京之中央大學、無錫之江南大學、香港之中文大學新亞書院、新亞研究所等即是其例。每憶故人之推誠相待，牟先生能不悵然、惘然？！在同一書（《道德的理想主義》）的原〈序〉中，牟先生更明確的指出源自其真性情而來的悲感，促使了他不得不對人類眾多方面的表現予以關注並投射其時代意義。先生說：

> 此書乃關聯整個時代與文化，將人類有史以來所表現之各方面之真趣，如道德宗教方面、科學方面、哲學方面、政治方面，予以重新之提醒，而投射其時代之意義，以見其對治共黨之作用。[99]故措辭行文

99　牟先生自言「深惡痛絕共黨的無道與不義」（其實，對同一時期的國民黨亦不懷好感；詳本注下文）。其內心由此而引起的悲痛，詳見下文：「我那時（按指：抗戰中後期）的道德感特別強，正氣特別高揚，純然是客觀的，不是個人的。……我以前的反共是反他們的思想與理論，因而亦只是思想的、理論的（按：從思想上、理論上反共，如從生命之源、價值之源上反唯物論與唯物史觀即其例，此可參《五十自述》，頁 121-122；又可參上注 92），我現在則是存在的、具體的。因而亦是悲情的、精神的。……國民黨的政治愈來愈不成話，它完全收攝不住人心，吸引不住輿論。但人們不是左倒，就是右倒。我深惡痛絕共黨的無道與不義，但我亦無法替國民黨辯護。我在一般社會人心的左右顛倒塌散中站住自己而明朗出來，是須要很大的苦鬥的。我的依據不是現實的任何一面，而是自己的國家，華族的文化生命。一切都有不是，而這個不能有不是，一切可放棄、反對，而這個不能放棄、反對，我能撥開一切現實的牽連而直頂著這個文化生命之大流。一切現實的污穢、禁忌、誣蔑、咒罵，都沾染不到我身上。我可以衝破共黨那一切威脅人的咒語。旁人說話皆有吞吐委曲，我可以理直氣壯地教訓他們、指摘他們。國家、華族生命、文化生命、夷夏、人禽、義利之辨，是我那時的宗教。我那時也確有宗教的熱誠。凡違反這些而歧出的，凡否定這些而乖離的，凡不能就此盡其責以建國以盡民族自己之性的，我必斷然予以反對。……青年人的衝動左傾，我只有悲痛。中年人、老年人的昏庸趨時，我只有痛恨。環視一世，無人為華族作主。在抗戰中不能提練新生命以建國，只落得塌散崩解而轉出共黨之魔道，此為華族之大悲，人間之大憾。我不能不痛責此時代炎黃子孫之不肖與背

皆粗枝大葉，而又多激憤之辭。蓋亦悲感使然。又旨在啟發與對治，故雖言之無文，而真性情不可泯也。……人之了悟內容真理，常視其機。機至則甚易知，甚易明，而見其為不可移。機不至，感不切，心不開，固蔽不通，激越反動，則雖舌弊唇焦，亦無益也。雖然，慧命不可斷，人道不可息，故仍存之，以待來者。[100]

上引文義蘊豐富，今僅闡述其二，如下：

1、人類之道德宗教、科學、哲學、政治等方面之表現或活動，都是很值得關注的。其所表現出之真趣（真正之意趣、旨趣），更是值得予以重新提醒、點破，藉以對治時代之弊病。而時代之弊病，對 1950 年代的牟先生來說，當然莫如促使其生起悲感之共黨之禍。

叛。」《五十自述》，頁 116-117。按：牟先生的反共，或可以分為三個層次，由低至高，其順序如下：緣於家族成員受迫害而反共；依生命之源、價值之源之相關理論，不能不反共；依乎國家生命、民族生命、文化生命（夷夏、人禽、義利之辨）的實存實感，亦必然導致先生反共。這裡要特別指出的是，其愛國之深，愛中華文化之切，最值得吾人景仰。上引語中以下幾句話最值得玩味：「我在一般社會人心的左右顛倒塌散中站住自己而明朗出來，是須要很大的苦鬥的。我的依據不是現實的任何一面，而是自己的國家，華族的文化生命。一切都有不是，而這個不能有不是，一切都可放棄、反對，而這個不能放棄、反對，……」牟先生既認為左（共產黨）右（國民黨）皆有其不是，所以彼能夠站住其自己，且有明確的生命歸向、價值取向，當然在立場上不可能是靠左傾或右傾作為其支柱的（也不是靠其他立場或信念，例如無政府主義等等）。然而，所以能夠站住自己，則總有所靠（依據）。這個依據就是認定國家生命，華族文化生命是不能放棄、反對的。生命的發展過程中容有生病之處（歧出走偏；此任一國家、文化皆然，所異者，僅輕重之別而已），然而對治之方是治病、醫病。苟非一無是處，則不能輕言放棄、反對（否定），蓋任一生命，其存在之本身即價值之所在也。吾人苟非良知已泯，則見其生（存在），即不忍見其死（消失、滅絕）。然則「一切都有不是，而這個不能有不是」的「這個」乃指國家的生命、華族的文化生命來說，而不是指國家、文化。因為國家、文化當然可有不是，即難免有歧出走偏之處（這方面，牟先生當然清楚得很），但吾人不能以此而肯斷其整個生命都不是，並進而把它放棄、否定。

[100]《道德的理想主義・序》（1959 年 8 月撰），轉引自《當代新儒學三大家序跋輯錄》，頁 199-200。

2、「人之了悟內容真理，常視其機。」此話說得極好，以其最符合實際狀況也。然而，人各不同。就每個人來說，其人之機何時至，感何時切，心何時開，固蔽何時通，激越反動何時止，實不可逆料者！既不可逆料以知之，則當其時機不至時或時機已逝時，其結果便誠如牟先生說的：「雖舌弊脣焦，亦無益也。」對於這個可以預期之結果，牟先生是充分意識到的。然而，牟先生一本其大愛情愫、仁者胸懷，雖明知其不可為、不必為而仍全力為之、盡之。然則何以愚蠢若是？其實，此不得以愚蠢視之。牟先生之所以仍為之盡之[101]，必有其故。「故」有二：其一，「慧命不可斷，人道不可息」。慧命、人道，其本身即最崇高之價值。所以不必理會其斷、息（即不無斷、息之可能），而當為者即為之矣（即要說的，要寫的，一概表出之），此義無反顧者。其二，「以待來者」。其當為者即為之雖於當時（即相關〈序〉文撰寫的 1959 年之時）不必然產生正面的、有效的結果；然而，可寄望於來者也。其具體做法便是「故仍存之」，即仍把 1949 年後約 10 年間隨機撰寫的應時文章，以彙集成篇並予以出版的方式保存之以待來者也。就以上二項（即其一和其二）來說，前者（知其不可為而仍為之、盡之）雖不乏積極的一面，但不免流於悲壯矣！後者則轉出純積極進取的一面，蓋賦予人一希望也。此正儒家精神最恰當的寫照。

以上二項（1 和 2）都充分顯示牟先生深具儒者情懷。

（三）對學人／知識分子之悲憫（含感念）

上引文牟先生嘗指出說：「知識分子的劣性」引發了他的「客觀的悲情」。牟先生對知識分子產生悲情，我們姑舉二例；其一：

當時此書（按指：《從周易方面研究中國的玄學及道德哲學》）全部完稿時，我曾很得意地把它呈給授我數理邏輯課的張申府先生看，我

---

[101] 具體來說，其「為之盡之」之手段，據上引文，乃係透過《道德的理想主義》一書以踐履落實之。換言之，即藉著該書以表出、闡發其相關理念與構想。

以為必可蒙他的讚許與鼓勵。……他拿回家去，一擱年餘，無下文。
我等得不耐煩，遂往取之，原來他原封未動，一眼未看！[102]這使我
很傷心，因為他是我平素最親切最相契的老師；……我不知他何故如
此冷淡！後來我慢慢知道了。原來他已經左傾了[103]，他大講唯物辯
證法，他說函數就是辯證法，他主張羅素、馬克思、孔子三位聖人並
重。他去活動政治去了，已不再從事學問矣。他使我啼笑皆非，我不
能再親近他了。這不是我不尊敬老師，乃是他自己變了；不是弟子有
負於老師，乃是老師愧對弟子了。可是到現在我仍然感念他，讀者看
我譯的《名理論》可知。[104]

從上引文可知，牟先生對張申府先生（1893-1986）[105]之所以感到傷心，原

---

[102] 就這方面來說，張氏比胡適更讓牟先生失望，蓋胡氏至少有看過牟先生該文稿，或至
　　少翻看過一下，否則不會說到方法上有危險的問題。此詳上文：一之（二）之2。

[103] 其實，1920 年時張氏已經從事中國共產黨的籌建活動了。時牟先生還只有 11、2 歲。
　　又：張氏左傾固係事實，但張氏是非常有原則的人，嘗因反對中共加入國民黨，1925
　　年便退出中國共產黨了，參〈女兒憶張申府：退黨是父親最後悔的事〉，2014.04.08，
　　人民網：環球人物。https://baike.baidu.com/reference/5355964/a44bgN0I6mKaTZGBQoJ
　　kWMlUva3cWELsuabehbDrMPLeXvvvacNWeZgXzdM0QPEKDr--kzLGfy1407MK9JWZ
　　lL46c7Xskgdf45I1HPVuwlUFD4Wa8wnlrRlnTQ；2020.07.07 瀏覽。

[104] 牟宗三，〈重印誌言〉，《周易的自然哲學與道德函義》（臺北：文津出版社，
　　1988），轉引自《當代新儒學三大家序跋輯錄》，頁 394-395。《名理論》的〈中譯
　　者之言〉開首第二段便載有牟先生感念張先生的幾句話，如下：「張先生那時在北大
　　哲學系授羅素哲學與數理邏輯，他是中國第一個開始講授數理邏輯的人，我是他的首
　　班學生。……張先生于維氏書中符號技術方面，尤其是真假值圖表（簡稱真值圖表
　　truth-table）方面，是很熟練的，他作了許多開展。我今于此譯文中，對于那十六個
　　圖式（5.101）予以詳盡的陳列，都是由他的傳授而來。」此〈中譯者之言〉轉引自
　　《當代新儒學三大家序跋輯錄》，頁 375-376。

[105] 張氏乃中國共產黨創黨元老之一，乃係毛澤東在北京大學圖書館的頂頭上司、周恩來
　　和朱德入黨介紹人。參詳：王曉明，〈毛澤東的頂頭上司　周恩來入黨介紹人：張申
　　府複雜難言的一生〉，《建黨的那些人與事——東方曙光》，2019 年 3 月 8 日，http
　　s://kknews.cc/zh-tw/history/j92p82e.html；2020.07.09 瀏覽。

因是張先生一眼未看他費了很大的力氣始撰就的一部學術專著[106]；其後又

---

[106] 牟先生所以費很大的力氣始撰就該書，原因是《周易》本身很不好懂，更不要說研
究；可謂人言言殊。再者，該書又牽涉到漢易與清人胡煦及焦循之易學。然則問題更
增加其複雜度或處理上的困難度。然而，《周易》為治國學者所不能輕忽的一部古
典，此世人皆知者。惟與之相關係的重要研究成果，即上面提到的漢易與清人胡煦及
焦循之易學，竟鮮獲學者專家們的青睞，所以牟先生乃深表慨歎。其《周易的自然哲
學與道德函義‧重印誌言》明言如下：
「自念《易經》不能不算中國哲學之一重要古典；而漢易與胡煦及焦循之易學，從研
讀方面看，並非容易，亦不能不算是一種專學，而自民國以來，哲學界與國學界卻從
來無人觸及，甚可慨歎；……」轉引自《當代新儒學三大家序跋輯錄》，頁398。
別人不寫書，不研究重要問題，牟先生固然深表慨歎。其實，牟先生對自己不克提筆
寫某一哲學問題，也表示過類似慨歎的一種無可奈何！茲一併述說如下：彼翻譯完竣
《康德《判斷力之批判》（下）》之後，嘗發出如上冊然，寫一長文將中國的道德的形上學與康德的道德神學相比論，但以撰長文
需有組織力，大費力氣，又以此〈目的論的判斷力之批判〉之思想較單純而顯豁，又
以已有《圓善論》，故亦覺不需再寫了，實即無精神無興趣再寫了（發動不起寫作的
興會）。人到老了，只可隨便談談，提筆則很難。」牟宗三，《康德「判斷力之批
判」‧譯者之言（下）》，轉引自《當代新儒學三大家序跋輯錄》，頁 407。〈譯者
之言（下）〉未標示撰寫日期。惟該書 1993 年由臺灣學生書局出版，則此〈譯者之
言（下）〉當撰寫於同年，或稍早之 1992 年。然則牟先生已壽登耄耋之 84 或 85 歲
了。所以「人到老了」一語，乃其實也。
上引文中牟先生提到其晚年撰就的《圓善論》（若不算譯注、演講錄、授課紀錄或單
篇論文，《圓善論》大概是牟先生謝世前最後的一部學術專著）。在該書的〈序言〉
中，牟先生嘗指出中國學人治學之表現有使人生悲者。茲引錄於此，以見其對學人之
悲感乃深具普遍性者：「中西融通之橋樑乃在康德。西方多激盪，有精采，亦有虛
幻；中國多圓融平實，但忌昏沈，故須建構以充之。圓融不可以徒講，平實不可以苟
得。非然者，必下趨於昏沈而暴戾隨之，此可悲也。」牟宗三，〈序言〉，《圓善
論》（臺北：臺灣學生書局，1985），頁 xiv。上引文中有「昏沈」一語。按：佛家
有「昏沈障」這個用語，意謂：「心於所緣，心不明了。」牟先生這裡「昏沈」一
語，蓋本此。上引文中，牟先生乃以「建構」一詞對比而為說，則更可知所謂「昏
沈」，蓋指相關論說流於鬆散、籠統，欠嚴謹而僅成為模糊、迷糊、影響之談，是以
使人的認知心無法明瞭、掌握該論說；由是必須透過建構一框架、架構，使之終始條
理而明晰。由是昏沈籠統者，得以充實而條暢。「圓融」、「平實」遂得其充盈且明
確的內容，並得以明晰地展布於讀者跟前而不只是掛在嘴邊的兩個名辭而已。至於

棄學術而從政[107]，尤其是從的是左傾型態的一種政，則難怪牟先生認為張先生對他表現得很冷淡了。然而，另一方面，對張先生過往學術上，尤其是教學上的表現，則牟先生明言數理邏輯方面之符號技術之知識乃得自其啟發（傳授）；由是對張氏深表感念。這一點，筆者認為是必須道說出的，藉以揭示牟先生惡而知其美之不忘師恩。[108]在這裡，筆者要指出，讀者不要誤會牟先生，以為他不贊同人家（含高校教師）從政（至於從政的方向，當然可以再討論）。作為人類文化活動之一，政治本身自有其崇高的價值。這方面，牟先生豈會不明白、不清楚呢！牟先生感嘆或感慨的是，張先生在數理邏輯方面（其實在羅素哲學方面亦然）都是很前沿而表現相當傑出的（就授課而言，也是首開風氣的。[109]其實，就研究和教學兩方面來說，張先生的表現都很值得深入探討和展開。[110]）。然而，張先生不此之為——不再深入鑽研，而把重點轉到政治上去了！（其後的遭遇很不順遂，也受了不少委屈。詳見百度百科或其他百科資料庫）牟先生於此豈能不感慨，不傷痛呢？！說到對老師或對老師輩的感念，則除了對張先生外，還有金岳霖先生和張東蓀先生。[111]牟先生說：「付印時，請張東蓀先生寫一序。張先生非

「暴戾」，即粗暴凶惡也。自己昏沈也就算了。更使人討厭、反感的是，自己昏沈但又怕人看不起，因而產生自卑，是以反而虛張聲勢，甚至以專橫恣意的態度來對待同儕／讀者，此所以牟先生說「可悲也」。

[107] 其實，在牟先生入讀北大之前，張氏早從政了（參上注103），惜牟先生不知悉。但這可反映出張氏教書認真，至少在課堂上不講，或少講政治議題，否則作為修讀張氏數理邏輯課的一個學生來說，牟先生焉有不知悉張氏早已從政之理呢？

[108] 胡適及張申府都是牟先生的業師，然而牟先生對二人之態度截然不同。何以故？其主要原因恐在於前者乃被視為蓄意破壞（革掉）中國的傳統文化者，後者乃一時趨風氣而「誤入歧途」而已。再者，張氏乃牟先生「平素最親切最相契的老師」。這個良好印象恐係牟先生所永誌不忘者。

[109] 詳《周易的自然哲學與道德函義·重印誌言》，轉引自《當代新儒學三大家序跋輯錄》，頁394-395。

[110] 牟先生嘗明言，大學四年中，張申府和金岳霖兩先生是校內給他幫助和影響最大的老師。《五十自述·直覺的解悟》，頁43。

[111] 牟先生對熊先生的感念，恐眾人皆知。其詳可參牟宗三，〈熊十力先生追念會講

讀中國哲學者，但只以讀哲學者之興趣而俯允不辭以示對於後進之提攜，故
吾對於張先生終身感念也。」[112]

　　牟先生對知識分子之悲感，容再舉一例。1953.08.08〈牟致唐函〉有
云：

> 弟初來台時，真有點田單守即墨之意。大家亦都有點迫切之感，乃決
> 定將客觀化而為外在的東西，如哲學系統之類，一切都放下，把精神
> 投入客觀追求的柏拉圖式的興趣完全收回來，將生命聰明融化于客觀
> 實踐中，而在當下即事承擔中表現。故凡有約講演者必去講，而所講
> 的必通于歷史文化，故發憤作歷史精神之解析。……此後，他們精神
> 都散了[113]，無凝聚意，無痛切意，故此稿亦不見其有意義了，此誠
> 可浩嘆。[114]

話〉，《時代與感受》（臺北：鵝湖出版社，1986），頁 247-268。至於張東蓀先
生，牟先生嘗指出說，張先生乃彼就讀北大時，給他幫助和影響最大的一位校外人
士。詳見《五十自述・直覺的解悟》，頁 43。又：《周易的自然哲學與道德函義》
得以付梓，牟先生指出乃北大同學兼同鄉王培祚先生出資三百元之結果也。如不付梓
流布，牟先生明言，該書稿必不能保存於世！又：該書在臺灣的唯一孤本乃得一位王
谷先生所保存。牟先生 1956-1960 年任教東海大學時，王先生以物歸原主之名義而歸
還（其實是贈予）牟先生。然則兩位王先生，皆牟先生的大恩人也。《當代新儒學三
大家序跋輯錄》，頁 395、398。

[112] 《周易的自然哲學與道德函義・重印誌言》，《當代新儒學三大家序跋輯錄》，頁
396。

[113] 承上文，「他們」蓋指在位的一批知識分子，即所謂亡國士大夫也。參 1953.08.25
〈牟致唐函〉即知其詳。「作歷史精神之解析」的著作，乃指後來命名為《歷史哲
學》一書而言。

[114] 引文中所謂該書稿「不見其有意義」，乃指對這批亡國士大夫而言。但對一般人而
言，則不盡然；反之，乃深具意義者。此函隨後的一函（撰於 1953.08.25）指出唐先
生的文章對一般讀者言，仍是有意義的。此說法其實亦可同用在牟先生本人所撰寫的
《歷史哲學》上。牟先生把該書定位為「這畢竟還是一部像樣的書」（1953.08.25
〈牟致唐函〉），即可為證。是牟先生對這批亡國士大夫已心死；但對一般人，則仍
寄予厚望也。

牟先生對他們（知識分子）的表現之所以產生悲感而表示浩嘆，是由於他們從大陸撤退來臺後不到幾年（1949 年至 1953 年 8 月，僅 4 年光景），他們便把中國文化或所謂傳統價值，乃至國仇家恨，全拋諸腦後了。正所謂「精神都散了，無凝聚意，無痛切意」了。彼等所過的生活，與南宋人詩中說到的「山外青山樓外樓，西湖歌舞幾時休，暖風薰得遊人醉，直把杭州當汴州」[115]所描繪的南宋人在杭州所過的紙醉金迷的生活相比，恐已相差無幾了。

（四）對友人之悲感（內心隱痛）

牟先生高壽。自從 9 歲讀私塾算起至辭世時的 87 歲為止，在將近 80 年的歲月中，除了約 10 年的時間居無定所，沒有固定的職業外，[116]其餘的時間，不是讀書（9-15 歲讀私塾、15-18 歲讀中學、18-24 歲讀預科和大學），便是寫書和在大學教書。所以牟先生的生活是很單純的；認識的人，絕大多數都是服務於文教界的。[117]以牟先生活得久，所以文教界中人，所

---

[115] 林升，〈題臨安邸〉詩，《西湖志餘》。轉引自厲鶚輯撰，《宋詩紀事》（上海：上海古籍出版社，2008），冊三，頁 1425。此詩的作者，也有「佚名」（失其名字）一說。

[116] 1933 年牟先生北大畢業；1942 年，時年 33 歲應成都華西大學之聘，正式任教於大學。其間約有 10 年之久，先生沒有固定的職業（即有，也是短暫的，蓋約 1、2 年間便離職）。此 10 年間，先生服務之構機或單位，依時序先後，開列如下：任教於魯西壽張鄉村師範、廣州私立學海書院、赴山東鄒平鄉村建設研究院追隨／依附梁漱溟先生，任《再生》雜誌主編，任教於廣西梧州中學、南寧中學，再度任《再生》主編，任大理民族書院講師。

[117] 然而，牟先生也經歷過讀書人以外的生活，嘗自謂：「不免藉酒色以自娛。……自然生命則下墜而投於醇酒婦人。」（《五十自述》，頁 100），時為抗戰中後期。又說：「在荒村野店中，……在熱鬧場中，在污濁不堪之社會中，花天酒地，金迷紙醉，」（《生命的學問‧水滸世界》，頁 235），蓋亦指同一時期之經歷。又：1949 年赴臺灣之後至與趙惠元女士締婚（1958 年年底）之前的若干年間，牟先生仍「不免藉酒色以自娛」。此從牟先生與唐先生在此期間之通訊亦可知其一二。當然，在上述場所中恐怕也會認識到一些人（所謂酒肉朋友？），但相信只是點頭之交，或連點頭之交都說不上的路人吧。此外，牟先生也有第三類朋友；嘗云：「我自北大那散漫

認識者當不少。惟牟先生自述謂，其推尊者，老師輩中只有熊先生一人；其
敬佩者（因受到彼之提撕與啟迪），友朋輩中就只有唐先生一人。（見上
文）[118]然而，就經濟方面來說，牟先生實受惠於另一朋友：仰賴其接濟。
此張之洞之曾孫張遵騮先生是也。先生嘗云：

> 我雖對遵騮之友情坦然受之而無愧，然吾帶累朋友，吾心中不能無隱
> 痛。彼之經濟並不充裕，彼為吾奔走著急，而不露聲色，吾雖不露聲
> 色而受之，吾心中尤不能無隱痛。……暑過秋至，遵騮須返滬一行。
> 吾送之車站。彼即留下七八十元，並謂若有所需，可向其姑丈相借，
> 吾即領而受之。吾並非一感傷型的人，然當時直覺天昏地暗，一切黯
> 然無光。淡然無語而別。當時之慘淡直難以形容。我事後每一想及或
> 敘及，輒不覺泣下。魯智深在野豬林救下林沖[119]，臨起程時，林沖
> 問曰：「兄長將何往？」魯智深曰：「殺人須見血，救人須救徹，愚
> 兄放心不下，直送兄弟到滄州。」我每讀此，不覺廢書而嘆。這是人
> 生，這是肝膽。我何不幸而遇之，我又何幸而遇之。事後每與友朋笑
> 談，大家皆目我為林沖，目遵騮為柴大官人。[120]

上引文頗長，筆者故意不刪減，以見張遵騮先生對牟先生之情義乃非常人所
可及者。其時，張先生本身的經濟亦不充裕，但竟盡力接濟牟先生，又為牟

　　無度的環境出來，又處於一政治團體中，所接友朋，流品混雜。」（《五十自述》，
　　頁 179）其中說到的政治團體，乃指中國國家社會黨，先生嘗為其黨員。詳上文
　　（二）之 3：「對張君勱之怒」。

[118] 詳見《五十自述》，頁 85-115。

[119] 林沖，80 萬禁軍教頭是也。此無人不知者。其實，同時擔任禁軍教頭者，不止一
　　人。且禁軍中，教人練武的，在教頭之上，還有都教頭。所以不要誤會林沖是禁軍教
　　人練武者中地位最高或武藝最強的一員。當然，林沖是小說中的虛擬人物，非歷史上
　　確然存在過的人物。筆者主要是指出，禁軍教頭一職（無論何人充當此職），並非禁
　　軍中之職位最高者，也不一定是武藝最高強者。

[120] 《五十自述》，頁 97。

先生奔走著急而不露聲色，牟先生雖受之無愧，但因為拖累張先生，是以心中不能無隱痛。一般人把牟先生定位為智者，而智者對事事物物恆不免冷然處之。[121]但上引文中，張先生肝膽照人之情誼，讓牟先生「事後每一想及或敘及，輒不覺泣下」！有謂：「男兒有淚不輕彈，只是未到傷心處。」此真見道之言也。其實，只要是已到傷心之處，則流淚又豈獨是女兒家的「專利」呢？！

　　在這裡需要指出一點，本節與前面三節（分別討論牟先生對宇宙、家國、學人之悲感）稍有不同。前三節乃牟先生對宇宙、家國、學人的表現（皆負面者）有所不滿或無奈而內心產生悲感或悲憫之情。本節則是由於張遵騮先生之表現太讓牟先生感動了（皆正面者），先生由是不能自已而產生隱痛：悲傷、哀傷。其悲感、悲傷則一，蓋皆同為悲感、悲傷也（宇宙、家國、學人、友人，皆使牟先生「生悲起感」），惟所以導致之者則大異（前三者屬同一類，後者則屬另一類）。讀者於此，望垂察焉。

（五）對年青人／諸生之悲感／悲憫

　　牟先生幾無事不對唐先生訴說，可謂親若兄弟，甚或過之。此稍一瀏覽其致唐函，便見梗概。上面引錄者已不少，茲針對先生對年輕人之悲感／悲憫，再引錄一則如下。1956.07.03〈牟致唐函〉云：

---

[121] 在〈徐復觀先生的學術思想〉一文中，牟先生嘗自我描繪道：「我們這些人對於現實沒有什麼感覺，我們只對大時代有一個問題在那裡。至於小地方是沒有什麼感覺，徐先生感覺就很強。」牟文收入東海大學編印，《徐復觀學術思想國際研討會論文集》（臺中：東海大學，1992年12月），上引文出自頁12。又可詳參拙著，《政治中當然有道德問題——徐復觀政治思想管窺》，頁550。就牟先生平常的表現來說，筆者所留下的印象是：牟先生對小地方的確是不太理會、在意的，即不易生悲起感的。然而，「一到（不是「未到」）傷心處」，則不無例外。茲舉二例：（一）唐先生辭世，筆者以忝為新亞研究所學生會會長之故，乃奉趙潛先生（時為總幹事，研究所第四屆畢業生）之命，把徐復觀先生執筆，但徐先生本人希望多方徵求意見之〈唐君毅先生事略〉，帶給其他師長審閱、指正。筆者以此而往見牟先生時，其容貌之哀戚，筆者至今不敢或忘。（二）上引文中，牟先生說：「我事後每一想及或敘及，輒不覺泣下。」這些都是只有真性情的人才有的表現。

兩年來，弟就其諸緣不備，適應他們說話[122]，亦多重在提其志氣，使
其心思先開朗，頭先抬起，脊樑先直起，……欲得承接音響，團聚講
學，實不可少。貞定凝聚他們的心志，亦不可太姑息，放眼觀眾生，
以悲心看客觀之勢，固有許多無可奈何者，亦只好予以曲認與原諒，
然師友講習，則必須截斷。弟數年前見《人生》有余英時一文，詆詆
梁先生為危險之玄學方法，甚感驚訝。[123]弟初不知其人，後始知為新
亞學生，即詫異何新亞而竟有如此之論調而不予以糾正？弟即覺吾

---

[122] 「他們」指參加人文友會的年輕人。友會主要由牟先生主講，或談問題，或講文獻，
並有自由討論。前後兩年，凡舉辦 51 次。第一次講於 1954.08.14，最後一次講於
1956.09.08。詳蔡仁厚，〈編印說明〉，牟宗三主講，蔡仁厚輯錄，《人文講習錄》
（臺北：臺灣學生書局，1996），頁 I-IV；〈牟致唐函‧1956.09.08〉。第 50 次則邀
得當時適巧赴臺參訪講學的唐先生當主講，時維 1956.08.11。又參唐君毅，《唐君毅
全集‧日記》相關條目。

[123] 牟先生的說法確有所本；所提到「余英時一文」，蓋指下文：〈我對中國問題之反
省：兼評本位、西化、折衷三者的論點〉，《人生》雜誌，期 88、89，1954 年 7 月
1 日（上篇）、7 月 16 日（下篇）。其中上篇有如下說法：「例如梁漱溟先生在《東
西文化及其哲學》中把中、西、印三種文化歸納成下面三條公式：西方文化是以意欲
向前要求為根本精神的。中國文化是以意欲自為調和持中為其根本精神要求的。印度
文化是以意欲反身向後要求為其根本精神的。稍有科學頭腦的人都應該看出這是一種
多麼危險的文化研究法！」（頁 3；按：上引正文中牟先生所用的「玄學方法」一
詞，余文之確實用字則為「文化研究法」。）其實，余氏不僅對身為現代／當代新儒
家之一的梁漱溟（當然，梁氏並不自視為新儒家；且 1920 年代，中國亦尚未有「現
代新儒家」這個說法。今姑採近 3、40 年來的流行說法，把梁氏納入其內），作出這
樣負面的一個評價而已；針對「學術途轍」（余氏大概不好意思選用涵蓋面更廣的
「學術探研」、「客觀知識的追求」這兩個詞）這個議題來說，因為余氏認定新儒家
「採取了最極端的『六經注我』的方式」，所以筆者認為，大體上彼對現代新儒家整
個群體在客觀知識的追求上，都持相當負面的評價（余氏本身則不如此認為）。詳參
氏著〈錢穆與新儒家〉，《錢穆與中國文化》（上海：遠東出版社，1994），頁 30-
90，尤其〈新儒家的心理構造〉（頁 83-90）一節中的最後一段文字。余氏對新儒家
評價的同一番話，亦見於以下著作：陳致訪談，《我走過的路：余英時訪談錄》（臺
北：聯經出版事業公司，2012），頁 201。然而，余氏惡而知其美，上文發表約 60
年之後，即余氏晚年時，針對《東西文化及其哲學》一書，嘗作出相當正面的描繪；
如下：「《東西文化及其哲學》……當時曾被人看作是『反五四』的聲音。但梁氏在

兄有時太王道。蓋青年人大皆混沌，自本能生長，若不予以界限，難
知真是非之所在。青年需要同情與安慰，亦需要提撕。有性情志氣，
自己奮鬥而有艱難之感者，能從吾　兄處得大饒益，得大進境。至于
一般人，則須吾　兄予以規模法度也。否則，他是接不上的，亦須予
以振拔，否則他是站不起的。

上引文可注意者，指出如下：

1、引文中，從「適應他們說話」至「然師友講習，則必須截斷。」這
幾句話，茲稍作疏解：牟先生以悲心所看（觀察）的「客觀之勢」，當然是
指當時的客觀大環境，但亦當包括當時人（即引文中的「眾生」），尤其是
年輕人（即引文中的「他們」），否則不會說出「只好予以曲認與原諒」這
句話。細析之，所「曲認」者，乃無可奈何的「客觀之勢」；所「原諒」
者，乃當時的年輕人。對當時一般不懂世故，入世未深的年輕人，可以予以
原諒。[124] 然而，針對參加人文友會師友間講習的年輕人來說，則係例外
——不予原諒（引文中「必須截斷」者，即指「原諒」方面而言。因為對他
們有更高的期許，所以便有更高的要求。）原因是：為了「貞定凝聚他們的
心志」，則「不可太姑息」。換言之，悲憫之情施於一般年輕人則可；施於

書中又多次強調中國必須完全接受民主和科學兩大法寶，然後才能重新振興中國文
化，使之在現代世界上佔據其應有的重要地位。」上引語可反映余氏對梁氏有正面肯
定的一面。詳見余英時，《余英時回憶錄》（臺北：允晨文化實業公司，2019），頁
32。當然，余氏對梁氏尚有其他比較負面的評價，如認為梁氏：「他大概從來沒有聽
見過……的說法，根本不知『資本主義』為何物」，即其例。詳見《余英時回憶
錄》，頁 51。至於余氏說梁氏所用的「文化研究法」，是「多麼危險」的一種方
法，則筆者頗能認同，蓋梁氏雖然針對他的說法有所說明（詳見書中第二、第三
章），但似乎仍難免籠統、欠精細。但話也得說回來，梁說若作為一個有待進一步查
證檢驗的假設，那他當時提出的這個說法未嘗不是深具啟發性或開創性的。余氏所說
的三條公式見《東西文化及其哲學》（上海：商務印書館，1926），頁 24、55。

[124] 其實，不止原諒。牟先生 3、40 歲時對提撕、振拔年輕人嘗付出極大的心力。此概見
下語：「我的客觀悲情一直在昂揚著，我一方了解了耶穌，我一方以極大的忍耐接待
青年與有性情有心願而因種種因緣與我有隔閡之志士。」《五十自述》，頁 118。

參加人文友會師友間講習的年輕人，則不可。

　　2、針對新亞書院學生余英時先生（按：當時余氏已畢業赴美）的一文，以其「詆諆梁（漱溟）先生為危險之玄學方法」，所以牟先生「甚感驚訝」。由是盼望身為余氏師長的唐先生「予以規模法度」；「否則，他是接不上的，亦須予以振拔，否則他是站不起的。」[125]為什麼對余英時要「予以規模法度」呢？「予以振拔」呢？因為在當時牟先生的眼中，余氏乃「一般人」也。[126]此異於「能從吾　兄處得大饒益，得大進境」的「有性情志氣，自己奮鬥而有艱難之感者」的有為青年。筆者不知唐先生其後有順著牟先生之建議來「教訓」（振拔、提撕）余英時否？以唐先生為人之忠厚，且當時余氏已畢業並已赴美國一年了，恐其事不了了之。按：余英時所從遊並最敬佩的老師，計有二人。在港受教育時，為錢穆先生；在美受教育時，則為楊聯陞先生。[127]二人皆博學多聞，然宗趣乃以史學為主軸。余氏亦然。史學固重視實證，是以縱然余氏果真詆諆梁氏以玄學方法治學，亦很可以理解。

　　3、牟先生所以對余氏從方法論的角度批評梁漱溟而「甚感驚訝」，筆者以為，或許跟其本身 20 多年前所經歷過的遭遇，不無關係。按：牟先生

---

[125] 這裡必須指出一點：牟先生固然是驚訝余氏之表現，但追本溯源，最讓牟先生驚訝（詫異）的是：「何新亞而竟有如此之論調而不予以糾正？」所以與其說牟先生是「怪責」余氏，那勿寧說是「怪責」何以新亞竟培養出這麼一個學生而不予以糾正？重點實在於何以不予以糾正。換言之，怪責唐先生之意味似乎更濃。

[126] 牟先生對學生輩的余英時看走了眼而把他僅定位為「一般人」，猶同胡適任教於北大時，對修讀過他「中古思想史」一科的學生牟先生看走了眼而把牟先生僅定位為「中人之資」而只給他 80 分的情況一樣。按：胡適固聰明絕頂，牟先生更深具智慧，但對知人來說，原來聰明或智慧是派不上用場的。牟先生獲 80 分的詳情，參上揭翟志成，《新儒家眼中的胡適》，頁 272-274。

[127] 按：余英時先生在新亞受教育的五年中，除錢穆先生外，對他影響最深的應算是唐先生了。余氏本人即嘗表白：「我曾修過他的西洋哲學史課程，……我受到他的影響，不是聽課，而是讀到他源源不斷的論著，……對我發生了很大的啟示和挑戰。……逼使我對許多問題重作探索和思考。所以除了錢先生之外，唐先生在學術和思想兩方面，對我的啟發是既深且遠的。」余英時，《余英時回憶錄》，頁 111-116。

讀大學時所撰就的《從周易方面看中國的玄學及道德哲學》的書稿，胡適先生曾批評云：「你的方法有危險，我看《易經》中沒有你講的那些道理。」（上詳）所以筆者頗懷疑，余氏批評梁氏的治學方法是不是多多少少讓牟先生勾起 20 多年前頗不堪回首的一段往事呢？當年只是大學生的牟先生被大名鼎鼎的師長且為業師胡適批評也就罷了，而現今（1950 年代）最重視中國傳統文化（含倫理道德）的新亞書院所培養出的學生余英時，竟批評連唐先生都甚為敬重的梁先生，則牟先生焉得不「甚感驚訝」而盼望唐先生「教訓」他呢？其實，牟先生不是對余英時絕望，其「提撕」、「振拔」、「予以規模法度」等用語，皆可反映乃牟先生對余氏之正面且善意之鼓勵。再者，牟先生恆就事論事，不必然從是否有悖師生倫理的角度衡量其事之是非；也不見得其 20 多年前的經歷必成為了導火線而導致對此事多所著墨。筆者只是從可能性方面指出或不無此可能而已。這一點是筆者在這裡必須向讀者先表白的。

（六）對家中長輩之悲感

　　牟先生一輩子只參加過一次政黨，就是 30 歲前後參加過中國國家社會黨。[128]但其前嘗為中國國民黨預備黨員。然而，牟先生對國民黨的印象很不好，所以不久便從預備黨員退下來。牟先生這個印象跟他的叔父之遇害當有一定的關係。先生說：

　　　　十七年黨軍打到北平，膠東地方黨人也招惹土匪號稱革命軍，來糜爛

---

[128]《五十自述》，頁 96。百度百科對「中國國家社會黨」之介紹如下：

中國國家社會黨：寓再造中華民國之意，發行《再生》週刊，在北平設總部，天津設特別區委，上海、武漢設立分部。1934 年 10 月張君勱在天津召集再生社臨時代表大會，即國社黨成立大會。國社黨標榜國家社會主義，其理論基礎為「絕對的愛國主義與漸進的社會主義」。抗戰時期曾加入統一建國同志會及由它演變而成的中國民主政團同盟、中國民主同盟。1946 年 8 月與海外的民主憲政黨合併，改名為中國民主社會黨。2019.09.10 瀏覽。據上引文中該黨的理論基礎（即該黨崇尚的精神），則可知作為黨員的牟先生，彼當時之政治信念或政治理念之所在。

地方。我家裡也因而受了塗炭，我叔父在他們被城裡保安隊下來圍剿時，亂闖民宅，任意開槍，中彈而死。後來黨人雖有撫卹之議，然我心中的愴痛是難以形容的。我對於那些黨人之厭惡是無法挽轉的。我決不藉他們來爭什麼。我父親決不讓我去投他們的機。我一見他們就討厭。他們趾高氣揚在鄉下作新劣紳欺壓人。每逢趕集，他們便聚在集上，令人側目。我自從從預備黨員迅速地撤退後，我從不與他們敷衍，所受的一切荼毒全忍受了。[129]

不肖國民黨員與地方土匪勾結、趾高氣揚、欺壓百姓，牟先生對他們早已心生不滿。此其一。牟先生家裡也因而受了塗炭。此其二。被地方保安隊圍剿而拒捕時，他們又亂闖民宅，任意開槍。牟先生之不滿由是更甚。此其三。亂開槍時，牟先生叔父竟不幸中彈身亡。牟先生之不滿恐已達極點。此其四。所以「後來黨人雖有撫卹之議」，但牟先生心中的愴痛是難以平伏的。當然，牟先生叔父之死，不是黨人故意為之的。但如果不是亂闖民宅，任意開槍，那他的叔父又豈有枉死之理呢？[130]

　　牟先生對家中長輩產生悲感、悲憫之情，容再舉一例。1954.01.28〈牟致唐函〉有云：

　　弟前天忽然心緒闇淡，悲從中來，不覺哭起來了，此為從來所未有。我很擔心大家兄[131]有問題，論年齡他才五十八歲，但時代太摧殘

---

[129] 《五十自述》，頁37。

[130] 筆者這裡倒有一個看法。亂闖民宅固然不對。但從上引文可以看出，當時國民黨人和所勾結的土匪，被圍剿時為了保命逃亡而不得不見民宅（或任何可以找到的掩體）便闖入。縱使不是國民黨人而是一般的匪徒，他們被圍捕時，為了保命，恐怕也沒有兩樣。又子彈不長眼睛。或由於射擊技術欠佳，或由於慌張，所以便誤殺了牟先生叔父。再者，國民黨既已有撫卹之議，所以牟先生應可釋懷。然而，牟先生實未嘗釋懷，所選擇的作法是：「所受的一切荼毒全忍受了。」就是說懶得跟你計較了。然則大概也可以視為半懷釋了。

[131] 先生之大兄名「宗和」；二兄名「宗德」；先生，其季也。見蔡仁厚，〈學行紀

人。生活太壞，金剛也磨損。現在也無法打聽。

上引文中有以下一語：「哭起來，此為從來所未有」。這大概是針對家人的遭遇，因而生起「忽然心緒闇淡，悲從中來」來說的。若說哭泣，則 10 多年前，即牟先生約 30 歲時得到張遵騮先生之殊遇而「事後每一想及或敍及，輒不覺泣下」，便是已哭泣過的例子。

（七）對自己之悲感

　　無論從中國或外國的立場來說，牟先生都是名副其實的哲學家。這方面，牟先生是有充分自覺的。至於聖人，則牟先生自謙說，他當不了。1959.02.10〈牟致唐函〉載：

> 弟自揆只合作個哲學家，聖人蓋無分，益滋悲嘆。……內子純粹女性，帶虛無主義情調，此亦時代病之反映。惟彼無時下女性之知見，彼無興趣于觀念，純內于女性之具體感，故亦可相處而得調劑也。

針對上引文，筆者有兩點觀察：

　　1、文中的「彼」指的是牟師母趙惠元女士（時牟先生剛與趙女士結婚；確切日期是 1958.12.29）。就筆者個人對師母淺薄的了解是，師母乃一般家庭主婦型的女性。既為一般的家庭主婦，故「無興趣于觀念」也。反之，對個別的，具體的東西、事物，則比較感興趣[132]。這所以牟先生以具「具體感」來描繪之。我們現在再談上引文中的「哲學家」。作為哲學家來

　　要〉，《牟宗三先生學思年譜》，《牟宗三先生全集》，卷 32，頁 1。牟先生這封寄給唐先生的信函寫於 1954 年，即牟先生時年 45、6 歲之時。其大家兄已 58 歲，換言之，其大家兄比牟先生年長 10 多歲。

[132] 筆者曾於牟先生從香港赴臺灣講學時陪伴過師母，前後共計二次，每次約三個月，時維 1977 年至 1979 年間（其哲嗣元一先生時在外國進修）。由是對牟師母之性情，尤其對其家居日常生活，具微末的了解。

說，先不說別的，其先決條件恐怕是必須要對抽象觀念感興趣。[133]牟先生
對「抽象觀念」深感興趣，這是不必多說的。牟先生和師母，一深於觀念思
維，一具具體感；相輔相成，故牟先生以「可相處而得調劑也」來形容之。
吾人也可以說，「可相處而得調劑」一語，又正可反映牟先生非常自覺自己
是擅長於觀念思維的。

　　2、就中國的傳統來說，聖人與哲學家相比，前者的位階是遠高於後者
的。這方面，牟先生當然是再清楚不過。蓋哲學，從今天學科分類來說，乃
一學術專業而已；哲學家，則專注於此專業的學者之謂。至於聖人，乃德行
上、能力上具傑出表現者。以名垂千古而為中國最偉大的聖人孔子來說，也
不免自我評估云：「若聖與仁，則吾豈敢？」[134]當然，從吾人的立場來
看，此語不免為客套話；然而，也是如理的一句話，因為一旦您（無論任何

---

[133] 所謂「別的」，今姑舉牟先生本人晚年之學術專著《圓善論》對「哲學」所下之「定
義」來說明。書中之〈序言〉把哲學視為智慧學（實踐的智慧論）。然則吾人須先
問：何謂「智慧」？或人到底有何種表現始可稱得上為具備「智慧」？依牟先生，
「洞見到『最高善』即謂智慧。」至於實踐的目的，蓋旨在追求或成就這最高的善。
詳見牟宗三，〈序言〉，《圓善論》（臺北：臺灣學生書局，1985），頁 ii-v。
（按：依西方近代傳統，哲學一詞乃指由愛智而來的純思辨之本身，而不必涵實踐一
義。緣乎此，筆者所說「別的」，乃指思辨本身以外的東西，即指實踐而言。其實，
依牟先生，縱然是西方傳統，「哲學」一詞之古義已含實踐一義。詳上揭〈序言〉，
頁 iv。）上述牟先生對哲學一詞所下的「定義」，其實依中國傳統來說，也是有其對
應的觀念的，此即「教」是也。而所謂「教」，牟先生指說出：「凡是以啟發人之理
性並指導人通過實踐以純潔化人之生命而至其極者為教。」（〈序言〉，頁 ii）依
此，則聖賢之相關言說，必為教無疑也。簡言之，依西方世界「哲學」一詞的古義、
中國傳統聖賢之言說——「教」之內容，牟先生概以智慧學（實踐的智慧論）稱之。
是牟先生對哲學一詞所下的「定義」，乍視之，乃一新創。究其實，乃本乎中西方傳
統所固有者，昔古義已泯，今人多不察而已。（當然，「智慧學（實踐的智慧論）」
一詞固新創無疑，但實有所本也。）按：唐先生至遲在 1950 年代末已指出「哲學」
中之「學」字，即有「行」（實踐）一義；宜並參。唐君毅，《哲學概論》第一章：
〈哲學之意義〉，尤其第三節：「論廣義之學問及以行為主之學問」。《哲學概論》
全書完成後，唐先生所撰之自序，其日期為 1959 年 2 月，是可知其相關言說必不晚
於 1950 年代末也。

[134] 《論語‧述而》。

人）自許為聖人、仁人，則聖、仁便遠離您而去了。成聖、成仁之路是永無止境的。雖然孔子也說過：「仁遠乎哉？我欲仁，斯仁至矣。」[135]，然而，今天「欲」之，明天便可能「不欲」。縱然明天欲，後天又可能不再欲。如不再欲，則仁便遠離您而去了（仁不至）。「子曰：『回也，其心三月不違仁。』」賢如顏回，也不過三個月不違仁，則難怪孔子感嘆地指出，「其餘則日月至焉而已矣。」[136]換言之，成聖成仁，當然是可能的。只要您欲便行了。問題是今日得之，明日又可失之！所以關鍵是，您要永遠欲之，不能一刻鬆懈，正所謂：「道德無休假的一日」。只有這樣，您才可以真真正正的成聖成仁。而不是三天五天，三月五月的一個「短期聖人」（當然，能維持三個月五個月不違仁，也是很不容易的）。孔子當然了解到這種修德過程的無止境性（永無盡頭性），所以也不免自評而道說出：「若聖與仁，則吾豈敢？」這句話！連孔子都不敢以聖人、仁人自居，則牟先生當然自覺自己是「無分」（輪不到我；排不上；無資格分享這種進境）了。牟先生這方面的自覺，彼 1953.12.11 的致唐函，已充分流露；中云：「……不能進德修業，日進無疆，此可哀也。」然而，作為讀書人最基本的低線／準則，還是守得緊緊的。所以接著說：「然順世俯仰，荒腔走調，玩弄小聰明以藝（筆者按：蓋與「詣」字同音而誤——手民之誤，故當作「詣」）大道，則不肯為。」然則牟先生雖或不足以稱「聖」，但以「賢」定位之，恐不為過。

　　牟先生悲感之自述，茲多舉一條資料。其 1956.03.02〈牟致唐函〉云：

> 弟近來學問無積極進步，有消極進步。在生活顛倒困苦中，有許多感傷哀憐之蘊釀，忽覺以前所講尚隔一層，現在反覺親切了一步（亦只是一步）。一時覺得明朗起來，至少義理上較明庸〔朗〕，正面的，反面的。

---

[135] 《論語・述而》。

[136] 《論語・雍也》。

引文中的「積極進步」、「消極進步」，頗不知其何所指。推敲下，其所指
或如下：文中主要是針對義理的理解來說的。如果在理解上向前跨進一步，
尤其是一大步，那大概可以視為積極進步。牟先生自謂不及此。然而，其
「感傷哀憐之蘊釀」（此感傷哀憐之本身應算是負面的，也可以算是消極
的）則使牟先生忽覺以前認為如實理解而不隔者（其實尚隔一層！「尚隔一
層」乃牟先生本人用語），今則確確實實地貼近了一步而比較不隔。其結果
便是：「一時覺得（義理方面）明朗起來」。可見與從前相較，今已明朗多
了。換句話說，如果在早已明朗的義理上，更有所進步：增添、轉進，那當
然是積極進步。然而，以為明朗，但其實尚隔一層，所以現在只不過是補回
去而已。這個補回去當然也不得不視為進步，但並非在原有的基礎上再向前
邁進。牟先生大抵以此而用上「消極進步」這個用語的。然則牟先生本身的
悲感（感傷哀憐）無意間也作出了貢獻：消極進步。[137]是以筆者特別闡述
如上，藉以見悲感非全係負面者。[138]

---

[137] 這裡要特別指出為什麼筆者要用上「無意間」這三字。這三字意謂這悲感的自身並不
是意圖要成就什麼、獲致什麼；然而，竟意外地有所成就，包括把沉淪克服過來（詳
下注）。牟先生說：「這悲自身就表示一種戰鬥，純消極地『在其自身』之戰鬥。它
不是『克服沉淪』之戰鬥，亦不是『實現良知天理』之戰鬥，而只是似無作用地『悲
之在其自身』之戰鬥。」（《五十自述》，頁 163）筆者的說法，表面看來，似跟牟
先生的說法有所牴觸；其實不然。因為悲感之能夠克服沉淪，乃至實現良知天理，依
上文，乃無意間所獲致的成就，蓋悲感之本身並無此意圖。依此，則筆者的說法便沒
有跟牟先生的說法有所牴觸、衝突了。

[138] 牟先生本身的悲感非全係負面者，此固然。其實本節前面說到的「客觀的悲情」，也
同樣並非全係負面者。先生嘗云：「我所肯定的，則是華族歷聖相承所表現的文化生
命。……我不能忍受那一定要物化生命的唯物論與唯物史觀，以及共黨的生心害政，
邪僻泯滅，窒息人間而為一物化機器的殘暴。……我是站在價值之源、生命之源的純
精神實體之肯定上，反對它。這就是向上昂揚客觀悲情的超越根據。」《五十自
述》，頁 122。由「向上昂揚客觀悲情」一語即可見此「客觀悲情」本身所具備的性
質：向上昂揚。客觀的悲情如果一直持續下去，即不斷悲下去，甚或進一步發展下
去，那當然可以使人沉淪的，陷入虛無而萬劫不復的境域的。然而，它又可刺激人反
省回思，轉而醒悟過來。然則便有可能形成一股沛然莫之能禦的偉大動力。這股動力
與其上的超越根據匯流在一起，便足以摧陷廓清使人生命物化的唯物論與唯物史觀。

　　本節主要是處理牟先生的悲感。說到其悲感，則《五十自述》第六章〈文殊問疾〉（又名〈我的存在感受〉）有深入細緻的描繪。其中第四節「沉淪之途」、第六節「悲情三昧」對悲感這個議題討論尤多。茲扣緊「悲情三昧」一概念，[139]從第六節中摘錄若干段文字如下：

> 我在這將近十年（筆者按：指 1949-1957 年左右，即從流亡到臺灣至撰寫《五十自述》的一個時段）的長時期裡，因為時代是瓦解，是虛無，我個人亦是瓦解，是虛無，我不斷的感受，不斷的默識，亦不斷地在這悲情三昧的痛苦哀憐中。我讓我的心思、生命，乃至生命中的一塵一介一毛一髮，徹底暴露，徹底翻騰，徹底虛無，而浮露清澄出這「悲情三昧」。（頁 164）

又說：

> 一夕，我住在旅店裡，半夜三更，忽梵音起自鄰舍。……那一夜，我所體悟的，其深微哀憐是難以形容的。我曾函告君毅兄。君毅兄覆函謂：「弟亦實由此契入佛教心情。弟在此間又曾參加一次水陸道場法會，乃專為超渡一切眾生而設者。其中為一切眾生，一切人間之英

這裡說到的「超越根據」，指的就是上段引文中的「華族歷聖相承所表現的文化生命」。

[139] 所謂「三昧」，「維基百科」有如下說明：「三摩地（梵文：समाधि，Samādhi），又譯三昧、三摩提，意譯為等持、正心行處，佛教術語，意指專注於所緣境，而進入心不散亂的狀態，皆可稱為三摩地，因此又可譯為『止』、『定』、『禪定』」。2019.09.14 瀏覽。至於「悲情三昧」，牟先生蓋指以下三者：「悲思自身（三昧）」、「悲感自身（三昧）」及「悲覺寂照自身（三昧）」背後所據之心靈之全然進入專注而不散亂的狀態。簡言之，此三者全然專注在其自己而不散亂、歧出也。針對牟先生的「悲情三昧」，前賢已撰有不少論著，譬如曾昭旭，〈入悲情三昧，見千古真心——述牟宗三先生的生命格範〉，《鵝湖月刊》；第 240 期，1995 年 6 月 1 日，頁 49-50；黃冠閔，〈寂寞的獨體與記憶共同體：牟宗三《五十自述》中的生命修辭〉，《臺大文史哲學報》，期 87，2017 年 8 月，頁 119-150。

雄、帝王、才士、美人，及農工商諸界之平民、冤死橫死及老死者，一一遍致哀祭之心，而求其超渡，皆一一以梵音唱出，低徊慨嘆，愴涼無限，實足令人感動悲惻，勝讀佛經經論無數。」[140]此言實異地同證，千聖同證。君毅兄已提到佛教。現在可即就我所證的「悲情三昧」以觀佛教之所說。（頁 165）

我之體證「悲情三昧」本是由一切崩解撤離而起，由虛無之痛苦感受而證。這原是我們的「清淨本心」，也就是這本心的「慧根覺情」。慧根言其徹視無間，通體透明；覺情言其悱惻傷痛，亦慈亦悲，亦仁亦愛。慧根朗現其覺情，覺情徹潤其慧根。……（頁 165）

牟先生用了約 3000 字的篇幅相當深入地討論「悲情三昧」這個主題。上面引錄的（不算唐先生的一段話）約只有 300 字而已，實無法充分彰顯牟先生的慧解精識。筆者最要強調的，其實是以下一點：牟先生之得以體證「悲情三昧」，全賴「慧根覺情」背後的「清淨本心」。而這個本心的性格，依牟先生，是「亦慈亦悲，亦仁亦愛」的。「慈、悲」是佛家用語；「仁、愛」則儒家用語也。當然，兩者亦可互通。如吾人可說因慈、悲而產生仁、愛；也可說因仁、愛而產生慈、悲。就此來說，儒、佛未嘗有異（至少可會通）。這裡不詳細討論。一般來說，悲感是使人消極的，甚至使人陷入虛無的。然而，牟先生乃追溯至具仁、愛性質的「清淨本心」以體證「悲情三昧」，則悲情三昧，乃至悲情之本身，便具備正面而積極的功能了。這種深具儒家意味的「詮釋」，正反映作為新儒家的牟先生之為新儒家也。[141]

---

[140] 此函乃唐先生於 1956 年 12 月 20 日所寫者。收入《唐君毅全集・書簡》。

[141] 當然牟先生在這裡也用上比較是佛家用語的「慈、悲」二字。但牟先生大概是藉「以觀佛教之所說」（此牟先生本人用語）而用上此二字。就其骨子裡來說，恐儒家之「仁、愛」才是其核心思想。

四、惡

牟先生的喜惡感極強。本文上篇〈夫子自道：牟宗三先生形貌和性情之自我描繪〉（即本書第二章）已探討過其所喜這個面向。現在再說其所惡（即所討厭之事事物物）。

（一）早期討厭生命及與生命相關之各元素

凡儒家莫不重視生命。然而，牟先生之成為儒家而重視生命，那是大學三年級（民廿一年，先生廿四歲）遇上熊十力先生以後之事。[142]其前，牟先生自稱是極討厭生命的；嘗云：

> 我當時（按：指讀大學預科及大三認識熊先生前的一個階段）是極討厭「生命」一詞的。凡關於生命、價值、主體、道德宗教、歷史文化的，我都討厭。我也曾極度外在化，我也曾喜歡那泛客觀論、泛事實論、泛物理數學的外延論。[143]

牟先生的生命既極度外在化，那生命本身及與生命相關的各元素或領域，如上引文提到的價值、主體、道德宗教、歷史文化等，便定然是其所惡了。本文上篇第三節：「牟先生性情之自我描繪」之（一）喜（樂），已探討過這個議題，茲從略。

（二）討厭、憎惡共產黨的理論

牟先生一生反共；討厭共產黨所推崇的唯物論、唯物辯證法和唯物史觀[144]等等。此眾人皆知者。針對這方面，其《五十自述》有很翔實的描繪，

---

142 《五十自述》，頁 85-86。

143 《五十自述》，頁 59。

144 唯物史觀的核心思想乃經濟決定論及以此為基礎的階級鬥爭的歷史觀。其信奉此史觀者乃緣此而反對，甚至攻擊表現精神、實現價值的歷史觀。這種種論調及相應的作法，當然是牟先生萬萬不能接受的。

如下：

他們（按：指共產黨）挑起思想問題，⋯⋯不是客觀地從哲學上或其他學問上入，乃是從特定的馬克思主義入，而且攜帶著政治鬥爭的意識。他們牽涉到哲學：1、從他們的唯物論，他們要攻擊哲學主流的理性主義、理想主義（他們概括名之曰唯心論）；2、從他們的唯物辯證法，他們(1)既要攻擊黑格爾的唯心辯證法，(2)又要攻擊形式邏輯；3、從他們的唯物史觀，他們既要建立歷史之經濟決定論、經濟決定的階級鬥爭的歷史觀，又要攻擊精神表現價值實現的歷史觀。（⋯⋯他們的唯物史觀似乎成了積極的、純建設性的。講到歷史，幾乎都是他們的觀點，無論政治立場是如何。⋯⋯）4、他們要進而講社會主義的文學論、藝術論，他們便不得不反對于人生的價值上、美學的價值上，有獨立意義永恆意義的文學論、藝術論。5、他們復以其階級的劃分，認為科學（不但是科學家）也有資產階級的科學與無產階級的科學⋯⋯6、他們復以階級為標準，衝破國家的真實性與真理性，他們認國家是有階級對立後才出現的，而且是階級壓迫的工具：因此國家是歷史階段中的東西，不是永恆的東西，是罪惡，不是真理。7、最後，他們不承認有普遍的人性，只有階級的私利性。這是根本罪惡之所在。他們這一切思想，這一切學術上的牽連，都是言偽而辯的，我都不能承認。當時（按：指民 18、19、20 年左右）我對於這一切自不能全透，但只覺得他們所說總有點不對。綜起來，1、我已覺得像他們那樣說法，天地間就不能有客觀的真理、普遍的真理，都是隸屬於階級的立場與偏見，都是隨經濟結構社會形態之變而變的。這一點刺激我很深，在一個 2、純潔無私的青年心靈上是絕難接受的。我們不要有牽連、有夾雜，3、只須直接面對各門學術看真理之是非。刊落一切，直下以真理是非為標準。⋯⋯4、你就是主

張唯物辯證法，也須自身同一地主張，不矛盾地主張。[145] 5、然則你攻擊思想律，有何意義？……6、要革命，便從政治上的實踐與制度之好不好說就行了，何必這樣到處歪曲。從這一點，7、我看出他們的心術根本不正。這根本處有問題，截然分開。從此以後，真理是非

---

[145] 牟先生的相關說法，尚見其他專著。針對辯證法之不能違反邏輯，《邏輯典範‧前序》便很斬截的說：「此即是說，不管你所講的合事實否，有價值否，但表現你的說法必須是前後一致，不相矛盾。這即是所謂邏輯的。」（轉引自《當代新儒學三大家序跋輯錄》，頁 168。）至於明確指出邏輯和辯證法各有所當的，《理則學‧序》（臺北：正中書局，1955）說得很清楚，如下：「辯證法是玄學方法，在邏輯學裏本可不涉及，但為社會需要，時代的關係，亦有弄清楚的必要。共產黨大講辯證法（他們的唯物辯證法），力反形式邏輯，影響社會人心甚大。所以我們也不能置諸不理。我的斷定是如此：辯證法，作為玄學方法看，它足以使吾人開闢價值之源，樹立精神主體，肯定人文世界。而『唯物辯證法』則不可通。人們一見說辯證法是玄學方法（即形而上學的方法），一定大不高興。共產黨加上唯物二字，便認為它的唯物辯證法是科學的。其實科學並不等於唯物，而無論如何，辯證法總不會是科學的，亦不會是科學方法。唯物辯證法亦並不是『辯證法』。說辯證法是玄學方法，不是科學方法，並不函有劣義。凡事各有所當。關於辯證法的兩章，是本書底附錄，以示其並非邏輯學之正文。」（頁 5）至於明確指陳辯證法的性質及其指涉範圍的，牟先生在〈論黑格爾的辯證法〉一文中說：「辯證根本是實踐上的事，並且亦是精神表現上的事。辯證法不能在知性上講，亦不能在知性所對之『對象』上講。這是第一所應認清的。一般人不能嚴格認識『知性』之確義，又不能知超乎『知性』以上之『理性』，而總不自覺的、模糊的，並且以為是當然的，落在『知性』上，而從『知性』上講辯證，把辯證法與邏輯看成是同層上的對立者，如是要講辯證，必反對邏輯，或者兩者攪亂不清而兩敗俱傷。殊不知邏輯如何能反對？邏輯、數學、科學都是屬於『知性』的：反對其一，必反對其二（筆者按：指反對辯證法，便必反邏輯；反對邏輯，也必反辯證法）。西方哲學早已釐清。凡講辯證者，無不知此中之分際。……唯物辯證法根本是不通之詞，由於大混亂而成者。辯證根本不能單從『物』一面講，亦不能單從『心』一面講。知性之活動成科學，知性所對之『物』是科學的，物理化學的，只服從物理化學之法則，何得於此言辯證？此在西方有學問之規模與風範，根本無人能措思及此（筆者按：此語意謂：根本沒有人會如此措思，即沒有人會把科學與辯證混為一談，即不會引入辯證法以談科學）。若有如此思及，必不值識者一笑！」《生命的學問》（臺北：三民書局，1976），頁 219-220。

便容易朗現。[146]（本引文 1、2、3 等等標碼，乃筆者所加，以醒眉
目故。）

上引文可分為二部分。其一是牟先生對共黨理論之批判。其批判的對象共計
7 項，如下：

　　1、唯物論；2、唯物辯證法；3、唯物史觀；4、不承認有獨立意義永恆
意義的文學和藝術；5、科學有資產階級的科學與無產階級的科學之別；6、
把國家定位為非永恆的東西，是罪惡，不是真理；7、不承認有普遍的人
性，只有階級的私利性。以上 7 項都是牟先生所不能認同的。針對第 7 項，
即最後一項，牟先生更鄭重地指出說，「這是根本罪惡之所在」，蓋儒家必
承認人是有其普遍性的，即具同一人性（善性）的。而此性是凡人必具備
者，所以牟先生在這裡稱之為「普遍的人性」。然而共產黨竟然否定之，所
以牟先生認定這是其根本罪惡之所在。以上的共黨理論，恐與共產黨人「攜
帶著政治鬥爭的意識」有密切的關係。吾人固不宜說共產黨人的政治鬥爭意
識必然塑造出以上的理論。但似乎可以說，為了取得政治鬥爭上的勝利（打
倒國民黨及其所建立的國民政府），則在一定程度上不得不塑造出（構想
出、建構出）以上的理論，尤其第 6 和第 7 項。然則其用心或所謂心術便很
可以商榷了。說到共黨之心術，我們便要進入上引文中的第二部分。如果第
一部分旨在批共，是以可稱之為「破」的話，則第二部分也許可以稱之為
「立」。即牟先生所以展開批判，是有其正面的根據的。這部分大體上也可
以區分為 7 項（適巧是 7 項，但並不是跟第一部分全然一一相對應的 7
項），如下：

　　1、天地間有客觀的真理、普遍的真理；2、純潔無私的青年心靈必肯定
天地間有客觀的真理、普遍的真理；3、直接面對（探討）各門學術之自身
以衡斷其所言之真理[147]到底是「是」（對）還是「非」（不對），而不應

---

[146] 《五十自述》，頁 64-66。

[147] 牟先生的原語是「真理之是非」。其中「真理」二字，蓋一泛稱，意謂「學說」，非
　　真係一「客觀真理」。因為如為後者，則必「是」而不可能是「非」的。今牟先生用

夾雜任何先入為主的立場、意見。4、縱然主張唯物辯證法，也須自身同一
地、不矛盾地主張（此可進一步引伸為：運用唯物辯證法作為論述的根據／
方法時，其運用之過程也必得前後一貫，不能自相矛盾）；5、肯定（以邏
輯為核心的）思想律之意義與價值。6、要革命，其相關說詞應明確針對當
時政治上的實踐與制度之好壞，予以敷陳便足，不必牽扯其他，更不能肆意
歪曲。7、明確指出共黨人士的心術根本不正。上面第一項，凡儒家莫不如
是相信的，尤其針對道德的絕對性、普遍性、普適性來說，更見其然。這根
本上是儒家的基本信念。至於第二項，其實可以跟第一項縮合為一。筆者故
意把它獨立出來，旨在凸顯純潔無私的青年人，其心靈必自自然然地承認、
接受天地間有客觀、普遍的真理。只有當先天原始的心靈遭受到後天人為的
污染（譬如被灌輸某些觀念、意識形態），心靈才被扭曲而誤入歧途（迷
惘、陷溺、無明），因而否認天地間有客觀的真理、普遍的真理。上面第 6
和第 7 項，似乎可以合起來看。先說心術問題。要推翻推倒某一政權，恐泰
半都出自野心家的個人私欲[148]。然則心術之正不正，便不必多問了。如果
能夠目的正當（譬如具備相當崇高的目的），那已經算是很不錯的了。但最
常見的結果，則是：只問目的，不問手段[149]。（至於野心家，則連目的是

「是非」（即可能是「是」，亦可能是「非」）稱謂之，則知其非客觀之真理明矣。
是以筆者判斷，此「真理」一詞，猶「學說」一詞而已。「面對各門學術看真理之是
非」，即等同「面對各門學術看其所倡言／闡述之學說之是非」。牟先生高足李淳玲
女士《五十自述》之英譯，於學術界大有貢獻。唯此句之翻譯（"Let us look at each
discipline honestly and objectively, so we could get to the truth, to what was right and
wrong."）似與原語句頗有落差。如筆者上面的理解不誤，則上譯語之後半部似宜
作："so we could get to the right and wrong of the truth ("truth" here denotes "theory",
"doctrine")". Zongsan Mou (author), Ming-Yeung Lu, Esther C. Su(tr.), *Autobiography at
Fifty: A Philosophical Life in Twentieth Century China*, Foundation for the Study of
Chinese Philosophy and Culture, 2015, p.84.

[148] 當然必先出現對該政權不利的若干客觀因素，並從而造成了對該政權不利的客觀大環
境。

[149] 此語當來自英文下語：The end justifies the means：目的可以把手段合理化。意謂：只
求目的，不擇手段；只要目的正當──目的具正當性，手段便可以無所不用其極。這

否具正當性，那也不在考慮之列！）如果筆者這個說法說得通——說得合
理，符合實情，那共產黨要推翻國民黨的統治（即牟先生所說的「要革
命」），那便一定是無所不用其極了。這無所不用其極當然含牟先生所說的
「到處歪曲」。既然「革命無罪，造反有理」[150]，那麼什麼手段都可以用
上了。「到處歪曲」，用今天臺灣的潮語來說，便是到處抹黑，在網上散布
假消息、假新聞等等。牟先生用心純正，是道德的理想主義者（其實，凡儒
家莫不如是）。所以便說：「要革命，便從政治上的實踐與制度之好不好說
就行了，何必這樣到處歪曲。」這對共產黨來說，吾人可視之為乃深具理想
性的一個高度的期許。然而，既係理想性的一個期許，便多少意味著它只是
遙不可及的一個高貴的夢想（A noble dream）而已；是斷難付諸實現的。既
難以付諸實現，然而，為了奪取政權，那無所不用其極，便成為必然的手段
了。這方面，牟先生當然是有所察悉的。所以便逕以「心術根本不正」來描
繪共產黨的革命行為。

（三）討厭學習，討厭教書先生、秀才、教授

根據《五十自述》，[151]筆者在本文上篇（即本書第二章）曾說過：
「依牟先生，文字語言本身是一套機括，把文字寫成文章，又是另一套機
括。這對牟先生來說，要學習這些，都是很吃力的，費力的，痛苦的。」其
結果便是，對這套「學習機括」，當然就只有「憎惡」二字了；且牟先生進
一步把讀書從學視為「自然生命之一曲」（《五十自述》，頁 17；詳本文
上篇）。由憎惡學習這套東西，牟先生又進而憎惡最擅長，最喜歡賣弄這套
東西的人（或可稱之為腐儒）。先生說：

個翻譯／解讀是比較負面的。但也可以做一個比較正向／正面的翻譯／解讀：目的的
正當決定了手段也隨之而正當。這意味著手段是中性的、次要的。即只要目的具正當
性（崇高、具理想），那手段是不必予以計較的。

[150] 這是文革時期被紅衛兵喊得震天價響的一句口號。今借用以描繪中共 1920-40 年代擬
推翻國民政府時，所秉持的是同一個理念；只是未形成這樣的一個口號而已。

[151] 頁 23-24。

> 九歲入學，讀的是私塾。在那二三年間我雖然也好好讀書，也怕先
> 生，但我對於這些先生、秀才們，總覺著異樣，不自在、不自然。我
> 當時不知道討厭，後來我才知道那實在是討厭，我討厭的是他們的那
> 寒傖氣、酸氣。他們不酣暢淋漓，不充沛，……[152]

先生又說：

> ……此後我之所以有時也能來兩句文言，那都是在讀書中拖帶出來
> 的，自然的，不是立于文學法度上作文章。我一直不會作文章，也無
> 心作文章，而且對於那些單就文章尋章摘句，推敲聲調，褒貶讚歎的
> 人之秀才氣、酸氣，我一直在厭惡。[153]

對牟先生來說，要費大力氣才得以進入文字語言的一套機括。尤有甚者，進
入文字語言後，又得學習文法章法，其間又有文言、語體之別，則其機括乃

---

[152]《五十自述》，頁 16。

[153]《五十自述》，頁 24。猶記得 40 多年前上牟先生課時，牟先生便說到他的港大同事
饒宗頤先生（1917-2018）的學問是清客之學。筆者當年不懂何謂「清客」？何謂
「清客之學」？只猜想這應該是一個貶詞。饒先生名滿天下。（錢鍾書稱饒先生為
「曠世奇才」，季羨林說他是「我季羨林心目中的大師」。與錢鍾書並稱「南饒北
錢」；與季羨林並稱「南饒北季」。被譽為「業精六學，才備九能，已臻化境。」見
〈國學大師饒宗頤辭世，「南饒北季」後，大師凋零，期待「來者」〉。https://kkne
ws.cc/culture/86g4jon.html；2019.09.23 瀏覽。）寫文章是饒公最擅長的，這不必多
說。其實，饒公的才藝學問，根本是全方位的；可以入傳統史傳中的文苑傳無疑。但
要入儒林傳，則從牟先生的角度來看，恐未也。此所以被稱為「清客」；而其學問，
乃「清客之學」也。傳統文章中經常講究的「尋章摘句，推敲聲調，褒貶讚歎」，饒
公當然也是箇中翹楚。然而，就牟先生來看，恐不免「秀才氣、酸氣」而已。也許牟
先生是從這個角度把饒公定位為「清客」也說不定。百度百科（2020.12.08 瀏覽）針
對「清客」一詞，則有如下的解釋，茲引錄如下，以供參考：其基本解釋為：「舊社
會在顯貴人家或官僚地主家裡幫閒的門客」；引證解釋的第一條則為：「舊時在富貴
人家幫閒湊趣的文人」。按：牟先生喜歡月旦時人，此眾人皆知者。是以其對饒公學
問上的品評，吾人知悉（acknowledge）之即可。

可謂層疊不窮者。要學習，便必得一層一層往裡面走，則其痛苦可知。如果
這種學習對牟先生來說，只能算是因費大力氣而多少感到痛苦，但還不至於
討厭、厭惡的話，則對於教書先生、秀才們（尤指尋章摘句，推敲聲調，褒
貶讚歎的文人）之樂於接受這一套一套的機括，且更有意在其間賣弄聰明
者，則牟先生對這些不充沛、不酣暢淋漓，而充塞著寒傖氣、酸氣的先生、
秀才們，便真的只有「厭惡」二字了。

　　說到得費力氣才學習到一些東西，茲再舉一例。先生說：

> 在中學時，人都能看小說，我獨不能。我覺得看小說也要費力。至於
> 高級小說如《紅樓夢》、《水滸傳》之類，我進北大預科始能看得
> 懂。我初到北平，報紙也看不懂，也覺得是陌生的。任何一樣東西我
> 覺得都要費力方能進入，因為混沌裡原是一無所有的。我沒有現在都
> 市兒童由自然熏習而來的常識。在我的生命中，常識是不占地位的。
> 我生命中沒有那粘合性諧和性的常識。我所有的都是費力學來的，都
> 是通過意識而用生命貫注到了的，……我感覺到，如果一切都要靠意
> 識所及、生命貫注，那必是凸起而破裂的，這裡後來（按：「後來」
> 蓋「到頭來」，「終歸」之意）必函蘊著一種痛苦。直到現在，我總
> 覺得我的常識不夠；有時很行，有時一無所知。[154]

上引文有二點似乎很值得注意：

　　1、常識也是機括，要費力氣才學會：牟先生沒有一般人（上引文特指
「都市兒童」）「由自然熏習而來的常識。」若不嫌誇張，這也許可稱為常
識上的白癡。這讓筆者想起以下一則故事：記得有一位學長告訴我，業師史
學大師嚴耕望先生有一次想看看照相的成果時，竟把底片膠卷（香港人稱之
為「菲林」，即 film 之中譯）在陽光下一拉，然後說：怎麼什麼都沒有看
到？不知這個故事是真是假。但嚴先生專注於研究，生活瑣事不太理會，不

---

[154]《五十自述》，頁 24。

太關注，當然也不太懂得，則恐係事實。生活上實在有點白癡。牛頓誤將手錶當蛋煮，唐先生誤將上課時手上的粉筆當菸抽。這種由於專注於學術、教學而來的糊塗，甚至由專注而成為其他事物（乃至於常識）方面的白癡，大概是成就大的人的通病。其實要成就大事，對小事就得糊塗（或自自然然的犯糊塗），否則那有時間、工夫去做大事呢？！

2、牟先生的專精，其來有自：「我所有的都是費力學來的，都是通過意識而用生命貫注到了的。」[155]筆者常有以下一看法：唐、牟二師，前者廣博，後者專精（當然，這只是相對來說、比較來說）。唐先生的性情，近乎博聞強識；且早慧，讀書過目不忘；一觸及，便能領會、學會。所以針對學習的對象，不必像牟先生都需要費力氣，甚至費大力氣、「都是通過意識而用生命貫注到了的」才能學會。牟先生在學習上之痛苦，由此可想而知（因痛苦而討厭學習，尤其早年時，是很可以理解的）。然而，其痛苦不是白白付出的，它換來了極大的成就。蓋「通過意識而用生命貫注到了的」一種學習，其結果，就主觀一己來說，必刻骨銘心無時或忘，就客觀之對象來說，必能專精深入其內。是以凡所鑽研之學問領域，牟先生無不深閎透闢也。

個人體會：「我生命中沒有那粘合性諧和性的常識。」這句話對筆者來說，特別親切。唸大學時，班上同學都會打橋牌，我就是不會。現在年青人都會使用手機上的各種功能。我也不會。電腦操作，我也只是懂得最基本的，譬如寫寫信，上網找找資料而已。打橋牌和滑手機，對一般人來說，只能算是常識而已。但我就是不會！當然，我也無心學——即不想花心思、時間在這方面學習。反過來，若真要學——用心來學習，依牟先生，便需要意識及之，甚至用生命貫注及之了。在他人本是信手拈來，輕而易舉，稍一觸及便可豁然了悟之事，而筆者竟要用心（意識及之，甚至生命及之）才能學到、學會！

---

[155] 引文中，說「所有」的有一次，說「都是」的有兩次，此頗堪注意，蓋皆全稱判斷也。這分別表示就學習對象的普遍性言，就用力費勁的普遍性言，就生命貫注的普遍性言，皆一無例外地而為牟先生所全力以赴也。

以一己曾經有過的經驗來看，則牟先生學習上的痛苦，亦可想而知矣。

　　任教於私塾、中小學的秀才們、教書先生們，既滿是寒傖氣和酸氣，這固然使牟先生生厭。就連教大學的教授們也好不到那裡，是以牟先生對他們也不懷好感。先生說：

> 讀書固然重要，但我當時（按：指 15 歲前讀私塾的階段）似乎總感到有在讀書以外超越了讀書，涵蓋了讀書的氣氛。讀書不是唯一凸顯的生活，這意識一直維持到現在。我現在可勉強算是個讀書人。[156]但我一直就討厭那些沾沾自喜總忘不了他那教授身分的一些教授們，一直就討厭那些以智識分子自居自矜，而其實一竅不通的近代秀才們之酸氣腐氣與驕氣，他們的心思膠著而且固定於他們的職業（咬文嚼字）。他們總忘不了他自己，他們鄙視一切其他生活形態。他們不能正視廣大的生活之海，不能正視生命之奧秘、人性的豐富，價值的豐富。他們僵化了他那乾枯的理智以自封、以自傲，然而實在是枯窘的、貧乏的。吊在半空中，脫離了土、脫離了水、脫離了風與火。他們四大皆空，而封於其乾枯的瑣碎的理智中以自矜，相譽為權威以自娛，此之謂相濡以沫，近死不遠。[157]

上引文重點有三：

　　1、鄙視一些教授們高高在上的態度：牟先生討厭一些教授們之沾沾自喜，自以為了不起，以知識分子自居自矜。當然，牟先生本身也是教授。如果從 1942 年任教於成都華西大學算起[158]，那算至撰寫《五十自述》時的

---

[156] 牟先生一方面是客氣，另一方面是討厭一般意義下的讀書人，所以只是很勉強地自我承認是個讀書人。

[157] 《五十自述》，頁 17。

[158] 牟先生一輩子在眾多大學任教，多半是唐先生從旁促成的。就華西大學的教職來說，先生即嘗云：「他（唐先生）介紹我到成都華西大學當講師。」上揭〈熊十力先生追念會講話〉，頁 260。唐先生對牟先生這方面的幫忙，連余英時都注意到了；嘗指出

1956、57 年，牟先生已在大學任教 10 多年了，算得上是資深教授。然而，據筆者當年讀研究所時的印象，牟先生並不以身為大學教授而沾沾自喜、高高在上、自以為了不起。其實，連要不要入學讀書，牟先生都不在乎；更不要說想到日後要成為大學教授了。[159]牟先生就這樣說過：

> 我當時（蓋指九歲入讀私塾的前後）對於讀書，並不見得是衷心的喜悅，所以也不一定要從學，要升學。我心中所親切喜悅的實在是與土接近的農夫，與蒼茫寥廓接近的趕馬者。在我的生活中，沒有「萬般皆下品，惟有讀書高」的意識。[160]

2、鄙視一些教授們所專注（甚或引以為傲）的學術專業：上引文以下語句就或多或少隱涵此意：有些教授們（引文以「近代秀才們」稱之）「其實一竅不通，……心思膠著而且固定於他們的職業（咬文嚼字）。……他們僵化了他那乾枯的理智以自封、以自傲。……相譽為權威以自娛。」

3、批判一些教授們不吃人間煙火、不接地氣、缺乏對社會大眾的關懷意識：其代表性語句如下：「他們鄙視一切其他生活形態。他們不能正視廣

牟先生從臺灣東海大學轉到香港大學中文系，後又再到中文大學新亞書院哲學系，都是唐先生促成的。余英時，上揭《余英時回憶錄》，頁 115。

[159] 筆者入讀新亞研究所時，牟先生早已屆滿香港官辦大學之教授退休年齡（當年以 60 歲為上限，也可以說為原則）而從中文大學新亞書院退休了（時維 1974 年，即牟先生滿 65 歲之年）。若從 1942 年任教華西大學算起，牟先生在大學當教授（廣義的）已滿 32 年。筆者的意思是說，大學教授一頭銜，對他老人家來說，早已是過眼雲煙，不算什麼了。然而，牟先生年青時，曾認為當大學教授是很了不得的。先生 70 歲（1979 年）憶往事時嘗指出說，彼初見熊先生的一段日子裡（唸大三，23 歲），曾因一個偶然的機會而熊先生請李證剛先生為牟先生看相。牟先生「便問李先生：『我能不能當教授呢？』我當時認為教授是很高的，很了不得。李先生說：『能，可以』。」上揭〈熊十力先生追念會講話〉，頁 252。由此可見先生讀大學時，並不是沒有想過（企盼過）要當大學教授的。當然更早之時，即九歲入讀私塾時，牟先生是不會有這種人生願景或人生規畫的。

[160] 《五十自述》，頁 16。

大的生活之海，不能正視生命之奧秘、人性的豐富，價值的豐富。……他們
四大皆空，而封於其乾枯的瑣碎的理智中以自矜。」

附識：說到牟先生對大學一般教授們的憎惡，或鄙視、批判等等，讓人想起
牟先生對梁漱溟先生（1893-1988）也作出過類似的評價。先生說：

> 吾與梁先生始終不相諧。吾雖敬佩其人，而不相契。遠在民廿五年
> 秋，吾由廣州返北平。熊師商諸梁先生，欲其月供生活費。梁則答應
> 而有條件：一、須至山東鄒平住相當時日（其鄉村建設研究院在鄒
> 平）；二、須讀人生哲學[161]；三、須不是政治利用。吾聞之反感立
> 生，梁先生以聖哲自居，何故出此鄙言？熊師勉以少忍，可去鄒平一
> 看。吾即乘回家之便，過鄒平。翌日晨，晤梁先生。問曰：「來此已
> 參觀否？」曰：「已參觀矣。」「汝見云何？」曰：「只此不夠。」
> 彼勃然變色，曰：「云何不夠？汝只觀表面事業，不足以知其底蘊。
> 汝不虛心也。」吾曰：「如事業不足為憑，則即無從判斷。」三問三
> 答，不辭而別。吾由此知此人之氣質與造詣。吾嘗以八字評之：「鑽
> 入有餘，透脫不足」自此睽隔，終無由得通。吾茲間接依附其中，精
> 神亦極不安。[162]

吾人固然不能由上引文而下判語說，牟先生討厭或鄙視梁先生。但彼對梁先

---

[161] 此指梁先生的《我的人生哲學》一書。該書以梁先生哲學專著之外談人生感悟的小文
　　章所組成，大體上分為對人的認識、對人生意義的認識、對人生具體問題的看法、對
　　人生角色和時段的看法四個部分；是一部能簡要而準確地反映梁先生人生哲學的讀
　　本；由梁先生的哲嗣梁培寬、梁培恕二位先生審定。梁先生自認是一個有思想，且本
　　著自己的思想而行動的人。他對人和人生本質的分析，對每個人都必須面對的人生問
　　題之解讀，洞若觀火，精到透徹。他開豁通達的人生觀，是對儒家思想的汲取和反哺。
　　書中內容實發人深省。參　https://www.books.com.tw/products/0010573037；2019.09.25
　　瀏覽。

[162] 《五十自述》，頁101。

生印象不佳，則顯然。上引文似乎有二點值得稍微一說。

　　1、熊先生擬請梁先生提供牟先生生活費。梁先生提出三條件而牟先生
立生反感。細看該三條件，筆者認為其中第一、二條件算是相當合理，至少
不能算是苛求。梁先生時在山東鄒平創辦其畢生投注最大心力之鄉村建設事
業（鄉村建設研究院），遂以此而要求牟先生在鄒平住上相當時日，蓋意欲
牟先生從中鍛鍊學習；這是很可以理解且合理的一個要求。又：梁先生比牟
先生年長 10 多歲，乃其前輩（牟先生時年 27、8 歲，大學畢業僅 3 年）。
梁要求牟讀其《我的人生哲學》，藉以促使後者了解鄉村建設研究院（牟先
生將生活其間）之創辦人（牟先生將依靠之以過活，是即牟先生之恩主也）
的哲學思想，此亦不宜視為過分的要求。所以筆者認為以上三條件中，最引
起牟先生「反感立生」的，其最關鍵者是第 3 項條件，即「須不是政治利
用」。按：牟先生一生中除短暫參加過國社黨（擬去山東鄒平前的數年
間），並由此而對政黨活動相當反感外，再不曾正式加入過其他政治組織
（僅嘗為國民黨預備黨員）。今梁先生竟出此言，即意涵梁先生以牟先生之
擬去鄒平乃為政治活動而去。果爾，則從梁先生的角度來看，實無疑牟先生
已成為某黨派「政治利用」下之一工具而欲去鄒平矣！（即擬去鄒平以落實
該「政治利用」。）是以梁先生乃出言在先，以預為之地也（此含提醒，乃
至警告之意味亦說不定）。牟先生一聽，當然火大；緣乎「須不是政治利
用」一語，對牟先生來說，不啻極大的侮辱，蓋該語已多少預設牟先生乃為
政治所利用而始欲去鄒平矣。綜合來說，筆者認為以上 3 條件，其中 1 和
2，應不是問題之所在；蓋可謂合理之要求也。[163]至於條件 3，則梁、牟二

---

[163]「所謂合理之要求」，乃筆者個人之判斷。但從牟先生看來，也許會認為梁先生的話
　　實在沒道理，所以沒法接受。針對第一項條件，牟先生認為梁先生是干涉他讀書，即
　　干涉他選擇讀何書的自由。針對第二項條件，牟先生在追悼熊十力先生的講話中，曾
　　說：「我也不願到你鄒平去」，但沒有進一步說明不願意的理由。至於第三項條件，
　　即所謂「利用」問題，那更是牟先生反感的。牟先生嘗說：「英雄好漢做事，要幫人
　　就幫人，不必講什麼條件」。此固然，但梁先生提出的三個條件，除最後一條件外，
　　個人認為尚不至太嚴苛。且從梁先生的角度來看，很可能他會認為，讀我所寫的《我
　　的人生哲學》（注意：梁不是要牟讀一般性的論述人生哲學的書籍）和來鄒平一趟，

人恐各有其先入為主的考量（梁有點擔心，故預為之地；牟則以梁不啻以「小人之心度君子之腹」來看他），並依此而看對方，是以遂生誤會。[164]

　　2、至於梁、牟二先生之三問三答，筆者有如下看法：您梁先生要我（牟宗三）參觀您的事業，今我已參觀了。參觀後之判語是：「只此不夠。」梁先生是前輩，一聽之下，當然火大。你牟宗三，參觀後不恭維幾句、推崇幾句，也就算了；而居然批評說：「只此不夠。」牟先生並沒有進一步指出其不夠者何在。筆者的猜測是，鄉村建設乃一具體性的實務，此在當時來說，固然可喜。然其背後，或其上，更應有一崇高的文化理想以為指導原則。（當然，梁先生鄉村建設之計畫中當涵蓋此理想，但牟先生仍認為不夠，亦不無可能。）但梁先生以「汝不虛心」見責，牟先生聽後也火大了，於是回他話說，您要我參觀您的事業，我就聽您的去參觀了。那我向您所作的報告（即「只此不夠」這句話），當然是以參觀的印象、心得作為判準的，那裡還需要根據其他判準才可以作出結論呢！自牟先生的立場來說，

對你這個年青人牟宗三來說，應是增益聞見的，你當高興都來不及。換言之，梁先生不會把這三項「要求」定位為提供生活費給牟先生的交換條件。又：所謂「三個條件」，這些條件並不是梁先生直接向牟先生提出的，而是透過熊先生向牟先生道出說的。梁先生到底怎麼道說出？且道說的過程中，有沒有用「條件」一語，今不能知悉。其中或不無誤會也說不定。詳參下注。本注上引牟先生語及該事件之詳細情況，又見上揭〈熊十力先生追念會講話〉，頁258-259。

[164] 牟先生之獲悉梁先生之三項條件既來自熊先生，則筆者深信此三項條件（要求）必不假。然而，熊先生在複述梁先生之要求時，會否不經意間在用語上與梁先生之原語句不盡相同而造成了落差，此亦不無可能。筆者絕無意說熊先生故意造成此落差。然而，說話，甚至文字，一經轉述，則實難確保其與原來之「版本」必100%相符。又：梁先生要求牟先生讀他的《我的人生哲學》及「須至山東鄒平住相當時日」，自客觀立場視之，前一要求或不免失諸偏隘，後一要求或不免失之急迫（蓋宜循序漸進，待牟先生讀畢其大著，並對其鄉村建設理念具進一步了解之後，再提出前往鄒平體驗鄉間生活，似較穩妥）。其實，梁先生對他本身性格上這兩方面的「缺點」是自覺的。其〈致胡應漢〉（1980.03.23）一函嘗自我反省云：「外間有人因誤解而詬罵我，是常事，……弟長處在認真，惜失之隘，失之急迫，似宜從容寬大。我正未能寬宏，故以培寬培恕名吾二子也，亦所以自勉也。」梁培寬編注，《梁漱溟往來書信集》（上海：上海人民出版社、上海世紀出版公司，2017），上卷，頁466-467。

乃據實（據觀察結果）直說，這是站得住腳的。自梁先生的立場來看，筆者以為，也是言之成理的：你牟宗三是年輕人，總得虛心一點，說話也得婉轉一點呀。怎麼就「只此不夠」，僅用相當負面的 4 個字來作結呢！筆者以為，其實這 4 個字是有其潛臺詞的：「您做得很好／相當好／不差／作出一定的貢獻」。牟先生是直來直往的人，於是便直接指出其不足之處；而恭維性的潛臺詞就省下了。這一省，便造成了「自此睽隔，終無由得通。」兩大儒以此在精神上便不能「相融相即」（至少不能相契），惜哉！然而，或由於梁先生本人不計較小節，或由於礙於熊先生的情面，梁先生乃不為已甚，牟先生雖精神上「極不安」，而仍得「依附其中」以過活。

　　最後必須一提的是，牟先生對梁先生雖然因為上述事件而生起過反感，但 5、6 年後，即 1942 年時，嘗對梁先生下過很正面的判語：「……梁先生究亦是克己守禮之君子，與俗輩不同也。」[165]此真所謂「惡而知其美」者也。

五、欲

　　1950.10.23〈牟致唐函〉云：「弟現在作無出息想，身體日壞，日常生活亦無辦法，四十而後，感覺須要女人，須有家庭。」「感覺須要女人」，大概是從生理上的需要來說的。《禮記‧禮運》：「飲食男女，人之大欲存焉。」食、色之欲，形而下者也。然而，前者助今人存活，後者則助人類自然地繼續存活下去、綿延下去（即所謂「延生」）。[166]是以兩者皆不可或缺。其為人欲，此固然，然亦不啻上天之巧妙、刻意安排也。

　　1951.09.13〈牟致唐函〉也有類似的說法：「弟來台只寫一部歷史稿，因較有憑藉，又寫得粗瀏，故亦未費力。餘則為雜誌寫幾篇短文而已。年來

---

[165] 《五十自述》，頁 102。

[166] 當然，今日科技進步，不賴兩性合交也可使人類誕生於世，如透過試管嬰兒、胚胎複製法或乳腺細胞複製法等，皆可製造出嬰兒。但這與女性由於自然懷孕而生出小孩有別。

生活泛濫，心思不能凝聚，為女人所困，此亦無出息之甚耳。」其中「為女
人所困」一語則不必然針對生理上的需求來說；也許是僅指或兼指精神上的
慰藉來說的也說不定。生理上之需求也好，精神上之慰藉也罷，總之，就
「人欲」一詞之廣義來說，精神上的需求亦其中之一也。

以上談生理上的欲求方面。至於居住空間，牟先生也有所要求／欲求。
1956 年秋，牟先生因故離開位於臺北市之臺灣省立師範大學。該年 5 月 14
日〈牟致徐函〉有云：

> 茲有一點仍須一提，即宿舍三間、廚房、浴室，是否有準。不要到時
> 黃了。此雖個人生活小事，極關緊要。試想山野荒涼，無人間烟火。
> 若再局促孤室，亦非人情所能堪。弟所以斤斤於此，意在爭取空間容
> 量。雖無眷屬可容，當備師友來往。留飯留宿，盤桓數日，亦足以增
> 加慰藉。……[167]

觀上文可以知悉，牟先生絕不是為了個人舒適而要求住大一點的房子。這完
全是為了個人生活上不能不有所慰藉而向徐先生提出要求。據筆者記憶，從
1968 年牟先生任教於新亞書院算起，至 1994 年正式遷往臺灣定居前的 20
多年間，牟先生與師母皆蟄居於香港九龍土瓜灣靠背壟道非常靠近新亞的一
所公寓（香港人稱為唐樓；牟先生所居住的一戶約占 80 平方米，位於三
樓，無電梯，乃租賃者，室內設備相當簡陋。）香港一般的大學教師只要是
升職（升職大皆調薪，其住房津貼（補助）亦相對的上調），幾乎必從小屋
搬大屋，大屋搬至更大的屋（住房津貼既上調，不遷居大屋便白不遷）。牟

---

[167] 1956.12.09〈牟致唐函〉對於住的問題，牟先生也提到：「弟來東海，臨時住處，不
甚安定。下月宿舍造成，遷入後，當可較好。此間唯一好處就是有一所好房子。人生
衣食住行，住處亦甚重要。」此重視住的問題，也應當是針對生活上的慰藉方面來說
的。此可見「住處亦甚重要」一語乃扣緊基本配備，如廚房、浴室等來說的，絕不是
要求奢華的配備。《莊子·大宗師》：「其嗜欲深者，其天機淺。」牟先生天機深，
此當緣自其嗜欲淺也。

先生則 20 多年仍蟄居故宅。其不重視物質條件有如此者！

　　牟先生，儒學宗師也；然亦常人也。常人固有欲，牟先生又豈能外於是。當然，人欲非人生所追求之最高價值，但亦非萬劫不復之惡。其本身蓋一中性者；是否為惡（是否一惡行），其要在於是否過分，且是否侵人而利己而已；即公私領域必須有所甄別。且進一步言之，人欲在某一方面來說，譬如就生育後代，俾人類得以綿延不絕來說，此欲或無意間成就了、完成了上天之「刻意安排」也說不定。要言之，吾人不必從負面的角度以定位人欲，斯可矣。

　　貞定光暢民族之生命，闡發弘揚中華之文化乃牟先生一輩子念茲在茲之所在。這方面或可稱為大我理想之追求。至於小我理想之追求，或所謂個人欲望之追求，本節上文已揭示其二。然而，尚有其他否？據閱覽所及，追求名，即好名心，似乎也可以算是另一項。先生說：

> 我之寫文章，就好像是一個藝術品之鑄造。鑄造成了，交付出去就算完了。我沒有必期人懂之意念。我把道理說出來，置諸天壤間，悟者自悟，迷者自迷。我也沒有據為己有的意思，好像是我創造出來，我就不管了。我也沒有期人稱讚的要求。我當然不能說完全無好名心，但這方面實在並不強烈。這種傾向，是我常常感到的。這是一種藝術性的傾向。[168]

上引文有二點頗值得一說。

　　1、茲先說好名心：藝術家（指具理想之藝術家）乃不求名，不求利者。是以其鑄造藝術品，乃一「純藝術之在其自己」之展露而已。陸游〈文章〉詩有云：「文章本天成，妙手偶得之。」諺語又有謂：「不是我寫文章，是文章寫我。」這似乎都可表示，作為藝術品之文章，其展露，是自己展露其自己，而不是作者把它展露出來。當然這個說法是就藝術之最高境界

---

[168] 牟宗三，〈說懷鄉〉，《生命的學問》，頁4。

來說，也可以說是比較玄的一個說法。一般的說法，當然是：藝術品乃由藝
術家所創造／鑄造出來的。牟先生則得其折衷，以下說法可證：「鑄造成
了，交付出去就算完了」、「沒有據為己有的意思」、「我創造出來，我就
不管了」。因為其藝術品（文章）已客觀化了，而不是，至少不全然是（不
全然視之為）一己之產物，所以牟先生便「沒有期人稱讚的要求。」雖然不
會主動期人稱讚，更不會提出這種要求；然而，假若有人稱讚之，給予肯
定，則心中恐難免仍會感到高興。「我當然不能說完全無好名心」一語正可
為證。但實際上，牟先生好名心相當淡薄。乃自謂云：「但這方面實在並不
強烈。」為什麼能夠如此呢？其個人「藝術性的傾向」適足給出一個很好的
答案。

　　2、把道理說出來，其事已了（兼論不以此為滿足而有所「轉進」）：
「我把道理說出來，置諸天壤間，悟者自悟，迷者自迷。」這讓筆者想起唐
先生以下一段話：

> 本來真理自在天壤間，千萬人信之不為多，一人信之不為少——即無
> 一人信之，真理之為真理也自若。然學人精神之可貴，又在其不忍真
> 理之被埋沒幽囚於黑暗之中。彼雖不敢言已得全部真理，然必望與天
> 下人，各本其理性與良知，共砥礪切磋於探求真理之途中，望被埋沒
> 幽囚之真理，漸昭露於光天化日之下。[169]

唐先生的說法不啻牟先生「我把道理說出來，置諸天壤間」這句話的最佳註
腳。然而，只把道理說出來，則「悟者自悟，迷者自迷」的一個想法，似乎
仍欠積極。牟先生在這方面非常自覺，乃繼謂：「近來我寫文章的意識又稍
有轉進。這與本文的說懷鄉有關係。我由藝術性的興趣之不容已，轉到道德
性的擔負之不容已。」[170]這個不容自已的「道德性的擔負」，正是儒家之

---

[169] 唐君毅，〈自序〉，《心物與人生》（香港：亞洲出版社，1955），頁2。
[170] 〈說懷鄉〉，頁4。

為儒家，牟先生之為牟先生也。同一文章最後一段話更顯其儒家本色，如
下：「吾友唐君毅先生曾云：人自覺地要有擔負，無論是那一面，總是痛苦
的。此言甚美……我們這一代在觀念中受痛苦，讓他們下一代在具體中過生
活。」[171]其中「我們」一詞，廣義來說，乃指所有從事抽象思維、觀念活
動並深具道德性擔負的學者；狹義來說，乃牟先生自稱，當然亦可兼及唐先
生。至於「他們」，乃泛指下一代。「觀念中受痛苦」，則可以牟先生下語
做說明：「我以孤峭乏潤澤之生命，只能一往偏傾，求其生命於抽象之域，
指出時代癥結之所在，凸出一思想系統以再造。甘願受此痛苦而不辭，則亦
安之若命也。」[172]憶唐先生釋孔子所言之「命」，嘗順《孟子》之說而指
出云：「此即言義之所在，即命之所在也。」[173]同理，牟先生之所以甘苦
如飴而安之若命者，必以其為義之所在無疑也。

---

[171] 〈說懷鄉〉，頁 6-7。

[172] 〈說懷鄉〉，頁 6-7。我們不妨把本注引文連同上注正文中之引文合起來看。其中
「抽象之域」蓋指「觀念」而言。按：凡「觀念」，莫不是抽象的。此抽象之觀念，
於知識之建構，居功厥偉。此無待贅言者。牟先生嘗指出說：「人在現實生活中，不
能沒有觀念（Idea），進而不能沒有理想（Ideal）。」之所以不能沒有觀念，蓋以觀
念乃知識建構之所賴也。然而，「觀念」、「理想」一轉手，也可以成為「意識型態
（Ideology）」。果爾，則災害便隨之而生。牟先生乃慨乎言之，此見諸其〈觀念的
災害〉一文。牟先生嘗指出，對他來說，凡學皆莫不痛苦（詳上）；其中抽象觀念之
學習、運用，恐更見其然。然而，觀念之說明、釐清，乃至澄清，藉以「指出時代癥
結之所在，凸出一思想系統以再造」，尤其是針對意識型態之摧陷廓清等等，則係義
所當為之所在，是以牟先生誓言：「甘願受此痛苦而不辭」，而「安之若命也」。之
所以能夠不辭其苦，且安之若命，以有所待也。所待者何？答：下一世代也：「讓下
一代在具體中過生活。」此牟先生直白明言之矣。在抽象觀念中過活，是生命之離其
自己也；在具體中過生活，是生命之在其自己也。牟先生以生命之離其自己中過活，
以成就下一代人在具體中過生活，豈不壯哉？偉哉？是以筆者不得不厭其繁而在此
議題上囉嗦而喋喋也。〈觀念的災害〉收入《時代與感受》（臺北：鵝湖出版社，
1986），頁 1-15。

[173] 唐君毅，《中國哲學原論·導論篇》（香港：新亞研究所，1974），頁 515-516。

六、其他

（一）純任自然而來之泛濫浪漫

　　牟先生是很有浪漫氣質的一位哲學家、新儒家。讀他書的讀者，尤其是跟他有過接觸的人，恐怕都承認這一點。[174]這方面，牟先生本人是有充分自覺的；嘗云：「我當時也沾染了那泛濫浪漫的精神，⋯⋯這是由我那在鄉村的自然生活所蘊蓄的混沌而開放。」[175]所謂「當時」是指讀大學的期間，嘗於暑期返鄉為國民黨在農村做宣傳工作之時。牟先生之泛濫浪漫固然緣自其自然之本性，但也不無受外在環境之影響而生起者。針對同一時段（即讀大學期間），先生嘗云：

> 我那時思想之受他（按：指吳稚暉）的影響最深，可謂達氾濫浪漫之至極，粗野放蕩，幾不可收拾。文字荒謬，不避骯髒，全為他所開啟。有一次，先父看見了，大為震怒，責斥何以如此。我當時極為羞愧，答以外面風氣如何如何。先父則曰：擇其善者而從之，不善者而改之。何可如此不分好歹？外面那些風氣算得了什麼？我當時肅然驚醒，心思頓覺凝聚，痛悔無地。大哉父言[176]，⋯⋯使我頓時從漆黑

---

[174] 先生撰就於 1952 年，時年 40 多歲的《歷史哲學》一書即可以概見其端倪。先生浪漫的氣質，尤其見諸上面引用過多次的《五十自述》；其中第一和第二章尤見其然。

[175] 《五十自述》，頁 30。

[176] 針對他的父親，牟先生有以下描繪：「（先父）十八歲即輟學，應世謀生。⋯⋯後來他常對我們說：開始原也是糊塗的，後不久忽然眼睛亮了，事理也明白了。人總須親身在承當艱苦中磨練，這話給我的印象非常深。⋯⋯他常看《曾文正公家書》，晚上也常諷誦古文，聲音韻節穩練從容。我常在旁邊聽，心中隨之極為清淨純潔。」（《五十自述》，頁 36。）據上可知太老師絕非文盲啊；也不是粗通文墨而已；反之，甚具識見，否則牟先生不會以「大哉父言」稱許之。彼讀書至 18 歲，這在民元前不是一般人可以得到的教育機會。又：一般人只知道唐先生的父親，即唐太老師，是很有學問的，為清朝末科秀才（諸生），嘗任教於四川多所大學，與吳芳吉、蒙文通、劉鑑泉等文人、學者相善。但知道牟太老師的生平行誼（尤其教育程度）者甚少。是以徵引相關文獻並略說如上。

一團的混沌中超拔。那些光彩，那些風姿，那些波瀾壯闊，頓時收
斂、降伏、止息，轉向而為另一種境界之來臨。[177]

上引文中所說到的「漆黑一團」乃源自吳稚暉〈一個新信仰的宇宙觀及人生
觀〉一文[178]的說法。文中，吳先生把他的信仰提出來。其要點就是他所宣
說的漆黑一團的宇宙觀和人慾橫流的人生觀。這完全是機械主義的，物質主
義的，生物、生理主義的。牟先生幸好能夠從中超拔出來，否則必向下沈淪
不已！

　　牟先生的泛濫浪漫，與他所敬佩的唐先生相比，更見其然。此見諸牟先
生之自述，如下：

他（按：唐先生）因李長之之介來訪，我覺得他有一股靄然溫和，純
乎學人之象。我自北大那散漫無度的環境出來，又處於一政治團體
中，所接友朋，流品混雜。我自己亦多放蕩胡鬧處，言行多不循禮。
我見了他，我覺得他乾淨多了，純正多了，我因而亦起自慚形穢之
感。然而那時多任性，我亦不欲約束自己，我願以散漫無度和他相接
近。[179]

牟先生之認識唐先生，時維 1939 年。上引文說到的政治團體，乃指由張君
勱等先生所成立之國社黨，其時牟先生乃國社黨黨員。據筆者所悉，唐先生
恆被視為「具聖賢氣象者」；甚至被視為「當代孔子」。[180]這所以牟先生
看到唐先生後，乃生起「自慚形穢之感」。然而，自慚歸自慚，牟先生則依
然故我而不欲自我約束，且仍以散漫無度和唐先生接近。這似乎多少反映牟
先生之爾為爾，我為我——我行我素之個性。當然，似乎也可以反映，唐先

---

[177] 《五十自述》，頁 35。

[178] 原載上海《太平洋雜誌》，第四卷第三、五號，1923 年 8 月至 1924 年 3 月。

[179] 《五十自述》，頁 109。

[180] 摯友朱建民及老同學楊祖漢二兄即分別以此二語描繪唐先生。

生雖具聖賢氣象，但不足以改易一個朋友的性向；至於移風易俗，那恐怕就
更困難了。

　　以上兩段引文，皆牟先生針對 2、30 歲時之自我表現來說。至若 40 多
歲（即所謂中壯年時）之表現，也相差無幾。此見諸以下一事：1949 年徐
復觀先生得蔣公資助，乃於香港辦半月刊《民主評論》。唯以訂閱者不多，
銷路不廣，不數年，頗難以為繼；且編輯工作繁重，主事者不願意長期負責
其業務。是以乃有推薦由牟先生承擔其業務之建議。先生覆函徐先生云：
「……不能推弟，若推弟，則要／必有許多人不贊成，而且弟有時亦太有任
性使氣處。此則獨家刊可，共業則不可。……」[181]（（1953）03.17〈牟致
徐函〉）函中「任性使氣」猶「泛濫浪漫」無疑。引文中「獨家刊可，共業
則不可。」此語似最足以反映牟先生獨來獨往之個性。[182]具體落實下來，
就事業上，則獨自經營也。此獨自經營，就著書立說來說，則個人獨撰也。
縱觀牟先生 60 多年之撰著生涯，除了一文與他人合作者外，餘皆個人獨
撰。此文即俗稱〈中國文化宣言〉40,000 多字之長文也。[183]

----

[181] 牟先生「共業則不可」這個自知之明，其摯友唐先生亦深有體會。（1953）.03.10 唐
致徐函即指出說：「（劉）百閔為人甚能任煩劇，用心亦好。但彼亦無一定之超越標
準，或轉移時代之文化理想。最有此者為宗三兄，但社會不易接上。」「社會不易接
上」一語，蓋指牟先生之超越標準及文化理想固佳勝，但社會上一般人士恐無相同之
識見、體會，是以不易承接上去而產生共鳴或同情共感。用現今流行語來說，即不易
取得社會認同——社會人士無感之謂。按：牟先生之性情，同儕中以唐先生知之最深
切。牟先生坦承說：「生我者父母，教我者熊師，知我者君毅兄也。」《五十自
述》，頁 100。

[182] 其獨來獨往之個性，牟先生嘗自我表白，如下：「我也是一個孤獨深藏的靈魂，對於
周圍完全是陌生的，忽視的，忘掉我自己，也忘掉世人。萬人睚眦，萬人側目，亦有
人覺着有趣，我全不知道。」《五十自述》，頁 115。「亦有人覺着有趣」蓋意謂：
有人覺得我是一個又可憐，又可笑的傢伙。「我全不知道」，恐不是真的不知道；其
意蓋謂：我全然不注意，不理會。

[183] 筆者嘗指出，此文若非由廣納百川，包容性極廣之唐先生先承擔起草之責（當然發機
動念之肇始者為張君勱先生）而事後洽請牟先生、張君勱先生及徐復觀先生給予意見
並惠予修正的話，恐必無法順利撰就而發表於 1958 年的元旦。詳參拙著，〈〈中國
文化與世界宣言〉之啟示——論聯署發表及共同參與撰寫之意義〉，《學術與經世

　　车先生年輕時既不免「泛濫浪漫之至極」、「多放蕩胡鬧處」、「言行多不循禮」、「多任性」、「不欲約束自己」，那在此種種情況下，「凡足以成禮飾情之事」，「皆未寄以任何注意」，便不在話下了。這種「未寄以任何注意」的態度，在世人眼中，便自然被視為傲慢了。然而，這對车先生來說，其實是一個大大的冤枉。车先生嘗作出類似澄清的一個說法，如下：

> 普通都說我傲慢，實則這是不恰當的。我在謙虛或傲慢方面，實在是沒有什麼意識的。凡不可以談的，我不願談。我也未故示謙虛，也未有意傲慢。凡可以談的，我就盡量地談，不分晝夜地談。[184]

這個自述，足可以說明车先生直來直往的個性。也許我們感興趣的是，车先生其人既直來直往，那他本人對這種個性，應當是很能自我欣賞吧。此則不然；嘗反省說：「雖不是傲慢，然這裏的孤峭，亦不是人生之幸福。」[185]孤峭則不免於人倫有所未盡也。凡儒家豈能外人倫而獨行其所是哉？這所以车先生不得不逕指出孤峭「不是人生之幸福」。

　　凡儒家，必係理想主義者，车先生當然不為例外。個人認為理想主義者必具備一定程度之浪漫精神。上文說到车先生深具浪漫精神。此種浪漫精神與其日後所衍生之理想主義，當有一定程度之關聯。就理想主義及此主義所由興之緣由，车先生嘗作說明，如下：

> 這種外在的、想像式的直覺解悟所達之超曠，在我的意識生活中，也實在起了很大的作用。理想主義的情調始終是離不開我的，因為這超越的超曠是一切理想、靈感、光輝之源，也是一切理想主義之

——唐君毅的歷史哲學及其終極關懷》（臺北：臺灣學生書局，2010），頁 479-505。

[184] 〈說懷鄉〉，頁 4。

[185] 〈說懷鄉〉，頁 4。

源。[186]

要言之，上引文意謂：超越的超曠醞釀了、促進了理想主義的誕生。至於超越的超曠，它又何所自呢？即它的源頭是什麼呢？個人認為形而上性質的浪漫精神[187]當係其源頭，或至少源頭之一。牟先生年輕時深具形而下性質的浪漫精神，中壯年之後則富於形而上性質的浪漫精神，這所以其表現前後迥然不同而判若雲泥也。然而，皆同為浪漫精神無疑，且此精神伴隨其一生相終始也。

（二）處世應物之不卑不亢（但也有圓融周延的一面）

上引文中有以下一語：「我也未故示謙虛，也未有意傲慢」。此語很足以反映牟先生處世應物方面之不卑不亢。茲再徵引另一文獻以為說明：

> 遵駱誠有其不可及之性情與肝膽，吾亦誠有其不可及之開朗與灑脫。吾當時有許多體悟：吾自念我孑然一身，四無傍依，我脫落一切矜持；我獨來獨往，我決不為生存委曲自己之性情與好惡；我一無所有，一無所恃，我黯然而自足，但我亦意氣奮發，我正視一切睚眦，我衝破一切睚眦；我毫不委屈自己，我毫不饒恕醜惡；以眼還眼，以牙還牙，惡聲至，必反之，甚至嘻笑怒罵，鄙視一切。我需要驕傲，驕傲是人格之防線。我無饒恕醜惡之涵養與造詣。我在那階段與處境，我若無照體獨立之傲骨，我直不能生存於天地間。在那處境裡，

---

[186] 《五十自述》，頁 42。

[187] 浪漫精神之性質，在這裡，筆者試圖分之為形上、形下二種。上引文中牟先生所自述的「泛濫浪漫之至極」、「多放蕩胡鬧處」、「言行多不循禮」、「多任性」、「不欲約束自己」的一種浪漫精神及依此浪漫精神而來之種種行為（如上引文中之胡鬧、不循禮、任性等等），筆者乃視之為形而下者（即此種浪漫精神導致了形而下行為之產生）。至於醞釀、促進理想主義的一種浪漫精神，則與此截然不同，筆者乃視之為形而上者。其本身固屬精神層面的，而其所促進、醞釀而成者（今特指理想主義），亦係同屬精神層面的。

> 無盡的屈辱、投降，不能換得一日之生存。我孑然一身[188]，我無屈
> 辱之必要。我無任何事上的擔負，我亦無屈辱以求伸之必要。而吾之
> 真性情、真好惡，反在那四無傍依中，純然呈現而無絲毫之繫絆；因
> 此我不能忍受任何屈辱。是則是，非則非，如何能委曲絲毫。[189]

牟先生傲骨嶙峋、照體獨立，全以真面目示人：其直來直往、不卑不亢，乃
至孑然一身生存於天地間而不得不驕傲，甚至惡聲至必反之的自我剖白，上
引文概見之矣。然而，必須指出的是，牟先生以上的自我描繪，其背景是先
生於昆明謀事不成而與張君勱先生發生嚴重齟齬紛爭之時。生存之大環境既
極度惡劣，牟先生又年輕（30 歲），正所謂年少氣盛；這所以引發了以上
稍流於激越偏隘而頗失中道之言詞。吾人當設身處地而理解之可也。其實，
牟先生也有其圓融周延的一面，非全係亢直高傲者，茲舉四例。[190]

　　其一：1956.06.13 牟致徐函有云：「……乃寫一信給劉真[191]正式表示辭
去。態度極顯豁，措辭極委婉。」

　　其二：1949.12.19 牟致唐函：「一個反思想、反理想的時代，很難提醒
他們的眼目。為《民主評論》寫文的那些人，如殷海光、戴杜衡輩，皆相隔
如萬重山。……弟對此事亦無所謂。此本由佛觀所聯絡發起。他可以肯定這
幾個觀念，但他所聯絡的人又大都是相關太遠者。他糾合在一起，直是一團

---

[188] 「我孑然一身」及同段上文「吾自念我孑然一身」的說法，筆者在這裡稍作補充。
　　按：1939 年牟先生時年 30 歲時以昆明謀事無成，乃欲得張君勱先生之接濟而不果。
　　牟先生由是抱怨而說出上段話。其時牟先生早已締婚且長子伯璇、次子伯璉亦已出
　　生。是以「孑然一身」一語，並不是說全無家室之負擔，而是說就牟先生個人來說，
　　其精神上四無傍依、獨來獨往、照體獨立也。當然，如就家室、家屬來說，則固非
　　「孑然一身」。

[189] 《五十自述》，頁 96-97。

[190] 其實，本文第一節（一）之 3 說到牟先生「對張君勱之怒」時，即已指出牟先生嘗按
　　照彼所強調的「至乎情至義盡而休焉」的態度與張先生周旋。既以這種態度與張先生
　　周旋，即無疑圓融周延精神之落實矣。

[191] 生卒年：1913-2012；1949-1957 擔任省立師範學院院長及升格後之臺灣師範大學校
　　長。「表示辭去」是指向劉真表示辭去教職而言。

吵雜。弟居于此，不能不隨之參與。」牟先生既隨眾而參與，可見亦未能免俗也。

其三：1950.07.23 牟致唐函：「我們並沒有以為所寫的東西是曲高和寡，所以才鍥而不舍，反覆申說不已，而他們（按：含徐先生）卻首先以為太高了、太迂遠了。……《民主評論》之有今日社會上所估價之地位與風格，全在我們給它寫的那幾篇所謂迂遠的文字，豈在那些一道同風之雜碎手？……一線之長，一隙之明，吾人決所樂同。與人為善，期於共悟，故亦多所含忍。」然則為了適應社會、與人為善，所以針對《民主評論》的其他投稿者也好，針對彼等所寫的文字是雜碎也罷，牟先生自謂亦只好「多所含忍」了。

其四：1954.12.13 牟致唐函：「人文友會講詞，弟原不主發表。因這只是與諸生自己之講習，訓練他們讀書用思，端其趨向，蘊其志願，不值公開。又隨便談話，亦有些忌諱處。發表出來，恐有不便。」這反映了牟先生不得不稍微顧忌世俗人眼光的一面。

牟先生處世應物雖直來直往、不卑不亢，甚至有時流於亢直高傲，但從以上四段文字應可見，牟先生仍未能全然免俗而偶爾間亦不得不隨眾俯仰浮沉也。[192]

（三）附識三則

1、教書、寫書，孰輕孰重？

牟先生一輩子不是讀書，便是寫書和教書。以教書來說，從 1933 年北大畢業後便返回山東任教於魯西壽張鄉村師範算起，至 1994 年（即仙逝前一年）正式辭去新亞研究所教席為止，其前後執教輒超過 60 年。以寫書

---

[192] 牟先生言談間恆不免月旦人物，此人所共喻而不必諱者。但有學長指出說，牟先生做演講時，其平素討厭的某些人士假若在場，則牟先生便不會直接的劍指及之。當然，吾人可解讀說，這麼說來，那牟先生的批評人便等同其人之背後批評他，而不敢當面的直斥其非了。然而，從另一角度來看，吾人未嘗不可解讀說，不當面直斥其非，正見牟先生忠厚、留有餘地的一面。

（含譯注）和撰寫學術性、歷史文化性、應時性、通俗性等等文章來說，其時段之長（1932 年仍肄業北大時即撰就《從周易方面研究中國之玄學及道德哲學》一書稿），亦大體相若。至於讀書，雖或不至於全然手不釋卷，但肯定比寫書和教書時間更長，這是不必多說的。

　　寫書（即致思成果和研究成果的發表）和教書，都是對社會作出貢獻的。韓愈嘗云：「化當世莫若口，傳來世莫若書。」就牟先生來說，其性向上，是喜好、偏重前者，抑後者，抑兩者輕重無別，不分軒輊？這方面，從牟先生給唐先生的一封信中可以看出點端倪。1959.08.14 牟致唐函云：「混跡其中，[193]教書是隨緣，以自己研究公諸社會為本分。」至於說此話之隱衷，同一函以下數語頗可概見：「弟在此自不甚愉快，一則因為總是掛冊[194]，學問難講；二則因為復觀兄之習性非真能有遠志與真實理想者。[195]」然而，教書既然只是隨緣，且「學問難講」，那為什麼還要任教呢？1957/1958.05.30 牟致徐函給出了一個「答案」：「弟默觀世態，處處令人喪氣。除講學外，實無可寄託生命處。」然則講學（含教書）在牟先生生命中之重要性，可以概見了。這樣說來，那在牟先生生命中，到底是教書重要，還是寫書（研究公諸社會）重要呢？綜合本段上所引各函，筆者認為，對牟先生來說，兩者似皆同樣重要；即理想上，皆同樣予以重視。然而，求教書、講學有所成就（成就學生；並把一己之理想、理念藉著言說（即透過嘴巴）公諸社會），乃求諸在外者也（其先決條件為必須獲得人家聘請或邀請，此即所謂「緣」也）。求諸在外而非操諸在我，則其成敗得失，乃為不可必者。寫書（發表研究成果）則不然，除特殊情況（如欠缺出版自由之環

---

[193] 按：牟先生當時任教於東海大學中文系。混跡其中，即指此而言。

[194] 掛冊，大抵即廣東話「掛單」之謂，意指在某機構、單位之名冊上、名單上，掛上其人之名字，表示其人名義上是該機構、單位之成員，然而，實際上，不必承擔具體工作或負實際責任。

[195] 1956 年間，牟先生在臺灣省立師範大學因與系上個別同仁相處不甚愉快而轉至東海大學任教。其所以得此轉職之機會，全靠徐先生。是以姑不論「復觀兄之習性非真能有遠志與真實理想者」一語是否與事實有落差，筆者總覺得此語似乎過重了一點。牟先生恆快人快語，且語見私人信札，是以在用語上欠修飾歟？

境，或無出版商願意出版，個人又無財力可以自行出版[196]等）外，其研究
成果皆可順利出版而公諸同好者也。「求諸在外」和「操諸在我」之於成敗
得失（前者無必然，後者有必然），牟先生當然了然於胸。「教書是隨緣，
以自己研究公諸社會為本分」這一語便道盡一切了，蓋前者既只是隨緣而不
可必，而後者既係本分，且係可必（預知其結果）之本分，是以牟先生在事
實上乃不得不更重視、倚重後者。[197]

2、具鼓舞人、團聚人的能力

　　當代新儒家第二代三大師——徐、唐、牟三位先生，筆者及不少同儕皆
認為牟先生教書最動聽、最精彩（用時下流行語來說，即最吸睛）。王財貴
先生即嘗以「說法第一」來描繪牟先生的風采。[198]牟先生講課、說話之深
具魅力，其年輕時即有所展露。先生肄業北大時，嘗於暑期間返故鄉以協助

---

[196] 21 世紀的今天，網路如斯發達，這個情況大體上已不復存在了，蓋研究成果可藉由
網路而公諸同好也。

[197] 針對「教書是隨緣」，非操諸在我，試作點補充。其實，筆者這裡所說的「非操諸在
我」，是指個人的努力，或所謂「主觀能動性」，是不具決定性而言；而不是說個人
主觀上完全使不上力，完全不能對事情作出些微影響。機緣當然是一客觀的東西，不
是你要便能要得到的。如能要得到，那便不是機緣了。然而，話又得說回來，其實，
機緣也是「留給」有心人的——有準備、做過功課的人的。否則縱然機緣（機會）來
了，你沒有好好把握住它或沒有能力把握住它、不加以利用，那也是枉然，蓋機緣恆
稍縱即逝也。而且，就事實上來說，機緣，或所謂機會吧，就某一程度上來說，也是
可以藉著人主觀上的努力獲得的、爭取得到的；只是主觀上的努力，如同上面說過
的，並非一決定性的因素，而不是說個人主觀上的努力全然不管用、完全派不上用
場。
　　此外，尚有一點值得一說：光就經濟上之考量來說，牟先生仍不得不教書（不得不仰
賴教書之收入），因為牟先生寫書雖多，且頗暢銷，但所獲之版稅，恐不足以養家
活口。所以仍不得不教書。如果說教書是一個緣，那麼這個緣也是不得不努力爭取
的。當然，其關鍵是，爭取必有其道；不以其道得之（如用盡心機，耍盡機括、手
段，阿諛奉承，卑躬屈膝），則不處也。這一點是儒者行事做人的準則，甚至是人之
所以為人之準則。這方面，牟先生絕對是把握得住，且絕無妥協餘地的。

[198] 王財貴，〈「說法第一」的哲學大師——我所知道的牟宗三〉，《中央日報・長河
版》，1993.12.16。

國民黨宣傳。先生事後回憶云：

> 我本我那鄉村中所養成的潑皮精神去作這種活動。我發覺我很有鼓舞
> 的力量，也有團聚人的能力。這原因很簡單，誠樸、潑皮、肝膽，沒
> 有矜持的架子，還有，那是因為讀了幾句書，畢竟是知識分子。知識
> 分子從北京大學回鄉，鄉下人心中也是另眼相看的。但我迅速地感到
> 在父老兄弟面前，在親友面前，于開會時，很嚴肅地擺起面孔稱同
> 志，那意味總不對。是太客觀了，太政治了，太形式化了。[199]

上文早已指出過，牟先生深具浪漫精神。筆者認為，凡具備此種精神者，當
做宣傳時，便自自然然不會流於太過一板一眼、正經八百這種過分嚴肅的態
度。然而，僅具備浪漫精神還不足以成事——成功地鼓舞人、團聚人。牟先
生之所以能夠成功達陣，據上引文牟先生之自述，尚有以下因素：誠樸、潑
皮（亦浪漫精神的一種表現）、肝膽、北大學生。前三項乃主觀條件，後一
項可說是客觀條件。在主客觀條件皆有利的情況下，那有不成功達陣之理
呢？

　　上引文尚有一點值得注意：太客觀化、太政治化、太形式化的東西，牟
先生都無法接受。取而代之的，那當然是其對反，即主觀人性化、實質化
（相對於形式化來說）和非政治化了。這幾點也很可以反映牟先生性情、性
向的一面。

3、相信相術相法

　　牟先生在臺灣物色結婚對象時，嘗拜訪過相學大師盧毅安先生。
1954.01.28 牟致唐函云：「盧毅庵先生（筆者按：即盧毅安先生）相法甚
精。彼所言者當甚準也。」「彼所言者」，乃指盧相士針對牟先生之婚事所
作出之批語。姑不論盧相士之批語是否甚準，但上引語足以反映牟先生是相
信相術相法（含相士的預測，即批語）這套東西的。

---

[199] 《五十自述》，頁 30-31。

七、餘論

上文主要是順著「七情」中以下的幾個項目：怒、憂／懼、悲／哀、惡、欲、其他，來說明牟先生性情上的表現（喜、樂方面的表現，則見上一章）。牟先生的性情，一言以蔽之，真也。其依以上幾個項目而來之具體表現，則為：（一）緣乎怒（義憤）而批判唯物主義掛帥的中共，批判惡質的宗教徒，批判待人不以誠的知識分子，批判「狹義的部族政權」[200]之滿清；（二）憂懼一己「德之不修、學之不講」；（三）對宇宙、人類、國家天下、知識分子、友人、青年人、家中長輩，乃至對一己之自身產生無以名狀之悲憫；（四）惡（憎惡、討厭）：年輕時討厭生命乃至討厭與生命、價值相關的各元素、討厭學習[201]、討厭教書先生，討厭共黨理論；（五）欲：青壯年時「不免藉酒色以自娛」[202]及不免一定程度之好名；（六）其他：不卑不亢、具鼓舞人和團聚人的能力、相信相術相法。以上性情上之種種表現，在在指向一事實：牟先生，如假包換的真人也。

莊生嘗云：「有真人而後有真知。」[203]筆者近年來，恆解讀／翻譯此語句為：「有真性情，然後才有真學問。」牟先生的學問，乃緣自生命——真生命，而來者（此即唐、牟二先生所恆言之：「生命的學問」）。生命既真，則緣此而來之學問，又豈有不真之理呢？而其生命之所以必然為真，細

---

[200] 滿族統治中國，錢穆先生在《國史大綱》第八編〈清代之部〉中，連續以「狹義的部族政權」或「狹義的部族政治」作為書中第 42-45 章的部分標題，其對清人之不滿，已昭然若揭。牟先生對滿清之不滿，恐更甚。其實，徐先生、唐先生亦相差無幾。

[201] 牟先生嘗指出：「學就是自然生命之一曲。……學是在曲中發展，不斷地學即不斷地曲。……」然而，吾人為了生存、生活或扣緊現實來說，為了謀生，不能不具備知識。欲具備知識，則又不能不學習。學習雖使人無奈、惹人討厭，但從事學習乃勢所必然者。依牟先生，任何學習，皆順暢的、和諧的原始自然生命之一扭曲、歧出。順暢和諧的原始自然生命，此牟先生所欣賞者也。是以乃說出：「學就是自然生命之一曲」等語。詳見《五十自述》，頁 17-18；又詳上文。

[202] 此語本諸牟先生之自白，見《五十自述》，頁 100。

[203] 《莊子‧大宗師》。

言之，乃以成就此生命之內涵之為真故也。其內涵為何？性情是也。要言之，性情既真，則所成就之學問，蓋亦恆為真也。[204]孔子嘗云：「古之學者為己，今之學者為人。」[205]翻為今語，則為：「古人學習、做學問，是為了成就、完成自己（之道德人格）；今人學習、做學問，是為了做給別人看的。」就後一語中之「為人」（做給別人看）來說，其實，這只是表面上如此而已。說到最後，還不是為了自己嗎？蓋「做給別人看」，其最終目的，恐莫不在於藉以滿足一己之名、利、權等等方面之欲望而已。「學」蓋含廣、狹兩義。廣義方面，蓋泛指一般的「學習」；狹義方面，乃指「做學問」（追求專業知識）而言。姑無論那一義之下之「學」，假若其追求者，對外無所欲求：既不是為了要滿足別人、討好別人；對內，也不是藉以滿足一己之名利欲求；反之，是為了要成就自己、完成自己，或為了學問而學問，則此「學」，究其性質，乃必真實不假，無所虛偽矯飾無疑也。有謂：「無欲則剛。」是以追求此「學」的人，遂亦必剛正不阿而為真人無疑也。此正牟先生是也。其實，徐、唐二先生亦莫不然也。吾人今日要向三先生學習之處正多。然其樞軸，唯在此一「真」字矣；其他，攏是假！

---

204 當然，嚴格來說，真性情也不過是成就真學問之一條件（筆者視之為必要條件）而已。此外，尚要仰賴其他條件／因緣，如學力、器識、思辨能力、客觀大環境等等。然而，這眾多條件中，個人認為，真性情實居最關鍵的地位；不細表。

205 《論語・憲問》。

第四章　肫肫其仁：徐復觀論說唐君毅[*]

一、前言

　　徐復觀先生對唐君毅先生的論述頗多。此等論述，主要見諸：(1)〈悼唐君毅先生〉（以下簡稱〈悼唐文〉）[1]；(2)悼念詩（此乃唐先生逝世三週年時，徐先生所撰者）[2]；(3)按語：指徐先生針對唐先生《民主評論》上若

---

[*]　2016.10.28-31 四川省宜賓學院主辦：「大陸版《唐君毅全集》出版發行發布會暨『現代新儒家與現代世界』國際學術研討會」，地點：成都。筆者應邀出席，並發表本文；其原文之標題作：〈大師眼中的大師：徐復觀論說唐君毅〉。惟當時所根據之資料並不全面，所以僅能完成文章之一部分，即本文之上篇而已。其後增補資料而來之續作，即成為本文之下篇。此下篇嘗以〈鞠躬盡瘁　死而後已：徐復觀眼中的唐君毅〉的標題發表於以下研討：「第十二屆當代新儒學國際學術會議——當代新儒家與心學傳統」。主辦單位：臺灣東方人文學術研究基金會等等單位；日期：2017 年10 月 14-16 日；地點：貴陽。至於標題中「鞠躬盡瘁　死而後已」一語，則出自徐復觀，〈悼唐君毅先生〉一文的第一節。今上、下兩篇經修訂增刪後合為一篇，並以現今的標題納入本書內。

[1]　徐復觀，〈悼唐君毅先生〉，《華僑日報》，1978 年 2 月 10 日；又載《明報月刊》，卷 13，期 3，1978 年 3 月；《鵝湖》月刊，卷 3，期 9，1978 年；《中華雜誌》，卷 16，期 5，1978 年 5 月；《唐君毅先生紀念集》（臺北：臺灣學生書局，1979），頁 152-156；《徐復觀雜文補編》（臺北：中央研究院中國文哲研究所，2001），冊二，頁 542-546；《無慚尺布裏頭歸‧交往集》，《徐復觀全集》（北京：九州出版社，2014），頁 19-23。以下引錄悉據《唐君毅先生紀念集》。以頁數不多，引錄時，頁碼從略。

[2]　〈君毅兄逝世三周年聚慈航清（按：「清」當作「淨」）苑紀念〉，《華僑日報‧人文雙周刊》，第 228 期，1981 年 3 月 2 日，頁 23。此詩又收入翟志成、馮耀明校註，〈1981.01.31 條〉，《無慚尺布裏頭歸——徐復觀最後日記》（臺北：允晨文化實業公司，1987），頁 94-95，注 1；「清」字則作「淨」字。

干文章之按語。(4)信函：指徐先生致唐先生之信函。這是本文最主要的資料來源（以下簡稱「徐致唐函」，今存者凡 66 封）[3]。(5)家書：指徐先生與家人的通信。家書中雖偶有提及唐先生，但大皆與唐先生的為人或學問不相干；下文僅徵引其中一函。

　　下文擬分作兩部分。首部分（即所謂上篇，含第二至第六節）主要透過〈悼唐文〉、悼唐詩、按語及家書以揭示徐先生對唐先生論說之旨趣。唐先生之為學做人要旨，以至人生之終極關懷，大抵可以概見。然而，〈悼唐文〉等等資料總共僅得 3、4000 字，實不足以揭示徐先生眼中唐先生之全貌。是以欲獲悉徐先生論說之詳盡內容，則非參閱「徐致唐函」不可。筆者即根據此等信函草就下文之第二部分（即所謂下篇，含第七至第十一節）[4]。

二、為民族、國家、文化、教育，奉獻一生

　　1976 年 9 月 9 日，唐先生因肺癌而在臺北榮民總醫院動手術，12 月 5 日返港。77 年 2 月 1 日至 4 月 24 日再赴榮總檢查身體並治病，25 日返港。

---

[3] 徐致唐函中有不少文字談論《民主評論》、〈中國文化與世界——我們對中國學術研究及中國文化與世界文化前途之共同認識〉（即俗稱的〈中國文化宣言〉）及談論新亞書院經營情況等等事宜者，以牽涉範圍過於廣泛，本文一概從略。其中針對〈中國文化宣言〉之研究，可參拙著〈〈中國文化與世界〉宣言之草擬及刊行經過編年研究〉，收錄於李瑞全、楊祖漢編，《中國文化與世界：中國文化宣言五十週年紀念論文集》（桃園：中央大學文學院儒學研究中心，2009 年 9 月），頁 65-121。

[4] 按：今所存之 66 封「徐致唐函」，乃唐先生逝世前所藏而其後由唐師母謝廷光女士（字方回，以字行；1916-2000）保存。黎漢基教授嘗予以整理、繕打。摯友中文大學教授劉國強先生嘗據以影印（複印）留存。多年前，筆者從國強兄處影印一份。該 66 封信函後收入上揭《無慚尺布裹頭歸‧交往集》，《徐復觀全集》，頁 334-408。筆者以下引文，乃以得自國強兄之影印本為準，個別文字則參考《徐復觀全集》本。引文只標示書函之原有編號（如第 1 函、第 2 函）；且為求省便，不另標頁碼。又：據翟志成，「徐致唐函」66 封及「牟致唐函」67 封，皆為東海大學圖書館徐復觀特藏室所收藏。翟志成，〈徵引書目‧五、未刊書信〉，《新儒家眼中的胡適》（香港：商務印書館，2020），頁 421。

（其間從 2 月 16 日起兼服中藥。3 月 1 日得知癌細胞已然擴散。）自返港後的第 2 日，即 77 年 4 月 27 日起至 78 年元月 18 日止，即大半年的時間內，唐先生仍堅持每週到新亞研究所辦公（時先生任所長）及上課兩次[5]。基於關懷老朋友的立場，徐先生向唐先生建議說：

> 我幾次勸他，「肺部動了這大的手術，決不宜於上課；何況你上課時又這樣的賣力。」他回答說：「我現在改用談天的方式上課，也很有意思。不上課，心裏總感到不安。……」（〈悼唐文〉）

唐先生講課，是以其全幅精神、全幅生命頂上去的（「頂上去」一語，乃牟先生的恆常用語；以其具像意義特顯，今借用於此；意謂全力承擔），且經常超時付出（師母或其府上傭人於下課鈴後經常敲門數次，老師才「心不甘，情不願」而意猶未盡的下課。）每次下課，幾乎都大汗淋漓，全身濕透。以「揮汗成雨」形容之，恐不為過。此所以上引文中徐先生以「賣力」一語描繪之。

1978 年 1 月 22 日，即師辭世前 10 日，師母據醫生的囑咐而轉告唐先生說：「不可以再上課了。」師母並向前來探望唐先生的唐端正先生說：「毅兄則不以為然，他說：『坐而論學他是可以勝任的，如話亦不說，課亦不上，精神不能與人相通，只求一生命的存在，那有什麼意思呢。』」師母進一步指出說：「毅兄精神力量特強，常忘去了他的病。可能是使他生命超出盧大夫的估計的主要原因。」[6]筆者要特別說明一下上引語中「相通」這

---

[5]　每次上課以二小時為原則，但亦有只上一小時者。詳參 1976 年 9 月 9 日－1978 年元月 18 日之記載，《唐君毅全集·日記（下）》（臺北：臺灣學生書局，1991），卷 28。

[6]　上揭《唐君毅全集·日記（下）》，頁 478-479。盧大夫即臺北榮民總醫院前胸腔科主治醫師盧光舜先生（1918-?，曾任該院副院長）。師母代筆之〈日記〉1977.03.01 條云：「盧大夫……說唐先生生命最多可有三個月。」知悉盧大夫之為盧光舜，參〈日記〉1976.09.01 年條。

個概念。按：唐先生非常重視「感通」。人我雙方互有所感而通，乃成為相通。相通乃能互動。今人恆重視互動。其實，互動以相通為肇始點；此不可不察。順帶一說：唐先生不止一次指出說，哲學之為學，其性質／功能乃旨在扮演一橋樑之角色，藉以把不同學術、學問貫通起來。唐先生這個說法，大概很可以反映彼對莊子「道術將為天下裂！」（語出《莊子・天下篇》）這個感嘆，很有同情共感。就客觀面來說，哲學之性質／功能是否確係如此，當然可以再討論。但唐先生的說法，適足以反映其本人對哲學，以至對一切學術活動，深具崇高的期許、殷盼。

　　徐先生對唐先生完全不顧身體健康而繼續努力教學的情況，作出了如下的判語：

> 除了中間進一次法國醫院外，他就不願意缺一次席。為了傳播學術種子，他真是鞠躬盡瘁，死而後已。[7]（〈悼唐文〉）。

唐先生晚年得悉患肺癌時，其實已屆癌症末期；動手術後，短期間（一年內）復三度住院（一次在臺灣，二次在香港），但仍弦歌不輟。其薪火相傳，鞠躬盡瘁，死而後已的偉大使命感，徐先生的描述已道盡箇中一切了。韓愈回覆其好友張籍的一封信中說：「化當世莫若口，傳來世莫若書。」[8]透過教書講學以傳薪，固唐先生矢志之所在。但先生於教育事業，又不僅止於教書。唐先生在中國大陸教書期間，譬如在中央大學及江南大學等高校，已分別擔任過哲學系主任、教務長等職。1949 年僑遷香港之後，則更與錢穆先生、張丕介先生創辦新亞書院，且唐先生長期擔任教務長一職。徐先生即指出說：

7　按：1977 年 4 月唐先生自臺灣返港後，嘗兩度進醫院。一為 77 年 12 月 24 日至 78 年元月 1 日，進聖德肋薩醫院（又稱法國醫院）。另一為元月 20 日至 26 日進浸會醫院。

8　〈答張籍書〉，《韓愈集》，卷 14，〈雜著四・書一〉。https://ctext.org/wiki.pl?if=gb&res=464031；2020.11.22 瀏覽。

> 民國 38 年，唐先生來港，與賓四、張丕介兩先生，合力創辦新亞書
> 院，有一個共同的志願，即是要延續中國文化的命脈於海外。……當
> 時的情形，我了解得最清楚；他們三個人，真可謂相依為命，缺一不
> 可。如果今日有人想要抹煞這段事實，等於抹煞自己的良心。……香
> 港之有一點中國文化氣氛，有少數中國人願站在中國的立場做中國學
> 問，從新亞書院開始。但這不是殖民主義者所願見的。不是江青的徒
> 子徒孫們所願見的，也不是大買辦階級所願見的。三種勢力合在一
> 起，形成了十年來對新亞的侵蝕與捍衛的鬥爭，……（〈悼唐文〉）

旨在守護及弘揚中華文化的教育事業，要在英國殖民地的香港推動，其實已
很不容易，再加上 1966 年後文化大革命擬革掉中國傳統文化的政策，復加
上徐先生所說的買辦階級的「阻撓」，則唐先生等人從事教育事業之艱辛，
可以概見一斑了。

其實，唐先生豈止於傳薪（即僅為教育）作出奉獻呢？教育的背後，其
實就是文化、國家、民族。這所以徐先生慨乎言之：

> 唐先生之死，引起我最大的感慨是，想為自己的國家民族，在文化上
> 盡一番責任的中國人所遭遇的橫逆和艱苦，大概是其他國家的學人所
> 無法想像得到的。唐先生沒有出國留學，在三十歲左右，即成為南京
> 中央大學哲學系的名教授[9]，除了比較艱深地論著，為思想界所重視
> 外，他以詩人的情調寫出的《人生之體驗》一書，文字優美，內容層
> 層轉進，將讀者帶進一種理想的人生境界中而不自覺[10]，為當時一般

---

[9]　1940 年 10 月唐先生應中央大學哲學系系主任宗白華之邀，從教育部轉至中央大學任
　　教，擔任講師之職，時年 31 歲。翌年，晉升為副教授。3 年後，即 1944 年，晉升為
　　正教授。唐端正，《唐君毅全集・年譜》（臺北：臺灣學生書局，1990），頁 46-
　　55。

[10]　筆者以為「不自覺」這三個字是描繪讀者的，並不是描繪唐先生的。以唐先生對事事
　　物物（含自己）洞察力之高，他不可能不自覺《人生之體驗》一書乃以詩人的情調寫

知識青年所樂讀。……以唐先生的學問，假定沒有真正國家民族文化的責任感，唯以當相聲、耍機靈的方式，圖謀個人利益，我相信他便沒有近十多年來精神所受的痛苦。（〈悼唐文〉）

上引文說到《人生之體驗》一書，其〈自序〉撰寫於 1943 年，即唐先生時年 34 歲便撰就該書；實屬極不容易。其內容如徐先生所說的以「層層轉進」的方式來鋪陳義理，把人生各層面（生活層面、心靈層面等等）娓娓道來，能不讓人嘆為觀止，手不釋卷？

說到唐先生對民族、國家及文化的關注和貢獻，徐先生在〈悼唐文〉中特別說到孔子誅少正卯的問題，如下：

四人幫的批孔，是責罵孔子誅少正卯的故事開始，以後才昇到「克己復禮」是為奴隸復辟的高度。在 1958 年，有人主張以孔子誅少正卯的手段對付臺灣內部份主張民主自由的人士，我於是寫了篇〈一個歷史故事的形成及其演進──論孔子誅少正卯〉的文章，從考證上斷定此一故事，是出於法家思想系統所偽造出來的。……自此文（筆者按：指大陸某一文章）刊出後，指向孔子的炮火，如連珠箭般地射出，唐先生便在《中華月報》上刊出一篇辨明故事是偽的文章，以證明大陸對孔子的攻擊全是無的放矢[11]。……（1978 年）2 月 1 日，外電說大陸出版的一月份《歷史研究》上刊出一文[12]，為孔子辯護，也

出來的。再者，徐文旨在推崇唐先生，則指出讀者被帶進「理想的人生境界中而不自覺」，才能顯出唐先生運思行文深具潛移默化之功力。

[11] 文章名〈孔子誅少正卯傳說之形成〉，載以下 3 刊物：《中華月報》，1974 年 3 月號；《幼獅月刊》，卷 39，期 2，1974 年；《明報月刊》，期 98，1974 年 2 月。後收入唐君毅，《中華人文與當今世界》（臺北：臺灣學生書局，1975），下冊，頁 739-759。

[12] 文章名〈關於孔丘誅少正卯〉，《歷史研究》，第 1 期，1978 年 1 月，作者是延陵。

是從孔子誅少正卯這一故事開始，認為四人幫對孔子的攻擊，沒有歷史事實的根據。唐先生病中看到這種消息，以為對孔子的誣衊開始有了昭雪，不覺為中國文化前途慶幸，所以這天還吩咐研究所的趙潛先生，要安排這，安排那；不知十幾小時後，他自己卻一瞑不視了。

上引文說到 1978 年 2 月 1 日唐先生吩咐趙潛先生（即趙致華先生，時任新亞研究所總幹事，1960 年畢業於新亞研究所史學組）作出總總安排的事宜，據悉，所作的安排主要是指唐先生請趙先生把他的著作寄到大陸去，認為這對傳揚中華文化應可以起點作用。按：唐先生逝世於 2 月 2 日凌晨。由此可見唐先生易簀前對文化大革命誣衊孔子深感不安。其撰寫文章以澄清孔子誅少正卯一事，即所以為孔子平反也。

　　說到孔子誅少正卯一事，我們不妨先引錄徐先生〈悼唐文〉中如下的一對輓聯：

　　　　通天地人之謂儒　著作昭垂　宇宙貞恆薪不盡；
　　　　歷艱困辱以捍道　尼山巍峙　書生辛苦願應償。

按：1978 年年初外國記者得悉《歷史研究》1978 年第 1 期刊登了延陵〈關於孔丘誅少正卯〉一文之後，便認定孔子名譽已然得到恢復。唐先生大概由此便認為大陸已經開始昭雪、平反孔子誅少正卯一事了。但徐先生有不同的看法，以上輓聯之下聯最後用「應償」一語，而不用「終償」，實與此大有關係。我們且看徐先生怎麼說：

　　……外國記者便從北京發出電報，認定中共已恢復了孔子的名譽。唐君毅先生死的前一天，看到這報導，信以為真；我卻有些懷疑，所以在悼念他的輓聯中只說「書生宏毅願應償」，不用「終償」而用「應

償」，以表示理當如此，但事實上未必如此。……[13]

徐先生對大陸政治、政策很有研究；了解其政治與學術文化的微妙關係。是以其相應的判斷，便相當務實；且就上述一事來看，也確然合乎事實。然而，唐先生「認定中共已恢復了孔子的名譽」（即所謂「平反」）而雀躍萬分，實深具二意義。按：所謂「事實」，至少可分為兩種。其一，真真正正的事實（如發生在過去，即成為「歷史事實」）；其二，心理上的事實（或所謂「理想上的事實」吧）。唐先生所認定的事實，乃可謂後者。然而，這對於不屈不撓而畢生為儒家／儒學事業奮鬥的一個老戰士來說，於臨終前夕多獲得點安慰，這實在是天大的喜事善事。作為唐先生的學生、晚輩，有什麼比這個更樂見的呢？所以縱然僅係心理上的事實，這又何妨？！唐先生辭世於該新聞發布 10 多個小時之後，而不是壽終於該新聞發布之前，這對唐先生來說，乃可謂一極大的福報。再者，唐先生的雀躍反映出其臨終前仍深具赤子之心。說他天真也好，說他幼稚也罷；但這不正是道德的理想主義者或理想的道德主義者所當具備的人格特質嗎[14]？

　　唐先生為民族、國家、文化、教育等等所作出的努力及貢獻，徐先生極為欣賞。徐、唐兩先生分居臺、港兩地之時（1949-1969；凡 20 年）即早已如此。逮及徐先生 1969 年秋定居香港與唐先生幾乎朝夕過從一年多之後，

---

[13] 徐復觀，〈中共還沒有承認孔子的能力！〉，《徐復觀雜文——論中共》（臺北：時報文化出版公司，1980），頁 349。

[14] 按：孔子得以正式平反，大概是唐先生仙逝半年之後之事。由此可見唐先生的反應是早了一點。孔子平反事，有報導說：「1978 年 7 月 18 日，北京《光明日報》史學版頭條用通欄標題、3／4 版面刊出一篇 5000 餘字的文章〈孔子教育思想試評〉。此文提出：孔子的教育思想要辯證地看，如『有教無類』、『知之為知之，不知為不知』等論點『值得肯定』，作者陳增輝當時是上海一名年輕的哲學老師。這篇文章立刻引起外國駐華記者關注，日本共同社駐京記者福原當天發回一篇報導稱：『文革後第一篇正面評價孔子的文章出現了！』」上引語，見〈文革後孔子平反始末〉，《僑報》，文後註明：摘編自成都《先鋒·國家歷史》雜誌，馮翔／文。http://dailynews.sina.com/bg/chn/chnlocal/chinapress/20130906/02344946436.html；2013 年 9 月 6 日 02：34。

徐先生對唐先生之欣賞，不僅不減當年，且甚或過之。1970.11.28 徐先生從香港寫給其旅居美國的女兒均琴女士的家書即可為證，如下：「就爸觀察的結果，人是越老越墮落。過去的老朋友，除唐先生還是極力掙扎外，沒有不墮落得不成樣子的。」[15] 上引語——除唐先生外，其他朋友「沒有不墮落得不成樣子的」，吾人不必照單全收。但它至少反映了在徐先生眼中，唐先生的表現絕對是自強不息、異乎流俗而卓爾不群的。

三、「你要他講話，他便以最誠懇之心，講最誠懇之話」

1954 年 7 月唐先生嘗發表以下文章：〈對新政府之希望〉（約 1,000 多字）[16]。茲先摘錄該文若干重點如下：

> 我嘗以為在一個理想的民主政治體系中，當任何個人被選為總統副總統而代表國家時，他即當暫時正式脫離黨籍，或解除黨的職務，受全國人民的尊崇，而不特別受某一黨的尊崇。

一言以蔽之，上引語揭示唐先生深盼當選上總統之蔣公，能夠做到黨、國分離。且或進一步暗示：不宜以黨領國，以黨治國。此外，又希望蔣公第二屆總統任期屆滿之後（按照當時憲法，總統僅能連任一次，即至多僅能擔任兩屆共 12 年的總統；即 1960 年 5 月 20 日便要卸任。），作出如下的表現：

---

[15] 黎漢基、曹永洋編，《徐復觀家書集》（臺北：中研院文哲所，2001），頁 56。

[16] 《民主評論》，卷 5，期 13（1954 年 7 月）；收入《唐君毅全集・中華人文與當今世界補編》（臺北：臺灣學生書局，1991），卷 10，下冊，頁 255-258。文中的「新政府」指 1954 年 5 月 20 日經國民代表大會選舉產生之政府。即由蔣介石擔任總統、陳誠擔任副總統的一屆政府；任期至 1960 年 5 月 20 日止。此為國民政府遷臺後蔣先生第二次（第二屆）擔任總統。

　　國民黨人此時願意退居在野，從事各方面之社會文化之建設事業。如
　　中山先生在民國初年讓位與袁世凱時之所宣告。我始終相信中國文化
　　之最偉大的精神，不只在能當爭則爭，而且是在能當讓則讓。如果在
　　反攻大陸之前，國民黨能有此一決定，而蔣先生即以國民黨總裁的資
　　格，代表國民黨以至誠惻怛之文字，作此一正式之宣告，這將表示國
　　民黨人之從事政治，自始即出於天下為公之心。一個能立國、能建
　　國、能復國、亦能讓國的政黨與個人，還是世界政治史上從未出現過
　　的政黨與個人，代表中國歷史文化精神與人類之最高精神的政黨與個
　　人。

上引文中，最值得注意者有三語：當爭則爭；當讓則讓；天下為公之心。分
開來說是三；其實，一而已耳。何以言之？孔子嘗云：「當仁不讓」。[17]
「不讓」，即意涵或隱涵要「爭」；要爭，即表示不讓。所以爭與不讓是同
一回事。爭與不讓是一種行為，也可以說是一種手段。按：行為必須有一個
判準，否則行為（或不行為：不付諸行動）便站不住腳。爭或不讓的判準又
是甚麼呢？依孔子，「仁」是也。仁乃泛稱，若扣緊治國來說，則仁者必含
「天下為公之心」。有了這個公心，從政者／執政者才可以「與人爭」或
「讓與人」而不爭；即當爭則爭、當讓則讓。換言之，「爭」與「讓」完全
以「公」為出發點，其間絲毫不能夾雜一點私意、私念[18]。這所以筆者上文

---

[17] 語出《論語·衛靈公》。原語作：「當仁不讓於師」。

[18] 筆者在東吳大學擔任過多年行政職務（兩任歷史學系主任共 6 年，院長一任 3 年，錢
穆故居執行長 2.5 年。校級、院級、系級委員會之召集人則不勝枚舉。其中擔任院
長、系主任遴選委員會之院外、系外之遴選委員或召集人，凡 10 多次；其次數之
多，或許是全校之冠），其中院長、故居執行長及學系主任三個職務中，除執行長一
職是校長委派外，其餘皆普選產生（改為由遴選產生乃劉兆玄先生擔任東吳校長
（2004-2008）以後之事），且全票或高票（＞90%）當選。捫心自問，每一次參
選，皆緣於相關單位欠缺更理想人選之時，即確實是「承乏」之時。換言之，從來不
曾有過為謀一己之私（名、利、權）而參選者。此可向天下人告白而無愧者。大概也
由於這個緣故，所以深悉何謂爭，何謂讓，何謂公心。

便說，爭、讓、公，分開來說是三；其實，一也。

以上兩段唐先生所說的話，個人以為，堪可稱為擲地有聲之獅子吼。徐先生嘗針對唐文寫了一個按語。按語雖短（不足 300 字），但頗能反映唐先生為人治學的精神面貌。個人認為，徐先生針對唐文而撰寫的〈按語〉，亦同為獅子吼也，且字字珠璣，句句金玉。今乃不厭其繁，全文照錄如下：

> 此一短文，係唐先生應《中國一周》之約，為新政府成立而寫的。但因稿擠未刊出[19]。唐先生是現代「肫肫其仁」的真正學者；他對任何人，任何團體，都由其不容自己的悲憫之情，寄以最大的希望；你要他講話，他便以最誠懇之心，講最誠懇之話。他總以為只要是人，總會相去不遠；他以為窺伺意旨的講，不痛不癢的敷衍的講，不僅是把自己不當人，也是把對方不當人。他的「居夷處困」，百折不回，說盡千言萬語，所爭的，歸結起來，只要把人當人看待。他對政治的意見，在他這一代可能永遠是廢話；因為他是典型的不識行情的書呆子。但藏在書呆子裡面的仁心，及由此仁心所流露出的惻怛之詞，編者不忍加以埋沒，爰轉為刊出，以饗讀者。[20]

《論語·憲政篇》有如下一則記載：孔子向衛國人公明賈請教其國（衛國）大夫公孫文子的行為表現。公明賈回應說：「夫子（按：指公孫文子）時然後言，人不厭其言；……。」如果「時然後言」指的是窺伺聽受者的意旨才說話，才發表意見以討對方歡心的話，那唐先生絕對是一個不識時務者（用

---

[19] 「因稿擠未刊出」一語，吾人不宜認真看待。唐先生對此亦深有所悉，嘗云：「《中國一週》此期未登出，弟想恐下期亦不會登，因弟所論未詳陳理由，且似太迂濶。又恐該刊編者有顧忌。兄可去取回一閱，看是否可供《民評》之用。」筆者以為「該刊編者有顧忌」才是「未刊出」最關鍵的原因。上引語，見唐君毅，《書簡》，上揭《唐君毅全集》，卷 26，頁 84-85。

[20] 徐復觀，《徐復觀雜文補編》（臺北：中研院中國文哲研究所籌備處，2001），冊一，頁 499。

現今流行用語來說，即政治不正確——politically incorrect）。然而，不問是非曲直，不顧老百姓的真正需求，一味講一些違背良心而只管討好執政者的大話、美言，其於仁遠矣。這完全是徐先生所說的既不把自己當人看，也不把對方當人看！這豈是「肫肫其仁」的唐先生的風格呢？上引文只三數百字，但「仁」字出現凡三次，則唐先生在徐先生眼中之為不折不扣的仁者，又奚待多言[21]？

　　人之所以能成為仁者，與其人之涵養當有絕大關係。在〈悼唐文〉中，徐先生說到病人有時會生醫生的氣而大罵大吵時，指出說，以「唐先生的涵養，總是忍住不說。但忍住不說，在精神上所受的煎熬，較之叫喊出來的人可能還要厲害。我能比他後死，大概這也是原因之一。」唐先生涵養之深純，相信是所有跟先生接觸過的人士所一致公認、推崇的，今不細表。

四、「唐先生對我個人，對社會風氣，多所疏導」

　　徐先生固然聰明絕頂，且學問根柢深厚，但因為 1949 年遷居臺灣而行年將屆 50 歲之時才正式開始從事學術研究的工作，即所謂起步較晚，所以經常感念唐先生、牟先生之「接引」、「疏導」；嘗云：

---

[21] 在這裡順便一提：徐先生針對唐先生在《民評》所發表為數眾多的文章中，只對其中三文作出過按語。其一是針對現今所談的〈對新政府之希望〉一文的按語。另一是針對〈學術思想之自由與民主政治——答徐佛觀先生〉一文的按語。按：該文原為唐先生寫給徐先生的一封信函，後以文章方式發表於《民主評論》，卷 4，期 18，1953年 9 月 16 日。其後又收入唐君毅，《人文精神之重建》（香港：新亞研究所，1974），頁 606-620。徐先生此按語（《民評》，卷 4，期 18；又收入上揭《徐復觀雜文補編》，冊一，頁 490-494。），計有 1,000 字以上。其中對民主的看法，與唐先生的看法頗異，唯最後指出云：「唐先生的這一封信，對於當前浮淺的風氣，確是有力的一針。」第三個按語僅得約 100 字（《民評》，卷 17，期 3，1966 年 3 月；又收入上揭《徐復觀雜文補編》，冊一，頁 569。），是針對唐先生〈記重慶聯中幾個少年朋友〉一文而寫的。以按語之內容與唐先生本人無直接關係，茲不作進一步說明。

按：唐先生此函[22]，不僅對我個人，多所疏導，對社會當前風氣，亦係一主要之疏導。我是主張在文化方面，應多做點疏導工作的。疏導即是一「接引」。但恨自己學力不夠，所以常常以此期望之於牟宗三、唐君毅兩先生。……首先我得聲明的，我平生除熊先生外，受牟、唐兩先生之益處最多，對兩先生的推重，有加無已。[23]

熊十力先生是徐先生的老師。徐先生認識熊先生始於抗戰末年的 1944 年。當年徐先生任職於重慶的國民政府，嘗往北碚金剛碑拜謁熊先生。不久在熊先生家認識了牟先生。牟先生自謂經常得到徐先生之照顧[24]。兩人「精誠相感，憂患同經」幾 40 載，可謂生死不渝之摯交。至於徐、唐之認識，大抵始於 1947 年徐先生辦《學原》月刊而唐先生投稿之時[25]。也許稍微值得指出的是，上引文中徐先生提到熊、唐、牟三位先生時，是先寫出「熊先生」，接著是「牟先生」，最後才是「唐先生」。先寫熊先生，原因很單純，熊先生是老師，所以先寫。牟排名先於唐，這是最近一二十年來學術界，尤其是大陸學術界的普遍現象。大概這是按知名度，或按被研究的深淺程度（或研究專著數量上的多寡程度），來做排名先後的依據。其實，在唐先生過世前，其排名恆在牟先生之前。因為以知名度而言，以成名之早遲而言，以教授職級而言（唐先生是香港中文大學講座教授（英制 chair professor），牟先生是一般教授（英制 reader）），唐先生皆占「優勢」。今徐先生是先牟而後唐，其可能原因有二。其一，徐先生沒有特別在意所謂排名先後的問題；所以不是牟在唐前，便是唐在牟前，實無分軒輊。另一原

---

[22] 指刊登於《民主評論》以下一文：〈學術思想之自由與民主政治──答徐佛觀先生〉，參上注21。

[23] 〈按語〉，上揭〈學術思想之自由與民主政治──答徐佛觀先生〉，頁490。

[24] 熊、徐、牟的認識及牟得徐之照顧等等事宜，參拙著附錄七：〈精誠相感，憂患同經：牟宗三眼中的徐復觀〉，《政治中當然有道德問題──徐復觀政治思想管窺》（臺北：臺灣學生書局，2016），頁533-573。

[25] 唐先生在《學原》發表的第一篇文章名〈王船山之性與天道論通釋〉，《學原》，卷1，期2、3（1947 年 6 月、7 月）。

因則是，徐認識牟較早，且私交亦較深（三人都可以說是「精誠相感」。但以「憂患同經」來說，則徐、牟二人「同經」的程度比較深）。然而，就學問上之受益（指被疏導、接引）來說，則徐先生之受益於二人，及對二人之推重，其間應無分軒輊。

五、「文章不宜太長」；「文字力求平易」

唐先生經常思如泉湧，下筆不能自休。又因為深具廣納百川之雅量，所以乃盡量網羅（甚至可說意欲窮盡）古今中外各種相關學說／論說（含相異甚至相反的學說／論說），並承認其各具價值（當然對價值之高低是有所分判的），且各予以一相應、恰當之定位（即所謂判教）。其具體作法便是層層轉進、步步深入以剖析並曲盡各相關學說／論說之精神、義蘊，是以文字上或不免紆迴糾纏，遂令不少讀者如墮五里霧中，莫知究竟[26]！徐先生對唐

---

[26] 唐先生這個廣納百川並在價值上各予以定位的作法，在處理問題上是很周延的。然而，因為照顧面太廣，有時恐不免顧此失彼（當然不至於掛一漏萬）。這便有可能導致在聚焦的程度上不盡理想了。這和一空依傍、單刀直入的處理方法相比較，尤見其然。一言以蔽之，唐先生處理問題的取徑或方法，大體來說，儘管很周延、面面俱到，但有時在聚焦上便欠理想了。這是有點可惜的。但話又得說回來，處理任何問題，難有兩全其美，更不必說十全十美的取徑或方法。這是無可如何的。又：針對唐先生的文字，陳來，李卓嘗指出說：「熊十力先生曾批評他的文字『好鋪排，繳繞復繳繞』。而唐先生自述，他的學術專著之所以繳繞其辭，碎義析理，曲折繁密而不免艱澀，是有意採取西方哲學著作的體裁所致（卷 25 自序）。」陳來，李卓，〈《唐君毅全集》出版感言〉，《九州版《唐君毅全集》出版發布會暨「現代新儒家與現代世界」國際學術研討會論文集》，頁 167。按：陳、李文所標示的卷 25 的〈自序〉乃指《生命存在與心靈境界》的〈自序〉。其相關語句如下：「此書之論哲學問題，其曲折繁密繳繞之處，大皆由其問題之橫貫西方不同學派之哲學而來。」（頁 4）姑不論唐先生的文字是否繳繞其辭，然而，很明確的是，唐先生本人的說法，實在跟陳、李兩先生的說法有相當差異。陳、李說既與唐說異，且又厚誣西方哲學著作之體裁。當然，厚誣恐非陳、李二氏之本意，但至少可反映其治學撰文之流於失檢。學術研究真的不可輕信而不細稽原著啊！上述研討會由宜賓學院四川思想家中心主辦；地點：成都川投國際酒店，2016 年 10 月 28-31 日。

先生文章過長、文字過於艱深之「毛病」，即嘗有所指陳，如下：

> ……因私人友誼太深，也常反復爭論不休。其中重要的一點，是許多人認為文章太長，文字又近於艱深；我一方面覺得這是來自時代風氣之薄，一方面也是我們接引的方法不足。所以主張文章不宜太長；……文字方面，主張盡可能的力求平易，減少一般讀者的困難。[27]

唐先生之文章素來號稱難讀。就其學術論著而言，或不免此「病」。其實，就唐先生說人生，乃至說歷史，談文化的一般文章來說，其面貌則迥異。徐先生對這方面亦有所覺，嘗指出說：

> 我要求唐先生為《民主評論》寫幾篇輕鬆的文章，因為唐先生這一類的文章也寫得非常的好；這是為了讀者，同時也是為了唐先生。想藉此使讀者了解許多不易看懂的文字，是在內容而不在文字技術。[28]

寫點輕鬆的文章，使讀者能夠看懂，以便從中獲益，這當然是「為了讀者」好。這個道理很簡單易懂。但為甚麼徐先生又說：「同時也是為了唐先生」呢？其實原因也很簡單。作者寫文章的目的，或最終目的，就是為了讀者——為讀者服務。如果讀者看不懂你的文章，那你必然自我違反撰寫文章的初衷。所以寫讀者能夠看得懂的文章，為人為己，都是好的，且也是應該的。然而，有些文章確實是不容易看懂的。不容易看懂的原因如果不是由於作者的文字過於艱澀（即所謂文字技術問題）所導致的，而是文章的內容確實是比較難於理解、明白的，那當然不該由作者負責。但無論如何，作者似乎有義務做到深入淺出。換言之，作者在文字上應多花點功夫，不宜因文害意，否則對人（讀者）對己（作者），都是莫大且不必要的損失。當然，很

---

[27] 徐復觀，〈按語〉，上揭〈學術思想之自由與民主政治——答徐佛觀先生〉，頁491。

[28] 〈按語〉，〈學術思想之自由與民主政治——答徐佛觀先生〉，頁491。

多時深入的內容，是淺出不了的。那就只好另當別論了！

六、「共祈天上在人間」

唐先生仙逝於 1978 年。其祭奠、供奉的牌位設置於香港新界沙田慈航淨苑。1981 年，即唐先生逝世三周年時，新亞研究所師生嘗往致祭，徐先生賦詩一首以為紀念，如下：

> 故人逝世已三年，每觸前塵感萬端，義理即今仍絕學，國家依舊是危船；
>
> 百般言說情無限，九境心靈意宣傳，難得齋堂成小聚，共祈天上在人間。[29]

1978 年 2 月 2 日唐先生易簣，所以這首寫於 1981 年年初之徐詩首句便說：「故人逝世已三年」。第二句所說的「前塵」（前所經歷之往事），縱然從徐、唐二先生分別徙居臺、港之後算起，兩人所共同投注心力，或至少共同關注者，已極多。其犖犖大者，如 1949 年盡心力於新亞書院及《民主評論》，即其顯例。至於兩人共同繫念中華民族、中華文化，並無時無刻不殫精竭慮欲予以光暢弘揚者，則中國大陸政權尚未易幟之前已然。

「義理即今仍絕學」一語，讓人想起徐先生撰於約一年後的另一首詩相類似的一個語句：「聖學虛懸寸管量」。[30]「寸管量」一語雖意味著聖學不至於完全乏人問津，但既已虛懸，則與上詩中的「絕學」已相差無幾了。當

---

[29] 徐復觀，〈君毅兄逝世三周年聚慈航清〔「清」當作「淨」〕苑紀念〉，《華僑日報・人文雙周刊》，第 228 期，1981 年 3 月 2 日，頁 23。詳參上註 2。此詩乃下載自《華僑日報》（電子檔）。https://mmis.hkpl.gov.hk/coverpage/-/coverpage/view?_（2016 年 9 月 1 日瀏覽）。

[30] 此語出自先生逝世前一個半月臥病臺灣大學醫院時所作之「臥病述懷詩」。見《無慚尺布裹頭歸──徐復觀最後日記》（臺北：允晨文化實業公司，1987），頁 225。

然，就表面來看，已成為絕學的「義理之學」，其範疇不似「聖學」之廣
大；而僅屬聖學的一部分。然而，聖學固以義理之學為核心。且就兩詩的上
文下理來看，徐先生所說的聖學即逕指義理之學無疑。「國家依舊是危
船」，此乃泛指國家之危殆。詩撰於 1981 年初。其時就整個世界局勢而
言，自由陣營與共黨陣營仍係壁壘分明，冷戰陰影揮之不去。就中國大陸而
言，召開於 1978 年底的第 11 屆 3 中全會雖已通過改革開放的政策，且已過
了兩年多，但政壇上層仍不無雜音。換言之，改革開放之成敗尚為未定之
天。就兩岸關係而言，仍相互叫板；「解放臺灣」、「反攻大陸」等等口號
仍不絕於耳。這所以徐詩第四句說「國家依舊是危船」也。尤其值得指出的
是，中華民族和中華文化乃徐先生一輩子最關注之所在。民族透過形構（客
觀架構之建立）而表現為一國家；而文化則一國家之內涵，尤其精神內涵，
之表現也。文化可有眾多不同之表現，學術即其一。大要言之，就國學（中
國傳統學術）而言，其重要領域有三：義理也，考據也，辭章也。筆者相
信，對徐先生來說，考據和辭章，乃為義理服務者（或至少可以說，三者
中，義理乃先生所最看重者。）前者實化義理，蓋經考而後信一道手術後，
義理乃獲得堅實可靠的基礎，而非流於空中樓閣，否則便成為了今日所恆說
的「觀念的遊戲」；後者透過專業語言（technical language），非僅日常語
言（ordinary language）之充分掌握及遣詞造句之講究，則可把義理更清晰
而明確地呈現出來。此所以國學三領域中，徐先生在詩中僅特別論說義理，
而不談考據和辭章。再者，如上所說，民族表現而為國家。這所以徐先生論
說完畢文化（學術）中義理一項仍為使人憂心忡忡的「絕學」之後，便馬上
把關注點移放到依舊是危船的國家上去。要言之，詩中第三和第四句最足以
反映徐先生本人畢生關注之所在。[31]

---

[31] 按：詩第二句是「每觸前塵感萬端」。從第三和第四句來看，國家和義理這兩項當然
　　是所感的前塵，即所感的對象。然而，以徐先生平素接觸面和關注面之寬廣來看，彼
　　所感者，自不應以這兩項為限，蓋至少《民評》和新亞的前途也必然是所感之對象，
　　乃至唐先生的百般言說及《生命存在與心靈境界》一書也是徐先生所感之對象。然
　　而，今徐先生主要說國家和義理這兩項，則可知其心中所最關注者為何矣。

　　「百般言說情無限」是指唐先生投注無限之心力、感情，左右設譬，翻來覆去，以誨人不倦之精神從事教學及筆耕。「九境心靈意豈傳」一語，是疑惑或擔心唐先生自為經緯而綜括其一生學術思想精神於一書的偉大鉅構《生命存在與心靈境界——生命存在之三向與心靈九境》，其所闡釋弘揚之微言大義，是否能傳播開來並垂諸久遠呢？

　　詩最後兩句是：「難得齋堂成小聚，共祈天上在人間」。就一般人來說，尤其就宗教信徒來說，理想之樂土必不在人間，而僅能在天上。然而，就儒家來說，雖不必否定最理想之樂土僅存在於天上，唯其所追求者，乃地上「當下即是」之樂土，而不追求未來世界虛無縹渺之天上樂土。可是，對一般人來說，所謂「樂土」，無論是實際上確實存在者也好，或緣自想像而來者也罷，又或夢想中所追逐者也罷，這種樂土恐怕僅存在於天上，現實世間又豈有這種樂土可言呢？！身臨作為天人間之媒介之宗教場所（此指上語中之「齋堂」，蓋該齋堂乃設於佛教場所慈航淨苑內也），似乎更容易使人產生種種想像而讓人得以自由地去逐夢。然而，徐先生畢竟是「儒家信徒」，所以這個很可能僅存在於天上的樂土，徐先生便呼籲我們一起祈禱，期望它「下降凡塵」而成為地上的人間樂土了。所以上詩的最後一語是深富儒家色彩的——在人間的現實世界中去追逐、實現很可能僅存在於天上的一個理想世界。用流行語來說，即追求、實現「人間天國」——追求、實現天國於人間是也[32]。

　　徐詩雖寥寥數十字，但頗能揭示唐先生的學問旨趣、文化理想，乃至其奉獻於教育事業及撰述事業之使命感。其實，徐先生本人之為學、做人及終

---

[32] 這裡必須指出，讀者千萬別誤會徐先生，以為徐先生詩句中既有「天上」一語，便意味著或預設著先生有宗教信仰，或至少肯認宇宙中存在著一個超自然的形而上的世界。其實，讀者不宜作此推斷，蓋「天上」一語乃一泛稱，此與中國人吃驚時或碰到不可思議之事時，或不免驚呼而說出的「天啊」一語正同；此猶同於西方人所常說的"My God"一語。所以無論是「天啊」一語或"My God"一語，都不必意味著說此語者是具有宗教信仰的，蓋二語只是一般人的口頭禪而已。徐先生對形而上世界的看法，可參筆者：〈歷史報應循環不爽〉，上揭《政治中當然有道德問題——徐復觀政治思想管窺》，頁129-141。

極關懷之旨趣與唐先生實大體相同。是以徐詩亦可謂夫子自道也。其憂國憂民而無可奈何的心境，亦頗可概見。然而，作為儒家來說，雖意識中充滿了憂患之情，但絕不悲觀，毋寧是達觀；是以抱持「知其不可而為之」、「雖千萬人吾往矣」之精神而勇往直前。一言以蔽之，即希冀實現天國於人間，此所以徐詩最終以：「共祈天上在人間」一語作結。

　　徐、唐兩先生，作為現代新儒家第二代最重要的代表人物來說（不消多說，另一則為牟先生），「共祈天上在人間」，乃係二人，甚至係所有現代新儒家之深情大願；今茲亦藉此以總結上文。願共勉。

＊＊＊＊＊＊＊＊＊＊＊＊

　　下文為本文（本章）的第二部分。如上所述（見「前言」第二段），此第二部分（或所謂下篇）之論說，乃以徐先生致唐先生之信函（即「徐致唐函」）為主要材料。其依類彙整、梳理之結果，茲開列敷陳如下。

七、「你全不知養病之道，不會愛護自己」[33]

　　猶記得唐先生說過，年青時，身體無處不病[34]。這大概是憂患意識特強，且多愁善感所至，恐怕心理因素大於生理因素（即不是身體上確有大問題）。但約二十歲之後便改善多了。然而，因無時無刻不在思考問題，腦袋從不休息[35]，且教書認真，又從事教育行政數十年；再者，晚年時因反對、抗議香港中文大學改制（擬改變行之有年之聯邦制為中央集權集）而導致身

33　此語句之出處見本節下文。第八至第十一節之標題（語句）之出處仿此，即亦見各該節之下文。

34　相關《年譜》有如下記載：「……加以當時先生之腦、肺、腸、胃、腎，無一不病，……」。唐端正，〈民國 17 年（1928）二十歲條〉，《年譜》，《唐君毅全集》，卷 29，頁 22。

35　這句話是曾經擔任唐先生 12 年助教的鄭力為先生跟筆者說的。「腦袋從不休息」一語，恐怕是誇張一點的說法，吾人不必認真看待。

心俱疲，所以身體狀況應不會太理想。

作為唐先生摯友的徐先生，其關懷唐先生之情，「徐致唐函」迭有反映。茲按年分先後，舉數例如下：

其一：「弟無時不以　兄之身體為念，人總要有些散開放下的生活，不能隨時凝攝不放。」（第 14 函，1953.06.20）

其二：「　兄講演時太出力，實極危險。」（第 27 函，1955.12.21）

其三：「前在臺北，看到任國榮兄[36]，他說　您全不知養病[37]之道，不會愛護自己，非常為　您著急；不是著急　您的病，他說『那沒有甚麼』，著急　您『為人太多』，不知如何照顧自己。所以，我不願　您拿筆向我寫信！……養病第一要心境寧靜，第二要絕對遵守醫生的意見和規定。」（第 55 函，1966.09.26）

其四：「在與金媽（唐先生府上的傭人）談天中，知　兄平日治學及對人，過份認真。今後望稍加放任。現時養病，尤應有耐心，勿多說話，更不可勉強用視力。」（第 59 函，1967.03.29）

其五：「弟（六月）二十四日到三藩市，……二十五日見到岡田武彥、陳榮捷及余英時諸人，與觀談話時，皆前後問　兄健康情形（郭少棠尤其如此），英時亦流露出真誠之敬慕。墨子克〔刻〕著有一書，為　兄設一書專章。……望　兄多加調攝。」[38]（第 66 函、1977.07.03）

---

[36] 生卒年：1907-1987，1933 年巴黎大學博士，1957-1972 任教於新亞書院／中文大學，創辦生物系。此據網路資訊。

[37] 此指唐先生患左眼視網膜脫落症。雖經治療開刀兩次（首次（1966 年 4、5 月間）在美國；第二次（1966 年底至 1967 年年中，含手術後休養數月）在日本京都），但均以失敗告終。是唐先生至辭世前的 12 年間，全用一目看書、寫字，其辛苦吃力可知。然而，多冊《中國哲學原論》、兩大冊《生命存在與心靈境界》均完成於此時，其超凡之毅力，可見一斑。詳參唐端正，上揭《年譜》，《唐君毅全集》，卷 29，頁 161-166。

[38] 1977 年 6 月下旬徐先生赴美參加「清初學術會議」。此函乃徐先生從美國寄回香港給唐先生的。此上距 1976 年 8 月 12 日唐先生確知患上肺癌且於同月 22 日赴臺灣治療（9 月 9 日在榮總動手術），已有將近一年的時間。這所以學人大皆知悉唐先生身患絕症。詳參《唐君毅全集‧日記》相關條目。至於墨子克〔刻〕（T. A. Metzger）

以上共 5 函，顯示從 1953 年起，即唐先生尚為壯年時，徐先生已非常關注唐先生之身體狀況。據現存最後一函（其書寫日期為 1977.07.03，即唐先生辭世的半年前），徐先生仍然非常關注唐先生的健康。按：1969 年秋至 1982 年春，徐先生已定居香港，迄唐先生逝世（1978.02.02）時止，徐、唐兩人見面機會很多，所以就根本不必通信。兩先生的《全集》中所以沒有這時段的往來書信，即以此故。

八、「不僅對書卷有大智慧，即對事務亦富有智慧」

多年前摯友何漢威先生（業師全漢昇教授高足）閒聊時嘗說，全教授曾經指出說，不要以為唐先生只是一個讀書人（意謂只是一個書呆子）；其實，唐先生是挺會辦事的。此意謂唐先生也是一個幹才。讀書、做事，需要不同的智慧；人罕兼之。筆者以為後者尤難。蓋讀書，自家一個人埋首象牙塔中足矣。做事則恆須眾人協力為之。「十羊九牧」，人多口雜，意見恆紛歧。此其一。做事又恆須上下階層及同儕間眾多相關人等的和衷共濟。此其二。再者，所仰賴的客觀條件，又遠多於讀書所仰賴者。此其三。子曰：「可與共學，未可與適道；可與適道，未可與立；可與立，未可與權。」（《論語・子罕》）其中「共學」指一起讀書求學。「適道」蓋指安適於（即「樂於接受」[39]）一共同精神、理想上。「立」與「權」大概指做事方面言。前者蓋指需要具備屹立不搖之意志以共同追求一理想，並或進一步據以創立一番事業。後者指針對精神、理想、原則，吾人固宜堅守之；但必要時也要懂得做點權變，作適度調整。「學」、「道」、「立」、「權」，一

為唐先生設立專章的一書，乃指 1977 年 Columbia University Press 出版的 *Escape from Predicament: Neo-Confucianism and China's Evolving Political Culture.*

[39] 按：〈適道〉一條，《漢語大辭典》（上海：漢語大辭典出版社，1997）之解釋為：「歸從道統。」（頁 6410）而人之所以有意願歸從道統，要言之，非樂道、悅道而何？《中文大辭典》（臺北：中國文化大學出版社，1993）針對「適」一字，其解釋則正係：「悅也，樂也。」（頁 14492。）

個比一個難。當然，孔子這裡的「學」是指「共學」，其間牽涉人與人之間
（即同學之間）相處之道，與我們上面所說的「個人讀書求學」不同。但無
論如何，共學也好，「獨學」也罷，似乎讀書總比做事（即上面所說的
「立」和「權」）容易。

　　唐先生具辦事能力或辦事能力的智慧，「徐致唐函」亦有所揭露，如
下：「　兄不便與錢先生談學問[40]，藉以維繫團結，此點極關重要。由此可
見　兄不僅對書卷有大智慧，即對事務亦富有智慧也。」（第 25 函，
1955.09.11）為了維繫和諧團結俾辦事順暢，以利共同推動文化事業（錢、
唐等人當時共同經營新亞書院、新亞研究所），兩人學問意見上既有分歧
（且各堅持所見），那就只好避而不談了！又：說到辦事，其成功與否，其
實細心是相當重要的一個因素。「徐致唐函」中嘗說到唐先生很細心。按：
徐先生曾經把已撰就的一篇文章，寄陳唐先生，請求指正。徐先生「受教」
之後，在覆函中感謝唐先生說：「……醉於『權利欲』係『權力欲』之誤，

---

[40] 此中所說到的「學問」，不知何指。惟唐先生 1955.08.23 嘗去函徐先生，指出錢先生
對《中庸》之理解有誤，如下：「……今其（按指：錢先生）論《中庸》文釋誠與不
睹不聞，都從外面看，此確違《中庸》意。」唐君毅，《書簡》，《唐君毅全集》，
卷 26，頁 98。所以這裡所說的「學問」，大概是針對《中庸》的討論來說的。《中
庸》及其他學術問題（如《老子》成書年代問題，張居正的權奸問題，中國專制政治
問題，乃至治史、論史宜否從現實關懷出發等等問題）的討論，最後甚至導致錢、徐
兩人反目。按：1955 年 9 月 11 日徐致唐函說：「前一週接錢先生來函，問對其〈中
庸新義〉之意見。弟比復一函，提出三點：……」。其後，針對《中庸》問題，錢、
徐兩人書信往復討論多次。最後，徐先生在《民評》（卷 7，期 5，1956.03.01）發表
了〈《中庸》的地位問題——謹就正於錢賓四先生〉一文。錢、徐的關係遂漸次惡
化。按：錢穆著，錢婉約整理之《錢穆致徐復觀信札》（北京：中華書局，2020）收
錄了 1948-1957 年 106 通錢先生致徐先生的信函。其中反映學術問題上錢先生之意見
與徐先生相異者，主要集中在 1955 年 5 月之後之各函；其中上揭〈中庸新義〉之討
論尤多。徐均琴女士又嘗整理徐先生與友人等等之往來信函。其中含〈錢穆致徐復觀
書信〉（黎漢基點校／編訂）；可並參。見 https://sites.google.com/a/xufuguan.net/lette
r/05/05-6。好友上海師範大學陳勇教授對錢、徐學人的交往最有研究。參所著〈錢
穆與港臺新儒家交往述略〉，鮑紹霖、黃兆強、區志堅主編，《北學南移》（臺北：
秀威資訊科技公司，2015），學人卷 I，頁 50-60。

兄真細心也。」（第 2 函，1952.01.25）[41]

九、「弟年來受　兄及宗三兄之所示，感發者甚多」

　　徐先生幾乎是年屆 50 歲時才正式從事學術研究工作，所以常常感念唐、牟兩先生給他的開導、啟迪。以下從「徐致唐函」中擷取數例（為扣緊本文主旨，以下所擷取者主要是感念唐先生方面的文字），以作說明。

　　其一：

> 弟論中國的治道一文[42]，乞　兄費神詳看一次，什麼地方是對的？什麼地方是錯的？什麼地方理解得不夠？您這樣的告訴我，對我才有益處，我要您看的文章，老實說，不在決定是否可以刊出，而是要把我推一步向前，此良師益友之所可貴。……我們應該提倡良好的批評精神。（第 12 函，1953.04.19）

徐先生誠懇地請唐先生給予意見、提出批評，以協助其進步，情見乎辭。

　　其二：

> 吾人今日談中西文化，無非出於對當前的國家與人類所發生的迫切之感，而不在於爭高論下。弟學力不足，然內心常有此一受不容自己（筆者按：「己」當作「已」；「受」字疑衍）之情，遂不願在分門

---

[41] 相關文章的題目是：〈索羅金論西方文化的再建〉，《民主評論》，卷 3，期 8，1952.04.01；卷 3，期 9，1952.04.15。又收入徐復觀，《論戰與譯述》（臺北：志文出版社，1982），頁 213-232。《論戰與譯述》頁 216 有句云：「陶醉於權利慾……」。可見徐文收錄於該書時，原文的錯誤仍未改正過來。

[42] 筆者按：即〈中國之治道——讀《陸宣公傳、集》書後〉，《民評》，卷 4，期 9，1953.05.01；收入徐復觀，《學術與政治之間（合訂本）》（香港：南山書屋，1976），頁 83-104。《陸宣公傳、集》中的「傳」指兩唐書本傳，「集」指陸氏的《翰苑集》。

> 立戶上停下腳跟。懇摯如　兄，當可相諒。……　兄與宗三兄之文，
> 弟雖不能全部了解，但實不時往復於弟之胸臆，從此等處實得力不
> 少。（第 20 函，1954.05.02）

上引文一方面揭示了徐先生自稱得力於唐、牟兩先生之文章；再者，又揭示
了彼緣自不容自已之情而恆能奮發向上。其中「弟雖不能全部了解」一語，
筆者認為，不宜視為係徐先生故作謙虛之詞（該函寫於 1954 年年中，即徐
先生正式從事學術研究僅數年之後）。徐先生的學問不數年即突飛猛進，個
人認為與唐、牟文章實不時往復於其胸臆，大有關係。

　　其三：

> 弟年來受　兄及宗三兄之所示，感發者甚多，尤其是　兄之肫摯氣
> 象，如常在弟之目前，無形中使弟稍知所斂抑與自勵。年境俱足，心
> 願無窮。頭腦中常有不勝許多問題壓迫之感。正不知今後尚能寸進否
> 耳。（第 23 函，1954.11.25）

上引文中說到唐先生具「肫摯氣象」，這讓筆者想起以下一事：1975 年 4
月中旬至 6 月底，唐先生嘗至臺灣大學哲學系客座二個多月。據祖漢兄年前
向筆者所述，時為該校大學部學生之朱建民先生看到唐先生後，認為唐先生
深具聖賢氣象。數年前，祖漢兄本人也說，唐先生乃當代之孔夫子。至於筆
者之無限欽佩唐先生，那就更不用多說了。又：引文中有「年境俱足，心願
無窮」一語。其實，徐先生寫上函時僅 51、2 歲，似不得視為「年足」（意
謂「年紀大」）；但就「境」而言，因閱歷非常豐富，其自視為「境足」
（意謂經歷過很多人生境遇、境況；此則事實之白描，非自誇），蓋得其
實。由「心願無窮」而來的願力（鬥志）大抵係先生逝世前的 20 多年間，
促使彼撰就眾多不同領域的專著的一重要原因，甚至係一關鍵原因。

　　其四：對於《民主評論》之經營，徐先生說：

一切事業之成功，首須賴於對事業之誠意。真有此誠意，則可將個人
之小利害及情緒等壓下，而一以事業之客觀要求為主。此種誠意，乃
由兩個通路而來；一為西方近代之產業精神，一為東方之道德精神。
若二者無一，則只是滿足個人之興趣，湊一時之熱鬧耳。「不誠無
物」，弟近一兩年來始感此言之真切，似可與　兄意相印合也。（第
22 函，1954.11.09）

上引文最後一句反映出，在徐先生眼中，唐先生具濃厚的道德意識、道德感
情（文中的「誠」字可為代表），亦反映出徐先生對唐先生之敬佩。然而，
推動、促進、成就一事業，光有道德勇氣是不夠的。蓋從事者必得具備相應
的專門知識（專業知識）方可。就近現代來說，事業上的專門知識（如經營
管理知識、行銷知識、會計知識等等），蓋西方比東方較優勝。而此等知識
的背後，乃相應的一種精神，即徐先生所說的「西方近代的產業精神」是
也。其實，就徐先生這裡所說的「產業精神」來說，推其意，實包含相應的
「產業專門知識」（引文中「事業之客觀要求」一語即意味著須具備相應的
「產業專門知識」）[43]。只有在兩種精神（一產業的，一道德的）的結合
下，並配合之以相應的知識，方可成就一事業。此可見徐先生的說法是很周
延的。

十、「刊物應該與社會通氣」、
「吾人必當向社會花氣力」

徐先生一輩子辦過兩份刊物，其一是 1947 年得蔣介石經費上支持在南
京辦的《學原》，另一是 1949 年同樣是來自蔣氏的支持在香港辦的《民主

---

[43] 其實，精神必須實化之以相應的知識、技能、技術；否則「精神」乃抽象者，是不足
　　以濟事的（此相當於光有道德精神、道德勇氣，但不見諸行動，是不足以濟事的，是
　　同一個道理。）。徐先生函中雖沒有用上「知識」、「技能」等詞語，但個人認為，
　　實涵攝之。是以筆者深信，這裡的解讀，應不違悖徐先生函中當有之義。

評論》。辦《民主評論》的目的，徐先生本人說得很清楚，如下：「……我
提議在香港辦一個刊物，以作與現實政治保持相當距離之計。」[44]「與現實
政治保持相當距離」，這是一個消極的目的，非積極目的，更非終極目的。
然則其積極或終極的目的又是甚麼呢？「徐致唐函」給予了一點啟示。我們
且看相關信函怎麼說：

> 辦刊物係對社會負責，故刊物須攷慮社會之要求與接受能力，而與之
> 誘導所發（筆者按：「所發」疑為「啟發」）。觀主張刊物應該與社
> 會通氣，否則何必辦？但通氣須在文章上及問題之接觸面上講求，不
> 必把原來的風格方向拋棄掉。（第 9 函，1953.03.16）

「辦刊物係對社會負責」這種立場或態度，也許與徐先生恆以老百姓之心為
心的終極關懷有一定關係。李淑珍嘗指出：「在菁英取向濃厚的文化保守陣
營中，徐復觀的『常民』（populist）立場顯得十分突出。」[45]也許正因為這
個緣故——恆以常民（社會的主要構成分子，即一般老百姓）的要求或期許
為依歸，所以徐先生便特別喊出：「辦刊物係對社會負責，故刊物須攷慮社
會之要求與接受能力」這句話。徐先生這句話說得好極了。然而，辦刊物也
不能為了攷慮，更不能為了討好，社會的要求與接受能力，便因而採取嘩眾
取寵的立場、方向！這所以徐先生便跟著指出不能拋棄掉「原來的風格方
向」。這句話很明顯是針對其本人所創辦並擔任發行人的《民評》來說的。
那麼《民評》的風格方向又是甚麼呢？一言以蔽之，「國家獨立、政治民
主、經濟平等、學術思想自由」之促進或爭取，乃其宗旨也，也可說即其風
格方向之所在。此外，致力於闡發弘揚儒家思想的時代意義、追溯窮究共產

---

[44] 徐復觀，〈垃圾箱外〉，《徐復觀雜文——憶往事》（臺北：時報文化出版公司，
　　1980），頁 44；黃兆強，上揭《政治中當然有道德問題》，頁 260、263。

[45] 李淑珍，《安身立命——現代華人公私領域的探索與重建》（臺北：聯經出版事業公
　　司，2013），頁 261。

主義之精神旨趣及引進紹介世界文化之思潮[46]，亦可謂另一宗旨也。這裡所揭櫫的宗旨也許便構成了上文所說的辦《民評》的積極目的、終極目的之所在。就闡揚儒家思想的時代意義等等來說，都可說是扣緊與中國人乃至與全人類普遍相關或與時代相關的大問題來說的，因此「無法以『時論』與人爭勝（與《自由中國》相差便遠。）」（語出第9函），便是必然的了。又：如上所述，辦刊物要「攷慮社會之要求與接受能力」。這個攷慮是非常正確的，但辦刊物也不能全然是這麼「被動」的，全然是被社會「牽著鼻子走」的。它必須有它積極的一面。這一面，徐先生注意到了。上引文中「與之誘導啟發」一語便可為證。雖只有六個字，但這六字真言正揭示了徐先生充分注意到對社會來說，辦刊物有它正面積極的功能。所以這六個字絕不能輕忽滑過。蓋以揭櫫、闡揚國族關懷、文化理想為樞軸的一份刊物，其該具備教育意義、啟迪意義而極為莊嚴的社會功能，全體現在這六個字上面了。

徐先生辦刊物所特別注意到的「社會性」，上文已作了說明。其實，此「社會性」不僅針對辦刊物來說而已。作為現代知識分子，其各方面的表現，就徐先生來看，都應該具備這個特色，即應具備這種使命感。徐先生這個看法或期許，「徐致唐函」中多有揭示。其呼籲唐先生等知識分子重視「社會性」，可說情見乎辭。茲引數例以作說明。

其一：

> 弟痛感中國民主政治不立，人文即不能發展。中國不能等工商發達後始行民主政治，必智識份子能在社會上共同作若干社會性之事業，以形成國家之內容與基礎。然年來亦深感此事之不易。蓋鬥爭之精神，隨處表現為一種排斥性，排他性。（第7函，1953.01.03）

上引文中所首先談論到的民主政治問題，茲稍一說明。按：徐先生對民主的

46　編者，《民主評論》，卷5期4，1954年2月，頁52。又參李淑珍，《安身立命——現代華人公私領域的探索與重建》，頁254。

看法與唐先生的看法不盡相同。大體來說，徐先生把民主政治視為係第一義的（當然，徐先生所倡言之民主，乃以民本為依歸的一種民主，這裡不細表。），其價值位階至高。唐先生則認為：政治的一切思想概念都應放在人文的思想概念之下。兩先生看法上的差異，這裡不細說[47]。筆者引錄上文，其主要目的，乃在於揭示徐先生以下觀點：「國家之內容與基礎」之得以形成，其關鍵（之一）是：「智識份子能在社會上共同作若干社會性之事業」。換言之，光是講課教學是不足夠的，就連同著書立說一起來算，也不足夠[48]。當然，徐先生的說法可以再討論，但知識分子的「社會參與」（或所謂社會性）在彼眼中的地位及重要性，可見一斑。

其二：

> 弟於卅三年曾寫國民黨之改造一文，強調智識份子與農工結合，一以矯向農工學習之詐，一以去虛浮游惰之根。今日吾人處於夾縫中，作小工亦談何容易。惟有一點，吾人必多向社會花氣力，吾人必希望由若干凸起之社會團體以為國家之內容，則無疑也。（第 2 函，1952.01.25）

---

[47] 詳參黃兆強，〈唐君毅先生的人文觀〉，《新亞學報》，卷 31（上），2013 年 6 月，頁 380-385；上揭《安身立命》，頁 277-292；翟志成，〈港臺新儒家對中國民主政制的批評與想像〉，《新亞學報》，卷 32，2015 年 5 月，頁 131-185。

[48] 知識分子直接共同從事「社會性之事業」，當然是最理想的，所以筆者很同意徐先生的看法，但徐說不無太過理想之嫌。這方面，徐先生本人也注意到。「……然年來亦深感此事之不易。……」一語，便道盡一切了。以知識分子們之稟賦各別殊異，再加上客觀環境所造成之種種制限，所以能否共同從事社會事業，不是說要共同就共同得起來的。依徐先生，從事社會事業，乃旨在「形成國家之內容與基礎」。這用古語來說，即旨在經濟（經國濟世）也。個人認為，經濟不必然非透過「共同從事社會事業」不可的。蓋知識分子透過各自單打獨鬥的學術研究也是可以達到經國濟世或經世致用的目的的。此即「學術經世」是也。其實，知識分子能否成功達陣以造福群生，即所謂實現經國濟世之宏願，其最大的關鍵是有沒有一顆相應的心（此即上文說過的「誠」），而不在於形式上的共同參與或只是單打獨鬥。

上引文中有「卅三年曾寫國民黨之改造一文，強調智識份子與農工結合」一
語。「一文」蓋指 1943 年徐先生以聯絡參謀名義，奉命赴延安「考察」半
年之後返回陪都重慶述職時所撰寫的一篇文章。該文章名〈中共最近動態〉
[49]。〈動態〉中以下的說法，適可與「強調智識份子與農工結合」一語相呼
應。今轉引如下，以資佐證：「……故本黨（筆者按：指國民黨）今後組織
之方向，必須為書生與農民之結合，以書生黨員領導農民黨員。於是黨之組
織乃能深入農村，黨部乃有事可做。」又：徐先生之重視社會性，〈動態〉
一文又有所揭示，如下：「我國歷史，凡係強盛太平時代，其政治必有一定
之社會方向，以全力赴之，使其能一民眾之歸趨，而形成政府之支柱。」[50]
以上引文雖只有短短 30 多個字，但涵意極為豐富。今試說明如下：（一）
呼籲政治（政府）必須注意、配合、照顧社會動向（方向），藉以謀取社會
之共同利益；且政府必須全力以赴，俾促進之、成就之。（二）果爾，則民
眾的意向（歸趨）便會一致（統一）起來，並進而對政府產生向心力，而成
為政府（最堅強有力）的支柱。[51]（三）「凡係強盛太平時代，其政治
必……」一語，揭示了徐先生是藉以期許，甚或鞭策，當時的國民政府；意
指國民政府的最高領導人蔣中正先生，如果您想創建「強盛太平時代」的
話，那您就得好好以社會民意為依歸來行政施治。（四）「我國歷史，凡係
強盛太平時代，其政治必……」一語，則不必認真看待，蓋過去之中國歷
史，是否確係如此，是可以再商榷的。所以這句話，不無大話之嫌。這一
點，徐先生不必然不清楚。但只要能夠產生正面的作用、效果，則與歷史事
實雖或有落差，然而充滿善意的大話，仍是深具實效性方面的價值的。

　　上函又有如下一句話：「兄謂『中國文化之未來必須多方面的撐開』，
此實真正了解中國文化病痛語。」「多方面的撐開」當然含「多向社會花氣

---

[49] 收入《徐復觀雜文補編》（臺北：中研院文哲所籌備處，2001），冊五，頁1-40。

[50] 分別見〈中共最近動態〉，頁 37、39。

[51] 值得指出的是，政府必須先注意、照顧、配合社會的發展動向（即應先了解民意，重
視民意，順應民意，以老百姓之福祉為福祉；即民之所欲，常在我心），然後民眾才
會一其心志以支持政府，並進而形成政府最堅強之支柱。

力」這個面向。徐先生最強調知識分子的「社會性」，所以徐先生便認定唐
先生這句話是「真正了解中國文化病痛」的一句話；蓋見道之言也。

其三：

> ……今日欲將吾人之理想與社會通氣，此中須有一番苦心，須費一番
> 氣力。不知　兄（以）為何如？（第 12 函，1953.04.19）

《民評》乃向社會大眾宣揚國家自立、傳播文化理想的一份刊物（其相關宗
旨，上文已有所揭示）。然則這個願景能否落實下來，當然得仰賴「與社會
通氣」。為了與社會通氣，則不能唱高調，投稿者不宜寫一些高不可攀、不
接地氣，或某些人視為「形而上」的東西。一般人難以理解的事理，也不宜
入文。此所以徐先生向唐先生呼籲：「此中須有一番苦心，須費一番氣
力」。「難以理解的事理」，「徐致唐函」中有一封正好是談到這方面的，
如下（即下文的「其四」）：

其四：

> 兄之大著[52]，將弟向前推進一大步。此文對中國思想之闡述，實表示
> 一新的高峰。今日之東方，僅　兄能寫此類文章耳。……關於事理一
> 段之分析，能深夠密，而不夠凸顯，一般難了解。……中國過去談政
> 治問題，多係站在士大夫之立場談。此一立場，在今日某一方面仍為
> 必要，但最重要的則是站在社會一般人的立場上談。（第 26 函，
> 1955.12.11）

唐先生的文章，恆左右採獲、旁徵博引、析理透闢、層層紆迴轉進深入[53]，

---

[52] 按指：〈論中國哲學思想史中理之六義〉，《新亞學報》，卷 1，期 1，1955 年 8
月。收入《中國哲學原論・導論篇》（香港：新亞研究所，1974），頁 1-69。

[53] 對於「層層紆迴轉進深入」，徐先生以下的說法，似乎正好視為一個適切的「註解」
（其最後一語，則有點批評的味道），如下：「……，因為你總是要把各種問題，金

並幾乎承認、接納所有不同說法、價值（當然承認或接納的程度有差別）。其用心良苦、氣象博大可見。這是其特色、優點。但也可以說是缺點或毛病。司馬談論儒家要旨有云：「儒者……博而寡要，勞而少功」（《史記・太史公自序》）。作為儒者的唐先生雖不至於此，但恐怕亦相差無幾（至少在某些讀者眼中）！對一般讀者來說，其學術文章恆使人望而卻步，見而生畏；殊可惜。徐先生眼光銳利獨到，上文乃一針見血指出說：「（主題）不夠凸顯，一般（人）難了解」！面向社會辦一個月發行一次的雜誌（早期更是半月刊呢），當然「最重要的則是站在社會一般人的立場上談」問題；談論「管理眾人之事」的問題，即所謂政治問題，則更應當如此。

其五：

> 兄文[54]……認為只要樹立一理想，愛好此理想，現實即可聽命，因而不愛談現實，此係受西方形而上學之影響，並非儒家精神。儒家是站在現在以通過去、未來，從現實中通理想的，所以他本身是一道德實

字塔式堆上去，所以始終安放不平整。」（第 15 函，1953.08.11）徐先生對唐先生的行文風格、陳說方式，乃至思維進路的描繪及批評，唐先生是有所回應的；詳見彼兩個月後的覆信（1953.10.16），如下：「……。此中仍須透過一層，上提去說。弟一切層級式之講法，皆意在上提。提上一層後，再歸平順，乃不致濫於流俗。」唐先生這種藉著層層上提產生的「開示」，筆者是深受啟發，且從中實獲益匪淺。然而，若從一般讀者（尤其是欠思維訓練或不耐煩的讀者）的閱讀習慣來看，則似乎確係難以適應並難以讀懂唐文的。徐先生「始終安放不平整」一語，大抵便是從一般讀者的立場來說的。其實，只要細讀並多讀一二遍，大概便會覺得唐文怡然理順、暢然明白，即唐先生所說的「再歸平順」了。然而，現時代一般讀者只愛吃即食麵（方便麵、泡麵），則希企他們能細讀、多讀一二遍，又談何容易呢？！唐君毅，《書簡》，《唐君毅全集》，卷 26，頁 80-81。

54　按指：唐先生〈如何了解儒家精神在思想界之地位〉一文，見《民主評論》，卷 3，期 10（1952.05.01），乃唐先生為回應徐先生〈儒家精神的基本性格及其限定與新生〉一文而撰寫者。徐文發表於《民主評論》，同卷同期之副冊。徐、唐兩文發表前，嘗先後呈示對方過目、指正，是以兩文得以在同一時間發表。詳參「徐致唐函」第 2 及第 3 封。

踐的性格。今日只有能容許大家談現實，國家、文化，才有前途；故
吾人必爭取自由民主。還有，弟所留心者，須使今日一般人在精神上
有所依恃，故今日迫切者為大家生活相關之萬人文化，而書齋文化亦
須落下來。儒家本身實係一生活體驗之文化，因而實係一萬人與共之
文化。有許多純理論的東西，有可以落得下來者，亦有落不下來者，
即所謂觀念的遊戲。弟上次在農學院以人禽之辨、義利之辨、華夷之
辨講儒家精神，自教授以至學生，皆發生深刻之影響，彼等可反躬自
得故也。（第 4 函，1952.04.22）

上引文，有幾點頗值得注意：

　　1、不消說，儒家固重視「雙現」：現在、現實。但儒家又絕對不僅只
重視「雙現」。徐先生即明確指出說：「儒家是站在現在以通過去、未來，
從現實中通理想」。凡儒家，莫不重視人類縱向的發展，即莫不重視歷史
的。是以必從現在向上追溯其過去，且亦必向前以瞻顧其未來[55]。然而，儒
家之追溯過去及前瞻未來，不止是求知上的希望獲得知識（知道過去的事
實，並藉以預測未來）而已，即其目的不止是知性的。其最大的目的，恐在
於致用。換言之，即希望超越、超克當下（現在）這個現實的境況，並進而
追求、邁向一理想的境況。徐先生「從現實中通理想」一語，蓋指此。

　　2、引文中有「大家生活相關之萬人文化」一語。所謂「萬人文化」，
指的當然是深具社會性，即以一般社會人士（素民、常民、普羅大眾）為基
礎的一種文化。徐先生之重視社會性，幾乎在彼所撰寫的所有文字中，都有

55　作為當代新儒家的徐先生，其本人當然非常重視「雙現」。從「徐致唐函」的第一函
　　便清晰而明確的看得出來，如下：「至　兄不以專收集共黨資料為然，弟則不敢苟
　　同。共黨為今日人類之最大問題，此一問題不解決，其他一切皆無從談起。若對此種
　　牽連廣泛之現實問題不作切實之研究討論，此乃避實擊虛，不僅表示智識份子之未能
　　落實，亦且能表示智識份子缺乏真正之擔當力量（弟意今日之學術，均應落到共產黨
　　的問題上面，而共產黨問題亦必進到學術上去，精粗打成一片，才是挽回世運的方
　　法）。」（第 1 函，1951.03.31）

所反映。上引文只不過是其中一例而已。

　　3、徐先生素不喜空談抽象的理論。縱使說理，亦必扣緊事實而為說，即必「即事而言理」，而鮮少「離事而言理」。悖離事實之理、落實下來不了的理，要言之，乃虛理而已，即徐先生所說的「觀念的遊戲」而已。這對徐先生素所重視的國計民生，定然是毫無助益的。是以徐先生對「觀念的遊戲」，恆嗤之以鼻。然而，「書齋文化」的從事者（恐怕在徐先生眼中，某一程度上，唐、牟亦其中的例子），似乎又經常樂此不疲！所以在這封信函中，徐先生便大聲疾呼的喊出：「書齋文化亦須落下來」！這句話很明顯是針對收信人唐先生來說的。

　　4、「弟……以人禽之辨、義利之辨、華夷之辨講儒家精神，自教授以至學生，皆發生深刻之影響，彼等可反躬自得故也。」相對於徐先生這裡所說的「三辨」這個問題，筆者忽發奇想而提出另一組問題，如下：「我自何來？」、「我（死後）往何處？」、「我活在世上的意義？」這後一組問題不能說毫無意義；且也許比「三辨」的一組問題更有意義、更具永恆價值。然而，對於終日胼手胝足而饔飧尚不繼的老百姓來說，甚至對一般大學生（譬如徐先生當年講演的對象：農學院的學生）來說，恐怕是有點太遙遠而緩不濟急吧！當然，「三辨」的一組問題，對一般老百姓的人生日用來說，也同樣是緩不濟急的。然而，對不必胼手胝足而饔飧已繼的教授們，乃至大學生們（即徐先生演講的對象）來說，便深具意義了。因為他們比較有餘暇做相應的思考且明可藉著自身的反躬自省而有所收穫的。這所以徐先生明確指出說，對他們「皆發生深刻之影響」。[56]

---

[56]　按：徐先生的演講舉辦於 1950 年代初。其時臺灣的民風極為純樸。若舉辦於今日，則「自教授以至學生，皆發生深刻之影響，彼等可反躬自得故也。」，筆者實不敢奢望。有謂：「十年人事幾番新」，更何況時間上的落差已有 70 年呢！人心早已不古了。又：上引文中有「今日迫切者為大家生活相關之萬人文化」一語。按：所謂「萬人文化」，即「普羅大眾的文化」。在今天來說，「普羅大眾」即「（國家）公民」之意。在社會上要把儒學落實下來，恐不得不回應以公平、正義等為主軸的公民意識／公民訴求。近年來，林安梧教授對「公民儒學」闡述綦詳；相關研究成果相當豐碩，其目錄，恕從略。

十一、「文字上多加修潤」；
「義理太熟，寫得太快，而又不能割愛」

上文說過唐先生的文章不免讓不少讀者「望而卻步、見而生畏」。這種「指控」，「徐致唐函」中迭有反映。其中有牽涉「文字表達技巧」的問題的，也有關繫「文章表達內容」的問題的。今一併舉例細說如下。

其一：

> 由　兄寫成《哲學概論》，有益青年不少，但望在文字上多加修潤，弟嘗想，若能將受有嚴密規定之長句改造成二、三個短句，將對初學有許多便利。（第 39 函，1958.11.20）

如果不是老朋友，大概上引文字是不會出現在書信中的；且其中具體「教導」唐先生如何造句——這種純粹針對文章／文字表達技巧所提出的建議，那更是難於啟齒的。

其二：

> 〈西方文化之根本問題〉已讀完，讀得很費力。社會上能通過文字以了解兄之真意者已甚少，了解　兄之真意而加以接受者將更少。所以這不適於作雜誌上的文章。你在《人生》上寫的都很好，我希望你以比較輕鬆的情緒，為《民論》多寫幾篇淺近而富於啟發性的文章[57]，

---

[57] 徐先生建議唐先生多寫輕鬆、富於啟發性的文章，又見另一函。該函云：「望　兄對宋明理學，仍多寫幾篇（針對現實人生、社會寫）啟蒙性的文章。」（第 38 函，1958.08.15）這是徐先生從讀者立場為他們所作出的一種拯命。又：關於建議唐先生寫某類文章的問題，我們又可以多舉一例。值得先指出的是，一般人都知道徐先生不喜談，不多談形而上學，且似乎從不假借形而上學的進路、取徑來梳理儒家的義理。但「徐致唐函」中竟有一函是建議唐先生針對形上學問題寫一文章的。函中頗可反映徐先生對形上學的看法／態度，是以值得稍予討論。徐先生說：「弟□（筆者按：疑為「請」字）　兄寫形而上學問題者，蓋因此間若干人一提及形而上學，即認為怪誕

……《民主評論》缺稿，望　兄急寫篇較輕鬆的東西。在你認為輕
鬆，在社會即認為恰到好處。在《民論》一、二卷時，　兄與宗三兄
在臺擁有不少讀者。三卷以後，即減少，此弟所時刻留心攷查而得
者。（第 16 函，1953.08.22）

上引文反映出在徐先生眼中，唐先生〈西方文化之根本問題〉一文的文字技
巧及文章內容都有問題。綜合來說，就雜誌文章而言，該文是不夠輕鬆。所
以徐先生期許唐先生「以比較輕鬆的情緒，為《民論》多寫幾篇淺近而富於
啟發性的文章。」[58]徐先生甚至藉著朋友之口以說出自己之文章與唐文之差
異，如下（即下文其三）：

其三：

有一友人來信中有這樣幾句話，錄在下面，供　兄參攷。……「你把
唐君毅先生寫的滯澀的、枯燥的題目，寫成了火一樣的充滿熱情的檄

之談；而另一方面，則確以雜亂怪誕之談為形而上學。實則中國歷史文化中形而上學
並未發達，故弟欲　兄針對此種情形寫一文，仍為文化觀點。」（第 13 函，
1953.05.18）依上函，在一般人眼中，形而上學＝雜亂怪誕之談。徐先生雖然不太欣
賞形而上學，但對於時人之過分貶視形而上學，則不予苟同。此其一。此外，依彼所
了解，形而上學在中國文化中並未發達。此蓋意謂中國文化中談論形而上學的相關文
獻／經典實在不多。這又意味著中國人不喜形而上學（文獻／經典少有相關文字便可
佐證）。這似乎又進一步反映出徐先生認為：後人／今人其實不必假借形而上學的進
路來梳理、詮釋中國的經典、文獻，因為這種進路根本上是不相應的！然而，似乎徐
先生對中國文化中形而上學的具體發展情況到底如何（含經典中形而上學的義理成分
的多寡），尚不敢遽然認定其為未發達／不發達（且縱然認定不發達，但不發達至何
種程度？是 0 嗎？即全不發達嗎？）。這所以徐先生希望唐先生針對形而上學在中國
文化上的具體情況，含文化上之價值、位階（即函中所說的從「文化觀點」），撰寫
一文章，以闡明其底蘊。由此可見此第 13 函，很可以反映徐先生對學問的客觀態
度：自己雖不喜形而上學，但「形而上學＝雜亂怪誕之談」否，徐先生對這個頗流行
的說法，不擬或不敢置喙，是以盼請唐先生撰文說明也。

[58] 依筆者所見，唐先生的文章最「富於啟發性」；但就「淺近」來說，則或有所未逮。
其個別文章可達此「標準」，但總體來說，似欠理想。

文，讀了以後，的確很使我感動。」（第 5 函，1952.05.17）

雜誌文章是給社會上的普羅大眾（即一般民眾）看的。一般民眾，恐感情勝
於理智；且也很難要求他們人人深具理想。然而，《民評》是深具理想性的
刊物。為了貫徹其理想，又不能不向民眾說理。一言以蔽之，《民評》必須
在理之外兼顧情的一面，即情理兼顧始能獲得普羅大眾的認同、肯定。唐
文，深於說理者也；所缺者或所不足者，蓋情一端耳。（唐文不乏動人以情
之處，但大體來說，理勝於情。）這所以徐先生「能近取譬」，以己身為
喻，以供唐先生參考，甚至供唐先生取經。若非肝膽相照的老友，凡事可直
言不諱的死黨，上面的幾句話是說不出口的。當然，徐先生是深悉唐先生有
容人之雅量，他才放膽說出上面的話的。真可謂知己知彼，且知無不言，言
無不盡了。

其四：

你總是要把各種問題，金字塔式堆上去，所以始終安放不平整。……
程子便認為天下的道理不可執一端而盡量推下去（大意似乎如此）。
此意似可深思深念。　兄前在《自由人》一文，甚引起此間若干人之
反感[59]，吾人談問題，以對政治社會不僅須有佛心，而且須有仙

---

[59] 徐先生所說的唐先生在《自由人》（The Freeman，半週刊（三日刊），香港自由人
報社發行）上所發表而引起若干人反感的「一文」，大抵指發表於 1952 年 1 月 30 日
的下文：〈中國民主思想之建立〉（收入《唐君毅全集》：臺灣學生書局版《中華人
文與當今世界補編（下）》、北京九州版《東西文化與當今世界》）。該文首段以下
幾句話，筆者認為是引起反感的主因。唐先生說：「至于政治民主及生活自由二
點，……我一向不大強調此二點。不過大家既然都強調此二點，以對抗極權，我亦不
反對。只是我認為，我們所要爭的民主自由，第一點必須自覺是為求人之人性理性或
人之神性之伸展與實現。第二點必須生根于中國之歷史文化（此二點可能是一點），
如果只是隨人腳跟學人言語，則中國之民主自由運動決無前途。」上段話中引起若干
人反感的，恐怕主要是以下二語。其一：「是為求人之人性理性或人之神性之伸展與
實現」。此語對不少人來說，恐怕是過於玄遠了，即所謂不接地氣。另一語則為：
「必須生根于中國之歷史文化」。對不少人來說，民主、自由，乃西洋產也。今唐先

手。……（第 15 函，1953.08.11）

上引文說唐先生「把各種問題，金字塔式堆上去」，大概是就文章的表達方式、技巧，乃至思維呈現的方式、模式，來說的（詳上文）。至於「執一端而盡量推下去」一語，細言之，意謂：以執一廢百的態度堅持己說（譬如某一觀念、論點，甚或某一主義）為是而他說為非；並進而盡量把己說推衍（普遍化、通則化）的申說下去，甚至宣揚、宣傳下去。這種態度便導致了文章內容上出現問題。但無論如何，是文章表達上的問題也好，是文章內容上的問題也罷，總是使得文章有問題而達不到原先設定的目的的！唐先生本著啟迪、疏導社會大眾的用心以著書立說，這絕對值得推崇。這所以徐先生以「佛心」形容之。但對混沌世間的芸芸眾生來說，光有佛心絕對是不足夠的。而仙手正可補其不足。徐先生不斷強調仙手——文字淺近、內容淺顯、筆調輕鬆，甚至充滿熱情（按：梁任公的文章恆被稱為筆端常帶感情。其實，個人認為，唐文亦不遑多讓），的確是疏導一般讀者的不二法門。

　　唐先生的治學特色及與此相應的文章呈現方式，以徐先生視之，恆不免產生程子所說的「執一端而盡量推下去」的流弊（詳上文）。此一說法又見諸另一封「徐致唐函」（即下文其五）。

　　其五：

　　尊著[60]前日寄到臺中，印象為：序文甚好。第五章以下，均甚精彩。第一章弟不甚以為然，且開始時之文字不甚整齊流暢。……兄以縝密

生反認為必須生根于中國之歷史文化！這當然會導致不少人的不滿，甚至反感了。其實，以唐先生的睿智，何嘗不預見及此呢？且《自由人》的辦報旨趣，唐先生又豈不知之呢！然而，從人之理性，乃至人之神性出發，及本於傳統固有的中國歷史文化的考量來審視問題，乃唐先生一輩子論學立言風格（甚至精神）之所在；上文固不為例外也。有關該半週刊的辦報旨趣，詳見陳正茂，〈動盪時代的印記——《自由人》三日刊始末〉，《自由人》（臺北：秀威資訊科技公司，2012），頁 iii-xvi。

[60] 按指：1953 年 4 月在臺北：正中書局出版之《中國文化之精神價值》一書。出版前嘗寄徐先生過目，請其指正。本函即徐先生閱讀該書一大半之後的覆信。

湛深之思，為中國文化爭學術地位，此誠不世之功。（　兄之態度，
為兄所愛者皆望中國有，凡中國有者皆可愛。此誠仁人之用心，然社
會不易接受。）然以石崇鬥富之心，含攝太完備，不能割愛。（　兄
在內容文字上之毛病，似為不能割愛），故　兄之最緊要的意思，常
苦於不能凸出，須待讀者之自己體會。今日實少此種讀者。且　兄本
「方以智」是（之？）功力，盡量推演，舉而加之古人，常不易得疏
通之效。……兄文之所以不易為社會了觸（解），蓋太求精密而不能
割愛，而中國文字之組織本不易表達精密之思攷也。（第 5 函，
1952.05.17）

上引文可注意者有數項，如下：

　　1、「……盡量推演，舉而加之古人，常不易得疏通之效。」茲先說首
句：「盡量推演」（此又可參上文）。唐先生述說或闡釋中國文化時，常因
「盡量」而使得所「推演」者，犯上不無過分、過當之嫌[61]（即中國文化原
不涵唐文所述釋者；換言之，依徐先生意，唐先生不免有主觀想像之嫌），
但讀者（尤其是有察識能力、分辨能力的讀者）自會作出分判，不見得會照
單全收而被誤導。所以唐先生縱然犯上「盡量推演」的毛病，但究竟不為大
病。然而，假設真的是「舉而加之古人」，便比較有問題了。蓋此有厚誣古
人之嫌：加上去的無論是好的，或不好的，但既非古人所原有，則總是不妥
當！[62]徐先生乃作出判斷說：對中國文化由是產生不了疏通——梳理之並進

---

[61]　其實，是否過當或過分，有時是很難說的。今筆者只是順著徐先生的看法而稍作說
　　明；不表示完全贊同其看法。

[62]　說到「舉而加之古人」，容稍作進一步說明。其實對古典文獻或古人文字不作解釋
　　（詮釋、解讀）則已；一作解釋，有時就真的很難完全避免陷入把個人意見「舉而加
　　之古人」之險境。徐先生既然對唐先生提出上面的批評，那麼他本人是不是不作解釋
　　呢或反對人家作解釋呢？當然不是，否則便好比因噎廢食了。彼即嘗明白說：「沒有
　　一點解釋的純敍述，事實上是不可能的。……所以任何人的解釋，不能說是完全，也
　　不可能說沒有錯誤。……某種解釋提出了以後，依然要回到原文獻中去接受考
　　驗；……」徐先生的話是深具卓識的。徐說見〈研究中國思想史的方法與態度問題

而作出通貫的說明、解釋——的效果！

2、「文字不甚整齊流暢」，這有關文字表達問題，上文已詳，今從略。

3、上引文「不能割愛」四字出現凡三次，且兼指唐文在文字上及內容上皆有此毛病。按：唐先生恆承認眾多不同價值（詳上文）。其發為文章，則為求周延縝密，恆左右採獲、翻來覆去、不厭其煩地說明一道理，有時會使得各問題糾纏在一起反而使主題失焦；讀者逐難於把握。唐文難於讀懂或不好讀，這是相當關鍵的一個原因。

4、「中國文字之組織本不易表達精密之思攷」。中國文字以空靈、靈巧見勝；而語法縝密、組織嚴整，乃不如西方語文。（就筆者所懂的英文、法文來說，法文之嚴整程度又勝英文。）徐先生這方面的觀察是合乎事實的。

其六：

上引文有「盡量推演，舉而加之古人」一語。這個說法，也可以說是認為唐文不客觀的比較含蓄的一種說法。「徐致唐函」中有一封即嘗直接「指控」唐文不客觀的，如下：

> 兄對宗教哲學，特有興趣，此係由　兄之特有氣質而來，即所謂「性之所近」。　兄認為宗教為西方文化之核心，亦只是個人興趣之所專

（代序）〉，《中國思想史論集》（臺北：臺灣學生書局，1975），頁 3。按：解釋可能產生的偏弊至少有二。其一，不及；另一，則過當也。原文獻中已涵藏某義，但作者並沒有清晰而明確地道說出來，或基於某些考量而不擬道說出來，那作為解釋者的我們便有義務在這方面給予「幫忙」。假設解釋者在這方面沒有完成這個「使命」，那他在解釋的工作上便是有所不及。反之，原文獻完全沒有某一意涵，而解釋者全憑己意而加油添醋，那他的解釋便陷於過當了。徐先生此處說唐先生「盡量推演」，即等同說唐先生是「解釋過當」。俗諺有謂：過猶不及。其實，個人則以為，過之流弊遠大於不及。蓋「不及」只是未盡好責任、本分而已。「過」則或不免厚誣古人，甚或進而誤導讀者了。當然，其間的分寸如何拿捏，實未易言；是以恐不免見仁見智耳！

注，遂自然以所專注者為宇宙中心之看法。[63]不如此，便不能深入；
但亦因此而常不易客觀也。（15 函，1953.08.11）

值得指出的是，正如徐先生所言，唐先生的確「對宗教哲學，特有興趣」。
徐先生對哲學亦深感興趣，但嘗明確表示過：彼「不能，也不想」當一個哲
學家[64]。換言之，旨在成一家之言而成為一個哲學家，並非徐先生人生規劃
中的一個選項。徐先生閱讀古今中外不少哲學著作，但他毋寧是以一個研究
者的態度來閱讀，來研究這些著作。其旨趣乃在於梳理、發覆這些著作（尤
其中國哲學著作）中的義蘊。藉著這些著作來自我啟發，並進而成就一家之
言，實非徐先生終極歸趣之所在。簡言之，徐先生是希望成為一個哲學史家
（更精準的說，是希望成為一個學術思想史家），而並非哲學家。至於宗
教，則更非徐先生興趣之所在。宗教信仰牽涉信仰者恆相信宇宙中存在著一
個超自然的形而上的實體。徐先生對此，大抵取存而不論的態度；並由此而
對形而上學，也給予比較負面的評價，或至少採取不太欣賞的態度。

　　上引文中，徐先生認為：由於「性之所近」（即由於個人學術偏好的緣
故）而導致唐先生產生了下面的一個看法：以其「個人興趣之所專注」者，
即為「宇宙中心」（這可說是徐先生對唐先生的一個「指控」）。徐先生並
進而認為唐先生「常不易客觀」。追源究始，此「不易客觀」，蓋由其「性
之所近」而來。若唐先生果真如此而產生了如上的一個看法，則此看法或源
自「一種感情上的偏執」。「徐致唐函」中有一封即明確以「感情上的偏
執」來描繪唐先生，如下（即下文其七）：

　　其七：

---

[63]　此意謂唐先生對宗教特別專注；「以所專注者為宇宙中心之看法」，即意謂以宗教信
　　徒所信奉／膜拜之對象──超自然的形上實體（譬如上帝、阿拉真神等），為宇宙之
　　中心也。

[64]　語見徐復觀，〈我的讀書生活〉，《徐復觀文錄》（臺北：環宇出版社，1971），冊
　　三，頁 173。

……弟每覺　兄近年來在談到根本問題時，無形中總流露一種感情上
的偏執，例如……黑格爾之《理性與現實及歷史》[65]，以全面的肯
定，實際是取消了理性，取消了道德。理性與道德，以在現實中有所
對而表現。無對，乃現象以上之境界。弟常抱此而懷疑，不知　兄以
為然否？（第 16 函，1953.08.22）

上引文中「感情上的偏執」一語，蓋指唐先生如同黑格爾一樣，依感情上之
好惡而陷於某種偏執，譬如恆脫離現實而凌空的談理性與道德！依徐先生，
這實際上是取消了理性，也取消了道德。筆者則以為，理性與道德固人世間
現實界中之事（現實界所呈現之現象）。然而，理性與道德，依唐先生，實
貫通著形而上的世界；吾人也不妨說，理性與道德乃根植於現實界之上的另
一個世界——形而上的世界。徐先生因不談形而上學，不談形上世界，所以
無法理解縱然不扣緊現實界而談理性與道德，絕不等同「取消了理性，取消
了道德」。

　　上文（其五）說到唐文每每犯「不能割愛」的毛病。在另一封「徐致唐
函」中，徐先生也有類似的「指控」，如下（即下文其八）：

　　其八：

你的大著[66]我昨天讀完……，你所發掘的深度，可以說是空前的。對
自己文化缺點的反省，及百年何以未能吸收西方科學與民主的反省，
也都深摯懇切。……使我不很滿意的，除了東西文化起源一段，說得
太單純[67]，有點生吞活剝之嫌以外，就是體制還是不夠謹嚴精鍊，於

---

[65] 筆者按：黑氏似未撰有此書，此蓋為其名著《歷史哲學》緒論一章中所論述的內容。
「徐致唐函」校注者黎漢基先生針對「理性與現實及歷史」加上書名號：《》，此即
等同視之為一專書；恐誤。

[66] 按指：《中國文化之精神價值》。此書完成於 1951 年秋（此據〈自序〉末所押之日
期），初版於 1953 年 4 月，乃臺灣正中書局所出版。

[67] 「東西文化起源一段，說得太單純」這個說法，也見上面「其五」的引文。其相關語

　　　　是有的地方顯得近於糾結。原因是因為義理太熟，寫得太快，而又不
　　　　能割愛。……乃所以見不能割愛之例。……　兄此書實係一部大著，
　　　　若能稍加剪裁簡鍊，其所發生之影響必更大。（第 6 函，1952.05.23）

上引文有兩點可堪注意：1、《中國文化之精神價值》，顧名思義，乃一通
論性之著作。撰寫通論性的東西，其作者必須具備慧解通識。唐先生才大、
學博、識高，可說深具慧解、通識，所以是有足夠能力撰寫這方面的東西
的。然而，《精神價值》一書不足 30 萬言，以有限篇幅處理偌大的一個主
題，所以有些地方便難免陷於「太單純」，甚至「有點生吞活剝之嫌」了。
「體制不夠謹嚴精鍊」中之「體制」，大概即相當於今人所常說的著作的
「整體結構」，或大陸上比較流行的說法：「謀篇布局」而言。這方面由於
「不夠謹嚴精鍊」，所以唐書便難免「近於糾結」了（至少就某些章節而
言）。2、此外，唐書之「近於糾結」也另有原因在。要言之：唐先生義理
太熟、下筆太快[68]、不能割愛。

　　個人認為，徐先生以上的觀察、批評，是相當深刻、中肯的。

　　上引文中有「你所發掘的深度，可以說是空前的」一語。這當然是正面
的稱述。但發掘得太深，也可以使人（尤其是刊物的一般讀者）如丈八金
剛，摸不著頭腦也說不定。「徐致唐函」中有一封便明確的指出來，如下

　　句為：「第一章弟不甚以為然」。按：《人文精神之重建》第一章名為：〈中西文化
　　精神形成之外緣〉。全章書不到 10,000 字。依筆者個人管見，以此篇幅來處理這一
　　個偌大的主題，似乎的確是簡略了一點。然而，話也得說回來。該章只談「外緣」，
　　此固非全書核心之所在，所以似亦不必多予篇幅，否則可能導致本末倒置。

[68]　筆者嘗細閱唐君毅先生的日記（《唐君毅全集》，卷 27、28）。唐先生撰文的最高紀錄
　　是一天撰文 20,000 字。當然，這是個別的情況。但唐先生不上課，不開會，不處理
　　公務時，一天撰文 10,000 字、8,000 字，是常有的。如〈中國文化與世界〉一文（即
　　俗稱的〈中國文化宣言〉），1957 年唐先生在旅美途次中只用了 4 天的時間便完成
　　了 34,000 字的初稿。詳參拙著：〈〈中國文化與世界〉宣言之草擬及刊行經過編年
　　研究〉，楊祖漢、李瑞全編，《中國文化與世界──中國文化宣言五十週年紀念論文
　　集》（桃園：中央大學儒學研究中心，2009），頁 79-80。

（即下文其九）：

其九：

> 頃發一信後，現又將你的文章[69]再讀一過，最後一段[70]，實在非常確
> 切而精彩。你說東方重在如何用工夫（在中國，禪宗貢獻最大），要
> 在根上超化一切非理性、反理性者，這實在抓住東方文化之命脈。因
> 為你的文章思想發掘得太深，綱牽得太大，常不易使人看出你的脈
> 絡。……站在辦刊物的立場看，把論題加以限制，將這樣的內容分成
> 幾篇寫，總比較適合些。（第 17 函，1953.08.22）

唐文所以「常不易使人看出脈絡」，其中原因之一，恐怕確如徐先生所指稱
的「思想發掘得太深，綱牽得太大」。其實，「深」和「大」，都是好的，
正面的。但作為雜誌文章來說，「深」和「大」，便變成了「太深」和「太
大」，使得一般讀者無法領悟其弘言大旨了，殊可惜。這方面，徐先生嘗自
作評估，頗認為如果是由他來撰寫類似的文章，其結果當有所不同。其說
法，詳下文（其十）。

其十：

> 弟嘗與宗三兄談：「若我有你和君毅兄那樣的學問，我相信可以發生
> 比你和他更大的影響。」惜乎我還在門外徘徊，而　兄與宗三兄過去
> 又嘗失之一宮牆險峻也。（第 5 函，1952.05.17）

上引文「宮牆險峻」一語，其意相當於再上一段引文之「太深」、「太
大」。要言之，即唐、牟文章，頗讓讀者望之生畏、見之卻步；實在高不可

---

69 按指：唐君毅，〈西方哲學精神與和平及悠久〉，《人文精神之重建》（香港：新亞
　　研究所，1974），頁 438-480。

70 此指：「略論西方思想未能致天下太平成人文悠久之故，與東方智慧之方向」，《人
　　文精神之重建》，頁 476-480。

攀（今所說的不接地氣）。上引文反映了徐先生嘗自作評估。其大意蓋謂，如其本人有唐、牟二人的學問，則以其行文技巧（即處理一問題能技巧地為之），應該可以優勝於二人而避免陷入「太深」和「太大」的泥淖的。然則對社會大眾所產生的影響，便必勝過唐、牟二人無疑了。

附識：

　　從以上十條資料中，頗可窺見徐先生對唐先生的文字頗多負面的評價。其實，徐先生對唐先生的文字也有正面稱頌的，不全是負面批評的，如下：

> 前在《民論》〈我對哲學與宗教之抉擇〉一文[71]，不僅見　兄學力之深，尤足以見　兄宅心之厚。程子所謂「滿腔子皆是惻隱」是也。此篇文字亦甚整飭，欽佩何已。（第 21 函，1954.11.07）

唐先生學力湛深、宅心仁厚，這可以說是一般人的共識，徐先生其一例而已。至於唐文，則號稱難懂、難讀。蓋所陳述、闡釋之義理，其本身本來就比較艱深不好懂。此外，唐先生之文字又使得不好懂的義理（即文章內容）進一步不好懂！（筆者個人則並不認為其文字難讀費解。）對唐先生的文字向來比較持負面評價的徐先生，其實對其文字也曾經作出過肯定的。上引文中：「此篇文字亦甚整飭」一語即可為證[72]。今特舉此例以見徐先生對唐先生文字之評價，並非全然是一面倒的。在此懇請讀者惠予垂注。

十二、結語

　　本文以材料為經，主題為緯，分作兩部分（或所謂上、下兩篇）。上、下篇皆依據徐先生之相關文字，以描繪、闡述唐先生。上篇大體上已把唐先

---

[71] 文見《民主評論》，卷 5，期 17、18，1954 年 9 月 1 日、9 月 16 日；該文乃以〈後序兼答客問〉這個標題收入《人文精神之重建》一書中，頁 556-589。

[72] 又：本文上篇所提及的〈悼唐文〉中，徐先生便說過唐先生《人生之體驗》一書「文字優美」。

生的性情性向、學術性格、人生終極關懷，乃至行文風格，予以指陳、披露。下篇則處理比較細部的內容。舉凡唐先生之疏於照顧一己之健康、具辦事之智慧（非僅會讀書做學問而已）、其《民評》上所發表之文章在內容上及文字上之不夠淺近易曉等等，徐先生都有所指陳。透過上文，除知悉唐先生在其老友徐先生眼中是如何的一位人物之外，其實徐先生本人的性向性情、學術性格，乃至其人生之終極關懷，也隨文而得以獲睹。其中尤其值得再指出的是，如果不是推心置腹的生死摯交，「徐致唐函」中很多相當嚴苛「直斥其非」的言詞，是不會形諸筆墨的。發函者徐先生之為情真、性真之真人，而收件者唐先生之為深具包容雅量之仁者，亦可以窺見一斑矣！再者，唐先生恆以誠厚懇篤的態度待人處事，徐先生以上之論說即可讓人見其梗概。本文文題藉著「肫肫其仁」（肫肫，誠厚懇摯貌。）一語以概括在徐先生眼中唐先生之諸多表現，即以此故。

　　最後或可向讀者一說的是，徐先生 1969 年秋赴香港任教於新亞書院和新亞研究所，並以此而與唐先生得以朝夕過從之後，便不必藉著書信來溝通了。[73]彼對唐先生的性情之更完整或更全面之描繪，甚或評論，且其中又定可反映徐先生本人依於慧解殊識而來之卓見，吾人便無從藉以獲睹；當然也無從藉以進一步察悉徐先生本人之性向、價值觀等等。這對筆者，乃至對讀者來說，未嘗不是一個相當大的損失。這是非常可惜的。

補遺：

　　徐先生一輩子寫下近 1,000 篇有關文化、政治等等方面的雜文。其中部分雜文彙整成冊後，嘗以《徐復觀文錄》（共 4 冊）之書名出版於臺北。[74]筆者 40 年前已誦讀該書。但內中所收錄的各文章的內容，早已忘記得一乾二淨，真愧對老師。今年（2021 年）3 月中旬因為偶然的機會而翻檢該書第二冊以下一文章：〈文化上的重開國運——讀《人文精神之重建》書

---

[73] 今所見者，只有兩函為例外。其一寫於 1977.03.04（時唐先生在臺治病，徐先生從香港寄予一函），另一寫於 1977.07.03（徐先生從美國致函給時在香港之唐先生）。

[74] 徐復觀，《徐復觀文錄》，臺北：環宇出版社，1971。

後〉[75]。對現代新儒家第二代的著作比較關注的讀者，恐怕都知道《人文精神之重建》[76]是唐先生從大陸旅居香港後不久所出版的名著。該書精義絡繹不絕，慧解卓識盈篇而累牘，筆者諷誦之餘，恆產生不能自已之感動。〈自序〉中第 1 節以下幾句話更成為筆者之座右銘：「人當是人，中國人當是中國人，現代世界中的中國人，亦當是現代世界中的中國人。」唐先生嘗自我點評這三句話，如下：「我總覺此三句話，有說不盡的莊嚴，神聖，而廣大，深遠的涵義。」按：唐先生，人所共許之厚德君子也。平素間，自誇自負之言詞，絕不說出口，更不要說形諸筆墨了。然而，上面三句話，實在是太好、太棒了。乍看之，唐先生是老王賣瓜，自讚自誇。然而，人、中國人、現代世界中的中國人，其依於自覺而該有的表現，全都被這三句話囊括進去而道盡了。三句話的莊嚴、神聖、廣大、深遠的涵義，亦由是而概見無遺。由此可見，表面看來有點流於自讚自誇之自我點評，實不啻代表所有人、所有中國人、所有現代世界中的中國人，該有的一種共同心聲、該有的一種擔當、該有的一番自我期許。如果一定要說是「自讚自誇」，那是自我期許下，深具擔當感、使命感下的一種「自讚自誇」。然則唐先生的自我點評，不亦宜乎？

　　徐先生恆高度推崇唐先生（當然也不乏相當嚴苛的批評，此上文已有所指陳）。上面提到過的〈……書後〉一文，徐先生竟以「文化上的重開國運」一語作為主標題來形容《人文精神之重建》一書，就足以窺見徐先生對唐先生推許的程度了。上面提到過的「人當是人」的三句話，徐先生亦予以高度讚揚；嘗指出說：

　　　這三句話的後面，蘊蓄著唐先生對古往今來無限的仁心，及由此仁心而來的無限責任之感，這是唐先生此書的基本動力。凡是虛心平氣來

---

[75] 原刊登於 1955 年 5 月 4 日香港出版之《華僑日報》。

[76] 唐君毅，《人文精神之重建》，香港：新亞研究所，1955。

　　讀此書的人，都隨處可以接觸得到的。[77]

徐先生對唐先生的肯定，上引文情見乎辭；今不細說。徐先生又指出，凡是知道唐先生的人，皆知悉唐先生乃概念思辨的天才。然而，就《人文精神之重建》一書來說，徐先生指出，唐先生用的主要是概念思辨以外的另一種方法。這就值得吾人注意了。徐先生說：

> 唐先生所採用的方法，不是……演繹法，也不是……歸納法。[78]……
> 唐先生的方法，是把自己的心，直接沉浸于問題之中，不是去觀照問題，而是在體驗問題，使具體問題的血和肉，與自己的血和肉相連；凝結千萬問題於一身之中，融解一身于千萬問題之內，這是自己入地獄以超渡地獄的精神與方法。他對每一問題之能曲折盡致以表達問題真實之全貌；他的文章不僅是理智的陳述，而且是人格的呼喚；他希望中國人「能自作主宰，激昂向上」；而在他的文章中，正貫注著以自作主宰，激昂向上的力量，都是從這種地方來的。[79]

上引文可說者有三：

　　其一：被研究或被說明、闡釋的對象（問題），與研究者本人（唐先生）已結合為一了，甚至是融合為一了，也可以說主、客不分了。而這個主，其投入的程度，是全幅的，全面的，100% 的。徐先生用「血和肉」一詞來描繪主（研究者唐先生）具體投入的情況，這是非常具象而到位的。不止此也。徐先生更用此詞來描繪被研究的對象（客）。那就使得「客」的核心內容，或其核心精神之所在，也呈露無遺了。若就主來說，其實，只有當這個主能以其本身的切身體驗、感受（其刻骨銘心的切身體驗、感受的程度，用徐先生的說法，便是好比一己的「血和肉」參與其間）來研究（處

77　上揭《徐復觀文錄》，冊 2（文化），頁 55。
78　唐先生本人所撰寫的《人文精神之重建・前言》之（二）已道及之。可並參。
79　《徐復觀文錄》，冊 2，頁 55-56。

理）這個客，這個客的「血和肉」才得以窺見、被發現。由此來看，說到最後，其關鍵之所在，還是在這個主的身上。而這個主，就本論題來說，便是唐先生。這種好比透過一己的血和肉來體驗，來闡釋、解讀被研究的對象，就好比以其人之人格來做研究。也就是說唐先生浸透著高尚之人格來做研究，來處理問題。其實，這根本不是研究，或不只是研究（用徐先生的話，便是「不僅是理智的陳述」），而實係藉著其高尚的人格而對世人（尤其國人——中國人）作出呼喚。這個期許、企盼中國人「能自作主宰，激昂向上」[80]的呼喚，一方面是一種人格的呼喚——呼喚中國人在人格上該做出這種表現。再者，也同時反映出唐先生本人必深具這種高尚的人格。因為假使您自己本人沒有高尚的人格，您會意識到要表達出，且敢於表達出這種呼喚嗎？當然，現今有不少人是說一套，做一套的；但唐先生絕對不是這種人。

其二：唐先生處理問題，恆能辯證式地層層轉進，步步深入；且又能承認各種價值（當然其間有主次輕重之別，否則便流為「瞎平等」的鄉愿行為了），絕不執一而廢百。上引文中「曲折盡致」一語已言簡意賅而道說出其精神旨趣了。

其三：《人文精神之重建》一書所使用的方法，如上所述，不是一般學人處理或研究問題時所常用的概念思辨的方法（含上面說過的演繹法和歸納法）；其方法，筆者稱之為「親身感受會通法」（或「親身感受體驗」之後，復加上「和融貫通」；詳參上文其一及《人文精神之重建‧前言》之（二））。然而，凡處理學術課題（《人文精神之重建》固非學術性專著，但其中又不無學術成分），所以在一定之程度上，又不得不用到概念思辨的方法。這方面，徐先生大概注意到了。上引文中「理智的陳述」一語即隱含此意。然而，最重要的是該書「不僅是理智的陳述，而且是……」，這便多多少少表示「理智的陳述」是該書不得不做的工作；當然這種工作也是很基本而必要的工作。然而，「理智的陳述」不是該書主要使用的方法，更不是

---

[80]　「（中國人）能自作主宰，激昂向上」這句話已預設了認識自己是人並承認自己是如假包換的中國人。

該書的主要內容、主要撰述精神或撰述目的之所在。[81]

徐先生嘗寫下以下一段文字以總結〈文化上的重開國運——讀《人文精神之重建》書後〉一文：

> 我只有再引《中庸》：「故至誠無息。不息則久，久則徵。徵則悠遠。悠遠則博厚。博厚則高明。博厚所以載物也。高明所以覆物也。悠久所以成物也」這一段話來形容此書所流露出的規模氣象，而向世人指出唐先生在文化上已盡到重開國運乃至重開世運的責任。此一書的出現，不僅表現中國在最苦難的時期也並不曾絕望；而且是表現在苦難中的中國人能向世界表露一種「世界精神」，以貢獻于人類之創世紀。

據上引文，則徐先生除引錄《中庸》「故至誠無息……」的一段文字來稱許唐先生外，甚至認為在文化上，唐先生「已盡到重開國運，乃至重開世運」的重責大任。《人文精神之重建》一書更「向世界表露一種『世界精神』，以貢獻于人類之創世紀。」然則徐先生對唐先生之推崇，可謂至乎其極矣。真可謂惜英雄重英雄也。其實，豈止英雄，非豪傑而何？

---

[81] 牟先生說過，要了解康德的哲學，非具備以下的條件不可：器識、學力和架構思辨的能力。至於為學進德，則又要具備感觸（實存實感）。詳見〈序言〉，《圓善論》（臺北：臺灣學生書局，1985），頁 xiv-xv；〈序〉，《五十自述》，頁 2；《五十自述》，頁 73。就唐先生來說，其學力之深厚廣博及器識之深闊透闢，是不必多說的。其思辨能力之強，更是無庸置疑的。至於感觸（實存實感），則猶同上面說過的「親身感受會通」或「親身感受體驗」。其實，寬泛地說，以上四項條件，尤其最後一項，皆充分體現在《人文精神之重建》一書中。宜乎該書深得徐先生之心而獲得其高度稱許也。

下
愛情篇

第五章　談情說愛：
唐君毅先生愛情婚姻觀之偉大啓示[*]

一、前言

　　愛情、婚姻之本身，固有其重要性。但這個問題之所以重要，並不光是由於其本身重要，而是尚有其他原因。這方面唐先生是深有所覺的。先生說：

> 我近來偶看一些關於婚姻問題的書，使我驚訝現代文明中此問題之嚴重，我覺得這是一社會問題，同時是一教育問題、心理問題、生理問題、道德問題，以至與宗教亦有關係。[1]

唐先生 80 年前所說到的婚姻問題的嚴重性及其牽扯領域之廣，恐怕在廿一世紀的今天更見其然。是以該問題在今天來說，仍然深具價值而非常值得探

---

[*]　本文原以如下標題：〈愛情密碼大公開──《致廷光書》愛情婚姻觀闡微〉發表於「第七屆儒學論壇：紀念唐君毅先生逝世 40 周年國際學術研討會」。主辦單位：四川宜賓學院四川思想家研究中心、唐君毅研究所；日期：2018.10.19-22。經修改增訂後，今納入本書內。

[1]　見 1941 年 11 月唐先生致師母的一函，即第 25 函，收入《致廷光書》。《致廷光書》收入《唐君毅全集》（臺北：臺灣學生書局，1991），卷 25，共 494 頁；又以同名收入《唐君毅全集》（北京：九州出版社，2016），卷 30，共 320 頁，10 多萬言。今所引錄者，源自九州版。又：以《致廷光書》各函均不甚長，是以本文引用《致廷光書》之處，只標示信函的編號（即第幾函），頁碼則從缺。

討。

　　在這方面，唐先生 30 歲時便撰就了一部經典之作：《愛情之福音》。
凡論說唐先生的愛情學，莫不以該書為代表。[2]該書以智者德拉斯與青年對

2　該書乃唐先生所撰著，惟先生以譯者自居。其原因詳筆者，〈唐君毅先生及其愛情哲
　　學析述〉，上揭《學術與經世──唐君毅的歷史哲學及其終極關懷》，頁 510-514。
　　有關《愛情之福音》的作者問題，張燦輝先生已著先鞭，見所著〈唐君毅之情愛哲
　　學〉，收入江日新編，《牟宗三哲學與唐君毅哲學論》（臺北：文津出版社，
　　1997），頁 399-415。張文原發表於 1994 年 12 月之「第三屆當代儒學國際學術會
　　議」；收入江書前嘗作整理。凡論說唐先生之愛情學者，莫不以《愛情之福音》為主
　　軸。唐先生在該書的〈譯序〉中說：「我在去年五月中費了一月的工夫譯完了前五
　　章。」按：該書只有五章，所以譯畢（其實是撰寫畢）五章，即表示全書殺青。〈譯
　　序〉撰寫於 1940.11.30。是以其中說到的「去年」即 1939 年；當年唐先生剛滿 30
　　歲。〈譯序〉前插入了唐師母的一篇訪問紀錄，其中云：「這本書是唐先生在 1940
　　年寫成的」，蓋師母一時誤記。又：唐先生 30 歲前後寫成之著作，吾人藉以獲悉其
　　30 歲前已成就之「根本義理與對宇宙人生的根本信念」者，主要透過以下二書：
　　《人生之體驗》及《道德自我之建立》。其實，唐先生僅以一個月之工夫即撰就之
　　《愛情之福音》，實可與此二書鼎足而三。唐先生對前二書之肯定，見其晚年二大冊
　　扛鼎之作《生命存在與心靈境界》的〈後序〉：「吾今之此書之根本義理，與對宇宙
　　人生的根本信念，皆成於三十歲前。……吾於三十歲前後，嘗寫《人生之體驗》與
　　《道德之建立》二書，皆以一人獨語，自道其所見之文。……吾自謂此二書，在一面
　　對宇宙人生之真理之原始性（筆者按：「原始性」蓋即今人恆言之「原創性」。），
　　乃後此之我所不能為。吾今之此書之規模亦不能出於此二書所規定者之外。」《生命
　　存在與心靈境界》（臺灣：臺灣學生書局，1977），頁 1157。（北京九州版之《唐
　　君毅全集》則見卷 26，頁 361-362。）然則該二書在唐先生個人學術生命史上之重要
　　地位可以概見。其實該二書在客觀學術界之地位及重要性亦大皆為學人所肯定；今不
　　細論。假若《愛情之福音》可與之鼎足而三，則其重要性亦可想而知。1982 年正中
　　書局出版了修訂 12 版（初版於 1945 年）。此足以反映《愛情之福音》在 40 年前
　　（即 1982 年前）已甚具客觀地位。上揭張燦輝文章之末尾處指出，「書中愛情之超
　　越性及精神哲學之深義，其重要性決不在人生體驗與道德自我之下。」是張先生已先
　　筆者指出《愛情之福音》足與唐先生同一時期所撰著之二書鼎足而三了。曾昭旭先生
　　之看法則稍微不同，而認為唐先生所有著作中最具特色者為：《人生之體驗續編》與
　　《愛情之福音》。其說見：〈論唐君毅先生在愛情學上的先驅地位〉一文之起首處，
　　文章發表於香港法住文化書院等單位主辦之「唐君毅思想與當今世界研討會」；會議
　　日期：2006.12.1-3。補充（一）：唐先生 30 歲前所成就之「根本義理與對宇宙人生

的根本信念」，唐先生嘗自道之，如下：「……，應預設一理性基礎。此基礎為一理體或 Logos。……此乃一三度向之理體，而又可銷歸於一虛靈無相之心，以為其性之理體。……此吾二十七八歲所形成之思想規模，今亦不能逾越者也。」（〈後序〉，《生命存在與心靈境界》，頁 360。）唐先生形成於 30 歲前之「根本義理」、「根本信念」，而彼 30 歲後「亦不能逾越者」之相關說法亦見〈民國初年的學風與我學哲學的經過〉，如下：唐先生 17、8 歲時看到眾多小孩為「救」天上的月亮，使之不被天狗吃掉而拚命打鼓時，「心裏難過悲哀感動得不得了」，蓋「鼓在這裏打，心情是向着天上，是要救天上的月亮。這一類事情，在我年輕的時候，時時出現，這就成了後來學問的根本。……」（〈民國初年……〉收入《病裏乾坤》（臺北：鵝湖出版社，1984），頁 170-171。）一言以蔽之，即悲天憫人的淑世情懷促使唐先生鑽研以探討宇宙、人生真理的哲學領域或以探討民族、社會、文化大問題的相關領域。唐先生這個終極關懷至晚年未嘗稍改易。1974 年以下的文字可以為證：「我個人最關懷的，……是關乎社會文化問題的研究和討論。……我最關心的，同時也寄望青年人都關心的，就是我們整個民族、社會、文化的大問題。」唐君毅，〈上下與天地同流〉，《中華人文與當今世界補編》（桂林：廣西師大出版社，2005），冊一，頁369。補充（二）：《人生之體驗》（臺北：臺灣學生書局，1989）亦有論述愛情者，其中頁 101-104、184-189 即嘗論述男女之愛、婚姻、男女之愛之超越、愛情之意義與中年之空虛等課題；宜並參。此外，唐先生《文化意識與道德理性》（臺北：臺灣學生書局，1978）一書中的第二章〈家庭意識與道德理性〉嘗論說家庭意識背後的夫妻間愛情方面的議題；宜並參。有關此後者，可詳參下注 26。

順便一說的是探討唐先生的愛情觀或愛情學的學者頗多，除上開張、曾二先生外，尚有大陸學者何仁富和臺灣學者廖裕俊等先生。何氏之相關論述，可參其本人與夫人以下合著：汪麗華、何仁富，《愛與生死——唐君毅的生命智慧》（北京：中國廣播電視出版社，2014），第三、四、五章。至於廖俊裕，則他認為唐先生的愛情學深具神秘主義的特色。說見：〈從愛情到靈魂——論唐君毅的愛情神秘主義〉，《第四屆儒學論壇　歷史與文化：現代新儒學的理論與實踐——紀念唐君毅先生誕辰 105 周年國際學術研討會論文集》，2014 年 10 月宜賓，頁 45-59。廖文又發表於《天府新論》，2014 年第 6 期，2014 年 11 月。廖氏以下一判斷，非常能揭示唐先生愛情學之特色和貢獻：「總體言之，唐君毅先生的愛情學堂廡甚深，格局甚大，開展性極高，確實可以做為當代新儒家——『新』之所以為『新』的一個面向，而回應新儒家的時代課題。」（頁 57）大陸年輕學人陳林先生以下一判斷亦有異曲同工之妙：「李澤厚先生認為第四期儒學之主題是『情欲論』，而唐先生的愛情哲學正是反映了這一點。」陳林，〈唐君毅愛情哲學引論〉，北京九州版《《唐君毅全集》出版發行發布會暨「現代新儒家與現代世界」國際學術研討會論文集》，成都，四川思想家研究中心，2016 年 10 月。李說見〈說儒學四期〉，李澤厚，《歷史本體論·己卯五說》，

話的方式鋪陳出一番愛情的道理。透過對話固然能把道理活潑化、生活化而比較好懂。然而，畢竟仍脫離不了說理。按：凡說理，尤其是大道理，若要使人明白易懂，莫不以井然有序的方式且以一定的系統表出之。而系統者，機括也。而凡機括，莫不使人（一般人、一般讀者；以懶人包、即食麵為生活必需品的今天來說更見其然！）生厭。《愛情之福音》在說理上雖極高明，恐仍難免此失。《致廷光書》則不然。其論說愛情，雖說理，然無說理相。換言之，以不說理為說理也。也可以說，其說理純任自然，即不使人覺其說理也。這是唐先生高明之處[3]。但必須指出的是，唐先生生前絕不意及

三聯書店，2008，頁 140。又廖俊裕除探討唐先生愛情學本身這個課題外，又進一步論說唐先生的愛情病理學，相關文章亦深具參考價值。廖俊裕：〈論唐君毅的愛情病理學〉，《《唐君毅全集》出版發行發布會暨「現代新儒家與現代世界」國際學術研討會論文集》，頁 76-88。廖文又發表於《鵝湖（月刊）》，514 期，2018 年 4 月。在結論部分，廖氏指出，「唐先生愛情學已往的學術成果集中在愛情學的生理學（按指：生之理的學問）部分，就是本質部分、理想層次。本文較為特殊的是處理唐先生的愛情病理學部分。」作者又認為，唐先生愛情病理學的解決策略是「凡現實即合理，凡合理即現實。」廖文勝義紛陳，值得一讀。其中尤其是參考了不少中外學人愛情病理學的研究成果（即廖氏不只是梳理或平鋪直述的闡釋唐先生的意見而已。）換言之，廖文針對這個主題，在廣泛參考前人研究成果下，做出了相當深入的探討。廖氏又撰有以下一文：〈合一到太一——唐君毅愛情婚姻理論〉，《第七屆儒學論壇暨紀念唐君毅先生逝世四十周年學術研討會》，主辦：四川思想家研究中心，宜賓，2018 年 10 月，頁 349-364。至於當今愛情學大師曾昭旭先生，則除上開論述外，彼以下大著：《良心教與人文教：論儒學的宗教面相》（臺北：臺灣商務印書館，2003）談論唐先生愛情學之處亦頗多，宜並參。

[3] 讀者也許會問：唐先生自覺該書用這種方式說理否？個人目前粗淺的看法是：既自覺，又不自覺。他當然自覺在某些問題上是向師母說理——愛情的道理。然而，在和師母談說平素日常生活時，又經常不經意的偶及之；即非刻意為之。是以當不自覺在說理也。唐先生不自覺說理而實在說理，或可以徐復觀先生一語道破之。民國 38 年秋冬之際，彼與錢穆先生、唐先生、張丕介先生嘗漫步香港太平山。事後徐先生指出說：「……。唐先生一開口便有哲學氣味。」徐復觀，〈太平山上的漫步漫想〉，《徐復觀雜文——憶往事》（臺北：時報文化出版公司，1980），頁 251。所謂「哲學氣味」，非多多少少含說理的味道而何？換言之，唐先生恆在說理也，惟不必以「說理相」（說理之框架、形式）為之。

彼與師母談情說愛的書信會公開出版。就史學來說，此等書信是無意史料。而無意史料，其「證供價值」（客觀地說明或呈現事實真相的價值）恆高於有意史料。換言之，不擬建構系統，即不擬藉著系統架構，以揭示愛情道理的一番說詞，反而活活潑潑，且充分反映內心實存想法的一番大道理，竟意外地呈現在讀者跟前！這就可貴了。在反覆誦讀《致廷光書》後，深覺該書雖不似《愛情之福音》之具備一定的系統，但愛情學上的價值，恐反在後書之上。且更可喜的是，以該書無說理相，所以其可讀性，即被一般讀者接受的程度，恐怕亦在後書之上。本此，筆者以為，把該書與《愛情之福音》並列為唐先生愛情學的雙璧，實絕不為過。[4]

　　眾所周知，《致廷光書》乃唐先生寫給師母的書函，後由師母整理出版[5]。師母姓謝，諱廷光；方回，其字也。以字行，所以廷光一名，反較少人

---

[4]　曾昭旭先生對《致廷光書》亦推崇不已，把該書視為「唐先生在愛情上之實踐紀錄」，並與《愛情之福音》「一言一行，互為表裏，雖皆篇幅不大，也可算是符合生命哲學、實踐哲學的標準範模了。」語見上揭〈論唐君毅先生在愛情學上的先驅地位〉一文。

[5]　唐師母寫於 1981 年 2 月 2 日的《致廷光書·後序》開首處說：「……今當先夫逝世三周年紀念之期，集印他婚前給我的信」。其結尾處又有類似的說法：「你在給我的信中說過，你晚年寫自傳時，你要把我們的婚姻經過如實記敘，以作青年朋友的參考（筆者按：第 11 函有如下的語句：「我晚年的自傳上一定要把我們的事如實公布出來，作為後人的婚姻模範之一。」），惜你未能親自完成此願，我把你婚前給我的信，成書印行，並在後序中略述我們婚姻的經過，毅兄：我知道你是不會反對我的。」唐先生與師母的「婚姻經過」，當然非常值得青年朋友參考。其實，書信中唐先生談戀愛和婚姻的各種論說，也同具參考價值，甚或更值得青年朋友參考，乃至所有人關心此議題者予以細讀品味。唐師母予以付梓，真的是功德無量。也許值得一提的是，師母是深悉唐先生婚姻愛情方面的崇高理想的；嘗云：「我們是道義的情侶，我們要在未來世中共同實現我們人生的理想，我們的愛是幫助對方完成人格的愛。」（〈後序〉，頁 208）僅此一語便知悉師母是深契唐先生的戀愛婚姻觀或戀愛婚姻理想的。何以言之？按：唐先生和唐師母的「婚姻是經過變化而來的。」（唐師母《致廷光書·序》用語），即不是一帆風順的。寫於 1940 年 8 月 27 日的第 10 函揭示了唐先生和師母的愛情，經過二年多的曲折變化，甚至出現危機之後，終於出現轉機而兩人關係和好如初。函中含有很重要而足以反映出現轉機的原因的一句話；而適巧這句話又充分證實了上引唐師母的一語是深契唐先生的戀愛婚姻觀的。唐先生這句話

知悉。書函分為兩部分，即所謂上篇和下篇。書函按書寫年月順序排列。上篇收錄書函凡 36 封，乃唐先生婚前寫給唐師母的。第一函寫於 1938 年 5 月 16 日。第 36 函，即上篇最後一函，則寫於 1942 年 4 月。其前後通訊凡 4 年之久。下篇乃婚後的通訊，凡 77 封，始於 1945 年 11 月 10 日，終於 1965 年 7 月 18 日，即凡 20 年之久。需要特別指出的是，上篇雖僅得 36 函，即不及全部書函（共計 113 封）[6]的 3 分 1，但篇幅則占 2 分 1 強，且其中言哲理者（含對戀愛婚姻的看法）甚多。這對研究唐先生的相關思想，個人認為，極具參考價值。至於下篇的書信，師母曾說：「……或廷光省親小離，或來香港後先夫應邀到外地訪問、講學和參加學術會議，其間所寄回的家書，對他人或無意義，但對廷光則有價值，……」[7]筆者細閱 113 函，其中論述戀愛婚姻者，幾全見上篇（尤以首 20 餘函為然）。此正可反映唐師母深悉非「省親小離……所寄回的家書」，反之，乃旨在論說愛情者，即上篇的主要內容，非「對他人或無意義」了。是以下文的論說，乃以上篇，尤其首 20 餘函，為主要參考材料。

　　《致廷光書》字字珠璣、句句金玉。要把既豐富又精彩，然而相當零碎而散落於各函的內容，按一定的類目整理出來，個人認為是很不容易的（當然這牽涉到個人能力的問題）。蓋類目太少，則不能概括重要的內容，且恐怕會掛一漏萬；反之，若類目太多，則等同不分類。所以下文只好大略為之。然而，就《致廷光書》中有關愛情婚姻方面的眾多議題，大概本文都注

　　是：「我們都不是出於純佔有的動機而希望與對方結合，我們是愛彼此的人格而希望共同生活以求彼此的人格道德之進步、生活內容之充實與提高。」此外，唐師母「我們是道義的情侶」一語，唐先生寫於 1940 年 10 月 17 日的一函（第 12 函）也有同一用語，如下：「我願意用道義上的情侶一句來表示我們現在的關係」。

6　唐師母《致廷光書‧序》說：「……惜大半的書信已散佚了，……」。〈後序〉也有類似的說法：「自開始至我們成都見面，那中間的信幾乎全部散佚了，幸而你給我的第一封信還存在。散佚的信不可得了，亦不知那段時間我們究竟談過些什麼。」可見今存 113 函，其所記述者，相對於全般往事來說，恐不免雪泥鴻爪而已，惜哉！然而，對於後人言，已彌足珍貴。

7　《致廷光書‧下篇‧小序》。

意到了。至於闡述上是否有乖違唐先生的原意，那就只好留待讀者賜教了。

二、愛總是有可施之處的；
偉大的愛情有其形而上學的根據

男女間戀愛、婚姻的基礎，或最關鍵的要素，當然就是「愛」。假若世間根本沒有愛這回事，那戀愛，乃至以愛為基礎的婚姻便一概無從談起。所以要論說戀愛、婚姻的問題，宜先探討「愛之可能」這個問題。《致廷光書》第七函有一句話，吾人可視為係唐先生間接回應了這個問題。先生斬釘截鐵的指出說：「愛總是有可施之處的。所以『主動的去愛』這問題是死所不能阻礙的。至於被動的為人所愛，這繫於人的幸運。」既說「愛總是有可施之處的」，這當然預設或蘊涵了愛之為物是存在的；此其理昭然，不必再細表。說到主動的去愛，耶穌基督即曾說過：「要盡心、盡性、盡意、盡力的愛主——你的神。」[8]；「要愛人如己。」[9]；「要愛你們的仇人，為那逼迫你們的禱告。」[10]連仇敵都可施予愛，這正可印證唐先生「愛總是有可施之處的」這句話深具至理，蓋放諸四海而皆準也。然而，這句話是就「主動的去愛人」來說的；也可以說是一句鼓勵性的話，意謂只要你有心去愛人（關心人；為他人付出，含做公益等等），你總是有機會的。然而，事實

8　〈馬可福音〉，12：30；〈馬太福音〉，22：37；〈路加福音〉，10：27。

9　〈馬可福音〉，12：31；〈馬太福音〉，22：34-39。

10　〈馬太福音〉，5：44。唐先生也說過類似的話，如下：「其實人類根本是可憫的，對人的同情，應當愛敵如友，……」（第 21 函）。美國總統候選人拜登（Joe Biden）於勝選後不久的 2020 年 11 月 7 日向支持者和一般的群眾演說時，曾說："We may be opponents, but we are not enemies. We are Americans."（也許我們是對手，但我們不是敵人。我們都是美國人。）此意謂敵人和對手是有別的。此又進一步意謂對手是可以和平共存的；若是敵人，則很可能水火不容，甚至必須把對方置諸死地而後已。唐先生對敵人的態度則與此絕不同。他不止愛對手如友，甚至愛敵如友。按：「平等」的作法是愛友如友；進一步是愛對手如友；再進一步才是愛敵如友。是唐先生比一般的做法進了兩步。

上，不見得世上所有的人都關心別人、關懷別人。況且即便是所有人都關心、關懷別人，但事實上、能力上，只可能聚焦於某些人，某些族群而已。換言之，就事實而言，總有人沒有被愛到。作為一個偉大的思想家、哲學家，唐先生思慮事情總是很周延的。所以說畢凡人皆可主動的給人施予愛一語之後，隨後即說：「至於被動的為人所愛，這繫於人的幸運。」這句話，跟前一句話一樣，也是深具至理。當然，這裡所說的「幸運」，是籠統的說，意謂被人愛，多多少少都要靠點運氣，即其中有運氣的成分。然而，也不是全靠運氣的。所以這種幸運，不是全不可知的，不可預測的，神秘的。換言之，這種幸運之所以到來，恐怕也需要仰賴一定的條件。相關條件，詳參本文第四節；這裡就不細說了。

《致廷光書》很少學術性地直接談論形而上學的問題，也許是了解到這類問題對師母來說，是太抽象，太沉重，甚至太深奧了的緣故。然而，就唐先生來說，他當然深信形而上學——深信形上實體之存在的。唐先生的愛情婚姻觀，其背後即深具形上學的理趣。我們試引錄第 8 函的一段話作為佐證。唐先生說：

> 他（唐先生用第三人稱來稱呼自己，以下同）信佛信聖人信神[11]，因為他們比他高，他對於你，他也承認你某方面比他高。……他希望你信賴他崇仰他不是他的我慢，你只要真有一天從你自己解放忘掉你自己，好像願將你靈魂交與他，讓他的智慧意志情感都貫注滲透到你的全生命，你一天會了解什麼是偉大永久的愛情[12]。這他現在也不了

---

[11] 所謂「信」，按前後文脈，當意指：自己的精神與所信的對象取得聯繫，與之交流互動。其最終目的，乃在於與其結合，乃至於企盼自己可以達到與所信的對象同樣高的一個境界；也就是說，企盼自己也成為佛、聖人、神。

[12] 表面來看，好像唐先生自覺高於師母（當時戀愛的對象）而要師母把靈魂交給他。其實反之亦然。換言之，即互要承認對方有高於自己的一面。本此，則雙方都要把自己的靈魂交給對方。具體來說，即雙方都要讓自己的智慧、意志、情感，貫注滲透到對方的生命中。如此方可了解、成就什麼是偉大永久的愛情。換言之，即彼此的生命（含智慧、意志、情感等）必須相互滲透，一而二，二而一，乃可成就偉大永久的愛情。

解，但是他相信[13]。因為他相信人與人心相通時，便透視出了一精神的實在，而感到一比他與你更高更偉大的東西。

上引文中，「一比他與你（「他與你」在此可引伸為泛指人類）更高更偉大的東西：精神實在」一語，可以說已充分反映出唐先生深信形而上的超自然界是存在著一精神實體的。此其一。再者，男女雙方偉大永久的愛情，其背後是有其根據，或有其基礎的。這個根據、基礎乃源自人之上存在著一更偉大的東西。要言之，乃一精神實在也。個人認為唐先生這個信念對於其愛情學扮演很關鍵的角色，蓋其為唐先生所有愛情婚姻言論的理論基礎。

三、男女之愛在於成就自我精神之擴大；彼此精神相通；生理關係只是精神關係的象徵

唐先生談愛情時，經常提到擴大一內在的精神自我，求彼此精神相通等問題，《致廷光書》第 6 函討論尤詳[14]。其相關語句如下：

我老實同你說世間上萬萬千千的男女關係，只有極少的真正男女之愛。……人生的目的所在，只在他內在的精神自我之擴大，而實現那宇宙的大精神。男女之愛只是去擴大內在的精神自我之一條路。……人生最大的問題，只是如何使我們內在的精神自我擴大。……

---

13 從理性主義／理智主義的觀點來看，不了解但仍相信，這是荒謬的。然而，永恆的道理、真理（譬如神的存在、靈魂不滅、人具自由意志、當孝順父母等等），不一定是很好理解的。然而，吾人不妨去其我慢（自高自大，侮慢一切）之心，而姑且先相信之。吾人必須從這個角度去想，否則便以為唐先生的想法太荒謬、太天真了。

14 摯友何仁富教授針對這第 6 函曾寫過以下文章，非常值得參考：〈從一封情書看唐君毅的性情人生觀〉，何仁富主編，《唐學論衡——唐君毅先生的生命和學問》（北京：中國文史出版社，2005），上冊，頁 161-187。

這裡論說人生的目的，含男女之愛的目的。依引文，那男女之愛，豈不只是一工具？為的只是成就一精神自我，擴大其精神自我？耶穌說：「我就是道路、真理、生命。」[15]。然則三者實一，無所謂工具、目的之異？筆者得此啟發，乃產生如下想法：男女之愛，其本身當然是一目的，即為愛而愛；然而，在愛的過程中也成就了「自我精神之擴大」。然則這種愛也未嘗不是一工具。要言之，目的、工具合而為一了，乃二而一者，是以似不必再做區分。唐先生又繼續說：

> 人如何擴大他的自我，……朋友之愛偏於精神的，天倫之愛本於原始的生理上之一原〔源〕，而男女之愛則在此二者之交[16]。……天倫之愛是由生理之一原而來，即是由生理關係（筆者按：即「由原有、本有之先天的生理關係、血緣關係」）化出精神關係。而男女關係則是要化生理關係為精神關係，而以此生理關係為精神關係之象徵。然而人與人的關係只有男女關係才有此生理關係（筆者按：此生理關係特指性愛關係。因為父子、母子亦是一種生理關係。）之象徵。我們說人所求的只是其內在精神自我之擴大，擴大其自我即是要與他人精神相通，相通即是求合一，合一即是自我之擴大。

針對上引文，茲稍作闡釋：（一）「男女關係則是要化生理關係為精神關係」一語，意謂：男女間的生理關係乃一種緣自生理欲求而來的關係。其實天倫之愛與男女之愛，皆與人之生理有關。其異者為前者乃先天的（血緣的），後者乃由後天之結合、婚媾而來的。但皆予以轉化之，使之成為精神關係，則一也。此說極有見地。（二）「擴大其自我即是要與他人精神相

---

[15] 〈約翰福音〉，14：6。

[16] 「天倫之愛本於原始的生理上之一原」一語，第 15 函也有類似的說法，如下：「我說男女之愛與母子之愛是一種愛之兩種形式。母子之愛是一生命中分出一生命成母子二生命後中間之愛，男女之愛是二生命要求合為一生命之愛。」其中第二句「母子之愛……」猶上引文中的「天倫之愛……」。

通，相通即是求合一，合一即是自我之擴大。」本來各人各自為一個體。現在二個體合而為一而成為一個個體。這個新的個體當然比原先各自為一個體之個體擴大了[17]。（三）「（男女）生理關係為精神關係之象徵」這個說法，實深具價值，值得細述。第 6 函的另一段文字正好作為這個說法的註腳。其言曰：

---

[17] 與他人精神相通，求合一，乃可達到自我精神之擴大，乃至可以超凡入聖。這個我們當首肯。然而，如何始可以與他人精神相通，乃至得以合一呢？這裡恐怕仍有一先決條件。這個條件，個人認為，乃「自我向上超越」之一念。這個想法，唐先生在論說愛情時，其實已有所指陳。他在第六函中嘗向師母說：「我既以你為對手方，我便希望你能共同來實現此理想（按：此理想，簡言之，乃指人可以透過誠意來創造愛情）。人生只有一念向上超越自己，則立即超凡入聖。」一念向上超越自己，連成聖都可以，那更何況只是要創造愛情呢？說到「向上超越自己」，第一函也有類似的說法：「我想假如我的家庭生活能更美滿一些，我的心靈必將有更大的開展。」「心靈必有更大的開展」即不啻「向上超越自己」。「向上超越自己」一詞，似乎仍有些不好懂，不知如何表現才可以成就「向上超越自己」。第九函以下一語也許可以給我們一點啟示。唐先生說：「萬萬千千的人在談男女之愛，都實在不知其意義與價值。它唯一的價值在使人忘卻自己而改變自己過去的性格。」唐先生所說到的唯一的價值，是不是真的是愛情的唯一價值，我們先不談。（也許唐先生在這個地方是說得太滿了一些）然而，「改變自己過去（自我圍限）的性格」，恐怕是達致「自我向上超越」最可行的一個具體作法。其中說到的「性格」，要言之，即對人、事、物的態度、心態。有謂「境隨心轉」。一旦自己的心態轉變了，則柳暗花明、海闊天空，必隨即出現在目前。又說到愛情、結婚的理由（即愛情、結婚的價值），唐先生在第二函有另一個說法：「他（唐先生自稱）需要愛情，因為他的冥心獨往，昂頭天外，超出塵表所生的寂寞要人來補足慰藉。」這是唐先生自道需要愛情的原因。其實，吾人亦可普遍化此原因，而視為一般人（尤其恆感到人生或生活寂寞而要人來補足慰藉者）需要愛情的原因。至於結婚的理由或結婚的價值，第一函又有如下的一個說法：「我想人只要在精神上能互相勉勵，求人生之向上，則婚姻也可互相幫助。」綜合以上各函，戀愛和結婚的理由或價值，當如下：（一）企圖改變自己過去（自我圍限）的性格，藉以「求人生之向上」、「自我向上超越」；（二）人生或生活寂寞要人來補足慰藉。在這裡必須再強調，《致廷光書》並不是深具系統性而旨在說明、闡釋愛情學的一部專著。所以論說愛情、婚姻的各文字，常是零散的，片段的，欠周延的；乃至乍看下，偶爾相異的，矛盾的。我們必須把各信函貫通起來看，予以折衷、綜合，始可獲得唐先生愛情學的全貌及精神要旨之所在。若執一而廢百，則遠矣，謬矣！

> 一切人與人精神相通，只有男女關係中才有一實際的象徵，因為有身
> 體上之要求合一。……男女間有三重合一的關係，這就是男女之愛在
> 一切人類愛中之特殊地位。所以一個真正了解男女之愛之人，他所求
> 只是彼此精神之相通，此象徵但任其自然的到來。但是我們又要知道
> 男女間所求之精神之相通是非常苛刻的，因為他們要求身體上之合
> 一，所以他們先要求精神上之全相通。

上引文，其可申說者有四：（一）男女交往與其他人際間之交往有其相異之
處。此相異之處是：人與人之交往，皆求相互間的精神相通。此各種交往皆
然。然而，男女之交往，又與其他交往不盡相同。其最大的差別乃在於兩者
有身體上之要求合一。由是精神相通乃得其實際的象徵。（二）一般人（含
筆者個人過去的看法、想法），只看到男女交往之別異於其他人際交往者，
乃此中有性愛關係（即唐先生所說的生理關係——身體上之要求合一）。但
唐先生能從更高的層面，即除身體合一外，更追求精神合一、精神全相通[18]
（預設了和諧）來看問題。這是一般人的想法所不及的，所以非常值得注
意。（三）「男女間有三重合一的關係」，乃指：外部之生理合一（性）、
內部之精神合一（愛）、內外合一（性、愛相結合；即相互間既有性，又有
愛。）（四）至於精神關係的象徵——生理關係，「但任其自然的到來」，
此語足以反映唐先生是把精神滿足置於形軀快感之上的。其實，此語也足以
反映唐先生的人生觀、價值觀。說到生理關係只是精神關係的象徵，在第
18函中，唐先生也有類似的說法；如下：

---

[18] 「精神全相通」一語中之「全」字，非常值得注意。按：要求精神相通，此一切人際
交往皆然。然而，我與他人，本各自為一個體，二人間之精神相通，本來就不容易。
所以能夠達致相當程度之相通，已經很不錯了。然而，戀人，尤其夫婦，則不同，因
為他們要求身體合一。而這種要求明明高於他種人際關係所作出之要求。既有這種高
要求，則其相應之精神合一乃不得不提高而成為了唐先生所說的「非常苛刻」。而所
謂「非常苛刻」即「全相通」而不得有絲毫間距也。

> 在愛情中之男女都知道他們所求的是與對方精神成一片，這是從內省
> 所得的真實。……所以男女間的愛情只是精神與精神要求合一。自然
> 他有時會抱她，但他當時只是覺一精神衝動在內要抱著對方的精神，
> 其相抱不過是一象徵而已。身體不過衣服，精神才是真正的身體。
> （因為身體即精神之表現，所以身體也很重要，也當愛，……不過要
> 為精神而愛身體，（那愛身體）才有高的價值。）

這充分說明了唐先生不是不愛身體，看輕軀體，而是愛精神甚於愛身體。即
其間先後輕重是有別的。

　　唐先生明白了身體是精神的象徵之後，他對男女間的愛情便有所改觀。
第9函如是說：

> 我在很久的時間中看不起男女之愛，因為我認為只有精神最足貴，而
> 男女之愛無論如何純潔，也不能說絕對莫有下意識中的生理要求，直
> 到我的哲學發現物質與身體是精神的象徵以後，我才豁然貫通。我知
> 道精神的哲學之可貴是在將一切都看作精神的象徵，如此則物質身體
> 都化為神聖。

上引語可見唐先生對愛情，即對男女之愛的了解，是經歷過一個過程的。這
其實是唐先生的一種進步，蓋把視為對立的兩者融通起來。個人認為唐先生
最偉大之處，或最偉大之處之一，是把看似相異、對立的東西，融通貫串起
來。由是人世間的各種對立、矛盾，遂得以化解。然而，大家不要誤會唐先
生的融貫是瞎融貫，是無原則、無法度，而只是平等並列的融貫。對於被融
貫的對象，他恆作出主次輕重之別。換言之，其內心是有一宗主的。這點必
須先向讀者指出。然則其宗主（即以何為宗，何為主）是甚麼呢？一言以蔽
之，精神是也。而其他「一切都看作精神的象徵」[19]，其結果便是這一切，

---

[19] 換言之，即精神為本，是主；而其他一切（含身體在內之一切物質）便只是末，是

要言之，即物質、身體等等，「都化為神聖」了。唐先生這個一念之轉（按：起初，先生只認為精神最可貴），固然使得物質、身體等等，都化為神聖；而化之者，則唐先生也。然則作為神聖的推手的唐先生，乃可謂神聖中之神聖也。蓋轉化非神聖（譬如物質）為神聖，其本身非神聖中之神聖而何？

四、真正愛情的特性；戀愛和結婚對象當具備的條件

第 17 函和師母談論結婚這個問題時，唐先生特別指出說：

我始終相信真正的愛情，(1)首先是愛對方的精神人格[20]，(2)其次是

副。精神與物質的關係，具體言之，乃前者居主導地位，而後者乃前者之一種象徵而已。唐先生這個認定（信念）極為關鍵，因為只有在這種情況下，其過去素來輕視而地位上無足重輕的物質，始可獲得「新生」——即獲得其應有的地位，且在精神的「庇蔭」下而轉化為神聖了。猶記得三四年前在大陸舉辦的一個新儒學研討會上，不少學者爭辯唐先生傾向於唯心或唯物的問題。筆者以為，以先生為唯物論者固非；為唯心論者亦未盡是。要言之，先生心物兼顧，而心為主，物為次。上引文儘管只談愛情中精神與物質的關係和孰輕孰重一問題，但似亦足以說明先生對心、物的基本看法。心、物孰輕孰重的問題，又讓筆者想起唐先生在《文化意識與道德理性·自序（二）》中一句非常關鍵的話；如下：「然而，一切文化活動之所以能存在，皆依於一道德自我，為之支持。」順此理路，吾人即可說：「生理要求」（形軀、物）之能存在（獲得存在之合理性、崇高性），乃因為有「愛」（精神、心）為之支持。也就是說，如果沒有愛，則生理要求便失其準據，而大可不必存在了。當然，就人類之得以延續（繁衍後代）來說，仍有其意義。這就另當別論了；不細說。

[20] 說到「人格」，第 9 函也說到類似的問題，如下：「我對女子卻有一重要的條件，即必須地絕對的傾心於我，真感到我人格之可愛，我才真愛她。」筆者讀到「必須絕對的傾心於我」一語，深怕讀者會產生誤會，以為唐先生是自我中心主義者、唯我至上者，甚至是威權主義者、獨裁者。然而，筆者要指出，這一句必須以其下的一句，即「真感到我人格之可愛」來貞定其確切涵涵。如此方可見「傾心於我」，乃特指傾心於唐先生（偉大而高尚）之人格而言，而絕非要求師母屈居於粉絲的地位，而視唐先生為偶像，傾心於唐先生的個人。所以讀者於此幸勿誤會。愛情與人格的關係，唐先生素來關注、重視。第 10 函即可為證：「我們都不是出於純佔有的動機而希望與對

愛對方對我的了解，(3)愛對方對我的愛[21]、(4)（愛對方）對我的柔情，(5)愛對方對我那點願與我永不相忘以我心為心的一點意思[22]，

方結合，我們是愛彼此的人格而希望共同生活以求彼此的人格道德之進步、生活內容之充實與提高。」

[21] 唐先生在這封信中認為（相信）真正的愛情應含 7 個項目。其中「愛對方對我的愛」這個項目的表達方式似乎有點不詞而不好理解。其實它的意思就是：「愛對方對我所付出的愛」。即以愛的方式來回饋對方對我的愛。然則讀者也許會問：「對方既愛我」，那我回饋的方式，何不乾脆就直接說：「我也愛對方」，不就結了嗎？筆者初時也的確是這麼想的。後又想到「愛對方對我的愛」跟「我也愛對方」似乎總有點不同；但也沒有進一步細想其不同之處何在。2021.01.19 睡夢中醒來，思前想後，乃得出如下的一個「答案」。「我」和「對方」，一般來說，其中總有一方是會先消失的（譬如先逝世）。假若先消失的是對方，那他／她過去曾經對我付出過的愛，我便似乎無法回饋（回報）她／他了。之所以無法回饋（回報），原因就在於我把他／她對我的愛，全繫住在他／她這個人的身上；而作為一物質（形軀）存在的他／她，其形軀一旦不再存在了，那他／她對我曾經付出過的愛，便定然隨之而灰飛煙滅。（認定「精神之存在乃依賴物質之存在而存在」的唯物論者，尤其會如此想。）反之，如果是扣緊、繫住「愛」做考量，而不是扣緊、繫住「人（我、對方）」做考量，即：對方對我付出愛，而我也用愛來回饋它；而不是「對方愛我」，我回饋的方式是「我也愛對方」，則其人之消失與否，便無關緊要了。原因是愛是一種精神表現，而精神是不滅的，即一在永在，一存永存的，且獨立自存者。是以對方對我的愛既不隨其形軀之消失而消失，則我用愛來對對方的愛所作出的回饋，也同樣不隨對方的消失（乃至我一己的消失）而失去其愛的對象的。如果上述的理解不誤，則唐先生「愛對方對我的愛」一語便是深具理趣而不能輕忽滑過的，即不宜僅視為等同「我也愛對方」一語的。又可參下注 26。

[22] 對方愛我，必「以我心為心」。同一道理，我愛對方，也應該「以對方的心為心」。這種互相以對方之心為心的做法，也可以稱為「同情」。這種同情，是非常可貴的，唐先生甚至說：「對於真正希望成為伴侶的人，首先一步應當是同情，絕對的同情，完全以對方之心為心的同情。」所以這裡「同情」一語，是一個廣義的用法，跟日常我們所說的，譬如對某人生起憐憫之心而寄予同情的「同情」，是有別的。這裡的同情，是指跟某人（這裡指所愛的對象）同情共感（對事物產生同一種感情，擁有同一種感受），相互間完全以對方之心為心之意。唐先生這個說法是很有意的，因為從唐先生特別重視精神相通的立場來說，那麼既稱得上為「伴侶」，那便不應只是形軀間相伴為侶而已，而應該精神上，感情上相伴為侶。所以只有相互間以對方之心為心的同情共感，才可以成為真真正正的伴侶。

(6)愛對方之願意犧牲其它一切來愛我的意思。（以上編碼乃筆者所加，以醒眉目故。）

一般戀人之愛對方，是愛對方的外表（即愛對方之為帥哥、美女也）、金錢、名譽、地位（或可以時下流行的「高、富、帥」、「白、富、美」分別代表男、女被愛之條件）。如果是由於對方具才情而對他／她生起愛意，那已經很不錯了。唐先生的標準大異於是。讀者或僅視之為一可望而不可及的理想，是不切實際的。但筆者要指出說，唐先生，理想主義者也。理想主義者就是以追求理想，不向現實妥協、低頭為首要原則。假若對此不契，那就根本不配談唐先生的學問。

上引文的六項愛，今只說明第三項：「愛對方對我的愛」。（其他五項應該比較好懂，今從略。）對於這種愛，唐先生在第 10 函中又嘗特別指出，如下：

> 我想我們彼此愛對方的人格是真的，然而我們最愛的是對方的意旨，是對方對我之愛之本身，我不是只愛你，是愛你之愛這一種愛之愛，是人類最高的愛[23]，是忘了一切條件的，連對方人格的好處都可以暫時忘掉的，你說是不是？

「愛對方對我的愛這一種愛的本身」這個議題，今以己身為例作說明。猶記得 30 多年前，筆者負笈巴黎時，因為經不起課業壓力等等因素而主動向遠居香港的女朋友提出分手。三家兄兆顯從香港來信指出說：先不論其他，就以該女子死心塌地對你具深情厚意的一份愛來說，你便不應辜負她而提出分手。換言之，她對你的這份愛，你應該愛它。家兄是言之有理的[24]。其理即

---

[23] 「是愛你之愛這一種愛之愛，是人類最高的愛」，此語有點不好懂。簡言之，其意當謂：「我是愛『你之愛我的這一種愛』，而這種愛是人類最高的愛」。個人認為，這種愛也許可以稱為「人類最偉大的愛」。

[24] 惜筆者當時沒有多考慮；且其後不久有了另一女朋友，所謂物換星移，那就更不宜再

在於唐先生以下一句話：「（這種愛）是人類最高的愛，是忘了一切條件的，連對方人格的好處都可以暫時忘掉的。」按：愛的本身是高貴的，崇高的，即深具價值的，值得去追求的。她現在不把它投向別人，而僅投向你（且忘了一切條件，甚至連你人格的好處、優點，通通都忘掉），即意味著她以你為唯一的，值得信賴以寄託終身的伴侶來承載人類這個最高貴、最崇高的價值，則你在她心中的位階，即被重視之程度，可想而知了。對於這種愛，恐怕我們沒有別的途徑可以回饋它[25]、報答它，唯一的途徑就是愛它，即以愛回饋它，以愛來愛它。只有以愛來回饋、報答這種愛，才能不辜負它。（說到辜負不辜負的問題，這自然是道德領域內之事了。詳下文註26。）然而，施與這種愛的人便是對方。所以所謂「愛對方對我的愛」（意謂：愛對方對我所付出的愛），具體實行起來，或落實下來，便是全心全意愛對方了。在這種情況下，連愛對方恐怕都有點來不及了，又那有辜負對方之理呢？經此說明，希望讀者比較了解唐先生「愛對方對我的愛」一語的意義[26]。

回顧或猶豫了。今一晃眼已是將近40年前的往事了！

[25] 所謂「回饋它」，乃指感謝它，對它產生感激之意（作為世上的一美好價值——可以使人類活得美好，譬如使世界充滿溫暖、溫馨，吾人當予以感激），尊崇它，顯揚它，表彰它。

[26] 「愛對方對我的愛」，簡言之，即「對愛之愛」。這個話題，唐先生在〈家庭意識與道德理性・夫婦之常道與變道〉中，說明甚詳。其關鍵語句如下：「原始之愛是本能性的，對本能性的愛加以自覺，而生之對相愛關係之愛，即對愛之愛，則是超本能性的。此必須細加辨別。原始之愛可純是滿足個體之欲之念，然對愛之關係之愛一產生，即超越滿足個體之欲之念。……由此不能肆個人之意以求本能欲之滿足。由是而有節制。由彼此間之體貼了解與節制，及其他之人與人間自然有之互助同情之表現，即使夫婦皆對對方有一種感恩意識。……體貼了解與節制同情互助為一種道德活動，一種善之表現，而感恩則為對對方之道德活動，加以肯定賞謝，而謀有以報之一種善之表現。」唐先生由此並進一步論說夫婦間的「對愛之愛」根本是一種道德上的表現：「男女之間從本能欲出發之愛，通過愛之愛，至道義關係之形成，至道義之限制本能欲，整個是一道德生活之發展歷程。在常態之婚姻，此種發展乃為無間隙而逐步上升者。至堅貞互信而道義關係乃居主位，本能生活即統於道德生活，而夫婦之道即完成。」「道義之限制本能欲」這句話，尤應時刻不能或忘。本此，則一與伴侶

第 11 函有一兩句話跟「真正愛情的特性」也很有關係，如下：

> 我以為在男女之愛中首先必須在認定對方是我最愛最合理想的男子或
> 女子，其次便是幫助對方之一切可愛之處實現完成起來，並補充上其
> 它人格之美點。

個人認為上引文中的第二句和第三句話很重要。你真正的愛對方，便應該幫
助對方，成就對方。但幫助和成就是針對正面的，有價值的東西來說，而不
是瞎幫助。用現今流行的說法來說，便是針對其人可愛之處盡量提供各種舞
台。

說到愛情當含給予對方幫助，第 13 函也有類似的說法，如下：

> 愛每一人都是以整個的心全生命去愛。而且愛是交流互貫的，譬如你
> 愛我便愛及我之母親弟妹，我愛你也因而愛你之父兄。你愛我因而你

（男、女朋友）定情之後，即不應再有他想；縱然帥哥美女當前，那也應自律——依
乎道義而來之堅貞不渝，限制本能欲，而絕不染指。此即所謂「任憑弱水三千，我只
取一瓢飲」之意。（語出《紅樓夢》91 回。）這句話說得很好。但唐先生百尺竿頭
更進一步，乃指出說：「這句話尚待修正，因為你真正飲一瓢時，一瓢代替三千，一
瓢即三千。」唐君毅，《愛情之福音》（臺北：正中書局，1977），頁 40。按：原
語句意謂：「弱水長三千里，雖水很多，但我只舀其中一瓢來飲。」然而，一瓢以外
之水仍在。今不之取，但未能保證以後仍絕對不取，蓋水仍在也（即誘惑仍在）！今
唐先生以一瓢代替三千，那這一瓢便成為絕對了。所以唐先生這個改動，不得以畫蛇
添足視之。按：〈家庭意識與道德理性〉乃《文化意識與道德理性》（臺北：臺灣學
生書局，1978）一書中的第二章，上引文見頁 42-43。家庭意識固含夫妻間愛情方面
的議題，上引文之相關闡述概見一斑。換言之，在《愛情之福音》和《致廷光書》
外，該章書對了解唐先生的愛情學，亦深具參考價值。又廖俊裕先生對唐先生「一瓢
即三千」的說法，甚具慧解，宜並參。廖俊裕，〈合一到太一——唐君毅的愛情婚姻
理論〉，《第七屆儒學論壇暨紀念唐君毅先生逝世四十周年學術研討會論文集》
（2018 年 10 月，宜賓學院四川思想家研究中心），第五節：「一瓢即是三千的一夫
一妻制」，頁 359-360。

愛我之理想，及我對人類社會之責任感，於是願意幫助我去作社會事業。我愛你於是我願把我之信仰、宗教，欣賞藝術、文學，研究學術之精神傳遞於你，感染於你，反之我於你之理想也當如此。

上引文除了說到戀人應相互間以其理想（理念）、信仰、宗教，乃至其他方面之精神傳遞於對方，幫助對方去成就社會事業，藉以踐履其對人類社會之責任外，還暗示著愛是不能打折扣的，沒有妥協餘地的。所以要愛便以整個的心去愛，用全生命去愛。這個說法，個人認為每對情侶及夫妻，都應銘記心中，並生死以之，盡其洪荒之力、吃奶之力予以實踐[27]。再者，唐先生更指出，依性質來說，愛「是交流互貫的」，而絕不是如孤光之獨照局限於一隅的。是以戀人（含夫妻）必愛及對方之父母兄弟姊妹，且亦必兼及其理想等等。

　　上引文中：「在男女之愛中首先必須在認定對方是我最愛最合理想的男子或女子」這句話，會讓人覺得這種男女之愛是不是過於盲目了？果真如俗諺所說的「情人眼裡出西施」？而說這句話（尤其是「認定對方是我最合理想的男子或女子」這個片語）的人——唐先生，其思慮是不是稍欠周延？[28]如單看這句話，筆者也會產生疑惑，而認為唐先生的思慮是不是稍欠周延。

---

[27] 熱戀中的情侶，經常有所謂山盟海誓、海枯石爛情不變的誓言。然而，能經得起考驗者，實不多見。夫妻亦然。有謂：「久病床前無孝子。」父母與子女之間如是，恐夫妻之間亦大體如是！又謂：「夫妻本是同林鳥，大難臨頭各自飛。」夫妻中一人久病，或大難來臨時，甚麼山盟海誓、海枯石爛，恐早已拋諸腦後了。人心早已不古，且社會大環境亦大異於往昔，所以吾人亦不宜予以深責。反之，若一如古昔，戀人夫妻間仍能生死以之，始終如一，造次必於是，顛沛必於是者，能不讓人肅然起敬，予以無限的讚嘆？

[28] 當然，從另一義來說，這句話亦有其至理在。這一義是：您必須把對方如此看待（尤其是定情之後），否則三心兩意，甚或朝三暮四，經常另有他圖，以追求所謂更理想的，那便必造成對對方的不忠；莫大的困擾——感情破裂、家庭破碎，恐怕就是由此而引起的。俗諺有謂：「老婆是人家的好。」這個認定就是緣於您不把對方（戀人、伴侶）視為「最合理想的男子或女子」之故。換言之，主觀上，您必須把對方視為最合理想的。唐先生這句話，恐怕必須由此切入，才能得其確解。

幸好「補充上其它人格的美點」一語「適時出現」，而把「最合理想」一語
淡化了。合而言之，即是：因為您愛他／她，所以必須把他／她視為是最合
理想的，否則您的愛是不完全的，即您不會全心全意去愛他／她的。然而，
凡人（任何人）都不可能是十全十美的。「最合理想」是一主觀認定（主觀
意識）。而這個認定／意識並不表示客觀上，他／她毫無缺點、毛病。所以
您作為愛他／她的一個戀人，您便有義務把情況予以改善——善化之。用唐
先生的話來說，就是「補充上其它人格的美點」。所以唐先生這句話是極關
鍵的，否則對方便永遠停留在所謂「最合理想」的位階，而其人格便無法向
上提昇了，這絕不可能是唐先生的本意。

　　唐先生給師母的信函（第 8 函）中，曾經特別針對「理想情人」所當具
備的條件，提供了意見，請師母予以考慮。其意見如下：

> ……你自己細細想想吧，想想他（按：這個「他」主要是就唐先生本
> 人來說；當然亦可予以引伸而泛指一般人）的(1)道德如何、(2)性情
> 如何、(3) 人格如何、(4)其它條件如何、(5)過去對你如何、(6)他一
> 生的志願如何、(7)他所望與你發生的關係如何、(8)他是否值得你佩
> 服、(9)值得你愛。（編號為筆者所加，以醒眉目故。）

上引文主要是針對「理想情人」所當具備的條件來說的。其實，吾人不妨擴
大一點，視為擇偶的條件，亦無不可。值得指出的是，這些條件跟現今一般
人，尤其近今大陸上的青年男女，所追求的條件，如財富、顏值、身高、體
重、體態、家庭背景等等，全不相干。

　　此外，第 8 函中，唐先生又特別針對自己的條件，請師母予以考慮。其
實，這些條件也不妨視為一般人士，尤其學界人士，作為「理想情人」或
「理想伴侶」，所當具備的條件，如下：

> 真的你只要想想：(1)他的態度、(2)他的著作、(3)他的見解、(4)他的
> 朋友對他的愛護、他同你寫的信之內容，你可以客觀的想想、(5)這

樣一個青年決不是平凡的人。確如你所說(6)相當有偉大的地方。
（編號為筆者所加。）

依上文來看，唐先生似乎過於自負。然而，作為 30 歲左右的一位年輕學者
（該函寫於 1940 年 5 月 27 日，唐先生出生於 1909 年 1 月 17 日），尤其以
後來的卓越成就來看，唐先生以上的自白，決不過於自負，尤其不能說是自
誇。

五、男女關係是甚麼；
男女之愛應隸屬於更高的理想而兼含他種愛

　　按中國老傳統，人倫關係可區分為五，即所謂五倫：君臣、父子、兄
弟、夫婦、朋友是也。男女之間還沒有結婚前，是為朋友。但這種朋友關
係，又異於一般的朋友關係。那麼男女關係到底是甚麼關係？第 4 函以下的
文字，也許可以給我們一點啟示：

　　……朋友平時都是談學問事業，有許多話也不能說，所以我便了解男
　　女關係的重要，因為男女關係一方不是如家中人之太親，本是一種朋
　　友。然而由這種朋友關係又可化為最親。原來家庭關係原是一塊父母
　　之血肉分化為父子兄弟，而男女關係則是不同之血肉而要求合一，或
　　者本是一，後又分為二，今又求合一。如柏拉圖書中所謂在原來男女
　　本為一人，後被神嫉妒遂剖之為二。故現在男女要求混為一塊。這一
　　種關係是一微妙的關係，一方有距離，一方要合一，有距離是敬，要
　　合一是愛。朋友間則以敬為主，父母兄弟間則以愛為主，男女關係則
　　在其間。所以男女之互相安慰體貼又是一種意味，我從此便悟到男女
　　之愛情之價值，我覺得要使我過去的創傷能漸漸恢復，我也需要這
　　點。男女關係最重要是互信。

第 16 函又有類似的說法，且更說到君臣之愛，如下：

> 我覺得在一切人與人關係中，男女間的關係是相當神秘，因為這是要
> 求精神、性靈、意志、情緒及生活各方面的融為一片。所以從某一意
> 義說，男女之愛中有朋友之愛、有兄妹之愛。在互相保育的意義上還
> 有父女母子之愛，在互相順從的意義上有好似互為君臣的愛[29]。男女
> 之愛不似那幾種愛本身之純，但更為複雜，這即是因男女間要求各方
> 面之絕對合一之故。所以男女真相愛，便有莫明其妙的無間之感。

就男女關係到底是何種關係而言，綜合以上兩段文字，其重點計有：（一）
男女本是朋友，其關係不如家中人之親密；（二）然而男女經合一之後，這
種朋友關係又可化為最親（即親如父母兄弟，甚或過之。[30]）；（三）是一

---

[29] 「互為君臣的愛」這句話中「互為」二字，非常值得注意。談男女間之愛而竟出現
「君臣」二字，筆者起先非常錯愕而愣住了。因為就中國傳統來說，君臣關係必意味
著上下尊卑之別。再加上中國傳統都是重男輕女、男尊女卑的。所以以君臣關係來描
繪男女間之愛，那唐先生豈不是自視為高女性一等，且要女性服從他嗎？語句中幸好
有「互為」二字。這是一著活棋；唐先生考慮真周到。按：夫妻間有時總要某一方順
從或充分尊重另一方，以其意見為依歸。然而，不能凡事如此，即不能永遠都只要求
某一方（一般來說是女方：妻子）順從另一方（男方：丈夫）。反過來，另一方有時
也需要順從或充分尊重另一方。這才產生對等的關係。夫妻是對等的，平等的，沒有
上下尊卑之別的。上引語中「互為」二字便一語道破此中的關鍵。即有時我得充分尊
重妳、配合妳、遷就妳。反之亦然。有謂：「夫妻間都是哄來哄去的」；甚至說：
「好夫妻都是哄出來的。」這些看似兒戲的話，個人認為，實頗具至理。

[30] 就傳統中國（即清朝以前）來說，父母與子女間的關係是最親的，夫妻間的關係是無
法比擬的，甚至夫妻之親還不如兄弟之親。俗諺：「兄弟如手足，妻妾如衣服。」正
可為證。蓋衣服如破洞，尚可補，甚或更換之。但手足斷了，便難再續了（現今醫療
技術進步，自另當別論）。其實，也不盡然。《史記·外戚世家》：「甚哉，妃匹之
愛，君不能得之於臣，父不能得之於子，況卑下乎？」可見 2000 多年前，已有案
例顯示出女子（譬如妃嬪）從男子（譬如君主）處所獲得的愛，是超過了君、父從
臣、子處所獲得的愛的。換言之，男子之愛其妻妾，在程度上，可以遠勝臣、子之愛
其君、父的。

種微妙的關係，一方有距離，一方要求各方面（精神、性靈、意志、情緒及生活各方面）的絕對合一、融為一體。有距離產生敬，求合一是愛；（四）男女關係既有敬的成分，又有愛的成分；此乃異於朋友之以敬為主，父母兄弟之以愛為主。就「互相順從」而言，又有互為君臣之義，（五）男女之愛必落實為互相安慰體貼，此又不盡同於父母兄弟之愛，是以可說別具一種意味。男女之愛由是有其獨特的價值。（六）「男女關係最重要是互信。」換言之，沒有互信，便沒有男女關係可言。

　　要言之，男女關係是甚麼，唐先生乃藉著以下四項作說明：（一）父母兄弟之關係以愛為主，一般朋友之關係以敬為主，而男女關係是介乎兩者之間；（二）雙方要求各方面絕對合一、融為一體；（三）凸顯男女間特有的安慰和體貼；（四）男女關係以互信為基礎。

　　依上所論，就「合一」一項來說，兩性之合一固然很重要，但這種合一絕不是，或至少絕不只是，男女間只求身軀之合一而已。說白一點，即絕不只是求魚水之歡而已；甚至不只是求兩人在精神、性靈、意志、情緒及生活各方面之合一而已。更有進者，乃男女之愛應隸屬於更高的理想。這方面，唐先生在第 19 函說得很明白，如下：

> 我是主張人都應以男女之愛隸屬於更高之理想。如二人之間不只有男女之愛一種，其實其中還當有兄妹之愛、朋友之愛、師生之愛、同志之愛，與人與人間應有之相互之愛。至於通常所謂男女之愛，則動物亦有之，並無足貴，可貴的是隸屬於更高的理想，包括其它種種愛的男女之愛。

上引文：「男女之愛……還當有……。」一語中，「還當有」三字最堪玩味。前引文中，唐先生已特別指出男女之愛的性質已含有兄妹之愛、朋友之愛、師生之愛等等。然而，現今的男女，尤其溺於男女之愛者，他們恆只求身軀之合一而已。能進一步要求其他方面（如上文說到的精神、性靈、意志等等）之合一者，已經很不容易了，更遑論尚要把人世間的他種愛納入其

中！針對這種陷溺，唐先生乃特別提出警惕，「還當有」三字即可概見。所以這三字絕不宜輕忽滑過。蓋這三字把人類他種愛全納入男女之愛中而使得男女之愛「隸屬於更高之理想」。男女之愛由是更見其偉大了。這得歸功於唐先生這個「改造」。他把男女之愛大而化之[31]，在內容上予以擴充，賦予其各種可能意義與理想意義。男女之愛可有的偉大意義，遂為唐先生抉發殆盡。按：這第 19 函寫於 1941 年，即唐先生 30 歲出頭之時，宜乎其後來成為不世出的世界級哲學家。

六、愛情如何得以持久

假若已有愛但不能持久，那是欠理想的[32]。欲愛情持久，那是需要好好經營的。所謂「經營」，針對未來的一階段來說，也不妨名之為「創造」，即需要不斷求創造出更深摯的愛。作為「愛情學大師」的唐先生，他對這方面當然是有所論述的。第 14 函即如是說：

> ……彼此間可以繼續不斷求創造出更深的情愛[33]，這樣便無論何時都不會感到厭倦與平凡的，一定是可以隨時間之進展而感到新新不已的情愛之增進。

---

[31] 「大而化之」一詞現今大體意謂：工作作風草率欠持重，把本該認真、細緻、具體對待的問題儱侗而簡單地處理之。其實，此詞源自《孟子・盡心下》：「大而化之之謂聖」。這明是正面義。今筆者本此，即取其正面義也。

[32] 當然，就時下的情況來說，青年男女間的關係如即食麵，經常是一夜情（其實是一夜性，何情之可言！）便無疾而終。愛情需要持久，對他們來說，是太老套了，落伍了！

[33] 愛情需要創造。其實，其他感情亦然。唐先生即如是說：「……此事最初雖係各人順家庭之意，但此事之完成，全看彼此自然之了解與同情，不容絲毫人為。（人與人間一切感情都是要創造的，……）」（見第一函；圓括號中的語句為唐先生本人的文字。）

創造是需要條件的。凡人很難無中生有，所以無條件就談不上創造。然而，問題是，就愛情或情愛來說，到底需要具備怎麼樣的條件才可以讓人創造出愛情或情愛呢？上面引錄過的第四函有如下一句話：「男女關係最重要是互信。」這句話讓筆者得到啟發。也許愛情／情愛的創造，其最關鍵的條件便是「互信」。筆者由是得出以下的結論：沒有互信，便沒有男女關係可言；更不必談彼此間的愛情或情愛了。「互信」是「相互間彼此信任對方」之意。這個很好懂。但「互信」是後來的，其前應有另一階段。此即「自信」（信己）及「信人」的一個階段。所以談「互信」之前，應先談「信己信人」這個階段，才算周延，才算找到了「互信」的基礎、源頭。第 4 函便提供了一個周延的說法，如下：

> 我從前知道男女關係必須專一、純潔、忠實，我現在知道一念信心便是男女關係之忠實、專一、純潔的基礎。一念信心是信人信己，信人亦能信己。有了信心則破除了一切時間空間上之阻礙。也不須其它之條件，更不必要在文字上談情說愛，……

要言之，「信人信己的一念信心」便是男女關係的基礎。在此基礎上談持久，那持久才有可能。終日疑神疑鬼，既懷疑自己是否真真正正的愛對方、有能力愛對方、能為對方付出、為對方奉獻；又疑人（對方）是否愛己，是否跟別人劈腿等等，那便無愛情可言了，更說不上持久不持久這個問題。所以欲愛情持久，互信固然非常重要，但互信之前，原來必得先信己和信人。唐先生考慮事情恆周延，即此一例便可概其餘。

　　至於「信」一字，筆者在這裡必須稍做說明。這裡所謂「信」，當不只是指有信心而已，即不是僅此一念便萬事俱足。當然，此一念乃其後之愛情成功與否非常關鍵的一個基礎。但這個基礎之得以開花結果，是需要後續行動的。換言之，光此一念不足以濟事。所以唐先生所說的「信人信己之一念」，應隱含其所信者已然付諸行動，即已予以落實了的。換言之，這個「信」已含事實上實現了的「行動、行為」。陽明先生「知行合一說」的

「知」是含「行」來說的。其《傳習錄》嘗云：「未有知而不行者；知而不行，只是未知。」[34]同理，宜可引申為：「未有信而不行者；信而不行，只是未信」。本此，這裡所說的「信」，也是含「行」或當含「行」來說的。而這個所謂「行」，即指已切切實實的以行動去落實對對方的愛而言。

　　上引文中又談到「忠實、專一、純潔」。所謂信人信己，其所信者，便是信人和信己可以做到並確然做到「忠實、專一、純潔」。其實，現實世間的誘惑非常多。自律自節不夠，其不失者，幾希矣！「忠實、專一、純潔」，又談何容易呢？！俗諺有謂：「文章是自己的好，老婆是人家的好。」如經常心存「人家老婆好」或「家花沒有野花香」這種念頭，那持久愛情便免談了。至於如何防治愛情出軌，並進而獲得持久的愛情，大要言之，個人以為其途徑有二：其一，建立及強化「道德自我」，即不斷作道德反省（「道德無休假之一日」的念頭恆存心中），以君子、聖人自期。其二，心中恆存感情出軌，尤其婚姻出軌所帶來之法律責任（含各種懲罰）。簡言之，依自律道德而來之良心自責和依他律道德而來之法律究責，兩者恆存心中，庶幾可遠離感情出軌，並進而獲得持久的愛情。筆者在這裡或可以補充上一項：有宗教信仰的人士，可以藉賴虔誠的禱告，把自己完全交給神，求神的恩賜以排除和抗拒出軌的誘惑。對誠心歸向主的人來說，虔誠的禱告應該是非常有效（管用）的。

　　說到忠實、專一和純潔，唐先生在第 5 函和第 10 函，又有類似的論述。第 5 函：「任何人只要一生曾二度心許（不管「心許」只一念或多念相續）二異性，便是不幸。因為破壞了宇宙原始的堅貞。」就了解唐先生的核心思想來說，上引文中最後的一句話非常關鍵。因為它揭示了唐先生的愛情婚姻觀，乃溯源於其背後的本體宇宙論；也可以說其愛情婚姻觀乃以彼所深信的本體宇宙論為基礎，為根據的。第 10 函：「我不如你，我過去的心不純一，我真慚愧。但是廷光妹，我相信你能原諒我，因為人在莫有定情以

---

[34]　《陽明傳習傳》，卷一，頁 3。又：有關「不信人」、「不信己」的問題，唐先生甚至認為：乃人「一本原上之罪惡」。《日記》，1951.05.11 條。

前，心不會絕對純一的，……」這段引文最後一句話是唐先生的一個自我辯解，旨在尋求師母的原諒。然而，它也說明了一個普遍真理。因為就道德上來說，沒有跟人家定情之前，男女雙方當被允許廣交異性朋友，並從中擇其優者——符合自己的理想者。「心不會絕對純一的」指的就是廣交異性，而不會鎖定某一人為唯一的對象而言。然而，「莫有定情以前，心不會絕對純一的」這句話也意味著：一旦定情[35]之後，你的心便該純一了，不該三心兩意，朝秦暮楚了；更不應朝秦暮楚或暮秦朝楚了。本段各引文都非常明確的揭示了唐先生的戀愛婚姻觀乃深具道德意涵者。

七、夫妻相處之道

　　就閱覽所及，唐先生在《致廷光書》並中沒有特別標舉「夫妻相處之道」而予以剖析的。然而其第 6 函針對戀人（可擴大為夫妻）相處之道這個問題，實作出了極為精闢的見解；非常值得注意，如下：

　　（戀人，乃至夫妻間之衝突在所難免），然而衝突如何可以和諧，這便由衝突而有容讓。如何而有容讓，這便又必須一方需要求合一，一方要彼此視為獨立的人格而尊重對方的意志。所以男女間不能只有愛

---

[35] 2018 年 9 月 29 日，摯友香港中文大學哲學系劉國英教授與筆者在臺北一晤。閒談間，國英兄指出說，「定情」可有不同的指謂／定義，指的是對對方僅「作出過口頭承諾」（譬如說出：「我永遠愛你，絕不會變心」之類的話），或與對方發生過超友誼關係之後呢？這兩者便有極大的差異，不可不察。劉教授這個說法甚具卓識，蓋讓筆者警覺到有必要對唐先生所說的「定情」一語做點說明，否則恐怕會導致讀者產生誤解或異解。緣上引文，「定情」應指「心許」而言。即自己心念上誠意許諾、認定對方為唯一終身伴侶而言。按：唐先生對自我的道德要求極高。是以這種發乎一己心念之誠意許諾，乃絕不容自我予以違背、否定者。換言之，其定情之堅貞程度，乃遠高於口頭承諾，乃至遠高於已跟對方發生超友誼關係之後的。筆者認為，對唐先生來說，只要其中一方在一己之心念上對對方已有所許諾（心許），則根本不需要什麼口頭承諾，更不必說已發生過超友誼關係，而其定情之堅貞程度已是 100% 了。

而要有敬。必須有敬，再有容讓，有容讓而衝突便都成可自然劃除之物而不復妨礙合一了。

但是只是加上敬還不夠，因敬只是互相尊重彼此之獨立人格。如彼此真是獨立人格便不能合一。要如何去求合一，則賴乎了解，了解即是互相認識。互相認識即是互相以心之光照耀對方之心，於是在自己心中看出對方之心。但是了解有二種，一種是理智的了解，一種是同情的了解，理智的了解是知對方為如何人，同情的了解則是體貼[36]。

但是只有了解亦尚不夠，最重要的是相信彼此之間尚有一理想的合一之人格在上。這點卻是非常玄妙的。但是我們只要真相信了宇宙間有大精神大人格，人與人精神相通人格相感即是去實現那大精神大人格。則我們必須相信男女間有一共同之精神人格在上，亦即全人類的大精神大人格之一部。……

最後我要說人的一切關係根本是一歷史的關係。人根本是時間的動物，時間永遠是攜帶過去以奔赴未來。人心的特質即在能反映過去於

---

[36] 「同情的了解則是體貼」，這句話有點不好懂。其實，它的意思是說：只有透過體貼（關懷、設身處地、具同理心，並多少意味著付諸行動）才可使人獲致同情的了解。即體貼是手段，同情的了解是結果。《愛情之福音》也有類似的說法。這個說法佐證了筆者上面的解讀。這個說法如下：「你必須有同情才能體貼，能體貼而後有真正的了解，……。」（頁 10）其中：「真正的了解」，就是上引文中的「同情的了解」。然而，這麼說來，這句話豈非等同：「你必須有同情才能體貼，能體貼而後有同情的了解」？這便有點不詞了。因為這句話，簡化之，便是：同情→體貼→同情的了解（如以文字表達，「→」意謂「促成」）。其實，「體貼」一詞，其意思也類同於「同情」，即二詞的涵意差別不大。（也許稍微不同的是體貼多少意味著要把同情（同情心）付諸行動。）然則「同情→體貼→同情的了解」，約化之，便是：「同情→同情的了解」，或「體貼→同情的了解」。這樣說來，好像讓人越來越糊塗。其實，唐先生的本旨只是要人區分清楚同情的了解，絕對不同於一般的了解。蓋一般的了解是以理智為基礎，是以唐先生逕稱之為「理智的了解」。與之對反的是另一種了解。這種了解乃以同情為基礎。是以唐先生稱之為「同情的了解」。然而，如寫成「同情的了解則是同情」，則頗不詞，所以唐先生把語句改作：「同情的了解則是體貼」（意謂體貼使人達致同情的了解）；況且「體貼」一詞似比「同情」一詞更具深度——意涵更深遠，蓋同情（同情心）之外，更多少意味著加上具體行動也。

現在。（按：簡言之，此意謂：今人能意識（回溯）過去之人、事、
物）……只有人是念舊的動物，懷念歷史文化的動物。人的精神根本
是積壘的，愈到後來便意味愈濃愈厚，人與人間之情感是如此，男女
之情感亦是如此。所以人類的兩性關係希望永久，因為永久則使過去
之情感能不斷的積壘。由此永久之要求而後有所謂男女間堅貞之道德
[37]。通常人把這種道德只視作互相約束，真大錯特錯。其實這種道德
只是人性自然的表現，其價值純在使人在現在享受過去的情感聯繫工
作所發生的效果。……據我所知的一切已成夫婦關係，唯一能實現此
理想而表現我上述的愛情關係的，只有我的父親與母親的愛情關係。

戀人（含夫妻）本是獨立的兩個個體，各有其性情、性格；乃至人生觀、價
值觀，亦難完全契合無間。是以在追求合一的過程中，難免會有衝突。如何
化解衝突以成就和諧合一，乃一門大學問。上引文，唐先生的討論綦詳。今
闡述其重點如下：

（一）如何化解衝突以達致和諧合一：戀愛雙方必須視對方為獨立人
格，由是產生敬[38]。敬→容讓（今所謂包容）＋了解（兩種了解，尤指源自
體貼而來的以對方的心為心的「同情的了解」）＋歷史（過去）積累之情感[39]
→和諧（消弭了衝突）、合一（其實乃在人間實現宇宙間之一理想的合一的
大精神大人格）→自我擴大。簡言之，戀人（含夫妻）相處之道在於追求和
諧合一。而此和諧合一，其實乃實現一形而上的大精神大人格。（所以這種
合一並不是個別的、個人的；而係有其絕對保證的，蓋這種合一乃本諸上天

---

[37] 「由此永久之要求而後有所謂男女間堅貞之道德」，此句意謂：男女間滿足了堅貞之
道德始可如其所希望的得以維持感情、婚姻之永久。

[38] 敬是發自內心的對對方的尊重。這與由於畏懼或討好對方而產生假的、虛偽的、表面
的的一種敬（嚴格來說，恐不能用「敬」一字），完全不同。這裡必須作出區別。

[39] 所謂「歷史（過去）積累之情感」乃指：戀人間從過去認識以來所積累之情感。《禮
記》：「親者毋失其為親，故者毋失其為故。」即所謂一念舊日情，則不忍遽然失去
之，則目前的一切矛盾、衝突，自可化解。

也。）其過程或要素為建基於敬而來之容讓，復加上相互了解（尤其是同情的了解），再加上過去所積累之情感。在這諸多要素（條件）下，男女間之合一乃必可達致者。當然，其最關緊要者恐為一念之信人信己（詳上文）。若無此信念，則所謂敬、容讓、了解等等，便無從談起。

（二）積累的情感與堅貞的道德的關係：要言之，過去所累積之情感使男女間自自然然產生堅貞之道德。換言之，在這種歷史積累下，堅貞的道德乃必然產生者。由此來說，「積壘（累）的情感」和「堅貞的道德」是互為因果的。積累的情感越豐厚，越容易產生堅貞的道德，因絕不願意看到過去積累的情感煙消雲散；堅貞的道德越牢固，越容易進一步積累更深厚的情感，因雙方對對方莫負自己之存心，會心存感激。上引文中唐先生的說明有點不好懂，但大意應如此。

（三）「通常人把這種道德（按指：堅貞的道德）只視作互相約束，真大錯特錯。蓋這種道德只是人性自然的表現，其價值純在使人在現在享受過去的情感聯繫工作所發生的效果。」道德，其實是人類的一種美德，是一種美好的東西。堅貞的道德又豈是例外。只是常人給它一個負面的解讀，或負面的定位而已。既然是美好的東西，那麼得到它便是一種幸福、一種享受。唐先生「享受」一詞用在這裡，真讓人拍案叫絕。這喚醒了世人遲鈍的觸角。其實又豈獨堅貞的道德為然？任何德目，如忠、孝、仁、愛、信、義、和平、布施等等，吾人若能有機會予以踐履，皆人生之大幸。此非上天的睠顧而何，是以無一不是享受也。吾人可以把「上天的睠顧」視為堅貞的道德所以產生的一個形而上的基礎。上引文中，唐先生不及此。不及不意味著唐先生否定之。這問題，這裡不細談。要言之，唐先生是特意扣緊人世間的因果律來談這個問題，是以不及形上學問題。即唐先生是故意突出戀人間這份過去所努力過的工作，是以不及其他。所以讀者幸勿誤會唐先生是忽略任何道德實踐背後的形而上的根源。

（四）「據我所知的一切已成夫婦關係，唯一能實現此理想而表現我上述的愛情關係的，只有我的父親與母親的愛情關係。」是可知唐先生之愛情

婚姻觀，固一己所獨造[40]；然而，亦或得自父母親之啟迪亦未可知[41]。

　　戀人間（尤其夫妻間）之相處，總免不了衝突，其原因何在？第6函以下的論述，至為精闢：

> 世間的男女關係，由朋友到結婚的過程中無不有衝突，而結婚以後恆為小事而有極大之衝突。這為什麼？這因為他們愈要合一，則對於任何小處之不合均感到極大之不滿足。所以男女關係一方是最要求合一的關係，同時即是最易分離的關係。於是人選擇配偶最要性情相投，然而無論如何相投，在朋友時期在婚前認為相投者，在超朋友時在婚後亦恆發覺有不相投。何以故？因為無論如何相投都不是絕對的，而在定情後或婚後，則其相投之處大家相忘，於是不相投之處很尖銳的顯出來了。

要言之，夫妻間之衝突乃不可避免者。但先生總想到化解之道；遂接著說：

> 這樣說來男女關係豈不終於是悲劇嗎？這又不然，因為男女之愛之目的本來在擴大其自我，如果二人全是一樣則無自我之擴大。所以有自我之擴大正因彼此有不同。由不同而有衝突，但亦由衝突而有和諧。……怕衝突的人是不能有真正的愛情的[42]。

---

[40] 「獨造」不表示自己個人 100% 創新。就連非常自負的牛頓（1643-1727）也說過這樣一句話：「如果說我看得比別人更遠，那是因為我站在巨人的肩上。」牛頓的這句名言，出現在他回覆虎克（Robert Hooke, 1635-1703）的信中。所以唐先生的愛情觀也不可能是一無依傍的。

[41] 除父母親外，唐先生的婚姻愛情觀也是有所本的。《致廷光書》第一、四、十二函分別提到卡本德（E. Carpenter, 1844-1929）《愛的成年》、「柏拉圖書」和《柏拉圖五大對話集》等著作。這些著作都嘗論述男女問題、感情問題或愛情問題等等。唐先生不可能不從其中得到一些啟發或相關資訊的。順便一提的是，唐先生素以廣博知名於時。筆者過去恆舉其偉構《哲學概論》以示例。今細讀《致廷光書》，乃悉唐先生之廣博，此書已見其端倪矣。

[42] 「怕衝突的人是不能有真正的愛情的」這句話，真是至理名言；實發人深省。按：談愛情的過程中，衝突恐必不能免。如果其中一方或雙方都怕衝突會影響愛情，所以就

以上的說明非常能夠展示辯證式的層層轉進的思維特質，且具積極性的恆往前看、正面看、光明處看的特質。唐先生這種思維特質、具積極性的特質，書中隨處可見，此一例而已。其辯證層層轉進的過程如下：

（一）表面看是悲劇；（二）其實非也。原因是：二人各自為一個體，所以本來不可能是一樣（一致）的；且假使是一樣，則其結合，便無所謂擴大了（唐先生這個解釋，合情合理）。（三）彼此有不同而求合一，衝突乃不可免者。（四）衝突的化解（化解之所以可能及化解的各種條件，詳上）達致了和諧。（五）唐先生反過來肯定衝突的正面意義：衝突是給戀人（含夫婦）一種磨練，經過磨練而來的愛情更可貴，所以唐先生很斬截的指出說：「怕衝突的人是不能有真正的愛情的。」換言之，「有真正的愛情的（人）」是「不怕衝突的」。簡言之，悲劇？非也！求和諧合一，實也。合一（求合一的過程：磨合的過程）必蘊涵著衝突。衝突之化解達致了和諧，真正的愛情由是生焉。

補充：上上段引文有句云：「定情後或婚後，其相投之處大家相忘。」然而，何以相忘其相投之處而不是相忘其不相投之處呢？順唐先生之思路，其原因蓋為：定情後或婚後，雙方易趨向於追求絕對的相投。然而，絕對的相投，猶緣木求魚耳！然則一翻轉便連既有的相投之處都拋諸腦後了，即相忘了！

只好不談愛情，即終止交往了（這種交往，不是一般的交往，而是廣東話所說的「拍拖」，即僅指男女間之交往。當然，就今天來說，也含同性戀間之交往）。交往既終止便當然不會再有衝突發生。上引語句中有以下一片語：「真正的愛情」，其中「真正」一詞非常關鍵，絕不可省掉。因為真正的愛情（即在追求真正愛情的過程中），衝突是不可免的。換言之，這兩者的關係是必然的、共生的。有彼便有此，有此便有彼的。如果怕衝突，但您仍然要進行愛情——希企要有愛情，那種愛情一定是虛假的、表面的。因為為了怕衝突而失去對方（其實，所怕的，很可能是怕失去對方所給予您的權力、財富等等；而不是真的怕失去對方的本人），那您只好刻意的忍讓對方，甚至討好對方了。刻意忍讓、討好下和對方進行愛情（與對方談戀愛），那必定不是真正的愛情。

八、感情需要理智予以規範；理性對感情可扮演的角色

以上各節旨在論述人際間感情中的愛情，而少觸及理智的一面。其實感情（含愛情）是需要理智予以輔導的，此即唐先生所說的規範是也。第 8 函說：

> 我一面有清明的理智，一面有動蕩的感情，理智是冷靜的，感情總是熱烈，此二者對於我並不交戰，但常常交替的呈現。我覺得他們是互相幫助，感情供給理智觀照的材料[43]，而理智則規範感情，感情如水，理智如河道，人生最高的理想是情理合一。

針對感情，理智扮演一個規範的角色。這個恐怕大家都耳熟能詳。至於感情，容多說幾句。有謂：「人是理性的動物。」但似乎可以補上一句：「人也是感情的動物。」甚至應該說：「人該是具感情的動物。」是以個人認為：人必得對人、對物有感情；當然，對己也應該有感情，即善待自己（近來更有所悟：尤其應善待自己的器官）。然而，感情不能流於濫，更不能流於縱[44]。但事實則是，人恆易產生不當有之感情。至於如何截止或轉化此不當有之感情，個人認為其關鍵在於敬。如流於濫，或流於縱，即所謂失其度，那便很可能導致人生很大的困擾，甚或所謂失德了。今以終身伴侶外，發展出不當有之感情來說。果爾，那就必造成對自己終身伴侶之不敬。再者，把不當有之感情用在終身伴侶外之另一人身上（即所謂第三者），那對他／她也是一種不敬。對後者（第三者）之不敬是緣自濫，對前者（終身伴

---

[43] 「感情供給理智觀照的材料」一語中的「材料」，乃指具體的東西而言，蓋材料不可能是不具體的。缺此具體的東西，理智便缺乏所施的對象。這所以唐先生便說：「感情供給理智觀照的材料」。

[44] 唐先生深明此道，嘗云：「……這些事都有一相反相成的道理。愛只有節制才能使愛流不致泛濫而枯竭，反積蓄成淵深的清潭，再升華蒸發為美麗的愛之霞彩，……」（第 22 函）

侶）之不敬是緣自不貞忠。如貞忠於他／她，便不會對他／她不敬。對第三者（泛指伴侶外之朋友）不泛濫用情，就不會產生不敬。這可以說是一體之兩面。總言之，對伴侶外的第三者用情，便是對他／她和對第三者都不敬，可謂「雙重不敬」也。其實，對己也是不敬，蓋失人之所以為人之人格也；是謂「三重不敬」。凡易於泛濫用情者，恆當以此為念，庶幾得以自我警惕而收懸崖勒馬之效。

　　上引文中說到理智可以規範感情，那是指藉著理智本有的冷靜的特質以對付動蕩的感情來說。如一般的感情，則與之對應者，或予以對治者，則理性是也。《致廷光書》第 12 函有一段文字恰好說到這個問題，如下：

> 我願意用道義上的情侶一句來表示我們現在的關係……。所以我現在認為我們各願犧牲精神（按：依本函上文，乃指各願為對方犧牲的精神）是我們愛的根本基礎，那是必需保持的。但是我們要解決一問題，我們應當依理而行。……如果我們意見有出入，各人有苦衷，便把苦衷說出來讓對方知道，我們彼此間既能原諒又能犧牲，我們便可真正依理而決定一問題，這樣我們便莫有不能決定的問題了。……不到大家都滿意，我們任一方總不說決斷的話。[45]……最後讓理性來指導，……。

唐先生以上的說詞是情理兼顧的：對師母既動之以情，也說之以理。所以必會奏效而成功達陣：「莫有不能決定（解決）的問題」。然而，對一般情侶／夫妻來說，當兩人「意見有出入」時，理性是否可以扮演很好的角色，似不無疑問[46]。因為牽涉感情的事，理性不見得可以派上用場。然而，原則上

---

[45]　「我們任一方總不說決斷的話」，這是一個期許，甚至可以說是一個自我約束、一個偉大的承諾。這非常重要。因為一旦說出了決斷的話，礙於面子，欲收回去，那是千難萬難的。縱然願意收回去，對方願意接受嗎？縱然對方接受了，但心中恐已生芥蒂。芥蒂一生，感情不免大打折扣。

[46]　其實，唐先生也深悉「人的行為有時並不能用理由說服。」（語見第 20 函）。有

來說，雙方把各自的理由、苦衷先說出來，說清楚講明白（但必須自我警惕而千萬別強辯力爭，更不要說文過飾非了），那是解決問題的第一步、很關鍵的一個基礎。所以唐先生的意見還是非常值得珍視的。

九、男女之愛是一種私，但「仍可說是公」

《致廷光書》有不少地方談到男女之愛或男女關係是「一種私」的問題。這個問題很值得注意，我們先看第 10 函：

> 你有一個觀念是錯誤的，你說你很自私，你覺選擇好的是自私，這是不對的。因為婚姻不能免除這一種私的。選擇好的伴侶，如選擇好的師友。這種私正是一種好善之心，難道好善行為也是自私嗎？人不能莫有私。每人的身體父母兄弟都可以說是私的，但是真正的公私之辨，不在無所謂私，而在如何用其私。自己的身體用於公則為公。我們何嘗不可以賴自己圓滿的婚姻關係，以充實自己的生活，使自己人格更完成，而後能為人類社會作更多的事，這不即是公嗎？

上引文中，以下兩語很值得注意：「人不能莫有私」、「自己的身體用於公則為公」。其中「自己的身體」，蓋指「自己的行為」，「個人的立身處世」而言。唐先生教導師母（其實可視為教導、啟迪一般人），指出不要由於自己的行為所謂流於私，便以為不對，便以為自己是個自私自利鬼而產生罪惡感，因為從根本上來說，「人不能莫有私」！唐先生這個說法，試說明如下：在正常、健康的社會中，任何人（或幾乎任何人）總有點私有財產。

謂：「真理愈辯愈明」，實未見其必然；反之，有時候把事情進一步搞砸了也說不定。所以上引語中：「依理而決定一問題，這樣我們便莫有不能決定的問題了。」一語，其實是勉人（師母）和勉己的一句話。在此，吾人勿拘泥。唐先生說過：「同情的了解是體貼。」（詳上）。即透過體貼可獲致同情的了解。具備了同情的了解，那情侶／夫妻間便「莫有不能解決的問題」了。「意見有出入」，那更不是問題。

譬如身上所穿的衣服，日常所用的物品，非私有財產而何？所以擁有一些私有財產，我們不應視為自私。至於父母兄弟姊妹朋友等等，天下人皆有之，或皆當有之；我只是同樣有之，那又何自私之有哉？！乃至進一步「選擇好的師友」，「選擇好的伴侶」，那也不是自私。所以這些擁有，這些選擇，都不能以「自私自利」，即負面意涵的「私」定位之。以上的說明，是一般人可以想得出的道理。所以沒有什麼可貴。但唐先生就是高人一等，所以能夠見人所不能見而進一步指出說，選擇好師友、好伴侶這種選擇「正是一種好善之心，難道好善行為也是自私嗎？」換言之，不僅不是負面的私，而且是一種正面的行為。由此可見唐先生是賦予這種私一個正面的價值。好善之心是一個正面價值，此外還可有另一個正面價值，即「私而公」是也。舉例來說：婚姻關係是兩人之事，即所謂私也。但圓滿美好的婚姻除幫助自己完成人格外，也「能為人類社會作更多的事，這不即是公嗎？」這就實現了、落實了「用於公則為公」一義。所以唐先生的說法是很周延圓滿的。

上引語中，還有一句值得注意：「婚姻不能免除這一種私的」。「這一種私」是指選擇好的伴侶而言。選擇伴侶，誰都會挑好的，這是人之常情[47]。然而，「婚姻不能免除這一種私」這句話中的「這種私」，還有一個更崇高／高尚的價值。第 10 函說：

> 就我們二人之關係說，這是不能莫有私的，因為我們彼此都要求對方心的純一。上帝只允許一男一女[48]有真正的愛情關係，這是普遍的律則，因其普遍所以仍可說是公。

---

[47] 當然，何謂「好」則見仁見智，今不細論。但原則上，總會選擇好（自己認為好）的、理想的，那是必然的。

[48] 今天同性戀頗流行，甚至已被不少國家／地區在法律上承認為可以正式結婚（即同性結婚是合法的）的情況來說，「一男一女」之外，也還可以有「兩男」或「兩女」的婚姻關係。然而，上引文中，唐先生僅扣緊上帝所允許的範圍來說，所以便只提到一男一女的愛情關係。

上引語中，「我們彼此都要求對方心的純一」一語很值得關注。如果只容許自己（即單方面的）要求對方純一而不容許對方提出同一種要求，那的確是一種私。但如果容許彼此提出同樣的要求——心的純一（「心的純一」當然是一個崇高的價值），那麼這種要求便不啻一種追求，因為其結果便必然是一起去追求這個崇高的價值以達到互不相負於對方[49]，那麼這種「私」便可貴了，因為它成就了「心的純一」。一男一女互相貞忠純一於對方，如果說是私的話，那這種私是天地間「普遍的律則」。既係普遍的律則，「所以仍可說是公」。

　　「私而可公」的問題，第 11 函有更進一步的看法：「我認為一切有價值的東西都是私而可公的，都是應該被人人所共認為有價值。」針對「一切有價值的東西都是私而可公的」一語，試做點闡釋如下：個人私的東西（含私欲、私人財富、資源等等）對他人／大眾來說，本來是談不上什麼價值的；甚或造成災害／困擾也說不定。然而，這些個人之私也可以成為有價值的東西，其前提是推廣此私使之成為大眾之公。唐師母把唐先生寫給她的私人信件公開出版，所謂公諸同好，便是「私而可公」的一個絕佳的例子。至於古代，其例子更是不勝枚舉。《孟子·梁惠王下》嘗記載梁惠王自述其好勇、好貨、好色。這三好都是其個人私欲。然而，孟子不予否定；反之，乃順著其所好而向高一層次推進。這是很高明的一個策略。其順此策略而給梁惠王回話中最關鍵的一句話是：「與百姓同之」。換言之，不要只考慮你個人要獲得這三方面（乃至其他方面）的滿足，而是讓天下人都獲得同樣的滿足。然則私便不再是私；反之，已然成為公了。這種公，甚至可稱為大公。既係大公，那當然便是有價值的了。

　　然而，若撇開「私而可公」這個理念及相應的表現而僅就「私」來說，唐先生亦未嘗予以否定。譬如第 5 函論說婚姻關係，唐先生便肯定這種兩人

---

[49] 「一起去追求這個崇高的價值……」，雖然是一起，但不妨各自努力（「分工合作」一語正可以說明這個情況）。因此這句話，似乎可以寫作：「一起各自我要求去成就這個崇高的價值」。然則「追求」便不異於「要求」。然而，就一般用法來說，此兩者多多少少是有差別的。這裡就不細論了。

間的私關係：

> 如果我們將有婚姻關係，這種態度（筆者按：順上文，乃指無私的同
> 情）不足貴，因為總有相隸屬的觀念，那還是一種私。只在我們單純
> 的是朋友關係，這種態度才是足貴的。

上引文很清楚的反映了唐先生不否認愛情意味著是互相擁有對方，即不否認
愛情預設著、隱含著「私有對方」。但這種「私有」是必然的，且也是該被
接受的一個當然。所以在這個地方便不宜談「無私的同情」，蓋「無私的同
情」，在理論上來說，其對象是所有人；在實際上來說，乃就你所認識的人
來說。然而，就你的愛人（戀人），或就你的婚姻對象來說，此愛人／婚姻
對象（夫或妻），既隸屬於你，即被你私有了，是以便無所謂「無私的同
情」。然而，我們不要誤會唐先生，以為唐先生否認「無私的同情」的價
值。無私的同情是可貴的。但無私的同情不是針對戀人或夫妻來說。所以唐
先生很斬截的指出說：「只在我們單純的是朋友關係，這種態度才是足貴
的。」意謂，如果不再是朋友關係，譬如已是夫妻關係，那麼無私的同情便
不足為貴了：派不上用場了，蓋其為夫，便是您個人之夫；其為妻亦然：是
您個人之妻。（不消說，唐先生是不贊成、不接受公妻制或公夫制的。在一
夫一妻制這個前提下，夫／妻必定是互為對方一人所私有的。）有謂：「言
亦各有所當」。「無私的同情」適用於彼（朋友關係）而不適用於此（夫妻
關係、戀人關係），正可以示例矣。

　　上面說到「私而可公」這個議題，容多說幾句。唐先生這個看法十足可
以反映他本人對學術（各種學說），甚至對一般事事物物的看法。唐先生看
任何東西幾乎都是從正面來看的，即都能夠肯定其價值，賦予其正面意義。
再負面的東西，譬如上面說到的「私」，唐先生都可以把它「轉化」為具正
面價值、正面意義，即私而可公是也。這固然是唐先生深具辯證思維能力，
即方法上善用辯證法的結果。然而，最關鍵的，筆者以為是由於唐先生深具
仁者胸懷。換言之，這是其個人的仁心、善意（善良的心態：宅心仁厚、用

意善良）而促成他都能從正面看問題。縱然再負面的事事物物，他都能看出它具有一定的正面價值。筆者對唐先生佩服到五體投地。而其中的一個原因，正以此。[50]假如每個人對事物的看法，都同乎唐先生，以唐先生為榜樣、標竿，那唐先生最期盼的太和世界，豈非指日可待？

十、愛情；神；命運

唐先生的哲學含有很湛深的形上學的理趣，其愛情哲學（愛情婚姻觀）固不為例外。這在上文（尤其第一節）已有所指陳。說到形上學，恆意味著一形上實體之存在。此形上實體，若形象化之，一般稱之為「神」、「上帝」。泛稱之，則「天」也，「天道」也，「天理」也，乃至「天命」也。《致廷光書》即有不少相關或相類似的論說，如第 10 函：

> 你（唐先生稱呼對方：師母）說你很珍愛我們的婚姻關係，因為它成得如此之神秘，出乎我們意料以外，其成乃是神力。你先我而說出這話，真的這事太神秘了。……我們全靠精神的交通來跨越時空的距離，像這樣的婚姻關係我們怎能不珍愛，我們以後必需認定我們這種婚姻關係本身便是值得珍愛的，而不斷堅固她充實她，這才不辜負神所賜與我們的婚姻關係。……上帝只允許一男一女有真正的愛情關係，這是普遍的律則，因其普遍所以仍可說是公。

上引文，「神」字兩見、「神力」一見、「上帝」一見。同是第 10 函，唐先生繼續說：

> 我因此更相信你所謂我們的結合是天造成的。……天使這些人不能與

---

[50] 唐先生難為他人企及之偉大之處極多。摯友劉國強教授嘗以五項概括之，極中肯扼要。讀者可並參。劉國強：〈略說唐君毅先生之不可及〉，《全球化中儒家德育的資源》（臺北：臺灣學生書局，2011），頁 309-316。

　　我有婚姻關係，現在我不願說，以後晤面時當作故事與你談吧。這種
　　地方使我深信命運，我深信我們的婚姻是前世注定的，天使我們經過
　　一些變化是使我們更珍愛我們的成功。

上引文，「天」字凡三見。又「命運」[51]、「前世」兩詞，各一見。無論是
命運也好，前世也罷，在這裡都表示唐先生要師母相信人們（至少他和師母
吧）的愛情是有一股神秘力量在背後運作著[52]。
　　第8函也有類似的說法，如下：

---

[51] 據筆者粗淺的理解，「命運」中的「命」，與「天命之謂性」一語中之「命」不同。
　　此中之「天」必係一正面（具正面價值）稱述。是以此上天所「命」者（即「天命之
　　謂性」之「性」），亦必係一正面稱述（「人性本善」即本此而來）。然而，「命
　　運」中的「命」，則似有負面涵義。此「命」蓋指一神秘力量，乃至一黑暗力量，非
　　人力可支配左右的，其所成就者落實在人身上便成為了人的運。所以命運也不是人可
　　以支配、左右的，甚至難以逆轉的。其實，唐先生在《致廷光書》中亦嘗對「命運」
　　一詞有所說明，如下：「是誰造成我們的距離，我們都說是命運。但是誰造成我們之
　　命運，這真是一外在我們之一不可知之力，還是我們自己？」（第8函）。唐先生這
　　個提問／疑惑，非常有意思。它隱約地意涵著唐先生傾向於主張，假定世間確有命運
　　這回事，那人自己才是命運的主宰者。然則唐先生是轉被動為主動。這正是剛健的儒
　　家精神的一種流露。又可參下注52、53。

[52] 第十函說到「天」和「命運」的地方還有很多，再舉一例如下：「當以前我想我們的
　　婚姻關係不成時，我想這只是我應有的命運，現在之成這是我們意外的獲得，我們以
　　後由此而感到的幸福，這是天賜我們的。我們應當虔誠的接受表示感謝，同時永不忘
　　了如何使人類社會日趨於幸福。」其實，唐先生是不相信，或至少不太相信命運的。
　　即縱然世間真有「命運」這回事，它也敵不過另一股力量。這股力量或緣自天，或緣
　　自人之前世。本注上引文中的「天賜」及其前正文中引文的「天」、「天造成」、
　　「前世注定」等詞，即可見其愛情及其後之婚姻乃緣自天意——上天的刻意安排，或
　　緣自前世注定（「前世注定」，其實也不妨視為是另一種天意）；換言之，是有其客
　　觀性的。必須指出的是，在「前世注定」一詞出現之前，唐先生嘗提到「命運」。整
　　個語句是：「這種地方使我深信命運，我深信我們的婚姻是前世注定的，……。」，
　　其中「命運」乃指「前世注定」來說。換言之，在這裡唐先生是賦予「命運」一正面
　　價值。此與上面恆扣緊負面涵義來指陳唐先生所提到的命運，即唐先生不太認同的
　　「命運」，絕不是同一個東西。

> 光妹，我們的精神在冥冥中時有感通，有神在我們二人之中，同時投
> 下共同的觀念，讓我們互相滿意，你說是不是？

上引文除「神」一詞外，又出現「冥冥中」一詞。按「冥冥中」一詞具以下
意涵：在「不知不覺中」，在「神秘氛圍下」，在「非人力安排下」，甚至
在「一股神秘力量安排下」等意。

第8函也提到「命運」，如下：

> 如果你（唐先生稱師母）不拿出最大的勇氣寫一封同樣熱烈的信與他
> （唐先生自稱），他與你之距離將日漸遠了。你也不要替他難過，你
> 也不要難過，讓命運安排一切吧。但是說到最後，他還要望你認識他
> 赤誠的心。

「讓命運安排一切吧」，筆者以為此話不能當真。一者，唐先生是在無可奈
何的情況下而說出這句話的。且最關鍵的是，這當是唐先生藉以激勵師母給
他回信，是以故意訴諸不可知的命運而說出這句言不由衷的反話。三者，
「說到最後，他（唐先生自稱）還要望你（師母）認識他赤誠的心」一語更
意味著唐先生深信赤誠的心是可以扭轉一切的，含所謂命運安排。是以所謂
「讓命運安排一切吧」，亦戲言矣。當然，為了慎重起見，吾人亦不宜說話
太滿，而全然視之為戲言。如說該語反映或至少意涵：「盡人事，聽天命／
命運」一義，相信是頗能符合唐先生的整體思想的[53]。

---

[53] 「盡人事，聽天命」（此中「天命」一詞，乃取其中性義，甚至負面義。此與《中
庸》首句「天命之謂性」中「天命」之純然從正面立義者迥異。）一語，在《致廷光
書》中出現多次，如函 20、61 即其例，前函云：「人生的一切事，都是盡人事聽天
命。」；後函云：「教學生亦與作事相同，只能盡人事聽天命。」個人認為，「盡人
事，聽天命／命運」意謂：人事為第一義（即首要的），天命／命運為第二義（次要
的）。但無論怎麼說，仍意謂二者是對立的。詳言之，即人事盡了之後，仍無補於事
時，那就只好（不得不）聽天命了。但唐先生似乎不是這麼想，而是把命運收歸到人
自己的身上來講，即人是命運的主宰者，人事可以左右命運。也可以說，唐先生似乎

十一、其他

　　唐先生的愛情婚姻觀在《致廷光書》一書中所展示的卓識慧解，盈篇而累牘。其犖犖大者概見上文。其稍瑣碎，或筆者不克予以彙整為獨立節目如

　　把「盡人事」置諸「聽天命」之上。不少人認為命運支配我們。唐先生好像不完全否定這個看法，但似乎更認為天命／命運雖或「支配」我們，唯人事在其間仍扮演非常關鍵的，甚至是旋乾轉坤的角色，下文也許可以佐證：「……誰造成我們之命運，這真是一外在我們之一不可知的力，還是我們自己？我想說是一不可知的力也對，但這力如果不通過我們自己，這力也不會支配到我們身上，……」（第 8 函）順唐先生意，我們似乎可以這麼說：對於命運背後這股不可知之力（這股不可知之力既造成吾人之命運，是以下文或把二者連在一起講，甚至籠統地視為同一個東西，而不再細分為二。），我們固然可以被動的、消極的去接受它、順隨它，但也可以主動的，積極的，即發揮人的主觀能動性，去拒絕它，去扭轉它。換言之，它之所以能夠作用於我們身上，甚至支配我們而造成了我們的命運，還不是我們人自己嗎？即是說，是我們給它機會，讓它支配我們而已，否則它是支配不了我們的。這讓我們察覺到，唐先生是把人生的主導權收歸到人自己的身上來，於是主客易位：人是主，不可知之力只是客。它之能夠支配我們，是得到我們的應允或默許的。換言之，唐先生這個說法很能反映儒家的一貫精神：人生的途程，完全交由人自己作主、掌控；也可以說是深具識見眼光、高人一等的一個說法。然而，若就一般人來說，儘管不認命（含不認其背後有一股力），但恐怕無法具慧心巧思如唐先生而構想到把主導權收歸到人自己身上來講。然而，一般人還是有辦法對抗這股力量並從而扭轉命運的。其常用的方法、手段，乃自我「武裝」起來，即自我作主而不認命是也。是兩者皆由人自我作主（主導權仍在人自己）。其異者，乃前者視這股力量（命運）之作用於人、支配人，乃得人所應允或默許者；而後者，乃人直接抗拒這股力量（命運），逆其道而行是也。個人認為，「盡人事，聽天命／命運」一語，深具積極性，可說已經夠儒家了。而唐先生「一不可知的力，如果不通過我們自己，這力也不會支配到我們身上」這語，就更是儒家中的儒家，積極中的積極了。還值得指出一點，唐先生雖然曾經對師母說過：「人生的一切事都有他必然的因素，命運主宰一切。人的一切行為都是無可奈何。」（第 23 函），但其實，不懈的追求理想，才是唐先生奮鬥的目標所在，嘗云：「人本性的好不足貴，只有自己重新建造的完滿的人格才足貴。人必需自己造他自己的命運。」（第 30 函）而此語也更足以反映唐先生的儒家精神。要言之，事實上，或現實上，命運也許真的主宰了一切。但本乎知其不可為而為之的精神，人總不應向現實低頭；做多少算多少，最後的成功亦不必然可望而不可及呢！

上文者，今一併開列闡述如下。

（一）愛情與責任

在《致廷光書》中，唐先生特別提到愛情與責任的關係，其中第 34 函提到男子所負的責任，尤其值得注意，如下：

> ……的確男子所要想負的責任比女子要多些，這是自然的道理。不過這不是男子從此便忘了女子，而是要從他之盡更多的責任來報答女子對他之愛。而且我認為人都當以盡責任為人生根本觀念。男女之愛一方是一種享受，一方即是一責任，如無相互負責任之觀念，這種愛也不能成真正高貴的愛的。

上引文值得注意之處頗多，如下：1、高貴的愛要有相互負責任的觀念；2、「男子所要想負的責任比女子要多些」一語中「想」字非常關鍵。如無此字，便變成唐先生特別要求戀愛中男子的一方要負擔更多的責任了。這一方面對男子不公平，再者對女子也不公平。蓋要求前者負出更多，於理無據（依體力是有據，但於理則是無據）；對後者來說，也看輕了她們的能力。有一「想」字便不同了，這表示了男子非被動的被要求，而是主動的感到應擔負更多的責任。3、「他（男子）之盡更多的責任來報答女子對他之愛」，這句話說得合情合理。因為就唐先生致函師母（當時的戀人）的時代（1930、40 年代）來說，男子主動追求女子是常態；反之，則是異常。所以女子對男子之愛是回應了男子對她的追求。男子覺得要盡更多的責任來回報她是理所當然的。

說到責任，男子除了對女子的責任外，對社會也會比女子承擔更多的責任。這方面，唐先生是關注到了。第 36 函說：

> 我從你對我之一切，使我覺得女子對於男子之愛，的確有許多地方比男子對女子更深厚些。女子用在她所愛的男子身上的心，比男子用在

　　女子身上的心確更多些。這恐怕有一部份是男女性本有不同，有一部
　　份是男子的社會責任要多些。

「女子對於男子之愛，……比男子對女子更深厚些。」依唐先生，其原因有
二：男女性本有不同；另一原因是男子的社會責任要多些。所以相對來說，
男子對女子之愛便比較淺薄一些（一般來說，女子用情亦較專一）。前者蓋
就生理（性別）上的差異來說。後者乃就男子欲對社會作出比女子更大的貢
獻及社會對男子有較高的期許來說。筆者認為以上的說法都是深具卓識的。

（二）愛情與罪過

　　第 21 函說：

　　　還在提防自己成了陷溺於愛情中的人。因為我覺得如果只愛你，全忘
　　　了其它的一切，那便是罪過。

愛情在唐先生的價值光譜中，當然占很重要的位階。然而，不能由此便輕忽
了其他，上引語很可以概見。其實，一切陷溺都不對，陷溺於愛情只是人生
眾多陷溺的其中之一而已。唐先生即明言：

　　　我發覺我近來精神又陷溺在學問中去了，一切陷溺都不對，對學問陷
　　　溺也不對，……這樣用心過度，當然也不對，我以後決定鬆懈一點，
　　　請你放心吧。（第 34 函）

順便一提的是，唐先生的道德意識極強，經常自反自責自勉。舉以上一例以
概其餘。

（三）離別可有的正面價值

　　知己朋友總希望經常相聚。相聚固可喜。然而，相聚之後，總有離別的

時刻，那怕是短暫的；即便親暱如戀人，恐亦不為例外。別離總讓人難過。從唐先生看來，別離也有其正面價值，非全然負面的。第 10 函：

> 廷光妹，你最後提到我們尚須三年才見面，……三年真是太長了。……我們又如何能禁止住我們希望見面的心，……我怕你笑我是在想享受相伴的幸福，其實我寧肯我們有更長時期的離別，更多的書信往來，以使我們間蘊蓄的情緒更深，我寧肯讓一切的形式的舉行放在愈後，使之所象徵的心的交流更多。

上引文中兩度說到寧肯如何如何。其實，這是唐先生充分了解不可能跟師母朝夕相聚，甚至必須等待三年才有機會見面時，所說出的一種類似自我打氣，也為師母打氣的兩句話。作為讀者，我們不必認真看待這兩句話。然而，這兩句話卻很能夠反映唐先生看待事事物物的基本態度。即唐先生永遠都是以積極的態度正面看待事物的；他從負面處，讓人沮喪之處，恆能看出其正面意義及讓人奮發向上之啟始處、契機處。其實，作為自強不息的儒者，固當如是也。唐先生，其一例而已。

第 22 函也有類似的說法，足以佐證唐先生的說法是前後一貫的，如下：

> 愛只有節制才能使愛流不致泛濫而枯竭，反積蓄成淵深的清潭，再昇華蒸發為美麗的愛之霞彩，亦只有別離才能使愛流變得更長遠，將來聚匯時有更充實的水量。我們還是不要為離別而悲哀吧。

上引文指出愛需要有節制（含坦然接受別離）才能如何如何，雖是老生常談，但也是亙古不易的至理。俗語有謂：小別勝新婚，[54]豈不信歟？

---

[54] 「小別勝新婚」的下一句有二個說法。其一是：「大別賽初戀」；另一是：「大別生距離」。其實，前者是理想性的說法，現實世間是不容易做到的。其結果恐怕是後者，即生距離的機率會比較多！當然，這大別也要看別多久，所以結果是賽初戀，還

（四）愛與征服

　　唐先生論說愛情時，曾經說過這麼一句話：「我希望有人征服我」。這句話相當值得玩味。其相關文字見第 8 函：

> 我的意思是情感要強烈，好的東西如果我們真要他，我們便不要放鬆他，而要去征服他。我希望有人征服我。此所謂征服，意思非常深遠，而且指人生的各方面。同時你應當知道在一種偉大的生活中，征服失敗與被征服的意義價值幸福是相等的。

上引文大概只有 100 字，但「征服」一詞凡五見。茲稍作說明：1、細玩文意，唐先生所說的「征服」，其意蓋謂：擁有、掌握、澈底了悟。此與一般意義下的征服——動用武力，目的是讓被征服者屈從，其在意義上千差萬別，讀者不可因詞害意。2、唐先生說希望有人（意指師母）征服他，我們千萬不要誤會唐先生是犯賤、自殘、自虐！蓋此語即相當於甘願您當我主子、主人；甘願為您做任何事而感到光榮之意。3、「征服失敗與被征服的意義價值幸福是相等的」這句話，茲稍作闡釋。征服失敗的意義、價值、幸福，是很可以想見的，是以這句話好懂。但「被征服的價值幸福」比較不好懂。然而，如果了悟到「征服」猶同「擁有」、「掌握」、「了解」，那麼被人擁有、掌握、了解，那便很可能是一種幸福而具正面意義和價值了。譬如在帝制時代，很多人甘願當皇帝的走狗、奴才、甚至奴隸，便是其例。何以甘願當工具、棋子、馬前卒呢？則以其為光榮也。用時下流行的潮語來說，即讓你有機會刷存在感。記得全漢昇師母曾說過，如果某主子給你機會排班、當跟班，即表示重視你，心中有你，把你算做自己人。而被重視的你

是生距離，恐怕很難一概而論。其實，小別也一樣；且大、小也沒有客觀的標準，而是因人而異的，且也因時代而不同。譬如 2、3 個月或半年的別離對一般人來說，算是大，還是算是小呢？又：在過去交通不便的時代，2、3 個月或半年的別離算是非常小（短）的了。但在今天來說，恐怕要算是很大（久）了吧。

自然會感到無上光榮。吾人視之為奴性的表現也好，視之為出自對主子由衷的敬佩也罷，總之，不少人是甘願被「征服」、被「擁有」的。

（五）永久的關係→永久無限的意識→永久無限的感情

第 35 函嘗討論以下課題：建基於人與人之間的永久關係最後可達致永久無限的感情。其論說雖僅得數語，但極精彩，如下：

> 人與人間有了永久的關係，就使人生一種永久無限的意識，此意識投映於情感中，遂成一永久無限的感情了。

針對上引語，試闡釋、申論如下：唐先生所說的「人與人間的永久關係」，無疑是針對男女關係，恐怕尤指婚後的夫妻關係來說的。所以下文便由此切入做討論。男女之間的締婚，蓋表示雙方有意願並期盼（甚至是一種承諾）要成就一種永久的關係。這種意願、期盼、承諾，及其後予以落實所成就的這種永久的關係，便必然使人生起一種永久無限的意識，即這種關係會使人聯想到，甚至不只是聯想到，而係深信人間乃永久無限者，乃至宇宙亦一永久（永恆）無限者。人與人之情感當然是人世間、宇宙間之一物。所以上面說過的永久無限的意識也必然把感情涵括在其中；這便是如唐先生所說的，此意識投映於感情中，感情遂由是而成為一種永久無限的感情。唐先生的「三階段論」——以「永久關係」之落實為起始，以「永久無限意識」之生起為中繼，而最後乃以「永久無限的感情」之成功達陣（獲致、落實）為最終目標。唐先生之重視永久無限的感情，可見一斑。然而，這種永久（永恆）無限感情之得以成就、落實，實緣自原先人與人之間之願意、期盼、承諾要成就、落實一種「永久關係」。假如男女雙方的交往只是逢場作戲，甚至只是一夜情（其實只是一夜性，何情之可言！），無任何意圖要做恆久的交往，更不要說企盼終成眷屬而締婚，則「永久關係」只是緣木求魚而已。由此即可見「永久無限的感情」之得以成就、落實，實奠基於「永久關係」之一念。苟無此意念（意識）、意願、期許，則後來的所謂「永久無限的感

情」，便無從談起了。所以男女雙方真有意願成就這種感情者，必當慎其始。所謂慎其始，即男女雙方在交往之初，便當誠意十足地懷抱以下一念：相互期許，甚至承諾要建立「永久關係」，而絕非只意圖隨意苟合、逢場作戲一番而已。[55]

十二、結論

說到近現代中國人愛情的最佳典範，那唐先生和唐師母大概可以當之無愧，以嘗譜奏出凡人都欽羨的美麗樂章故也。之所以達此地步、境界，那是因為唐先生心中恆懸繫著一個崇高的愛情理想，並視之為圭臬，為指標，而以己身為素材，為工具，去印證、去實現這個偉大理想。唐先生自己便明確的指出說：「直到現在我直接愛的仍是我的婚姻理想。」（第 8 函）；「實際上我最後目的是實現我這種愛情理想，我要自己來作一例證。」（第 6 函）。那麼唐先生這個既崇高，又偉大的愛情、婚姻理想又是甚麼呢？今開列其要者如下[56]：

愛情（尤指男女之愛）助人成就自我精神之擴大；

追求戀人間彼此精神相通、人格相感，並促進彼此的人格道德進步、生活內容之充實與提高；

要真相信宇宙間有大精神大人格；人與人精神相通、人格相感，即是去實現這個大精神大人格；

要人認識到生理關係只是精神關係的象徵；

男女之愛應隸屬於更高的理想而兼含他種愛（如兄妹、朋友、師生、同志等等之愛）；

透過不斷創造及深化（其內容含專一、純潔、忠實、互信、信人信己等

---

[55] 當然，有時候由於個人特殊因素或客觀環境的變易等等因素而導致不得不改變初衷。但這是後話。就雙方交往之初來說，斷不能先有隨時準備變換對象（即 1960、70 年代香港人所常說的隨時準備「換畫」）的一種想法。

[56] 其實，只要稍微瀏覽上文各節的標題，也可以得其梗概。

等）以成就持久之愛情；

夫妻相處之道：容讓、敬愛、了解、互信，恆念過去所積累之情愫以化解當前可有之衝突、矛盾；

感情需要理智予以規範；

理性對感情扮演一定的角色；

男女之愛是一種私，但仍可說是公，因為可以成就公；

愛情固重要，但不可陷溺其間，否則便是罪過；

愛情與責任：幫助對方實現其一切可愛之處，並補充上其它人格之美點；同時要對社會付出（即對社會要盡責任）；

除愛對方並愛對方之人格外，尚要愛（回饋）對方對我的愛。

《致廷光書》中論說愛情的文字，真可謂字字珠璣、句句金玉。在今天人心不古、絕聖棄知的時代，此等文字及背後的理想，雖不必然均「放諸四海而皆準」，更不必說「俟諸百世而不惑」了；但個人仍深深的相信，書中所陳說的道理仍甚具參考價值，甚至實踐價值。譬如說到夫妻間相處之道，必須要相互間多容讓（包容）、互敬、了解、互信，並恆以過去所積累之舊時情愫永存心中、銘記不忘，是以必不忍心因一時之衝突、怨憤而遽然鬧離婚等等，個人認為，皆顛撲不破的真理。

上面對相關論說（即文章原標題所說的「愛情密碼」）的彙整、梳理，雖花了一定的工夫，但必有掛一漏萬及解讀上欠周延，甚至謬誤之處。然而，若能藉此而引起讀者好好細讀，慢慢品嚐原著，那筆者就不致於可憐無補費精神了。願天下人一起誦讀《致廷光書》，那您從這本恰似珍貴秘笈、經驗寶典中，必將獲得意想不到、喜出望外的有關戀愛、婚姻的人生大智慧。

第六章　尋尋覓覓：牟宗三先生 物色終身伴侶的坎坷歷程及其道德意涵[*]

一、前言

　　唐君毅先生和牟宗三先生抗戰時便認識，時維 1939 年[1]。此後，遂成畢生摯交。以時代動盪，天地變色，1949 年均流亡海外，前者赴港，後者遷臺。然而，魚雁還往不絕。其實，兩人在大陸時，相互過從之餘，亦早已互通音問。惜該等書信，今不復獲睹，遺憾無似。牟先生之性情大而化之，友朋來鴻，蓋十不存一。唐先生則素重情誼，友朋信箋，大皆存留。至若唐先生寄予友人之部分書信之得以保存者，則唐師母謝廷光女士之力也。師母嘗云：

---

[*] 本文原以如下標題：〈唐君毅牟宗三往復書簡中結交終身伴侶之相關論述〉發表於「第一屆中國哲學研討會暨唐君毅先生逝世四十週年紀念」會議上。日期：2018.01.20-21；主辦單位：東方人文學術研究基金會；地點：新北市中和區鵝湖月刊社。學人論說牟先生尋覓結婚對象或論述其愛情世界的文字不多見。今所見者唯以下 7、8000 字的一篇短文：彭國翔，〈掙扎與孤寂：牟宗三的愛情世界〉。見 https://kknews.cc/zh-tw/culture/plqx4ej.html。瀏覽日期：2020.04.19。

[1] 蔡仁厚，〈學行紀要〉，《牟宗三先生學思年譜》，《牟宗三先生全集》（以下簡稱《全集》；臺北：聯經出版事業公司，2003），冊 32，頁 9。但根據唐端正之記載，兩人相見乃在 1940 年。唐端正，《唐君毅先生年譜》，《唐君毅全集》（臺北：臺灣學生書局，1991；以下除特別聲明外，《唐君毅全集》皆用此版本），卷 29，頁 40。

> ……尤其早期書簡，幾全付闕如。幸而來港後，凡先夫所作書簡，常
> 與廷光閱看，廷光喜愛之，每抄錄留存，但此限于在家中所作書簡，
> 若在學校中或旅途中，與人書簡，廷光不得而見，自然未能抄錄留存
> 了。[2]

牟先生致唐先生之書信（以下簡稱「牟致唐函」），今得獲睹者，計有 67
封[3]。唐先生致牟先生之書信（以下簡稱「唐致牟函」），今錄存而收入
《書簡》一書中者，則僅得 18 封[4]。牟致唐函中恆有「某月某日示敬悉」之
類的字眼；然而，牟先生指稱的「某月某日」唐先生之去函，現今大多不復
存於《書簡》中，則可知所遺者多矣。牟致唐函既有 67 封，則保守估計，
唐致牟函，其數量亦相當，即應不下 60 之數（按：唐先生極重視友朋間之
情誼，是以來函必覆）。是唐致牟函，今存者不及原有者 3 之 1，殊可惜。

---

[2]　謝廷光，〈唐君毅書簡刊行記〉，《書簡》，《唐君毅全集》（北京：九州出版社，
　　2016），卷 31，附書末。

[3]　唐先生辭世後，其生前書信（含牟致唐函）悉由唐師母保存。1996 年 11 月，黎漢基
　　先生嘗拜訪唐師母及其哲嗣唐安仁女士，並承「慷慨借閱兩批書信，允許加以復印及
　　重新整理出版。」（其一即牟致唐函，另一則徐復觀先生致唐先生函）。黎先生本人
　　嘗繕打（或請人繕打？）該兩批書信，並分別命名為：〈徐復觀致唐君毅佚書六十六
　　封〉及〈牟宗三致唐君毅佚書六十七封〉。見黎漢基，〈徐復觀致唐君毅佚書六十六
　　封〉下之〈校註說明〉。中文大學榮退教授劉國強兄嘗擁有該兩批書信之影印本。今
　　筆者所有者，即 10 多年前從國強兄處再影印而來者（以下引錄兩批書信，悉以此為
　　準而不另作說明。）兩批書信之得以流傳，黎先生固係大功臣。然而，繕打本中有不
　　少錯別字。再者，擬作註而實未作者（有註碼，但其下一片空白），不在少數。蓋今
　　所見者，乃稿本而非定本之故。按：針對上揭 66 及 67 封信的刊登情況，〈校註說
　　明〉嘗云：「……謹此借刊篇幅先登前者，下期續登後者。」但所謂「本刊」，今
　　遍尋不獲到底是何刊物。今茲為求慎重，筆者引錄上述兩批書信時，乃以未刊打字稿
　　稱之。再者，針對稿本的錯別字及未作註之處，以下引文中，筆者只好按己意予以改
　　正、補充。又：據悉，兩批書信之打字稿度藏於東海大學圖書館徐復觀特藏室。詳參
　　本書第二章，注 4 及注 5 之說明。

[4]　此即「致牟宗三」函，《書簡》，《唐君毅全集》（臺灣學生書局版），卷 26，頁
　　156-184。

兩先生往來書信，大皆不寫年分，而僅標示月、日。今得悉牟致唐函之年分者，蓋緣自黎漢基先生之所考[5]；唐致牟函之有年分者，蓋唐師母辛勞之成果也。67 封牟致唐函，據所標日期，最早一封寫於（1949 年）9 月 29日，最後一封則寫於（1960 年）7 月 9 日。1960 年秋牟先生從臺灣赴香港大學任職，是以兩先生不必再通信。至於 18 封唐致牟函，今所存之最早者寫於 1954 年 8 月 9 日；最後一函則寫於（1964 年）5 月 24 日[6]。

唐牟兩先生往來書信中，幾無所不談；親若兄弟，甚或過之。其中計有近 20 封除談論生活或學問等等主題外，乃牟先生自述其在臺結交女友或所謂相親之經歷者，甚至談及其與風塵女子之交往者。其中又可窺見牟先生對戀愛／愛情的若干看法，頗具參考價值。按：唐先生談論愛情問題，主要見諸《愛情之福音》及《致廷光書》二專著。今不意牟先生亦有類似之「著作」，當然以篇幅言，則相去甚遠，蓋僅書簡中之若干段落，乃至若干語句而已。然而，牟先生之愛情觀，亦或可借以窺見一斑；蓋可視為其個人「愛情哲學」之流露也。至於唐先生對相關問題之回函，一方面既可窺見唐先生堂堂正正之君子作風；再者，朋友直言規勸之義亦存乎其間；甚值得今人學習參考。個人更為之讚嘆不已。

二、浪漫與務實：從「五百年冤孽　傾倒（不已）」到「能找一個人照顧生活就算了」

在日常生活上，尤其理念上，牟先生固有其儒家嚴肅的一面。然而，也有其浪漫的一面。從多封牟致唐函中，頗可窺見牟先生浪漫方面的某些想法

---

[5]　〈徐復觀致唐君毅佚書六十六封〉下之〈校註說明〉明確指出，徐致唐各函之繫年乃黎先生之所為。本此，則同出自黎先生校註之牟致唐各函之繫年，亦當係黎先生辛勤考證之結果。

[6]　牟先生是年 3 月應東海大學聘，返臺講學半年，兩先生遂分居港臺兩地，是以過去數年間因同居香港而不必藉賴書信互通款曲者，今又得以恢復。返臺講學事，見上揭《牟宗三先生學思年譜・學行紀要》，頁 31。

和做法。其尋覓、結交結婚對象的過程，尤其可見一斑。然而，面對現實的境遇、情況，光是浪漫，恆不足以濟事。所以有時又不得不以務實的態度面對之、處理之。本節及下文各節乃以牟致唐函為主要素材，並大體上順年月先後為序，藉以揭示牟先生結交結婚對象過程中的各種想法和表現。浪漫情調、儒家教義和務實作風恆「共冶一爐」而在這個過程中扮演一定的角色。本節先談浪漫與務實的一面。

（一）「五百年冤孽 傾倒（不已）」

寫於 1950 年 10 月 13 日的牟致唐函，乃牟先生最早談論結交異性伴侶或婚姻對象之問題而見諸「牟致唐函」者。茲引錄如下：

> 《民評》要垮，黨人愚蠢可悲。……弟現在無心過問此事，又為那位沈小姐吸住了。驀然間遇見了五百年冤孽，不然，何以如此傾倒？

據黎漢基之編碼，此為牟致唐函第 12 封。但函中既云：「又為那位沈小姐吸住了」，則牟先生認識，甚至與該女士交往一事，應於更早時已函告唐先生了。函中兩用語：「遇見了五百年冤孽」、對她「如此傾倒」，一方面固然係牟先生充滿浪漫之真性情之流露，另一方面也揭示了牟先生與唐先生之關係非比尋常，否則這種內心剖白是不會輕易說出口的。說到浪漫，牟先生嘗自我剖白說，他有本乎自然生命及鄉村自然生活而來的混沌、不拘束、落寞而不落寞的一面。而這一面，尤其混沌的一面，「很容易向這泛濫、浪漫而趨」。是以寬泛一點說，儘管牟先生有本乎儒家而來的很嚴肅的一面，但其實也有其浪漫的一面[7]。

7　詳參牟宗三，《五十自述》（臺北：鵝湖出版社，2000），第一章：〈在混沌中成長〉、第二章：〈生命之離其自己的發展〉，尤其頁 5、11、33-34。當然，牟先生這裡所說的「很容易向這泛濫浪漫而趨」的「浪漫」是扣緊神魔混雜、向下墮落的一種浪漫來說。但細讀上述兩章書，筆者深深的感到，牟先生的整體性格其實是頗富浪漫色彩的。順帶一提的是，依筆者的觀察，牟先生的日常生活有其道家式的一面，或好

（二）從「決定作但丁式的戀」下修為「簡單素樸的最好」

1951.07.11 的牟致唐函，牟先生自謂「決定作但丁式的戀」。這大概也可以視為係牟先生緣自浪漫情懷而來的理想主義下的一種戀愛。函中說：

> 弟所認識之小姐，花木瓜[8]，空幻看[9]，極不易感發，也是努力志趣不足[10]，相距甚遠，很難接得上。弟初識時，即決定作但丁式的戀，但對方不能有反應，此或亦不能久[11]。……中年人，□議論[12]，事業心重。小兒女事亦不相宜，故不能久也。前此時，佛觀自日來信謂如不能成，便望主[13]萬小姐，玉成其事（今春他曾寫一信介紹過）。他說萬小姐比弟所識者好，其實他也是瞎鬧，他何能堅主耶？看書無用，佛觀早說過，她決看不懂。不過是一中學生，其程度甚低。總須見面才能說。女（姓）〔性〕[14]重具體，就是表現她的智力與志趣，也須在直接談天生活中。經過文字總不行，具體的，若能接得上，抽象的書籍理論便能增加她的嚮往崇拜；否則，與她不相干。了解我們這類人，總得有相當程度才行。否則，如　兄說簡單素樸的最好。

　比魏晉名士風流的一面。譬如喜歡下棋、聽京戲（平劇）、聊天等等即其例。

8　蓋意謂貌美中空，即中看不中吃、不中用，無實質內涵也。

9　蓋意謂空好看。

10　「極不易感發，也是努力志趣不足」，蓋牟先生自謂極不易讓他對她有所感而興發感情，但自己努力不足和兩人志趣不契合也是另一原因。

11　「此或亦不能久」一語意謂：在對方沒有反應的情況下，但丁式之戀大概就持久不下去了。

12　□，乃此影印本之牟致唐函所原有。據上揭〈校註說明〉，原信「原缺、或模糊汗漫無法辨識者」，黎漢基乃以此符號表示之。筆者推測，這大概是「好」字，即好發議論也。

13　觀下文，「主」大抵「主張」之意，即「主張選擇」萬小姐。當然，亦可有另一解讀，如下：以萬小姐為主要選擇的對象。

14　影印本原作「姓」；誤。今改正為「性」。茲說明本文圓括號及方括號之用法。原文有誤，應予以改動或增刪之文字，加上圓括號：（）；增入或校正之文字，加上方括號：〔〕。

上引文，茲稍闡釋、申論如下：

1、所謂但丁（1265-1321）式的愛情／戀愛，簡言之，就是讓自己對對方的愛徹底地存在於自己的意識中、心坎裡；可以為對方默默地付出，不求回報，甚至也不必讓對方知道你愛她。此外，也不讓這種愛被現實生活所困擾、被塵世所污染。即讓它成為現實世界上最純潔、最高貴，也可以說最浪漫的一種愛情。儘管對方不知道你愛她，你也絲毫不介意。其實，如果真能做到但丁式的戀愛，便必定可以持久，乃至至死不渝其志；更不會介意對方有沒有反應。所以牟先生所說的「決定作但丁式的戀」，恐怕只是有此意圖、構想，即只是一念頭而已，而未嘗付諸行動予以落實下來的。

2、「此（按：指但丁式的戀）或亦不能久」一點，也可以稍作討論。按：時間是一個常數，一天就只有 24 小時。假使如牟先生所說的「事業心重」，即人生要專注在事業上，那有限的時間自然不宜「浪費」在女兒家身上，即不宜談情說愛、展開愛情；縱然要展開，其結果恐怕也必如牟先生所說的「不能久也」。所以牟先生的說法是很有道理的。然而，這是就一般的情況來說，即就一般人的愛情來說。但丁式的愛情則是異數、另類。據悉，但丁所愛的對象貝特麗絲（Beatrice）在他的腦海中不斷反覆出現。但丁每天都會帶著對她的思念開始寫作，開始入睡，甚至在虛無縹緲的夢境中與她相會。然而，這無礙但丁之成為歐洲最偉大的詩人、全世界最偉大的作家之一。所以牟先生所說的，只是就一般人的愛情來說。其「決定作但丁式的戀」，如真能落實下來，應該是絕不會妨礙其事業的。說不定還成為一股助力、動力，促成牟先生成為中國／東方最偉大的哲學家，乃至全世界最偉大的思想家之一也說不定呢！

3、牟先生對女性比較沒有較高的期許。彼大抵認為女性只重具體；抽象思維不行。1955.04.04 致唐函即可為證，其相關語句如下：

師院女生唐亦男……近作〈儒家心性學與歷史文化〉一文，閱後，大致不差，覺得甚難得。……蓋彼係女性，此為千餘年來所未有。女性而解此學，而又有如此之穎悟，實以唐生為第一人，故不可不予以鼓

勵。若是男生，則不必多所獎飾，可讓其自己刻苦奮鬥；女性則當有以慰之。……唐生有真性情，帶點神經質……，才氣亦恢廓，比　熊先生義女強多了[15]。

4、至於扣緊牟先生擬追求的該女子來說，意謂如該女子能夠欣賞抽象的東西，即理論性的東西，那當然是求之不得；否則簡單一點，素樸一點，那反而是最好的。而所謂「簡單、樸素」，恐怕即意指家庭主婦型的、賢妻良母型的，不好高騖遠、主觀太強、太有個性、太有主見、太浪漫，甚或可引申為該女子無意要成就一番事業而言。

從上引文，吾人可以看出，牟先生本有意追求但丁式之戀，但因為認定此種戀愛不能久，所以態度上便改變為務實，即轉而追求「簡單素樸」型的女子了。此或可反映理想主義型的思想家（即深具理想主義傾向的思想家），即便如牟先生者，有時也不得不向現實妥協。

（三）「弟恐終不能有家也」的「替代方案」

論說但丁式之戀和追求簡單樸素型女子的一函寄出兩個月後，牟先生又給唐先生寄出了有關結婚成家的另一函，時維 1951 年 9 月 13 日。此函揭示了牟先生在感情問題上雖深感困擾，但所展開的另一出路又讓牟先生感到「頗能壯氣」；如下：

---

[15] 義女指熊仲光，嘗協助熊十力先生完成二本重要著作。鍾哲平的採訪稿有如下的記載：「熊十力隱居（番禺）觀海樓，在義女熊仲光的協助下，完成了《十力語要初續》與《正韓》兩部重要著作的編輯和補充寫作。」鍾哲平，（《羊城晚報》記者），〈1949 熊十力隱居在番禺〉。https://read01.com/zh-tw/KyP8GR.html#.WjIqQLckq94；2017.12.14 瀏覽。據翟志成，熊氏旅居廣州凡二次。其居於觀海樓乃第二次旅居廣州（按：觀海樓位於番禺縣境內，2000 年起番禺成為廣州的一區）之時，即 1948 年 11 月底至 1950 年 1 月末的一段時期。有關熊氏旅居廣州，其後並決定不追隨國府赴臺等等詳情，翟氏考之甚詳。翟志成，〈熊十力在廣州〉，《當代新儒學史論》（臺北：允晨文化實業公司，1993），頁 3-102。

兄二、三年來撰述甚勤，不可及。弟來臺只寫一部歷史稿[16]，因較有
憑藉，又寫得粗闊，故亦未費力。餘則為雜誌寫幾篇短文而已。年來
生活汎濫，心思不能凝聚，為女人所困，此亦無出息之甚耳。男子生
而願其有家，弟恐終不能有家也。來臺後，常演講，頗能壯氣。於平
日所思，亦頗能切實。此於提撕現實，樹立反共思想，或不無微
勞。……弟個人生活無著落，但願向廣大人群，與廣漠宇宙傳達其呼
聲。某小姐照片寄上。

　　牟先生為尋覓結婚對象，又或與風塵女子交往所產生之苦惱，上引文可
謂情見乎辭（下文詳）。找結婚對象，固人生大事。但從中國固有重男輕女
的傳統來說，若為此而影響到男子該專注、該經營、該開拓的事業（克就牟
先生來說，乃著書立說也，講學授徒也），則誠如牟先生所言：「此亦無出
息之甚耳」。牟先生固未能免俗，然不能無所自反自責。按：牟先生尋找異
性伴侶，蓋旨在成家。「男子生而願其有家」的自白便道破了所以尋覓異性
伴侶之緣由。儒家莫不重視家庭人倫的。然而，這與成德、盡性（含道德實
踐），所謂「為仁由己」而不假外求者不同。追求結婚對象，乃求之在外者
也。其成功與否，非操諸在我也。據蔡仁厚先生：《牟宗三先生學思年譜・
學行紀要》，1949 年夏秋之間，先生已東渡臺灣。上引牟致唐函寫於 1951
年 9 月 13 日，是牟先生來臺已逾兩載。但在尋找對象上，仍一無著落！因
此不免向推心置腹之摯友唐先生發出「弟恐終不能有家也」[17]之既無可奈

---

[16] 此即完稿於 1952 年的《歷史哲學》。

[17] 唐先生是非常重感情的人，看到牟先生這句話（詳見上揭 1951 年 9 月 13 日牟致唐
函），筆者認為唐先生一定會去信安慰。但唐致牟函，今所存最早的一封乃寫於
1954 年 8 月 9 日者。幸好唐先生關心牟先生「恐終不能有家也」一事見諸緊接著 9
月 13 日之後的 10 月 21 日的唐致徐函；中云：「宗三兄婚事，兄可另為力否？弟看
原來之人恐無一定成功之希望。」函見《書簡》，《唐君毅全集》（北京：九州出版
社，2016），卷 31，頁 53。翌年（1952 年）12 月 19 日，唐致徐函又揭示了唐先生
非常關心牟先生之婚事，中云：「宗三兄來函，言及其近來心境，精神只凝聚於著
書，現實生活上太孤寂，有寧醇酒婦人之感。弟甚為掛念。其婚事亟須想一辦法，使

何，又跡近悲觀之嗟嘆。讀來不免讓人感傷。然而，牟先生畢竟是灑脫的，深具理想的；所謂「為女人所困」，蓋自責式的一聲嗟嘆而已；吾人不必作實看。「但願向廣大人群，與廣漠宇宙傳達其呼聲。」，壯哉斯言！此「替代方案」固自渡，然亦渡他（渡他人）也。更貼切的說，藉渡人（渡廣大人群）以自渡也。吾人又豈能不肅然起敬呢！

（四）「這一段因緣很可能成，實則亂世不要亦好」、「寫信重於晤談」

感情、姻緣之事固甚難說。說沒有，那可能相當長的一段時間，譬如三五年都沒有；說來，也許馬上便來。上引「恐終不能有家也」之牟致唐函寫於 1951 年 9 月 13 日。不意不及半年，即 52 年 2 月 28 日，牟先生便去函唐先生宣布喜事近：

> 吾　兄年來悱惻通施，故精進警策。弟則泛濫而思成家，實則亂世不要亦好。現在這一段因緣很可能成。小姐所疑慮者，對於弟之性情不甚能摸著邊，對於弟之生活情調不甚能欣賞，哲學家一詞尤使一般人頭痛。當然她的了解程度差。弟對此有長函解說，使她撥雲霧，再進一步看。頗有效力。吾　兄所謂寫信重於晤談，然也，但恐須相當時間。

其精神趨乎順，否則將更趨高亢，社會亦更接不上。彼乃天才型人，不易為人所了解也。」《書簡》，《唐君毅全集》，卷 31，頁 59。唐先生關心牟先生婚事，又見諸 1956 年 10 月唐先生致另一好友程兆熊先生函；中云：「宗兄事，有一日深夜，彼曾至旅館談至二時而去，其心情與所感，皆所謂事在性情之際，非言語所能盡。弟亦只能體會得之。後彼來言〔信〕，亦言所談未能盡其感傷。人之精神生活不能只孤懷長往，日常生活亦不能在寂天寂地中，此必須要有人相共，此要在有一家庭。望兄多為之留意也。」《書簡》，《唐君毅全集》，卷 31，頁 143。按：1956 年 8 月 3 日至 29 日，唐先生嘗赴臺灣一遊，其中 8 月 27 日晚上 10 時與牟先生深談至翌日凌晨 2 時。上函所說的「一日深夜」，即指此 8 月 27 日。事見《日記》，《唐君毅全集》，卷 32，頁 174。

上引文中，「寫信重於晤談，然也」一語，筆者有如下看法：

其實，這有「然」，亦有「不然」；似難一概而論。細言之，透過晤談，則晤談之雙方對某些問題可有當面澄清之效；但也有可能爭得面紅耳赤，反而把事情搞砸了也說不定。至若寫信，則大皆經過深思熟慮始下筆。寫錯了但在尚未寄出之前，也可改正過來再寫。即便責備對方，也可訴諸委婉筆調為之；可避免衝口而出之魯莽。然而，事情沒有絕對的。如信已寫好並寄出，則好比覆水難收矣。見諸白紙黑字，要迴環轉向，談何容易！總括而論，感情這種事，筆者比較贊成唐先生的看法。蓋筆談，似乎比較容易委婉，也比較浪漫。蓋「柔情似水」，那經得起你一言，我一語的直言相向、直球對決呢！哲學家談情，尤其像牟先生之企圖「使她撥雲霧」，藉以使她認識清楚自己的性情和欣賞自己的生活情調，那用「長函解說」，使對方有機會反覆嘴嚼推敲，那當然是比較妥當、保險的一個作法。所以「愛情學專家」唐先生的建議，牟先生乃以「然也」首肯之。

（五）「能找一個人照顧生活就算了」

1954 年 1 月 28 日（時維癸巳年年尾），牟致唐函說：

> 婚事早停了，據說乙未年（後年，不久即可說明年）尚有一個好機會。過此，大概無望。能找一個人照顧生活就算了。盧毅庵先生相法甚精。彼所言者當甚準也[18]。

按：牟先生 1958 年年底始成婚（下詳）。據上引文的上下文脈，「婚事早停了」，蓋指不再主動結交結婚對象或不再相親而言。「乙未年尚有一好機會」，蓋指 1955 年尚有機會能找到理想的、情投意合的伴侶／配偶而言，而不是只希望「找到一個人照顧生活就算了」。然而，若過了 1955 年，則

---

[18] 盧毅庵即盧毅安，乃著名相士。這段文字揭示了牟先生相當相信相法。此頗值得注意。按：牟先生本人對相法亦有所述說，下文詳。

找理想伴侶已「大概無望」，所以不再作此想，而把標準下修為「能找到一個人照顧生活就算了」。

　　針對牟先生尋覓、結交結婚對象的整個過程，本段擬作一簡單總結。回顧其先前乃希企追逐浪漫的、但丁式之戀；然而，現實上的境遇迫使先生不得不轉而求其次。「簡單樸素的最好」一語便道盡一切了。可是簡單樸素的女子也不是要找便找到的；實際上乃係可遇不可求者。是以牟先生不得不向摯友唐先生拋出緣自肺腑、無可奈何的一句話：「弟恐終不能有家也。」然而，姻緣之事要來便來。您擔心不能有家，不意霎時間紅鸞星動、天喜星驟降，想抵擋也抵擋不住！但回顧尋尋覓覓的過程，其前後已逾數載，牟先生恐怕已有點看淡了、累了，且又遭逢亂世，所以便說出「實則亂世不要亦好」這句話。個人以為吾人不必 100% 照單全收這句話。這大概有點戲言的成分或大話的成分；當然吾人也不必完全否定這句話有如實的成分。在主（個人性格）、客（亂世）因素的考量下，牟先生既怕自己受傷，當然也擔心對方受傷[19]，所以「不要亦好」的一句話便見諸筆端了。然而，「男子生

---

[19]　「牟先生既怕自己受傷，當然也擔心對方受傷」一語，筆者是言之有據的。按：牟先生除跟唐先生談論尋覓、結交結婚對象的問題外，也跟另一摯友徐復觀先生談論這個問題。先生 1952 年 10 月 16 日致徐函（原函無年分，今確認為 1952 年者，乃根據相關信封而知之。然而，筆者所見者乃信封之影本。可惜的是，此影本上之郵戳模糊不清。惟此影本上則有手寫「41.10.17」字樣。此日期蓋為整理徐先生書信之長女公子均琴女士據原信封上之郵戳補上者。）有云：「劉小姐尚未回台中。……據云小姐意作朋友，亦須慢慢之進行。……一切不能急也。　兄謂弟信心及自尊心不足，誠然。蓋弟心中本有許多「的古」（筆者按：蓋即「嘀咕」。）結過婚是一大「的古」。必須對方能說得通，不在乎，弟才能心安。故常看對方，如稍有不願意，即算了。……蓋如誠心求偶，雙方便即以誠相見。如以為可，必須相就，否則就拉倒。這也是我們一點自尊心，也是有一點恕道的意思，不願勉強或委曲對方也。蓋在中年，俱不是『羅曼斯』的階段。」上函揭示牟先生意圖保住「一點自尊心」。若保住不了，則受損、受傷恐難免。至於所以說出「不願勉強或委曲對方」一語，原因正同，蓋出於擔心對方由「勉強或委曲」而受傷也。所以「既怕自己受傷，當然也擔心對方受傷」一語，筆者是有所本的。又：函中「以誠相見」、「恕道」等語，皆反映牟先生之深具儒家精神。至於「必須相就」，則戀人或夫妻間欲和諧相處之不二法門也。說到牟先生的「自尊心」，牟致徐的另一函也揭示類似的資訊，頗有趣，恭錄如下：「……說

而願其有家」。這是一個卑微的願望；恐怕更是凡儒家都該追求而當有的一個「理想」。作為儒家的牟先生，當然不為例外。是以「能找一個人照顧生活」的一個願望及其落實──兩人締婚，無論如何也該算是「有家」了。對此，牟先生雖不滿意，但尚能接受；即所謂也「就算了」。「願其有家」、「不要亦好」、「能找一個人照顧生活就算了」等語，相信已充分反映出牟先生內心由疑慮而產生的掙扎、轉折，甚至矛盾。其心路歷程，值得我輩細思苦參。

三、生活與家庭：「須有家庭」

飲食男女之情，乃人類依其自然之性而來者。此緣自生理而來之欲求，就男女一項來說，恐不必視為不宜、不該有。（當然，緣自某些宗教上之要求而禁止其信徒，譬如天主教中之神甫、修女或佛教中之比丘、比丘尼與人

弟老，劉小姐亦親自說過。……談起錢先生。她問我是不是和他是老朋友。我說他是前輩。□□他幾歲，答以五十八或九。她說倒看不出，倒看和我差不多□□□弟置之一笑。這只是女孩子的用心與感覺。不過弟之長相，初次見，總是老十歲。在卅歲時，就有人問：您老人家今年五十歲。何況今日。……」。上引文中，劃線部分，乃汗漫模糊難以辨識之處；今僅憑上下文脈推度而寫出，實未能 100% 肯定其確係如此。然而，關鍵字眼，如「錢先生」、「一笑」、「她說倒看不出」、「總是老十歲」等，則甚清楚。又：本函亦只有月、日：十月廿一日，無年分。但應係 1952 年。原因如下：函中的「錢先生」，指的是錢穆先生。按：錢先生出生於 1895 年。此牟致徐函既云錢先生當年之年歲為「五十八或九」，則此函蓋寫於 1952 年或 1953 年（1895＋58＝1953；1895＋59＝1954。然而，中國人多算虛歲。即出生的當年，便算 1 歲。所以 58 歲實係 57 歲，59 歲實係 58 歲。是以 1953 應係 1952；1954 應係 1953。）今確定其當係 1952，而非 1953 者，乃以此函置諸「1953 年（民 42）9 月 29 日函」之前（其實，筆者知悉其為民「42」年者，其情況與上一函同：根據相關影本信封上手寫「42」字樣。）而各函先後次序之排列乃大抵按撰寫時間之順序為之。今既知悉此函之下一函乃寫於民 42 年 9 月 29 日，則反過來位於「42 年 9 月 29 日函」之前而寫於 10 月 16 日之一函，乃必寫於 41 年（1952 年）無疑也。〈牟宗三致徐復觀書信〉見 https://sites.google.com/a/xufuguan.net/letter/home/05/05-07；2017. 12.16 瀏覽。

婚媾，則吾人自當予以尊重。）至若需有家庭，亦係人類群體生活之所宜，更係人倫生活所必需；儒家對家庭之重視固無論矣。然而，若一時間不克成立家庭，則縱情於醇酒婦人，雖曰不宜，但似不足為大病，是以不必以嚴格之道德標準繩衡之。然則牟先生於此之自我放縱恣肆，吾人當以衷道原情之心，即今人所恆言的同理心，以了解之，體會之，斯可矣。下文仍以牟致唐函為主要素材以述說牟先生的觀點和表現。

（一）「須有家庭」

牟先生 1950.10.23 致唐函云：

> 拙作已寫成[20]，約廿一、二萬字，不能再減縮。……此書寫成，年內不再寫東西。生力消耗，擬專心整理身體。否則，必枯竭下去。弟現在作無出息想，身體壞，日常生活亦無辦法，四十而後，感覺須要女人，須有家庭。如有機緣，則弟必解決此問題也。吾　兄以為然否？

針對生理上的需求，上引文中「感覺須要女人」一語，頗見其端倪。[21]告子曰：「食、色，性也。」（《孟子·告子上》），牟先生恐難為例外。至於

---

[20] 此指《歷史哲學》，1955 年由高雄強生出版社出版，全書定本應完成於 1952 年。

[21] 然而，吾人似亦不必僅從生理上之需求來看待此語。蓋從需要異性伴侶之慰藉來看亦未嘗不可。（這方面，可並參本書第三章第五節。）前一義乃一較低層次之物質（生物、生理）義，後一義乃一較高層次之感情（精神）義。此外，吾人不妨借用唐先生的說法，即從更高的一層次來看。唐先生說：「……你是你，她是她，你們明明是兩個自己，兩個自己如何會成一個自己？（筆者按：此指結合，甚至指結婚）這證明有第三者，將你們聯結復包括。你們是偏的兩部分，只有包括你們的宇宙靈魂自身是全體。你們是實際存在者，一切實際存在者便是對於宇宙靈魂之全體割裂剖分出的東西，便是一偏。割裂剖分出的偏的東西，都要求復歸於全體，否定、超越其偏以成全，所以男女會相求。」牟先生之所以須要女人，若按照唐先生如上的說法，亦可說「是那被割裂剖分的宇宙靈魂，要恢復他自己」的一種崇高、高貴的表現。吾人正宜順著唐先生的說法來解讀上引文中「須要女人」一語。唐君毅，《愛情之福音》（臺北：正中書局，1977），頁 18-19。

「須有家庭」，則牟先生高足李淳玲女士嘗云：

> 記得他閒談時就曾與我們說過「家」的意涵。他說：「家」是一個休
> 息的地方，人的生活是需要休息的，不能始終吊在那裡，太緊張了。[22]

　　根據李淳玲這個轉述，很可以概見「家」對牟先生來說是非常重要的。其中牟先生特別指出「家」是一個休息的地方。其實，這只是比較簡單的一個說法，即只是一個濃縮的說法，其背後應是有潛臺詞（subtext）的，只是牟先生未嘗明確道說出而已。我們不妨借字書以挖掘其潛臺詞。《象形字典》載：

> 家，甲骨文 𪩘 ＝ ∩（宀，房屋）＋ 豸（豕，豬），像屋裡養著一頭
> 大腹便便的豬。豬是溫順、繁殖力旺盛的動物，對古人來說，豢養的
> 生豬能提供食物安全感，因此蓄養生豬便成了定居生活的標誌，直到
> 現在還有少數保留古風的客家人在居所內豢養豬隻。造字本義：蓄養
> 生豬的穩定居所。[23]

　　這是說，就「家」這個符號來說，它是「定居生活的標誌」；意味著它是提供「安全感」的一個「穩定居所」。因為既安全（安全乃就態式、形態來說），又穩定（穩定指時間長久，非短暫的、朝夕的來說），所以人居住其中便可以從日常的緊張生活中得到解放、獲得休息。當然，「家」並不只是一物質結構的居所而已。其最要者乃係此居所中之內涵。內涵當然不是，或至少不僅是，指家具等等物品，而係指居住其內之成員（伴侶、父兄輩、子孫等等）來說。若扣緊上引牟先生的一段文字來說，則尤指伴侶而言。

---

[22] 李淳玲：〈混沌中成長的牟宗三先生〉，《鵝湖月刊》，352 期，2004 年 10 月，頁25。

[23] 《象形字典》：http://www.vividict.com/WordInfo.aspx?id=3041；2017.12.13 瀏覽。

按：儒家莫不重視家庭、人倫，牟先生固不為例外也[24]。

（二）「醇酒婦人」、「客觀方面（亦有促成結婚之勢）」

1953.01.09 牟致唐函云：

> 弟在此孤寂苦悶，只說抽象的話，又所謂醇酒婦人，亦不光是婚姻問題，客觀方面亦有使然之勢。

針對上引文，茲稍闡述如下：

藉著「醇酒婦人」[25]以彌補或擺脫生活上之「孤寂苦悶」，那是消極的，暫時性的，逃避性的；那不是解決問題的終極方案。（這一點，牟先生是非常清楚的。下函（1953.12.11）「寧願醇酒婦人」一語中「寧願」二字便道說出其中之百般無奈了。）所以必得結婚、正式成立家庭始為究竟。就表面來看，成立家庭與否，那是個人意願或價值取向的問題。實則不然，至少不盡然，蓋社會上（尤指 1950 年代傳統中國人的社會，含臺灣當時社會）、人倫上（具體言之，即傳宗接代上或香港人所說的繼後香燈上），又或友朋間（特指牟先生的交友圈子），對此亦有所要求或期許。而社會之要求，人倫之要求，或友朋間之期許，蓋即牟先生所說的「客觀方面亦有使然之勢」也。[26]

---

[24] 牟先生之重視家庭，其 1950.11.27 致唐函亦可見一斑。其中有云：「令妹至中已結婚，甚可喜慰。人生總當有歸宿。吾　兄亦可了一心事。」按：儒家固重視家庭；然而，重視家庭不必然與性扯上關係。唐先生嘗明白指出說：「家庭存在之根據，不能從己身之性的要求與欲延續子孫之目的著想。」牟先生之重視家庭，吾人亦當如是觀。唐君毅，《文化意識與道德理性》（臺北：臺灣學生書局，1978），上冊，頁39。

[25] 「醇酒婦人」一事，筆者在前面說過的研討會上（舉辦日期：2018.01.20-21）宣讀拙文時，曾意外地引起一些討論。其詳，請見本文末之附識：〈「醇酒婦人」一事之管見〉。

[26] 唐先生曾經說過：「愛情與婚姻……的本身只是一種責任。……這是你對父母的責

牟先生論說「醇酒婦人」的問題，又見其 1953.12.11 致唐函。函云：

> 弟在此太孤，所以才想婚事。這本是孤寂中的反動，所以是消極的，
> 消極的本不易成也。弟現在生活上常有破裂之感，不是（圍）〔圓〕
> 盈飽滿的。即軀殼生活方面常有寧願醇酒婦人之感，而心靈則只凝縮
> 而為著書，書寫出來就算了，這就是破裂。不能進德修業，日進無
> 疆，此可哀也。然順世俯仰，荒腔走調，玩弄小聰明以（藝）〔詣〕
> 大道，則不肯為。

上引文值得指出的是，牟先生在「軀殼生活方面」雖「常有寧願醇酒婦人之
感」，但仍不能視為自暴自棄，蓋其心靈則「凝縮而為著書」也。其新外王
三書之一的《歷史哲學》及爾後結集成《道德的理想主義》、《政道與治
道》二書中擲地有聲的鴻文，其中若干篇便撰成於這個階段。再者，《荀學
大略》、《王陽明致良知教》二書亦分別出版於 1953、54 年。然而，軀殼
與心靈既分道揚鑣，前者下陷沈淪，後者則撰就大義凜然的著作，此非破裂
而何？！撰就著作，此所謂立言也。軀殼下陷沈淪，則或不免被視為於德有
虧也；至少難語乎立德也。此牟先生豈不知之。「不能進德修業，日進無
疆，此可哀也。」，此牟先生反省回思而得出之深切自責。尤須一提者，乃
牟先生軀殼生活方面雖不免下陷沈淪，然而，此個人修德上或有所不足而
已。至若玩弄小聰明以曲學阿世、俯仰隨人者，則不屑為。儒家之所以為儒
家，牟先生亦可以示例矣。

任，因為你父母對於你的愛中有希望你有完滿婚姻的成分。這是你對社會人類的責
任，因為整個社會人類待個人的婚姻關係而綿續，……」相對於當事者個人來說，父
母、人類、社會，當然是一客觀的東西。所以唐先生的說法，正可以幫助我們進一步
理解牟先生「客觀方面亦有使然之勢」這句話的具體內涵。唐說見《愛情之福音》，
頁 35。

（三）「倫理生活實是重要」、「兄稟性情之正，……盼能多予指引，以渡難關。」

1955 年年底，牟先生從大陸播遷來臺已逾六載。但心理上仍甚感恐慌、怖慄；空虛荒涼之感恆縈繞不散。1955 年 11 月 28 日其致唐函甚至懇請唐先生惠予開導指引；重點如下：

> 兄函所示，弟實感慰無限。弟所最感恐慌者，當在在之怖慄感來臨時，其空虛荒涼之情，直覺任何東西皆掛搭不上，一切皆成外在的，一切道德宗教平常所謂藉之以安身立命者，皆如外在之機括，……此時只有一空虛荒涼之感漂浮在上面為最真實，……然而這將如何能（從深淵）縱跳出來，把那推出去的（性體），再吸收進來。……吾兄所說倫理生活，實是一重要之外緣。然如孔子所說「事親難，事親焉可息哉」等等，則不只是一外緣，而是一種 "essential destiny"。弟于此悟得 activity 與 Being 必須合一始能填滿此空虛。但 Being 不是抽象的 Being，而是帶著許多事的 Being，故倫理生活實是重要。（求之于宗教是抽象的 Being，故難也。）可是問題即在有沒有福命來持載這倫理生活。有之，則是 essential destiny，但倫理生活亦是一種事，從事方面說，則發生能不能有的問題。弟簡直為此所迫脅，弟信有不可思議的業力，弟之空虛荒涼之怖慄感，大抵是由此等等撤銷而引起，且不必說國家人類。每于半夜夢寐中想及先父母，想及兄弟姊妹，以及諸子侄，輒有無邊的嘆息。……尚不只是弟個人因緣問題，此是弟所牽連的全部緣會之遭遇，此不是意志所能克服的悲劇。此面不能順適調暢，則一生在恐懼中，在駁雜中，在空虛荒涼。弟實不知人生究竟真理與幸福在那裡。倫理生活亦可以充實人（搭橋），亦可以陷溺人。有者想著無，無者想著有。然 Activity 與 Being 合一（這是儒者宗旨），恐是不可移的。弟于斷潢絕港之觀照之中，于悲劇性的荒涼中，惟希將原是貼體翕和的性體召回來。此實不能不疑於

　　根器，……德國人有自我毀滅之崇拜，弟實不願自我毀滅，亦不願中
　　華民族自我毀滅。然自己不能歸根復命，則一切 essential destiny 亦
　　說不上了。吾　兄稟性情之正，具悱惻通達之慧，盼能多予指引，以
　　渡難關。

上函很能揭示牟先生當時的心境：既空虛，又荒涼，即與任何東西皆掛搭
不上、沾不上邊；或可說已陷入「虛無」之中。茲稍闡釋如下。函中透露
牟先生充分的認識到倫理生活是唯一可以幫助他擺脫以上的窘境者。倫理
生活之所以重要、不可或缺，乃係因為它不只是一外緣而已；更關鍵的
是，依牟先生，乃係一種 "essential destiny"。察上下文意，所謂 "essential
destiny"，蓋指其為「命中所必須且當有者」。然而，縱然吾人已具有之，
即 Being（存在、存有）已在，但如果此 Being 不活動起來（不具活動能
力），那也枉然、於事無補。換言之，此 Being 不是或不應只是一個寡頭的
存在／存有，即不是空空洞洞的一個東西而已（從吾人之認知立場來說，即
不應視此 Being 為一空理、空概念）；反之，此 Being 必須擁有具體的內
容。扣緊人來說，即意謂必須透過／藉賴人本身之種種活動以彰顯、落實此
Being；即使此 Being 成為具活動意義之 Being。這就是牟先生所說的
「activity（活動）與 Being 必須合一」之意。而合一的具體表現、具體落
實，無他，吾人之倫理生活是也。對牟先生來說，這是緣自其生活上空虛、
荒涼之窘境而得出的一大發現，甚至是一大發明。倫理生活既可解其倒懸、
度其苦厄，其重要性固不言而喻。「倫理生活實是重要」一語便道盡了牟
先生對此問題參悟之透徹了。然而，另一更關鍵之問題又接踵而至，即吾
人（含牟先生）有機遇（命）以落實凡人都該有之倫理生活否？即既知倫
理生活之重要矣，但隨之而有相應之活動否？實踐否？此即關係到倫理生活
是否得以落實的一問題。若確有其機遇（有其命）——確有倫理生活了，則
吾人便符合了，落實了命中所必須且當有者。否則，「命中所必須且當有
者」（"essential destiny"）只是一句空話，一個遙不可及的「高貴的夢想」

而已[27]！悲夫！

扣緊牟先生當時的窘境來說，其最需要之倫理生活，當然是藉賴婚姻以帶來的夫妻生活、兩性生活。簡言之，即二口子的家庭生活。牟先生所說的因緣問題，即指此而言。然而，他又進一步指出說：「尚不只是弟個人因緣問題」。換言之，夫婦倫理生活外，其他倫理生活（如父子、兄弟等等生活）亦係牟先生所關注者、繫念者。然而，擺在眼前最迫切且最有可能獲致的倫理生活，乃夫婦一倫的倫理生活。蓋牟先生的生父、兄弟姊妹及諸子侄（乃至原配。按：牟先生 21 歲娶妻王氏，時大學尚未畢業[28]）或卒於日寇之禍，[29]或身陷兩岸通航（2001 年實施小三通）前之對岸中。是以欲享相應的天倫之樂，以求貼體翕和，恐大不易而實無可如何者也。而夫婦一倫之得以獲致者，乃在臺灣再婚是也。不然，則至少尋覓異性伴侶以求解決生活上之孤寂是也。就「再婚」來說，其實也不是要再便再得來的。上引牟致唐函寫於 1955 年底。縱然從 1949 年夏秋抵臺後半年，即從 1950 年年初算起，其尋尋覓覓亦屆滿六年了。但結果則甚不如人意！這所以牟先生不得不在函中結尾處，向唐先生提出以下的懇求：「兄稟性情之正，……盼能多予指引，以渡難關。」[30]其處境艱困，不得不求助以解倒懸，實情見乎辭。

---

[27] 「高貴的夢想」，乃 "That Noble Dream" 一詞之中譯。此詞乃美國著名史家Charles A. Beard（1874-1948）一文的標題，意謂該夢想（指歷史研究，好比自然科學研究一樣，其成果必能超然、客觀）雖高貴，但遙不可及。Beard 文見 *The American Historical Review*, Vol. 41, No. 1. (Oct., 1935), pp. 74-87；收入 *The Varieties of History* (New York:Vintage Books, 1956), pp. 314-328.

[28] 有關牟先生的婚事，百度百科「牟宗三」條有如下描繪：「1929 年，與萊陽王格莊王秀英結婚。育有二子，長伯璇，次伯琇。」https://baike.baidu.com/item/%E7%89%9F%E5%AE%97%E4%B8%89；2017.12.18 瀏覽。《牟宗三先生學思年譜‧學行紀要》，「民國 21 年條」則有如下記載：「是年或稍前，王氏夫人來歸。」

[29] 民 30 年秋，日寇侵擾牟先生家鄉，太老師由是遇害。詳見《五十自述》，頁 145。

[30] 約半月後，即 1955 年 12 月 17 日唐先生嘗覆函。針對牟先生生活上的孤寂問題，唐先生建議牟先生作一外遊，尤其是利用寒假先赴香港一遊。牟先生生活孤寂之緣由，該函也作出了解釋；又針對牟先生及唐先生本人等等藉撰文以傳揚文化的效果問題，唐先生也作出了肯定，如下：「勞思光來此曾晤談數次，並悉兄在台生活之孤寂。彼

對兄尚能了解同情，其所言者甚令弟關念。兄廿年來離家，復遭國家多難，精神又用于抽象之思辨，此實難久持。……弟默察世運，艱難之日固長，但剝復之幾亦見。即吾人年來所寫之文字，亦並不如昔之被人忽視。」函見上揭《書簡》，《唐君毅全集》，頁 164-165。如上面正文所述，克就牟先生當時的具體情況來說，夫婦一倫乃最需要解決且最有可能解決者。惟時逾六載，其事仍不得要領。這所以唐先生不得不改為建議牟先生出外一遊也。以當時情況來說，出境臺灣，其最方便，最短程者，恐非香港莫屬。兼且唐先生在香港，亦方便予以照應。這所以唐先生有如上建議也。其實，外遊乃一時權宜之計。其釜底抽薪的辦法，仍係倫理生活之獲致。這所以唐先生於 1955 年 11 月 10 日，即早於建議牟先生外遊的一個多月之前，已特別對症下藥而在函中一針見血的指出說，牟先生精神生活之所以陷入困境，乃由於「缺乏直接之倫理生活」所致。（牟先生 11 月 28 日之覆函，其中：「倫理生活實是重要」一判語，恐即源自唐先生以上判語之「啟迪」。）筆者以為該唐致牟函頗值參考。茲引錄如下：「兄來函所述兄現實生活上之心境，時有如軀體橫陳曠野之感，頗令弟生感動。唯弟于此不盡完全體會。弟在大學讀書及大學畢業後之數年中，其時尚未與兄相遇，亦常有種種荒涼空虛之感。有時從此中升起許多向上感情，有時亦生起向下沉墮之意，並曾著文讚美自殺。一次於夜間，曾覺此身橫陳于床上，如一大蠕動之蟲，甚覺可怖；……人在孤獨寂寞中生活過久，而其用心又素向抽象遙遠之境地或慕超越世俗之理想者，則其精神先已向曠野而遠馳，於是其再回來，即將感此原始的生疏與深淵之間隔，如覺不能再回到其原始生命。（筆者按：此即牟先生《五十自述》中生命之離其自己的一種發展也。）而此時即可生一種如 Kierkegaard 所謂存在之怖慄感。此怖慄感在交叉之深淵之上，說不出屬於那面，亦非傳統之神魔人禽交界之謂，而只當為一存在之實感。而此感中本當有一無限之空虛與荒涼。……無限之荒涼與空虛，即成為自覺的而如自四方八面迫脅而來。弟想兄近來之所感，當屬於此最後之階段一類。此是由兄之精神生活之振幅較他人為大，故此感特別明朗。而其來源，亦在兄廿年來之缺乏直接之倫理生活。因此中只有直接之倫理生活可自然彌縫人之自然生命與外在世界及精神生活世界之原始之深淵，即上所謂搭橋是也。而舍此，則只能求之于宗教。……故弟意兄之生活仍須有直接之倫理生活，夫婦父子師生等是倫理的，此可搭上述之橋。……熊先生晚年養女，亦為倫理生活。要見此事之不可少。況兄之精神生活振幅尤大耶！相距千里，弟亦不知將何以告慰，亦不知天意之何所在。然兄之為大根器，則請兄更不復疑。兄近來之所感，弟雖無親切之同感，但弟想是一種精神轉折當有之現象，但不知所測是否耳！」此函所揭示之消息有五，如下：（一）凡「患病」者，尤其是精神病患者或心理病患者，最需要的是別人的同情。是以訴諸同理心予以關切、慰解，洵最能產生治療效果。上函足以揭示唐先生實精於此道。當然，牟先生當時的情況，吾人不宜逕視之為病態，且牟先生也非病人。筆者只是打個譬方而已。（二）唐先生之溫語慰解似最能充分顯示恰似手足的關懷之情。（三）唐先生從

四、揮慧劍斬情絲：從「孽緣魔障，皆由自招」到「孽緣了斷，皆吾 兄之力」、「是終生不忘也」

牟先生以在臺生活太孤寂，嘗與風塵女子交往，即所謂「寧願醇酒婦人」以自排解。此上文已稍道及。牟先生與唐先生親若兄弟手足，無話不談；真可謂「知無不言，言無不盡」。其與風塵女子交往等情事，二先生往來書簡中，亦有所道及。今闡釋如下。

（一）「某女母子宜即加遣散」

1955.12.17唐致牟函載：

> 當今老成凋謝，社會人心仍將求有所寄，故善言正論，終必將為人所尊視。而吾人之行為，亦必為世所期以為法則者。錢先生年來所受社會之推崇可謂極，而其生活上之事既使人失望於前[31]，吾人則不當再貽口實於後。……1、浸假而吾人竟為世之瞻仰企望之所歸，則吾人之言行皆不可不求足為天下則，為人所共效而無弊者。……2、兄之生活之病痛與弟不同，然要未至順適條暢，此有關於環境之孤寂者太大。3、故弟意兄宜一外遊，此事容後再設法。4、為今之計[32]，弟意

感同身受的類似經歷、體驗以說明牟先生精神上空虛、荒涼之緣由。（四）唐先生深於哲學思辨，對問題恆能辨析於毫芒。是以彼對相關問題之剖析，乃至最終的判語，洵能促使牟先生信服。（五）唐先生充分肯定牟先生「為大根器」。換言之，即鼓勵牟先生不必以一時間精神生活上之挫折而氣餒。按：上引文皆可視為係唐先生為回應牟先生之懇請而說出的具指引、接引功能的文字。

31　1956 年 1 月 30 日錢先生與胡美琦女士在香港結婚。所以「使人失望於前」，乃以錢胡結婚前之交往或交往過程不甚為人所諒解歟？按：胡女士曾肄業於新亞，從學於錢先生，故分屬師生。此乃為人所不甚諒解之關鍵原因歟？

32　「為今之計」即針對牟先生與該風塵女子之關係宜盡早了斷而言。此事為唐先生本函核心之所在。前函（1955.11.28）牟先生盼唐先生「能多予指引，以渡難關」。本函10 項，皆可謂唐先生之指引。摯友既有所託（筆者按：一個月內，兩度來函，皆於函末提出懇求。1955.11.06 函：「數年來之心境向 兄一道，盼 兄之智慧予以接

某女母子宜即加遣散，可略與其經濟上之資助。如萬不獲已，而真尚有性情上可取處，即亦當使之合法化。但此為一下策。此事斬斷以後，將來之遇會，再看因緣。兄心情太寂寞，兄寒假中有暇，弟望兄先來港一遊。5、來回路費弟處尚有，6、弟處可住。7、在校中講演數次，校中亦可送一點錢，即有一半以上之旅費。8、此間學生亦多為仰慕。如此先把心情散開，則精神上自易長新的生機。……9、弟將來亦望兄到處多遊歷，10、當代注意機緣也。人愈孤寂有時愈怕動，但亦非好現象也。（本段引文中之數字，乃筆者所加，以醒眉目故。）

唐先生對朋友本乎至誠而來之真摯及對相關事宜考慮之周延、設想之周到，上引文可見一斑。細言之，從社會對彼等言論行為之期許、牟先生所以與風塵女子交往之緣由、該女母子被遣散後之生計、遣散後牟先生如何排愁解憂之出遊方案及相關經費之籌措，乃至代為注意爾後之機緣等等，皆一一仔細開列，以供牟先生卓參。朋友以義交。其義達乎此，亦可謂至矣。

（二）「此事即如　兄示，立即遣散」

唐先生建議牟先生遣散該風塵女子之一函，其標示之日期為 1955 年 12 月 17 日。3 日後，時維 1955 年 12 月 20 日，恐即為牟先生接獲該函的當日，牟先生便馬上函覆唐先生。如下：

十二月十七日　賜示敬悉。此事即如　兄示，立即遣散。思光行時，曾與之詳談[33]。託其代達吾　兄。吾　兄一加疏導，便爾順適。感何

引」，1955.11.28 函：「……盼能多予指引」），則深具悱惻之情的唐先生豈不竭誠惠予南針呢？按：1955.11.06 函所懇請之接引，乃牟先生就當時之整體人生際遇之陷入斷港絕潢來說，不盡然僅扣緊結識結婚對象所碰到之挫折來說。然而，其整體際遇固含此方面也；是以一併述及。

[33] 勞思光先生往見唐先生並討論相關事宜，見 1955.12.17 唐致牟函。

可言。去年曾遣散一次，行之太突，餘情未斷，便復相聚。一年以來，總為此事顛倒。心中矛盾極大，有許多感情，亦許多哀憐，直無法自遣。此女雖係風塵中人，然頗有善根，而慧根不足。遇之于風塵，拔之于風塵，而為善不終，不能說之得其所[34]，直成大痛苦。……彼養一子，亦無必嫁人之意。……糾纏至今，皆由于弟動哀憐意，此是主動地躍進了一步，非是被動地被其柔情所戀住也。數年來，許多孽緣魔障，皆由自招。

針對上引文，筆者有如下觀察：

1、牟先生對唐先生的感念，情見乎辭。

2、「遇之于風塵，拔之于風塵」，筆者每讀此語，心中總有莫名的顫動，初不知何以故。其後似稍有解悟。今略述如下，惟未知其諦當否矣。讀者於此，其明以教我為幸。按：牟先生之所以涉足於風月場所，並與風塵女子交往，乃以日常生活太孤寂、家庭生活無著落故。「遇之于風塵」，正以此。至於該等女子之所以淪落風塵，蓋為生計所迫故。就此來說，牟先生與風塵女子，亦可謂各取所需而已（前者為解決孤寂問題，後者則為解決生計問題）。然而，所需者乃緣自形而下之自然人性，或宋儒所說的氣質之性，而非形而上之義理之性／天地之性；此或稍欠理想，然似亦無可奈何者！牟先生與所遇之風塵女子，皆可謂「同是天涯淪落人」。至於牟先生企圖「拔之于風塵」，使其擺脫為了滿足自然人性（以衣食為核心之溫飽需求）而來之風塵生活，此牟先生緣乎道德意識而必有之相應表現也[35]。此即所謂「渡

---

[34] 此意似謂不能有效說脫她，使她擺脫風塵生活。即「拔之於風塵」之企圖不果，是以牟先生自謂「為善不終」也。按：擺脫風塵生活之途徑可有多端，如另謀其他職業（生計）即其一。就該女子而言，彼既育有一子，則或可依靠以過活，又是另一途。當然與人締婚（含牟先生，1955 年 12 月 27 日牟致唐函以下一語可證：「弟初非無與之結婚之意」）又是另一途。此不細論。

[35] 因生理欲求或意圖擺脫生活上之孤寂乃涉足於風月場所而有所「遇」（遇之于風塵）；因道德意識之驅動而必予以「拔」（拔之于風塵；其實，是雙贏，蓋不啻自拔）。一遇一拔，表面言之，乃兩行為耳。然而，旋乾轉坤，天地易位。蓋其為自我

他」也（渡他人；簡言之，即渡人）。如牟先生渡他之餘而能夠與之過正常
生活，此即上引唐先生文所謂兩人生活之「合法化」，則牟先生乃由渡他而
成就了自渡。此雖不免如唐先生所說的「下策」，但總不失為一策！蓋牟先
生能由此而提供該女子生計上之所需，而該女子又使得牟先生擺脫生活上之
孤寂（換言之，即提供精神上之慰藉。這方面，恐怕尤其關鍵；上所道及之
倫理生活，其實必以此為核心也。是以吾人不宜僅從生理需求上看待此問
題。退一步來說，縱然從生理需求上看待此問題，吾人亦不宜視之為惡。唐
先生即嘗云：「夫飲食男女之情，自其本身言，固無善不善。」語見《中國
文化之精神價值》第 6 章第 6 節：「性情之善不善及性與理」）。在兩人各
得其所的情況下，便得以擺脫「同是天涯淪落人」的窘境。是可見牟先生擬
「拔之於風塵」這個行動／行為，實深具道德意義或道德價值[36]。筆者之所
以每讀之而內心必生起莫名之顫動，或即以此歟？

　　3、牟先生一年前便有意遣散該女子，然藕斷絲連、欲拒還迎，是以未
果。此所謂「餘情未了，便復相聚」也。

　　4、兩次遣散，其間蓋逾一整年。一年來牟先生甚為此事所困而「無法
自遣」。

提撕，自我超升極為關鍵之一轉折也；非此，則長陷溺矣。吾人於此當特別留意焉。

[36] 所以把這個行動／行為（甚至只是行為人的一個念頭）視為「深具道德意義或道德價
值」者，乃視此行為為一客觀對象來說，也可以說是就此行為之本身來說，而姑不論
此行為之最終結果是否成功。此其一。又：既幫助該女子擺脫風塵生活，則這個行動
／行為，對該女子來說，自然也是深具道德價值的。此其二。然而，進行這個行動／
行為時，即所謂「渡他（她）」時，其行動者／行為人（就本案例來說，牟先生乃行
動者／行為人）則不應先考慮或同時考慮是為了要自渡，否則這個行動，或所謂幫
忙，便不能算是真真正正的幫忙；而是為了要成就另一目的（更何況這目的／出發
點是為了自己！）而來的所謂「幫忙」！這便是有所為而為了（為了成就某一目的而
做出某一行動而已）。然則這個行動便不能算是一個具道德意義或道德價值的行動
（退一步來說，縱然勉強算得上是具道德意義或道德價值，但這種緣自有所為而為的
行動，恐怕已淪為他律道德之嫌）。以上兩者之差別極微，但以是否真真正正「具道
德意義或道德價值」來說（即指自律道德來說），則關係甚大。在這個地方，吾人必
須仔細明辨。但這是題外話。

5、牟先生嘗設法協助該女子拔足於風塵，但以失敗告終；由是痛苦不已。欲「拔之于風塵」，如上所述，此固道德意識之流露。因「為善不終」導致失敗而「直成大痛苦」，此自譴自責也；亦牟先生道德意識之充分流露無疑。

6、不為該女子柔情綁住而係主動地動了哀憐意。對此，牟先生之心境似頗複雜、矛盾。動了哀憐意，牟先生頗自責，認為係「糾纏至今」之緣由。然而，亦頗自負，至少頗可自慰，蓋其生起哀憐意乃出於一己之主動，即自作主宰，而非被該女子柔情所戀住而引發者。牟先生並因而自我肯定說：「此是主動地躍進了一步」。由此可見牟先生未嘗過度泥足深陷而不能自拔。

7、「數年來，許多孽緣魔障，皆由自招。」[37]此語猶暮鼓晨鐘，實有當頭棒喝之效。憶四十年前，唐先生中晚年大弟子霍韜晦先生說到人生途程上的種種經歷時，嘗惠示南針向筆者指出說：「無明極深」。誠哉斯言。然人之行惡使壞，乃至這裡所說的受孽緣魔障所惑，個人認為，恆由於一念之差、一念陷溺。積極方面，若能念念向善，刻刻自反；消極方面，若能克己復禮、見不善如探湯，則何把持不住、自我放縱之有哉？！「孽緣魔障，皆由自招」，洵的論；亦充分反映牟先生道德意識之濃烈。

8、引文中最後一語：「數年來，許多……」，或可反映牟先生所交往過的風塵女子，也許不止一位。姑存疑可也。

---

[37] 1955.01.30 牟致唐函亦有類的說法：「人在有生歷程中，魔事總不可免（筆者按：意指為「魔」所惑而成魔障）。以鳩摩羅什之道行，而聲色不斷。管仲不儉不知禮，而孔子稱其仁，大其功。故吾人決不苛責人，但不應為自己辯護（筆者按：蓋意謂雖不苛責人，但不能順此而對自己亦一無要求，乃至為一己不當之行為辯護、強辯：文過飾非），尤不應無聊，討便宜。弟數年來常在觀照自己，試驗自己，故知道了許多艱苦。魔性一半，神性一半，悲劇乎？喜劇乎？雖在人為，亦或許有命存焉。……時代能得救乎？抑將為悲劇而終，存于上帝之永恆觀照中乎？弟實知幾勢之難挽也。」此牟先生之自勉自反也。

（三）「彼亦人之子也」、「遣之以誠並為其前途祝福，斯可矣」

上揭牟致唐函，乃寫於 1955 年 12 月 20 日。5 日後，即 1955 年 12 月 25 日耶誕節，唐覆牟函如下：

> 十二月二十日示昨日奉到。知兄已決定遣歸某女，既為之欣慰，亦殊深慨嘆。在某女方面，自不免受一創傷，因彼亦人子也。唯彼有一小孩，其所歷風塵之甘苦已多，當可淡然過之，兄以拔之于風塵之心，此在古人納之為婢妾，亦未始不可，然終不足以當君子之配，因其以往生活已使其心思散亂，芸芸眾生皆舊習難除，終成家庭之禍。此處只能運慧劍斷葛藤。人與人間既有一段關係，惻怛之情亦必與一般人情相裏挾而俱動，遣之以誠並為其前途祝福斯可矣！

筆者有如下觀察：

1、上函，筆者誦讀多次。每讀及「彼亦人子也」一語，恆久久不能自已。按：此語不僅涉及當事人，且亦涉及此當事人乃係他人之子（女）一事實。換言之，此語涉及二人。一為當事人，一為當事人之父母（下文為說明上之方便，或只言其母。）凡人皆具（或當被視為具）獨立人格而為一獨立自存之個體。然而，人既生社會（「社會」一詞，今取其廣義）上而為社會網絡中之一社會動物，則此人與他人必有一種，乃至多種、多重關係。就上述「父母」與「人子」而言，這二造不得僅被視為各自獨立之個體，而係有極親密之關係者（既云「父母」，則意謂其必有子女，否則何來「父母」一名；既云「人子」，則意謂此子必人（父母）之子。）是以「彼亦人子也」一語亦絕非只針對此二個體分別作出述說而已。筆者上面所說的一語：「他人之子（女）」，乃可謂比較中性的，或冷然而輕描淡寫的一種說法。其實，所謂「他人之子（女）」，實意涵「其父母所生育、教養之子女」；此又更進一步意涵：「其父母的心肝寶貝、掌上明珠」。按：父母愛子女乃無

微不至者。吾人身為人子（父母親之子女），當然最能感受父母親對一己之關愛。本此也可隨而推知他人之父母對其子女，亦必給予同等／同樣的關愛。此推己及人而必知之者。此推己及人之精神，即中國傳統素所重視的恕道精神。「彼亦人子也」一語（他／她跟你一樣也是父母親所生所養且無私至愛的子女啊），「亦」字在這裡用得極好，且絕不可省，否則難以喚起讀者感同身受的認同。其實，唐先生非常重視每一個人，因每一個人，其自身即為一獨立自存之個體。作為人文主義者，且深具惻隱之情的唐先生，對每一個體之尊重、重視，乃可謂必然者。所以「在某女方面，自不免受一創傷」一語之後，不必然寫下「因彼亦人子也」一語；取而代之的可以是：「因彼作為獨立自存、具獨立人格的一個人，吾人當予以敬重、尊重。」等等之類的話便可以了。然而，如上所述，吾人可以說，所有人（或幾乎所有人）皆生活在社會中，而為社會網絡下的一個存在體：與社會上其他人必有一定的關係、接觸。其中父母與子女則更關係密切，蓋子女皆「娘生父母養」者也，所以子女必父母之至愛無疑。母子連心，子女受創傷，則父母亦必因而受傷，且其傷甚或比子女更重。要言之，「彼亦人子也」一語具二意涵。其一：表示此子（女子）是有人（父母）關愛的，並不是不被關愛，不被尊重、重視，更不是被遺棄的一個女子。其二：此女子，如同社會上任一個體，絕非孤零零的一個存在體。她必有其社會人脈（當然，父母乃其中最重要者）。所以若她受傷，則跟她有關係，跟她認識的人，亦必多多少少從而受傷；當然為人父母者，其受傷必然是最重的。「彼亦人子也」一語，初筆者不太體會何以每讀之，必生起不能自已之情。今撰文至此而以上二意涵始漸次朗然（內子慧賢嘗從旁啟迪），亦可謂一意外的收穫。唐先生此語正反映其考慮事情，恆能從更寬廣的範圍、脈絡切入，而不以當事人為囿限也；「民吾同胞，物吾與也」，其此之謂歟？其感人（至少感動筆者）之深，亦可謂至矣。

2、唐先生視該女子「不足以當君子（按：指牟先生）之配」。乍看下，筆者不能認同此語，以其過於「封建」，即深具高人一等或嫁娶必須門當戶對之意識。然而，唐先生隨後而來之一語：「芸芸眾生皆舊習難除，終

成家庭之禍。」，則甚具說服力，這扭轉了筆者上面的看法。因為除了非常個別之例子外，芸芸眾生實皆舊習難除也；是以終成家庭之禍，恐係事有必至者。是唐先生並沒有把話說死。蓋依概然率來說，芸芸眾生確係舊習難除也；然不得謂必無例外。意謂牟老兄，在這個地方，您就不要冒險了。是唐先生並沒有因為該女子乃風塵中人而貶視之；「不足以當君子之配」乃恐其「終成家庭之禍」來說的。當然，在這裡，「君子」一詞，乃以其人之身分地位，尤其人格上之表現來說。然而，君子亦有以下的特質：對事情具先見之明，並具防患於未然的意識。然則預知其終成家庭之禍而仍接受之，則何「君子」之謂乎？君子具先見之明的特質，《繫辭下》早已言之；如下：「子曰，知幾其神乎。君子上交不諂，下交不瀆，其知幾乎。幾者，動之微，吉之先見者也。君子見幾而作，不俟終日。」然則「不足以當君子之配」一語，蓋為唐先生有意提醒（甚至警示）牟先生：該（等）女子恐終成家庭之禍，牟老兄您作為具先見之明的君子，於此懸崖勒馬、「運慧劍斷葛藤」、「立即遣散」，正係一最妥適之決定與作法。

3、唐先生建議「遣之以誠」，此足以顯示儒者至誠無私之胸懷。「遣之以誠」則可遠離始亂終棄之嫌。且其人既出自青樓，則與之交往似不能稱為「亂」；遣之以誠，則更無所謂「棄」。「誠」所發揮之效用、能量，於斯見焉。[38]

（四）「孽緣了斷，心甚坦然，皆吾　兄之力」

唐先生遣散該女子之建議（1955.12.17 函），牟先生甚為感激，乃從善如流，並致函（1955.12.20）表示馬上依其建議付諸實行。五日後，唐先生又去函（1955.12.25）給予鼓勵。此已見上文。兩日後，即 1955 年 12 月 27日，牟先生函覆唐先生再申謝忱，如下[39]：

---

[38] 《中庸》第 22 章「唯天下至誠」最後竟可贊天地之化育而與天地參，則至誠能量之大可知矣。

[39] 值得指出的是，兩先生針對遣散事，往覆信函共四封（每人兩封）。最早發出的一函（12 月 17 日建議函）及最後回覆的一函（12 月 27 日感謝函），前後相距僅 10 日而

孽緣了斷，心甚坦然，皆吾　兄之力，弟初非無與之結婚之意（一由于心境上之反動[40]，一由於弟原有混沌浪漫之趣味[41]），故長時期予以磨練，看轉化如何。然畢竟慧根不夠，亦無可如何。此次會歸，彼亦坦然，蓋弟對之甚好也。

針對上引文，今稍作說明。文中所謂「會歸」，即 12 月 17 日唐致牟函及同月 20 日牟覆唐函「遣散」之同義詞。「遣散」二字，其意涵似過強。唐先生同月 25 日再致牟函改用「遣歸」，則婉轉多了。「男有分，女有歸。」（《禮記・禮運》），則「歸」乃女子最理想之去處或處所，正所謂歸宿也。但「遣」字仍具有負面之意涵。牟先生進一步改為「會歸」二字，則全為正面意涵矣。言為心聲。「會歸」二字正可反映牟先生對該女子充滿善

己。換言之，二先生基本上是接到對方的信件後，便於當日或翌日馬上回覆。二人之交情及對問題的重視，實不言而喻。此事又從側面反映出 1950 年代中期港臺郵政辦事之高效率及航空班次之頻繁。

[40] 「反動」之「反」，在此可有二義：（一）依原字解，其義如「對反」、「正反」之「反」。此則緣自牟先生心境上之太孤寂而來。其 1953.12.11 致唐函即云：「弟在此太孤，所以才想婚事。這本是孤寂中的反動。」（二）取《道德經》：「反者，道之動」一義。「反」猶「返」，有「復歸」之意。要言之，乃復歸於自然也。即自然規律本係如此。（按：侯才，《郭店楚墓竹簡《老子》校讀》（大連：大連出版社，1999）作：「返也者，道動也。」（〈甲書〉，頁 79））是可知今本（王弼本、河上公本）及馬王堆帛書本之「反」字，古本乃作「返」。）若扣緊牟文來說，其當謂心境上有此需要，蓋此人性上之自然需求也。該 1955.12.27 函中「反動」一詞，未悉其取第一義抑第二義。若佐證以 1953.12.11 一函，則以取第一義之概率為高。順帶一說的是，如果「想婚事」乃牟先生心境上由太孤寂而來之反動，則涉足風月場所便是其原始生命中混沌、浪漫一面的呈露了（參上註 7）。這其實應算是牟先生可愛率真的一面。反之，如處處以極嚴謹，甚至流於嚴苛的某些道德標準來繩衡牟先生，則似乎有自陷於食古不化、迂腐的「道學之士」之嫌（參上註 25 及本文末之附識）。是以牟先生的相關表現，個人認為，實不足為病。換言之，這個地方，認真不得，否則恐怕反而陷牟先生於不義了！

[41] 詳參《五十自述》第一章，〈在混沌中長成〉。又可參上註 7。其個性上「原有混沌浪漫之趣味」當使得牟先生不太會認為與風塵女子交往有甚麼不對，乃至與之結婚亦未嘗不可。

意，並對其未來前途予以無限祝福也。此外，「對之甚好」一語，乃牟先生自述並自我反思與該女子相處之整個過程來說的。這個過程，當然亦包括以下步驟：在處理的最後階段上，唐先生所建議的以最誠懇的態度予以遣散的一個步驟[42]。牟先生既情至義盡，[43]該女子故能坦然接受也。這是最好，也最圓滿的一個結果。「孽緣了斷，心甚坦然，皆吾　兄之力」等語，既反映其結果之圓滿，也透露了牟先生內心深處對唐先生充滿了感激之情。

（五）「由吾　兄之溫語而暢，是終生不忘也」

不少人說牟先生的性格比較孤峭，感情亦比較冷。此則不盡然。就以上述一事來說，牟先生對唐先生的感念，恐怕是一輩子的。唐先生於 1956 年8 月 3 日至同月 29 日，嘗赴臺幾近四週。其間，二先生面晤 7 次[44]，即平均3、4 天便見面一次。唐先生返港後，嘗於 9 月 1 日致函牟先生。9 月 8 日，牟先生覆函說：

> 九月一日　示敬悉。此次聚首，足慰多年渴望。……弟近來對于存在主義倍覺親切，該書之逼顯是一形式機緣，[45]數年來生活是一實際機

---

[42] 當然，縱使唐先生不做出這個建議，筆者深信，牟先生亦必主動的本乎至誠的態度為之。唐先生這個「提醒性」的建議，乃依乎儒者性格所必然給出者。

[43] 牟先生之「情至義盡」，可稍一補充。牟先生恆被視為智者型的學者。智者型學者，其行事做人，總給人有點冷的感覺。以牟先生來說，則不盡然。《五十自述》說到與張君勱先生相處時，嘗云：「吾常有順自然之情而來之拖泥帶水處。然吾亦常順此而至乎『情至義盡』而休焉，……」。然則為何至此而休焉呢？原來牟先生是有其理據的，蓋「情至則不傷情，義盡則不違義」也。（頁 98）如此來說，吾人又豈宜全然以「冷」一字來描繪牟先生呢？

[44] 見唐君毅，《日記》，上揭《唐君毅全集》。

[45] 「該書」指的是牟先生去信唐先生之同一年（1956 年）同一月（9 月）由香港友聯出版社出版之《認識心之批判（上冊）》（下冊則於翌年 3 月出版）。至於該書為何對牟先生構成一「形式機緣」，則吾人必須先知悉該書之大旨。要言之，《認識心之批判》乃從作為認知所據的所謂「心覺」出發，步步審思，步步追問其何以成立之先驗依據，並進而確立人之所以能夠認知的知性主體。然而，此心覺或所謂認識心，乃依

一般之實在論的理解態度或理解進路而確立者。（吾人甚至可以說，牟先生此一階段之知識論，亦依於同一態度而獲致。）牟先生且明言此一般之實在論非康德之「經驗的實在論」。（詳參《認識心之批判・重印誌言》）而一般之實在論與牟先生當時倍覺親切的存在主義，實大相逕庭，迴然不侔。然而，既大不相同，則此一實在論又如何可能逼顯（即以何為因緣而逼使牟先生開顯）彼對於存在主義倍覺親切呢？筆者以為這與牟先生本身的氣質有絕大關係。牟先生在《五十自述》中說到他從美的欣趣、想像式的直覺解悟，何以轉入到為何、如何之工巧思辨、邏輯的架構思辨的學思途徑上時，做過如下的表白：「我為何要轉至這一步？這不完全是客觀問題的逼迫。生命的自然衝動亦有關係。……我的美感直覺則是生命的，是那原始生命所蘊蓄的強度直覺力。……我的美感與直覺是生命的，因此也容易正視生命，迴向於生命，使生命一概念凸出。」（頁 56-58）一言以蔽之，牟先生的個人學思特質，乃至生命特質／價值認同的特質——正視生命、迴向生命，在其學思轉進過程中，實扮演非常關鍵的角色。上引牟先生的幾句話，尤其是「正視生命」、「迴向生命」這二詞，筆者認為，如果用在說明何以牟先生從一般的實在論態度轉入到存在主義的路上來並感到倍覺親切，應是同樣有效的。要言之，「撰寫《認識心之批判》」乃一形式條件，而此一形式條件構成了觸及牟先生的原始生命（正視生命、迴向生命）的一個機緣（上引牟致唐函中，牟先生逕稱之為一「形式機緣」），而此一形式機緣正使得牟先生當時依於一般的實在論的態度所探討、闡發的知性主體之超越活動，先驗地逼顯（即逼使知性主體開顯）彼對於存在的普遍性相的關注。有關緣於前者之逼顯而產生後者，詳參吳汝鈞，《當代中國哲學的知識論》（臺北：臺大出版中心，2013），頁 365。上引牟致唐函，其中有句云：「該書之逼顯是一形式機緣，數年來生活是一實際機緣。」其實，筆者私下認為，該書（《認識心之批判》）並不是，至少並不只是，一形式機緣，而同時亦係一實際機緣。蓋「書本」，乃至「寫書這個行為」，若籠統講，當然只是一形式機緣（形式條件）。然而，若扣緊具體情況或實際情況（寫書本身乃一具體行為，是以構成一具體情況、實際情況）來說，則寫書這個行為不可能只是一形式機緣而已。尅就牟先生這個案例來說，其情況正同而不為例外。換言之，他撰寫該書的這個書寫行為乃可謂扮演了實際機緣這個角色，而不只是形式機緣而已。按：寫書的過程，不消說，也自自然然地構成了牟先生數年來實際生活的一部分。所以無論如何，這個寫書的過程不可能只是一形式機緣而已；即是說，這個機緣是有其實質內涵的。然而，筆者不得不指出，寫書一活動，尤其撰寫《認識心之批判》這需要高度抽象思維能力的一個活動，與緣自一般實際生活（即寫這本書以外的其他實際生活）而來的其他活動，仍有相當差距。蓋牟先生為了作出區別，藉以讓唐先生知悉其他實際生活的活動所扮演之角色，乃遠遠超過其寫書方面之角色，所以特別以「形式機緣」一詞以指謂《認識心之批判》這個書寫活動而已。

緣。午夜長談，猶未能盡其感傷。底層社會之人生與人性，實令人難
以遣懷。弟去冬[46]正在（宛）〔婉〕。此原注蓋出自黎漢基
先生之手）轉捨離而未捨離之際，由吾　兄之溫語而暢，是終生不
（志）〔忘〕也。

是牟先生對唐先生之感念，情見乎辭。函中所說的兩人「午夜長談」，是指
始於 8 月 27 日晚上 10 時迄翌日凌晨 2 時，共 4 小時的長談[47]。

（六）附識：「患難中之姻緣，更當珍惜慶賀」、「成婚特遲而得子特早」

1958 年 12 月 2 日牟先生嘗致函唐先生，通知唐先生其婚期大體已定，
蓋為 1959 年元旦前後（詳下節）。唐先生乃覆函致賀[48]；如下：

示敬悉，知兄婚期有日，毋任欣慰。昔人以姻緣由前生定，蓋實有
之。前佛觀兄來函，謂對方性格與兄尚能契合，只此便足。兄多年生
活上獨來獨往，此對兄之學問與精神之樹立亦有相資之處。惟日常生
活不與人共，則此形而下者亦不能得其普遍化之路道〔，〕要非正常
之道。惟彼此年齡已長，則生活習慣之互相調協，在婚後亦須一段時
間。弟昔亦個人任意慣了，及今起居飲食仍無一定規則。兄于此或較
為好，但亦須先知婚後在一段時期中若干齟齬將為必不可免者。日久
在情愛之外恩義自生。國運如此，兄今日之姻緣亦如同在患難中之姻

---

[46] 按指：1955 年 12 月間。

[47] 見唐君毅，《日記》，上揭《唐君毅全集》。

[48] 此函唐先生未寫上月、日（缺年分則各函皆然）。編者則註明為 1959 年；此則未見
其必然。按：牟來函之日期為 1958.12.02，是之覆函必在 12.02 之後，但不必然非
遲至 1959 年不可。黎漢基則以為寫於 1958 年 11 月中下旬；恐誤。黎漢基，〈唐君
毅書簡繫年獻疑補訂〉，《中國文哲研究通訊》，卷 7，期 3，1997 年 9 月，頁
142。

緣，更當珍惜慶賀。

今提出三點觀察：

1、「昔人以姻緣由前生定，蓋實有之。」「……由前生定」，這可以說是一種宿命論的說法。然而，筆者以為，在這裡唐先生只是順從習俗而寬泛的說說，並非絕對肯定這個說法，更非首肯、贊成這個說法。「蓋」一字即見其端倪。按：唐先生嘗由孟子的一段話而認為孔子對義和命的關係是抱持如下看法的：「言義之所在，即命之所在也。……孔子先認定義之所在，為人之所當以自命，而天命斯在。」[49]要言之，即以義之所在，乃命之所在也。用現代的話語來說，便是：「對的事，去做就是了。這就是你對自己發號施令而提出一個該提出的自我要求。也可以說，這就是你的命（本乎自我命令而來的命）。而所謂天所給你的命，指的也就是這麼一個命令。」以上雖是唐先生對孔子的看法的闡釋（實深具創意的一個詮釋），但其實也反映了唐先生是抱持同樣的看法的。所以吾人千萬別從「姻緣由前生定，蓋實有之。」一語，而認定唐先生是宿命論者。這是筆者在這裡需要特別指出的。

2、「生活習慣之互相調協，在婚後亦須一段時間。……須先知婚後在一段時期中若干齟齬將為必不可免者。……」等等，此唐先生對牟先生婚後生活之忠告或建言，情見乎辭。雖同胞兄弟間之建言，甚或父母對子女之囑咐，亦或有所不逮。

3、「日久在情愛之外恩義自生」中「情愛」二字，筆者以為乃附筆；重點實在「恩義」二字。今僅言「恩義」[50]。所謂「義」，容稍作闡釋。

---

49 唐君毅，《中國哲學原論‧導論篇》（香港：新亞研究所，1974），頁515-516。

50 俗語有謂：「一日夫妻百日恩，百日夫妻似海深。」《說文解字》：「恩，惠也；從心、因。」至於「惠」，《說文解字》：「惠，仁也。〈人部〉曰：『仁，親也。』」綜合言之，就現象界的人際關係來說，「仁」必須由人之相親相愛才得以生起。（即彼此間相親相愛，或至少彼此雙方有接觸、互動，始得以成「仁」：即接觸互動乃仁得以成立之必要條件。）而恩即是惠（也可以說，借惠這種形式以表現／表達恩），而惠又即是仁（也可以說，借惠這種形式以表現／表達仁）。由是吾人不妨寬泛的把恩、惠，仁視為同一個東西；而其共同基礎（必要條件）則係親（相親相

「夫子曰：丘聞之：『親者毋失其為親，故者毋失其為故也』」。（《禮記・檀弓》）本此，夫婦二人相處久了（即唐先生所說的「日久」，且二人本來就有夫婦之名分／名義），成為親人了、故人了，則「毋失其為親」、「毋失其為故」這種由情或情愛而生起的一種義，便自自然然會油然而至。「義者，宜也。」（《中庸》）然則牟先生與牟師母所宜者何？唐先生馬上給出答案：「當珍惜慶賀」是也。兩人宜珍惜這份如同患難中之姻緣；且不

愛）。恩、惠既本乎心（從二字之結構即知之），而仁雖屬人部，不屬心部，然人之可貴乃以其有心也。是以「仁」必蘊涵「心」義，即仁亦必本乎心無疑。豈無心（不依乎心）而可言仁哉？人之相親相愛或相親相近之所以可貴，乃因其以心（精神）相交往也，非以軀體之相親暱也。而人之相親相愛或相親相近既本乎心，則情誼，乃至厚德至誼必由是生起。而互以厚德至誼對待對方，此非相互間的一種恩、惠，那又是甚麼呢？而如此的恩、惠，則正係人與人之相處之義之所在也。換言之，義由恩／惠生，恩／惠即在義中矣（也可以說，恩／惠成為了表現義的一種形式）。若扣緊夫妻間之義來說，則固以相互間過去努力下所累積的厚德至誼而生起、促進之恩、惠為本始也（就此來說，厚德至誼與恩惠，乃互為因果者；也可以說是一而二，二而一者）。當然，有謂緣分天註定，所以結為夫婦，乃上天的恩、惠，或父母的恩、惠，或前世種下的恩、惠，這都是說得通的。這裡就不細談了。至於本注首行：「一日夫妻百日恩，百日夫妻似海深。」這一句話，其中「一日夫妻」、「百日夫妻」中的「一日」、「百日」，皆非實指「一天」、「百天」；「一」、「百」在這裡皆作虛詞用。前者蓋言夫妻關係極短暫，而後者蓋言比較久遠（蓋百倍於一日也），但仍係很短暫（相對於今之長壽者，動輒可有四、五十年（即百日之百多倍）以上的夫妻關係來說。）前者意謂夫妻關係雖極短暫（只有一日），但既有緣結為夫婦，則非其前（無論「前」是指「前世」或「結婚前」之交往）已累積百日（相對於一日，乃百倍也）的恩惠，又豈能產生此結果呢？當然此語亦可解讀為：一日的夫妻關係足以種下（緣於兩人厚德至誼之互動、相待始產生的）百日的恩惠。以上任一解讀，皆意謂雖短暫如一日之婚姻關係，但仍有深厚之恩惠在其中，是以雙方皆宜對此恩惠產生感激、感謝的念頭。換言之，即宜對此恩惠產生感恩之心。即以感恩之心來對待此恩惠也。只有以感恩之心來對待、回報此恩惠，始足以對得起這個恩惠，姑無論這個恩惠是上天所賜的或是後天人為努力下的一個結果。而對待、回報此恩惠的最首要或最基本的作法是絕不輕言離異。有緣結為一日夫妻者都不宜輕言離異，則百倍於一日夫妻的百日夫妻，其恩惠既似海深，則離異更不應是選項也。按：「一日夫妻百日恩，百日夫妻似海深」一語，當係夫妻間有離異的念頭甚至擬付諸行動時，其調人乃訴諸兩人的舊日恩情以打消彼等離異之念頭而說出的話。

僅要珍惜這份姻緣、這份感情。最要的是要相互珍惜對方，且進而相互慶賀能夠擁有這個緣分、「擁有」對方。非如此恐不足以克服或排除唐先生語重心長下所說出的「必不可免之齟齬」之窘境。（至於「恩」字的闡釋，已見注 50。）

　　牟先生婚後不到一年，乃於 1959 年 10 月 16 日舉一子[51]。11 月 19 日牟致唐函嘗告知此事。4 日後，即 11 月 23 日，唐先生覆函曰：

> 十九日示敬悉，知兄已舉一子，特遙為道賀。內子言兄成婚特遲而得子特早，亦見天道之損益有常，至堪慶幸。

上函充分透露了唐先生深信宇宙間乃有「天道」者；且其運行是有一常態者、規律者，所謂「損益」是也。牟先生成婚特遲[52]，或可以「損」視之。至其得子特早，則可謂「益」也。損益、往復，天道之常也。其前牟先生有所減損；今則有所增益。是以唐先生以「至堪慶幸」賀之。

五、《愛情之福音》成絕響：
「若能成家，必把這些道理寫出來」

　　八年艱苦抗戰結束前，即 1945 年 1 月，唐先生出版了他的愛情專著《愛情之福音》一書。該書在愛情學方面是相當著名的[53]。近來讀唐、牟二先生之往來書信，得悉原來牟先生對愛情問題亦具慧解，且曾試圖出版專著把相關道理寫出來（詳見 1952.12.31 牟致唐函；下詳）。惟以成家過晚（抵

---

[51] 詳見「1959 年 11 月 19 日」牟致唐函。

[52] 指在臺灣的一段婚姻來說。如以大陸的一段婚姻來說，則其成婚算是相當早了。

[53] 筆者多年前曾撰寫過三篇文章對該書之作者或其內容做過點研究、闡述。其一名為：〈唐君毅先生及其愛情哲學析述〉，收入筆者《學術與經世──唐君毅的歷史哲學及其終極關懷》（臺北：臺灣學生書局，2010），頁 507-528，尤其頁 510-514。

臺後將近 10 年始再婚），其原先之意圖便只好束諸高閣了，殊可惜[54]。今梳理彙整其相關意見如下。此對戀愛中人，乃至擬成婚者，或不無參考價值。再者，也讓讀者知悉牟先生對這方面（即男女間之情情愛愛問題），絕非一無關注者；反之，乃有其心得卓見者。

（一）前言：「能有一滿意之對象，必有一談愛的書」

唐、牟往來書簡，其最早談說愛的問題的，見諸牟先生抵臺約一年半後，即 1950 年 11 月 27 日的致唐函；如下：

> 近來李定一為弟謀婚事。此人雖不學，頗富世智，彼介一女，甚好，然未必能成。弟有一念，若年內能有一滿意之對象，必有一談愛的書，寫給普天下有情的兒女。若沒有，則此書不能出現。天地間亦缺

---

[54] 牟先生在道德形上學、新外王學、知識論（含邏輯）、中國哲學之解讀詮釋、佛學研究、譯注康德等等方面，皆做出卓越的貢獻。如果能夠撰成類似《愛情之福音》的愛情學專著，那就太完美了。換言之，假若牟先生能早一點成婚，那不單止其本人可以多一個領域的表現和成就，且對讀者的貢獻也會更大。牟先生《五十自述》以下的一段話則多多少少揭示了牟先生的愛情觀：「……傷春的『春情』不是『愛情』。『愛情』是有對象的，是生命之越離其自己而投身於另一生命，是向著一定方向而歧出，因此一定有所撲著，有其著處，各獻身於對方，而在對方中找得其自己，止息其自己；但是『春情』卻正是『無著處』。『閨中女兒惜春暮，愁緒滿懷無著處』，這『無著處』正是春情。愛情是春情之亨而利，有著處；結婚是利而貞，有止處。春情則是生命之迴漩，欲歧而不歧，欲著而無著，是內在其自己的『亨』，是個混沌迴漩的『元』。……春情之傷只是生命內在其自己滿盈無著之感傷。普通說結婚是墳墓，其實愛情也是墳墓。惟這春情才是生命，才是最美麗的。這是最原始的生命之美、混沌之美。可是這蘊蓄一切，滿盈無著，什麼也不是的春情之傷，可以一轉而為存在主義者所說的一無所有，撤離一切，生命無掛搭的虛無怖慄之感。滿盈無著是春情，虛無怖慄是『覺情』（覺悟向道之情）。」《五十自述》，頁 10-11。以上的一段話不算太長，但對愛情，乃至春情，則深具哲思；很值得進一步闡釋，或俟諸異日。光就愛情來說，以下幾句話便充滿智慧：「愛情是有對象的，是生命之越離其自己而投身於另一生命，是向著一定方向而歧出」、「結婚是利而貞，有止處」、「普通說結婚是墳墓，其實愛情也是墳墓」。

一典。

當代新儒家談愛情之專著，可謂寥若星辰。然而，異性間之愛情（從今天的視角來看，同性間之愛情似亦可納入），實古今中外最值得注目的眾多種愛之一。如果牟先生能於 1950 年代初期便撰成一愛情學專著，那在這一領域中，唐先生便不至於太寂寞了；或可成為當代新儒家愛情學之雙璧也說不定。「若……此書不能出現，天地間亦缺一典。」牟先生自視之高，可以概見。然則吾人視此潛存之作品為另一名著也不為過。

　　章學誠嘗云：「宋儒有朱陸，千古不可合之同異[55]，亦千古不可無之同異也；末流無識，爭相詬詈，與夫勉為解紛，調停兩可，皆多事也。」[56]就唐、牟二先生言，其治學之精神宗趣，尤其終極理想，固同；但對不少學術問題之看法、解讀，則頗殊異，尤以對佛學之看法、解讀為然。余英時嘗借用「一心開二門」的比喻，以說明「熊十力先生創始的新儒家也開出了唐、牟二門。」[57]既係二門，則必有不同、相異之處。其間何者高，何者低？何者純，何者雜？何者圓，何者偏／別？自未易言也，且似乎亦不必言，更不必作孰優孰劣之比較。個人則以為各擅勝場，是以此二門實千古不可無之同異（「同異」作「不同」、「差異」解，參上註 55。），蓋可斷言也。（至於這二者之間之差異，是否必不可合，今不具論。）然則唐、牟二先生，縱然以學術成就之整體審視之，亦當代新儒家（第二代）之雙璧也，固不必僅以愛情學為然。當然，徐復觀先生之成就亦不遑多讓，可謂鼎足而三。然而，其治學不以哲學為主軸，而另闢蹊徑；是以宜另當別論。

---

[55] 此「同異」一詞，非「同」和「異」之意；而係指「不同」、「相異」而言。

[56] 章學誠，〈朱陸篇〉，《文史通義》（北京：北京古籍出版社，1956），頁 53。

[57] 語見：〈余英時談牟宗三：他是當代新儒家的最後一位大師〉（原標題為：〈牟宗三先生的思力曲折幽深〉）；m.ifeng.com/house/shareNews?aid=107230117&mid=；2017.12.07 瀏覽。

（二）「女性本是感覺的」、「感覺與理智合則壞」

約兩年後，即 1952 年 12 月 31 日，牟致唐函也說過寫一「談愛的書」的話，如下：

> 若與今之女性接近，則亦非落在感覺、理智層以上不可。弟深知之，而不能為。女性本是感覺的，但以往的女性沒有這些理智中事，故能服從理性，始也勉強，而能在高一層次上契合[58]。現在加上這些理智中事，全落下來，而又把感覺支解了。他是感覺的亦好，感覺與理性合亦好，惟與理智合則壞。弟若能成家，則必把這些道理寫出來。否則，亦無興趣寫，我看這個時代真是人類遭劫的時代。遭劫，不必是共禍，淺薄的理智主義亦是劫。聖人議禮考文垂教，真是為生民立命也。此不獨弟個人之苦，亦整個中華民族之苦。為生民立命，真是要緊！不知吾　兄以為如何？

針對上引文，筆者之闡釋、申述如下：

1、上引文數言「感覺」[59]，此乃相對於「抽象」、「理性」而言；在這裡，不必以貶義視之。

2、「理智」在這裡則是一貶語，乃與「理性」、「理想」相對之一用語；蓋指很聰明，很會算計，很識時務，具應世的機智，很懂得生存之道；是以其具體作為很能符合現實——追求實現一般人現實上所追求之價值，也可以說向現實低頭。似乎可以說是一種功利主義，甚至拜金主義下的一種應世智慧。

---

[58]　筆者按：此語極像唐先生的口脗。按：唐先生看各種相歧異的問題，恆能從高一層次審視之，而認為所謂相歧異者，恐只是表面如此而已。從高一層次看，則不然，或不必盡然者。

[59]　蓋指人之感官（sensory organs）對客觀世界之事事物物有所感——反應（此相當於現今臺灣年輕人所常說之 fu（feeling））而產生的一種覺。

3、「若能成家，則必把這些道理寫出來。否則，亦無興趣寫。」愛情、婚姻問題，對牟先生當年來說，當然是很關緊要的。假若連婚都結不了，則無興趣寫，是很可以理解的。其實，也許還有一句潛臺詞，如下：寫了也沒有人要看。因為你自己都成不了家，那你所說的道理，豈不都是哄人的大話！

4、「為生民立命，真是要緊！」一語則充分反映出牟先生之使命感。牟先生恆抱持為天地立心，為生民立命之宏願。其實欲成就外王者，固當如是也。彼從談愛情而談到（淺薄）的理智主義，又談到共禍，並進而指出此後兩者乃人類浩劫之所在。其可以補偏救弊者，則有賴「聖人議禮考文垂教」。由此來說，上引文雖旨在談愛情，尤其談女性之特質；然而，既進而論及外王，則聖人之制禮垂教必居立論之關鍵地位。有謂：「三句不離本行」。牟先生，如假包換之儒家也。是以牟先生必繫懷懸念於此。彼由談情說愛而最後竟噴薄而出以下一語：「聖人議禮考文垂教，真是為生民立命也」，理有固然！於此，吾人尤當三致意焉。

（三）「時代風氣中的女性」

1951 年年中牟致唐函所提到的但丁式之戀既無可能，牟先生便只好改走務實的一途（詳上文）。而所謂務實，要言之，即適應、遷就時代、環境也。然而，時代風氣下的女性，總跟牟先生之理想有隔。牟先生不免向老友唐先生抱怨而指出時代女性的局限。據 1952 年 4 月 17 日函所述，其局限計有 7 項：

> 弟婚事最近無可能，若成，當在八、九月間。此小姐與遵驅家一支不同，完全是時代風氣中的女性：(1)斷滅的思想，(2)虛無主義的情調，(3)感受的現實主義，(4)自私的個人主義，(5)矜持的虛面子，(6)沒落的世家女性的形式主義，(7)嗜尚以現實的美國為標準。這些都是她不自覺。其實，若能引起了她的感觸的舒適感，亦無所謂。她的老太太及兄姊都贊成，惟獨她如　兄所說有許有考慮，但亦不拒絕。

弟處此，亦拖之而已，不成就算了，看來十之八九要成，關鍵當在秋
天也。（以上 7 項編碼，乃筆者所加，旨在醒眉目。）

筆者有如下觀察：

1、恐怕自晚清，尤其自五四新文化運動以來，中國的女性已沾染到
（西方的）時代風氣。然而，1950 年代初的臺灣，整體來說，其風氣都比
較傳統和保守。牟先生所描繪的張小姐，乃出身於世家大族[60]，與當時一般
臺灣人的表現有異，牟先生形容之為「完全是時代風氣中的女性」。而這個
風氣，牟先生認為是負面的。其列舉之 7 項，即可為證。就筆者來說，或就
對時代風氣比較持保留態度的一般學人來說，大概都可以開列 3、4 項負面
內容。如太現實、無理想、矯飾、個人主義等。但開列到 7 項（且是私人信
函中隨意的開列，非有意作認真、窮盡的開列），則恐非觀察敏銳、深具哲
學素養之哲學家如牟先生者，不能為。

2、牟先生對這些深受時代風氣所薰陶的女性，雖相當不滿，甚至深為
不滿，但竟能接受之而一意追求，一方面或可反映牟先生之包容度或接納
度；但自另一方面來說，則為了成家，便只好「紆尊降貴」，做出妥協了。
對方雖「有許多考慮」，但既「不拒絕」，那牟先生便用「拖」字訣，即鍥
而不捨地繼續追求下去。人生總有許多無奈，此其一例歟？但話又得說回
來，牟先生對該女子雖展開鍥而不捨的追求，但不至於一往情深的「死纏爛
打」，更不至於泥足深陷不能自拔。「不成就算了」一語，便多少讓人看出
牟先生的灑脫。

3、然而，為甚麼牟先生對這麼一位時代女性願意耗費這麼大的心力展
開鍥而不捨的追求呢？這除了上面說到的牟先生可有的「包容度」或為了及
早成家等理由外，上引文中以下一句話：「這些都是她不自覺」的，正好給
出了答案[61]。因為如果那 7 項「時代病」，都是該女子自覺的，那恐怕牟先

---

[60] 張遵騮乃張之洞之曾孫。雖該張姓女子非張遵騮的一支，但既係張之洞後人，則仍係
世家大族出身無疑。

[61] 姑無論這句話是牟先生敏銳觀察下足以反映事實的一個判語也好，或不得不為她想出

生便會認為無可救藥而不再展開追求了。當然牟先生勇於繼續追求的另一重要原因，蓋由於該女子「不拒絕」（至少牟先生是這麼認為）；又或以此而牟先生認定「十之八九要成」，即成功達陣的機率非常高；否則牟先生可能早就放棄了。又：「十之八九要成」一語反映出牟先生對這椿婚事抱持相當樂觀的態度，且亦顯示具相當自信[62]。

一個理由，以作為給她（恐怕也是給自己）臺階下的一個藉口也罷，這對牟先生來說，就足以獲得安慰了。換言之，牟先生至少由於在心理上視之為事實，而欣然接受對方了。

[62] 按：牟先生嘗致函徐復觀先生，其中提到一張小姐，相信即為此牟致唐函所提到的張小姐。牟致徐函如下：「張小姐處頗有進展，如無意外，秋冬可結婚也。弟明天到她那裡去過節。」然而，該函只有月、日（5 月 27 日），無年分。惟函中「明天到她那裡去過節」一語倒給了筆者一些尋找年分的線索。按：牟先生是在 1949 年夏、秋之間從大陸來臺，1960 年秋從臺赴港。其間於 1958 年 12 月底成婚。從 1950 年至 1958 年共計 9 年，那麼牟致徐函的 5 月 27 日，到底是 9 年中哪一年的 5 月 27 日呢？筆者遍查之結果是，只有 1952 年之 5 月 27 日之翌日（即 5 月 28 日）為函中所提到的大節日（端午節）。牟先生「到她那裡去過節」的一個節，顯然是指這個端午節，所以此牟致徐函，雖只寫月、日而缺年分，但必為 1952 年無疑。〈牟宗三致徐復觀書信〉見 https://sites.google.com/a/xufuguan.net/letter/home/05/05-07：2017.12.16 瀏覽。又：上述牟致唐函寫於 1952 年 4 月 17 日，此牟致徐函則寫於同年 5 月 27 日；即相距僅 40 日；又既稔熟到「到她那裡去過節」，則兩函中之張小姐，蓋為同一張小姐無疑。又：順帶一提：〈牟宗三致徐復觀書信〉所收錄者僅 24 封。其中談及結交婚姻對象事者，計有 4 封。除本註所說的一封及上註 19 所論說之二封外，尚有一封。今一併論述於此。該函云：「……，一次會小姐之兄，一次會小姐。台灣小姐又是一格，弟覺亦不壞。亦有可慮處。而他們處這種事，又似很矜慎鬼祟。（這恐多因地域關係）。」筆者擬指出二點：（一）此顯示牟先生不排斥其結婚對象為臺灣人（本省人）。（二）牟先生從地域關係（臺灣為一海島，其文化與大陸一望無際的內陸平原文化恐有一定差距。牟先生從所謂「地域關係」看臺灣，大抵本此。）看問題，所以乃以「矜慎鬼祟」描繪臺灣女子。其中「鬼祟」二字具貶義。此乃牟先生當時之個人觀察，吾人自不必認真看待。按：此函亦僅具月、日：三月十七日；缺年分。今知悉其年分為 1953 年者，乃據《無慚尺布裹頭歸・交往集》，《徐復觀全集》（北京：九州出版社，2014），頁 348。此「1953」的年分，亦可參《書簡》中之唐致徐函，《唐君毅全集》（北京：九州出版社，2016），卷 31，頁 60，註 1。臺灣學生書局版（1991 年）之《唐君毅全集》缺此 3 月 17 日之唐致徐函。

（四）牟先生論人之面相：「（人之面相）大體相去不甚遠」、「有其位，必有其相。有其識，必有其相。有其心力，必有其相。」

　　1952 年 4 月 17 日牟致唐函所顯示的樂觀、自信，到頭來原來只是「一場空」的「自我感覺良好」而已；其婚事仍遙不可及也。3 年多後，於 1955 年 7 月 29 日，牟致唐函又再談論結交異性伴侶事。其中提到面相的問題，相當有趣，如下：

　　　　（一九五五年）七月廿六日　賜示敬悉。所提某小姐，不妨一試。但像片[63]則不必相寄。(1)蓋像片全不可靠，(2)先識其人，像片有準。不識其人，像片無準[64]。(3)且易引起不正確之幻想與心理。(4)人若非奇形怪狀，或特美，或特醜，大體相去不甚遠，(5)至其細微韻節，則賴種種因緣。(6)有其位，必有（無）〔其〕相。(7)有其識，必有其相。(8)有其心力，必有其相。合與不合，有待于見諸其人，故最好不先觀照片。……弟年來精神很好，氣色亦佳，要走運也。有因緣即成家，否則，算了。蒙　兄懸念，縷述如此。（筆者按：以上編碼，為筆者所加，以醒眉目故。）

筆者之觀察：

　　1、個人照片（尤其身分證、護照等官方文件所適用之「大頭照」）所見者，大抵為其人面相之輪廓。當然長相之美醜，亦大略可見。唐先生擬寄某女子之照片給牟先生，恐怕即旨在提供以上兩資訊：輪廓、長相。牟先生

63　按：即照片、相片。

64　這裡的「識」，意謂「認識」、「結識」，蓋含「見」而言。李白〈與韓荊州書〉：「生不用封萬戶侯，但願一識韓荊州（長史韓朝宗）。」就古代來說，「識」之先決條件是「見」。如見都未見過，則何識之有哉？所以詩句中之「識」，其主旨蓋指「見」而言。又俗諺「未得識荊」中之「識」，恐亦以「見」為必要條件。

則以為不必，其所持的理由是：「像片全不可靠」。但為甚麼不可靠呢？照片不是至少可以把照片中人的長相，尤其長相之美醜，予以呈露嗎？牟先生對這方面似乎也不至於否認，即不否認人有美醜之別。然而，牟先生對美醜有他獨特的一套看法，如下：「人若非奇形怪狀，或特美，或特醜，大體相去不甚遠。」也許牟先生心中會有如下的一個想法：我快屆乎知命之年了，這把年紀，特美者，大概不會想到要嫁給我這麼一個老頭子吧。特醜者，恐怕唐老兄您也不會介紹過來「害我」吧。特美、特醜者排除在外，剩下來的便自然是「大體相去不甚遠」了。然則又何須事先看照片呢？！此外，不必寄來照片，尚有另一原因：「易引起不正確之幻想與心理」是也。牟先生信中未明言「幻想與心理」到底何所指。這是很可惜的。筆者則猜測如下[65]：假如照片中人長得相當美麗漂亮而讓牟先生再生起五年前「五百年冤孽　傾倒（不已）」的一種浪漫想法並進而盲目追求的話，那豈不是「不正確之幻想」！殷鑑不遠，恐怕牟先生不想再心存幻想了，否則碰得一鼻子灰、鎩羽而歸，那就尷尬了。

2、長相，是先天的，即天生的（後天的美容，尤其整容，自另當別論）。「細微韻節，則賴種種因緣」。其中「種種因緣」，這大概指後天的素養、修養、工夫來說。「相由心生」，不盡誣也。乃至一舉手、一投足、一揚眉、一瞬目，所謂「細微韻節」，固賴後天之工夫無疑。

3、上引文 8 項中，最後 3 項，蓋泛指一般人，非專指女性。其中「位」，蓋指職位、身分、地位；「識」，蓋指器識（器度、見識）；「心力」，蓋指志向、使命感。以上 3 項特質，依牟先生，均見於人之面相。

4、總括來說，原來牟先生也相信面相這一套東西，蓋認為人之面相可反映其人之性格、特質也。

---

[65] 筆者這個猜測，與其人長相的美醜不無關係。然則筆者所謂「另一原因」，其實是順著上面談論美醜這個觀點引申出來的。

（五）「人的計慮是有限的」、「悟到了生命之機括之獨特性」、「此種事似乎有因緣決定。七、八年來，經介紹者不下數（千）〔十〕人」

　　王實甫《西廂記》有句云：「願天下有情人終成眷屬。」這句話實在太好了。然而，它後面有句潛臺詞啊。那就是：少數人、若干人，甚至不少人、很多人，雖是有情人，但成不了眷屬的，否則就根本不必許期、盼望（即所謂「願」）他們最終可以成為眷屬了。至於牟先生與牟師母趙惠元女士，到底算不算有情人呢？當然算不算，那得看你對「情」字所下的定義。再者，似乎更得看其「情」到底要深到甚麼程度才算得上是「有情人」的「情」。這個就不細談了[66]。反正，他們兩人「終成眷屬」就是了[67]。我們

---

[66] 說到牟先生對師母是否有「情」／「愛情」的問題，這讓人想起牟先生〈說「懷鄉」〉一文中的一段話：「……又使我常想起的，則是我十三四歲的時候，一個馬戲班子騎在馬上跑的那個小女孩。我當時莫名其妙地非想去看不可，這也許就是所謂愛情了。我一生只有那麼一點羅曼斯的愛苗。但從此以後，也就斬斷了。」牟宗三，〈說「懷鄉」〉，《人生》雜誌，1953 年 2 月。收入《生命的學問》（臺北：三民書局，1976），頁 1-7。上引文見頁 3。《五十自述》中又有相同的記載，且更詳盡：「……繼之是一個十三四歲的小女孩騎在馬上，……清新俊逸的風姿，但是可憐楚楚的，……我直如醉如痴地對她有着莫名其妙的感覺。……我不知不覺地偷去了好幾次，我一看見了她，就有着異樣的感覺，既喜悅又憐惜。事後我每想起，這大概就是我那時的戀情。一霎就過去了，這是我一生唯一的一次愛情之流露，此後再也沒有那種乾淨無邪而又是戀情的愛憐心意了。」上揭《五十自述》，頁 15。按：〈說「懷鄉」〉寫於 1952 年。《五十自述》則完成於 1957 年（見《牟宗三先生學思年譜》，頁 24）。時牟先生尚未認識 1958 年年底結為夫婦的趙惠元女士。是以不敢說「羅曼斯的愛苗」是否會因為認識了師母而再度燃起？但以常情而論，羅曼斯的愛苗比較容易生發於青少年的階段；過此而往，尤其中壯年以後，恐怕生發的機率就不會太高了。羅曼斯的愛苗雖或難以再度燃起，但照筆者的近身觀察，老師與師母是相當恩愛，且互相扶持的。彭國翔先生在所撰的上揭文：〈掙扎與孤寂：牟宗三的愛情世界〉（https://kknews.cc/zh-tw/culture/plqx4ej.html；2021.02.17 瀏覽）的末尾處，引錄了牟先生晚年寫給孫女鴻貞小姐（牟先生長子伯璇的千金）的一封信，其中有云：「我這個家並不是很健全的。……你奶奶也不是很諧和的。而我也老了。」這封信讀來讓人傷感，蓋都是比較負面的（當然，「老」不應算是什麼負面的表現，但依上

文語脈，牟先生意謂其個人也難有進一步的表現了，蓋歲月不饒人，人老了，不中用了。）然而，筆者以為，「不是很諧和的」一語，不宜照單全收。再者，在家書中對平素不如意事，向最親的親人一吐肺腑，抱怨一兩句，那也是人之常情，至少是很可以理解的，吾人不必認真看待。三者，牟先生本來就是直來直往，口直筆快，有話就直說的一位充盈著漢子氣的哲學家。假若上引語句確實出自牟先生之手，那可說正可以反映其真性情之一斑。附識：1929 年牟先生時年 21 歲時，便與王氏成婚。而牟先生自述從十三四歲後（即 1921、22 年之後），其羅曼斯的愛苗也就斬斷了（詳上引撰寫於中年以後之〈說「懷鄉」〉和《五十自述》），是可知牟先生與王氏恐怕亦說不上有甚麼愛情；至少很難說有非常深厚的愛情吧。再者，牟先生對王氏有如下的觀察：「吾妻俗野，尤不稱（父）意。……吾岳家至鄙俗，定婚時，父親即嫌棄，至吾結婚十餘年，從無好感。過門後，言談舉動，無一能當。尤嫌棄之。從不允其侍奉。……諸媳又無學。」（〈親喪誌哀〉，收入《牟宗三先生未刊遺稿》，上揭《牟宗三先生全集》，冊 26，頁 3。）上引文字中雖有句云：「吾妻俗野」，但這並不表示牟先生對其夫人王氏的看法全係負面的；至少不至於當先生犯「昏憒荒唐」時（「昏憒荒唐」一語，見〈父喪三年述懷〉，《牟宗三先生未刊遺稿》，頁 10），都怪罪在夫人身上。〈父喪三年述懷〉中有「無以對妻子」一語（「妻子」乃「妻室」和「兒子」之縮寫），即可證牟先生乃一無推搪而全力承擔其「昏憒荒唐」事。按：太老師 18 歲便輟學，但唐宋人之文章及《史記》皆嘗朗讀。反之，王氏俗野、無學，故為太老師所嫌棄歟？（太老師朗讀事，詳〈父喪二周年忌辰感恩〉，上揭《牟宗三先生未刊遺稿》，頁 6、8。）然而，吾人又不能說牟先生對原配王氏毫無感情。先生寫給兩兒子及孫子紅成（伯璇子）的信函中即可窺見其一二。此可詳參上揭彭國翔先生一文。又有關牟先生的結婚時間，詳上註 28。上引文中有句云：「諸媳又無學」。此所謂「無學」，蓋指未嘗讀書、受教育而言。也可謂等同說，未嘗接受文明的洗禮。按：牟先生對「學」一事，嘗持否定的態度。現今則批評彼等「無學」，是可知對「學」乃持肯定的看法。此一轉變──從否定到肯定，相當有趣，頗堪注意。詳參本書第二章第三節之（一）：喜（樂）之末段。

67　其實，說到「愛情」，我們也可以進一步說「緣份」。因為光有愛情而無緣份，那也是修成不了正果而難以步上紅地毯共諧連理的。所以緣份實至關緊要。其實，緣和份，也可分開來看。大概是先有緣始可有機會聚在一起。能夠有機會聚在一起（當然，也可以把緣和機會視為同一個東西），才有機會產生感情、愛情。然而，縱然雙方已有感情，甚至愛意、愛情，也不一定最後可以結成夫婦的。夫婦是一種名份。君不聞有緣無份乎？是以緣、情、份，此三者實各別獨立，而必須三者結合，始成（理想中之）夫婦也。世間上有緣相聚，但產生不了感情、愛情者（即不來電），多的是。有愛情，但不能結成夫婦者，也多的是。於此可見三結合之可貴了。是以天下人能具有之者，當珍惜之，寶愛之。

先看 1958 年 12 月 2 日的牟致唐函：

> 弟婚事，大體已屆成熟，所有東西俱買妥。對方下星期來台中，婚期
> 大體是在元旦前後，尚未決定，或許決定在十二月廿九日。決定了，
> 當再告 兄。此人是師大的老同事，以前並無來往，秋期由一學生提
> 及，一見便決定，至今不過三月[68]。說快也快，說慢也慢。此種事似
> 乎有因緣決定。七、八年來，經介紹者不下數（千）〔十〕人[69]，皆
> 無合者。今一拍即合，似皆不可思議。弟亦不敢〔謂〕必定有幸福，
> 亦不謂其盡合意識中之理想。自覺的佔十分之三，不自覺的佔十分之
> 七。其來也是不可思議之因緣，幸福不幸福也是不可思議之命運，因
> 此一定便定了。人的計慮是有限的。佛觀兄謂已告 兄，弟所以遲遲
> 奉告，因此種事皆多變，若再有變化，亦命也。但無論如何，以現在
> 觀之，是要成的。吾 兄聞之，當高興，弟亦願其順利完成。七、八
> 年來，為此事，觸悟良多，實不是為此事，在生命機括的發展中，牽
> 連到這些事。弟亦因此真悟到了生命之機括之獨特性。吾 兄寒假能
> 得機來台北一遊否？念念！弟甚願得機一敘也。

筆者之觀察：

---

[68] 可知「（1958 年）秋，先生與趙惠元女士締婚」一語，誤；蓋「秋期由一學生提
及」誤作秋期便結婚也。「（1958 年）秋，……締婚」一語，見《牟宗三先生學思
年譜・學行紀要》，頁 25。

[69] 「七、八年」，就算八年好了。1 年 365 天，8 年共 2900 多天。「不下數千人」，則
恐怕至少三千人了，因為如果只是「二千多人」，恐不會用上「數千」一詞。換言
之，即牟先生一天平均至少相親一次以上！當然，這絕不可能。不要說牟先生，縱然
以最有時間，最愛相親的人來說，也無此可能。其實，即以數十人來說（算三十人好
了），那八年共 96 個月，也表示三個多月便相親一次，那也算相當多了。所以
「千」字絕對是「十」字之誤。史學方法中有理證一途，今雖無文獻佐證，但「千」
字，按道理當係「十」字之誤。此正理證之一例也。又：以牟致唐函來說，其談及結
交結婚對象者，始自 1950 年 10 月 13 日的一函。迄本函（1958 年 12 月 2 日）為
止，實已超過八年。若把 1950 年 10 月 13 日前之交往算在內，則更不止八年之數。

　　1、上引文兩度提及「因緣」，兩度提及「命」／「命運」，亦兩度提及「幸福」。而所謂「命運」，乃特別扣緊與趙惠元女士的一段「因緣」來說；「幸福」也是扣緊該段「因緣」來說。當然，亦未嘗不可反過來說，即該段因緣是否幸福，乃全繫乎命運之安排。由此來說，即以命運為主軸，其位階實居於上一層次者，蓋以命運決定因緣與幸福也。此可見牟先生甚為相信命運。然而，凡儒家莫不訴諸、相信人後天的努力。本此則難道牟先生「背棄」了儒家大義不成？此又不然。蓋尋尋覓覓幾近 10 年，其間牟先生的個人心情、與不同對象間的感情，乃至與風塵女子之纏綿等等，其起起伏伏、浮浮沉沉，實一言難盡。是以牟先生不免發出「人的計慮是有限的」的嗟嘆。由此而相信命運可以播弄人，甚至操縱人，亦可謂情理之常。此不足予以深究。且牟先生語帶保留、彈性，而只指出說「人的計慮是有限的」，而未嘗予以絕對化。（如說「人的計慮完全無能為力」、「人的計慮全不濟事」等語，便算是絕對化。）其實，儒家是理想主義者。現實與理想恆有距離、落差。儒學大義固含此義而儒家知之審矣。是以縱然牟先生在某一程度上相信命運，甚至順從命運，此不得即視為背棄或違反儒學大義[70]。個人認為只要非全然地、全面地向現實妥協、低頭，那就不算背棄、違反儒家大義了。至於上引文中「自覺的佔十分之三，不自覺的佔十分之七」，這大概也是就命運來說。細言之，乃就此語之上一語中的「幸福」、「理想」來說。這是說自覺的該段婚姻當合乎理想而有幸福者，大概佔十分之三；不自覺

---

[70] 按：《論語》中孔子言「命」者相當多。茲舉二例：子曰：「亡之，命矣夫！斯人也，而有斯疾也。」（〈雍也〉）；「子曰：不知命，無以為君子。」（〈堯曰〉）。此中之「命」，很明顯其意涵相當於今人所常說的「命運」／「命數」；牟先生這裡所說的命／命運，即取此意（按：「命」指非人之理性、能力可以左右、縱控的一股神秘力量，甚至是「黑暗力量」）。又：《論語》中除言「命」外，也有言「天命」的。但其意涵絕殊異，不能混為一談。詳參徐復觀，《中國人性論史・先秦篇》（臺北：臺灣商務印書館，1975），頁 83-84。徐先生〈論史記〉一文亦嘗及斯義，深具啟發性，非常值得參考。徐復觀，《兩漢思想史》（臺北：臺灣學生書局，1979），卷三，頁 332。

的，即命運安排的（或幸福，或不幸福），大概佔十分之七[71]。

2、「觸悟良多，實不是為此事，……因此真悟到了生命之機括之獨特性。」哲學家即哲學家，上語可見一斑。蓋由個別而悟到全體；也可以說由具體事物而悟到抽象道理。這個抽象道理實具關鍵地位。儒家所究治者，生命的學問是也。吾人生命之發展、途程，固有種種機括。其上，也許有總機括、樞紐。歷史發展，其途轍是辯證的[72]；非直線，是如何即如何或該如何便即如何的。即不是如人意，或至少不是盡如人意的。其不必如人意，非全然如人所逆料，非全然順著人之計慮走的，這就是歷史的本質。此即所謂「變」也，非「常」也；乃辯證發展也，非直線發展也。人，歷史中之一物耳。是以其發展——生命之展開，其途程亦然。於此正可見人自身之努力是有限的（所謂「有限」，乃意指「就達致成功（成功達陣）來說，是不必然的」而言。即縱然再努力，也不必然成功。）牟先生「人的計慮是有限的」一語便道盡一切了。「謀事在人，成事在天」即指此而言。「盡人事」，而仍不得不「聽天命」，亦指此而言。然而，就牟先生上述案例來說，其成功率既大於一半而達到 65%（參上註 71），則努力不懈可也，焉得怠慢也！再者，儒家恆「知其不可為而為之」、「君子以自強不息」。是以縱然預估其成功率是 0 或幾近於 0，吾人亦不宜放棄也。

---

[71] 假如筆者這個解讀不誤，則大體來說，牟先生這段因緣仍是正數多於負數。蓋肯定者（自覺婚後有合乎理想之幸福者）已佔 30%，則加上餘下 70% 的一半機率（即 35% 有幸福），其結果便是有幸福的機率是 65%（30%＋35%）。總體來說，既然六成五有把握（即成功率為 65%），那麼這段婚姻自然是很值得嘗試了。然而，也可以說，仍有 35% 為未知數（變數）！而牟先生竟接受之，這似乎可得出一結論說，牟先生並不是純然以理性（或理智）的態度來對待、處理婚姻問題。個人也認為，婚姻問題（即要不要跟某人結婚），不可能，且也不應，純以理性態度來對待的。若太過理性，恐必流於事事計較的功利主義了。愛情本來就應與功利主義絕緣，是以不宜以功利之厚薄、得失為判準也。

[72] 憶 40 多年前，牟先生上課時便如此說過。但當時不懂，亦不敢細問。當時不用功，如入寶山空手回，太慚愧了！

（六）「內子純粹女性，……純內在于女性之具體感」

　　牟先生經過八、九年的尋尋覓覓，終於在 1958 年年底在臺灣再成家了。其欣喜之情，不言而喻。婚後一個多月，即 1959 年 2 月 10 日，便致函唐先生道說其事：

> 錢先生帶來 兄所賜衣料及被面，日昨到兆熊兄處拜年，已轉到。甚感甚謝。婚後，大體尚好，只到日月潭住了一天，其餘俱在家。……內子純粹女性，帶虛無主義情調，此亦時代病之反映。惟彼無時下女性之知見，彼無興趣于觀念，純內在于女性之具體感，故亦可相處而得調劑也。

牟先生從香港赴臺灣講學期間，筆者嘗陪伴過牟師母，前後共計二次，每次約三個月，時維 1979 年、1980 年（其哲嗣元一先生時在外國進修）。對牟師母之性情，尤其對其家居日常生活，可說具微末的了解。今據此（望不至於管中窺豹、瞎子摸象）而對上引文稍作說明。「純粹女性」，蓋意謂一般女性；非事業型女性、企圖心很強的女性，甚至不是愛熱鬧、愛串門子的女性，更不是長舌婦，更非心機很重的女性[73]。依筆者多年的感受，或所謂「觀察」吧，牟師母乃賢妻良母型之女性也。「帶虛無主義情調」，蓋指牟師母對很多事物，都不會有甚麼特別主張，更不會堅持己見，或所謂秉持甚麼特別立場。或可以說有點「無所謂主義」的傾向。上引文中「無時下女性之知見」，蓋意謂無新潮女性們對俗世事物所具備之知識。是以也不會據這些知識而產生恆自以為是的種種執見；對生活、生計事宜，也不會特別計較。「無興趣于觀念」，即無興趣運用抽象概念、思維以建構知識或作推理等等活動。「具體感」，乃相對於抽象之「觀念」而言。即指牟師母對個別

---

[73] 「心機」取國語用法，等同廣東話的「機心」，意謂富於心計，恆計算人家；是一個負面意涵的用語。而廣東話的「心機」則是一個正面用語，指做事很用心、認真、仔細。

的，具體的東西、事物比較感興趣。

筆者以為，牟師母跟牟先生是一對絕配。兩人共同生活，相互扶持逾30 載（1958-1995）。「同偕白首，永結同心」一語，洵為最貼切的描繪。牟先生中晚年的作息起居，全靠師母照顧。其無後顧之憂而能全心全意地從事生命的學問的闡發、弘揚，梳理、剖析，乃至闡釋、批判中外哲人之思想，並從事其個人哲學體系之建構，牟師母實為最大功臣。抽象的哲學思辨、冷酷的邏輯推理，不免使人生活呆板、僵化，甚至窒息人之生命。師母的出現，既充當牟先生日常生活的潤滑劑，且對整個家賦予了自然溫馨、活潑可喜的生機。一般人只知欣賞、推崇牟先生在哲學上的成就與貢獻，而鮮少注意、留神其背後之最大功臣。這對牟師母似乎稍欠公允。今茲特別藉此拙著予以表彰。

六、餘論：物色終身伴侶的坎坷歷程所含藏的道德意涵

現存所見的牟致唐函，計有 67 封，其中 19 封嘗論說其結交結婚對象。唐致牟函今存者僅得 18 封，其中唐先生回應此問題者，計有 6 封[74]。然而，此 25 封（19＋6）書函，除揭示若干相關資訊及唐牟二先生的若干看法或信念外[75]，最重要的，個人認為，是彰顯了以下幾項道德價值：

（一）管鮑之交：唐牟往來書簡中充分揭示兩人推心置腹、無所不談的

---

[74] 其實牟致徐函 24 封中亦有 4 封談及這個問題。此上文已一一開列，今不細論。

[75] 連同 4 封牟致徐函，其所揭示之相關資訊如下：（一）結交結婚對象（含相親），其過程前後計有 8、9 年。（二）8、9 年間，曾認識一些風塵女子，其一並交往 1 年以上。（三）相親次數計有數十次。（四）相親的女士小姐們，至少計有以下各姓氏：沈、張、劉。（五）結婚對象不排斥本省（臺灣省）人。（六）學生介紹趙惠元女士，「一見便決定」，即「一拍即合」（「」內之文字，乃牟先生之自述）。（七）由「一見便決定」到正式締婚，還不到 4 個月。時維 1958 年秋冬期間。（八）牟師母為純粹女性。至於唐牟二先生的若干看法或信念，則如下：（一）同重視倫理生活。（二）二先生某一程度上相信命／命運，甚至認命。（三）牟先生相信相法：人之面相可反映其個性、性格。牟先生本人對面相甚至有其個人獨特的見解。

摯友間的深情大愛。雖親若同胞兄弟，或管鮑之交、刎頸之交，恐亦無以過之。牟先生尋覓結婚對象時心情上之起起伏伏，乃至與風塵女子交往、欲拒還迎之內心矛盾、最後遣散過程之斬截等等，均見諸兩人往來之書函。函中的相關對話尤足以反映彼此間之深情厚愛。牟先生內心之苦悶，及由怖慄感而來之空虛荒涼，甚至連作為儒家所必重視之「一切道德宗教平常所謂藉之以安身立命者」，「皆如外在之機括」（1955.11.28 牟致唐函）的種種無可奈何，皆一一傾訴於其致唐函中。緣自推心置腹所以相距不足一個月便提出的兩次懇求：「盼　兄之智慧予以接引。」（1955.11.06 函）、「吾　兄稟性情之正，具悱惻通達之慧，盼能多予指引，以渡難關。」（1955.11.28 函），更可以揭示兩人之交情實非比尋常。至於唐先生之覆函，其本乎至誠、出自肺腑之各種建議，乃至忠告，更充分揭示並彰顯了兄弟般之摯愛，甚至人間大愛。其感同身受、人溺己溺之至情至性，全彌綸充塞於片言隻字間，甚值吾人參考。

　　（二）守經行權：儒家，理想主義者也；牟先生當然不為例外。然而，面對現實問題時，有時不得不做些妥協，否則事必不濟。守經行權，固儒家之道也。就牟先生來說，「決定作但丁式的戀」（1951.07.11 函），這就是理想主義的一種表現。然而，其後不得不轉而認定「簡單樸素」（1951.07.11 函）的女子反而是最好的，甚至「能找一個人照顧生活就算了」（1954.01.28 函）。這說明以下一事實：現實世界是殘酷的。幾年下來的百般折騰，牟先生不得不委屈自己、曲從現實而作出一定程度的自我調整。此或所謂認命也（兩人書函嘗論說「命」、「命運」，甚至不得不訴諸「命」、「命運」以解釋若干人間際遇。此頗值得注意）。從客觀面來說，這也可以說是向現實做出妥協，甚至所謂投降。然而，妥協、投降，也不是毫無原則的。儒家固行權，但當守的經還是要守，否則何儒家之可言？！牟致唐函有云：「不成，就算了」（1952.04.17）；「有因緣即成家，否則，算了。」（1955.07.29）。牟致徐函說得更坦白：「故常看對方，如稍有不願意，即算了」；「如以為可，必須相就，否則就拉倒。」（1952.10.16；此兩語固反映出尊重對方，但也說明了牟先生堅守「有為，有所不為」的原則。）所以牟先生也絕不會

為了要結婚、成家，便無條件「棄械投降」。「這也是我們一點自尊心」
（1952.10.16 牟致徐函），誠哉斯言！作為現代新儒家，面對現實，雖有時
很無奈而不得不稍委屈自己，但那有「坐以待斃」，乃至「束手就擒」之理
呢！

　　（三）自強不息：10 年間尋尋覓覓結婚對象的過程中，牟先生所遭遇
到的坎坷、挫折，固然使先生耗費了不少精神、生命力，但牟先生絕不以此
而喪失其原先之鬥志和理想，真可謂自強不息，越挫越勇也。[76]此則堪向讀
者告慰者。其鬥志和理想之具體表現，其犖犖大者，稍說明如下：弦歌不輟
於上庠、隨緣講學於坊間、辦人文友會於民間（講學 51 次）[77]，又撰著含
《外王三書》等等之偉構[78]。前者乃意欲教化青年、社會大眾，後者則揭櫫
自由、民主諸大端乃中華傳統文化所欠缺或未嘗展開者（精神上雖涵此，至

---

[76] 對這方面，牟先生本人有充分之自覺，嘗云：「……翌年（按指：1941 年）春，遂
　　作狎邪遊。……吾日常生活，歷來無拘束。亦從未妨礙自己之事業。天旋地轉，吾自
　　不搖。」〈父喪三年述懷〉，《牟宗三先生未刊遺稿》，《牟宗三先生全集》，冊
　　26，頁 9。「從未妨礙自己之事業」一語，雖係針對仍在大陸時的一階段來說，但就
　　臺灣的一階段（1949 年之後之 10 年）來說，牟先生之表現亦與此無別。

[77] 51 次之聚會講學，其中唐先生適逢赴臺灣而應邀主講一次（第 50 次；據《唐君毅全
　　集·日記》，時維 1956 年 8 月 11 日）外，餘皆由牟先生主講。除講文獻之 15 次無
　　記錄外，餘 36 次皆有記錄（惜其後遺失其中 1 次；今存者 35 次）。其記錄，後以
　　《人文講習錄》的書名出版，收入《牟宗三先生全集》，卷 28。相關情況，詳見該
　　書之〈編校說明〉、〈編印說明〉。

[78] 《外王三書》指《歷史哲學》、《道德的理想主義》、《政道與治道》。按：《歷史哲
　　學》和《道德的理想主義》二書所收錄之各文章皆撰就於牟先生成婚前。《政道與
　　治道》一書則稍例外。該書收錄文章共 10 篇。其中第 8、第 9 和第 10 共 3 篇則撰就
　　於牟先生成婚之後，即 1958 年年底之後。此詳見〈牟宗三先生著作編年目錄〉，
　　《牟宗三先生全集》，卷 32，頁 18-27。又：1949 年遷臺至成婚前，先生撰就並出版
　　之著作，尚有以下各專書：《荀學大略》、《王陽明致良知教》、《理則學》等。詳
　　見〈牟宗三先生學思年譜·著作出版年次表〉，《牟宗三先生全集》，卷 32，頁
　　221-222。此外，文章寫成於先生成婚前而未收錄於上述各書而收錄於他書（譬如
　　《生命的學問》）之文章尚多，不盡舉。是可知先生婚事過程上之挫折絕不影響其撰
　　述之大業也。蓋先生以後者為重，是以前者對後者不至構成影響。其心志之堅定不
　　移、不屈不撓亦可知矣。

少絕不予以排斥，然而，客觀架構、制度實未嘗建立）而樂於從西方引進者。此在在皆表示牟先生絕不因物色結婚對象在過程上之蹇滯困頓而頹唐喪志、失其故步。子曰：「造次必於是，顛沛必於是。」（《論語‧里仁》）牟先生之表現，適足當之無愧也。

　　（四）情至義盡；絕不物化風塵女子：一般來說，人皆視牟先生為智者型的學者。而智者型的學者，恆被視為是比較冷的，比較無情的；或至少是比較灑脫的、瀟灑的。牟先固有其嚴肅（或所謂比較冷）的一面，但亦有柔情似水的一面。本書第三章嘗揭示牟先生與張君勱先生的相處過程，其中便很可以透出先生柔情的一面，甚至可以說情至義盡的一面。先生與風塵女子之交往，其情至義盡的一面也展露無遺。先生固然由於「精神痛苦已極，……撰寫之餘，不免藉酒色以自娛。」（《五十自述》，頁 100），又由於「鬱悶之氣，無可發洩。……，遂作狎邪遊。」（〈父喪三年述懷〉，《牟宗三先生未刊遺稿》，《全集》，冊 26。）然而，筆者深信，先生對該等女子，實絕不物化之，更不以玩偶視之。「玩物喪志，玩人喪德」。作為儒學大師的牟先生，此待人接物的大原則、大道理，必謹守之而一刻不敢或忘者也。先生對相關女子情至義盡的表現，彼 1955 年 12 月 27 日的致唐函，可以揭露無遺，如下：

> ……弟初非無與之結婚之意……，故長時期予以磨練，看轉化如何。然畢竟慧根不夠，亦無可如何。此次會歸，彼亦坦然，蓋弟對之甚好也。

是可知：(1)牟先生有意與該女子結為夫婦（此正反映先生絕不把對方視為玩偶，否則何結婚之可言？）。(2)耐心（「長時期」一詞即見端倪）磨練以提撕之，轉化之；此仁者之用心也[79]。(3)建議該女子會歸，而該女子坦然

---

[79] 按：稍早的同年 12 月 20 日的牟致唐函有句云：「遇之于風塵，拔之于風塵。」此亦充分反映牟先生之仁者用心也。

接受。(4)交往過程中，牟先生定付出真感情，並待之以至誠，此即所謂「甚好也」。此在在充分佐證先生對該女子實在是情至義盡矣。[80]按：情至則不傷情，義盡則不違義。「非聖人而能若是乎？」（《孟子·盡心下》）牟先生，其殆庶幾乎。

　　（五）其他：儒家重視實踐。一切理論（義理）如不能付諸實踐，那只是空言，即概念的遊戲而已。儒家義理中，「誠」一義非常要緊。朋友相交，亦以誠為貴。就以牟先生與風塵女子之交往來說，唐先生本乎至誠而向牟先生提出規勸。而牟先生從善如流，二話不說便坦然接受，無所推託搪塞。唐先生出之以至誠，牟先生亦回之以至誠而立刻遣散該女子。是二先生肝膽相照，昭如日月也。再一端：朋友窮、困，乃想方設法（含仗義疏財）救援之。牟先生嘗以生活孤寂等等原因而產生怖慄感，乃至荒涼空虛之一無掛搭，唐先生建議牟先生先作一外遊。其間之旅費、住宿問題，乃至生活費等等，唐先生皆惠允一力承擔[81]。仗義疏財，固儒家義理之一端。仗義疏財蓋發端於人溺己溺的不忍人之心，即不忍見人家之困乏也。由此來說，其為推己及人之恕道無疑。然而，就當時（1950 年代中期）的情況來說，以牟先生一時間無法動身外遊，是以本諸「仗義疏財」為基礎之外遊方案遂不克落實。苟能落實，筆者相信，牟先生亦絕不會扭妮作態而不接受的。茲舉一旁證。牟先生嘗云：「吾信賴（張）遵騮之友情，如兄如弟，毫無距離之感。彼解衣衣之，吾即衣之。彼推食食之，吾即食之。彼以誠相待，我以誠

---

[80] 「情至義盡」，此固然。然而，牟先生對該女子是否有愛意，則很值得探討。筆者愚見以為，牟先生對該女子，定有憐惜、憐憫之意。該女子既墮落於風塵，則本仁者胸懷，牟先生豈能不生憐惜、憐憫之意呢？！（本書第三章三之（一）說到牟先生對歷史虛構人物武大郎被潘金蓮欺負時，都生起悲憫之情，甚至深感悲傷，而認為「徹頭徹尾即須有人替他作主」，則更何況對現實上真實人物的際遇呢？！）然而，筆者認為，憐惜、憐憫之外，牟先生對該女子尚有愛意。牟先生發自內心的表白云：「對之甚好」、「遇之於風塵，拔之於風塵」，此在在皆表示愛意之存乎其間。蓋如非具愛意，則何來「好」？又何須「拔之於風塵」呢？或至少就「愛」一詞之廣義來說，牟先生對該女子是定有愛意的。

[81] 要指出一點，唐給牟的建議乃在 1950 年代中期，其時唐先生之經濟亦不寬裕。

相受。」[82]按：1950 年代唐、牟之關係，猶同 40 年代張、牟之關係也。要言之，誠心規勸、仗義疏財，皆儒學義理朋友一倫中最具代表性之表現；而唐先生都做到了。牟先生亦本乎至誠而絕不託詞搪塞，或扭妮作態而婉拒。朋友之交情能到這個地步，亦可謂至乎其極矣！「誠」、「恕」兩項在儒學義理中扮演非常關鍵的角色。然則唐牟二先生推心置腹之交往，亦可見一斑矣。

　　以上所揭示之道德價值（道德意涵、道德義蘊）僅七端（第四項含兩端，其他一項亦含二端，是以總共七端）。其實，物色結婚對象之歷程所含藏者，絕不止此七端而已。有謂：「賢者識其大者，不賢者識其小者。」（《論語‧子張》；在此，「識」字姑引申作「認識」、「知悉」解；與朱註之解作「記」者有異。）順此而言，吾人似可說：「賢者識其多者，不賢者識其少者。」筆者固不賢者無疑。是以上之七端，乃可謂拋磚引玉之舉而已。擴而充之，以見其全幅義蘊，或更豐盛之義蘊者，實有待來哲。茲焚香祝禱焉。

　　牟先生 1949 年遷臺迄 1958 年年底始再有機會成婚；在物色終身伴侶的坎坷路途上，前後走了共 10 年之久始得修成「正果」。其事之不易有如此者！其間過程之複雜、轉折，實一言難盡（上文之說明恐仍不免掛一漏萬也）。然而，最後終能圓滿達陣。然則作為學生之我輩，心中之歡忻、興奮，實遠非筆墨所能形容。

　　要言之，二先生往來書簡，皆值得一一細讀傳頌。上所言者，僅就物色結婚對象而為說而已。然而，即此一端，已值得吾人認真仔細咀嚼玩味。筆者希望透過本文，尤其是透過此餘論，就個人能力之所及，針對牟先生物色結婚對象的坎坷歷程中所含藏之各意蘊（「意蘊」相當於唐先生在〈歷史事實與歷史意義〉一文中所特別強調的「可能意義」與「理想意義」），盡量予以發覆，以見牟先生本乎「真人」所流露的至情至性的一面（當然，唐先生真性情中對友人推心置腹、患難相扶持的一面，乃至唐先生論說結交異性

---

[82]　上揭《五十自述》，頁 96。

朋友取捨之道及夫妻相處之道，亦同時而獲睹）。此外，筆者深信，青年朋友之談情說愛者，尤其愚夫愚婦之欲建立和諧家庭者，皆當有所資取焉。

附識：「醇酒婦人」一事之管見

一、前言

　　本文（本章）之初稿宣讀於 2018.01.20-21 以下會議：「第一屆中國哲學研討會暨唐君毅先生逝世四十週年紀念」。宣讀後，一與會學者起立發言說要對付我（其用語為：「要對付黃兆強」。「黃兆強」三字後不冠上任何稱謂或所謂尊稱，如「教授」、「老師」、「先生」、「兄」之類的字眼；也許這位與會者要表示親切吧。）其主旨為不應揭牟先生與風塵女子交往這個瘡疤。言下之意，即視我對牟先生為大不敬！他的發言，筆者頗不以為然，隨後便作出簡短回應。會議最後一場「座談」時，更用了大約五分鐘的時間，作了四點說明。今彙整並稍增訂如下：

　　（一）凡人皆有所欲求。在追求、滿足個人欲求的過程中，假若沒有侵犯到任何其他人的權益，則吾人不應視為是罪過、罪惡。

　　（二）凡人皆有工作權，且有選擇職業之自由；而職業無分貴賤。風塵女子也是人。其為解決個人生計，為養兒育女等等，既不偷，又不搶，而付出體力勞動，則其職業應受到起碼的尊重。

　　（三）假若牟先生之表現被誤會為其人生之缺點或污點，則無意中似乎是預設了該風塵女子是促成牟先生產生這個缺點／污點的罪人！這是否已陷於戴震所說的以理殺人之嫌呢？（今稍作補充：儒家重視人與人之間之感通，唐先生尤重斯義。而感通恆緣自人之同理心。如視該女子為罪人、牟先生之表現為污點，則似乎太過貶視該女子了，且也陷牟先生於不義。吾人何以不能設身處地，並持同理心看待這問題——看待兩人的表現／行為呢？！）

　　（四）依儒家義理，如能成家，過正常的兩性生活、家庭倫理生活，那當然上上大吉，最理想不過。但有沒有想過天下間有不少人是無力成家，無法過正常生活的呢？這已經夠可憐了。假若吾人又不讓他們在生理需求上另尋出路，這是不是太殘忍了一點呢？一句話，個人絕不認為牟先生的表現是

其缺點或道德上的污點；所以予以表白[83]，不應算是揭瘡疤；且牟先生在眾多文字中，早已自道之（下詳）。反之，如戴上「有色眼鏡」——心中預存立場，乃視之為缺點或污點，或進而為之遮遮掩掩，那恐怕反而使人誤會牟先生的表現是罪大惡極、十惡不赦了。作為牟先生的學生，這是我們願意看到的嗎？

二、牟先生早已自我表白

牟先生之自我表白（今俗語所謂「自我爆料」），數見，不一見。就閱覽所及，便有以下各項：

（一）牟先生致唐先生的多封信函（上詳）。[84]

（二）《五十自述》：「（向熊師）問安畢，相對而泣。……精神痛苦已極，……撰寫之餘，不免藉酒色以自娛。」（頁100）。

（三）《五十自述》：與唐君毅先生相比，牟先生又自我描繪說：「我自己亦多放蕩胡鬧處，言行多不循禮。」（頁109）。

（四）《五十自述》：「我在這將近十年（筆者按：指1949-1957年左右，即從流亡到臺灣至撰寫《五十自述》的一個時段），……我讓我的心思、生命，乃至生命中的一塵一介一毛一髮，徹底暴露，徹底翻騰，徹底虛無，……」（頁164）其中所「徹底暴露」者，當然含「醇酒婦人」一項，否則何徹底之可言？

（五）〈父喪三年述懷〉：「吾于廿九年秋至大理。……鬱悶之氣，無可發洩。翌年（1941）春，遂作狎邪遊。生活極不規。……家庭骨肉，俱在水深火熱，而吾則酒色纏綿，夜以繼日。……此當為吾有生以來最大的罪

---

[83] 所謂「表白」，其實主要是轉錄唐牟二先生往來書信中原有之語句而已。按：牟致唐函是唐師母嘗允許予以出版的；據悉，又為東海大學圖書館徐復觀特藏室所收藏者。詳參上文註3及本書第2章註4、5。

[84] 據悉，〈牟致唐函〉目前為尚未刊行之打字稿。然而，30年前出版之《唐君毅全集》卷26之《書簡》中之〈唐致牟函〉，其中第六函（1955.12.25）對牟先生交往風塵女士一事，已見諸唐先生之筆端矣。唐先生建議遣散該女子一事，見諸第五函（1955.12.17）。又：1952年12月19日唐致徐函（《書簡・致徐復觀》第10函）已有下語：「宗三兄來函，……言及……現實生活上太寂寞，有寧醇酒婦人之感。」

惡，亦為吾今日最大之懺悔。夢寐之中，猶不覺淚洗雙眦。自此以後，吾漸覺有敬畏之感。于人生真理常懷嚴肅心，非是前此之一任興趣奔馳矣。」[85] 上引文最後幾句話，尤其「最大的罪惡」、「最大之懺悔」二語，足以顯示牟先生深具濃厚的道德反省意識及自我超拔之企圖心；此非常值得注意。

（六）〈水滸世界〉：牟先生在描繪彼相契於水滸世界時，不經意的也披露了類似的情況，如下：「吾之感覺水滸境界，在由壩子上，在樹底下，在荒村野店中，在世人睚眦下，在無可奈何之時，在熱鬧場中，在污濁不堪之社會中，在花天酒地，金迷紙醉，冷冬小巷，皆有所遇（按：蓋指由遭遇到相類似於《水滸傳》所描繪的（若干）境況而生起一種感覺／靈感，並以此為契機而得以透入到水滸的世界、境界）。我之感覺，頗不易寫得出。比起寫哲學系統還難。以往生活，已成雲煙。然而我未曾倒下去。我只因讀了點聖賢之書，漸漸走上孔聖之路。」[86]

---

[85] 〈父喪三年述懷〉收入《牟宗三先生未刊遺稿》，《牟宗三先生全集》（臺北：聯經出版事業公司，2003），冊 26，頁 9。按：〈父喪三年述懷〉一文撰寫於 1944 年 8 月。參〈牟宗三先生著作編年目錄〉：http://bbs.gsr.org.tw/cgi-bin/view.cgi?forum=27&topic=286；2020.07.17 瀏覽。按：牟先生未刊之各遺稿之得以彙輯成冊而收入《全集》中，藉以公諸於世者，恐必先得《全集》編委會之同意而後可。再者，《全集》中第 26 冊之《未刊遺稿》，其編校者乃李明輝教授（李教授且為編委會召集人之下之最重要之成員：聯絡人）。眾所周知，李教授為牟先生之高弟且對牟先生甚為推尊崇敬。上引「作狎邪遊」等語及相關描述，編委會及李教授既無所忌諱而全文照錄（由李教授所撰寫之《未刊遺稿‧編校說明》，可知所納入之各文皆嘗經李教授本人仔細過目），則可知彼等未嘗以相關事宜為不可告人之秘密矣。在這個地方，筆者要由衷的感謝編委會諸公，尤其是明輝教授，假若彼等以事不關乎學術（或其他原因）為由而不納入相關文章，則牟先生幾無事不可對人言、無行不可公諸世的坦蕩磊落胸懷，便少了一項佐證了。當然，牟先生不悉其遺稿必被公開，但牟先生離開東海大學時既未嘗毀棄之（相關文稿遺留於宿舍，而為韋政通先生所保管。韋氏後轉交編委會，詳參李教授所撰之〈編校說明〉），則可知牟先生本人未嘗要隱諱其事也。按：牟先生在《五十自述》等著作中已公開其事，則自不必不贊同刊出〈父喪三年述懷〉一文也。一句話，筆者深信，編委會收納上文於《全集》內而予以刊報，當暗合，或至少絕不違背，牟先生之心意者。

[86] 〈水滸世界〉收入《生命的學問》（臺北：三民書局，1976），上引文字，見頁

三、其事早已為學者所道說出

（一）熊十力：針對牟先生「醇酒婦人」、「花天酒地」、「金迷紙醉」等的生活，「百度文庫」有以下的說明：「牟宗三的率真，還表現在不『避諱』上，牟氏在飄轉雲南大理之時（筆者按：1941 年前後三數年間，即牟先生 30 歲出頭之時。），曾經在荒村野店裡沈淪，以至於其師熊十力對着其他學生大罵自己的得意門生：『牟宗三，人很聰明，可以成器，就是⋯⋯，這也成不了大器。』孰知從沈淪中走出來的牟宗三終成大器，在後來的回憶中，牟氏並不諱言自己的沈淪。他的率真亦如奧古斯丁對上帝的虔誠一樣，亦不隱瞞任何細節。⋯⋯筆者絕非為牟氏辯護，率真之人哪裡需要辯護？」[87]

235。順便一說：於〈水滸世界〉一文開首處，牟先生嘗云：「《紅樓夢》是小乘，《金瓶梅》是大乘，《水滸傳》是禪宗。」按：後兩書曾分別被視為「誨淫誨盜」，且「久干例禁」的著作。（語見閑齋老人：《儒林外史・序》）而現今牟先生竟分別以大乘和禪宗定位之，則牟先生之眼光自迥異世俗之見矣。同理，吾人自不宜依世俗之見而定位牟先生之出入風月場所為人生之污點。按：歷史研究所憑藉之史料，有「有意史料」和「無意史料」之別。後者指某人並不知道彼所遺下的東西（如日記、書信等）乃被後世史家當作史料用者，是以其可信度反高於前者，蓋前者指某人（名人、有相當表現之名流）預估彼所留下的東西非常有可能被後世史家援用以研究其人之生平事蹟者；是以在彼所撰寫之日記、書信中，恆不免故意加油添醋或避重就輕而遠離生活上之真實情況。

根據以上牟先生的自白，吾人可知，「不免藉酒色以自娛」事，乃始於 1941 年，時牟先生人在四川大理。終於何時，則不必深考；吾人視為乃一時間之「失足陷溺」，斯可矣。至於牟先生本人對「自娛」事之記述，其見於〈父喪三年述懷〉者（太老師 1941 年謝世，詳《五十自述》，頁 145。是以〈述懷〉一文乃撰寫於 1944 年），當為最早之記載。明確記述其事之《五十自述》，則撰寫於 1956、57 年。〈水滸世界〉一文，據〈牟宗三先生著作編年目錄〉，則撰寫於 1970 年之前。又：牟先生為《五十自述》之出版曾撰寫一〈序〉文，時維 1988 年。而書中之內容一仍其舊而不作任何刪減，該〈序〉明言：「⋯⋯願記之以誌不忘」即可為證。若從 1944 年算起至 1988 年，則可見在將近半世紀的時光中，牟先生未嘗以「藉酒色以自娛」事為諱也，是以在不同階段所撰寫之文字中，其相關記述乃一再出現。

[87] 見〈牟宗三　充盈漢子氣的哲學家〉https://wenku.baidu.com/view/9bc234a10029bd64783e2c16.html；2018.01.23 瀏覽。

　　筆者按：上引文中的「其他學生」，指的應該是韓裕文（詳見下一條任繼愈的說法）。又：上引文中熊先生責罵牟先生的一二句話，筆者不知「百度文庫」何所據而云然？然而，假定該一兩句話確係出自熊先生之口，則作為牟先生業師的熊先生，其本諸愛之深，責之切的用心而出諸批評的口脗責備學生一兩句，也是很可以理解而無傷大雅的。當然用語上或許稍微重了一點（熊先生的用語或語調，尤其對學生，素來如此）；但也未為大病。吾人似不必認真看待的。熊先生愛護牟先生之深，牟先生以下的幾句話適足可以作為佐證：「時熊先生在重慶，函湯錫予先生謂：『宗三出自北大，北大自有哲系以來，唯此一人為可造，汝何得無一言，不留之於母校，而讓其飄流失所乎？』」[88]

　　（二）任繼愈（1916-2009）云：「他（按指熊先生）對韓裕文講過像×××，人很聰明，可以成器，他就是……，這也成不了大器（據說此人現在臺灣）」。[89]

　　（三）王興國：牟先生日常生活上的沈淪──「感性追逐」，王先生也有類似的描繪。其中熊先生對牟先生的指責，也被引錄下來。[90]

　　（四）李山：針對「充盈漢子氣的哲學家」或針對勇於承認自己過去一些表現的牟先生而言，大陸學者李山有如下的描繪和評斷：「〈文殊問疾〉（《五十自述》第六章）這『一品』，公開刊登，卻有不同尋常的含義。因為其中涉及自己早年時期生活沉淪的行迹，首先需要面對自己公開自己的勇氣。牟宗三早年生活中的那點事情，在臺灣、香港乃至後來在大陸，沒少在他的學敵、他的嫉妒者、不屑者以及『正經人』嘴中飛短流長，……『一點漢子氣是勇』，……能承認並公開自己的行迹，便是『開朗』，非有堅實的『開朗』工夫不行。這文章……以其深沉的生命體驗，感動過臺灣的讀書

---

[88] 語出《五十自述》，頁92-93。蔡仁厚先生繫此事於1939年。蔡仁厚，《牟宗三先生學思年譜・學行紀要》，頁8-9。

[89] 任繼愈，〈熊十力先生的為人與治學〉，《任繼愈學術論著自選集》（北京：北京師範學院出版社，1991），頁530。

[90] 王興國，《大家精要　牟宗三》（昆明：雲南教育出版社，2011），頁38。

人。新儒老儒，可曾見過像牟宗三這樣坦白自己的？」[91]一言以蔽之，李山對牟先生自我坦白的欣賞，實在是情見乎辭，蓋認為乃新儒老儒中所僅見者。

（五）彭國翔：彭氏的描繪、分析，如下：「牟宗三在愛情和婚事無望情況下的一度消沉，可以說是『孤寂』中的一度荒唐，他自己對這種消沉與荒唐，其實是一直反觀自照，知其為『破裂』生活的。」[92]

四、欲蓋彌彰，恐反陷牟先生於不義

唐牟二先生一輩子光明磊落、光風霽月，無事不可對人言，無行不可公諸世。上引文中有句云：「筆者絕非為牟氏辯護，率真之人哪裡需要辯護？」個人絕對同意這個說法；且進一步認為，那根本不是牟先的缺點，更不是缺德，然則又何需為牟先生辯護或迴護呢？該與會者當時的反應，是不是過激了、過度了一點呢？筆者最後還要補充一點。彼指責筆者固然出於愛護老師之心（按：牟先生亦筆者之業師），其指責自然也是善意的；是以吾人應予以肯定。然而，如果那根本不是老師的一項缺點或污點的話，那又有甚麼不能說的呢？[93]再者，退一步來說，縱然是缺點／污點，難道就需要三

---

[91] 李山，《牟宗三傳》（北京：中央民族大學出版社，2006），頁 194-195。

[92] 彭國翔，〈掙扎與孤寂：牟宗三的愛情世界〉：https://kknews.cc/zh-tw/culture/plqx4ej.html；2020.12.31 瀏覽。

[93] 筆者一至親獲悉拙著之書名（《說新儒家三大師之性情與愛情》；這是原擬定的書名）並大概推想到三大師是誰之後，嘗來函賜教云：「師之情愛，為弟子者不宜表述，此亦古人所云為尊者諱為賢者諱也。」此卓見，筆者絕對認同；是以再不敏，也不敢違悖古人（這方面，似可以儒家為代表）「為尊者諱，為親者諱，為賢者諱」這個倫常大義。然而，其賜教是不是無意中已預設了就客觀面來說，老師（牟先生）之行為為不德呢，否則何隱諱之可言？該至親之說法，其出發點當然是善意的，這筆者絕對肯定，並銘感五內。然而，他實在是誤會了筆者。彼既未嘗試圖審度拙著之內容（他大可以來函詳詢拙著之內容，甚或要求筆者把整個電子檔寄過去，以便細讀），更未嘗打算獲悉筆者之用心，便作出了「為弟子者不宜表述」的一個判斷！筆者被誤會，或可謂咎由自取（因為誰叫你處理、探討「師之情愛」這個主題呢！）；惟其賜教似不免陷牟先生於不義矣，是以內心不能無所傷痛也。至於筆者之用心，則只要詳讀拙文，當能體會。然則知我罪我，非所計較也。

緘其口嗎？這是否過迂、過泥了呢？清中葉大史學家錢大昕《廿二史考異・序》云：「史非一家之書，實千載之書。袪其疑乃能堅其信，指其瑕益以見其美。拾遺規過，匪為齮齕前人，實以開導後學。」深盼該與會者能三復斯言。

其實筆者應該要感謝該位與會者才對。因為如果不是他的指教，則筆者絕不可能補上這個長達 5、6000 字的說明。然則牟先生那段很可能被視為人生污點的際遇便隱而不彰，又或以訛傳訛而其實情反而不得大白於天下了；然則牟先生以下的企圖及作法：力圖「拔之於風塵」及其後誠摯遣歸該女子所蘊涵的道德意義或道德價值，就更無從抉發彰顯而讓世人知悉了。其結果是：一方面，牟先生固然成了冤大頭；再者，作為牟先生學生的我輩，也沒有盡到以下的義務：為老師把相關事實連同其背景（「背景」指：「鬱悶之氣，無可發洩」而言。由是便導致：作狎邪遊；精神遂痛苦已極）予以說明清楚！附帶一說：牟先生本人在其《五十自述》等文字中對該事宜既早已自我爆料，則讀者欲據「父為子隱，子為父隱，直在其中矣」（《論語・子路》）之精神或原則而申引出以下的一個想法或作法：「生為師隱，直在其中矣」，恐怕也是不必要的。

按：「不免藉酒色以自娛」，自某一義言，乃人性之弱點——被氣質之性所左右、操控而失陷於生命幽暗的一角落中。此幽暗之角落，吾人固宜努力擺脫逃離；然而談何容易呢？此所以牟先生向畢生摯交唐先生自道其苦況曰：「心中矛盾極大，……，而為善不終，……，直成大痛苦。」（下詳）其天人交戰或人魔交戰之情，亦可以概見矣。《五十自述》等著作及致唐函之直道肺腑，皆可謂道德勇氣之表現，亦友朋間最純摯交往下而當有之一表白。此足以反映牟先生充分自覺其相關表現之非是。這是極難得的。（注意：此所謂「非是（不對）」，乃就牟先生本人主觀上之自覺不該縱情恣意來說。若就客觀上來說，既於人無損，則縱情恣意於酒色，固無所謂對或不對。前文即就此客觀義而指出非其人生之缺點或污點。）按：自覺乃人得以向上轉機之關鍵、契機。（陳白沙最重視「覺」；彼嘗謂：「人爭一個

覺」。）[94]此自覺復加上唐先生之忠告／建議，牟先生乃由此而得以幡然改圖也。反之，如牟先生不敢誠實面對，乃至遮遮掩掩，甚或托詞推搪，則牟先生就只有沈淪一途而不可能再是儒家，且也對不起摯交唐先生了。換言之，針對上青樓事，能坦誠面對、勇於表白；針對某風塵女子，又能決然遣歸，最後成功達陣（該女子坦然接受而無怨言），乃成就了牟先生的偉大人格，也成就了他的光風霽月。個人實為此而感到無限的興奮與欽佩。作為他的學生，如果反過來視其為老師的人生污點，自己既不說、不便說或不敢說，或轉而為之遮遮掩掩，這是否過迂呢？假若進一步往負面的方向去想，則恐怕更無法體會筆者本乎同理心、崇敬心而來之明白說、如實說、善意說了；再者，又大張旗鼓施予批評，則是否不無己是人非，以一己之心度他人之腹之嫌呢？這個地方，容一起來好好思考。

　　又：「不免藉酒色以自娛」事，退一萬步來說，縱然乃牟先生的人生污點，那又如何？牟先生，人也，非神也；而人是免不了會犯錯誤的，牟先生又豈為例外！牟先生之所以偉大，不在於有沒有犯錯誤，而在於犯後能勇於承認，敢於面對；而絕不隱藏遮蔽，更不文過飾非，強辯硬拗。換言之，即始終以真面目示人也，以真性情接物應世也。吾人何以不能本同理心（即順隨著牟先生固有的真誠惻怛之性情）以看待其事耶？不解，恕愚昧，實在不解！

五、餘論

　　這位與會學者當日事後私底下向筆者說：也許史家的作法與其作法不同。此意謂前者要把史實說出來，而後者則否。筆者則認為：在這個地方，不必作此疆彼界的區分。當然，我是史學研究者，他是哲學研究者（其實，我未嘗不兼治哲學；但很慚愧，連邊都沒沾上。）但作為任何「研究者」之前，其先乃必須是一個「人」。若能從「人」的立場來設想，則何必認定史學家和哲學家各有作法、立場或觀點而導致彼此產生不同的看法或判準

---

94 詳見〈與林時矩書〉，《陳獻章集》，卷三、書二。

呢？[95]否則恐怕必陷於莊生所說的：「道術將為天下裂」之窘境呢！唐先生教吾人看問題恆當泯滅彼此之歧異而從高一層次看。所以我們今天看問題還要以學術領域之不同而強調此疆彼界之各有作法或各有立場嗎？按：上述研討會是特別為紀念唐先生而舉辦的。我們怎麼可以把唐先生這個很核心的治學精神拋諸腦後呢？再一點：儒家已經常被人詬病是泛道德主義了。如果不是扣緊拙文與學術相關或與事實相關的具體內容提出批評；反之，乃視「醇酒婦人」一事蓋係牟先生之人生污點或缺點，因而指責拙文甚麼甚麼不該說、不應說，這是否有泛道德主義之嫌呢？在今天來說，學術上的言論自由最該受到保障和尊重。有謂：我雖然不同意你所說的內容，但我誓死都要維護你說的權利。然則那有用泛道德主義的立場而指出甚麼該說或不該說的呢？一句話，可以不同意筆者所說的內容（其實，恐無法不同意，因為筆者只是轉錄唐牟書信中的相關語句，或轉錄《五十自述》、〈水滸世界〉、〈父喪三年述懷〉等等的相關文字而已。再者，熊十力、任繼愈、王興國、李山等等先生皆先筆者「爆料」而道說其事。），但何至於在會中強調說：你說的，我們都知道，但我們從來不說。[96]按：「從來不說」一語恐預設了牟先生該行為是大有問題的，乃不可告人之秘密，否則何須「從來不說」呢？當然，吾等固然不必「昭告天下」的大肆張揚其事。但適度的說明（含善意的解讀），個人認為是適當的，且應該的。筆者不認為當時在座的所有師友，尤其年輕學者，都非常完整地、清晰地知道相關事實；反之，模糊影

---

[95] 當然，筆者亦深悉史家和哲學家在專業上各有所偏重；大抵前者以史實之探討與重建為主，後者則側重理論／義理之敷陳及闡釋。然而，亦不能一概而論（即不宜予以普遍化或絕對化），蓋史家亦恆針對史事（乃至針對歷史之整體發展）作說明（explanation）或解釋（interpretation）。就此來說，史學專業與哲學專業便差別不大。或至少可以說，兩專業領域有其重疊之處而非截然相異者。趙就筆者個人來說，碩論與博論乃分別探討趙翼之史學及章學誠之後人研究成果。此皆可謂第二序（後設）之研究。此與哲學專業所探討者尤有類似之處。然則史、哲研究必作此疆彼界之區分，恐更無必要了。

[96] 筆者與該與會者相識數十載，且 40 多年前就一起上過牟先生的課；不意竟在會議上對筆者作出如此重的一個責難！

響之談恐不少。再者，這位與會者作為牟先生中晚年的大弟子，且在臺灣哲學界／儒學界薄有名氣，經這麼特別強調，那筆者豈不成了對老師大不敬而故意揭老師瘡疤的罪大惡極的惡徒？是以不得不針對「醇酒婦人」一事，藉此附識以表達個人如上的淺見；並由衷的表白筆者對老師絕無不敬之意。尚望讀者諸君，尤其該與會者，惠予鑒諒。

2019.04.29 補充：1955.01.30「牟致唐函」有句云：「人在有生歷程中，魔事總不可免。……故吾人決不苛責人，但不應為自己辯護。」假若上青樓為魔事，則牟先生既認為魔事為不可免，且不認為應為自己辯護，則作為學生輩的吾儕，又何必越俎代庖，或進而為之遮遮掩掩，以其為不可告人之穢事／惡行耶？該函之相關文字，茲完整地引錄如下：

「弟數年來亦常在無出息中，現在仍極困頓，但決不無聊（筆者按：指行為言語庸俗無意義。），不拆爛污（按：此為吳語方言，意謂苟且馬虎，不負責任），不討便宜。人在有生歷程中，魔事總不可免（按指：為「魔」所惑而成魔障）。以鳩摩羅什之道行，而聲色不斷。管仲不儉不知禮，而孔子稱其仁，大其功。故吾人決不苛責人，但不應為自己辯護（筆者按：蓋意謂雖不苛責人，但不能順此而對自己無所要求，乃至為一己不當之行為辯護、強辯），尤不應無聊，討便宜。弟數年來常在觀照自己，試驗自己，故知道了許多艱苦。魔性一半，神性一半，悲劇乎？喜劇乎？雖在人為，亦或許有命存焉。[97]」

---

[97]「魔性一半，神性一半」一語讓筆者想起天主教以下的教義（教理）：在人生的途程上，我們都不斷受到種種誘惑或所謂試探。來自名、利、色、權（或來自廣東人常說的嫖、賭、飲（酗酒，乃至狂飲暴飲）、盪（放蕩不羈，流離浪蕩，遊手好閒）、吹（吹鴉片──吸鴉片）等等的誘惑即其例。就時下流行的行為來說，滑手機、打電玩，乃至購物狂，如買名牌上了癮等等，又是另一類的例子。就儒家教義來說，這都是緣自一己的人欲（或所謂心魔）所造成的。（天主教則視之為緣自外在的魔鬼。緣自一己（內）或緣自外，這裡且不細辨；但總是一種不正常、不正當或過了分的一種欲，則恐怕耶、儒都會共同承認的。）然而，幸好，吾人這種「魔性」，如牟先生所說的，只是人性的一半而已。人性的另一半──神性，把人之所以為人的特質，保住了。否則人與禽獸便全然無別而只有其魔性了（其實，人比一般動物──禽獸聰明多

了；所以做壞事的能力，豈是一般的動物可以比擬的呢！由是人之魔性比禽獸的魔性不知「魔」多少倍）。人之神性與其魔性恆不共戴天而捉對撕殺，必拚至你死我活，或我死你活而後已。人生途程上如牟先生所說的「許多艱苦」，由是遂絕不可免！魔性勝，則悲劇也；神性勝，則喜劇也。有謂：道德無休假的一日。欲喜劇之來臨，則「道德無休假的一日」的訓條，乃必須謹守遵行而絕不能掉以輕心者。人為萬物之靈、人定勝天，此積極而剛健之儒家所深信不疑者也。1950 年代中期，牟先生以種種不如人意的遭遇，不免氣餒而說出有點沮喪的一句話：「或許有命存焉」；然而，其前之另一語：「在人為」，則清晰明確地揭示其仍為儒家本色無疑。吾人讀牟先生的文字，必須從此細微處切入、分判，始可體會其本旨宗趣也。

附錄一　仁者的人文關懷：
唐君毅先生論「施與」與「原諒」^{*1}

---

* 本文乃應以下會議主辦單位之邀請而發表：「當代新儒學的創造性轉化」國際學術會議。主辦單位：東方人文學術研究基金會、中央大學儒學研究中心、東海大學哲學系；會議日期：2020.12.26-28；地點：中央大學文學院、東海大學人文大樓。今經修改增刪後納入本書內作為附錄。

1 現實世間上，真心誠意地原諒別人，不是很容易做到的。簡單來說，就是說時容易做時難。人家對不起您的（或加害於您的），我們經常的反應是：「這口氣，就是嚥不下！」連嚥都嚥不下，那就根本不用說不生氣、不抱怨、不記仇、不懷恨而能夠進一步原諒人家了。所以原諒，的確是很不容易做到的。唐先生在《致廷光書》中討論「原諒」的一段話，個人認為很有意思而深受感動（即時下年輕人所說的「很有感」），所以撰寫本文以闡述之。

當代新儒家當中的牟宗三、唐君毅和徐復觀三位先生，學者恆分別以智者、仁者與勇者稱呼之，視為智者型、仁者型和勇者型的新儒家。筆者對這個「三分法」，相當認同，本文以「仁者」稱呼唐先生即本此。這裡既說到三位先生，吾人不妨稍述說三位先生的傳世情誼。一言以蔽之，三先生皆推心置腹，以全幅真生命對待對方也。茲先說唐牟二先生。牟先生對唐先生，乃可謂推崇備至者。其相關文字，散見於牟先生的多種著作中。其中見載於《五十自述》者，似最具代表性，今舉之以概其餘。牟先生說：「吾當時（筆者按：指抗戰初期；兩人訂交約始於 1939 年）有云：『生我者父母，教我者熊師，知我者君毅兄也』。……在那困阨的五年間（民國廿六年至卅一年），除與熊師常相聚外，還有一個最大的緣會，便是遇見了唐君毅先生。他是談學問與性情最相契的一位朋友。……還要進到具體的精察，這就是黑格爾所開闢的領域。我因此對黑格爾也有了好感。這都是由君毅兄所給我的提撕而得的。……環顧海內，無有能了解黑氏學者。惟君毅兄能之。此其對於中國學術文化之所以有大功也。」牟宗三，《五十自述》（臺北：鵝湖出版社，2000），頁 100-111。這裡順便一提。牟先生對唐先生固推崇備至；但著作中亦不乏批評的文字。然而，吾人不得以

一、前言

　　本文所據者，主要源自《致廷光書》中約 200 多字的一段文字。在闡釋該段文字之前，茲先說《致廷光書》的性質。筆者嘗云：

> 在反覆誦讀《致廷光書》後，深覺該書雖不似《愛情之福音》之深具系統，但愛情學上的價值，恐反在後書之上。且更可喜的是，以該書無說理相，所以其可讀性，即被一般讀者接受的程度，恐怕亦在後書之上。本此，筆者以為，把該書與《愛情之福音》並列為唐先生愛情學的雙璧，實絕不為過。[2]

假若上述判斷不差，則《致廷光書》（按：廷光，即唐師母。師母姓謝，諱廷光。後自取字曰「方回」，以字行。）在愛情學上便深具價值了。其實，該書義理相當豐富，「談情說愛」者，僅其中一端而已。[3]至於上文說過的

此而大做文章，甚至僅道說牟先生對唐先生負面的批評，而全不述說正面的稱許。筆者嘗撰寫一文，自認為針對正負面方面能做出較平衡的論述。該文今作為附錄二收入本書內。至於唐先生之對待牟先生，其大略見本書第六章：〈尋尋覓覓：牟宗三先生物色終身伴侶的坎坷歷程及其道德意涵〉。徐先生之對待唐先生，可見諸彼對唐先生的「評價」。此可參本書第四章：〈肫肫其仁：徐復觀論說唐君毅〉。至於牟先生之評價徐先生，可參〈精誠相感，憂患同經：牟宗三眼中的徐復觀〉，上揭《政治中當然有道德問題‧附錄七》，頁 533-573。

[2] 黃兆強，〈愛情密碼大公開——《致廷光書》愛情婚姻觀闡微〉。此文乃應邀出席以下研討會而撰寫：「第七屆儒學論壇：紀念唐君毅先生逝世 40 周年國際學術研討會」。主辦單位：四川宜賓學院四川思想家研究中心、唐君毅研究所；會議日期：2018.10.19-22。上文今經修改增刪後納入本書內，作為書中的第 5 章；題目則改作：〈談情說愛：唐君毅先生愛情婚姻觀的偉大啟示〉。

[3] 《致廷光書》所含藏的哲學義理異常豐富。參黃兆強，〈唐君毅先生（1909-1978）30 歲前後的哲學思想——以《致廷光書》為探討的主軸〉。此文乃應邀出席以下研討會而撰寫：「紀念唐君毅先生逝世四十周年國際學術會議」。主辦單位：香港新亞研究所、香港中文大學；會議日期：2018.12.05-07。

200 多字的一段文字，其主旨乃在於環繞「原諒」而為說。下文第三節將全部予以錄出。

　　在這裡先說「原諒」一詞的意思。簡言之，所謂原諒，乃指對他人之過失，予以容恕、寬恕、寬囿、寬貸、寬假之意。個人認為原諒他人，乃道德情操的一種偉大表現。這大概是人所共知共論的。但其實，原諒對於行為者的本人，是深具養生保健的功效的。由此來說，無論是為人或為己，原諒他人都是一個甚具價值而應予以肯定、稱道的行為。

二、「原諒別人，就是拯救自己。」

　　據網上資訊，記者夏曉言先生嘗撰寫一文章（以下簡稱「夏文」），對「原諒別人，就是拯救自己」這個議題，闡述綦詳。[4]茲節錄其中部分文字如下：

> 「原諒別人，就是拯救自己。」近期的一項科學研究發現，這句話並非只是一粒華而不實的「寬心丸」，而是實實在在的健康祕訣。科學家們稱，原諒別人，會讓人更容易忘記痛苦的經歷，從不良情緒中解脫出來，恢復身心的平衡狀態。

夏文繼續說：

> *Psychological Science* 期刊的一項科學研究發現，選擇原諒，比較容易忘記以往被傷害的細節。這是因為做出原諒動作後，會產生遺忘痛苦回憶的機制。

---

[4]　夏曉言，〈研究證實：選擇原諒更容易忘記傷痛〉，原載《養生保健》，第 383 期，2014.06.26。轉引自《新紀元周刊》https://www.epochweekly.com/b5/383/13739.htm；2019.08.03 瀏覽。

夏文又說：

> 「不原諒」帶來人生災難：研究又發現「原諒」這種心理活動能夠改
> 善人體心血管功能、降低慢性疼痛、緩解壓力和提高生命質量，是保
> 持健康的一劑「良藥」。

夏文並指出：

> 一個對待矛盾耿耿於懷的人，他的心理往往處於緊張狀態，由於內心
> 的衝突得不到解脫，就會導致大腦與神經高度興奮，引起神經緊張、
> 血管收縮、血壓升高、胃腸痙攣、消化液的分泌受抑制等，從而增加
> 罹患心臟病、精神疾病和其他疾病的機率。

夏文更引錄了王琳〈破財傷身　只因不忍〉一文，[5]以說明「不原諒」所造
成的人生災難。王文頗長，今從略。
　　夏文又引錄了心理學家們如下的建議：

> 遇到矛盾時，不妨從下面四方面來想問題：
> （一）如果你能寬恕別人，你就能釋放掉許多負面情緒。
> （二）原諒別人，可以讓你變得更健康和更強壯。
> （三）想想看，對方當初為什麼要那麼做。
> （四）如果我是對方，我會怎樣對待當時發生的事。

其結論是：

5　文章收入正見編輯組，《醫山夜話》一書（臺北：益群出版社，2007）；此文又見以
　　下網址：http://big5.minghui.org/mh/articles/2003/1/7/42265.html；2020.09.21 瀏覽。

心理學家發現，當人們能夠從對方的角度再去看待所發生的衝突時，生理上會出現很大的變化，不管是心跳速度還是血壓都會變低，皺眉情形則會較少，而皮膚傳導速率（skin conductance）也會跟著降低——這些都是交感神經系統作用的良好指標。

全文的總結論則如下：

「原諒」讓我們身心受益，那麼，如果某些不愉快的回憶，至今仍能讓你感到心跳加速、血液上湧、胃腸翻騰……現在就來試一試「換位思考」，從對方的角度重新思考那些衝突，體諒對方的處境，真心地祝福對方。然後，忘記那些煩惱，在你的人生道路上繼續前行吧。

夏曉言上面的總結做得很到位，筆者就不擬再多說了。[6]

6　偶爾上網看到一則報導，標題是：〈哈佛研究了 76 年：什麼人最可能成為人生贏家？原來關鍵就在……〉。筆者參閱這則報導並其他相關報導後，現綜合說明如下：報導說美國哈佛大學正在進行迄今（2015 年）為止已超過 76 年命名為格蘭特研究（The Grant Study）的一個實驗。這個實驗是以數百名美國人為對象而設計的：年復一年調查他們的工作、生活和健康情況。經過了 70 多年的調查研究，2015 年公告其結果如下：重質量不重數量的良好人際關係使人最可能成為健康、快樂方面的贏家。其中愛、溫暖和親密關係是最為關鍵的要素。筆者進一步認為：愛一項恐怕更是關鍵中的關鍵。報導又呼籲人不要把時間浪費在：爭吵、道歉、傷心、責備上面。其意是說這 4 項行為對人的健康及快樂是一些負面因子。筆者本文說到的原諒，其前提當然就是不爭吵、不責備了。而原諒又基於愛而來。於此又可見愛實居人際關係中最關鍵的地位。至於報導說到不要把時間浪費在道歉上面。其重點恐不在於建議吾人犯了錯誤不要向人家道歉，而是不要老是記掛在這事兒上而一天到晚為了同一件錯事而懊惱不已並不斷道歉、自我責備；反之，應有正面的更積極的作為。〈哈佛研究了 76 年……〉一文，見 https://www.cmoney.tw/notes/note-detail.aspx?nid=51427；瀏覽日期：2020.05.09。

三、唐先生對「施與」與「原諒」（forgive）所做的說明

唐先生說：

> 人最可貴的是他的愛，愛即是施與，施與你所有的與他人，但是，孩子，你施人以衣食，施人以財物，施人以名譽，施人以知識，都不算最大的施與，最大的施與是施與人以原諒，原諒英文是 for-give，即是施與之意。原諒使人心靈得著安謐，使人忘掉他自己之過失，亦即使人超越其過失，使人把他自己轉化成無過失的人。他人的過失是存在的，但是你真誠的原諒，可以使他不存在。這是你對人最大的施與，你原諒他人的過去吧，也真誠的改悔自己之過失，而原諒過去那可憐的自己吧[7]，你與他人便都成為聖潔了。[8]

上引文只有 200 多字，但其中勝義紛陳迭出。茲逐一闡釋如下：

（一）唐先生把「愛」與「施與」等同起來。這很有意思。因為如果您認為您愛某人，但吝於施與給他／她，那您是愛物甚於愛他／她，甚至可以

---

[7] 儒家恆謂：「嚴於責己，寬於待人。」，這固然是美德。但有時不妨寬於待人之外，也要寬於待己，否則便太累了。唐先生：「原諒他人的過去吧，……原諒過去那可憐的自己吧」。這個建議、期許，正係對己對人皆一視同仁而待之以寬假之意。2019.08.15 補充：此文嘗寄從香港來東吳大學讀哲學系的僑生鄧月嫦小姐參看。鄧小姐 8 月 15 日見面時提出了一個意見，甚富參考價值。今轉述如下：應先寬於待己，然後才有機會寬於待人；否則如待己過嚴而導致自己累垮了，甚至往生了，那便沒有機會寬於待人了。這個說法是蠻有道理的。這個說法如套用在「助人：給予人家幫助」這種案例上，恐怕更好懂。就是說，假如您要幫助別人，那您得先具備一定的條件、能力（包括身體要健康，或至少身體狀況不能太差），這是一個大前提，否則又如何得以落實您意欲助人這個為善行善的企圖心呢？！

[8] 唐君毅，〈第 30 函〉，《致廷光書》（北京：九州出版社，2016），頁 181。以上是唐先生假借夢中一位仙風道骨的老人向唐先生「說教」的一段話。其中「孩子」乃指唐先生而言。因為整段話都是唐先生虛擬出來的，所以筆者就逕視之為唐先生本人的說詞。

說，您是愛己甚於愛他／她（捨不得把一己所愛之物給與所愛的人，所以就不啻愛己甚於愛他／她。）如此來說，您根本不算真真正正的愛他／她。

　　（二）「最大的施與是施與人以原諒」，唐先生這句話尤其可圈可點。在深入討論這句話之前，我們不妨先討論其他施與物。而所謂「施與」（給與、付出），猶同「割愛」，即捨割一己所愛而把某物贈與他人。而這些贈與物，大抵不外以下幾項：衣食、名、利、權，乃至唐先生所說的知識。一般人，或稍微有能力的人，都可以施與（給與）人家衣食；稍微有財力的人則可以給與人家錢財（利）；而能夠施與人家知識，最具代表性的例子便莫如教師了；這是常識，不必多說。至於大老闆、大主管（大領導、大官，尤其過去的大皇帝），那他當然有能力、有條件把名和權給與別人的。我們先撇開不說以上各項施與之背後可有的不良動機。換言之，我們光就施與而談施與，即僅就施與本身這個行為來談，而不牽扯其他。就此來說，其愛人甚於愛己，因此割其所愛而轉贈（施與）他人，這樣子的一種行為當然是值得肯定的。

　　（三）以上所提到的各項施與，當然很可貴，但依唐先生，都「不算最大的施與，最大的施與是施與人以原諒」。如果施與是割愛（割棄一己所愛）的一種表現的話，那「原諒」似乎可以稱之為「割恨」了，即藉割恨（割棄一己對人家之仇恨）以達致對人家的原諒。當然也可以反過來說：藉原諒而達致割恨。簡言之，割恨與原諒是一而二，二而一的；也可以說是彼此互為因果的。[9] 人家對不起您（一般小事乃至血海深仇），但您都無所繫懷（不放在心上），一無記掛、記恨、記仇，而予以原諒──今天所常說的

9　根據 *Cambridge Dictionary*，"forgive" 的解釋是："to stop blaming or being angry with someone for something that person has done, or not punish them for something." https://dictionary.cambridge.org/zht/%E8%A9%9E%E5%85%B8/%E8%8B%B1%E8%AA%9E/forgive，瀏覽日期：2019.08.06。根據 Google，則是："stop feeling angry or resentful towards (someone) for an offence, flaw, or mistake."〔ECHO〕https://www.echoak.com/2018/01/forgiving-stop-feeling-angry/，瀏覽日期：2021.01.01。兩解釋大同小異。值得注意的是，其中 "stop blaming"，尤其是 "stop resentful" 跟中文「割恨」便如出一轍。

所謂「選擇原諒」，這種不記恨（放棄恨，把恨拋諸腦後），不記仇（放棄仇，把仇拋諸腦後），甚至能「報怨以德」，這不是割恨，又是甚麼呢？原諒與割恨，不是一而二，二而一嗎？不是一體的兩面嗎？[10]所以筆者姑創「割恨」這個新詞。要言之，這種緣自捨棄仇恨而來的原諒，或反過來，緣自原諒而來的割恨，當然是更大的一種施與了。

（四）唐先生把英文的原諒（forgive）一詞拆成兩半：for-give，這非常有意思。筆者試圖做點詮釋：其意似謂人生在世的價值、意義，乃至生命的價值、意義，其目的就是為了（for）要付出、施與、給予（give）；即作出奉獻。於是「施與」便和您的生命或生命的意義、價值，結合在一起了。然則唐先生把 "forgive" 這個英文字的意思發揮得淋漓盡致。通常我們看到小學生都懂的這個英文字，都知道它的意思是「原諒」。但有多少人可以把這個字拆成兩半並理解、解讀為「為了要施與」呢？且又能進一步把人生的意義、價值跟「施與」和「施與」中最偉大的表現——原諒，結合在一起呢？[11]然而，寫到這裡，筆者乃至讀者也許會產生疑惑。人家對不起您的，

---

10 當然，若進一步分析，則割恨和原諒，又稍微有別。蓋前者只是割棄仇恨，即不再對人生恨，心中不再存恨而已。然而，原諒則在不再對人生恨、存恨之外，而能進一步對人寬假、宥恕。由此來說，原諒比割恨更具積極意義；比割恨更上一層樓。

11 根據 Google，"forgive" 的字根乃源自拉丁文，其意思就是：「毫無保留的全然付出（給與、施與）」。（The root of "forgive" is the Latin word "perdonare," meaning "to give completely, without reservation." That "perdonare" is also the source of our English "pardon."）就此來說，唐先生把 "forgive" 解釋為「即是施與之意」是很符合此詞的原意的。然而，看來拉丁文原文沒有英文 "for" 這個部分。不知何故，英文把 "for" 加上去了。（唐先生也沒有特別針對 "for" 這個部分給出說明。）但筆者認為這一加，實在加得太好了；因為 "give" 一字太廣泛，無法顯示出是緣自對方對不起您而您不要跟對方計較（不恨他，不記其仇），是以才施與原諒的。加一 "for"（為了）在 "give" 之前便有針對性了，即為了某一目的——針對某一目的，而作出施與的。這個目的就是不記仇、不再恨（即前面說過的割恨）而原諒對方（施與對方以原諒）。這把 "for" 和 "give" 合成 "forgive" 一詞，坦白說，其造字的本意，是否如筆者本注上文所做的解釋，實未敢必。至於進一步把「生存的價值，乃至生命的價值、意義」牽扯進來，那似乎更不免蛇足之嫌。那就姑且當係筆者敝帚自珍而自詡為稍具創意的一個創造性的詮釋吧。

甚至對您個人的血海深仇，您都可以很大方的選擇原諒，不與計較。然而，對您的家、國所造成的血海深仇，那又豈可以隨便忘懷而不予以正視呢？所謂「是可忍也，孰不可忍也」！於此而施予原諒，那豈非鄉愿，豈非全無是非？！明道先生云：

> 聖人之喜，以物之當喜；聖人之怒，以物之當怒。是聖人之喜怒，不繫於心而繫於物也。是則聖人豈不應於物哉？烏得以從外者為非，而更求在內者為是也？今以自私用智之喜怒，而視聖人喜怒之正為如何哉？[12]

順此，則豈得無喜怒呢？對於家仇國恨，又豈得一無繫懷呢？！對待對方，甚至敵方（敵人），吾人選擇施與原諒[13]，如 70 多年前蔣公之不要求侵華戰敗的日本割地賠款，吾人雖不滿意，但也勉強予以接受；但吾人絕不能以

12　程顥，〈答橫渠張子厚先生書〉，《二程集》（北京：中華書局，2019），《河南程氏文集》，卷第二，〈明道先生文二〉，頁 461。見於四庫全書本之題目則作〈答橫渠先生定性書〉，蓋源自石門呂氏之板本。明道先生的意見，或源自《三國志・魏書・鍾會傳》。傳中裴注引何劭為王弼所撰的〈傳〉，其中云：「何晏以為聖人無喜怒哀樂，其論甚精，鍾會等述之。弼與不同，以為聖人茂於人者，神明也；同於人者，五情也。神明茂，故能體沖和以通無；五情同，故不能無哀樂以應物。然則聖人之情，應物而無累於物者也。今以其無累，便謂不復應物，失之多矣。」《三國志》（香港：中華書局，1971），頁 795。

13　在這裡順便一說，能夠原諒敵人（給敵人施與原諒），蓋源自愛。耶穌基督嘗說：「……但是（只是）我要告訴你們，要愛你們的敵人（仇敵），為那些逼迫你們的人禱告。」（《聖經・馬太福音》5：44，中文標準譯本、現代標點和合本。）愛所產生的能量是非常巨大的。消除、化解對仇人的敵意，甚至原諒仇敵，當然也是其中之一。我們要注意的是，基督不是要門徒原諒仇敵而已，而且還進一步要求他們為仇敵禱告。筆者認為，這是極難能可貴的。於此可見愛的偉大。就此例來說，教導門徒施愛者，基督也。此又足以反映基督的偉大。當然，中國故有傳統中「以德報怨」的觀念及相應的做法也是同樣偉大的。愛落實為原諒敵人和為他們禱告，赴就「以德報怨」來說，這正好成就了德的具體表現。「德」是比較抽象的，原諒敵人和為他們禱告，正可使「德」得以具體化。

此而對其侵華一事視為理所當然，視若無睹。換言之，吾人對之當生起義
憤，即對這種不仁不義的行為，吾人不得不生怒、動怒；且當視之為一非理
性、非正當、非公義之行為。但這種憤和怒，必須緣自一種理性的自覺，而
絕不能依個人情緒而生起。[14]蓋依於理性之自覺而應物，而不依於情緒之衝
動而應物，其結果便是不為物所累了。這就是王弼所說的：「應物而無累於
物者也」。至於明道先生以下語：「不繫於心而繫於物也」，其意當謂：心
雖繫於物，但不為所累也。心不為所累，即相當於「不繫於心」而僅「繫於

---

[14] 上面說到《三國志・裴注》嘗引何劭的〈王弼傳〉。按：此傳有「以情從理」一語。這
裡說到的服從於理性而不盲從於衝動，洵係「以情從理」一語的最佳註腳。又：2019.
08.18 上網看到由新視福音（AVGM?）播放的一段影片：新視（E・靈；E-spirit），
片名是〈血淚銅牌〉（絆腳石計畫－1995；https://www.youtube.com/watch?v=oz-uJ03
2Ap8）其內容是講述從 1995 年開始，德國 800 多個城市和其他 15 個國家的不少城
市，都在進行以下一項計畫：「絆腳石計畫」。這個計畫是要喚醒人們記住歷史，不
要忘記希特勒領導的納粹黨在二次期間所犯下屠殺 600 萬猶太人的滔天罪行。這個計
畫最先由一名德國藝術家獨自進行；不意引起極大的迴響：人們努力蒐集被害人的史
料，把他們的名字、出生日期、被捕日期、被關押的地點（集中營）和遇難日期，刻
在銅牌上。銅牌鑲嵌在石塊上，石塊置放在被抓走的人所居住的房子前的行人道上：
石塊埋入行人道中，只露出其上的銅牌。基本上，銅牌與路面是在同一個水平線上，
沒有凸出，是以絕不會絆腳。之所以稱為絆腳石計畫，蓋讓人（尤其行人）多予注意
而已。目前全歐洲已有 4 萬多塊這樣子的銅塊。其實，德國人從來沒有忘記這一段悲
慘的遭遇，這得歸功於他們深具濃烈的認罪反省意識。德國教育當局更明令歷史課本
必須納入足夠的納粹暴行的歷史內容，教師也要做深入的講解。筆者深深的認為，這
個做法並不是要記仇記恨，而是要下一代永遠地記住這慘痛的遭遇，從中汲取教訓，
切不可重蹈覆轍。（同為發動二戰的日本，在這方面的表現，便遠為不如！）中國素
以史學大國聞名於世，但中國人最善忘，似乎從來不曾從歷史中學會什麼教訓。這真
夠諷刺。據一般人的說法，黑格爾（G. W. Hegel）曾經說過：「人類從歷史中學到
的唯一教訓，就是人類沒有從歷史中汲取到任何教訓。」這句話用在中國人身上，似
乎最貼切恰當！但據黑格爾《歷史哲學》一書的原文，這句話及相關的前後語句是：
「人們慣以歷史上的教訓，特別介紹給各君主、各政治家、各民族國家。但是經驗和
歷史所昭示我們的，卻是各民族和各政府沒有從歷史方面學到什麼，也沒有依據歷史
上演繹出來的法則行事。」這句話的原文和一般人所做的複述（見上），實無大差
別，是以視為同一個說法亦未嘗不可。黑格爾著，王造時譯，〈緒論〉，《歷史哲
學》（上海：上海世紀出版集團、上海書店，2006），頁 6。

物」也。侵華這個行為，猶一「物」也；即上引明道先生文中的「外者」也。繫懷於這個被明道先生定位為外者的物而生起義憤，吾人烏得視之為非耶？

（五）上引文「原諒使人心靈得著安諡」這句話似乎有點吊詭，因為原諒人家怎麼也可以使到自己的心靈得著安諡呢？其實，只要再看上引夏曉言先生一文，便知其究竟了，不贅。至於「使人忘掉他自己之過失」一語，則是唐先生藉該長者（老人）之嘴巴而說出的一句期許性的話。老是記住人家對不起你這種記恨記仇的心態，固然不對。然而，反過來過分自責也是不對的。我們必須在這個大脈絡下去了解唐先生「使人忘掉他自己之過失」這句話。因為只有施人以原諒：原諒他人——忘掉他人的過失，也忘掉自己的過失，才能「使人（按指：自己）超越其過失，使人把他自己轉化成無過失的人」。而最後，「你與他人便都成為聖潔了。」

（六）上引文中：「他人的過失是存在的，但是你真誠的原諒，可以使他（按指：過失）不存在。」這句話有點不太好懂。就客觀面來說，過失的存在乃一實然之事實，不因您的原諒而失去其存在。但就人的主觀意識來說，您既原諒他／她，則對您來說，其過失即不復存在了。當然，就「境由心起，心滅境無」，或就「萬法唯心」、「萬法唯識」的一意義來說，則心、識所不曾生起者或再不活動者，客觀上也是不存在的。其實，依此亦無所謂客觀了。

四、順唐先生之說法進一解

施與人家財物等等，是偉大的。不計較人家對不起您的地方，而選擇捨棄、割棄仇恨，轉而對人家施與原諒，這更偉大。這是上引唐先生一段文字的核心旨趣。在這裡，筆者願意進一解。施與是一種割愛的行為（割自己之所愛），這是偉大的，這在上文已說過。如果把人家施與（割愛）給您的，您能夠轉施與，轉割愛給別人，這豈非更偉大？換言之，這比前兩者的偉大，更勝一籌。

　　說到偉大，容筆者多說幾句，並進而略談唐先生所說到的「聖潔」。上引唐文有如下一段話：「你原諒他人的過去吧，也真誠的改悔自己之過失，而原諒過去那可憐的自己吧，你與他人便都成為聖潔了。」（上詳）其實，要「真誠的改悔自己之過失」是不容易的。再者，縱然真的改悔了，欲隨之而進一步做到「原諒過去那可憐的自己吧」，對某些人（譬如下文說到的覺得自己罪孽深重的人）來說，恐怕也很不容易。此話怎講？現試回答如下：

　　我們先說：「選擇不接受人家對您的原諒」這一點。當人家對您施與原諒，但若您覺得自己罪孽深重，不值得人家原諒，不配人家對您施與原諒，而甘於精神上受折磨之苦以贖罪，個人覺得這同樣是偉大的，也許更偉大。一般來說，犯了過錯，對稍具反省意識、道德意識的人來說，他們都尋求原諒——希望人家給與原諒。然而，對於深具反省意識的人，或道德意識極強的人來說，他們犯了過錯，尤其是自知罪孽深重，深感慚赧愧疚、無地自容的人來說，他們不僅不會尋求原諒，反而是要求對方不要原諒他，而認為自己不配對方原諒，不值得對方給與原諒；也可以說，當對方給與原諒時，他們寧可選擇拒絕，選擇不接受。在深自痛悔、徹底自省之餘，他們寧可甘受自我譴責、懲罰，甘受自身之折磨而痛苦終身，而不希冀獲得對方原諒。這種企圖透過痛苦折磨以自我提煉，自我精進提撕的行為，個人認為乃一種非常值得肯定的偉大表現、偉大情操。[15]（按：如果根本沒有想過藉以自我提煉、自我精進提撕，而一心想要的就是要自我譴責、自我懲罰（即自我譴責、自我懲罰，就是其終極目的），這恐怕就更偉大了。然而，這個地方，筆者學力不夠，不敢遽然下定論。尚待讀者惠賜南針。）

　　現在再說：「自己不原諒自己」。要言之，之所以「選擇不接受人家對您的原諒」（詳上）當緣自「自己先不能原諒自己」。然而，無論是不接受人家的原諒也好（因為認為自己不配），或自己不原諒自己也罷（緣乎自我要求高而放不下、不能接納自己的不完美），都同樣是很偉大的。然而，筆

15　再者，他們大概也會這麼想：如果輕易接受原諒，則一旦獲得原諒時，也許便會感到無罪一身輕而肆意再犯、三犯、四犯了！所以為了自我譴責、懲罰也好，為了避免以後再犯、三犯也罷，他們都選擇放棄而不接受人家對他的原諒。

者又想到，儘管是偉大，但跟唐先生所說的「原諒過去那可憐的自己」，由此而讓你「成為聖潔」，還是有一大段差距的。因為偉大再棒、再高竿，恐怕總比不上聖潔。前者蓋對人的行為而言，而後者已接近是神了。那為什麼「原諒自己」比「不原諒自己」的位階更高呢？（前者是聖潔，而後者僅能是偉大！）筆者考量再三，得出以下的看法：忘記、原諒自己過去的負面表現，讓一切從頭做起、從新做起；並由原諒過失而超越之，且進至整個人自我超越或自我超拔。這是很積極、很正面的作法；也反映很正向的一個心態。反之，如選擇不接受人家對您所施與的原諒，或選擇不原諒自己，這些作法都只會使您陷於消極、負面，不能自拔而無法擺脫悲情自傷的窘境。生命恐必由此而斷喪、萎靡不振。這所以積極、正向而恆能向前看，向光明處看的唐先生，便很自然的把「原諒過去那可憐的自己」視為可以讓您「成為聖潔」的一大關鍵了。

五、結語

《致廷光書》2、30 年前便讀過了；也忘記了當時對〈第卅封信〉中的上引文字有什麼感覺！但 2019 年重讀該書時，則特別對該段文字有感；其中 "forgive" 一詞，唐先生所做的詮釋，筆者尤其有感。2019 年 7 月下旬的某一個晚上睡夢中醒來，思前想後，對這個問題想了很多。起床後便打算要寫點什麼的，不意一寫便寫了 8000 多字這篇短文（增訂後更超過 13,000 字），其主旨不外是要說明施與和原諒的可貴。

施與（give）是可有不同層次的。其初階（即最基礎的一個層次）是以財物、名、利、知識等等施與人。進階是施與人以原諒；在上引文中，唐先生扣緊英文 "forgive" 一詞，並把此詞很巧妙地拆散為兩半："for"、"give"，藉以說明：「施與人以原諒」是「最大的施與」。按常情常理，原諒就是原諒，何以能夠和施與放在一起呢？然而，作為偉大哲學家的唐先生，就是具備匠心獨運的能力——能夠從英文 "forgive" 一詞中，透過拆散的一道工序，從而把「原諒」和「施與」的關係連結在一起，並進而提出

「最大的施與是施與人以原諒」這個可稱得上係震古鑠今的一個光輝命題、發人深省的一個偉大斷語。

筆者得此啟發，不意間在巨人的肩膀上得以寸進而想到「轉施與」一念。想到把人家對您的施與再轉施與給別人，這豈非更有意義、更有價值、更為可貴？如果施與人以財物、名、利等等是初階──第一層次的施與，而施與人以原諒是第二階──第二層次的施與，那麼「轉施與」也許可以算是第三階──第三層次，即更高一層次的施與了。筆者再進一步想，假若你犯了過錯，並認為所犯的過錯很嚴重，甚至覺得自己罪孽深重，不值得人家原諒，不配人家對您施與原諒，因而無法接受、不能接受人家的原諒，乃至不能原諒自己，個人認為都同樣是非常可貴而深具價值的，即同樣是偉大的（即可同列為第三階）。這不接受人家所施與的原諒，也不以原諒施與自己（簡言之，即不原諒自己），這個「雙不」跟以上各施與恰成一對反（antithesis），即不是同一性質的東西。然而，筆者認為，其位階也同樣是很高的，即也是很偉大的。但筆者又再想，就「不原諒自己」這一項來說，其位階縱然高，但這跟唐先生所說的：真誠改悔後而原諒自己，當還有一大段距離。唐先生把原諒自己視為聖潔，他這個意見（或可稱為判教），是非常高竿的，也許可以算是施與的最高階；順上文，即第四階──第四層次。而這個層次實在值得吾人深省反思。

又：就「不原諒自己」或「不能原諒自己」這一點，容稍作補充。「不（能）原諒自己」，其對象可有二（這二個對象分屬不同的層次）。其一是針對自己所犯之過錯來說（這個層次較低，比較好懂）。其二是針對他人所犯之過錯或對不起您的地方來說；其具體表現便是：不能原諒自己之「不原諒他人」。換言之，您認為應原諒他人，但您竟然沒有這樣做！經過反省回思之後，乃深自愧疚悔恨而認為不原諒他人是由於自己修養未到家、心胸狹隘。這個深深的自我責備導致您產生以下一意識：不能原諒自己之「不原諒他人」！依上引文，唐先生給予了吾人一指引開導：真誠改悔後應原諒自己。此「原諒自己」恐怕主要指的是原諒自己本人所犯之過錯來說；但也當蘊涵：原諒自己過去之「不原諒他人」來說。然而，過去已成過去，不必再

追悔自責了。只要您現今改過來而能原諒他人，則您過去因「不原諒他人」而產生的「不能原諒自己」的一意識或一念頭便當消除淨盡了。

　　最後要指出的是：唐先生的思辨能力極強。作為哲學家來說，其層層轉進，步步深入的辯證思維方式，經常讓人（至少讓筆者吧）拍案叫絕，低回不已。此其一。又其層層轉進，步步深入，並非只是平面的；而同時是上下貫串的。換言之，即既橫貫，又縱貫的。由是便構成了一個立體，其對問題的處理便成全方位而周延的。正所謂「十字打開，更無隱遁」也。此其二。以上的其一和其二，其實只是就唐先生處理學術問題的取徑來說。也可以說只是一方法上的問題而已。尚必須指出的是唐先生的用心——即態度，那是最讓人欽崇不已的是，先生恆以光明的、正向的、積極的、鼓舞人心的態度以行文立說。那根本是一種仁心的呈現。然而這種呈現，依筆者之見，並非刻意的，故意的一種造作；即絕非虛偽矯情的。反之，純粹是一種最自然不過的人心的流露。本文以「仁者」的標題稱呼唐先生，即以此故。此其三。其四，唐先生針對「施與人以原諒」的看法，筆者上文乃僅就《致廷光書》中第 30 函之相關內容作出論述或闡釋而已。上文不擬探討唐先生對這個問題的全般看法。至於筆者在第四節所作出的所謂「進一解」，則更是個人之一偏之見；其為不周延，欠深入，則更無待贅言。其實，「原諒」這個議題，是蠻複雜的。這不光是牽涉到人之氣度、胸襟等等問題而已。簡言之，如對某一人，尤其是對某一群組／群體／團體，施與原諒，這可能還牽涉到社會觀感，甚至國家權益等等問題。這可說是如何「應物」的一個大問題。上面藉著引錄明道先生的〈定性書〉而稍論及這個問題；但語焉不詳。蓋本文乃旨在揭示唐先生對相關問題所表現出的一種寬厚包容的態度（藉以見其性情之一端）；其深於層層轉進之辯證思維能力亦隨而概見。這個問題的其他面向，則恕從略。

　　補充說明：「轉施與」跟「原諒」無必然關係[16]；「不接受原諒」也跟

16　其實，兩者是不是有關係，也不能一概而論。如果把人家施與您之物（含名、利、知識等等）轉施與第三者，這當然跟原諒、不原諒沒有什麼關係。然而，如果您是基督徒，您要學習、模仿、模擬、仿效上帝原諒、赦免我們罪過的做法而原諒他人，那您

唐先生上段文字所特別強調的「原諒」，恰好成一對反；至少是兩不相值的。換言之，「轉施與」與「不接受原諒」都不是唐先生上段文字所企圖處理的課題。（因此唐先生不予處理不能算是他的疏陋、思慮不周延）一言以蔽之，筆者以上兩個說法，只是借題發揮而已。一得之愚，尚望不至於太過褻瀆耗損讀者的清神。[17]

附識一、布施與原諒：2019.08.09 晨讀〈布施與原諒〉一文（2017.06.25 由定西慈誠發表于《心理》；https://kknews.cc/zh-tw/psychology/p5amoze.html；2019.08.09 瀏覽），其中若干論述頗具啟發性，可與上揭唐先生的一段文字並參。其開首處云：「布施，即是以慈悲心給予他人福祉與利益之事，能治慳貪吝嗇，除去貧窮。佛法布施有三：財施，布財使人去貧窮；法施，布光明使人走向智慧；無畏施，布勇敢使人除恐懼。」以上佛法的三大布施中，其中「財施」一項乃唐先生的一段文字所涵者。而其他二項（法施、無畏施）則為唐先生沒有討論到的。唐先生之所以不予討論是很可以理解的。原因是佛本身，乃至具佛力（或願力很大）的大德（含出家人及在家修習佛法者），他們當然有能力施法和施無畏，但沒有經過修持的一般人（唐文中說到的孩子可以作為代表），是難以具備這個能力的。筆者在這裡要特別指出的是，〈布施與原諒〉一文是把「布施」與「原諒」視為各別獨立的兩個項目，而分別予以討論。換言之，即沒有把二者有機地結合在一起；也就是說沒有視原諒乃係吾人可以布施（猶同唐先生所說的「施與」）的項目之一。其實，恐怕一般人（即不光是〈布施與原諒〉的作者定西慈誠一人而已），

這個施與他人以原諒的做法，廣義來說，大概也可以稱「轉施與」。其原因是您本來沒有施與這個想法和隨之而來的行為的，但您要學習上帝，以上帝為榜樣，所以您才做出施與這個行為。由此來說，便不嘗把上帝施與您的，在接受之餘而轉施與他人了。要注意的是，這個「轉」不是轉出去之後，自己便沒有了；而是自己有所得（欣然接受上帝的施與）之餘而進一步傳開去、散布開去的。所以這個「轉」猶同薪火相傳的「傳」。把薪火傳開去，傳下去之前，自己是已經得到這個「火」了。

[17]　2020.12.28 研討會上宣讀完上文之後，與會者楊祖漢教授和尤惠貞教授先後提出寶貴意見，筆者獲益良多；衷心感銘，特此致謝。

都是這麼想或這麼做的。[18]這便可以看出唐先生的想法是多麼特別和多麼深具創意了。

附識二、原諒與寬恕：2020.04.27 接學姊岑詠芳女士函，其中說到：「『原諒』的同義辭：『寬恕』，似乎更能與英文 "forgive" 呼應。如心即是恕，不就是 "forgive" 的異曲同工嗎？」首先，感謝岑學姊撥冗細讀拙文，並給出上述的寶貴意見。現今簡略敬覆如下：的確，就字義來說，「寬恕」中「恕」一字，更能表示人們內心的意向，而「原諒」便似乎顯示不出這個特色了。這是「寬恕」優於「原諒」的地方。然而，「原諒」一詞很明顯是針對人際間彼此對待的關係來說的，譬如說，「我原諒你」，「他原諒了我」等等即係其例。至於「寬恕」則似乎是上對下的用語，譬如說：上帝寬恕了我們的罪過。天主教的〈天主經〉有如下兩句話：「求祢寬恕我們的罪過，如同我們寬恕別人一樣。」，首句很明顯是神（上級）對其下的人而用「寬恕」一詞的顯例。至於次句「如同我們寬恕別人一樣」則是順著前一句話而同樣用上「寬恕」一詞而已。在一般的情況下，人們不會說：「我寬恕你」、「他寬恕了我」、「我們寬恕了別人」這種話的。換言之，「寬恕」作為動詞用時，它大抵是用在神對人的關係上說的。唐先生的原文既沒有用「寬恕」一詞，則我們就依樣葫蘆而不必另起爐灶了。當然，若作為形容詞用，指的是人際間相對待的一種態度來說，則未嘗不可以用這個詞，譬如我們會說：「人應有一顆寬恕別人的心」、「以寬恕的態度對待對方」即是其例。

附識三、自我施與（自我奉獻）：2020.04.27 睡夢中醒來，再想起唐先生對 "for-give" 一詞的解讀、詮釋。上文嘗引錄唐先生以下一句話：「最大的施

---

[18] 就閱覽所及，譬如張翔〈布施與原諒：延參著《多行原諒》讀後感〉（原標題作：〈讀後感　布施與原諒〉；2017.05.08 發布）所透露的相關內容便是其中一例；不贅。https://www.weibo.com/ttarticle/p/show?id=2309404105250402359057；2019.08.09 瀏覽。

與是施與人以原諒。」上文筆者順著這句話而指出說：「其意似謂人的一生（生存的價值，人生在世的目的，乃至生命的價值、意義），就是為了（for）要付出、施與、給予（give）；即作出奉獻。」，而施與之最大者就是原諒。現今進一步說「奉獻」。按：施與是有對象的，大抵指人，譬如說對某人而給出您的施與。然而，奉獻則不必然有明確的對象（尤其是不必然指人）。譬如說您在這件事上，奉獻了寶貴的時間、心力。甚至吾人也可以說，您為國家、社會、人類，奉獻了一生，作出了最偉大的奉獻：把個人自我奉獻出去（含捨身奉獻）。當然，若把奉獻解讀為一種施與（此取「施與」一詞之廣義），則自我奉獻猶同自我施與，即把整個人施與出去，任由大我（譬如國家、社會、全人類）安排、使喚。然則最大的施與，恐怕就不是施與人以原諒，而是自我施與了。當然，言亦各有所當。就一般人（凡人）來說，最大的施與是施與人以原諒，乃至在深切反省改悔之後而施與自己以原諒，這些話都是很諦當的，因為這已經是很偉大了（上引唐文稱之為「聖潔」）。然而，正如俗諺所說的：沒有最偉大，而可以有更偉大。所以人仍可以自我超越而進至超凡入聖的境域。是以乃出現自我施與（自我奉獻）的非凡人可企及的一種聖賢行為了。如果說施與他人和施與自己以原諒算是聖潔的話（依唐先生意），那麼自我施與（自我奉獻）也許可以稱得上是聖潔中的聖潔了。

附錄二　牟宗三先生對唐君毅先生 學術上之「批評」述論[*]

一、前言

眾所周知，牟宗三先生喜歡月旦人物，即喜歡品評，乃至所謂批評別人。其並世時賢，乃至前輩，幾無一幸免。並世時賢中，其摯交好友唐君毅先生亦不為例外。然而，批評也可以是很善意的，友朋間即有相互規諫之義[1]。這促使了筆者細閱唐牟二先生之往來書信，希冀從中發現牟先生對唐先生是否有比較正面之評價，乃至於稱頌讚揚。其結果則係從書信中發現兩人自反自勉、相互關懷鞭策，乃至相互肯定、推崇之言詞極多。然而，吾人似又不宜忽視另一面，乃至否定此另一面，否則無以知悉牟先生對唐先生之全般評價。此一面即為：對唐先生的學問，牟先生嘗作出負面評價。此等負面

---

[*]　本文原為應中央大學中文系及哲研所等單位之邀請為以下研討會而撰寫：「2018 唐君毅先生學術思想研討會──紀念唐先生逝世 40 周年」。原題目作：〈唐牟二先生往復書簡所透出的資訊：自反自勉、相互關懷鞭策及其他（上篇）〉。研討會日期：2018.04.12-13。地點：中央大學。今稍增刪改訂，納入本書內作為附錄。

[1]　多年前筆者為吾人應否批評別人一問題而感到困擾。按儒家忠厚之道，則吾人不應批評別人。但真的不應對別人施予批評嗎？後來從唐先生某一文章中得到「答案」，如下：如批評別人是出於善意的，即望別人能從你的批評中獲得遷善改過的機會，則「批評」便站得住腳；換言之，原則上，吾人應肯定「批評」的價值。其實，唐、牟二先生非僅私交甚篤之朋友而已。二人皆曾受學於熊十力先生（前者在中央大學，後者在北京大學），是以廣義來說，實亦同窗也。同學之間，相互批評幾句，那又有甚麼大不了呢？

評價，個人認為，從嚴謹的學術立場來說，恐不免失諸欠縝密、缺周延；此蓋緣自牟先生性格中純真、率性、浪漫的一面而有以致之者[2]。正以此故，個人遂認為，針對此議題，吾人實不必認真或刻意看待，乃至誇張其事態，更不宜以此而否定兩先生本有之深厚情誼，乃至否定學問上之恆相互欣賞。然而，既有學者特別強調牟先生嘗刻意批評唐先生[3]，則筆者盡力之所能及，作點說明或所謂澄清，恐不至全無價值而有「多此一舉」或「無事找事做」之嫌。本文之撰，此為一大因緣。

二、從李杜先生之文章說起

李杜先生（1930-2006）為新亞書院及新亞研究所的早期畢業生（1959年研究所第三屆畢業），嘗任教於香港中文大學新亞書院，並擔任中國文化大學哲學系主任、新亞研究所所長等職。李先生對牟先生之「批評」唐先生，很不以為然，嘗撰文力辯牟說之非是。今所見之相關文章有二。其一：〈唐君毅先生與台灣儒學〉[4]。另一：〈由牟宗三先生的「客觀的了解與中國文化之再造」而評及其道德的形而上學〉（以下簡稱〈由牟宗三先生……〉）[5]。前文之內容主要含兩方面。其一是認為牟先生低貶了唐先生的學問。其二是論述這些低貶對唐先生有否產生影響。今引錄關鍵語句如下：

　　……我覺得不必多顧忌私人的關係，應講當講的話。而寫了一篇五萬

2　有關牟先生性格上浪漫的一面，詳參氏著《五十自述》（臺北：鵝湖出版社，2000），第一章：〈在混沌中成長〉、第二章：〈生命之離其自己的發展〉，尤其頁5、11、33-34。又可參本書第二、三兩章。

3　如李杜先生即一例。彼嘗撰二文討論其事。文章標題，詳下注4及5。

4　文載《哲學與文化》，卷24，期8，1997年8月，頁710-724。李先生駁斥牟先生的言詞，主要見諸文中第五節：「牟宗三先生低貶唐先生所產生的影響」。

5　此50,000多字的文章，以附篇方式收入氏著，《中國古代天道思想論》（臺北：藍燈文化事業公司，1992），頁193-272。

多字的長文去批評牟先生低貶唐先生的說法。於文章中除引證說明牟
先生的低貶說不能成立外，亦批評了牟先生的「道德的形而上學」、
「無限心論」、「新道統說」。……依我的了解，牟先生一再公開低
貶唐先生，除了引起所說尊重唐先生的一些人的不滿外，並沒有引起
中國和國際學術界其他人仕的注意，社會上更少有人去注意牟先生的
低貶說。之所以如此，從學術的觀點去說，牟先生的低貶說既不是依
客觀的事實而有的說法，亦不是本為學術界、哲學界所接受的理論去
說，而只是順任其個人的見解而在作自我演唱。故引不起學術界、社
會上的注意，對唐先生已有的學術聲譽沒有產生大的影響，對唐先生
原來對台灣儒學的影響亦改變不大[6]。

針對上引文，筆者有如下觀察：

　　（一）李先生的意見，筆者不敢置喙。但其中若干用語，如「低貶」、
「自我演唱」等詞，似乎太尖銳了一點；而後一用語更欠厚道。

　　（二）上引文中所提到的 5 萬多字的長文，即指本文上面注 5 的一文。
眾所周知，牟先生之哲學，乃以「道德的形而上學」之建構為主軸或主軸之
一。李先生此長文共有 8 節（文章起首處，尚有一小引）。其中牟先生的
「道德的形而上學」，即為討論的重點之一。茲轉錄全文各標題如下，藉以
概見該文章之各重點：第一節：牟先生所說「客觀的了解」不是近代學術上
所說的客觀的了解；第二節：牟先生所說的儒學與中國文化不是中國學術上
所了解的儒學與中國文化，第三節：牟先生說的「一心開二門論」與中西哲
學上所說的二門論不同；第四節：牟先生的「道德的形而上學」的主要涵
義；第五節：應如何評論牟先生的「無限心論」；第六節：以「無限心論」
以立新道統說的問題；第七節：牟先生的「中國文化之再造」的有限性及另
一開展儒學可行之道；第八節：牟先生批評唐先生與其他諸先生之說不能成
立。

6　李杜，〈唐君毅先生與台灣儒學〉，頁 722。

　　李文第八節（尤其討論唐先生的部分）乃本文所關注的重心。然而，其他各節也有若干地方是討論相關問題的；茲舉第一節的一段文字為例以概其餘：

> 唐先生的思想並不是停留於此（筆者按：指停留在二、三十歲的程度，並以《道德自我之建立》，及其後《文化意識與道德理性》、《中國文化之精神價值》、《人文精神之重建》等書為代表作的階段）而沒有進一步的開拓與深入發展。此是如何說的呢？此主要表現於唐先生在寫《中國（哲學）原論》諸書時已不再只由人的「道德心」或「道德自我」去了解人生的問題，而是對人生的問題另有新的了解，亦即由整個人的生命去了解人生，了解人的心性，而不僅以「道德心」、「道德理性」去限制人的真實生命。他的《生命存在與心靈境界》一書，即由此新的了解，亦即由人的整個生命存在而說心靈，由心靈而說心通九境，而展現人依於其心靈的活動表現而有不同層次的思想，不同模式的思想活動，不同文化模式，存有與超越、形上與形下的不同涵義。……更見到牟先生以唐先生的思想只停留於二、三十歲的程度，後來不再有「開拓」與「深入」的說法確是有問題的。[7]

要言之，李先生根據唐先生逝世前成一家之言之鉅著《生命存在與心靈境界》而肯定唐先生在思想上「有進一步的開拓與深入發展」，而不是如牟先生所說的其思想是停留在二、三十歲時的程度而已[8]。（相關討論，詳見下

7　上揭〈由牟宗三先生……〉，頁 201。

8　牟先生之原語如下：「唐先生對中國文化的了解是停留在他二三十歲時的程度，……後來雖寫很多書，……對開拓與深入沒多大改進。」牟先生嘗針對客觀理解／客觀了解的問題，於第一屆「當代新儒學國際研討會」上，發表了一個主題講演（口頭報告）。研討會舉辦時間：1990 年 12 月底，地點：臺北市中央圖書館。經王財貴先生整理後，該主題講演以〈客觀的了解與中國文化之再造〉為題刊登於《鵝湖月刊》，

文四）筆者按：其實，若干學者的研究成果也佐證了李先生的說法。譬如以針對唐先生的歷史哲學做過一些研究的筆者來說，唐先生的相關思想實與時俱進，非一成不變者[9]。

　　現在再說李文的第八節。其與唐先生思想相關的若干重點如下：

> ⋯⋯對儒學或中國文化的了解，不可以有客觀的必然性的了解[10]。若要如此說之，則只是就其所建立的了解系統而說的客觀必然。牟先生在他的演講上所用「客觀的了解」一片語[11]，實只是表示了此一意義。由此一意義說，主張一系統說的人，實不可以[12]據此而批評主張不同系統的人。若要以此去批評別人，其客觀性即無效。而只表示了個人的意見，⋯⋯他對唐先生的批評即只是個人的意見的批評。[13]

卷 16，期 11，1991 年 5 月；又收入牟宗三等，《當代新儒學論文集・總論篇》（臺北：文津出版社，1991），頁 1-19；《牟宗三先生全集・牟宗三先生晚期文集》（臺北：聯經出版事業公司，2003），冊 27，頁 419-438。上引語見《當代新儒學論文集・總論篇》，頁 15。李先生在同一文章（〈由牟宗三先生⋯⋯〉）的第八節一再重複唐先生的思想是有所開拓和深入的，尤其詳見頁 267-269，今從略。

[9] 參拙著《學術與經世：唐君毅的歷史哲學及其終極關懷》（臺北：臺灣學生書局，2010）。下文詳。

[10] 「不可以」三字在這裡恐不是說「不應」、「不該」或「不容許」，而是等同「無法」、「很難」、「難以達到」之意。前者乃一道德判斷，而後者乃一事實判斷或類似事實判斷的一個判斷。當然，李先生這個說法是否確係事實，仍不免見仁見智而可以再討論或驗證／查考的。

[11] 牟先生的演講指上揭〈客觀的了解與中國文化之再造〉的一次演講。詳上注 8。

[12] 此「不可以」與上注 10 異，而猶同「不應」、「不該」。

[13] 〈由牟宗三先生⋯⋯〉，頁 263。《荀子・解蔽篇》有兩句話在這裡給予筆者一點啟發。其一云：「不以所已臧害所將受⋯⋯」（梁啟雄的按語云：「言不先入為主」）；其二云：「不以夫一害此一⋯⋯。」（據王先謙，「夫」，猶「彼」也。）綜合言之，即不以一己所知者（彼一）而否定其所不知者（此一）；即人不宜以一偏之見而自限（「自限」即「蔽」也；也可以說，「蔽」由「自限」而衍生）。若套用在這裡，李杜先生蓋意謂牟先生純以其個人所擁有（舊臧）之意見而批評唐先生之意

李先生以上的意見，筆者在一定程度上是同意的。然而，正如本文開首第一段所指出的，吾人不必從嚴謹的學術立場去認真看待或刻意看待牟先生對唐先生的批評。按：牟先生只是寬泛的、大而化之的在演講中說一說，其失諸欠周延、缺全面，是可以想像、理解的。在這個地方，吾人實在是認真不得；否則便有可能陷牟先生於不義了。

　　李先生雖認為牟先生乃按其個人意見而批評唐先生，但對牟先生的哲學還是予以肯定的，文中即嘗云：

　　　　我絕無意低看牟先生的哲學，只是就了解所及而不能已於言而分辨牟
　　　　先生的說法只是一種說法，而不要只以其說去說儒學、中國文化或哲

見（即以舊藏拒新受），是以不具客觀性（客觀性即無效）。至於何以牟先生產生上述之蔽，則李先生沒有明說。按：荀子認為致蔽之緣由有以下各項：欲、惡、始、終、遠、近、博、淺、古、今，共 10 項。相應於李先生的說法來說，則牟先生之所以產生以上之蔽，乃緣乎「淺」耶？（其他 9 項皆不相應。相對來說，比較相應的是「淺」1 項。按：《荀子·修身》：「多聞曰博，少聞曰淺。」所以「淺」，即聞見不博、不足——少聞之謂也。）蓋對唐先生的學問了解得不足、不太夠（不夠廣博），而流於所謂「淺」歟？（當然上面說過的「以舊藏拒新受」，即「先入為主」的態度，也可能是致蔽的另一重要原因。）由此而提出的批評，遂為李先生所不能接受歟？有關了解得夠不夠的問題，又可參下面注 82。楊樹達針對以上說過的 10 項，嘗作出頗具見地的一個總結。茲引錄如下：「此其所知所好滯於一隅，故皆為蔽也。」欲去蔽，則必先去其致蔽之由（即去除以上 10 項）。欲去除此 10 項，據荀子，則必須「兼陳萬物而中縣衡焉。」「何謂衡？曰：道。」「人何以知道？曰：心。心何以知？曰：虛壹而靜。」就去蔽來說，虛心和專壹（據梁啟雄：虛，虛心；壹，專壹；靜，鎮靜不亂。）這兩項工夫都非然重要；且筆者進一步認為，虛心似更為重中之重。若用唐先生的話，虛心即開放其心靈也；即「不以舊藏拒新受」，也不失諸淺（不夠博）。反之，乃能廣包萬物而無所不容，且亦隱涵能深入理解、接受各事事物物也。若能無所不容並能廣博深入理解之接受之，則必不自陷於蔽而能承認、欣賞各事事物物（含一己以外之他人）之價值無疑。愛屋及烏，他人所成就者，譬如學問、事功等等，亦必能承認、欣賞之無疑也。以上各引文，概見梁啟雄，《荀子簡釋》（香港：中華書局，1974），頁 287-294。

學、及低貶唐先生之說而已。[14]

筆者之觀察如下：

　　（一）在更前的一段引文中，李先生嘗云：「我覺得不必多顧忌私人的關係，應講當講的話。」在這裡又說：「只是就了解所及而不能已於言而分辨牟先生的說法只是一種說法。」按：李先生是唐先生在新亞教書時的早期大弟子；研究所畢業年分為 1959 年。而牟先生 1968 年才到新亞任職，所以沒有教過李先生，但唐、牟二先生既分屬同輩（且皆同年出生、又師出同門），則李先生當然算是牟先生的學生輩。此其一。此外，牟、李二先生後來又一起在新亞共事，所以當然也算是同事。所謂「私人的關係」，大概是指這兩層關係來說。「不必多顧忌」和「不能已於言」，就是有話便直說之意。作為唐先生的早期大弟子，既認為老師被低貶或被批評過當，李先生乃鼓起勇氣，挺身而出[15]。其作法是可以理解的。

　　（二）李先生雖肯定牟先生的哲學，但既認定其哲學只是多種不同說法中的其中「一種說法」，則不啻謂牟先生的說法雖成一家之言，但也只不過是一家之言或一派之學而已[16]，並非放諸四海而皆準而好比金科玉律、永恆真理的唯一的一個說法、唯一的一套哲學。但從上引文來看，李先生大抵認為牟先生是如此自我認定的。在同一文中也可以找到更明確的證據。李先生說：

---

[14] 〈由牟宗三先生……〉，頁 263。

[15] 也許值得指出的是，收錄〈由牟宗三先生……〉一文的李氏大著《中國古代天道思想論》乃出版於臺北市，時維 1992 年 9 月。其時牟先生尚健在，身體也相當好。換言之，牟先生是有可能看到該著作的。其時牟先生在學術界、哲學界的聲譽已如日中天，弟子、fans 多得很。李先生敢批「逆鱗」，先不論其批評是否諦當，但足以反映其頗具膽色。反之，若該書出版於 3 年後，即牟先生已辭世之後，那便沒有甚麼了不起了，也許還可能被視為是狗熊，蓋只敢批評死人而已。

[16] 唐牟二先生中，李先生是比較欣賞唐先生的。但李先生也只不過認為唐先生的哲學乃一家之言而已；嘗云：「從現代的學術了解上說，唐先生的哲學亦只是一家之言，牟先生的說法亦只是一派之學。」見〈由牟宗三先生……〉，頁 264。

天地間或有絕對的義理，而對此義理的了解則可表現為不同的模式。至於天地若不斷在呈現，義理不斷在發展，更不要說了。牟先生在其所著的《現象與物自身》一書中，不是說其說為「圓教」，為「人極之極則」、「哲學思考至此而止」、「只有一個哲學原理」、「不覺則已，一覺就是這一套，不能有其他的更替」嗎？是的，牟先生是如此說。[17]

牟先生素自信，也可以說相當自負（「自負」在這裡不是一負面評語，蓋筆者以為本來就有學問的人，那自負一下又何妨呢？）[18]。然而，牟先生似乎不可能說出上引文中所謂「牟先生是如此說」的一段話[19]。環顧古今中外，

---

[17] 〈由牟宗三先生……〉，頁 250-251。

[18] 牟先生之自信、自負，茲從〈客觀的了解與中國文化之再造〉一文中舉三例：（一）「我客觀了解的本事，在當今很少人能超過我。我沒有什麼成見，……」（頁 14）筆者按：「我沒有什麼成見」一語讓筆者想起嘗聽聞之另一語：「我這個人很謙虛」。說此語之人果謙虛否，似乎就不得不讓人懷疑了。（二）牟先生嘗寫信給其業師熊先生，信中說：「老師的學問傳不下來，您要靠我去傳您，否則您是傳不下來的。」牟先生繼云：「後來我寫成《認識心之批判》及《現象與物自身》，大體可以稍補熊先生之缺憾——量論方面之缺憾。」（頁 14。）（三）「我寫《佛性與般若》，重講天台華嚴。不管和尚居士，沒有人講天台華嚴能講到合格的，因為那是專家之學，不是一般隨便讀幾句佛經即可了解。我雖不是佛弟子，但我比較有客觀的了解而能深入地把它們重述出來，這於宏揚佛法不能說無貢獻。」（頁 15）然而，牟先生畢竟是儒家，深具謙遜之德，其晚年臥病臺大醫院時，曾於 1993 年 1 月 22 日向前來探病的金貞姬教授索紙筆寫下：「此書（按指其譯著《康德：判斷力之批判》）之譯，功不在玄奘、羅什之譯唯識與智度之下，超凡入聖，豈可量哉，豈可量哉！然真正仲尼臨終不免嘆口氣，人又豈可妄哉，豈可妄哉！諸同學共勉　牟宗三　自題」。筆者以為，更謙遜的作法也許是把已寫下的「超凡入聖，豈可量哉，豈可量哉！」三語刪去。今不刪去，而補上「人又豈可妄哉，豈可妄哉！」二語，則筆者產生如下一推測：似乎牟先生是認為該三語乃如其實，故不擬刪去；然而，又自覺似乎是太自負，甚至太自誇了一點。其折衷的作法是保留原語句，而補上二語以折減原語句之輕妄。牟先生索紙筆所寫下的上引語，見蔡仁厚、羅雅純主編，《當代新儒學三大家序跋輯錄》（臺北：臺灣學生書局，2016），頁 570。

[19] 李先生所說的一段話，筆者不克細檢《現象與物自身》一書；因此去信牟先生中晚期

從思想史或哲學史的視角來看，迄今似乎沒有一套哲學是永遠屹立不搖或不被修正的。短者3、5年（或更短），中者3、50年，長者3、500年而已；換言之，您的學說早晚是要被推翻或至少被修正的，只爭來早與來遲而已。不必說別的，縱然以牟先生甚具創意的宋明儒三系說、良知自我坎陷說而言，在其有生之年，已有學者持不同意見了。任一學說早晚被推翻或被修正，這恐怕是歷史發展的一個客觀事實；雖然很殘酷，但這個歷史發展的鐵則，不是隨人之主觀意志而轉移的。牟先生就算再自信，再自負，對此必有所體認，而不可能說出如李先生所指控的那幾句話的。李先生為唐先生申辯，其志固可嘉，但在這個地方，他似乎有點辯過了頭，反而誣衊牟先生了。這一點是筆者必須指出的。

針對李文，筆者最後要指出一點。雖然他認為唐、牟二先生的學說，皆各自為一家之言或一派之學而已，但在其視域中或判教言詞中，他是比較欣賞唐先生的。今引錄其言詞如下，一者以見李先生本乎愛師之深而努力於維護、彰顯其師說（這方面值得吾人肯定、敬佩）；而最要者乃在於藉以揭示唐先生深具開放之心靈、廣納百川之雅量。此讀書治學之態度，在今日而言，恐最值得吾人關注、學習而當努力繼承之者。李先生說：

> ……《生命存在與心靈境界》一書中所建立的「心通九境論」的系
> 統。此系統以展示儒學的義理為主，而容攝中西印他派哲學於其中，
> 亦展現了其一生的學術了解、精神生命。……依我的了解，唐先生此

大弟子盧雪崑教授請求幫忙。盧教授函覆（2018.02.25）的內容如下：「其實，李杜從牟先生所著的《現象與物自身》摘取片言隻語，然後以一己成見改頭換面。《現象與物自身》一書（頁467）說：『不覺則已，一覺就是這一套，不能有其他的更替』，依上文下理，是指康德哲學及儒家圓教之為『哲學原型』而言。李杜先生卻偷換為牟先生自誇『其說』。所謂『「圓教」，為「人極之極則」、「哲學思考至此而止」』（未查出處）也是指『哲學原型』而言，絕不會是如李杜先生所指牟先生自誇『其說』。『如是，我們只有一個哲學原型』（頁468）也絕不能曲解為牟先生自誇『其說』。我所用的是學生書局，民國七十九年版。」盧教授所言固諦當；然而，僅就「不覺則已，一覺……」一語來說，則似乎隱含牟先生自謂其本人即係覺者。

一系統不遜讓於牟先生的「道德的形而上學」的系統。唐先生的系統
的包容涵攝的精神則超過牟先生的系統。但唐先生不敢以其說為對儒
學唯一的理論性的說明，為中國文化的精神所在，或為中國的道統所
在，中國文化唯有依其所說的然後可以有「客觀的了解」，然後可以
再造。[20]

「心通九境論」的系統與「道德的形而上學」的系統相比較，何者較優的問
題，不是本文要處理的，且筆者也沒有能力處理。但以深具包容涵攝性的精
神以指謂唐先生的哲學系統來說，李先生以上的說法無疑是值得吾人多予重
視的[21]。

三、牟先生喜歡月旦人物緣自其個性：
純真、率性、浪漫；彙整不同文獻以了悟牟先生
評價人物具正反兩面而非單面者

　　牟先生個性上有浪漫的一面，此上文已有所表白（詳注 2）。今只略說
其「純真、率性」的一面。
　　國際儒學網上高原先生所編輯的一文嘗指出說：

由於他坦誠，率性，直露，自尊心極強，因此他的批評有時就不夠周
全和縝密，同情地了解不夠，甚至也不能完全免除偏見；他的批評即
使完全是出於善意的，但因不夠溫和與平實，也往往不能產生應有的

20　〈由牟宗三先生……〉，頁 263-264。
21　探討、鑽研牟先生的「道德的形而上學」、其整體哲學或哲學中某一說法、觀念的學
　　者，不可勝數，相關研究成果亦極豐碩。相對來說，探討唐先生的哲學便少得多了。
　　是以筆者要特別強調吾人應多研究、重視唐先生《生命存在與心靈境界》一書中所蘊
　　涵的「包容涵攝性的精神」。當然，其整體哲學或哲學中某些說法、觀念，也非常值
　　得吾人努力探究。

效果。但是必須肯定，牟氏的這種批判精神是中國人最缺乏的，也是最為難得最為寶貴和最為可欽佩的。[22]

這段引文主要是針對牟先生批評其業師熊十力先生來說的。責任編輯高原從客觀面指出牟先生對學人（含熊先生）的批評雖不免有不少毛病，但對此等批評仍給予相當高的評價。之所以如此，恐怕主要是由於高氏以「吾愛吾師，吾尤愛真理」為判準。即了解到牟先生以「真理」掛帥，是以不免把師生情誼等等先擱一邊了。這方面跟本文所討論的並不直接相關，但「坦誠，率性，直露」，則係牟先生素來的個性[23]。其批評熊先生固本乎此，其批評唐先生當然也不為例外。

　　牟先生個性上「純真、率性、浪漫」的一面，落實在對人的態度上，便是有話便直說。認為某人的表現是好的，當然是直說（含形諸筆墨），予以稱頌讚揚。認為其表現是不好的，那也一樣是直說，即所謂直斥其非了（當然，客觀上、事實上，是否真的係「非」，那是另一回事）。後者便成為我們一般人所說的不留情面地批評人，甚至所謂罵人了。其「直說」既有這兩個面向，所以吾人不宜只注意後者，而忽略前者。否則對牟先生便太不公平了，而有陷牟先生於不義之嫌；對被批評的人，也很不公平而成為了冤大頭，因為原來他在牟先生心中也有被稱頌讚揚的一面的！牟先生對唐先生的「直說」，當然也含這兩個面向。但我們先從牟先生對他人之「直說」說起；藉以讓讀者知悉牟先生對學人之評價是普遍地具備這兩面的。而這兩面必須參伍並觀，否則不足以獲悉牟先生對人物評價之全貌。茲舉謝幼偉先生

---

[22] 高原編輯，〈熊十力與牟宗三（下）〉；http://www.ica.org.cn/nlb/index_290_1933.html；2018.02.24 瀏覽。

[23] 這方面的個性，其大著《五十自述》中數見，不一見。除上面提到過的批評熊十力先生外，其批評梁漱溟、張君勱、歐陽竟無諸大師，也可以說在很大程度上反映出牟先生「坦誠，率性，直露」的個性（其批評胡適、馮友蘭等人當然也反映這同一的個性。但此等批評，緣自情緒性而來者，恐較重；與批評梁、張、歐陽者有別）。其對三人的批評，見所著《五十自述》中第 5 章：〈客觀的悲情〉，尤其頁 95-106。批胡、馮，則見頁 88-95。本書第三章亦談及這方面，可並參。

和徐復觀先生為例。1955 年 1 月 13 日牟先生嘗致函唐先生（以下簡稱「牟致唐函」[24]），函中云：

> 兄著《中國文化之精神價值》[25]，弟已與謝幼偉先生推薦教部，大概
> 可得點錢。幼偉為人很好，很能幫忙，彼在其中[26]，不無護持之
> 功。……彼雖力薄，亦贊助不少。

很明顯這是稱讚謝氏。但反觀 1 年前，即 1954 年 1 月 16 日牟先生致唐先生之另一函，則牟先生對謝氏乃有截然不同之評價：「弟對謝幼偉言，可請兄寫一部講程、朱的。此人無擔當，不能作主，未作可否？」這一函的背景是牟先生請求謝幼偉先生幫忙，請其委請唐先生寫一部講程、朱的書。以上兩函前後相隔剛好一年，但對謝氏的評價，其差異相當大，幾可謂截然不同。前者（1954.01.16 函）請求委請唐先生寫書（相信含寫完後之出版），後者（1955.01.13 函）則請求把唐先生已出版之另一書向教育部推薦以申請款項（獎助？）。然而，其前則云謝氏「無擔當」，其後則云謝氏「很能幫忙」！平情而論，拜託人家（謝氏）幫忙以委請學者專家（唐先生）寫書、出書事，衡諸當時（1950 年代）臺灣整個大環境，或衡諸當時國民黨或國府經濟上捉襟見肘的情況來看，謝氏「未作可否」的不予表態是恰當的，至少是情有可原的。然而，牟先生乃以「此人無擔當」評價之。上引文中高原先生便以「同情地了解不夠」來描繪牟先生。此固然，但筆者必須指出一

---

[24] 「牟致唐函」（今存 67 封）及「徐復觀先生致唐君毅佚書」（今存 66 封），乃唐師母所保存者，嘗於 1996 年 11 月交給黎漢基先生整理打字，並允予出版。參黎漢基，〈校註說明〉，「徐復觀先生致唐君毅佚書六十六封」。以上牟、徐兩先生致唐先生函，其打字稿之影印本嘗為摯友中文大學退休教授劉國強兄所收藏。筆者 10 多年前乃從國強兄處借來再影印，謹此致謝。兩批致唐函之流傳情況，詳參本書第二章，注4、5 之說明。

[25] 此書初版於 1953 年 4 月，出版者為臺灣正中書局。

[26] 謝氏與國民黨關係密切，嘗在國民黨轄下之黨營事業機構等等單位任職。函中的「其中」，蓋指此。

點，牟先生對謝氏的批評雖或不免有欠公允，但「此人無擔當」一語，乃見諸牟致唐函中，即見諸私人信件中而已，而非公開指責謝氏，所以恐不足視為牟先生之大病。

至於函中所說到的「不能作主」，在此可有二義。其一是指沒有擔當，所以不作主，以免出岔子。其二是權限不在己，所以確實作不了主。如為後者，則牟先生之責難，便似乎不太近情理了。

綜合來說，牟先生對謝氏有正反兩面之評價。如僅憑其一（尤其負面評價），便說牟先生對謝氏之評價如何如何，那是不得要領的，且對牟先生也是欠公允的。類似的情況，也發生在牟先生對徐復觀先生的評價上。要言之，我們不宜僅憑其負面之評價（即所謂批評），便認定乃牟先生對徐先生的全般評價，否則絕對失諸以偏概全。蓋牟先生對徐先生也有不少非常正面的稱述[27]。吾人固不宜說牟先生前後不一致或前後相矛盾，蓋前後之客觀情況本殊異，故不一致是可以理解的，甚至是可以體諒的。

如從體諒的角度來看，吾人似乎可以依牟先生之個性而指出說，牟先生是性情中人、真人，所以有話便直說。其好惡、愛恨遂全幅展示。從牟先生的角度來看，某人今天的表現可圈可點，牟先生便正面讚賞之。其人今天的表現欠佳讓人不敢恭維，牟先生便逕批評、斥責之。這全然是真性情的流露[28]。如從嚴苛的角度審視牟先生，吾人則似乎可以說牟先生不免失諸輕率，

---

[27] 參拙著〈精誠相感，憂患同經：牟宗三眼中的徐復觀〉，《政治中當然有道德問題——徐復觀政治思想管窺》（臺北：臺灣學生書局，2016），頁 533-574。

[28] 此真性情的流露，牟先生嘗自道之：「凡足以成禮飾情的事，我皆未寄以任何注意。我不往，你因而不來，亦無所謂。普通都說我傲慢，實則這是不恰當的。我在謙虛或傲慢方面，實在是沒有什麼意識的。凡不可以談的，我不願談。我也未故示謙虛，也未有意傲慢。凡可以談的，我就盡量地談，不分晝夜地談。普通說，愛情無條件，無貴賤。性情之交談，真理之交悟，亦是如此。然須知這不是日常的具體生活。雖不是傲慢，然這裏的孤峭，亦不是人生之幸福。」牟宗三，〈說「懷鄉」〉，《生命的學問》（臺北：三民書局，1976），頁 4。其中「我在謙虛或傲慢方面，實在是沒有什麼意識的」一語，最可反映牟先生個性中自然率真的一面。又「……亦不是人生之幸福」一語，則反映牟先生未嘗不自覺太率真亦非絕對是好事。按：牟先生這種自覺是很重要的，否則一意孤行，恐具體生活上無處不碰釘子，且亦非儒家做人處事敬謹之道。

欠謹飭。唐先生被稱為仁者，牟先生則為智者。此其別異也。仁且智，世間罕有。吾人實不必深責牟先生。又：說到牟先生的真性情，牟先生本人即嘗自道之。抗戰期間，牟先生與張君勱先生嘗交惡。牟先生描述相關過程時，嘗進一步指出說：

> 我正視一切睚眦，我衝破一切睚眦；我毫不委曲自己，我毫不饒恕醜
> 惡；以眼還眼，以牙還牙，惡聲至，必反之，甚至嘻笑怒罵，鄙視一
> 切。我需要驕傲，驕傲是人格的防線。……吾之真性情，真好
> 惡，……因此我不能忍受任何屈辱。是則是，非則非，如何能委曲絲
> 毫。當時也許有意氣處，但大體是純潔的，向上的。[29]

此牟先生之夫子自道是吾人了解其個性、性情絕佳的一把鑰匙。其個性表現為「是則是，非則非」、「大體是純潔的，向上的」，這是最難能可貴處。今之學人大抵阿諛奉承、曲學阿世、妞妮作態。讀牟先生上語，能不愧死！！

四、牟先生緣自恨鐵不成鋼而對唐先生作出的所謂批評

上面論述李杜先生的意見時已處理過牟評唐這個議題，但不夠全面。今擬比較全面地予以論說。牟評唐的言詞，主要見諸以下兩文：《中國哲學十九講・第十八講》（以下簡稱〈第十八講〉）[30]和〈客觀的了解與中國文化之再造〉（以下簡稱〈客觀的了解〉）[31]。二文皆為牟先生口頭報告之

---

[29]　上揭《五十自述》，頁96-97。詳參本書第三章。

[30]　牟宗三，《中國哲學十九講》（臺北：臺灣學生書局，1983年10月初版，1989年2月第3次印刷），頁407-409。按：唐先生辭世於1978年年初，是唐先生無法知悉書中相關文字對他的正負面評價。

[31]　本文之出版資訊，見上注8。

紀錄[32]。下文以這兩篇文章為主要素材展開討論。茲先引錄兩文的相關段落如下：

〈第十八講〉：

> 一般人並不是聰明不夠，而是對文獻所下工夫不夠，只是隨便引一點，發揮一下。這是不負責任的，不能算數的。這只是表現自己的聰明，主觀地發揮自己的一套，而不是作客觀的了解。……我就舉唐（君毅）先生作例子。唐先生的理解力高得很。他的思想在三十歲以前就成熟了。他寫《道德自我之建立》，寫得很好，那時他的思想就已經定了。他在中央大學教中國哲學史，他那些關於佛教、宋明理學的書都是根據這時候的了解而寫的。三十歲以後，將近四十歲的時

---

[32] 前者為 1978 年之授課紀錄，紀錄者為李明輝先生；牟先生嘗「稍加潤飾」（參牟宗三，〈序〉，《中國哲學十九講》。）後者乃 1990 年「當代新儒學國際研討會」之主題講演，後由王財貴先生整理成文；然不悉有再經牟先生過目潤飾否。筆者特別需要指出的是：二文皆源自牟先生之口說，是以姑無論其事後是否經牟先生本人過目潤飾過，但以嚴謹程度來說，似均不能與其體大思精、架構嚴整，句斟字酌始筆之於書之著作相比。其流於疏濶，甚至欠嚴謹，是可以想像得到的。是以作為讀者來說，其中若干用語，似不必太認真看待（太在意、介意），斯可矣。

又：研討會當日（2018.04.12），筆者報告的一場，其主持人兼評論人為香港中文大學哲學系鄭宗義教授。鄭教授對拙文的評論（共計 2 項），筆者獲益良多；特此致謝。其一云：講課與公開講演不同，吾人宜予以區別，不宜併在一起而為說。此似乎意謂前者近乎私領域，其言論之「自由度」較高；相關內容，吾人不必深究、深責。後者則公領域也，其言論內容應多考慮聽受者或指涉者之感受。換言之，後者宜更嚴謹。這似乎也意味著從聽受者或指涉者的立場來說，甚或從指涉者（譬如本論文討論的唐先生）同情者（譬如上文之李杜先生）之立場來說，他們假若對公開演講者提出一些要求，甚或批評、指責，似乎是可以說得過去的（justified 的）。此外，鄭教授又指出說，筆者應該考察一下李杜先生的批評是否站得住腳。（筆者按：李先生大文嘗云：牟先生以自家「一系統的哲學」為判準以批評唐先生。）筆者當時的回應云：此固然。然而，此則牽涉唐、牟二先生背後各有所據的整套哲學的一個大問題。惟筆者學力不逮，所以拙文不敢置喙。（下文注 61 嘗說到唐先生治學乃本乎「柔情的生命意態」。這或許多多少少回應了鄭教授的第二個評論。）

候，我們逃離到香港[33]。最初的十年，在艱難困苦中，他沒有作學究的工夫，只是根據他以前所了解的程度來講文化，也講得很好。他講文化問題的那些文章都很好。這樣一直發展到五十歲。所以唐先生從三十歲到五十歲這二十年間，講道德自我之建立、講人生之體驗，乃至講文化問題的那些文章，都很不錯，也到達了最高峰。

五十歲以後，他出來辦新亞書院參與校政[34]，事業心一重，精神就散了。當然辦事並不算錯，因為儒家講內聖外王，辦事是應當的。但是一辦事就影響到作學問。……所以唐先生在五十歲以後的二十年間，在學問並沒有多大進步。雖然他寫了許多書，像《中國哲學原論》就有好幾冊，其中疏通致遠，精義絡繹，但這些書在客觀理解上，也有許多不甚妥貼處。這些書大體只能當作 rough work 看，是需要修改的。因為他還是根據他三十歲左右所了解的程度來寫，在理解的程度上並沒有進步，而只是擴大了材料的量。……在這二十年間他的心思分散了。……他白天要辦行政，和別人鬥爭，晚上回家還要看書、寫書。他看書雖快，其實都很粗略。他的引證大體不甚可靠，因為他太忙了。這些錯誤很容易改正，但是他的理解程度卻無法改進。他的理解程度在三十歲以後，並沒有多大的進步，所以我常常替他惋惜。學術問題是屬於客觀了解的問題，而不屬於主觀境界的問題，不屬於個人的思想，憑個人的思想可以講文化問題，但不能講客觀的學術問

---

[33] 蔡仁厚先生云：「（民國 38 年）夏間，謁熊先生於廣州市郊黃氏觀海樓。夏秋之間，先生隻身渡海至台灣」。蔡仁厚，〈甲　學行紀要・民國 38 年條〉，《牟宗三先生學思年譜》，收入牟宗三，《牟宗三先生全集》。然則牟先生未嘗赴香港。或先生取道香港再轉赴臺灣耶？是以牟先生籠統說：「我們逃離到香港」耶？

[34] 唐先生 1949 年抵港後不數月便於該年秋追隨錢穆先生等等創辦亞洲文商夜學院，翌年改組為新亞書院。按：唐先生出生於 1909 年，是先生辦新亞（含其前身亞洲文商夜學院）乃在其四十歲時，非五十歲。「五十歲以後，他出來辦新亞書院參與校政」，其中「五十歲」，恐為牟先生一時誤記，或緣乎手民之誤亦未可知。詳參唐端正，「民國三十八、三十九年條」，《唐君毅先生年譜》，《唐君毅全集》（臺北：臺灣學生書局，1991）。

題。所以，唐先生的學問成於五十歲以前，發展到五十歲為最高峰；而且他的性格也適合於講文化問題。[35]

〈客觀的了解〉：

「學養」之足不足遂成為一個非常嚴肅的問題。「學養」，實在的說，也就是對問題要做「客觀的了解」，要有正確的知識，不誤解，也不籠統。……以上都講老先生的毛病。大家不要誤會我對前輩不客氣[36]，其實我還是很尊重這些人[37]。在這個時代，出這種人物，有真性情、真智慧、真志氣，已經是很難得了。我只是要強調「學」的重要，無「學」以實之，終究是浪費了生命，辜負了時代，這大體也是

---

[35] 牟宗三，〈第十八講〉，《中國哲學十九講》，頁 407-409。

[36] 「不要誤會我對前輩不客氣」，大抵指不會對熊十力、馬一浮、梁漱溟等人不客氣；但對胡適、馮友蘭二先生，恐為例外。

[37] 牟先生演講中批評的人物很多，皆學界有相當分量的人物，甚至大師級的人物。除批評唐先生，乃至批評其業師熊十力先生外，其他學者，如胡適、馮友蘭、梁漱溟、馬一浮、金岳霖、任繼愈、歐陽竟無、陳寅恪、殷海光、毛子水、余英時、朱寶昌，無一幸免。至於西方學者，被批評者，計有康德、馬克思、羅素、柏格森、海德格、胡塞爾、維特根斯坦。中外學者，共計不下 21 人。當然，批評的輕重有別。最重者，如胡適、馮友蘭等。最輕者，如金岳霖、陳寅恪、余英時、康德。針對金氏，演講中乃順帶點出金氏於中國哲學史為外行；針對陳氏，則牟先生以其為公子型的學者；針對余氏，則認為彼認同馮友蘭之《中國哲學史》為最好的；康氏則在解決問題上有其限度。其實，被批評、批判即表示牟先生心目中有您，也表示在學界中您至少有一定的地位、分量，或至少具相當知名度。所以被牟先生批評，也不見得一定是壞事。按：牟先生的批評，為相應演講主題，乃係扣緊一「學」字（學養、學問）作敷陳。其重點有二：一、該學者是否具真材實學，學養足不足夠，對學問具客觀且相應的了解否？這是針對浪得虛名者（如牟先生眼中的胡、馮二先生），或緣自某些客觀環境（如唐先生因為學校行政太忙）而無法厚植其學養來說的。二、該學者從事的學問（尤其指哲學）是否針對人生或生命的大問題作探討或闡釋？即該學者從事的是以三真（真性情、真智慧、真志氣）為基礎的「生命的學問」否？而後者是對應「纖巧哲學」（頁 13）或「纖巧之學」來說。按：真性情始能對研究之對象產生實存感——存在的實感。否則研究對象只是一客觀外在之物，與自己的生命了無瓜葛！

整個時代的毛病。**38**

牟先生繼續說：

> 我寫《佛性與般若》，重講天台華嚴。不管和尚居士，沒人講天台華
> 嚴能講到合格的，……我雖不是佛弟子，我比較有客觀的了解而能深
> 入地把它們重述出來，這於宏揚佛法不能說無貢獻。唐君毅先生力讚
> 華嚴，其實華嚴比不上天台，唐先生的客觀了解也不太夠。唐先生對
> 中國文化的了解是停在他二、三十歲的程度**39**，他那時就成熟了，後

---

38 〈客觀的了解與中國文化之再造〉，頁 2-10。

39 「停在二、三十歲時的程度」一語，大概是演講時一時不經意說過了頭的大話。上
引〈第十八講〉則說：「唐先生從三十歲到五十歲這二十年間，講道德自我之建立、
講人生之體驗，乃至講文化問題的那些文章，都很不錯，也到達了最高峰。」個人認
為應以此後者之描繪為準。為化解兩說之矛盾，當然吾人也可以辯稱說：雖然文章是
發表在 30-50 歲間，但其程度仍是停留在 2、30 歲時的程度。但如果這麼說，那唐先
生便是天才中之天才了。因為稍微看過該等論說文化問題的文章，都知道那是很精闢
深入，且充滿存在感的。沒有足夠的生活體驗，尤其 2、30 歲時的唐先生因為欠缺相
應於其後來，即相應於 1940、50 年代中國大陸上天翻地覆的大變動而來的存在感的
體驗，恐無法寫出該等大文章。由此來說，吾人不妨大膽的說，對牟先生的若干話
語，吾人不必太認真看待。演講時，一時說過了頭的「大話」，吾人也不宜大做文章
而逕予反駁或斥責。然而，牟先生說唐先生「對中國文化的了解是停在二、三十歲時
的程度」這個說法，吾人亦不宜視其為全然誇大失實。如果把「對中國文化的了解」
這個片語改易為「……對宇宙人生的根本信念」，則唐先生本人早已有此自覺並嘗自
道之。《生命存在與心靈境界》的〈後序〉裡，先生即嘗云：「吾今之此書之根本義
理，與對宇宙人生的根本信念，皆成於三十歲前。……吾於三十歲前後，嘗寫《人生
之體驗》，與《道德自我之建立》二書，皆以一人獨語，自道其所見之文。……吾今
之此書之規模，亦不能出於此二書所規定者之外。此固可證吾之無大進步；然亦證宇
宙人生中實有若干真理，歷久而彌見其新也。至於此後三十年中，吾非無所用心，而
知識亦儘有增加。然千迴百轉，仍在原來之道上。」唐君毅，《生命存在與心靈境
界》（臺北：臺灣學生書局，1977），下冊，頁 1157。換言之，牟先生「停在二、
三十歲時的程度」一語，吾人必須以唐先生本人的說法及其相應的表現作對照比觀，
否則難以得其確解。若視為牟先生亂說、有意貶抑唐先生，則既誤會牟先生，且對唐
先生之學問宗趣亦有所不契。

來雖寫很多書，大體是量的增加，對開拓與深入沒有多大改進。……
當時我整理宋明理學，整理朱夫子和胡五峰的文獻，在《民主評論》
上發表了兩篇文章，這兩篇文章對唐先生的生命起了很大的震動。有
一天我去看他，唐師母告訴我說唐先生在睡覺時還在唸胡五峰，這表
示他知道我的了解已經超過他了。**40**

以上引文共 4 段，凡 1,200 多字，茲綜合討論如下：

（一）牟先生稱讚唐先生

相關言詞，見諸〈第十八講〉者，計有三方面：1、個人特質：(1)「理
解力高得很」、(2)看書快（這很關鍵。讀文科，如看書不夠快，那定然是
吃虧的。）、(3)用功（白天雖忙且很傷神（與別人鬥爭當然傷神。「鬥
爭」恐怕主要是針對中文大學改制方面來說），但晚上還是看書、寫
書。）。2、挺立道德生命、疏導人生方向、厚植文化意識及弘揚（中華）
文化：其具體表現，據上引文，見諸以下各專著（專書、專文）：《道德自
我之建立》、《人生之體驗》及講文化問題的眾多文章。3、學術著作的表
現：《中國哲學原論》具「疏通致遠、精義絡繹」的優點。以上三方面，縱
然以 2 和 3 來說，已足以讓唐先生不朽了。

---

40 〈客觀的了解與中國文化之再造〉，頁 15。針對學養不足或所謂客觀的了解不夠這
個課題，牟先生對前輩，如梁漱溟、熊十力、馬一浮三先生的相關批評，也見諸由先
生主講，盧雪崑整理的《四因說演講錄》（臺北：鵝湖出版社，1997），頁 112-
113。「客觀的了解不夠，學不夠」一語，則見頁 112。然而，針對唐先生，則書中
並未出現類似的批評。承蒙一學長惠告謂，牟先生喜月旦人物，此固然。但牟先生是
有分寸的：若擬批評之學者出現在同一場合，則牟先生絕少施予負面之評價。換言
之，牟先生的批評也是看場所、環境的。按：《四因說演講錄》源自牟先生在新亞研
究所所開授之「四因說」一課；時維 1991 年春（詳參《四因說演講錄・序》），其
時唐先生已謝世 13 年矣。按：新亞研究所自 1953 年創辦以來迄唐先生辭世（1978
年），唐先生皆服務於斯，且嘗為所長凡 10 年之久（1968-1978）。蓋以此而牟先生
之「月旦評」不道及唐先生歟？

在上引各段文字中，牟先生稱讚唐先生之處，便有如上的三項。這一點，筆者一定要把它抉發、彰顯出來，否則既輕忽了牟先生對唐先生這些很正面的評價，且隨而有陷牟先生於不義之嫌[41]。再者，如說到批評，我們必須指出，牟先生所批評的具體對象（時段）主要是唐先生 50-70 歲這 20 年間學術上的表現；而 50 歲以前的表現，尤其 3、40 歲前，牟先生是高度稱許的[42]。

---

[41] 牟先生很看重疏通致遠。其稱讚徐復觀先生之言詞可為明證。〈悼念徐復觀先生〉一文即嘗云：「……諸大文，疏通致遠，精闢入裏，……」。詳上揭《政治中當然有道德問題——徐復觀政治思想管窺》，頁 549-550。「疏通致遠」一詞是有所本的。孔子曰：「疏通知（牟先生寫作「致」）遠，《書》教也。」（《禮記・經解》）。引文中的《書》，指《尚書》；而《尚書》，史書也。史書重視貫串上下古今。貫串上下古今，即所謂疏通；因為能疏通，是以知（致）遠也。唐先生以「即哲學史而言哲學」的方式，即藉著貫串疏通以致遠的方式，對中國哲學進行系統的梳理，其所成就者乃七大冊《中國哲學原論》（新亞研究所版本）。牟先生對唐先生這個處理方式當然是有所察悉的，且有所推許的，「疏通致遠」一詞即可為證。又：「精義絡繹」，這個推崇也是夠高的了。環顧其並世時賢或同輩學人，筆者未見牟先生以這個用語或類似用語予以肯定者。

[42] 牟先生稱讚唐先生除見諸〈第十八講〉外，尚見他處。今從牟先生的《五十自述》舉一例如下：「他（按：指唐先生）確有理路，亦有理論的思辨力。我並且因著他，始懂得了辯證法的真實意義以及其使用的層面。這在我的思想發展上有飛躍性的開闢。……這（按：指形上學）就是黑格爾所開闢的領域，我因此對黑格爾也有了好感。這都是由君毅兄所給我的提撕而得的。我得感謝他，歸功於他。……自此以後，我常和他談。或談學問，或談性情。我並不知我的《邏輯典範》所函的『形上函義』是什麼，而他卻已知之。他有時問我，我常不能答。我知道他對於形上學裡面的問題確曾用過心，比我知道的多得多。」《五十自述》（臺北：鵝湖出版社，2000），頁 109-110。試問並世時賢，能得到牟先生這種稱譽、推崇的，除唐先生外，尚有何人？所以筆者恆不能理解，何以有些學人只論及牟先生對唐先生之負面評價，而不曾多留意彼對唐先生非常正面（本注上引文即一例）的評價呢？做學問，該如是乎？若套用牟先生「客觀的了解不夠」這句話，則這些學人對牟先生是不是也犯了同一毛病呢？！

（二）批評唐先生絕非兩文之主旨

　　當然，上所引牟先生的幾段文字，其主要內容還是在於批評唐先生。然而，該注意的是，主要內容雖在於批評唐先生，但批評唐先生則絕不是牟先生當時講話的旨趣或目的之所在。所以吾人絕不宜在這個地方大做文章，以為牟先生刻意或惡意批評死友。就以內含〈第十八講〉的《中國哲學十九講》來說，其〈序〉文明載該講座乃牟先生 1978 年對臺灣大學哲研所諸生所講授者[43]。那麼牟先生為甚麼要在講課中批評唐先生呢？個人認為，牟先生在說明一問題時，唐先生只是被引作例子而被提到而已，即不幸「被颱風尾掃到」而已！那麼牟先生在說明甚麼問題呢？在上所引〈第十八講〉的兩段文字前，牟先生嘗指出說：「……所以人的理解往往分幾個層級在前進，……這需要一層一層往上翻，一段一段往前進。我到香港已經五十多歲了[44]，理解程度也比較高。……至於我五十歲以前所寫的那些書，你們不要看。」可知牟先生說話的旨趣乃在於提點當時修課的研究生：讀書做學問要不斷精進、不斷往上翻、按時段（年齡分段）前進，即要與時俱進；不能自我設限，更不能自我滿足於過去之表現、成就。個人認為，牟先生這個說法是很有道理，很有提撕、警惕作用的。然而，這種「離事而言理」，即抽象言理的方式，亦有其不足之處，蓋欠具體是也。最善於誘導後學的牟先生對這個不足，當然不會無所知悉覺察。按：王財貴先生嘗以「說法第一」稱譽牟先生[45]。那麼如何把抽象的道理說得讓修課者好懂且印象深刻呢？此恐非予以具體化不可。舉具體且學生早已有相當認識的例子，此即訓詁學上「以其所知諭其所不知，而使人知之」，恐怕是最合宜、最恰當不過的方法。當

---

[43] 據蔡仁厚先生之《牟宗三先生學思年譜‧學行紀要》，該講座始於該年 11 月。而唐先生於同年 2 月 2 日便辭世了。所以牟先生授課時，唐先生已作古，即已成為牟先生的死友了。「死友」乃一美稱，讀者幸勿誤會。

[44] 牟先生 1960 年秋受聘於香港大學中文系，講授中國哲學。時年 52 歲（按虛歲的算法）。

[45] 王財貴，〈「說法第一」的哲學大師——我所知道的牟宗三〉，1993.12.16，《中央日報‧長河版》。

然，除學生認識外，教諭者本人對該例子也要有所認識，甚至是非常諳熟，否則難以談得深入，談得到位，而讓學生信服。在這種考量下，唐先生便很自然地成為不二人選了。所以唐先生是作為說明抽象道理的一個例子而被提到的。而相關的講話，其本旨絕不在於要批評唐先生。如果一定要說批評，那牟先生的自我批評，自我檢討，其程度比批評唐先生不曉得要嚴苛多少倍！「我五十歲以前所寫的那些書，你們不要看。」（此語吾人不必照單全收；然而，牟先生的豪邁個性，頗可概見。）那根本係自我推翻，自我否定！何止批評，何止檢討呢？由此來說，牟先生對唐先生所作的負面評價，如果算是批評的話，實在不能算得上是怎麼重。且筆者深深的相信，縱然是批評，也是善意的，惋惜之意居多[46]；乃恨鐵不成鋼的心態下的一種表白。

（三）「rough work」、「客觀理解上不甚妥貼」、「學養不足」

《中國哲學原論》各卷大部分篇幅皆寫成於 50 歲以後[47]。對此書，牟先生雖有稱讚之詞（即上引文「疏通致遠」、「精義絡繹」等詞），然大抵以貶意為主。其中最關鍵的語句，茲再引錄如下：「唐先生在五十歲以後的二十年間，在學問上並沒有多大進步。……這些書在客觀理解上，也有許多不甚妥貼處。這些書大體只能當作 rough work 看，是需要修改的。」（見〈第十八講〉）「二十年間在學問上並沒有多大進步」一點，下面再細

46　〈第十八講〉即有如下一語：「……，所以我常常替他惋惜」。假若牟先生對唐先生是「責之切」的話，那實在是緣自「愛之深」。而「替他惋惜」則正係「愛之深」的具體表現。唐先生辭世時，筆者有幸充當跑腿，把徐先生草擬的〈唐君毅先生事略〉送給牟先生過目。牟先生當時臉上所流露的嚴肅和哀戚，是筆者一輩子無法忘懷的。（詳見下注 59）試問這不是「替他惋惜」下的一種自然流露之情，那又是甚麼呢？學者在知其一不知其二的情況下而恆作出全稱判斷，假若看到「所以我常常替他惋惜」一語，能不深感慚愧嗎？當然，做學問不易做到全面周延而客觀。稍一不慎，便陷於偏頗，甚或掛一漏萬；筆者固不為例外。多從正面、光明面以解讀、詮釋古人，庶幾可免此失。願共勉。

47　據《中國哲學原論·導論篇》之〈自序〉，則知《導論篇》諸文大皆撰就於 1966 年前之 10 餘年，即唐先生 50 歲前後的 10 餘年間。至於其餘各篇，據〈自序〉後之「君毅附誌」，則大皆成書於 50 歲之後。「附誌」寫於 1974 年。

談[48]。我們先談「這些書（按指《中國哲學原論》）在客觀理解上……不甚妥貼」一點。這句話是甚麼意思呢？我們不妨借用牟先生本人的說法。牟先生說：「主觀的了解很難與客觀的原意相合。」此即意謂在《中國哲學原論》一書中，唐先生「對文獻所下工夫不夠」、「主觀地發揮自己的一套，而不是作客觀的了解」下，導致了該書的（若干）內容，「很難與（文獻）客觀的原意相合」（以上引文，皆見〈第十八講〉，頁 407）。既然「很難相合」，其結果便自然是「不甚妥貼」了。如果妥貼是精品，是定本，那麼「主觀地發揮自己的一套，而不是作客觀的了解」而導致的不甚妥貼，便自然是「rough work」了[49]。rough work 不啻是說唐先生之研究成果非一客觀、高水準之學術著作。要言之，用大陸流行語來說，即學術含金量不足、不高。而所以導致學術含金量有所不足，追源溯始，乃由於撰著者之學養不足；而「客觀的了解」之所以出現問題，要言之，也是由於學養不足之故（至於學養本身何以不足，則可以由以下原因所導致，譬如其本人天賦不高、不勤奮，或客觀上被其他事物干擾等等，不具論）。除〈第十八講〉外，上所引〈客觀的了解〉一文對「學養」之論述綦詳。文中說到某些「老先生」、「前輩」、「這種人物」學養不足或對「客觀的了解」有所不足的，牟先生指的是梁漱溟、熊十力、馬一浮等學人；不是逕指唐先生[50]。當然，唐先生也「被颱風尾掃到」而成為學養不足者之一。

---

[48] 上揭《學術與經世──唐君毅之歷史哲學及其終極關懷》已指出，就唐先生對歷史哲學來說，其看法是前後有異的。其異處或可視為即其進步之處。當然是否算得上是大進步，且至何種程度方可讓牟先生視為確有「進步」，而不是「沒有多大進步」，筆者是難以置喙的。

[49] 40 多年前，筆者在香港上牟先生課時，牟先生也用過這個詞來描繪唐先生的著作。至於是否特指《中國哲學原論》，或指他書，則不克憶及。

[50] 然而，上引文既云「這大體也是整個時代的毛病」，且在上所引〈第十八講〉中又逕稱唐先生某些書「在客觀理解上，也有許多不甚妥貼處。」，則吾人把唐先生也納進去，認為牟先生把唐先生視為學養上有所不足及「客觀的了解」不夠，恐怕也是上引文當有之義。其實，若再看看〈客觀的了解〉的第二段引文，則此義便更明顯了，蓋文中即有以下一語：「唐先生的客觀了解也不太夠。」（頁 15）。

　　然而，唐先生的著作是否真的反映其「學養」有所不足或「客觀了解也不太夠」呢？對此問題，筆者不敢置喙。然而，筆者需要指出一點：唐先生是非常清楚地意識到「主觀地發揮自己的一套」是無法對哲學問題「作客觀的了解」的，即無法滿足牟先生所多次強調的「學」的；然則逐無法獲致或建構客觀上的學問了。唐先生下文可以為證：

> ……依吾之意，凡依上述哲學家自為宗主之態度以為言者，意不在於先究他人之言之本義，即恆長於自道其所見之義理，亦能「以仁心說」其所見之義理以示人，而未必能「以學心聽」他人之言，以見他人所見之義理，則於智未能無虧。荀子正名篇嘗為此「以仁心說，以學心聽」之言矣。……吾今之所謂即哲學史以為哲學之態度，要在兼本吾人之仁義禮智之心，以論述昔賢之學。……此則吾素有志焉，而未敢云逮，而唯持之以自勉，以論述中國先哲之言之法也。唯今茲之論性，則竊自謂差近之耳。[51]

是唐先生非常清楚人之所以能夠成就客觀之知識（上引文中「智」一字大抵指此），必須仰賴緣自「以學心聽」所獲得的「客觀的了解」。當然，唐先生之「差近之耳」[52]，乃唐先生之個人自我認定，而不必然符合牟先生之期許的。然而，既有此認定（本諸「以學心聽」為基礎而來的「客觀的了解」），且自覺地「持之以自勉」，再加上唐先生說話、做事，一向皆敬慎為之而不說乖違事實的大話，則吾人當相信唐先生至少在相當大的程度上已符合其本人所自勉自期者。然則牟先生之期許（或所謂「責求」），或不免過高歟？（至於牟先生為何有此過高的期許，則詳見下文。）

---

[51] 唐君毅，〈自序〉，《中國哲學原論・原性篇》（香港：新亞研究所，1974），頁 5-9。

[52] 「差近之耳」一語反映唐先生自信對「性」一問題的討論，是大體上或相當大程度上獲致「客觀的了解」（智）的。智以外的仁、義、禮三項，與本文主題無關，不具論。

　　現在再回頭看「rough work」一詞：rough 有粗糙、粗略、粗率、大致、初步、未加工諸涵意；反正非完善、精美之意。即與完善、精美有一段差距。而正因為如此，這所以相關著作「是需要修改的。」（上引文中牟先生語）。按：唐牟二先生，凡有新作，甚至稿本，大皆惠贈對方閱覽，請求誨正。其兩人往來書簡之相關文字頗可以佐證。筆者細檢所藏《中國哲學原論》各冊版權頁，皆有「修訂再版」字眼。是唐先生對《原論》各冊已作過修改。牟先生所閱覽者蓋為初版，是以尚嫌其粗略、未嘗加工歟？當然，據各冊序文，再版所改動者不多，與初版無大異，但無論如何，非未嘗修改也[53]。惜牟先生所看到的僅為初版！然而，何以《中國哲學原論》未能滿足牟先生意而頗受其批評？牟先生嘗作出解釋，如下：「精神散了」、「心思分散了」、「太忙了」（三語均見〈第十八講〉）牟先生所說的都係事實。一

---

[53] 唐先生有否修改其大著及是否輕率為文，可細參以下二文：（一）〈自序〉（1967年 2 月撰），《中國哲學原論·原性篇》（香港：新亞研究所，1968 年 2 月初版，1974 年 7 月修訂再版）：「吾之寫此書，雖上下數千年，然初非搜集資料，而後次第為之。乃先以數十日之功，一氣呵成其大體。然後絡續補正，更于校對時，字斟句酌；兼以目疾之故（按：1966 年 3 月起唐先生即患目疾，其後以一目從事讀書撰著者，前後凡 12 年！筆者每讀「以目疾之故」一語，即不能自己者久之！天妒英才，吾人固無可如何也！），悠悠四載，方得出版問世。故吾亦望讀者先通吾書之大體，然後更察其微旨。吾書于每章每節，皆時具新意，疏釋疑滯。然皆不宜斷章而直取，唯可隨文以順求，方可于此義理之天地中，得峰迴嶺轉、前路以通之趣。此吾之論述之道然也。至若吾所述論，不免於先哲之言，抑揚過當，還失本旨，或治絲益棼，求通反塞；則學力所限，無可奈何，是吾之罪（筆者每讀此語，亦恆不能自己。學海無涯；既竭盡一己之力為之，則何罪之有哉？！）。然其本旨固自在天壤間，可通之理亦固自在天壤間。此亦唯有期諸後人更匡其不逮耳。」（頁 10-11）是可知唐先生絕不輕率為文也。然而，既坦承以學力（學養）所限而唯期諸後人，則牟先生之指教，乃至所謂批評，其有合乎天壤間之本旨者，苟唐先生泉下有知，恐必含飴首肯也。由此來說，後學於此紛紛然，作出此優彼劣，或彼優此劣之判斷者，或更進而認為牟先生不宜批評死友者，恐皆不免多事耳。（二）〈自序〉（1966 年 2 月撰），《中國哲學原論·導論篇》（香港：新亞研究所，1966 年 3 月初版，1974 年 7 月修訂再版）第一句更明確指出說：「本篇諸文，大皆吾十餘年來，所已分別發表，略經修改，重加編訂而成。」（頁 1）。

句話，即太忙了。那唐先生忙的又是甚麼呢？牟先生嘗一語道破：「辦行政，和別人鬥爭」是也。一忙之下，精神、心思便自然分散了。[54]

說到忙，其實，唐先生一輩子幾乎從來沒有不忙的片刻。以家貧，又以父親迪風公謝世早（1886-1931，享陽壽 46 歲。時唐先生僅 23 歲，中央大學尚未畢業），而唐先生為長子，須肩負全家人之生計、教育之重責（唐先生之弟妹共 5 人，其 3 妹早殁。是唐先生要照顧太夫人外，還要照顧弟妹凡 4 人。其弟妹多人上大學，皆仰賴唐先生之資助。），所以唐先生中央大學畢業後需要同時任教於四所中學：成都之敬業、蜀華、天府、成公中學。五年後，即 1937 年正式任教於上庠（華西大學）時，仍需在以上四所中學兼課！嘗每周上課 32 小時。教課之餘，又與友人一起創辦《重光月刊》，出錢出力，鼓吹抗戰，以遂書生報國之志[55]。國家多難，以唐先生之深富人溺己溺之精神、使命感，固不容置身度外也。唐先生以「太忙」而導致中晚年也只撰就了牟先生眼中的 rough work，而非精品，牟先生本人即甚為死友不值[56]。「我常常替他惋惜」一語便道盡一切了！其實，此語說得尚輕。其

---

[54] 牟先生體會到唐先生由於行政事務太忙而導致「精神散了」、「心思分散了」，所以便無法寫出讓人更滿意的著作。這個判斷頗可反映牟先生對唐先生深具同理心。這點筆者必須予以指出。

[55] 以上之生命歷程，詳唐端正先生所編之《年譜》，《唐君毅全集》，卷 29。值得指出的是，唐先生 2、30 歲時如此的忙，但還是能夠寫出牟先生眼中的好著作，如《道德自我之建立》、《人生之體驗》等等，則 5、60 歲相對地比較不忙之時，其撰寫之著作，又豈會只是「rough work」呢？（當然，是不是 rough work，那要看相對於甚麼來說。若相對於牟先生本人自己中晚年階段恆有大進步說，則其他任一學者的哲學著作，恐怕都只能是 rough work 了。下詳。）當然，在這裡筆者只是按常理而冒出這個疑惑／疑問；以學力不逮遠甚，實不敢多置喙。

[56] 唐先生有一個很了不起的地方。就是無論白天多忙，多費神處理公務，然而，晚上回家用過飯後，便能讀書，執筆寫作；而不為白天公務所困擾。非修養到家，又何能至此？我們先不說 rough 不 rough work 一問題；40 年前沒有電腦打字，縱然真的只是 rough work，或甚至只是搬字過紙的僅係抄書，那抄出個「著作等身」的分量又是何等不容易！且需要再指出的是，唐先生生命中的最後 12 年僅憑一隻眼（右眼）以完成其晚年多種鉅著！

〈哀悼唐君毅先生〉一文最能道盡牟先生對唐先生之無限景仰。對相關問題之衡論，亦可謂最公允持平。茲引錄關鍵語句如下，以見牟先生絕非惡意批評唐先生者（李杜先生「低貶」一語，恐過重）：

> ……此等諸大作（按指《中國哲學原論》各冊及《生命存在與心靈境界》）須費七八年之時間始能寫得成，則待退休後，從容為之，所成必更精純。今同時進行（按指：外而抗塵抵俗，內而著書立說），稍失從容之旨。不失從容，便涉遑急[57]。……然此亦與個人性情氣質有關，亦難勉強。以唐先生之省察工夫，夫豈不知？所謂看得透，忍得過[58]，亦莫可如何也。吾為朋友傷，亦為朋友痛。今于其遽歸道山，益增痛楚，常俯仰感慨不能已。

要言之，與其說牟先生是批評死友，那寧可說，牟先生是恨鐵不成鋼，而深具惋惜之意。

其實，就《中國哲學原論》在「客觀理解上不甚妥貼」，乃至流於「rough work」來說，是耶？非耶？乃係可接受公評者。因事涉專門，筆者學力不逮，此則有待來哲。讀者諸君，其勉焉。按：牟先生一向很自信，也可以說很自負；其個性本來就直來直往，不予假借寬貸。然則出言欠婉轉修飾，乃至陷於己是人非，亦或不可免矣。明乎此，則不必斤斤計較其一二用語之或過當，斯可矣。若讀者把牟先生所謂批評唐先生之言詞與批評其他學者之言詞相比較（以見於〈第十八講〉和〈客觀的了解〉二文者為例即可概其餘），則知其差距實不能以道里計。然則「客觀理解上不甚妥貼」、「rough work」等詞，乃可謂委婉之至也。讀者勿泥可矣[59]。

---

[57] 筆者按：「不失」之「不」字，疑為「一」字之誤植，蓋「從容」是一正面描述。「失從容」乃一反面描述，「不失」負負得正，便是肯定了「從容」。既肯定從容，那又何來「便涉遑急」呢？

[58] 「忍得過」之「得」字，疑為「不」字之誤植；如意謂：怎忍得過，則此語固恰當。

[59] 唐先生辭世時，筆者恰承乏新亞研究所學生會會長一職。當時承研究所總幹事趙潛

（四）「五十歲以後的二十年間，在學問上並沒有多大進步」

　　針對此語，筆者有如下看法：唐先生晚年嘗云：「我近來寫文，較喜歡談一般社會文化問題。為了反抗唯物主義、極權主義，恆不免意態激昂；但實際上，仍是以此書所透露的對人生的柔情，為一我所說一切的話之最深的根據。」[60]要注意的是，唐先生不是說其後出的著作，在內容上皆以《人生之體驗》一書所說的話為最深的根據；而是說以該書「所透露的對人生的柔情」為最深的根據。此中之差異甚微，但至關緊要，千萬莫混淆。筆者認為，所謂其「人生的柔情」，即唐先生自覺其人生以「柔」為其情調——為其感情格調、基調。其實，此乃一「生命意態」，即生命中對人對物的一種態度。此大抵指能以包容（寬宥／寬待／寬假／寬貸／寬饒／寬讓等等）態度對待他人。「柔情」一語，若對照比觀文中前一語「意態激昂」，則其意義便更顯豁了。《道德經》：「天下之至柔，馳騁天下之至堅。」，然則「柔」之為用可謂大矣。換言之，在操作面上，「柔情之意態」，其可能產生之能量遠勝於「激昂之意態」所可能產生之能量；是以後者乃為前者所驅使（馳騁）也。蓋柔情便不會使人走極端而能夠以他人之心為心以接受他人、對待他人。柔情恆緣自不忍人之心。然則人溺己溺之同理心，乃至兼容並包、海納百川之雅量遂油然而生，甚至民胞物與之胸襟亦由是而孕育焉。唐先生此一 30 歲左右即形成的生命意態，個人認為，乃緣自其感通之情而對世人恆具不容自已之繫念關懷而產生的一種情愫、情懷。這種情愫、情懷乃成就了他的一套哲學：緣自惻隱、不忍人之心而成就之性情哲學。這種崇高的生命意態，其實不必予以改動變更。反過來，應該如保赤子地努力維護

　　（趙致華）先生之命，嘗負責將徐復觀先生執筆之〈唐君毅先生事略〉，送請其他治喪委員會成員或其他教授過目誆正，牟先生乃過目者之一。牟先生當時肅穆哀戚不能自已之情，雖事隔 40 多年，而迄今仍歷歷在目。其「為朋友傷」、「為朋友痛」（語見〈哀悼唐君毅先生〉）之悲惻感傷，實非筆墨所能形容其萬一。筆者每讀此兩語，恆不能自已。

[60] 唐君毅，〈重版自序（1976 年 12 月）〉，《人生之體驗》（臺北：臺灣學生書局，1989），頁 4。

之、護持之，使其恆存不墜。如果我們從這個面向來看待所謂「二十年間無
多大進步」，則唐先生這種由一貫精神意態而來的所謂「沒有進步」，其實
正係其最值得讚揚稱頌的地方。如果能從這個視角來審視「沒有進步」一
語，則牟先生反而是恰恰好，或所謂歪打正着，道說出了唐先生乃以此早年
便形成之深具柔情之生命意態、精神意態，作為其一切著作之精神基調、精
神取向。換唐先生本人的話來說，這個基調、取向，就成為了其後來各著作
「所說一切的話之最深的根據」[61]。

---

[61] 當然，這句話主要是針對上文「談一般社會文化問題」的文章來說的。但其學術性的
著作，恐怕與這個「柔情的生命意態」不無相當關係，甚至關係匪淺。其能設身處
地、以他人之心為心、他人之考量為考量，而幾乎承認一切價值，洵為此生命意態的
自然流露。其實，這個生命意態對成就牟先生所特別重視、強調的「客觀的了解」，
個人認為，實具關鍵作用。何以言之？近來嘗再讀、三讀唐先生的《致廷光書》。茲
從其中第六函如下幾句話說起：「了解有二種，一種是理智的了解，一種是同情的了
解。理智的了解是知對方為如何人，同情的了解則是體貼。」（北京：九州版《唐君
毅全集》，卷 30，頁 65）「同情的了解則是體貼」一語，筆者初時不太了悟其涵
意。同為唐先生寫的《愛情之福音》，其中第一章〈靈與肉〉剛好給出了「答案」，
如下：「一切的善都原於一根本的善，即同情不自私。你必須有同情才能體貼，能體
貼而後有真正的了解。」（臺北：正中書局，1977，頁 10。）就「能體貼而後有真
正的了解」一語來說，很明顯，唐先生把「體貼」和「了解」關聯起來，視兩者有密
切關係，且前者（體貼）乃後者（了解）之必要條件。唐先生這個說法給予了筆者莫
大的啟示。上文所說的「柔情的生命意態」，其主要精神，如上所述，就是「能設身
處地、以他人之心為心、他人之考量為考量」的一種精神，即以「體貼溫存」為核心
的一種精神。就「體貼」一詞來說，據教育部重編《國語辭典修訂本（2015 年
版）》，其意思便是：「關懷、體諒。設身處地為他人想，使對方感到舒適滿意。」
（http://dict.revised.moe.edu.tw/cbdic/search.htm；2018.03.27 瀏覽）由此來說，「體
貼」便是「柔情的生命意態」的具體落實。筆者敢說，唐先生深具柔情，對人最能體
貼。如果這個判斷不差的話，則其施諸學術研究上，對相關學術課題，乃至對相關文
獻，能不具備「客觀的了解」嗎？如果不嫌武斷的話，我們似乎可以進一步說，以
「體貼」為核心的「柔情的生命意態」，正係促進唐先生成就「客觀的了解」最堅實
的保證。其實，唐先生這個形成於 30 歲左右的柔情的生命意態，在他 1940 年寫給師
母的一封信中也可以略窺一二；如下：「哲學中只有重人格的哲學、重精神的哲學、
重愛的哲學，才最能使人類之理想提高，所以我自己的哲學便是重人格、重精神、重
愛的哲學。」其中最後一片語：「重愛的哲學」，很明顯便是「柔情的生命意態」的

　　上一段文字主要是扣緊唐先生一貫的生命意態或精神意態（即以此等意態為判準）來論說其學問有沒有「進步」。如果撇開此等意態而就學問本身而言，此學問之本身到底有沒有進步，吾人不妨看看唐先生本人怎麼說：

> 嘗應當時之教育部之約，寫一通俗之中國哲學史，約十五、六萬言。……吾學問興趣，既時在轉變進步之中，旋即於舊稿之率爾操觚，不能當意，故除已發表之小部份外，餘皆等諸廢紙。近二十年來，任教中國哲學史一課，其講授內容，不僅輕重詳略之間，年有不同；而覺今是而昨非者，亦不可勝數；……[62]

一種流露、發皇。唐君毅，〈第十三信〉，上揭《致廷光書》，《唐君毅全集》，頁115-116。尚可一提的是，當然，唐先生的學術專業是哲學，但文學也是唐先生所究心、極具興趣之所在。其柔情的生命意態，與此當有一定的關係。又：有關「體貼」與「溫存」，唐先生嘗作說明。簡言之，即「希望別人打開他的心與他相見」，即人與人之間以心相交。詳見《致廷光書・第五信》。「柔情」乃以「體貼」和「溫存」作為其核心內容，〈第六信〉末段「溫存體貼之柔情」一語當可充分佐證之。

[62] 上揭《中國哲學原論・導論篇・自序》，頁 1-2。「吾學問興趣，既時在轉變進步之中」一語，其中「轉變」一詞所對應的應該是「興趣」，「進步」所對應的自然是「學問」。序文寫於 1966 年，時唐先生為 57、8 歲。上引文雖無明確指出「時在轉變進步之中」之「時」是何「時」？即從甚麼時候（譬如哪一年）開始發生轉變進步。按：唐先生為教育部撰《中國哲學史》，當為 1940 年 32 歲之時（參《年譜》，《唐君毅全集》，頁 46；《唐君毅全集・致廷光書》，第四信（1940.4.2），頁 65。）姑且從此年算起至撰寫序文時的 1966 年，則唐先生之學問，25、6 年間，蓋無時無刻不在進步中。當然牟先生所指稱的「二十年間無多大進步」，是指唐先生 50 歲至其逝世時（1978 年 70 歲）的 20 年，而不是指從 1966 年逆溯其前之 20 年或 25 年。但無論如何是指唐先生中晚年的學問無多大進步，則是很明確的。說到唐先生的學問是否在進步的問題，讓人想起 40 多年前霍韜晦先生曾對筆者說過如下的一句話：「唐先生的哲學思想／哲學觀點是動的。」（大意如此）所謂「動的」，蓋意謂「動態的」（「滾動式修正」）而言。這句話似乎旨在說明唐先生的哲思恆在往前邁進中，不是一成不變，是如何便如何的（靜態的）。再者，這句話在一定程度上似乎又預設著，知識之本身並非固定的，一定永定的，是如何便如何的。而正因為如此，所以它「容許」研究者可以不斷地，適時地予以修正。（今天——2021.05.22 剛

唐先生素以謙厚、謹慎見重於時。後世亦每以「仁者」稱之。上引文中，唐先生既自視本身之學問時在進步中，則吾人斷不應置疑。上引文中有以下一句話：「二十年間，在學問上並沒有多大進步」。我們特別要指出的是，牟先生並沒有把話說得太滿，而是有分寸的。既以「沒有多大」一形容詞來描繪「進步」，即意謂牟先生並沒有視唐先生之學問是原地踏步、一無進步，而只是進步不大而已。也許我們先談牟先生本人學問上的進步問題。個人認為，牟先生的學問從讀大學以來，實無時無刻不在進步中，尤以 50 歲在臺灣成婚之後為然。其進步之速、幅度之大[63]，實在令人讚嘆。以方面、領域之廣來說，以創新性或原創性來說，皆可謂前無古人者[64]。就方面之廣而言，如知識論（含邏輯）、新外王學、儒家心性論、道家玄理研究、佛學研究、康德研究等，皆其例。就原創性而言，如三統說、宋明理學三系說、良知自我坎陷說等，即其例；再者，以一人之力譯注康德、消化康德，乃至以儒家心性之學會通推進康德研究等等，又其例也。至於道德形上學之建構或深化，則更係其學問之主軸而能成一家之言者也[65]。牟先生對其進步，當然

出來的潮語：「校正回歸」在這裡正好派上用場。）又記得鄭力為學長曾對筆者說：「某出版商抱怨唐先生改動書稿太多，增加了排版上的困擾。唐先生回應說：『我只改動 7 次，那算得是多呢？！黑格爾認為改動 70 次也不算多呢！』」按：黑氏再版（增補、修訂）其《大邏輯》一書時，曾說過：柏拉圖寫《理想國》一書嘗 7 易其稿。如果一位現代作家具有更深刻的原則，處理更艱難的主題和獲得更豐富的材料，那他修改其書稿 77 遍也不能算是多呢！如果修改算是一種進步的話（衡諸常理，必是企圖有所改進才會作出修改），那唐先生可說是不斷自我要求進步的。

[63] 蔡仁厚先生嘗大體上按照時程順序，把牟先生之治學及撰寫專著之情況，細分為好幾個階段。個人認為，牟先生之學問與時俱進，後一階段比前一階段皆有所進步。逝世三個多月前，牟先生嘗總結其一生著作之表現而寫下：「……寫了一些書，卻是有成，古今無兩。」此語，乍看之，或不免誇張；其實未為失實。蔡仁厚先生更認為此語「如實如理」，並嘗作說明。蔡仁厚，《牟宗三先生學思年譜・學行紀要》，《牟宗三先生全集》，冊 32，頁 92-94；蔡仁厚，〈導言〉，蔡仁厚、羅雅純主編，《當代新儒學三大家序跋輯錄》，頁 3-5。

[64] 若以並世時賢來說，則唐先生實不遑多讓，可比肩並駕。其具體情況，詳下注。

[65] 唐先生對知識論、康德研究方面，固未嘗特別措意；然而，相當於牟先生新外王三書者，則有《中國文化之精神價值》、《中國人文精神之發展》、《人文精神之重建》

是有充分自覺的，否則 1978 年講課時便不會說出：「我五十歲以前所寫的那些書，你們不要看。」（語見〈第十八講〉）。這句話意謂其五十歲以後的著作大異於其前之著作。筆者這裡用「大異」一詞，當然是正面的，意謂比前大有進步的。牟先生以此為判準來看待唐先生的學問，那唐先生當然是「五十歲以後的二十年間，在學問上並沒有多大進步」[66]了。其實，果真「沒有多大進步」，那又何獨唐先生一人為然呢？如果吾人了悟牟先生蓋以

三著作。至於儒、釋、道三家之研究，其成就與牟先生相較，亦大致相當。此外，唐先生比較專擅的文化哲學，尤其愛情哲學，則或可彌補其知識論、康德研究之不足而適足與牟先生「抗衡」。至若牟先生自成一家之言之道德形上學，唐先生則有三向九境說與之「匹敵」。筆者於此實無意作出孰為優勝之比較。然大體言之，恐各有千秋而不分伯仲者也。其實，唐先生由其本身出發，而成就始於性情、終於性情的性情哲學或性情形上學，也是非常值得關注重視的。針對唐先生的「性情形上學」，可參韓曉華，〈唐君毅論「身心問題」——從比較塞爾（J. R. Searle）的解決方案看〉，《鵝湖月刊》，期 441，2012 年 3 月 1 日，頁 24-39。2020.12.26-28 由《鵝湖月刊》社等單位所主辦的「當代新儒學的創造性轉化國際學術會議」的綜合座談（圓桌會議）上，引言人之一的一位教授似傾向於認為牟先生在哲學上的表現勝於唐先生。另一位引言人楊祖漢教授嘗作出回應云：兩人的表現是差不多的。楊教授之回應雖僅寥寥一語，但筆者認為已相當中肯而周延。然而，筆者認為，如能加上「不分伯仲」或「不分軒輊」等語，似更佳勝；因為「差不多」一語，就對應於該位教授所作出的「判教」來說，似乎仍表示唐、牟二人的表現，仍是有差的，只不過相差不多（不大）而已。當然，也許楊教授不好意思直斥其非，是以婉轉一點而故意用上「差不多」一語也說不定。然則楊教授之忠厚，概見一斑矣。

[66] 在這句話的同一個段落，還有以下兩語：五十歲以後所寫的書，因為「是根據三十歲左右所了解的程度來寫，在理解的程度上並沒有進步」；「他的理解程度在三十歲以後，並沒有多大的進步。」綜觀上面正文第四節起首引錄的幾段話，這裡所說的「程度」，指的大概也就是「學問」、「學養」、「客觀的了解」這些方面。很明顯，這些方面是對應同一段落中被視為無足輕重而「很容易改正」的錯誤來說，如「只是擴大了材料的量」和「引證大體不甚可靠」等小毛病即其例。說唐先生五十歲以後，「在學問上沒有多大進步」，上文已有所說明。但如果說唐先生三十歲以後，在學問上、學養上便沒有多大進步，則似乎有點不可理解了。大概又是牟先生說話時不經意間說過了頭的「大話」，即誤把「五十歲」說成「三十歲」！又可參上註 39。上文已指出，牟先生的個性本來就有純真、率性、浪漫的一面。是以不必細予計較，斯可矣。

其本人中晚年幾無時無刻不在進步中的情況作為判準，來看待他人，那「（唐先生）沒有多大進步」這句話便很自然地衝口而出了。這句話，筆者認為是在不經意的情況下說出的。然而，對一般讀者來說（對李杜先生就更不用說了），恐怕難免會認為這個評斷未免失諸過嚴、過當，甚至過苛，而難以接受。抑有進者，如果不了解牟先生的性情本孤峭突兀、我行我素、自視極高，且恆深具自信心，則他的說法便很可能被視為不夠厚道了。李杜先生之所以挺身而出，非得為唐先生「討回公道」不可，若從這個視角來看，似乎也是可以理解的。至少其用心是良苦的。

（五）附識：牟先生以得到唐先生之稱讚為榮

以上源自牟先生公開講演或平日講課之引文共 4 段，其中第 4 段牟先生自述針對朱夫子和胡五峰，曾發表過兩篇文章。引文中有幾句話，似乎很值得關注，茲再引錄如下：「**這兩篇文章對唐先生的生命起了很大的震動。有一天我去看他，唐師母告訴我說唐先生在睡覺時還在唸胡五峰，這表示他知道我的了解已經超過他了。**」[67]

上引文 60 多字，筆者有二項觀察。

1、牟先生對胡五峰的了解當然很透闢、深入。其鉅著《心體與性體》第二冊以一整章的篇幅[68]闡述五峰之思想即可為證。然而，上引文最後一語：「這表示……」可謂乃係一推論。據閱覽所及，唐先生對胡五峰沒有特別詳盡的研究，今見諸文字者，唯在《中國哲學原論・原性篇》之附編處理以下主題：〈原德性工夫──朱陸異同探源〉時，乃以數千字的篇幅論述五峰而已。按《中國哲學原論・原性篇》初版於 1968 年。牟先生作上述公開

---

[67] 牟先生的兩篇文章在《民主評論》上發表，其題目如下：（一）〈「心即理」之淵源──胡五峰之「知言」〉，共上、中、下三篇；皆發表於 1964 年；（二）〈象山與朱子之爭辯〉，共四篇，皆發表於 1965 年。卷、期，從略。

[68] 第三章：〈胡五峰之「知言」〉，《心體與性體》（臺北：正中書局，1968），第二冊，頁 429-535，凡 107 頁。此章大概即源自《民主評論》〈「心即理」之淵源──胡五峰之「知言」〉一文。詳上註 67。

講演時，大抵早已看過這《原性篇》了。以論述五峰者（追溯朱陸異同而連帶及於五峰）僅數千字，再加上唐師母所說的一句話，是以牟先生判定唐先生「知道我（牟先生自稱）的了解已經超過他了」。但此認定是否符合事實，即唐先生是否視牟先生對五峰的了解確係超過自己，恐仍有待商榷。牟先生以 100 多頁之篇幅來闡釋、弘揚五峰，蓋以五峰連同「周、張、明道、蕺山」而組成的一系，為宋儒正統最為圓熟之一系之故。然而，針對牟先生之高舉五峰，不乏學者持保留的態度。如杜保瑞即指出說：

> 五峰堪稱為一學思深厚、關照面廣的儒學理論家，對自先秦以迄北宋的各方面重要的儒學理論皆有相當的造詣，並有準確的理論繼承能力，因此五峰可以說是一位繼承先秦、北宋儒學創作的南宋理論家，有足夠深刻的義理論說能力，但還談不上關鍵的創造性貢獻。[69]

然則唐先生僅以數千字的篇幅論述五峰，很可能緣自不認為五峰具創造性之貢獻。從唐先生來看，牟先生對五峰之了解，或許只是不同於傳統上一般學者的了解；而適足成為別解、異解也說不定。[70]換言之，唐先生不見得認為牟先生的了解是正解或確解；或就算是正解或確解，恐怕也不見得是唯一的正解或確解；所以根本上談不上是否認為牟生是超過不超過自己的問題。至

---

[69] 杜保瑞，〈胡五峰心性哲學討論〉，見 http://www.documentsky.com/436854450/，2018.03.01 瀏覽。

[70] 然而，牟先生對五峰所做的詮釋／解釋，唐先生又似頗能欣賞；嘗云：「……近因讀吾友牟宗三先生辯胡子知言疑義及論朱陸之辯二文。前文就朱子于五峰之學之疑，解紛釋滯，以見五峰之學，有以自立。」唐君毅，《中國哲學原論・原性篇》（香港：新亞研究所，1974），頁 537。「五峰之學，有以自立」（蓋意謂能自成一家之言）可能正係牟先生對「五峰之學」所以給出「別解、異解」的關鍵原因。當然，唐先生此語，似又可解讀為：正因為牟先生對「五峰之學」給出「別解、異解」，所以五峰之學，才得「有以自立」。前者之解讀乃偏重在褒，意謂五峰之學，其本身足以自立；牟先生乃予以抉發而已。後者之解讀則頗涵貶意，意謂其學不足以自立；乃牟先生之「別解、異解」而使之自立罷了。

於為甚麼「唐先生在睡覺時還在唸胡五峰」？其可能原因正多。曾經擔任過唐先生 12 年助教的鄭力為先生 40 多年前曾親口對筆者說：唐先生的腦袋沒有片刻休息的；他無時無刻不在思考問題。五峰在唐先生眼中之地位也許真的不是很高，但怎麼說也是宋代重要的理學家之一。唐先生承認一切價值（含一切有價值的人物及其學說。按：在上面提到過的附編中，唐先生嘗肯定五峰之若干說法）。本此，正如其不忘一切其他重要人物，甚至形諸夢寐，則睡覺時不忘五峰，又何足怪異哉！當然，唐先生廣納百川，雅量閎深。苟一言可採，必不忍輕忽之。是以筆者不排除唐先生讀牟先生《民評》論五峰一文後，即首肯其見解並進而認為在這個問題上牟先生確實是超過他、優越過他也說不定。總之，唐先生「睡覺時還在唸胡五峰」，其可能原因甚多，不必然非牟先生所認定之結論（結論指：牟先生認為唐先生之「生命起了很大的震動」，遂認為牟先生在這個問題的了解上超過自己）不可。

　　2、茲再深入討論下語：「他（唐先生）知道我（牟先生自稱）的了解已經超過他了。」牟先生這個判語牽涉到事實問題，即對五峰的了解，「唐先生知道[71]牟先生已經超過他」是否確係事實的一個問題：唐先生確如此知道（認為）嗎[72]？針對這個事實問題，上文（一）已有所說明。筆者最關注的倒是另一類事實問題。筆者以為，上引語的性質，其實只是：「牟先生認為『唐先生知道牟先生已經超過他』」而已。然而，牟先生既如此「認為」，則「唐先生確係知道他（牟先生）是超過自己的」這一說法，對牟先生來說，乃一事實之寫照無疑。簡言之，對牟先生來說，此語所描繪者乃一事實也。然而，細察之，以上所說到的事實，其性質實不相同，乃可謂不同類的事實。前者可稱為客觀事實[73]，而後者似乎可稱為心理事實。相應客觀事實而來的判斷，稱為（客觀）事實判斷；相應心理事實而來的判斷，筆者姑且稱之為心理事實判斷。牟先生針對胡五峰研究的問題所作出的判斷：

---

[71] 「知道」在此蓋意謂「視」、「認為」、「首肯」、「承認」、「認識到」、「意識到」。

[72] 李杜先生頗不同意牟先生這個判定。參詳上揭〈由牟宗三先生……〉，頁 203-205。

[73] 所謂「客觀事實」，筆者意謂所稱為「事實」者，是符合現象界的客觀實際情況的。

「他（唐先生）知道我（牟先生自稱）的了解已經超過他了。」，吾人在無法或無從查證、確認此判斷是否合乎事實之前[74]，恐怕不宜視為牟先生在公開講演中說大話：「自我感覺良好」的大話。個人認為，視之為一心理事實判斷，恐怕是恰當合宜的。說白一點，該判斷恐係牟先生緣自「心理渴求」或緣自所謂「想像」／「想望」而產生的一個「個人認為」而已。而這類認為或認定，大概很能滿足說話者（作出相關判斷者）心理上的期盼的。假如這個判斷不誤的話，則筆者產生以下一個想法：牟先生不單止沒有如李杜先生所說的低貶唐先生；反之，牟先生是高看唐先生，蓋以得到唐先生之讚賞、首肯為榮也。細言之，一般來說，學者們都盼望獲得同道、同一治學領域的學者的肯定。如果這個肯定不只是一般的肯定（譬如誇獎您而說：您的表現很傑出，很優秀），而是認為您的表現比自己更棒，是超過自己，則這種欣賞、誇讚對手的方式，恐怕是最高，最能讓對手感到光榮的一種方式。牟先生煞有介事的指出說：「這表示他知道我的了解已經超過他了。」這句話似乎正預設著、意味著牟先生是非常在意、看重唐先生對他學術上的表現的評價的。簡言之，即牟先生非常看重唐先生！也許牟先生本人不太察覺他這句話所揭示的這個背後意涵。然而，從心理學上來看，其潛意識中，恐怕非常渴望獲得這份肯定[75]。我們試舉一「反例」以為對照：假如唐先生只是

---

[74] 針對牟先生以下說法：「這兩篇文章對唐先生的生命起了很大的震動。……他（唐先生）知道我的了解已經超過他了。」，李杜先生嘗指出：「我曾就此事問過唐師母，師母說已記不清楚。……依我所知唐先生在生時沒有如此表示過，唐師母亦沒有傳達此意。故若要探求牟先生此一說法是否真是唐先生當時的感覺，只能依其他的資料以證明了。」唐牟二先生及唐師母已先後作古，且唐師母生前又說記不清楚；牟先生去看唐先生時，不知當時有其他人在場否？假若當時沒有其他人在場（讀者若知悉有其他人在場，煩請隨時惠告），則此事恐無從稽考了。

[75] 2018.03.14 譽滿全球的英國物理學家與宇宙學家史蒂芬‧威廉‧霍金（Stephen William Hawking；1942 年 1 月 8 日－2018 年 3 月 14 日）逝世。翌日，即 3 月 15 日《中國時報‧時論廣場》（A14 版）江才健先生發表了〈航向無限的霍金〉一文，於結尾處云：「霍金對於許多事提出的預言，也常受到世人的傳頌，那也正反映著世人對於科學的想望。……有人說，『上帝照祂的形象創造人』，……，同樣地，『人們也按照自己的想望，塑造出他們所認定的科學與科學家』。」這個說法似乎也可以套

一個普通的學者、哲學家，或唐先生的表現只是如同牟先生眼中最看不起的胡適、馮友蘭，那麼來自此二人的肯定、稱揚，牟先生會在意嗎？會領情嗎？會深感光榮嗎？會記掛在心上並在公開場合宣之於口嗎？反之，恐不屑一顧，甚至嗤之以鼻呢[76]！

　　唐先生冀盼、期許吾人要盡量發現／發掘一歷史事實之可能意義與理想意義[77]。唐先生之首肯、誇讚牟先生（依牟先生的認定），對牟先生來說，已然一歷史事實。而牟先生的認定，對筆者來說，亦一歷史事實也[78]。本節2 所作出的闡釋／詮釋，乃可謂係在唐先生上述期許下或啟迪下所得出者。希望這個針對歷史事實而來的詮釋不至於「太超過」（荒腔走板），而成為了只是個人的「一家之言」而已！

（六）餘論：牟先生對唐先生之正面評價

　　上文主要是指出在《中國哲學十九講‧第十八講》及〈客觀的了解與中國文化之再造〉二文中，牟先生對唐先生嘗有若干比較負面之評價。其實，牟先生是相當推崇稱許唐先生的。此主要見諸二人之往來書信。然而，縱然

　　用在目前這個案例上。然則牟先生乃按照其個人的想望，塑造出彼所認定的「他知道我的了解已經超過他」這個「事實」了。是耶？非耶？那就有待讀者惠賜南針了。

[76] 筆者相信不少學者以曾經當過胡適的學生為榮，但牟先生卻是另類。學長翟志成教授嘗指出說：「一九五八年十二月八日胡適到東海大學演講，在吳德耀的招待茶會上對牟宗三說，他曾教過牟，故牟應是他的學生，而牟宗三卻答以『我不是你的學生』，弄得場面非常尷尬難堪。此事筆者親聞於曾在東海大學任教的劉述先先生。」明係其學生，但都不願意承認（蓋以其為恥辱之事），便可推知牟先生絕對不會以得到胡氏一兩句讚美之詞為莫大光榮的。翟志成，〈文化激進主義 vs. 文化保守主義：胡適與港臺新儒家〉，《新亞學報》，卷 26，2008 年 1 月，頁 8，注 27。

[77] 詳拙著《學術與經世：唐君毅的歷史哲學及其終極關懷》，頁 175-178。

[78] 依上文所述，牟先生之「認定」乃一心理事實。一般人可能有一誤會，以為心理事實非歷史事實。其實，心理事實也可以是歷史事實。何以言之？心理事實（心理上認定其為一事實）乃由心理所產生的一個現象——心理現象。心理現象既出現、存在於歷史中，則其固為歷史事實無疑也。然則吾人可以說，心理事實固非客觀事實，然不得謂心理事實非歷史事實。

以〈第十八講〉和〈客觀的了解與中國文化之再造〉二文來說，亦不乏此等素材。茲從後者舉一例以概其餘[79]：

> 前些年有一個外國學生要研究孟子，他想：讀孟子應該到自由中國[80]，而自由中國最高學府是台大，台大有一個人叫毛子水，很有名，他就到他門下去請教，結果是問道於盲，一無所獲。轉到新亞來，我叫他留在新亞跟唐先生唸，博士論文就以內聖外王為主題，他說「外王」觀念西方人沒有，可見他也得了一些觀念。（頁18）

當然對孟子，對中國哲學，尤其對全盤中國文化的了解，毛子水之功力與唐先生相較，其差距是不必多說的。然而，吾人至少可由上引文而得悉〈客觀的了解……〉一文雖有負面評價唐先生之處，但仍不乏正面肯定之詞。如參稽其他文獻，則正面的稱揚便更多了。

五、結論

要言之，牟先生緣自其性情上的純真、率性而對唐先生做出的所謂批評，其實乃恨鐵不成鋼的心態下所作出的一種陳述；而絕非惡意批評死友。如說牟先生批評唐先生，則並世時賢，甚至其業師熊十力先生，師長輩，如梁漱溟、馬一浮、歐陽竟無[81]諸先生，實無一得以幸免；胡適、馮友蘭輩，

---

[79]　〈第十八講〉中有不少文字是稱頌唐先生講文化，講道德的文章的。此已見諸上引文；不贅。

[80]　「自由中國」（Free China）乃冷戰期間西方國家對中華民國（治權：臺、澎、金、馬）的稱呼。

[81]　竟無大師甚至算得上是牟先生的師公，因熊先生嘗從其問學故。又：牟先生對熊先生雖有相當激越之批評，但惡而知其美。針對仁、性命天道、良知等等之呈現，牟先生明言，當今之世，唯有熊先生能以其真實生命在現實上作出見證。學術上某些方面之表現，牟先生對熊先生亦給予高度肯定。這些方面，祖漢兄皆先得我心。今特予表出，示不敢掠美。楊祖漢，〈時代與學問〉──熊先生與牟先生的一次論辯〉。https://www.douban.com/group/topic/1347505/；2021.06.06瀏覽。

更無論矣；然則又何獨唐先生為然呢？！且對唐先生之批評，相對於對其他學者來說，乃可謂輕描淡寫之至，實在是輕中之輕！牟先生豈獨批評他人；且亦自我批評、自我檢討，甚至自我否定，嘗認定其五十歲以前所寫的著作不具客觀價值。其自述語即可為證：「我五十歲以前所寫的那些書，你們不要看。」（《中國哲學十九講・第十八講》）所以叫人「不要看」，蓋以不具客觀價值也。

　　牟先生素自信，而事實上其學問又無時無刻不在進步中，尤以五十歲以後為然（其進步神速，成就之大，並世同儕，幾無人能比肩並駕）；遂在講課或公開講演中作出以下斷語：唐先生「五十歲以後的二十年間，在學問上並沒有多大進步」、「客觀了解也不太夠」、某些書「大體只能當作 rough work 看」等等[82]。按：講課或講演恆不免即席發揮，其遣辭用字與嚴謹學術專著經句斟字酌始下筆者固不同。是以吾人對牟先生之若干用語，乃至若干說法，應淡然看待之而不宜錙銖必較。反之，如大肆渲染其事，而認為牟先生太自負並惡意批評死友唐先生，則既不悉牟先生之性情，又不解牟先生可

---

[82] 其實，唐先生的學問博大精深，若不細讀其全部著作並得融會貫通之旨，其學問不是很容易了解的。他給師母的一封信嘗說：「在學問方面，現代人無一人能全了解我，除了上帝及歷史可以估定我的價值，現代人是不夠的。」這封信雖寫於 1940 年，即唐先生 31、2 歲時；但若挪作 70 歲時好比「蓋棺定論」的一個自我論斷，恐更見其然（31、2 歲前所寫的東西不算太多，然已無一讀者能然了解之，則欲了解其全部著作，恐更難上加難）。假定筆者這個說法不算太遠離事實的話，則牟先生對唐先生學問上的了解，恐仍係「不夠的」，或至少「不太夠的」。上引文見〈第四信〉，上揭《致廷光書》，頁 51。又可參上面注 13。

又：一般學者恐怕都知道，唐先生的學問在 30 歲時已成熟了，其後並無大太的變化。在其晚年鉅著《生命存在與心靈境界》一書中，先生即如是說：「吾今之此書之根本義理，與對宇宙人生之根本信念，皆成於三十歲前。……至於此後三十年中，吾非無所用心，而知識亦儘有增加。然千迴百轉，仍在原來之道上。」其實，先生對某些義理之堅持而終身未嘗改者，其少年時即見端倪，而不必待至三十歲之後。先生本人即嘗自道云：「對此心之能自覺之一義，吾於十五歲時，即見及，終身未嘗改。」吾人之於義理，苟其善者，則擇善固執之可也。進步不進步，不是就這個關鍵處來說的。當然，牟先生於此亦絕不會對唐先生產生誤會；不細說。上引語分別見上揭《生命存在與心靈境界》，頁 1157、1148。此點，又可參上注 39。

有之用心矣！

　　再者，牟先生對唐先生嘗作出諸多正面肯定、稱揚。於此，吾人更不宜
輕忽滑過或視若無睹。苟知其一不知其二，或視其一無視其二，甚或以偏概
全、舉一而廢百，則將更陷牟先生於不義矣。於此，吾人當再三留意焉。

　　補充：上文四之（五）說到客觀事實與心理事實的差異，又說到牟先生
以下一判斷：「他（按：指唐先生）知道我（牟先生自稱）的了解已經超過
他了。」，乃緣自心理事實而來的一個判斷。按：唐先生《日記・1951.05.11
條》嘗指出說：「……以一切可能之事為真實，……大約人之心靈本為自由
而可凝注於任何一觀念而以為事實，如文學家哲學家更易如此。」此認定任
何一觀念（或可能之事）而以為事實（真實），即猶同筆者上所說的乃一心
理事實而已；依此而作出的判斷，乃一心理事實之判斷。唐先生以上的說法
雖只有一言半語，然而，一語中的，切中要害，適可補強筆者相關說法之不
及。大師即大師也。

徵引文獻

一、牟、唐、徐三大家之著作

牟宗三，《才性與玄理》，《牟宗三先生全集》，冊 2。

牟宗三，《中國哲學十九講》，臺北：臺灣學生書局，1989。

牟宗三，《中國哲學的特質》，香港：人生出版社，1963。

牟宗三，《五十自述》，臺北：鵝湖出版社，2000。

牟宗三，《心體與性體》，臺北：正中書局，1971。

牟宗三，《生命的學問》，臺北：三民書局，1976。

牟宗三，《佛性與般若》，臺北：臺灣學生書局，1977。

牟宗三，《周易的自然哲學與道德函義》，臺北：文津出版社，1988。

牟宗三，《政道與治道》，《牟宗三先生全集》，冊 10。

牟宗三，《時代與感受》，臺北：鵝湖出版社，1986。

牟宗三，《康德「純粹理性之批判」》，《牟宗三先生全集》，冊 13、14。

牟宗三，《從陸象山到劉蕺山》，臺北：臺灣學生書局，1979。

牟宗三，《理則學》，臺北：正中書局，1955。

牟宗三，《現象與物自身》，臺北：臺灣學生書局，1975。

牟宗三，《智的直覺與中國哲學》，《牟宗三先生全集》，冊 20。

牟宗三，《圓善論》，臺北：臺灣學生書局，1985。

牟宗三，《道德的理想主義》，臺北：臺灣學生書局，1979。

牟宗三，《認識心之批判》，《牟宗三先生全集》，冊 18、19。

牟宗三，《歷史哲學》，香港：人生出版社，1970。

牟宗三，《邏輯典範》，《牟宗三先生全集》，冊 11。

牟宗三主講，蔡仁厚輯錄，《人文講習錄》，臺北：臺灣學生書局，1996。

牟宗三主講，盧雪崑整理，《牟宗三先生演講錄》（10 冊），臺北：東方人文學術研究基金會，2019 年 3 月。

牟宗三全集編委會，《牟宗三先生全集》，臺北：聯經出版事業公司，2020。

牟宗三著，王興國編，《中國近代思想家文庫・牟宗三卷》，北京：中國人民大學出版

社，2015。

牟宗三著，盧雪崑整理，《四因說演講錄》，臺北：鵝湖出版社，1997。

牟宗三主講，王財貴整理，〈客觀的了解與中國文化之再造〉，《鵝湖月刊》，卷 16，期 11，1991 年 5 月。

牟宗三主講，邱才貴（王財貴）紀錄，〈熊十力先生的智慧方向〉，《鵝湖月刊》，125 期，1985.11.01。

牟宗三撰，黎漢基整理，〈牟宗三致唐君毅佚書 67 封〉（〈牟致唐函〉），未刊打字稿影印本。（據悉，東海大學圖書館徐復觀特藏室亦藏有一份影印本。）

牟宗三主講，陶國璋整理，〈平生與學問〉，《毅圃》，第 5 期，1996 年 4 月。http://bbs.gsr.org.tw/cgi-bin/topic.cgi?forum=27&topic=633，2019.07.07 瀏覽。

牟宗三，〈牟宗三致徐復觀書信〉：見 https://sites.google.com/a/xufuguan.net/letter/home/05/05-07；瀏覽日期：2017.12.16。

Mou, Zongsan. Lu, Ming-Yeung & Su, Esther C. (tr.), *Autobiography at Fifty: A Philosophical Life in Twentieth Century China*, Foundation for the Study of Chinese Philosophy and Culture, 2015.

唐君毅，《人文精神之重建》，香港：新亞研究所，1974。

唐君毅，《人生之體驗》，臺北：臺灣學生書局，1989。

唐君毅，《中國文化之精神價值》，臺北：正中書局，1953。

唐君毅，《中國哲學原論・原性篇》，香港：新亞研究所，1974。

唐君毅，《中國哲學原論・原道篇（一）》，香港：新亞研究所，1976。

唐君毅，《中國哲學原論・導論篇》，香港：新亞研究所，1974。

唐君毅，《中華人文與當今世界》，臺北：臺灣學生書局，1975。

唐君毅，《中華人文與當今世界補編》，《唐君毅全集》，臺北：臺灣學生書局，1991，卷 10。

唐君毅，《中華人文與當今世界補編》，桂林：廣西師大出版社，2005。

唐君毅，《心物與人生》，香港：亞洲出版社，1955。

唐君毅，《文化意識與道德理性》，臺北：臺灣學生書局，1978。

唐君毅，《日記》，《唐君毅全集》，臺北：臺灣學生書局，1991，冊 27、28。

唐君毅，《生命存在與心靈境界》（二冊），臺北：臺灣學生書局，1977。

唐君毅，《原教》（上），《中國哲學原論》，香港：新亞研究所，1977。

唐君毅，《唐君毅全集》，北京：九州出版社，2016。

唐君毅，《唐君毅全集》，臺北：臺灣學生書局，1991。

唐君毅，《唐君毅全集・日記》，臺北：臺灣學生書局，1991，卷 28。

唐君毅，《哲學概論》（二冊），香港：友聯出版社，1961。

唐君毅，《書簡》，《唐君毅全集》，北京：九州出版社，2016，第 31 卷。

唐君毅，《病裏乾坤》，臺北：鵝湖出版社，1984。

唐君毅，《愛情之福音》，臺北：正中書局，1977。

唐君毅，《道德自我之建立》，臺北：臺灣學生書局，1975。

唐君毅，〈孔子誅少正卯傳說之形成〉，《中華月報》，1974 年 3 月號；《幼獅月
　　刊》，卷 39，期 2，1974 年；《明報月刊》，期 98，1974 年 2 月。

唐君毅，〈王船山之性與天道論通釋〉，《學原》，卷 1，期 2、3，1947 年 6 月、7
　　月。

唐君毅，〈如何了解儒家精神在思想界之地位〉，《民主評論》，卷 3，期 10，
　　1952.05.01。

唐君毅，〈對新政府之希望〉，《民主評論》，卷 5，期 13，1954 年 7 月。

唐君毅，〈論中國哲學思想史中理之六義〉，《新亞學報》，卷 1，期 1，1955 年 8
　　月。

徐復觀，《中國人性論史・先秦篇》，臺北：臺灣商務印書館，1975。

徐復觀，《中國文學論集》，臺北：臺灣學生書局，2001。

徐復觀，《中國文學論集續篇》，臺北：臺灣學生書局，1981。

徐復觀，《中國思想史論集》，臺北：時報文化出版公司，1985。

徐復觀，《中國思想史論集續編》，臺北：時報文化出版公司，1982。

徐復觀，《中國經學史的基礎》，臺北：臺灣學生書局，1982。

徐復觀，《中國藝術精神》，臺北：臺灣學生書局，1966。

徐復觀，《公孫龍子講疏》，香港：新亞研究所，1966。

徐復觀，《石濤之一研究》，臺北：臺灣學生書局，1973。

徐復觀，《兩漢思想史》（卷二），臺北：臺灣學生書局，1976。

徐復觀，《兩漢思想史》（卷三），臺北：臺灣學生書局，1979。

徐復觀，《周秦漢政治社會結構之研究》，香港：新亞研究所，1972。

徐復觀，《徐復觀文錄》（4 冊），臺北：環宇出版社，1971。

徐復觀，《徐復觀全集》，北京：九州出版社，2014。

徐復觀，《徐復觀最後雜文集》，臺北：時報文化出版公司，1984。

徐復觀，《徐復觀雜文——憶往事》，臺北：時報文化出版公司，1980。

徐復觀，《黃大癡兩山水長卷的真偽問題》，臺北：臺灣學生書局，1977。

徐復觀，《論戰與譯述》，臺北：志文出版社，1982。

徐復觀，《學術與政治之間》，香港：南山書屋，1976。

徐復觀全集編委會，《追懷》，《徐復觀全集》，北京：九州出版社，2014。

徐復觀著，翟志成、馮耀明校注，《無慚尺布裹頭歸》，臺北：允晨文化實業公司，1987。

徐復觀著，黎漢基、李明輝編，《徐復觀雜文補編》，臺北：中研院文哲研究所籌備處，2001。

徐復觀著，蕭欣義編，《儒家政治思想與民主自由人權》，臺北：臺灣學生書局，1988。

徐復觀撰，黎漢基、曹永洋編，《徐復觀家書集》，臺北：中研院文哲所，2001。

徐復觀撰，黎漢基整理，〈徐復觀致唐君毅佚書66封〉（〈徐致唐函〉），未刊打字稿影印本。（據悉，東海大學圖書館徐復觀特藏室亦藏有一份影印本。）

徐復觀，〈〈學術之自由與民主政治〉・按語〉，《民評》，卷4，期18，1953年9月。

徐復觀，〈《中庸》的地位問題——謹就正於錢賓四先生〉，《民評》，卷7，期5，1956.03.01。

徐復觀，〈中共最近動態〉，《徐復觀雜文補編》，臺北：中研院文哲所籌備處，2001，冊五。

徐復觀，〈中共還沒有承認孔子的能力！〉，《徐復觀雜文——論中共》，臺北：時報文化出版公司，1980。

徐復觀，〈中國人的恥辱　東方人的恥辱〉，載《民主評論》，卷12，期24，1961年12月20日；又收入徐復觀，《論戰與譯述》、《徐復觀雜文——憶往事》。

徐復觀，〈西方文化沒有陰影〉，大學叢刊編委會編，《這一代青年談台灣社會》，臺北：環宇出版社，1972。

徐復觀，〈悼唐君毅先生〉，《華僑日報》，1978年2月10日；又載《明報月刊》，卷13，期3，1978年3月；《鵝湖》月刊，卷3，期9，1978年；《中華雜誌》，卷16，期5，1978年5月；《唐君毅先生紀念集》（臺北：臺灣學生書局，1979），頁152-156；《徐復觀雜文補編》（臺北：中央研究院中國文哲研究所籌備處，2001），冊二；《無慚尺布裹頭歸・交往集》，《徐復觀全集》（北京：九州出版社，2014）。

徐復觀，〈儒家精神之基本性格及其限定與新生〉，《民主評論》，3卷10期副刊，1952年4月；又收入徐復觀著，蕭欣義編，《儒家政治思想與民主自由人權》，臺北：臺灣學生書局，1988。

徐復觀，〈君毅兄逝世三周年聚慈航清〔「清」當作「淨」〕苑紀念〉，《華僑日報・人文雙周刊》，第228期，1981年3月2日，頁23。下載自《華僑日報》（電子檔）。https://mmis.hkpl.gov.hk/coverpage/-/coverpage/view?_；2016年9月1日瀏覽。

二、清代（含）以前之載籍

《禮記注疏》，《十三經注疏分段標點》，臺北：新文豐出版公司，2001，冊 10-12。

王守仁，《陽明傳習傳》，臺北：世界書局，1971。

司馬光，《資治通鑑》，香港：中華書局，1956。

司馬遷，《史記》，北京：中華書局，1959。

朱熹，《四書集註》，香港：大中圖書公司，缺出版日期。

李白，《李太白全集》，臺北：河洛圖書，1975。

李翱，《李文公集》，臺北：臺灣商務印書館，1983。

邵遠平，《元史類編》，臺北：廣文書局，1968。

段玉裁，《說文解字注》，臺北：藝文印書館，1970。

范曄、司馬彪撰，李賢等注，《後漢書》，北京：中華書局，1965。

張載，《張載集》，北京：中華書局，1978。

曹雪芹、高鶚著，王蒙評點，《紅樓夢》，上海：上海文藝出版社，2005。

陳壽，《三國志》，北京：中華書局，1959。

陸九淵，《陸九淵集》，北京：中華書局，1980。

陸贄撰，張佩芳注，《翰苑集注》，臺北：世界書局，2005

章學誠，《文史通義》，北京：北京古籍出版社，1956。

程顥、程頤著，王孝魚點校，《二程集》，北京：中華書局，2019。

趙翼，《甌北集》，上海：上海古籍出版社，1997。

厲鶚輯撰，《宋詩紀事》，上海：上海古籍出版社，2008。

三、近現代專書

《中文大辭典》，臺北：中國文化大學出版社，1993。

《聖經》，中文標準譯本、現代標點和合本。

《漢語大辭典》，上海：漢語大辭典出版社，1997。

中村元著，徐復觀譯，《中國人的思維方法》，臺北：中國文化出版事業委員會，
　　　1953。

王興國，《大家精要　牟宗三》，昆明：雲南教育出版社，2011。

正見編輯組，《醫山夜話》，臺北：益群出版社，2007。

任繼愈，《任繼愈學術論著自選集》，北京：北京師範學院出版社，1991。

江灝、錢宗武譯注，《今古文尚書全譯》，貴陽：貴州人民出版社，1990。

何一，《悲情儒者與儒者悲情──唐君毅生平、學術研究》，北京：光明日報出版社，
　　　2011。

余英時，《余英時回憶錄》，臺北：允晨文化實業公司，2018。

余英時，《錢穆與中國文化》，上海：遠東出版社，1994。

吳汝鈞，《當代中國哲學的知識論》，臺北：臺大出版中心，2013。

李山，《牟宗三傳》，北京：中央民族大學出版社，2006。

李天命，《存在主義概論》，臺北：臺灣學生書局，1976。

李淑珍，《安身立命——現代華人公私領域的探索與重建》，臺北：聯經出版事業公司，2013。

汪麗華、何仁富，《愛與生死——唐君毅的生命智慧》，北京：中國廣播電視出版社，2014。

東海大學編印，《徐復觀學術思想國際研討會論文集》，臺中：東海大學，1992。

侯才，《郭店楚墓竹簡《老子》校讀》，大連：大連出版社，1999。

胡適，《中國哲學史大綱（卷上）》，上海：商務印書館，1909。

唐端正，《年譜》，《唐君毅全集》，卷 29，臺北：臺灣學生書局，1990。

徐武軍、徐元純編輯，《徐復觀教授看世界——時論文摘》（四冊），臺北：臺灣學生書局，2018。

曹永洋編，《徐復觀教授紀念文集》，臺北：時報文化出版公司，1984。

梁培寬編注，《梁漱溟往來書信集》，上海：上海人民出版社，2017。

梁啟雄，《荀子簡釋》，香港：中華書局，1974。

梁瑞明編著，《老子虛靜心靈之學　老子釋義》，香港，志蓮淨苑，2014。

梁瑞明編著，《莊子調適生命之學　《莊子》釋義》，香港：志蓮淨苑，2008。

梁漱溟，《東西文化及其哲學》，上海：商務印書館，1926。

荻原朔太郎著，徐復觀譯，《詩的原理》，臺北：臺灣學生書局，1989。

陳致，《我走過的路：余英時訪談錄》，臺北：聯經出版事業公司，2012。

陳毓賢，《洪業傳》，北京：商務印書館，2013。

陳耀南，《魏源研究》，香港：乾惕書屋，1979。

章學誠著，葉瑛校注，《文史通義校注》，北京：中華書局，1985。

傅偉勳，《學問的生命與生命的學問》，臺北：正中書局，1994。

彭國翔，《智者的現世關懷——牟宗三的政治與社會思想》，臺北：聯經出版事業公司，2016。

曾昭旭，《良心教與人文教：論儒學的宗教面相》，臺北：臺灣商務印書館，2003。

程兆熊，《儒家思想——性情之教》，臺北：明文書局，1986。

馮友蘭，《中國哲學史》，北京：中華書局，1961。

馮愛群編，《唐君毅先生紀念集》，臺北：臺灣學生書局，1979。

黃兆強，《政治中當然有道德問題——徐復觀政治思想管窺》，臺北：臺灣學生書局，2016。

黃兆強，《清人元史學探研》，臺北：稻鄉出版社，2000。

黃兆強，《學術與經世——唐君毅的歷史哲學及其終極關懷》，臺北：臺灣學生書局，2010。

黑格爾著，王造時譯，《歷史哲學》，上海：上海世紀出版集團、上海書店，2006。

奧古斯丁，《懺悔錄》，北京：商務印書館，2009。

楊祖漢，《從當代儒學觀點看韓國儒學的重要論爭》，臺北：臺灣大學出版中心，2017。

翟志成，《中共文藝政策研究》，臺北：時報文化出版公司，1983。

翟志成，《新儒家眼中的胡適》，香港：商務印書館，2020。

翟志成，《當代中國哲學第一人：五論馮友蘭》，臺北：臺灣商務印書館，2008。

翟志成，《當代新儒學史論》，臺北：允晨文化實業公司，1993。

劉國強，《全球化中儒家德育的資源》，臺北：臺灣學生書局，2011。

樊克偉編著，《真生命　真性情　真精神——牟宗三先生百週年紀念專輯》，臺北：離中書院，2010。

蔡仁厚，《牟宗三先生學思年譜》，臺北：臺灣學生書局，1996。

蔡仁厚、楊祖漢主編，《牟宗三先生紀念集》，臺北：東方人文學術研究基金會，1996。

蔡仁厚、羅雅純主編，《當代新儒學三大家序跋輯錄》，臺北：臺灣學生書局，2016。

鄭元佑注，《朱淑真集注》，杭州：浙江古籍出版社，1985。

錢穆，《國史大綱》，臺北：臺灣商務印書館，2017。

錢穆著，錢婉約整理，《錢穆致徐復觀信札》，北京：中華書局，2020。

駱為榮，《儒學大師唐君毅》，北京：中國文聯出版社，2014。

謝幼偉，《哲學講話》，臺北：中國文化大學出版社，1982。

鍾肇鵬，《春秋繁露校釋》，石家莊：河北人民出版社，2005。

Bloch, M. *Apologie pour l'Histoire ou Métier d'Historien,* Paris: Librairie Armand Colin, 1952.

Bloch, M., Putnam, P. (translated), *The Historian's Craft,* New York: Vintage Books, 1953.

Stern, Fritz. *The Varieties of History,* New York: Vintage Books, 1956.

四、近現代論文

王邦雄，〈從中國現代化過程中看當代新儒家的精神進展〉，《鵝湖》，卷 9，期 4，1983 年 10 月號。

王財貴，〈「說法第一」的哲學大師──我所知道的牟宗三〉，《中央日報‧長河版》，1993.12.16。

田炳述，〈牟宗三的生命哲學──五十自述為主〉，《「百年儒學走向」國際學術研討會暨牟宗三先生誕辰 110 周年紀念會論文集》。研討會主辦單位：儒家文明協同創新中心、山東大學儒學高等研究院，會議地點：煙臺；日期：2019.07.13-14。

何仁富，〈從一封情書看唐君毅的性情人生觀〉，何仁富主編，《唐學論衡──唐君毅先生的生命和學問》，北京：中國文史出版社，2005。

余英時，〈我對中國問題之反省：兼評本位、西化、折衷三者的論點〉，《人生》雜誌，期 88、89，1954 年 7 月 1 日（上篇）、7 月 16 日（下篇）。

吳稚暉，〈一個新信仰的宇宙觀及人生觀〉，《太平洋雜誌》，第四卷第三、五號，1923 年 8 月至 1924 年 3 月。

李杜，〈由牟宗三先生的「客觀的了解與中國文化之再造」而評及其道德的形而上學〉，《中國古代天道思想論》，臺北：藍燈文化事業公司，1992。

李杜，〈唐君毅先生與台灣儒學〉，《哲學與文化》，卷 24，期 8，1997 年 8 月。

李淳玲，〈生命離其自己──簡介英譯《五十自述》第二章──紀念牟先生逝世十週年〉（上、下），《鵝湖月刊》，2006 年 3 月，期 369；2006 年 4 月，期 370。

李淳玲，〈牟宗三先生的存有論意識──從《五十自述》第三章「直覺的解悟」談起〉，《新亞學報》，2010.03，期 28。

李淳玲，〈混沌中長成的牟宗三先生〉（上、下），《鵝湖月刊》，2004 年 9 月，期 351；2004 年 10 月，期 352。

李澤厚，〈說儒學四期〉，《歷史本體論‧己卯五說》，北京：三聯書店，2008。

阮壽德、阮英俊，〈胡適的哲學史研究在越南的影響〉，《臺灣東亞研究文明學刊》，卷 17，期 1，總第 33 期，2020 年 6 月。

延陵，〈關於孔丘誅少正卯〉，《歷史研究》，第 1 期，1978 年 1 月。

林安梧，〈牟宗三先生之後：「後新儒學」的「公民儒學」的思想緣起〉，《「百年儒學走向」國際學術研討會暨牟宗三先生誕辰 110 周年紀念會論文集》。研討會主辦單位：儒家文明協同創新中心、山東大學儒學高等研究院，會議地點：煙臺；日期：2019.07.13-14。

林瑞生，〈牟宗三的生命樂章三部曲──讀《五十自述》札記〉，《「百年儒學走向」國際學術研討會暨牟宗三先生誕辰 110 周年紀念會論文集》。研討會主辦單位：儒家文明協同創新中心、山東大學儒學高等研究院，會議地點：煙臺；日期：2019.07.13-14。

徐武軍，〈父親的時代〉，《鵝湖月刊》，2016 年 5 月號，總 491 期。

祝家華，〈尋找新文明秩序：儒家德治民主與上議院——牟宗三「開出民主論」的再詮釋〉，《「百年儒學走向」國際學術研討會暨牟宗三先生誕辰 110 周年紀念會論文集》。研討會主辦單位：儒家文明協同創新中心、山東大學儒學高等研究院，會議地點：煙臺；日期：2019.07.13-14。

張燦輝，〈唐君毅之情愛哲學〉，江日新編，《牟宗三哲學與唐君毅哲學論》，臺北：文津出版社，1997。

陳來、李卓，〈《唐君毅全集》出版感言〉，《九州版《唐君毅全集》出版發布會暨「現代新儒家與現代世界」國際學術研討會論文集》，會議主辦單位：四川思想家研究中心，地點：成都，日期：2016 年 10 月。

陳林，〈唐君毅愛情哲學引論〉，北京九州版《《唐君毅全集》出版發行發布會暨「現代新儒家與現代世界」國際學術研討會論文集》，會議主辦單位：四川思想家研究中心，地點：成都，日期：2016 年 10 月。

陳勇，〈錢穆與港臺新儒家交往述略〉，鮑紹霖、黃兆強、區志堅主編，《北學南移》，臺北：秀威資訊科技公司，2015，學人卷 I。

傅斯年，〈歷史語言研究所工作之旨趣〉，《傅斯年全集》，臺北：聯經出版事業公司，1980，第 4 冊。

曾昭旭，〈入悲情三昧，見千古真心——述牟宗三先生的生命格範〉，《鵝湖月刊》，期 240 期，1995 年 6 月 1 日。

曾昭旭，〈編校說明〉，《牟宗三先生全集・五十自述》。

曾昭旭，〈論唐君毅先生在愛情學上的先驅地位〉，發表於「唐君毅思想與當今世界研討會」；會議主辦單位：香港法住文化書院等，會議地點：香港，日期：2006.12.1-3。

程恭讓，〈歐陽竟無先生的生平、事業及其佛教思想的特質〉，《圓光佛學學報》，第四期，1999 年 12 月。

黃兆強，〈〈中國文化與世界〉宣言之草擬及刊行經過編年研究〉，李瑞全、楊祖漢編，《中國文化與世界：中國文化宣言五十週年紀念論文集》，桃園：中央大學文學院儒學研究中心，2009 年 9 月。

黃兆強，〈大師眼中的大師：徐復觀論說唐君毅〉，發表於：「大陸版《唐君毅全集》出版發行發布會暨『現代新儒家與現代世界』國際學術研討會」，會議主辦單位：四川省宜賓學院，地點：成都，會議日期：2016.10.28-31。

黃兆強，〈仁者的人文關懷：唐君毅先生（1909-1978）論「施與」與「原諒」〉，發表於「當代新儒學的創造性轉化」國際學術會議，會議主辦單位：東方人文學術研究基金會、中央大學儒學研究中心、東海大學哲學系，地點：中央大學、東海大

學，日期：2020.12.26-28。

黃兆強，〈夫子自道：牟宗三先生形貌和性情之自我描繪〉，發表於：「百年儒學走向國際學術研討會暨牟宗三誕辰 110 周年紀念會」，會議主辦單位：儒家文明協同創新中心、山東大學儒學高等研究院，地點：山東煙臺，日期：2019.07.13-14。

黃兆強，〈牟宗三先生對唐君毅先生學術上之「批評」述論〉（原題目作：〈唐牟二先生往復書簡所透出的資訊：自反自勉、相互關懷鞭策及其他（上篇）〉），發表於「2018 唐君毅先生學術思想研討會——紀念唐先生逝世 40 周年」，會議主辦單位：中央大學中文系及哲研所、中央研究院文哲研究所等，日期：2018.04.12-13。

黃兆強，〈唐君毅先生（1909-1978）30 歲前後的哲學思想——以《致廷光書》為探討的主軸〉，發表於：「紀念唐君毅先生逝世四十周年國際學術會議」。會議主辦單位：香港新亞研究所、香港中文大學；地點：香港，日期：2018.12.05-07。

黃兆強，〈唐君毅先生的人文觀〉，《新亞學報》，2013 年 6 月，第 31 卷（上）。

黃兆強，〈唐君毅牟宗三往復書簡中結交終身伴侶之相關論述〉，發表於「第一屆中國哲學研討會暨唐君毅先生逝世四十週年紀念」，會議主辦單位：東方人文學術研究基金會，地點：臺北，日期：2018.01.20-21。

黃兆強，〈愛情密碼大公開——《致廷光書》愛情婚姻觀闡微〉，發表於「第七屆儒學論壇：紀念唐君毅先生逝世 40 周年國際學術研討會」，會議主辦單位：四川宜賓學院四川思想家研究中心、唐君毅研究所，地點：宜賓，日期：2018.10.19-22。

黃冠閔，〈寂寞的獨體與記憶共同體：牟宗三《五十自述》中的生命修辭〉，《臺大文史哲學報》，期 87，2017 年 8 月。

廖俊裕，〈合一到太一——唐君毅愛情婚姻理論〉，《第七屆儒學論壇暨紀念唐君毅先生逝世四十周年學術研討會論文集》，會議主辦：四川思想家研究中心，地點：宜賓，日期：2018 年 10 月。

廖俊裕，〈從愛情到靈魂——論唐君毅的愛情神秘主義〉，《第四屆儒學論壇　歷史與文化：現代新儒學的理論與實踐——紀念唐君毅先生誕辰 105 周年國際學術研討會論文集》，日期：2014 年 10 月，會議主辦單位：宜賓四川思想家研究中心；又發表於《天府新論》，2014 年第 6 期，2014 年 11 月。

廖俊裕，〈論唐君毅的愛情病理學〉，《《唐君毅全集》出版發行發布會暨「現代新儒家與現代世界」國際學術研討會論文集》，會議主辦單位：四川思想家研究中心；地點：成都；日期：2016 年 10 月；又發表於《鵝湖（月刊）》，514 期，2018 年 4 月。

翟志成，〈牟宗三眼中的胡適〉，《鵝湖月刊》，2017 年 8 月，總第 506 期。

翟志成，〈港臺新儒家對中國民主政制的批評與想像〉，《新亞學報》，卷 32，2015 年 5 月。

劉愛民，〈黑格爾論基督教〉，《揭諦》，期 26，2014 年 1 月。

潘國華，〈趙紫宸的《耶穌傳》之研究〉，中原大學宗教研究所碩士論文，2012 年。

編者（的話），《民主評論》，卷 5 期 4，1954 年 2 月。

黎漢基，〈唐君毅書簡繫年獻疑補訂〉，《中國文哲研究通訊》，卷 7，期 3，1997 年 9 月。

謝鶯興編訂，〈陳淑女教授著述簡表〉，東海文庫，《東海大學圖書館館刊》，第 44 期。

韓曉華，〈唐君毅論「身心問題」——從比較塞爾（J. R. Searle）的解決方案看〉，《鵝湖月刊》，期 441，2012 年 3 月 1 日。

顧頡剛，〈周公制禮的傳說和《周官》一書的出現〉，《文史》，1979 年第 1 輯，總第 6 輯。

五、網路資料

〈女兒憶張申府：退黨是父親最後悔的事〉，2014.04.08，文史　人民網：history.people.com.cn/BIG5/n/2014/0408/c372328-24851175.html；2020.07.07 瀏覽。

〈布施與原諒〉，2017.06.25　由定西慈誠發表于《心理》：https://kknews.cc/zh-tw/psychology/p5amoze.html；2019.08.09 瀏覽。

〈牟宗三　充盈漢子氣的哲學家〉：https://wenku.baidu.com/view/9bc234a10029bd64783e2c16.html；2019.04.18 瀏覽。

〈余英時談牟宗三：他是當代新儒家的最後一位大師〉（原標題為：〈牟宗三先生的思力曲折幽深〉）：m.ifeng.com/house/shareNews?aid=107230117&mid=；2017.12.07 瀏覽。

〈宗教版圖變動　伊斯蘭教將成全球最大宗教〉，資料來源：Pew Research Center、CNN：https://www.cw.com.tw/article/article.action?id=5081836；2019.08.22 瀏覽。

〈哈佛研究了 76 年：什麼人最可能成為人生贏家？原來關鍵就在……〉：https://www.cmoney.tw/notes/note-detail.aspx?nid=51427；2020.05.09 瀏覽。

〈國學大師饒宗頤辭世，「南饒北季」後，大師凋零，期待「來者」〉：https://kknews.cc/culture/86g4jon.html；2019.09.23 瀏覽。

《約翰福音》：http://www.o-bible.com/cgibin/ob.cgi?version=hb5&book=jhn&chapter：2021.01.21 瀏覽。

《徐復觀全集》：https://sites.google.com/xufuguan.net/collection/home；2019.03.18 瀏覽。

《陳淑女老師紀念文集》等等：http://hcpeople.blogspot.com/2019/03/blog-post_19.html；
　　2020.12.14 瀏覽。

《象形字典》：http://www.vividict.com/WordInfo.aspx?id=3041；2017.12.13 瀏覽。

《道德經》，中國哲學書電子化計畫：https://ctext.org/text.pl?node=11631&if=gb&show=p
　　arallel。

《韓愈集・雜著一・原性》，中國哲學書電子化計畫：https://ctext.org/wiki.pl?if=gb&cha
　　pter=453403；2021.01.25 瀏覽。

《繫辭下》，中國哲學書電子化計畫：https://ctext.org/book-of-changes/xi-ci-xia/zh。

Beard, Charles A. "That Noble Dream", The American Historical Review, Vol. 41, No. 1 , Oct.
　　1935: https://baike.baidu.com/item/%E7%89%9F%E5%AE%97%E4%B8%89 ；2017.
　　12.18 瀏覽。

Cambridge Dictionary: https://dictionary.cambridge.org/zht/%E8%A9%9E%E5%85%B8/%E
　　8%8B%B1%E8%AA%9E/forgive；2019.08.06 瀏覽。

王曉明，〈毛澤東的頂頭上司　周恩來入黨介紹人：張申府複雜難言的一生〉，《建黨
　　的那些人與事——東方曙光》，2019 年 3 月 8 日：https://kknews.cc/zh-tw/history/j
　　92p82e.html；2020.07.09 瀏覽。

王興國，〈胡適為何不遺餘力地排擠學生牟宗三？〉，《中國社會科學報》：http://histo
　　ry.people.com.cn/BIG5/198305/198865/17361558.html；2019.08.24 瀏覽。

正見編輯組，《醫山夜話》，臺北：益群出版社，2007：http://big5.minghui.org/mh/articl
　　es/2003/1/7/42265.html；2020.09.21 瀏覽。

有關「原諒」的英文：〔ECHO〕https://www.echoak.com/2018/01/forgiving-stop-feeling-
　　angry/；2021.01.01 瀏覽。

有關梁漱溟《我的人生哲學》之介紹：https://www.books.com.tw/products/0010573037；
　　2019.09.25 瀏覽。

余英時，〈顧頡剛、洪業與中國現代史學〉，2015.12.19；來源：愛思想；原文網址：
　　http://read01.com/e64n0K.html；2020.12.20 瀏覽。此文又作為附錄 3 收入陳毓賢，
　　《洪業傳》，北京：商務印書館，2013。

杜保瑞，〈胡五峰心性哲學討論〉；http://www.documentsky.com/436854450/，2018.03.01
　　瀏覽。

周言，〈余英時與中大改制風波〉，《南方周末》：https://sparkpost.wordpress.com/2014/
　　01/31/；2019.06.29 瀏覽。

東海大學圖書館館刊資料檢索：http://digarc.lib.thu.edu.tw/thulibm/upfiles/；2020.12.14 瀏
　　覽。

林月惠，〈雨、散步、哲思——記牟宗三先生的燕居〉，發於 2012.07.24：https://www.d ouban.com/group/topic/31359642/；2019.04.05 瀏覽。

韋政通，〈我離開牟宗三師門的過程——《異端的勇氣：韋政通的一生》選摘（3）〉：https://www.upmedia.mg/news_info.php?SerialNo=53504；2019.05.04 瀏覽。

夏曉言，〈研究證實：選擇原諒更容易忘記傷痛〉，原載《養生保健》，第 383 期，2014. 06.26。轉引自《新紀元周刊》：https://www.epochweekly.com/b5/383/13739.htm；2019.08.03 瀏覽。

徐復觀致唐君毅書信：https://sites.google.com/a/xufuguan.net/letter/home/05/055；2019.03.18 瀏覽。

高原編輯，〈熊十力與牟宗三（下）〉：http://www.ica.org.cn/nlb/index_290_1933.html；2018.02.24 瀏覽。

張云江，〈虛明靈覺心：唐君毅建構形而上學的道德修養基礎〉，《社會科學研究》，2 017 年 1 期（2017.02.13），頁 136-140：https://www.airitilibrary.com/Publication/al DetailedMesh?docid=shkxyj201701020；2020.11.04 瀏覽。

張翔，〈布施與原諒：延參著《多行原諒》讀後感〉（原標題作：〈讀後感　布施與原 諒〉）：2017.05.08 發布：https://www.weibo.com/ttarticle/p/show?id=23094041052 50402359057；2019.08.09 瀏覽。

陳增輝，〈孔子教育思想試評〉，《光明日報》史學版，1978 年 7 月 18 日：http://daily news.sina.com/bg/chn/chnlocal/chinapress/20130906/02344946436.html；2013 年 9 月 6 日：2017.12.14 瀏覽。

彭國翔，〈掙扎與孤寂：牟宗三的愛情世界〉：https://kknews.cc/zh-tw/culture/plqx4ej.ht ml；2020.12.31 瀏覽。

程志華，〈牟宗三的風骨〉，《國學網》：www.guoxue.com；2019.06.23 瀏覽。

程恭讓，〈歐陽竟無先生的生平、事業及其佛教思想的特質〉：http://buddhism.lib.ntu.ed u.tw/FULLTEXT/JR-BJ010/bj99906.htm；2019.08.22 瀏覽。

賀照田，〈徐復觀的晚年定論及其思想意義〉，發表時間：2005.09.14；文章來源：《世 紀中國》：https://chenboda.pixnet.net/blog/post/257029127；2020.10.16 瀏覽。

新視福音（AVGM?）播放以下影片：新視（E・靈：E-spirit），片名：〈血淚銅牌〉（絆 腳石計畫－1995）：https://www.youtube.com/watch?v=oz-uJ032Ap8，2019.08.18 瀏覽。

楊祖漢，〈時代與學問——熊先生與牟先生的一次論辯〉，https://www.douban.com/grou p/topic/1347505/；2021.06.06 瀏覽。

福原（日本共同社駐京記者），〈文革後孔子平反始末〉，《僑報》，1978 年 7 月 18

日。摘編自成都《先鋒・國家歷史》雜誌，馮翔／文：http://dailynews.sina.com/b
g/chn/chnlocal/chinapress/20130906/02344946436.html；2013 年 9 月 6 日；2017.12.
14 瀏覽。

黎漢基點校／編訂，徐均琴整理，〈錢穆致徐復觀書信〉：https://sites.google.com/a/xufu
guan.net/letter/05/05-6；2021.03.28 瀏覽。

鍾哲平（《羊城晚報》記者），〈1949 熊十力隱居在番禺〉：https://read01.com/zh-
tw/KyP8GR.html#.WjIqQLckq94；2017.12.14 瀏覽。

韓愈，〈答張籍書〉，《韓愈集》，卷 14，〈雜著四・書一〉：https://ctext.org/wiki.pl?i
f=gb&res=464031；2020.11.22 瀏覽。

顏炳罡，〈當代新儒家點評〉：https://www.douban.com/group/topic/138294635/；2019.
07.02 瀏覽。

後　記

　　猶記得一年多前，筆者嘗婉拒東吳大學歷史系系主任楊俊峰教授擬全力促成的第四次延長服務之申請案（其前則獲得前主任盧令北教授鼎力幫忙，已延長過三次，每次一年。），其中最重要的原因是想早一點撰就心目中要完成之 2、3 本專著（本書即其一）。然而，2020 年初退休前後，已深感體力大不如前。歲月催人老，力不從心，奈何！至於盧、楊兩主任在延長服務的案子上，前者惠予鼎力幫忙，後者擬全力促成等等之高誼隆情，則片刻不敢或忘。茲書於簡端並致上最深之謝忱焉。

　　最後，要向讀者報告者，凡五事：

　　其一，針對唐、徐二位先生，筆者曾先後出版過專書。惟針對另一業師牟先生，則迄今尚未出版過任何著作。現今本書有 3 分 2 的篇幅是陳說牟先生的，是以或得稍贖前愆。

　　其二，本書之撰，自謀篇布局始，至繕打校對終，皆一人獨力為之。（當然，作為學生書局編輯的陳蕙文小姐在編校的過程中付出了鉅大的辛勞，筆者由衷的表示感謝。）以學力識見所限，兼精神體力遠遜從前，其掛一漏萬，實必不能免。最感慚愧者，乃筆者雖嘗親炙三大師，唯以時間言，則短，以程度言，則淺。是以今據以成文者，乃主要仰仗三先生所自撰之文字耳。其欠深入透闢，甚或闡釋上流於偏頗乖謬，立論上欠周延嚴整，恐必不能免！今茲或得以彌補匡正者，唯在於讀者之不吝惠賜南針歟？然則一言半語，皆吾師也。

　　其三，本拙著所使用之方法，則史學研究者恆常使用之方法也。簡言之，始自資料之蒐集、分析、彙整、分類（含排比）、聯貫；終於陳述、闡釋（含文獻解讀、個人裁斷）、綜括等等。就獲悉或發現一偉大學者、偉大

人物（不必然本拙著所處理之三大師）之性情而言，今細思之，此方法實未為究竟。蓋此方法隱含以下一預設：該學者的性情乃客觀地存在著而研究者僅須透過上面說過的資料處理的工序，便可充分獲悉掌握者。然而，這種處理的方法或取徑，是否太理想化了一點，而把研究對象（學者之性情）太「客觀化」了呢？（所謂客觀化，乃指純粹視為一客觀的對象，並認為本諸一客觀之方法即可獲致掌握者。）目前想到比較好或更相應的方法當如下：在獲悉、處理既有資料的基礎上，更應依於一崇敬（甚至敬畏）之心以充分肯定該偉大學者之人格；在此前提下，再藉著一己的遙思冥索（這似乎也是一種想像）來揣摩、忖度、感受、體會，乃至貼近、湊泊該學者的整體生命；而作為整體生命之一部分的性情，遂由此而得以獲悉、了解。而所謂獲悉、了解，就客觀面來說，即所謂被發現。其實，所謂「被發現」，並不表示被發現者純粹是一個「客觀的存在」：客觀地存在著而研究者僅須透過客觀的研究取徑即可發現之。反之，它之被發現，是必須仰賴以下一道工序的：研究者個人主觀之「參與」。就這點來說，上面說過的研究者的一顆「崇敬之心」，在這裡就扮演非常關鍵的角色。它成為了研究者成功地參與這項「發現工程」不可或缺的一個環節。而崇敬與發現（了解）恆成正比：崇敬越高，發現就越多（了解亦越深入）。這是一個動態／滾動的過程（N. Whitehead 的 *Process and reality* 所揭示的「歷程哲學」在這裡似乎可以給我們一點啟發：外界事事物物之得以被掌握、獲悉、了解（簡言之，即被發現），而內化於吾人之當下，依 Whitehead，不是一蹴即至的，而是需要經歷一個過程的。這個過程，他稱之為感應攝受的過程（prehension））。這有點玄，不細說。其要旨就是研究者必須以其全幅生命參與其間而始可對研究之對象有所了解。《中庸》以下幾句話：「唯天下至誠，為能盡其性，……則能盡物之性。」，或可提供讀者思考上一點線索。就筆者個人而言，則以學力、智力所限，尤其是缺乏足夠之人生感觸、實存感（感應攝受遂大打折扣），且崇敬之心又恆不足，則相應的參與——遙思冥索以發現一偉大心靈，又談何容易呢！是以吾心雖嚮往之，而愧弗能逮也，奈何！然而，以唐先生智慧之早熟、圓熟，彼 41 歲寫〈孔子與人格世界〉一文時，

始悟得類似之方法，則吾人固不宜妄自菲薄也。願他日更著新篇，以贖愆尤焉。

其四，筆者過去曾出版過五本小著。其中無論是針對清人也好，針對徐、唐兩位業師也罷，都是研究、探討彼等之學問／學術而撰寫的。本書則不然，乃係針對三大師的性情或愛情方面之相關言說來做闡釋的。簡言之，乃可謂針對其本人來做闡釋的。學者在治學撰述的過程中，如稍一不慎，厚誣了古人的某些論說，那已經夠嚴重了；假若所厚誣的是業師之論說，那恐怕就更是罪無可逭了；乃進而厚誣其人，則罪加一等而「無所禱也」無疑。捫心自問，在撰寫的過程中，乃以誠惶誠恐、如履薄冰的態度為之；不要說闡釋或立論方面，就是遣詞用字方面，也斟酌再三、力求矜慎；然而，仍不敢說「萬無一失」也。在此再一次懇請讀者諸君惠予諟正。尚此殷盼，以匡不逮為幸。

其五，筆者在東吳大學服務了一輩子（32.5 年）。退休後，獲學校三級教評會無異議通過，繼而得校長潘維大教授首肯，乃獲頒名譽教授一頭銜（目前全校僅 6 名）。捫心自問，在東吳服務 30 多年，皆盡心盡力，一本敬業樂業之精神為之。是以「名譽教授」雖僅為一虛銜，但兆強仍雀躍不已；蓋表示學校對兆強之充分肯定也。是以不避「自美」之嫌而向讀者諸君報告其事並分享內心之喜悅如上。

辛丑年　大年初七初稿

2021 年 7.7 抗戰紀念日定稿

索　引

三、其他

國家圖書館出版品預行編目資料

性情與愛情：新儒家三大師相關論說闡微

黃兆強著. – 初版. – 臺北市：臺灣學生，2021.09
面；公分
ISBN 978-957-15-1863-3 (平裝)

1. 新儒學

128   110011449

性情與愛情：新儒家三大師相關論說闡微

著　作　者　黃兆強
出　版　者　臺灣學生書局有限公司
發　行　人　楊雲龍
發　行　所　臺灣學生書局有限公司
地　　　址　臺北市和平東路一段 75 巷 11 號
劃 撥 帳 號　00024668
電　　　話　(02)23928185
傳　　　眞　(02)23928105
E - m a i l　student.book@msa.hinet.net
網　　　址　www.studentbook.com.tw
登記證字號　行政院新聞局局版北市業字第玖捌壹號
定　　　價　新臺幣七二〇元
出 版 日 期　二〇二一年九月初版
I　S　B　N　978-957-15-1863-3

12822